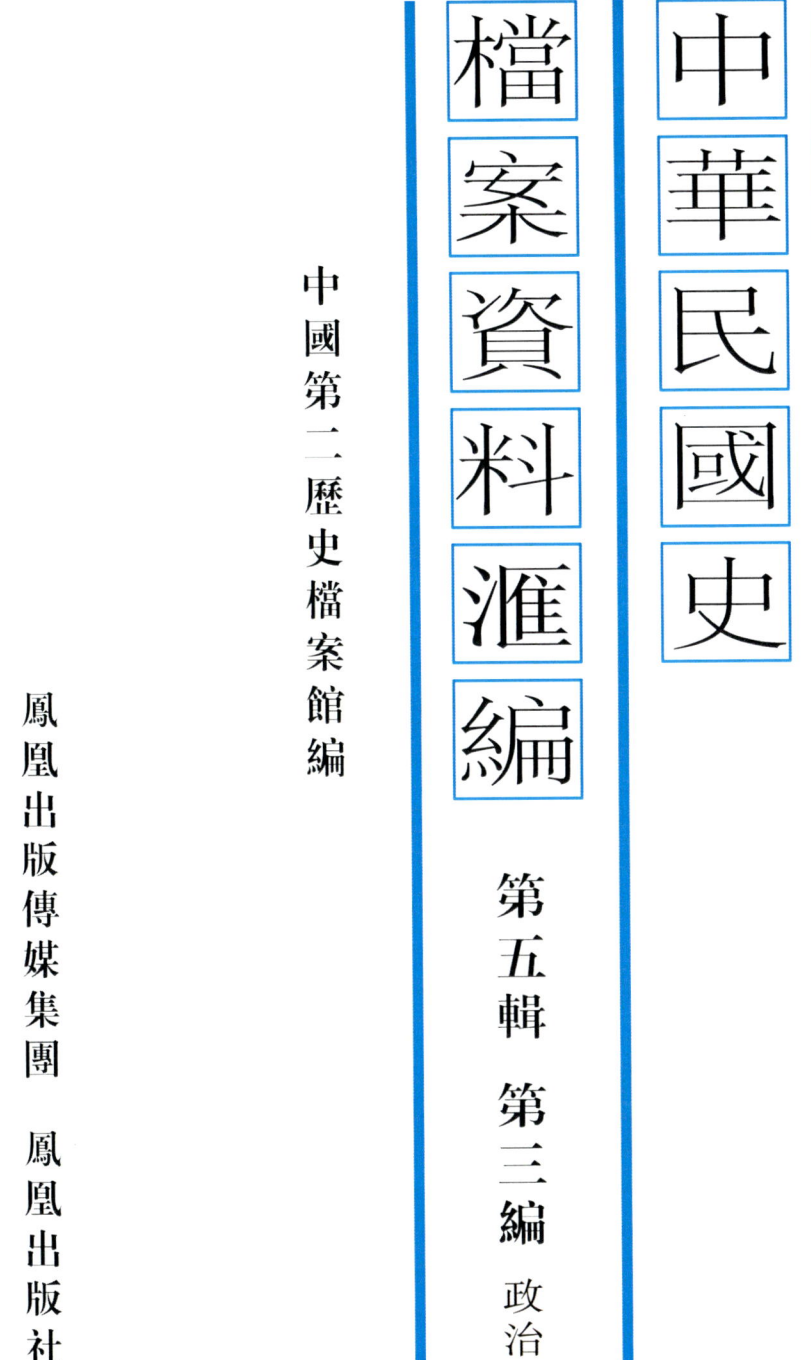

目 录

〔四〕国民党和平攻势

(一)政治协商会议召开与重要决议案

1. 郑忠华抄送中共中央准备在政协会议前所提要求情报
 (1945年11月8日) ………………………………… 1
2. 成都新中国报刊载各方面要求参加政协会议消息
 (1945年11月15日) ……………………………… 2
3. 蒋介石关于中共坚持组织联合政府并图获得内政或军政部职权致吴铁城电
 (1945年11月20日) ……………………………… 2
4. 阎松年为出席政协会议代表名额分配问题与中央秘书处往来电
 (1945年11—12月) ……………………………… 3
5. 中统局关于察省人民在政协开幕后呼吁建立联合政府反对一党专政等情报
 (1946年1月19日) ……………………………… 3
6. 财政部秘书处抄送召开政协会议办法及会员名单函
 (1946年1月23日) ……………………………… 4
7. 国民党中央宣传部关于宋庆龄等在沪主持于再追悼会并电政协会提出成立民主联合政府十四项主张函
 (1946年1月24日) ……………………………… 5
8. 中统局关于中共宣称政协会议停顿原因情报

1

（1946年1月25日）……………………………………… 6
9. 中统局关于周恩来对政协前途之观察情报
　　　（1946年2月1日）……………………………………… 7
10. 中统局关于政协闭幕后各方对政协期待情报
　　　（1946年2月16日）…………………………………… 8
11. 中统局关于周恩来招待重庆文化界发表对政协意见情报
　　　（1946年2月16日）…………………………………… 9
12. 中统局关于何应钦欲以武力反对政协决议中国国民党容纳中共参政情报
　　　（1946年2月16日）…………………………………… 10
13. 中统局关于各党派首要对政协之谈话情报
　　　（1946年2月）………………………………………… 10
14. 中统局关于中共对政协闭幕态度情报
　　　（1946年2月）………………………………………… 11
15. 国民政府政情通讯刊载政协会议举行结果消息
　　　（1946年2月）………………………………………… 11
16. 国民党党员护党大同盟向二中全会提出对抗政治协商意见传单
　　　（1946年3月1日）…………………………………… 22
17. 国民党驻港澳总支部报告破坏港九华人工团联合庆祝政协成功大会经过密函
　　　（1946年3月7日）…………………………………… 24
18. 中统局关于各民主党派庆祝政协成功大会缓开原因情报
　　　（1946年3月9日）…………………………………… 25
19. 中统局关于国军干部反对政协决议情报
　　　（1946年3月12日）…………………………………… 25
20. 中国国民党六届二中全会关于政治协商会议报告决议案
　　　（1946年3月）………………………………………… 26

(二)撕毁政协决议召集国民参政会

1. 中统局关于中国国民党民主同志联合会揭露召开第四届国民参政会本质情报
   (1945年7月21日) ·················· 28
2. 中统局报告民主同盟揭露蒋介石利用参政会为工具收拾人心情报
   (1946年1月24日) ·················· 29
3. 国民参政会第四届第二次大会开会经过
   (1946年3月20日) ·················· 30
4. 莫德惠在国民参政会四届二次大会开幕式上致开幕词
   (1946年3月20日) ·················· 33
5. 蒋介石在国民参政会四届二次大会开幕式上致训辞
   (1946年3月20日) ·················· 36
6. 何基鸿在国民参政会四届二次大会开幕式上演说词
   (1946年3月20日) ·················· 39
7. 蒋介石在国民参政会四届二次会议上作政治报告(要点)
   (1946年4月1日) ·················· 41
8. 国民政府修正公布国民参政会组织条例令
   (1947年1月7日) ·················· 49
9. 国民政府修正公布国民参政会组织条例第三条条文令
   (1947年3月31日) ·················· 52

(三)挑动内战与马歇尔使华

一、发动内战

1. 中统局关于三民主义同志联合会向美国人民揭发美蒋勾结发动内战情报
   (1945年11月) ·················· 55

3

2. 中统局关于美陆次罗叶说明来华任务情报
   （1946年3月）·················· 57
3. 中统局关于中共揭露国民政府与美国方面进行反苏反共活动情报
   （1946年10月3日）················ 57
4. 美国记者杰考贝夫人撰"美应停止对华干涉"论文
   （1947年2月）·················· 58
5. 外交部关于同意美军驻扎中国领土内呈及国民政府令
   （1947年9—10月）················ 61
6. 国防部转报加大使戴维斯对加外交部报告中国局势美援不能帮助战胜中共等情密电
   （1947年10月31日）··············· 64
7. 冯玉祥讲"美国应立刻停止援蒋"演词
   （1947年12月）·················· 66
8. 董显光代蒋介石拟复美国赫斯德报系记者李查德所提关于国共问题呈
   （1948年1月26日）··············· 70
9. 外交部转达美《周刊世界》关于中国浪费美练军队情形致新闻局函
   （1948年6月2日）················ 73
10. 董显光关于加紧对美宣传以便获得更多美援与何应钦往来函
    （1948年6—8月）················ 74
11. 董显光关于美国时代周刊驻华记者葛鲁恩为司徒雷登操纵蒋介石并准备以李宗仁代蒋干涉中国内政签呈
    （1948年8月19日）··············· 75
12. 邓文仪为编撰"美式装备部队在剿匪作战中之战绩"文稿函
    （1948年10月1日）··············· 86

二、马歇尔使华调停

1. 国民党中宣部关于分析杜鲁门对华声明系掩饰马歇尔来华干涉中国内政使命密电
    (1945年12月22日) ········· 88
2. 中统局揭露马歇尔有以武力挑起中国内战意向情报
    (1946年1月23日) ········· 92
3. 第二战区党政军团联席会议拟具防范太原人民向军调小组请愿控诉电
    (1946年2月16日) ········· 93
4. 中统局关于政协会后中共中原局对所属党政军颁发密令要点情报
    (1946年2月19日) ········· 94
5. 中统局关于马歇尔将派波利与中共商谈编军问题情报
    (1946年2月22日) ········· 95
6. 中统局关于马歇尔"处理"中国事件之态度情报
    (1946年2月) ········· 95
7. 中统局关于马歇尔要求成立东北军事调处小组情报
    (1946年2月) ········· 96
8. 中统局关于杜鲁门对马歇尔视察军事调处指示情报
    (1946年3月4日) ········· 97
9. 中统局关于中共欢迎马歇尔赴张家口参观情报
    (1946年3月4日) ········· 97
10. 中统局关于武汉执行小组到信阳调处情形情报
    (1946年3月7日) ········· 97
11. 国民政府文官处关于辽宁省主席徐箴等反对军事调处小组执行停止东北冲突函
    (1946年3月15日) ········· 98
12. 中统局关于齐兰谈成立东北调处小组情况情报
    (1946年3月) ········· 100

13. 中统局关于美政府考虑以原子弹运华以解决东北问题情报
　　（1946年3月）·································· 100
14. 行政院驻平办公处报告国共在华北地区换粮问题调处情形电
　　（1946年4月20日）······························· 101
15. 中统局关于马歇尔约周恩来商谈政协获得成功方法情报
　　（1946年）·· 101

〔五〕设立"绥靖区"与破坏"善后救济"物资运送解放区

（一）"绥靖区"概况

一、"绥靖区"组织与区域划分
1. 行政院抄发绥靖区政务委员会组织大纲训令
　　（1946年10月7日）······························· 103
2. 绥靖区政务委员会划分绥靖区范围地名一览表
　　（1946年12月25日）····························· 105
3. 国民政府关于山东绥靖统一总指挥部组织规程与备案文件
　　（1947年1月）···································· 108
4. 绥靖区政务委员会关于重划绥靖区范围地名一览表
　　（1947年4月19日）······························ 118
5. 行政院第十二次临时会议通过划定绥靖区县（市）标准案
　　（1947年10月24日）····························· 122
6. 国民政府六省主席检讨会议关于提高绥靖区司令官职权和加强军政配合决议案
　　（1947年11月18日）····························· 123

二、"绥靖区"施政方针与"总体战"法令
1. 郑州绥靖公署订定党政军配合实施绥靖工作纲要
　　（1946年1月—1947年2月）······················· 125
2. 国民政府拟定"绥靖区施政纲领"

(1946年9月) ……… 140

3. 行政院绥靖区政务委员会订定绥靖时期各部队政治工作大纲
  (1946年9月) ……… 143

4. 绥靖区政务委员会通饬施行绥靖时期督办清乡暂行办法
  (1946年10月30日) 151

5. 绥靖区政务委员会第六次会议通过加强绥靖区党政军联席会报办法
  (1946年10月) ……… 152

6. 绥靖区政务委员会第六次会议通过与党政军联席会报配合办法
  (1946年10月) ……… 153

7. 绥靖区政务委员会拟制"对中共解放区目前工作大纲之研究与对策"
  (1946年10月) ……… 154

8. 蒋介石在绥靖区政务会议上作"绥靖区"中心工作报告
  (1946年11月18日) 157

9. 白崇禧在政务会议上致开幕词和发言
  (1946年11月19—21日) ……… 160

10. 第八绥靖区司令官夏威关于具体实施三民主义加强地方统治建议呈
  (1946年11月) ……… 165

11. 国民政府拟具"绥靖区各省设置示范县办法"
  (1946年12月19日) ……… 171

12. 宋子文等为在绥靖区设置实验县致江苏等省府电
  (1946年12月20日) ……… 172

13. 绥靖区政务委员会法规委员会审议收复区民事纠纷调解等办法
  (1946年12月) ……… 173

7

14. 绥靖区政务委员会第八次会议修正徐州绥靖区各县市党团政工作大队组织办法

　　（1946年12月）·· 179

15. 绥靖区政务委员会秘书处为修订实施"绥靖区及东北九省临时军政措施办法"与行政院秘书处往来函

　　（1947年1月）·· 180

16. 第一绥靖区黄桥实验区绥靖复员工作纲要

　　（1947年1月）·· 183

17. 江苏省如皋县长简涤初拟请于绥靖区实行屯垦政策意见书

　　（1947年2月15日）······································ 187

18. 立法院修正公布绥靖区施政纲领

　　（1947年2月19日）······································ 192

19. 山东省政府关于民政土地设施部分绥靖政务报告

　　（1947年2月）·· 194

20. 内政部拟具中共边沿区斗争策略之对策电

　　（1947年3—4月）······································· 204

21. 绥靖区难民急振总队部呈挽救当前危机紧急建议书致绥靖区政务委员会电

　　（1947年4月1日）······································· 209

22. 白崇禧关于修正西北行辕绥靖期间紧急军运实施办法电

　　（1947年8月14日）······································ 212

23. 王懋功为订定"江苏省戡乱时期施政纲领"致蒋介石呈

　　（1948年7月14日）······································ 215

24. 行政院抄发甘肃省拟具戡乱实施纲领案件通知单

　　（1948年9月9日）······································· 233

25. 第五绥靖区司令部制定"总体战政务部门军行法令"

　　（1948年9月）·· 258

26. 内政部为绥靖区行政公署对辖区专员县长执行绥靖政务考核

奖惩暂行办法致行政院呈
    （1948年10月23日）…………………………………… 271
27. 安徽省政府修正"安徽省总体战实施纲领"
    （1948年10月）……………………………………… 276
28. 蒋介石关于湖南省程潜呈报改进地方政治实施纲要情形致行政院电
    （1948年11月26日）………………………………… 282
29. 蒋介石关于各省市拟具改进政治具体纲要实施致行政院电
    （1948年11月27日）………………………………… 286
30. 蒋介石关于重庆市改进政治实施纲要情形致行政院电
    （1948年12月29日）………………………………… 290

三、"绥靖区"工作报告
1. 郑州绥靖公署关于党务政治推行情况报告
    （1946年1月1日—1947年2月28日）……………… 292
2. 绥靖区政务委员会推行各项绥靖法规和工作报告
    （1946年10月—1947年1月）……………………… 300
3. 江苏启东县关于"绥靖"概况报告
    （1946年10月30日—1947年2月6日）…………… 319
4. 第八绥靖区司令官夏威关于"绥靖政策"实施情况报告书
    （1946年11月）……………………………………… 325
5. 山东绥靖统一总指挥部一九四六年度工作总报告书
    （1946年12月31日）………………………………… 334
6. 夏益功抄送收复区一般工作情形致绥靖区政务委员会情报函
    （1946年12月31日）………………………………… 353
7. 河北省政府关于"绥靖工作"实施情况报告书
    （1947年2月26日）…………………………………… 354
8. 第一绥靖区司令部绥靖导报关于苏北政治推行概况及党团活动概况介绍

(1947年2月) ……………………………………… 359

9. 内政部等办理绥靖工作报告

(1948年) ……………………………………… 368

(二)破坏"善后救济"物资运送解放区

一、战后"善后救济"概况

1. 国民党中央执委会抄送七次二中全会关于暴露"善后救济"内幕质询案

(1946年3月9日) ……………………………… 404

2. 善后救济总署编纂委员会编《行政院善后救济总署总报告》(择录)

(1948年4月30日) ……………………………… 409

3. 善后救济总署三十六年重大行政措施报告

(1948年) ………………………………………… 549

二、破坏"善后救济"物资运送解放区

1. 善后救济总署与鲁青分署关于办理运往解放区救济物资须持有军调部郑介民签证方准通行往来文电

(1946年6月) …………………………………… 557

2. 善后救济总署冀热平津分署请示处理美军调处政府委员许可救济物资不得入解放区电

(1946年6月5日) ……………………………… 558

3. 中共代表周恩来关于释放被国军第二十五军扣留运往淮阴救济物资及合理分配苏北解放区救济物资与蒋廷黻往来函

(1946年6月) …………………………………… 560

4. 善后救济总署总务处抄送中共通令保护善后救济工作人员及物资训令致农业委员会函

(1946年9月30日) ……………………………… 561

5. 联合国善后救济总署及行政院善后救济总署与东北民主联军总

司令林彪将军签订关于联总行总在东北解放区内救济工作及物资分配之协定

(1946年10月25日) …… 562

6. 河北省府主席孙连仲报告沧县查扣联总运往共区物资及办理经过情形电

(1947年5月29日) …… 564

7. 善后救济总署请将已接收之联总物资暂勿运往解放区致交通部函

(1947年8月26日) …… 565

8. 中共代表周恩来抗议国军飞机在淮阴王营镇击沉联总物资民船并请制止破坏运河工程及其他联总救济事业致蒋廷黻函

(1948年8月19日) …… 566

(三)破坏中共领导进行黄河堵口复堤

1. 善后救济总署转知开放上海等十八处港口训令

(1946年4月8日) …… 567

2. 黄河水利委员会等与中共代表商讨花园口堵口复堤座谈会纪录

(1946年4月20日) …… 567

3. 善后救济总署抄送"范海宁视察黄河工程报告"及与中共代表水委会协议条款致河南分署训令

(1946年6月3日) …… 570

4. 中共代表周恩来催拨黄河故道居民救济费致蒋廷黻函

(1946年8月19日) …… 572

5. 中共代表周恩来请速拨黄河堵口工程物资并催拨黄河故道居民救济费致蒋廷黻函

(1946年9月13日) …… 573

6. 联总行总与中共代表会谈黄河堵口复堤纪录

(1947年1月11—17日) …… 573

7. 黄河复堤工程混合委员会第一次会议纪录
    （1947年7月7日）……………………………………… 590

〔六〕召开"制宪国大"与"行宪国大"

（一）"制宪国大"召开与《中华民国宪法》制定

1. 国民政府公布国民大会筹备委员会组织条例
    （1946年1月1日）……………………………………… 599
2. 湖南省参议会请定期举行国民代表大会致蒋介石电
    （1946年7月21日）……………………………………… 600
3. 甘肃省和政县参议会要求如期召开国大并维护五权宪法致蒋介石电
    （1946年9月29日）……………………………………… 600
4. 蒋介石在国大会议上对制宪之意见报告
    （1946年11月）…………………………………………… 601
5. 国民大会通过宪法实施之准备程序
    （1946年12月24日）……………………………………… 605
6. 国民大会通过中华民国宪法
    （1946年12月25日）……………………………………… 606
7. 国民政府公布国民大会组织法
    （1947年3月31日）……………………………………… 625
8. 国民政府审查修正"国民大会代表选举罢免法"草案
    （1947年3月）…………………………………………… 626
9. 立法院公布制定国民大会代表选举罢免法训令
    （1947年4月22日）……………………………………… 633
10. 国民政府公布国民大会代表选举罢免法施行条例
    （1947年5月1日）………………………………………… 639

(二)"行宪国大"的召开与竞选丑剧

一、"行宪国大"召开办法等概况

1. 国民大会代表选举总事务所工作报告
   （1947年2月） ……………………………… 649

2. 内政部长张厉生关于国民党参加立监委国大代表及省市参议会议员竞选意见呈
   （1947年5月13日） ……………………………… 654

3. 内政部根据人口统计数变更拟定国民大会区域代表等名额分配表修正草案函
   （1947年5月28日） ……………………………… 658

4. 国民政府公布宪法说明起草委员会组织规程令
   （1947年6月9日） ……………………………… 683

5. 国民大会代表选举须知
   （1947年6月） ……………………………… 684

6. 立法院公布制定国民大会职业团体代表名额分配训令
   （1947年7月6日） ……………………………… 694

7. 国民政府公布国民大会妇女团体代表名额分配表
   （1947年7月10日） ……………………………… 696

8. 国民政府文官处为军警选举技术问题之意见致行政院函
   （1947年7月11日） ……………………………… 698

9. 国民政府公布内地生活习惯特殊国民选出代表名额
   （1947年7月12日） ……………………………… 702

10. 全国职业团体联谊会为力争国大代表及立委名额议决办法致行政院电
    （1947年7月26日） ……………………………… 702

11. 四川省仁寿县参议会为慎重选政以奠定宪治基础致蒋介石电
    （1947年7月30日） ……………………………… 703

13

12. 国民大会驻粤代表请求慎重选举致蒋介石等函
 (1947年7月) ………………………………………… 704
13. 湖北代表联谊会请求慎重选举致蒋介石电
 (1947年8月1日) ……………………………………… 705
14. 社会部公布国大代表职业团体选出名额详细分配办法
 (1947年8月26日) …………………………………… 706
15. 热河省参议会王致云等为推行宪治慎重选政致蒋介石电
 (1947年8月30日) …………………………………… 711
16. 国民大会代表名额统计表
 (1947年8月) ………………………………………… 712
17. 行政院院长张群"对于普选的希望"广播演讲稿
 (1947年9月15日) …………………………………… 713
18. 杨慧存等请求缓办大选及召开临时国民大会致蒋介石电
 (1947年9月) ………………………………………… 715
19. 国民政府公布国民大会筹备委员会规程训令
 (1947年11月24日) ………………………………… 716
20. 国民大会筹备委员会关于成立日期电
 (1947年11月29日) ………………………………… 717
21. 国民政府文官处抄送选举国大政党提名补充规定致行政院函
 (1947年12月2日) …………………………………… 718
22. 国民党中常会与选举指委会关于规定选举事后限制办法联合会议纪要
 (1947年12月10日) ………………………………… 719
23. 中国国民党各省市参加国代立委监委竞选党员联谊会关于国务会议通过变更国代及立委选举罢免法案八项意见致行政院呈
 (1947年12月10日) ………………………………… 721
24. 内政部关于监委选罢法及其施行条例注释致行政院呈

(1947年12月19日) …………………………………… 723

25.国民政府关于中常会审查立法委员候选人发生争执经过情形报告

　　　(1947年12月) …………………………………… 743

26.江西省参议会请求展缓各种选举致蒋介石电

　　　(1948年7月23日) …………………………………… 744

二、竞选丑剧

1.国民政府取消中国共产党国大代表国府委员保留名额及现任参政员训令

　　　(1947年7月) …………………………………… 746

2.河南等省参议会反对大选采取比例制电

　　　(1947年9—11月) …………………………………… 747

3.宁夏旅绥远同乡会控诉马鸿逵包办选举指派爪牙冒籍竞选致行政院呈

　　　(1947年10月1日) …………………………………… 749

4.江西省商联会关于主持圈选人以私人关系选举外省人为代表致国民政府电

　　　(1947年11月1日) …………………………………… 750

5.贵州旅蓉吴善祥等揭发贵州省府暨省参议会等联合主持选举通同舞弊情形致行政院呈

　　　(1947年11月17日) …………………………………… 750

6.国民政府饬行政院制止全国各地竞选流弊训令

　　　(1947年11月20日) …………………………………… 751

7.国民党中常会关于与民青两党商洽对立法委员名额分配问题会议纪要

　　　(1947年11—12月) …………………………………… 752

8.国民党中央临常会讨论与民青两党互争国大代表名额问题纪要

　　　(1947年11月) …………………………………… 755

15

9. 行政院新闻局关于协助南京办理国大代表普选投票中所见种种弊端呈

    （1947年12月17日） ················· 757

10. 司法行政部关于林西县民检举汉奸钱叙斋当选国大代表致选举事务所函

    （1948年4月2日） ················· 760

11. 王运明等提出关于解决国大代表集体绝食丑剧丑态意见函

    （1948年4月） ················· 763

12. 国大代表于荣岑等揭发副总统候选人贿选活动情况动议

    （1948年4月8日） ················· 765

13. 中央提名国代当选人联谊会指责签署代表及决不退让资格致国大主席团呈

    （1948年4月10日） ················· 766

14. 签署国大代表遭拖骗集议占据大会主席台使其无法开会等四项办法情报

    （1948年4月17日） ················· 767

15. 国民大会秘书处关于戴天球等人质询违法修改宪法与谷正纲往来函

    （1948年4月） ················· 768

16. 国民大会为国大代表因设置特种委员会问题而打闹会场情形报告

    （1948年4月22日） ················· 770

17. 张发奎等关于广东代表捣毁救国日报纠纷函件

    （1948年4月） ················· 771

（三）蒙藏出席国大概况

1. 沈宗濂等关于英人霍金森干扰恫吓噶厦派员出席国民大会等情电

(1945年10月—1946年3月) ·················· 775
2. 国民政府文官处政务局为询西藏选派国大代表案处理情形与蒙藏委员会往来函电
   (1945年10—11月) ····················· 776
3. 军令部关于西藏派代表来渝参加国大等情与蒙藏委员会往来电
   (1945年11月) ······················· 778
4. 蒋介石为西藏国大代表请求保留前西姆拉会议条件中西藏应有主权等情与罗良鉴往来电
   (1945年11月) ······················· 779
5. 蒋介石转抄藏王召集会议不准三大寺堪布参加国大并希研议事致罗良鉴电
   (1945年11月16日) ···················· 781
6. 国民代表大会西藏代表出任各审查委员会召集人名单
   (1945年11月) ······················· 781
7. 军令部关于西藏派员出席国民大会人选等与蒙藏委员会往来电
   (1945年12月) ······················· 782
8. 西藏驻京办事处抄报西藏出席国大代表名单事致蒙藏选举事务所公函
   (1945年12月29日) ···················· 783
9. 国民政府文官处政务局等报告国大西藏代表起程和抵京日期函电
   (1946年1—4月) ····················· 784
10. 陈质平关于西藏派遣国大代表各情形电
    (1946年1月24日) ···················· 784
11. 蒋介石关于西藏摄政达扎召集会议议决提案事致蒙藏委员会电
    (1946年1月29日) ···················· 786
12. 西藏驻京办事处为西藏国大代表及赍赠中央礼品至渝请沿途

17

保护电

(1946年2月18日) ……………………………………… 786

13. 沈宗濂为国大西藏代表望在大会期间晋谒蒋介石致罗良鉴电及蒋介石批示

(1946年4月8—16日) …………………………………… 787

14. 索朗旺堆宋美龄等关于国大西藏总代表凯墨夫人在京逝世等情电

(1946年7月) ………………………………………………… 788

15. 图丹桑批等为国大西藏代表应由噶厦选派与蒙藏选举事务所往来函电

(1946年11月9—13日) …………………………………… 789

16. 国防部第二厅报告西藏国大代表土丹桑批宴请西康后藏代表情形电

(1946年12月13日) ……………………………………… 790

17. 国民政府文官处抄送喜饶嘉措报告与国大西藏代表团谈话情形致蒙藏委员会公函

(1947年1月11日) ……………………………………… 790

18. 蒋介石关于成立蒙藏选举事务所西藏分所与许世英往来电

(1947年10月2—6日) …………………………………… 793

19. 国大蒙藏选所转报旅居内地藏民选所国大代表当选人及候补人名册电

(1947年12月4日) ……………………………………… 794

20. 班禅堪布会议厅呈报立法委员当选人暨候补人名单代电

(1948年2月2日) ………………………………………… 797

21. 蒙藏选所送请蒙藏国大代表姓名暨当选证书字号表电

(1948年3月23日) ……………………………………… 800

22. 出席第一届国民大会历次会议西藏代表名单

(1948年3月30日—4月29日) ………………………… 802

23. 蒙藏选举事务所呈报国大西藏代表履历代电
　　（1948年4月12日） ·············· 807
24. 许世英希迅将西藏地方立监委员名单先行开示与西藏驻京办
　　事处往来电
　　（1948年7月6—10日） ·············· 809

〔七〕"宪政实施"与专制统治的加强

（一）"宪政实施"与省市县参议会组织

1. 宪政实施协进会关于湖南实施"行宪"困难情形考察报告函
　　（1945年10月27日） ·············· 811
2. 宪政实施协进会考察四川省华阳等六县民意机构设置及其弊端
　　等情报告
　　（1945年10月31日） ·············· 814
3. 贵州省参议会请通令委派现任之乡镇长不得当选参议员以免竞
　　选纠纷代电
　　（1945年11月—1946年1月） ·············· 819
4. 宪政实施协进会关于江西吉安县临参会职权太小等于虚设及特
　　殊势力摧残民权等情考察报告函
　　（1945年12月29日） ·············· 821
5. 甘肃省参议会等请求中央凡中央机构派驻各省市县机构应出席
　　该地参议会报告工作等情电
　　（1946年1月—1947年9月） ·············· 823
6. 宪政实施协进会关于成都市参议员金钱选举政府操纵选举等弊
　　考察意见函
　　（1946年3月4日） ·············· 836
7. 宪政实施协进会关于滇省各级民意机关设置及党政机关干涉选
　　举等情考察报告

19

(1946年3月12日) ·········· 838

8. 张云龙陈述上海市第二区参议员选举舞弊包办行为致内政部呈
(1946年5月11日) ·········· 839

9. 内政部规定各县县长不得擅自宣布县参议员选举无效等情呈
(1946年11月27日) ·········· 840

10. 内政部规定参议会正副议长选举在选票上编列号码者视为无效呈
(1946年12月7日) ·········· 841

11. 上海市参议会请早日拟订直辖市自治法草案电
(1947年1月27日) ·········· 841

12. 内政部请劝止南京市参议会建议各省市推代表举行临时联合会议等情与行政院往来呈令
(1947年3—4月) ·········· 843

13. 国民政府修正公布宪政实施促进委员会组织规程令
(1947年4月29日) ·········· 847

14. 财政部秘书处抄发"宪政实施准备案"函
(1947年5月8日) ·········· 849

15. 河南省参议会等请速颁省县自治通则以拟订省县自治法电
(1947年5—8月) ·········· 850

16. 吴鼎昌关于宪政实施促进会议决按照宪法实施之准备程序早日促其实施案致行政院函
(1947年5月31日) ·········· 853

17. 宪政实施促进委员会检送办事细则函
(1947年6月5日) ·········· 854

18. 行政院请便利及协助宪政实施促进委员会工作训令
(1947年6月16日) ·········· 856

19. 国民政府公布"动员戡乱完成宪政实施纲要"
(1947年7月19日) ·········· 859

20.甘肃省参议会等反对民青两党以遴选方式参加各级参议会电
　　(1947年10—11月) ……………………………………… 861
21.立法院修正公布省参议会组织条例令
　　(1947年12月9日) ……………………………………… 866
22.蒋介石请司法院等修正或废止与宪法相抵触法令电
　　(1947年12月13日) ……………………………………… 869
23.台湾省府主席魏道明遵行订定加强地方行政设施纲要电
　　(1948年9月10日) ……………………………………… 870
24.戴天球等揭露少数委员操纵会场擅改组织规程致蒋介石电
　　(1948年9月30日) ……………………………………… 875
25.行政院秘书处抄送河北省参议会关于扩大华北"剿匪"总部职权意见函
　　(1948年11月26日) ……………………………………… 876
26.立法院秘书处关于金绍先等提议咨请总统依法终止戡乱停止动员戡乱时期临时条款之适用案与各委员会办公处往来函
　　(1949年3月) …………………………………………… 877
27.阎锡山关于云南省参议会言论违背政策予以解散训令
　　(1949年9月) …………………………………………… 880

(二)组织特种刑事法庭

1.蒋介石请核办特刑庭经常费暨临时追加概算及设置地区电
　　(1948年3月8日) ……………………………………… 882
2.蒋介石请核办各地特刑庭名称驻地电
　　(1948年3月22日) ……………………………………… 902
3.行政院关于特刑庭组织及审判条例实施案之审查会纪录
　　(1948年4月15日) ……………………………………… 904
4.司法行政部抄发国民政府公布"特种刑事法庭组织及审判条例"令之训令

(1948年4月19日) …………………………………… 909
5. 行政院秘书处关于特刑庭组织及审判条例实施案审查意见函稿
(1948年4月20日) …………………………………… 912
6. 司法行政部转发"特刑庭与干部会议之联系办法及临时寄押犯人办法"训令
(1948年7月16日) …………………………………… 918
7. 中央特种刑事法庭三十八年度工作计划呈
(1948年10月27日) ………………………………… 920
8. 行政院为撤销特刑庭并保释政治犯案致司法院咨
(1949年2月) ……………………………………… 921
9. 立法委员萧觉天等关于所提保障人民自由释放政治犯提案
(1949年3月) ……………………………………… 922
10. 立法院为明令废止特刑庭组织和审判条例等案与总统府往来咨书
(1949年3月17—22日) ……………………………… 923
11. 国民政府崩溃前夕军警宪特肆行捕杀人民涉及其立法委员等函
(1949年4月) ……………………………………… 924

(三)严密乡镇保甲制度

1. 国民政府修正公布户籍法令
(1946年1月3日) …………………………………… 927
2. 南京市关于"发给国民身份证实施办法"电
(1946年4月19日) ………………………………… 933
3. 李卓关于上海人民团体联合会马叙伦等请废止保甲制度呈
(1946年5月31日) ………………………………… 936
4. 徐州绥靖公署呈送"绥靖区乡镇保甲纵横连坐办法"电
(1946年11月3日) ………………………………… 938

5. 内政部检送关于加强对收复区各省市严密保甲要点等法规电
  （1946年11月6日） ……………………………… 941
6. 何浩若关于"绥靖区各级部队长协助推行地方自治暂行办法"呈
  （1946年12月5日） ……………………………… 945
7. 绥靖区政务委员会第十二次会议修正绥靖区乡（镇）保甲长纵横连坐办法报告
  （1947年1月10日） ……………………………… 947
8. 江西省政府拟订各县市国民身份证"总检查实施办法"电
  （1947年5月22日） ……………………………… 948
9. 内政部关于"加强对户政交通民训言论等管理"意见
  （1947年6月27日） ……………………………… 950
10. 国民政府文官处粘送天津市地方自治协进会理事长李廷玉关于实行"自卫团丁"及"连保连坐"函
  （1947年7月10日） ……………………………… 962
11. 内政部报告"绥靖"区户口清查国民身份证颁发实施情况函
  （1947年10月6日） ……………………………… 962
12. 内政部公布"绥靖区各省市编查保甲户口办法"
  （1948年6月4日） ……………………………… 965

（四）组织地方团队

1. 国防部拟定"人民服务总队组织规程草案"
  （1946年9月） ……………………………… 968
2. 国民政府关于"国防部人民服务总队与民众自卫队及难民还乡团联系办法"电
  （1946年11月） ……………………………… 969
3. 党政军联席会报秘书处抄送豫北还乡队暴行等情电
  （1946年12月5日） ……………………………… 971
4. 国防部新闻局关于苏北各地自卫武力摊款购枪等情致绥靖区政

务委员会秘书处电

 （1946年12月17日）…………………………………………… 973

5. 国防部颁布绥靖区民众自卫队组训办法

 （1946年12月）………………………………………………… 974

6. 内政部等关于役龄青年"规避"兵役不报户籍或不实呈报者请示"惩罚"办法与行政院往来呈令

 （1947年1—2月）……………………………………………… 981

7. 国防部人民服务总队第二总队拟具工作意见致绥靖区政务委员会督导团呈

 （1947年3月）…………………………………………………… 983

8. 太原绥靖公署制定俊义奋斗法——自清自卫自治办法电

 （1947年5月25日）…………………………………………… 984

9. 行政院通过国防部所提"保安团及地方自卫队加强方案"之决议案

 （1947年11月13—15日）……………………………………… 989

10. 白崇禧在浔召开豫鄂皖赣湘五省绥靖会议议决地方武力配合国军作战修正办法等电

 （1948年1月）…………………………………………………… 993

11. 行政院公布"各县市民众自卫队组训规程补充办法"令

 （1948年5月24日）…………………………………………… 996

〔四〕国民党和平攻势

（一）政治协商会议召开与重要决议案

1. 郑忠华抄送中共中央准备在政协会议前所提要求情报

（1945年11月8日）

兹抄送联字第159号情报乙件，即祈查照参考为荷。此致
吴秘书长

郑忠华敬启
卅四年十一月八日

奸伪中央准备在政治协商会议前向我提出要求
据上海十一月一日东未电报：
据奸伪华中局传出消息：中共中央准备在政治协商会议前向中央提出要求四点。其内容如下：
一、延长政治协商会议日程。
二、在会议未决定时期中维持中共现状。
三、中共出席代表由中央负责保全安全。
四、增加中共出席政治协商会议之代表人数。

〔中统局档案〕

2. 成都新中国报刊载各方面要求参加政协会议消息

(1945年11月15日)

成都十一月一日电：

新中国报载：政治会议可速召开，惟各方要求参加甚多，致迟未决定。旅美华侨所组宪政党顷电参加，全国工业协会亦发代电要求无党派名额中占六席，并选李烛尘、胡敏文、胡光熙、章乃器、吴翔梅、厉无咎为出席代表。现在桂梁漱溟电邵力子谓即来渝，张东荪亦将赴渝，民主同盟罗隆基、沈钧儒与政府进行商谈云。

〔中统局档案〕

3. 蒋介石关于中共坚持组织联合政府并图获得内政或军政部职权致吴铁城电

(1945年11月20日)

府军信字第690号。

中央秘书处吴秘书长勋鉴：据报：奸伪中央近对政治协商会议仍坚持组织联合政府，并考虑暂时改组国民党中央政治委员会以及政府若干部门由中共担任，维持过渡时期之让步问题仍在继续商讨。中共急图获得内政部或军政部之一部或该二部由国共共同负责，此为最重要之条件。最近延安空气极度紧张，意见纷歧，认为政治协商为国共最后之谈判机会。等情。希参考。总裁蒋中正（卅四）戌哿。府军信。

〔中执会秘书处档案〕

4. 阎松年为出席政协会议代表名额分配问题与中央秘书处往来电

(1945年11—12月)

(1)阎松年电(11月27日)

中央秘书处：×密。秘书长吴钧鉴：近阅渝版新闻：政治协商会议于下月一日召开，出席代表：本党总裁外，计八人，民主同盟九人，中共七人，青年党五人，无党无派者九人。阅读之下一致惊异：(1)此项代表人数之产生，是否以每党对国家民族供献之史实，抑以现状中所代表之党员与民众数量多寡而定，恳为指示，以释群疑。(2)至会议中各方分头活动，争取同情者乃势所必然，请对民主同盟、青年党及无党无派者善为运用，并使渠等深切了解，如中共夺获政权，则彼等不能存在；而由本党领导建国，实行民主，彼等始能取得合法地位之大意，以期贯彻中央军令政令之统一，则国是之解决，庶长治久安。谨电鉴核是祷。职阎松年。戌感。

(2)中央秘书处复电(12月5日)

兰州阎松年同志：□密。戌感电悉。政治协商会议代表名额分配及所陈各节均已注及，请勿疑虑。此复。中央秘书处戌微。特。印。

〔中执会秘书处档案〕

5. 中统局关于察省人民在政协开幕后呼吁建立联合政府反对一党专政等情报

(1946年1月19日)

在政协会开幕后，奸伪在察强制各界一致发表以下之呼吁宣传：(1)反对蒋主席为袁氏之第二之独裁专制；(2)反对进攻热察解放区；(3)废除国民党一党专政；(4)中央必须承认中共占领地区之各级民主政权；(5)应作公平的划分受降区域与八路军、新四军、华南游击纵队；(6)改善人民生活；(7)严惩一切汉奸；(8)废除大汉族主义，实行民族联合自治政策；(9)彻底解除日寇武装；(10)反对国民党伪造民意把持政治协商会议及一切民意机关；(11)释放一切政治犯，废除一切残酷之集中营及一切特务组织；(12)建立真正的联合政府，允许各党各派公平参加；(13)确实保障人民一切自由云。

〔中统局档案〕

6. 财政部秘书处抄送召开政协会议办法及会员名单函

(1946年1月23日)

渝秘乙字511号

奉交行政院秘书处三十五年一月十五日节一字第一七一八号公函：抄送召开政治协商会议办法及会员名单，请查照。等由。附件下处除分函外，相应抄同原件函请查照为荷。此致
财政研究委员会
附抄召开政治协商会议办法及会员名单各一份

秘书处启
元月廿三日

国民政府召开政治协商会议办法

一、国民政府为在宪政实施以前邀集各党派代表及社会贤达共商国是起见，特召开政治协商会议。

二、本会议名额定为三十八人。

三、本会议协商之范围如左：

(1)和平建国方案；

(2)国民大会召集有关事项。

四、本会议开会时以国民政府主席为主席，主席因事不能出席

时,由主席指定会员一人为临时主席。

本会议之集会由主席召集之。

五、本会议为审议案件,草拟计划及工作报告等事项,于必要时得设分组委员会。前项分组委员会委员及召集人由主席临时指定之。

六、本会议商定事项须由本会议主席提请国民政府实施。

七、本会议设秘书处,置秘书长一人,由本会议主席指派,酌置秘书干事及书记,由秘书长派充之。

政治协商会议名单

孙 科	吴铁城	陈布雷	陈立夫	张厉生	王世杰	邵力子
张 群	周恩来	董必武	王若飞	叶剑英	吴玉章	陆定一
邓颖超	曾 琦	陈启天	杨永浚	余家菊	常乃惪	张 澜
罗隆基	张君劢	张东荪	沈钧儒	张申府	黄炎培	梁漱溟
章伯钧	莫德惠	邵从恩	王云五	傅斯年	胡 霖	郭沫若
钱永铭	缪嘉铭	李烛尘				

〔财政部档案〕

7. 国民党中央宣传部关于宋庆龄等在沪主持于再追悼会并电政协会提出成立民主联合政府十四项主张函

(1946年1月24日)

中国国民党中央执行委员会宣传部公函 渝35利秘字第八七五号 中华民国卅五年一月廿四日

据报:上海于再追悼会由孙宋庆龄、柳亚子、马叙伦、沙千里、郑振铎等主持,并电致政协会,主张成立民主联合政府等语。查郑振铎现任贵部上海特派员办公处秘书,该员身为政府公务人员,似不应有此举动,拟请设法劝止。据报前情,相应抄同原报告乙件,函达即希查照办理为荷。此致

教育部

部长吴国桢

于再追悼会由孙宋庆龄、柳亚子、马叙伦、沙千里、郑振铎、许广平、金仲华七人。柳亚子代表主祭团读祭文,并继续演说。马叙伦、林汉达、南京临大代表及沪临大代表均相继演说,当场起草致电政协会电文。内称:(1)成立民主联合政府;(2)改善职工教员待遇;(3)实现主席之发表之演说;(4)取消高压政策;(5)取消禁止游行集会命令;(6)释放政治犯;(7)释放南京及各地被捕学生;(8)严惩汉奸;(9)鼓励人民检举汉奸;(10)严办贪官污吏;(11)严办昆明学潮凶手;(12)提高妇女地位;(13)救济失学青年;(14)解除思想统制等。新新公司同人嬴月桥、韩武成亦出席演讲述检举李泽情形甚详;继由各业工人及罢工工人代表致简辞,末由家属代表于再之妹致答辞。警备总部巡查所当场劝告无效,乃沿途加以保护,游行行列于四时一刻解散,未发生任何事故。

〔国民政府教育部档案〕

8. 中统局关于中共宣称政协会议停顿原因情报

(1946年1月25日)

共党宣称政治协商会议停顿之原因

据报:政治协商会议因小组讨论未有决定还陷在停顿中。据共党邓颖超、齐燕铭等在政协协进会谈称:会议之所以未能举行,完全由于国民党本身发生内讧所致,因为国民党之元老派与少壮派对立,CC与民主对立,军系之干部派与少壮派(军系)对立,以致国民党已成四分五裂之象,因此国民党对其本身所提之议案丝毫不敢变更,如军队问题、解放区问题,硬要维持以前商谈,殊不知近几个月来局面变动甚大,双十协定即使完全实行,亦无法适合于今日之局面。而国民党还不准备实行,只想用拖延方法往下拖,这如何能有结果?中共方面觉得如此拖下去愈弄愈糟,说不定战事又会重起,所以通知马歇尔将军□□□□□□□□□□非中共及各党派不让步,而□□□□□□无诚意。如军队一定要交国民党,解放区一定要□国民党派官吏,中央政府一定不许参加人有决策,国大一定要维持旧代表,宪法一定要根据五五草案,此皆全体人民所反对,而中共及各党派无法承认者。假若因此而使政治协商会议无结果而流会,则其责任应由国民党整个负责,因国际所希望中国者在国民党开放政权,参加民主分子共同执行,而非要各党派向国民党低头投降。现在马歇尔已随赶回渝,或将有意见与各方面洽商,政治协商有无结果,又要靠此位五星元帅费脑筋云。

〔中统局档案〕

9. 中统局关于周恩来对政协前途之观察情报

(1946年2月1日)

中央调查统计局情报　中调(35)情字第八六四六号

中华民国卅五年二月一日

周恩来对政协前途之观察

据报:周恩来离渝对共党代表团职员谈话,勉各工作人员要继续努力。据周恩来表示:政治协商会议虽达紧张阶段,但亦到结束阶段,因各项问题在最短时间内必须获得协议,否则国内外局面都不允许。不过协商会闭幕之后,就有问题了:(一)国民党准备先将政府搬走,减少民主空气;(二)协商结果何时能完全实现,谁也没有把握,因今天实际情形是国民党尚无诚意。(三)国民党已表示政协得到结果之后,国民党尚须召开中央全会,假定中央全会要否决了政协一切决定又怎么办呢?(四)国民党最近仍在向华北调动军队,其基本态度是很明显的。(五)国民党已暗中发动全国御用机关团体,预备公开表示意见。这些玩意,如果出现,国民党又有理由推翻一切,所以今天问题不在政治协商有无结果,而在未来之实行问题。他觉得将来的困难要多于现在,因为国民党今天在国内外局势高压下不能不稍作让步,但这种让步现在还是口头的已如此困难,将来到真实行动时,自然困难更多,说不定要一两年时间都难说。

〔中统局档案〕

10. 中统局关于政协闭幕后各方对政协期待情报

(1946年2月16日)

政协闭幕后各方所关心的问题:

据报:政治协商会议闭幕后一切都陷于停顿中,除军事小组继续商谈外,关于政协概未有任何进行,因此各方对会后局势尚怀疑窦。兹谨将各方对政协的期待分述如下:

一、社会方面:社会一般人现在所关心的是:(1)政治犯究竟何日释放;(2)新政府何日成立?又是那些人要上政治舞台?(3)迁都是在新政府改组之后抑以前?(4)政治将有何新动向?凡这些都是一般人所最关心的。

二、中共与民主同盟及左倾文化界方面:他们都希望政府马上改组,政治犯立刻释放,新政府工作计划立刻宣布,改组后新政府再迁还南京。如此一来,局面才算定了,耳目也新了,即使国际再有其他□影,□□□□比较少些,因为迅速就可省去许多麻烦。如过于□□,则夜长梦多,又不知要出什么花样。文化界是如此态度,民主同盟亦是这个态度。据罗隆基表示:"现在国民党及共产党都要在三月召开党的全会,按讲党的全会是党的事情,本与他人无关,不过为中国前途着想,倒是先把政协所决定的先实行了,再开党的全会不迟。万一有个党全会不赞成政协所决定,那怎么办呢?难道再从头打起来,推翻政治协商的效果吗?此种谈话,似可以代表大部份人的心理。

〔中统局档案〕

11. 中统局关于周恩来招待重庆文化界发表对政协意见情报

(1946年2月16日)

周恩来对文化界表示中共方面对政协之意见

据报:周恩来、王若飞等于五日招待渝市文化界,到百余人,报告政治协商之经过。当由中共代表团招待茶点,由周恩来发表演说,其概要如下:

(1)政治协商会议的成就,是非常的,在开始的时候,谁也不敢预料能有此结果。

(2)讲到原因有四:国际的关心是其一;社会的督促是其二;各党派的相让是其三;蒋主席的远见是其四。这四种原因缺一都不行。

(3)国民党内并不是无人才,是因环境把他们限制了。这次政协的成功,不特能使各党派在社会公平活动,且能使国民党走向新道路,所以政协的成功,是全面的,不是那一方面或那一部份,私人的。

(4)中共在政协闭幕后,准备召开党的十□□□□□□□来的工作,因为倘能藉此,而结束了几十年的武装□□,不特在中国是幸运,即在党派方面亦是幸运。

(5)现在关于改组政府,虽还未曾开始,但只要国际无大变动,这个实行,只是时间的问题。中共准备参加这个各党派联合的政府,因为中共认为惟有大家一齐来工作,方可免除误会、隔阂,政治才容易上轨道。

(6)假定改组顺利,实行下去,毛先生可以常川驻京,同时我再告诉各位,我们中共中央也准备在首都所在地办公以使党可以随时研讨他的方策,监督他的党员。

(7)当然,这并不表示,中共要跑到首都去作官。相反的,我们在各地服务的同志,仍将在各地服务,而向来在延安中央服务的同志，也许因了这次的变动，也要到地方去服务，因为中共始终认为中央只是领导，指挥的机构，真的实际工作，还是在地方。

〔中统局档案〕

12. 中统局关于何应钦欲以武力反对政协决议中国国民党容纳中共参政情报

（1946年2月16日）

共党传出：蒋主席赴京沪原因：

据报：中共代表团传出消息谓：蒋主席赴沪原因：何应钦以此次的黄埔干部军官近纷纷向陆军总部建议：如让中国共产党执政并参加统帅部，则彼等绝对反对。如政府不能容纳彼等意见，则彼等亦不再听中央任何命令，将联合进剿共产党，俟共党消灭，彼等亦下台。以此何应钦决定召集会议，欲用力量以威胁当局，故蒋主席不能不赶赴京沪亲自延见黄埔干部军官，以求此事之解决。据中共看法，此事前途危险甚大，如蒋被包围，则中国内部大战立刻又会开始云。

〔中统局档案〕

13. 中统局关于各党派首要对政协之谈话情报

（1946年2月）

各党派首要关于政协之谈话

据报：渝市左倾文化□□□□□日下午在西南实业大厦招待出席政治协商会代表。代表私下谈话有关共党问题者如下：

（一）罗隆基对郭沫若等谈称：我们对周恩来先生说过，此次商谈应有一个特别□□，即对大的问题，绝对不放松，小的问题可以让步，周先生很同意这个办法。因今天国民党态度还相当顽固，如果事事争持，则会议将不会有结果，但国内外局势所逼，此会议又非有结果不可，那么我们就得想法运用了我们对小的问题多让步，使会外人无话可说。对大的问题坚持,是为完成我们的理想。

(二)郭沫若对陶行知等谈称:吴玉章刚才告诉他,国民党虽在谈停战,却还想多夺两省地方,要是热察中共不放弃,国民党是不甘心的。这种商谈停战太有点开玩笑,所以我主张大家先去掉猜疑,方能协调,像国民党这样猜疑是自讨苦吃。假若苏联真要帮共产党像美国帮国民党一样,以助长中国内战,我敢说今天中国早已是共产党执政了,还用得着再商谈么?

〔中统局档案〕

14. 中统局关于中共对政协闭幕态度情报
(1946年2月)

共党对政协闭幕之态度

据报:周恩来等回渝后,曾向民主同盟透露其请示之情况,谓延安方面虽有长时间研讨,并提出某种原则问题,但对其代表团所协议之点,仍表示无异议,但周恩来对民主同盟表示,希望:(一)成立协商之案,能有保证实行。(二)政治犯能即予释放。(三)东北问题,能有原则以解决,免再生纠纷。(四)政治协商只能算告一段落,暂时休会,可承认闭幕。(五)共同挽留马歇尔特使,能于中国政府达到□大统一民主之基础时,再返美国。(六)政治协商结果,能立刻见诸实施,免夜长梦多。以上问题,愿与民主同盟取一致之态度,民主同盟对周恩来之意见,未示反对。

〔中统局档案〕

15. 国民政府政情通讯刊载政协会议举行结果消息
(1946年2月)

1. 政治协商会议于举行二十二日后闭会,综观经过情形,会外商谈,重于会内讨论,故空气相当和协,其结果如左:

甲、政府组织问题协议:

一、关于国民政府委员会者：

中国国民党在国民大会未举行以前，为准备实施宪政起见，修改国民政府组织法，以充实国民政府委员会，其修改要点如左：

(一)国民政府委员名额定为四十人。(内有五院院长为当然委员)

(二)国民政府委员由国民政府主席就中国国民党内外人士选任之。

(三)国民政府委员会为政府之最高国务机关。

(四)国民政府委员会讨论及议决之事项如左：(甲)立法原则；(乙)施政方针；(丙)军政大计；(丁)财政计划及预算；(戊)各部会长官及不管部会政务委员之任免暨立法委员、监察委员之任用事项；(己)主席交议事项；(庚)委员三人以上连署提出之建议事项。

(五)国民政府主席对于国民政府委员会之决议，如认为执行有困难时，得提交复议，复议时如有五分之三以上委员仍主张维持原案，该案应予执行。

(六)国民政府委员会之一般议案，以出席委员之过半数通过之。

国民政府委员会所讨论之议案，其性质涉及施政纲领之变更者，须有出席委员三分之二赞成始得议决。

某一议案，如其内容是否涉及施政纲领之变更发生疑义时，由出席委员之过半数解释之。

(七)国民政府委员会每两周开会一次，必要时得召集临时会议。

二、关于行政院方面者：

(一)行政院各部会长官均为政务委员，并得设不管部会之政务委员三人至五人。

(二)行政院不管部会之政务委员及部会长官，均可由各党派及无党派人士参加。

三、其他：

（一）在宪法实施前，国民参政会人数应否增加，职权应否提高，由政府斟酌情形定之。

（二）中央及地方行政机关之用人，应本唯才唯贤之义，不得有党派之歧视。

〔附注〕：1.国民政府主席提请选任各党派人士为国府委员时，由各党派自行提名，但主席不同意时，由各该党派另提人选。2.国民政府主席提请选任无党派人士为国府委员时，如所提人选有为各被选人三分之一所反对者，则主席须重新考虑，另行选任之。3.国府委员名额之半由国民党人员充任，其余半数由其他各党派及社会贤达充任，其分配另行商定。4.行政院现有部会及拟设之不管部会政务委员总额中，将以七席或八席约请国民党以外人士充任。5.关于国民党以外人士所担任之部会数目，于会后继续磋商。

乙、和平建国纲领

国民政府鉴于抗日战争业已结束，和平建设应即开始。爰邀集各党派代表与社会贤达，举行政治协商会议，共商国是，以期迅速结束训政，开始宪政，特制定本纲领，以为宪政实施前施政之准绳，并邀请各党派人士暨社会贤达参加政府，本于国家之需要与人民之要求，协力一心共图贯彻。纲领如左：

一、总则

（一）遵奉三民主义为建国之最高指导原则。

（二）全国力量在蒋主席领导之下，团结一致，建设统一自由民主之新中国。

（三）确认蒋主席所倡导之"政治民主化"、"军队国家化"及党派平等合法，为达到和平建国必由之途径。

（四）用政治方法，解决政治纠纷，以保持国家之和平发展。

二、人民权利

（一）确保人民享有身体、思想、宗教、信仰、言论、出版、集会、结社、居住、迁徙、通讯之自由。现行法令有与以上原则抵触者,应分别予以修正或废止之。

(二)严禁司法及警察以外任何机关或个人拘扑审讯或处罚人民之行为,犯者应予惩处。政府已公布之提审法,应迅速明令施行。

(三)保证妇女在政治上、社会上、教育上、经济上地位之平等。

三、政治

(一)当前国家设施,应顾及全国各地方、各阶层、各职业人民之正当利益,保持其平衡发展。

(二)为增进行政效能,应整饬各级行政机构,统一并划清权责,取消一切骈枝机关,简化行政手续,实行分层负责。

(三)建立健全之文官制度,保障称职人员,用人不分派别,以力能资历为标准,禁止兼职及私人援引。

(四)确保司法权之统一与独立,不受政治干涉,充实法院人员,提高其待遇与地位,简化诉讼程序,改良监狱。

(五)厉行监察制度,严惩贪污,便利人民自由告发。

(六)积极推行地方自治,实行由下而上之普选,迅速普遍成立省县(市)参议会,并实行县长民选,边疆少数民族所在之省县,应以各该民族人口之比例,确定其实行选举之省县参议员名额。

(七)自治县政府,对于其辖区内之国家行政,应在中央监督指挥之下执行之。

(八)中央与地方之权限,采均权主义,各地得采取因地制宜之措施,但省县所颁之法规,不得与中央法令相抵触。

四、军事

(一)军队属于国家,军人责任在于卫国爱民,确保军队编制之统一,与军令之统一。

(二)军队建制应适合国防需要,依民主政制与国情,改革军制,实行军党分立,军民分治,改进军事教育,充实装备,健全人事,经理制度,以建设现代化之国军。

(三)改善征兵制度,公平普遍实施,并保留一部分募兵制度,加以改善,俾符合高度装备军队之需要。

(四)全国军队应按照整军计划,切实缩编。

(五)筹备编余及退役官兵之复业与就业,保障残废官兵之生活,抚恤阵亡将士之遗族。

(六)限期遣送投降日军回国,对于伪军之解散,游杂部队之清理,应妥定办法迅速实施。

五、外交

(一)遵守大西洋宪章,开罗会议宣言,莫斯科四国宣言及联合国宪章,积极参加联合国组织以确保世界和平。

(二)根据波茨坦宣言,肃清日本在中国之残余势力,并与同盟国共谋日本问题之解决,防止日本法西斯军国主义势力之再起,以保障东亚之安全。

(三)与美苏英法及其他民主国敦睦邦交,遵守条约信义,并致力于经济文化之合作,以共策世界之繁荣与进步。

(四)本平等互惠之原则,迅速与有关各国订立通商条约,并改善侨胞之地位。

六、经济及财政

(一)遵照国父实业计划,制定经济建设计划,欢迎国际资本与技术之合作。

(二)第一期经济建设原则,应予彻底实施,凡有独占性之企业,及私人资力不能举办者,归划国营,其他企业,一概奖助人民经营之。本此原则,对于现行设施加以检讨与改进。

(三)为促进中国工业化,由政府定期召开全国经济会议,邀集对发展经济建设有关之各方面社会人士,吸收民间意见,以决定政府之措施。

(四)防止官僚资本之发展,并严禁官吏利用其权势地位,从事于投机垄断、逃税走私、挪用公款,并非法使用交通工具。

（五）积极筹划增修铁路公路，建设港湾，兴修水利及其他工程，并资助住宅、学校、医院及其他公共机关之建筑。

（六）实行减租减息，保护佃权，保证交租，扩大农资，严禁高利盘剥，以改善农民生活，并实行土地法，以期达到"耕者有其田"之目的。

（七）厉行荒山造林植草，保持水土，发展畜牧，整顿并发展农村合作组织，加强农事试验研究工作，利用现代设备方法，治蝗除虫以扶助人民之生产。

（八）实行劳动法，改善劳动条件，试行劳工分红制，举办失业工人及残废保险，切实保护童工女工，并广设工人学校，提高工人文化水准。

（九）迅速制订工业会法，使经营工业者得有单独之组织，并本劳资协调精神，将有关工厂管理法规，加以检讨与改进。

（十）财政公开，厉行预算决算制度，紧缩支出，平衡收支，划分中央与地方财政，收缩通货，稳定币制，并公布内外债之募集及用途，由民意机关监督之。

（十一）改革税制，根绝苛杂与非法摊派，归并征收机构，简化稽征手续，以资产及收入定累进税则，并厉行国家银行专业办法，扶助工农事业之发展。

（十二）征用逃避及冻结之资产以平衡预算。

七、教育及文化

（一）保障学术自由，不以宗教信仰、政治思想干涉学校行政。

（二）积极奖进科学研究，鼓励艺术创作，以提高国家文化之水准。

（三）普及国民教育与社会教育，积极扫除文盲，扩充职业教育，以增进人民之职业能力，充实师范教育，以培养国民教育之师资，并根据民主与科学精神，改革各级教学内容。

（四）在国家预算中，增加教育及文化事业经费之比率，合理提高各级学校教师之待遇及其养老金,资助贫苦青年就学与升学,设立科学研究文艺创作之奖金。

(五)奖励私立学校及民间文化事业,并补助其经费。

(六)奖助儿童保育事业,普及公共卫生设备,并积极提倡国民体育,以增进国民健康。

(七)废止战时实施之新闻、出版、电影、戏剧、邮电检查办法,扶助出版、报纸、通讯社、戏剧电影事业之发展,一切国营新闻机关与文化事业均确定为全国人民服务。

八、善后救济

(一)迅速恢复收复区之社会秩序,彻底解除人民在沦陷时期所受之压迫与痛苦,制止收复区物价之高涨,严惩接收人员之贪污行为。

(二)迅速修复铁路公路,恢复内河沿海航业,协助因抗战而迁徙之人民还乡,如有必要,并为安顿其住所与职业。

(三)妥善运用联合国善后救济物资,以赈济战灾,分配医药,以防治疾疫,供给种子、肥料,以恢复农耕,由民意机关与人民团体协同主管机关推进其工作。

(四)迅速整理收复区之工厂矿场,保障原有产权,继续开工,使失业工人恢复工作,并谋敌产逆产之合理处置,使后方对抗战有贡献之厂家参与经营。

(五)迅速治理黄河,并修筑其他因战事而破坏及失修之水利。

(六)政府停止兵役及豁免田赋一年之法令,应由各级政府切实执行,严禁变相征发之行为。

九、侨务

(一)对海外各地受敌人摧残而失业之侨胞,应协助其复业,并对其居留国内之眷属生活予以救济。

(二)协助归侨返回原地,便利其复产复业。

(三)恢复并协助海外各地侨胞之教育文化事业,并奖助侨胞子女回国就学。

附记：

1. 凡收复区有争执之地方政府,暂维现状,俟国民政府改组后,依施政纲领政治一项第六、第七、第八三条之规定解决之。

2. 地方参议会、幼师公会及人民团体代表,会同组织人民自由保障委员会,经费由政府补助之。

3. 关于公民宣誓与公职候选人之考试,应依民主国家之通例,即予改订。

4. 行政院所设之最高经济委员会,应参加民间经济专家及有经验之企业家为该会之委员,共策进行。

5. 建议政府撤销硝磺管制。

6. 一、在查明抗战期间由下游迁至后方之工厂,因战事结束停工失业之工人,其遣散费用,由政府酌量补助。二、在战时于兵工器材有贡献之工厂,政府应继续收购其成品,并尽量收购其器材。

7. 修正出版法,将非常时期报纸杂志通讯登记管制办法,管理收复区报纸通讯社杂志电影广播事业暂行办法,戏剧电影检查办法,邮电检查办法等予以废止,并分别减轻电影戏剧音乐之娱乐捐与印花税。

丙、军队国家化问题

一、建军原则

(一)军队属于国家,军人责任在于卫国爱民。

(二)军队建置应依国防需要,并按照国家一般教育及科学与工业之进步,改进其素质与装备。

(三)军队制度应依我国民主政制与国情实行改革。

(四)改善征兵制度,公平普遍实施,并保留一部份募兵制度,加以改善,俾符合高度装备军队之需要。

(五)军队教育应依建军原则办理,永远超出于党派系统及个人关系以外。

二、整军原则

（甲）实行军党分立：（一）禁止一切党派在军队内有公开的或秘密的党团活动，军队内所有个人派系之组织与地方性质之系统亦一并禁止；（二）凡军队中已有党籍之现役军人，于其在职期间不得参加其驻地之党务活动；（三）任何党派及个人不得利用军队为政争之工具；（四）军队内不得有任何特殊组织与活动。

（乙）实行军民分治：（一）凡在军队中任职之现役军人不得兼任行政官吏；（二）实行划分军区，其区域之范围应尽量使与行政区不同；（三）严禁军队干涉政治。

三、实行以政治军办法

（一）在初步整军计划完成时，即改组军事委员会为国防部。隶属于行政院。

（二）国防部长应不以军人为限。

（三）全国军额及军费应经行政院决议，立法院通过。

（四）全国军队应受国防部之统一管辖。

（五）国防部内设一建军委员会，负建军计划及考核之责。（此委员会由各方人士参加）

四、实行整编办法

（一）军事三人小组应照原定计划，尽速商定中共军队整编办法，整编完竣。

（二）中央军队依军政部原定计划，尽速于六个月内完成其九十师之整编。

（三）上两项整编完竣，应再将全国所有军队统一整编为五十师或六十师。

（四）军事委员会内应即设置整编计划考核委员会，由各方人士参加组织之。

丁、修改宪草问题

一、组织审议委员会：

名称：宪草审议委员会。

组织：委员名额二十五人，由协商会议五方面，每方面推五人，另外公推会外专家十人。（参考宪政期成会及宪政实施协进会名单）

职权：政协会设宪草审议委员会根据协商会议拟定之修改原则，并参酌宪政期成会修正案宪政实施协进会研讨结果及各方面所提出之意见，汇综整理，制成五五宪草修正案，提供国民大会采纳。（如有必要时得将修正案提出协商会议协商）

时间：以两个月为限。

二、宪草修改原则

（一）国民大会：

1. 全国选民行使四权名之曰国民大会。

2. 在未实行总统普选制以前，总统由县级省级及中央议会合组选举机关选举之。

3. 总统之罢免以选举总统之同样方法行使之。

4. 创制、复决两权之行使，另以法律规定之。

附注：（第一次国民大会之召集方法由政治协商会议协议之）。

（二）立法院为国家最高立法机关，由选民直接选举之，其职权相当于各民主国家之议会。

（三）监察院为国家最高监察机关，由各省级议会及各民族自治区议会选举之，其职权为行使同意弹劾及监察权。

（四）司法院即为国家最高法院，不兼管司法行政，由大法官若干组织之。大法官由总统提名，经监察院同意任命之，各级法官须超出于党派以外。

（五）考试院用委员制，其委员由总统提名经监察院同意任命之，其职权着重于公务人员及专业人员之考试。考试院委员超出于党派以外。

（六）行政院：

1. 行政院为国家最高行政机关,行政院长由总统提名经立法院同意任命之,行政院对立法院负责。

2. 如立法院对行政院全体不信任时,行政院长或辞职,或提请总统解散立法院,但同一行政院长不得再提请解散立法院。

(七)总统:

1. 总统经行政院决议,得依法发布紧急命令,但须于一个月内报告立法院。

2. 总统召集各院院长会商,不必明文规定。

(八)地方制度:

1. 确定省为地方自治之最高单位。

2. 省与中央权限之划分,依照均权主义规定。

3. 省长民选。

4. 省得制定省宪,但不得与国宪抵触。

(九)人民之权利义务:

1. 凡民主国家人民应享之自由及权利,均应受宪法之保障,不受非法之侵犯。

2. 关于人民自由,如用法律规定,须出之于保障自由之精神,非以限制为目的。

3. 工役应规定于自治法内,不在宪法内规定。

4. 聚居于一定地方之少数民族,应保障其自治权。

(十)选举应列专章,被选年龄定为二十三岁。

(十一)宪章上规定基本国策章,应包括国防、外交、国民经济、文化教育各项目:

1. 国防之目的在保卫国家安全,维护世界和平,全国海陆空军须忠于国家,爱护人民,超出于个人、地方及党派关系以外;

2. 外交原则本独立自主精神,敦睦邦交,履行条约义务,遵守联合国宪章,促进国际合作,确保世界和平;

3. 国民经济应以民生主义为基本原则,国家应保障耕者有其

田,劳动者有职业,企业者有发展之机会,以谋国计民生之均足;

4.文化教育应以发展国民之民族精神,民主精神与科学智能为基本原则,普及并提高一般人民之文化水准,实行教育机会均等,保障学术自由,致力科学发展。(注:以上四项之规定不宜过于烦琐)

(十二)宪法修改权属于立法、监察两院联席会议,修改后之条文应交选举总统之机关复决之。

戊、国民大会问题

(一)民国三十五年五月五日召开国民大会。

(二)第一届国民大会之职权为制定宪法。

(三)宪法之通过,须经出席代表四分之三之同意为之。

(四)依选举法规定之区域及职业代表一千二百名照旧。

(五)台湾、东北等新增各该区域及其职业代表共一百五十名。

(六)增加党派及社会贤达代表七百名,其分配另定之。

(七)总计国民大会之代表为二千零五十名。

(八)依据宪法规定之行宪机关,于宪法颁布六个月内依宪法之规定选举召集之。

上述已得协议之五大问题,政府即将分别实施。现决召集二中全会完成规定手续。

〔国民政府档案〕

16. 国民党党员护党大同盟向二中全会提出对抗政治协商意见传单

(1946年3月1日)

国民党党员护党大同盟对二中全会献言

本党领导革命五十余年,抗战八载,尤为中流砥柱。乃日寇投降以来,各党派百端挑衅,向本党集中放矢,政治协商一幕,实已图穷匕见,四面楚歌,咄咄逼人,节节退让。夫各党派之发泄野心,本不足怪，惟物腐而后虫生，未始非本党之有虚可乘，有隙可蹈也。今二中全会召开，商讨党国大计，本党之革新转捩，实已千钧一发，本同盟愿略陈所见，提供大会参考：

一、化除党内派系实行精诚团结："党外无党，党内无派"，此本党一向之期望，然党外有党，固已有人皆晓，党内有派，又何尝不是事实，允宜对症下药，岂可讳病忌医。夫本党派系繁多，不一而足，壁垒森严，互相嫉视，政学系自命有将，辄欲独揽政治；CC派人称多兵，则在包办党务，举党为之齿冷！同志莫不寒心！意志既形分散，力量从何集中，故今后宜化除派系，精诚团结，兄弟阋墙，外御其侮！

二、遵守民主集权，反对垄断包办：本党数十年来，向主民主集权，乃以派系擅权之故。民主变为包办，集权成为垄断，上至中央委员之选举，下至各级人事之任用，皆不出一二派系之掌握，民主之意见，无由表达，干部之人才，任意扬弃，其影响全党之革命情绪，为何如耶？故今后派系化除，应力行民主集权。

三、严密党的组织，整饬党的纪律：近年以来，本党组织早已有名无实，形同躯壳，党员与党部脱节，党员与民众脱节，党员与党员脱节，一片散沙，不克凝成力量，至纪律废弛，奖惩无方，亦属毋庸讳言，而今而后，惟有以军事化精神，严密组织，整饬纪律，以恢复中华革命党时之精神而符我总裁之企望！

四、发展农工党员，建立下层基础：本党党员，不下数百万之数，然大部皆公教人员及士兵官吏，多半为党所养，而不能养党，其中除党务人员外，鲜从事党的活动，至真正社会基层之农工党员，则其百分比竟不及四十，以致代表全民之本党，漂浮社会上层，流为士大夫集团，以此空虚体系，而欲完成民主宪政，及提高人民生活，谈何容易，故今后本党应大量吸收农工党员，发展农工运动，建立下层基础。

五、淘汰不良份子，扶植新生干部：本党之党政干部，不少昏庸老朽及投机腐化分子,或则凭当年功绩,倚老卖老,已不合时代需要,或则已渗入本党为登龙捷径,唯知升官发财,甚或营私舞弊,贪污违法,丝毫不守党纪,此皆异党攻击本党之口实,而同志灰心愤恨之对象,此辈不良份子不去,本党永无起色,我领袖早见及此,故近数年来,已培植新生力量,以备新陈代谢,然则,本党干部之兴替,此其时乎!

中华民国三十五年三月一日

〔国民党中宣部档案〕

17. 国民党驻港澳总支部报告破坏港九华人工团联合庆祝政协成功大会经过密函

(1946年3月7日)

中央秘书处:×密。分送吴秘书长、中央海外部陈部长钧鉴:查此次中枢召集政协会议,达成和平团结统一民主与整军建国之伟大任务,举国人民莫不感奋。乃本港奸党竟欲仿重庆庆祝会方式,拟滥用名义举行所谓港九华人工团联合庆祝政协会议成功大会,以为奸党宣传。本部据报经即发动港九各侨团以同样事实申请香港政府批示在另一地点举行庆祝会,促港府顾虑治安问题将双方举行之会取消,以打击奸党并设法防止奸党预拟之一切通电。奸党阴谋卒不得逞。而本部同时即发动港九职工互助社、侨港渔船工友总会、侨校复员委员会、港九水陆运输工会等五十二侨团于寅江联电主席致敬,并由中央通讯社拍发各地报刊登载以示侨众归趋。除原电另邮呈外,谨电奉闻。驻港澳总支部主任委员陈素叩。寅阳。香宣。

〔中国国民党中执会档案〕

18. 中统局关于各民主党派庆祝
政协成功大会缓开原因情报

（1946年3月9日）

据报：关于所谓政治协商陪都各界协进会所发动之庆祝政治协商成功大会，自上次在较场口发生纠纷后曾拟再度举行，惟迄未实现。最近民主同盟罗隆基出医院后，曾询及此事。章乃器当告以在政府对较场口事件未有正式表示是政治解决或法律解决以前，拟暂缓召开。周恩来离渝前曾探视李公朴，并对李表示："你还是多静养些时间，等些天你能出场了，我们绝对还要举行庆祝，并且还得请你作主席。"故庆祝政协其他党派虽有意举行，但在何时尚未定，因中央及民盟方面全在等二中全会对政协议案究作如何表示？如果顺利通过，即开始再度庆祝；如二中全会对政协议案发生波折，依中共代表王若飞意是要举行全国性之示威，要求国民政府实行政协决议，则非庆祝矣。

〔中统局档案〕

19. 中统局关于国军干部反对政协决议情报

（1946年3月12日）

国军干部反对政协决议之谣言

重庆二月十二日讯

据陪都各界人士谣言：政协决议发表后，多数国军干部咸表愤慨，成都军校学生群情哗然，认为各党派为免除刺激，避用联合政府及联合统帅部名辞，事实上改组后之国府委员会及国防部即无异中共主张之联合政府与联合统帅部之实现。本党革命任务尚未完成，委座领导抗战功垂万世，况还政于民而不能还政于各党派，为本党之一贯主张，曾经委座郑重昭示于国人，他以各党派奴奴之口遽变初衷，似未免失计，抑有进者，改组后之国防部长不限于军人充任,是岂非宋太祖杯酒释兵权之故技。各党派高呼拥护蒋主席之口号,恐口是而心非,意在逐渐减消委座权力,以法共对戴高乐之手段对委座。是可忍,孰不可忍云云。

自新华日报登载黄埔师长以上人员联合反对政协决议,胡宗南并有电到渝之后,上项谣言传播益广。最近且传胡宗南未经电呈委座同意,径自愤而回浙。委座得悉群情愤激,遂决定在京召开军事会议,听取各干部将领意见云。

〔中统局档案〕

20. 中国国民党六届二中全会关于政治协商会议报告决议案

(1946年3月)

抗战胜利以后,和平建国为举国一致之要求,尤以本党继承总理遗志实现三民主义应完成之历史使命,爰由国民政府召集政治协商会议,冀以政治方式消除一切纠纷,保障和平统一完成建国之大业,故在协商进程中,凡属国家民族利益所在,本党均不惜以最大之容忍,为多方之退让,委曲求全,俾底于成其所协议诸端。本党秉为国为民之夙愿,自当竭诚信守,努力实践,惟是体察当前之情势与立国永久之大计,关于左列各点特致殷恳之企望。

一、国民政府既须改组容纳各党派分子参加,各党派均应一本忠诚为国家之和平统一民主建设而共同努力,尤其属望中国共产党切实依照协议在其所占区域内首先停止一切暴行,实行民主,容许人民有身体、思想、宗教、信仰、言论、出版、集会、结社、居住、迁徙、通讯之自由及各党派公开活动,使政治民主化之原则不致因任何障碍而不能普遍实现。

二、军队国家化,乃和平建国之先决条件。此次军事小组所订之"军队整编及统编中共部队为国军之基本方案",中国共产党务须切实履行,尤其目前一切停止冲突,恢复交通之成议必须迅确实现,封锁围城,征兵扩军及军队之调动必须即刻停止,俾全国秩序得以恢复,人民痛苦得以苏解,"军队国家化"之障碍得以首先扫除。

三、三民主义为建国最高原则,早为全国所遵奉,已为此次政治协商会议所共认。而五权宪法乃三民主义之具体方法,实有不可分离之关系。权能分职,五权分立,尤为五权宪法之基本原则。本党五十年来领导革命悉为实现此最进步之政治制度,以建立国家而奋斗绝不容有所违背。所有对于五五宪章之任何修正意见皆应依照建国大纲与五权宪法之基本原则而拟订,提由国民大会讨论决定,庶宪政之民规得以永久奠定。

总之,此次政治协商会议以和平建国为目的,则于各项协议之实现进程中,凡有足为和平建国之障碍者,胥必力为排除,乃能措国家于磐石之安而跻人民于康乐之境。本党矢以贞恒勉尽职责,并愿各党派共体时艰,相与开诚协力以赴之。

〔国民党中宣部档案〕

(二)撕毁政协决议召集国民参政会

1. 中统局关于中国国民党民主同志联合会揭露召开第四届国民参政会本质情报

(1945年7月21日)

渝市发现"中国国民党民主同志联合会"发言人对于第四届国民参政会开会的谈话。

中国民主同盟发表该盟中委谭平山(亦本党党员)所组织之中国国民党民主同志联合会印发"对于第四届国民参政会开会"的谈话,内容荒谬异常。兹录其全文如次:

中国国民党民主同志联合会发言人对于第四届国民参政会开会的谈话:第四届国民参政会快要开会了。今年以来,从本党的六全大会到第四届国民参政会,及行将召开的国民大会,是一般所谓本党一九四五年民主诺言实践阶梯。这项诺言是在全国人民一致要求民主团结与举世盟邦热切期待我国团结进步的呼唤中产生的。这项诺言的具体意义,其第一步便是尽速结束党治。

我们必须郑重指出:只有依据民主原则立即实行各种必要的改革才是诚意履践诺言的基础,也只有遵循民主方式和平解决国内政治问题乃为达到真诚团结的切实保障。这是两个先决条件。全国的人民都在以极大的忍耐注视着这两个先决条件的实现,并以之评衡所谓"民主诺言"的真伪。

事实如何呢?我们见到了人民基本自由权利之被剥夺日益加甚,这不啻为第一个考验的回答;由于六全大会之表里两歧,言行相反,致使政治的危机日益加深,这又不啻为第二个考验的说明。

本会对于六全大会,在召开之初曾致建议书,在开幕之后,又曾予以严正批判,谅早为国人所共见。兹对于即将开幕的第四届国民参政会之事件,我们愿以我们的意见贡献国人,并唤起警觉。

参政会由点缀门面渐变而为御用机关之后,其开会与否本与国计民生无干,久已为各党各派及全国人民所不重视,但此次我们应该提起注意的是:六全大会制定了于本年十一月十二日召开国民大会的决议,并将召开国民大会的问题付与国民参政会商讨。而关于国民大会的代表及职权问题,则由中央执行委员会或中常会决定。这一套假国民参政会之名以制造国民大会,复假国民大会之名以遂行独裁之实的把戏,实足以加深时局的危机,促成国家的分裂。

我们所要求的国民大会,是在抗战胜利、军事结束,全国人民能本自由意志实行普选所产生而能代表民意之代表所组成的国民大会。我们坚决的相信目前只有依据民主的原则,立即实行各种必须的改革,确实保障人民基本自由权利,并以民主的方式组织全国一致的民主政府,达成全国真正的团结,这才是解决国是,提早胜利之道,其他一切欺骗伪装、恐吓威胁的手段,都是徒增纠纷,自取败亡。我们愿以无限的热忱,号召一切,总理中山先生的忠实信徒,为实现总理未竟的革命事业而奋斗。

〔中统局档案〕

2. 中统局报告民主同盟揭露蒋介石利用参政会为工具收拾人心情报

(1946年1月24日)

民主同盟对参政会改选意见

左舜生、章伯钧、卢广声等于一月五日在中山新村章宅商讨参政员问题。章伯钧认为:国共谈判虽已停顿,但对共产党终已让步,因此中国民主同盟亦应乘此时机发表意见,使政府对参政员问题能多容纳各党派之人员。左舜生则认为:参政会并无多大作用,依各方面观察,目前蒋先生正想利用参政会为"工具"来作讨价还价第十三次会议检讨关于接收敌伪物资及产业问题。当决议建议政府组织接收工作调查团，其组织办法由主席团拟订，提交大会通过。第十四次至第二十一次会议陆续讨论各项提案，其中关于接受问题者凡七件：一为主席团根据第十三次会议之决议所提组织接受工作调查团案；另六件则为各参政员所提关于撤查各地接收舞弊失职人员等案。此七案经于第十九及第二十一两次会议合并讨论通过组织接收工作调查团办法八条。至参加调查团人选及调查细则则交由大会休会期间驻会委员会决定。

除以上七条外，大会通过之建议案：关于军事国防者二十一件，内送请政府参考者四件；关于外交国际者十五件，内送请政府参考者一件；关于内政、地政、蒙藏者六十三件，内送请政府参考者六件，交本会驻会委员会办理者一件；关于财政、经济、粮食者一百四十件，内送请政府参考者四件；关于教育、文化者五十四件，内送请政府参考者五件；关于交通、农林、水利者六十六件，内送请政府参考者四件；关于社会救济、司法卫生者六十四件，内送请政府参考者二件；关于政治协商会议及停止军事冲突者十三件，合计凡四百三十六件。又大会先后通过电蒋主席致敬、电谢马歇尔将军及电谢驻华美军等三案，均经秘书处拟具电文提交大会通过后发出。至政府各项施政报告及政治协商会议与停止军事冲突、整编军队等报告亦经大会分别决议，胪陈应行注意事项及本会同人之期望，以供政府采择。

四月一日上午第十八次会议，蒋主席出席作政治报告，首述政府于日人投降后争取国际与国内和平之种种措施；次就东北、伊宁及宪法草案等问题说明政府处理之经过情形。报告毕，经大会一致决议拥护政府处理以上各问题之方针。

四月二日上午第二十次会议，主席团报告本会经济建设策进会及宪政实施协进会结束情形，略称：前者系于三十二年十一月由前经济动员策进会改组成立，协助政府推进经济建设等工作，兹因任务告一段落,经主席团决定不予继续设立,该会各地办事处及总会均分别于五月底及六月底以前办理结束。后者系于三十二年十一月间奉令成立,主要工作为研讨宪法草案,考察民意机关之设置及人民权利义务办理情形。现国民大会召开在即,该会任务大都终了,除先于三十四年十二月底将在全国所设各考察区先行结束外,该会秘书处亦经签准于本年三月底办理结束。

大会休会期间,驻会委员之选举亦于第二十次会议举行,结果林参政员虎等三十一人当选。是日下午五时第二十一次会议完毕,大会即举行休会式,由江主席庸致休会词,说明此次大会之特色,为重视建国工作,嗣由陈参政员裕光代表全体参政员致词,希望政府对于通过之建议案能切实采择施行。词毕,大会遂于热烈掌声中闭幕。

〔国民参政会档案〕

4. 莫德惠在国民参政会四届二次大会开幕式上致开幕词

(1946年3月20日)

今天国民参政会第四届第二次大会开会,这是在抗战胜利后首次集会,同人聚晤一堂实在有无限的愉快无限的兴奋。可是我们能够得到这样的愉快和兴奋决非偶然,更不是侥幸的,而是英勇将士不顾生死,忠义同胞不惜牺牲,经过八年奋斗争取来的。这全赖我们蒋主席精诚感召,英明领导之所致。所以我们在抗战胜利后首次集会的今天,应该代表全国民众谨向蒋主席致其崇高的敬意,同时并向英勇将士和忠义同胞表示酬功报德之忱。同人们在这八年艰苦抗战的过程里也都是几经患难,倍历艰辛,今天能够亲眼得见国家胜利,民族复兴,亦可以引为自慰。

回想自本会在武汉开会以来,为时已历八年之久,开会也有十一次之多,每次的会议都有重要的使命和收获。但是,这次集会的意义更为重大,因为从前工作重心是以争取胜利为前提,今后工作与收拾人心之把戏,何必为毫无作用之事开罪政府,对本身亦无好处,主张静观。卢广声与左舜生取同一观点,因此卢、章两人不欢而散。

〔中统局档案〕

3. 国民参政会第四届第二次大会开会经过

(1946年3月20日)

国民参政会第四届第二次大会奉令于三十五年三月二十日召集。此为本会成立后第十二次大会,亦即抗战胜利后第一次大会。过去八年,本会同人团结意志,集中力量,协助政府抗战,贡献甚大,战时任务业已达成。惟战后复员与建设工作经纬万端,其繁复与艰巨尤甚于战时,政府需要本会之协助亦甚于战时,因之,此次大会之意义较前更为重大。

按本届参政会,除因死亡,改任官吏,或省市参议员等出缺八名外,实额凡二百八十二人。此次大会出席者二百三十四人,达百分之八十以上,未与会之参政员多系因病或远在国外未及赶到。张主席伯苓即因赴美就医,未能出席此次大会。

开会前二日,即三月十八日秘书处邀请各参政员举行谈话会于重庆林森路军事委员会大礼堂,对于大会各项事宜交换意见,并推举胡庶华、傅斯年、彭革陈、王普涵、尹述贤、何基鸿、罗衡、唐国桢八参政员起草大会开会式、参政员代表致词。

三月二十日上午九时大会开会式举行于军事委员会大礼堂,出席参政员一百七十人,中枢首长、各国使节、各界来宾及新闻记者亦多参加。首由莫主席德惠致开会词,略称:我国抗战胜利全赖蒋主席英明领导与英勇将士及忠义同胞不惜牺牲之所致,本人应代表全国民众向蒋主席表示崇高敬意,并向英勇将士与忠义同胞表示酬功报德之忱。继由蒋主席致训词,称赞参政会在抗战期间协助政府之功绩,并望本次大会多做积极具体之建议及贡献,实际可行之办法。最后由何参政员基鸿代表全体参政员宣读答词,列举各项对于时局之意见,旋即礼成。

大会会期凡十四日,共开全体会议二十一次,自第一次至第十二次会议听取政府长官施政报告或其他专题报告:计第一次为俞部长飞鹏交通报告,第二次为翁部长文灏经济报告,第三次为宋院长子文施政报告,第四次为陈部长诚军事报告,第五次为本会邵秘书长力子以出席政协会政府代表资格作关于政治协商会议之报告,张主席群以军事三人小组政府代表资格作关于停止军事冲突暨军队整编之报告,第六次为王部长世杰外交报告,第七次为周部长诒春农林报告、谢部长冠生司法行政报告,第八次为谷部长正纲社会报告,第九次为俞部长鸿钧财政报告,第十次为徐部长堪粮食报告,第十一次为朱部长家骅教育报告,第十二次为张部长厉生内政报告、浦副署长薛凤善后救济报告。每次报告毕,各参政员依法提出询问案,均经报告长官口头答复或以书面答复。总计此次大会各参政员所提询问案凡六百九十六件,较上次大会尤多,其中关于交通者七十四件,关于经济者六十六件,关于行政院施政报告者六十九件,关于军事者三十八件,关于政治协商会议及停止军事冲突与军队整编者五十件,关于外交者四十五件,关于农林者四十一件,关于司法者三十六件,关于社会者七件,关于财政者九十三件,关于粮食者五十六件,关于教育者六十件,关于内政者三十四件,关于善后救济者二十七件。

第十次会议后,停开大会两日,审查各项议案,照往例分为五个审查会外,并设三个特种审查会,同时进行其各别审查之范围,根据上届驻会委员会之决定较前略有变更。第一特种审查会除物资、物价等案外,并审查原属第四审查会之交通、农林、水利等案。第三特种审查会系此次增设,专审查关于政治协商会议及停止军事冲突等案。各审查会委员及召集人名单均经主席团于第十二次会议提出通过,其审查意见则陆续提交以后各次会议讨论。

目标要以如何建国为对象。抗战的工作固属不易,建国的工作尤其困难,凡百措施都是至艰至巨,千头万绪,转觉不知从何说起。本席仅就个人感想所及,认为当前最迫切的最紧要的约有两点:

第一是宪法:宪法为国家根本大法。在抗战时期我们已经特别注意,曾于第五次大会组织了宪政期成会。对于宪法草案不但讨论非常的热烈,尽量的发挥了意见,而且提出修正案及建议案。到第九次大会又成立了宪政实施协进会,研讨宪草更为详尽,并且推进宪政实施工作,向政府也提出不少有关宪政筹备的建议,就是这次政治协商会议,也是拿宪政实施协进会对于五五宪草研讨的结果,作为有力的参考资料,足见国人对于宪政之关切。今年五月五日为开始制定宪法的日子,由今天算起,只有一个半月时间很急迫了,所以我们在这次集会更应聚精会神悉心研讨,不厌求详,作最后的努力。本席以为制宪固难,而制可行之宪法更难,万勿再踏民国初年的覆辙,制法毁法,引起无数的纠纷,人民受其痛苦,国家受其损害,我们绝不能忘掉过去失败的经验与教训。前事不忘后事之师。今后国家治乱兴衰,就在此一举。因此,我们要在三民主义之下,不违背五权制度的原则,平心静气审情度势,要顾虑周详来制定一个适合国情的优良宪法。我们不但要制宪,而且要行宪,行之而能顺利,这才是唯一希望。

第二是经济:经济问题关系国计民生至重且大,战时要紧,战后更要紧。本会同人向来是特别注意着,看每次大会听取政府各部门施政报告之后,所提出的询问案至于经济方面者为最多,所有通过的建议案其中属于经济部门者几占全部提案十分之三四,我们的工作不但见于言论,并且见于行动。在第八次大会的时候,鉴于战时经济极为严重,曾设置国民参政会经济动员策进会,推行经济动员业务。追第九次大会为了经济建设工作的进展,又改设经济建设策进会分区办事协助政府倡导人民,以期奠定战时经济建设的基础。我们虽然不敢夸张有什么了不得的成就,而在我同人确是尽了最大的努力。现在经济问题的严重性仍未减于战时,若不急图补救,则国计民生必将受到无穷的损害。国际经济学者常常在讲战后经济,各国必有一番最困难的阶段,我国亦岂能例外,所以当今战事甫告结束,而建国前途经济第一。凡我同人尤其同人中之经济专家更应多多偏劳,本着素日报国救民的宏愿,尽量发挥富国利民的主张。本席以为我国地利之富饶,人力之充实,若能遵照国父实业计划,树立适合国情的经济政策,彻底普遍实行,使地尽其利,货畅其流,以调剂物资,配合民生,增加生产,不难使人人自给自足。这是吾人必具之信念,亟应淬励,亟应奋勉,督责政府来完成任务。

以上两点,乃是检讨既往,策励将来。而在此次的集会是继往开来,负有光荣伟大的时代使命,我们自应继续本着抗战胜利的精神,谋建国必成的远图。那么关于内政方面应当如何运用行政上一切的力量才能得到地方的安宁,所有措施又应当如何整饬刷新才能得到修明的政治。关于外交方面,应当如何促进国际合作,增强友好关系,即如东北地区应当如何加紧进行交涉,才能迅速圆满接收,以解除东北同胞之痛苦。关于当前复员工作,救济问题以及军政、财政、教育、交通诸大端又应当如何来建设,才能尽善尽美,这都要我们尽其知无不言、言无不尽之责,以更大的努力,求得更卓越的成果,才不负八年前共赴国难之初衷,才不负全国同胞殷殷的期待。此外,还希望各部会长官对于施政报告务要胪叙事实剀切说明,使同人得有依据,以为建议之参考,并望舆论界人士多多予以鼓励的批评,使我们能做更有效的贡献,以期三民主义的民主政治新中国早日实现,得以维持世界的永久和平。

〔国民参政会档案〕

5. 蒋介石在国民参政会四届二次大会开幕式上致训辞

（1946年3月20日）

主席、各位参政员先生：

今天是第四届参政会第二次大会集会的第一日。经过了多时的阔别，本席又得与各位聚首一堂，甚为快慰。我们参政会对于拥护抗战国策，协助抗战成功，其贡献是特别伟大。我在今天要向贵会首先表示的，我们八年抗战全国同胞和全体官兵流血牺牲，对于国家民族的贡献固将永垂不朽。此外，还有两点是达成我们持久抗战成功的重要因素：第一，就是我们参政会在抗战期间团结意志，集中力量，不辞任何艰难，拥护抗战到底的国策始终不渝，以底于成。其次，我们不能不提到抗战重要根据地的四川所贡献的人力最多，物力最大，而重庆的男女老幼同胞忍受敌寇最猛烈的轰炸，不惜牺牲一切生命财产与政府同生死共甘苦，百折不挠，再接再厉，其可歌可泣的志节，真足以动天地而泣鬼神。这都是将来抗战史上值得大书特书的功绩，亦是本席所亲自经历而没齿难忘的。因此，在抗战胜利结束以后的今天，我们要表示对四川省同胞的感佩。我更要对参政会致崇高的敬意。

上次参政会大会举行于去年七七纪念日，本席当时曾以争取民族自由，维护国家独立，加速敌寇崩溃，树立宪政规模的重大使命，对贵会致深切的期望。上次大会开会不久，日本无条件投降了。我们抗战终于得到胜利的结束。现在所尚未成功的，就是复员善后，恢复交通，安定地方，解除人民痛苦和实施宪政，完成建国工作的问题。这在贵会集会于抗战胜利结束之后，又正在召开国民大会制颁宪法实施宪政以前，意义是特别重大，任务也特别艰巨。

政府各部门的行政措施，主管各部门当向贵会报告。本席所要向贵会提出的是国家在战后所处的环境与复员工作的进行。本席在抗战结束以前就常说：战后的工作较之战时更为艰难，我们作战时间这样长久，作战地带的损害如此惨重，一旦复员，要将战时体制改变为平时，要将经过大破坏、大损害的人力、物力、地力苏复过来，要将久受敌伪蹂躏的地方回复秩序，已是千头万绪，工作纷繁，何况还要遭遇内在的各种障碍和困难。首先是军令、政令不能完全统一；其次是复员要件的交通设备，胜利前后都受了严重的破坏，而其间不了解政府处境和苦心的又用种种方法阻挠复员工作的推进，又加上复员所需要的人才准备和物资准备不无欠缺，致使复员工作旷日持久，不能圆满进行。我们全国人民在战后所受的痛苦，诸如灾荒遍地、物价高涨、地方不安宁、生活无保障，流离的不能还乡，有业者不能乐业，在若干地带竟较之战时更为严重。真所谓如水益深，如火益热，这实在是最可痛心的现象。政府为了拯救人民的痛苦，确保胜利的成果，认为复员和建设，需要有和平安定的环境，需要有全国一致的努力。因之一方面在人力、财力万分困难的情形之下竭尽一切可能，排除一切障碍来推动复员工作；另一方面尤其不得不委曲求全，容忍退让，用政治的方法达成国家的和平统一，使各方面的异见趋于和洽，人为的困难和障碍得以消除，更因为鉴于抗战期内痛苦之深，牺牲之重，情势之危以及战后立国的艰难，政府深深觉得应该以剑及履及的精神于最短期内开始一切建设，使中国成为一个和平统一民主富强的现代国家。非如此，不足以厕身于国际社会之林。政府这种对整个国家整个民族负责任的苦心孤诣，必为今日在座各位先生所深切领会而衷诚拥护的。

基于上述的目标，政府在抗战结束以后就致力于和平统一的工作，尤其着重于团结意志集中力量的工作，使各党各派及社会贤达均有参预国政的机会，同时对于国民大会的召集，务使其圆满进行。政府本年一月间有政治协商会议的召集，对于政府组织和平建国纲领、整军方案、宪草及有关国民大会召集事项等五大问题都有了开诚的商讨，就是要开启和平建国的途径，停止军事冲突恢复交通命令的颁布，军事调处执行部的成立以及军事三人小组关于军队整编及统编共军为国军的基本方案的订定也无不循着这一个目标而进行。虽然当前的现象对于国家和平统一的目标还存在着不少的困难,但是我们中国如果要独立生存于世界,要保持艰苦抗战的成果,本席敢言上述的方针是与当时持久抗战的国策同等重要,必须全国一致以最大的忍耐、最大的诚意排除万难以促其成功的。

中国今日最大的要求和全体人民最迫切的需要,无过于复员善后之完成与建设工作之开始。抗战胜利到现在已经有七个月了,复员善后建设工作绝不容再有任何的阻碍和耽误,人民的痛苦和地方的扰乱更必须迅速予以解决。因之,政府现时所欲致力之重点,在对内方面是:(甲)恢复全国秩序,解除人民痛苦,稳定经济,安定民生,以开始经济建设;(乙)力求停止军事冲突及恢复交通命令之全部贯彻与军事三人小组所商定整军基本方案之实施,使军令政令得以统一,全国同胞得有休养生息之机会;(丙)五月五日召开国民大会必须如期举行,以达成我们多年来实施宪政的夙愿。至于对国际关系上说:我们必须贯彻抗战初志,力求国家领土主权行政之完整,诚意履行与各盟邦所已订立之条约,拥护联合国宪章,促成国际合作,以巩固世界和平。凡此四者皆系针对国内外情势之发展与夫根据全国上下普遍一致的要求而决定。贵会在宪政实施以前实为全国最高的民意机关,亦是最能表达人民公意的唯一机关,希望体察国家当前的环境,对于上述各点与以一致的协助。

本席还要提出的在贵会上次开会后八个月中间,驻会参政员实有最大的贡献,在战事结束以后国内外局势均有极大的变化,政府在这期间的一切肆应也就特别的繁重而艰巨,但参政会与政府之间的密切联系,却是始终一贯,不但丝毫没有间隔,而且始终匡辅政府,补正不少的缺点。在贵会闭会期间,各位驻会参政员对于政府的措施随时作客观而真切的检讨,贡献宝贵的意见,真诚孚洽的精神已为我国将来实施宪政奠立了良好的规模,比之西方各国议会与政府之间的关系,可谓已无愧色,实在应该继续保持而发扬光大的。

最后,本席要恳切的向各位说几点具体坦白的意见,检讨历次参政会的建议,政府方面凡是可以采纳的无不切实执行。这一次会议正在战事结束复员未完的期间来举行,国家的建设和地方的秩序有待改进和恢复的事项必不在少。各位参政员此次集会陪都来自各省闻见较切,所要建议的事项也必更为宏大。政府准备接纳嘉言,以济国家的艰危,解除人民的痛苦。政府希望贵会的一切决议全部见之实施。因此,本席希望于本次大会的:(甲)把握重点,多作积极具体的建议;(乙)注意现实,以贡献实际可行而且行之必成的办法;(丙)地方困苦的解除,惟有从全国安定发展中求之。参政会是全国性的民意机关,各位不仅是代表一个地区或一种职业,而实是代表全国的人民,所以关于解除地方痛苦与增进地方福利的一切建议,都要顾及国家整个利益与实际情况,权衡其轻重缓急之所宜而发抒谠论提供方案。以上三事,本席特代表政府转达此种诚恳的希望,亟待各位贡献其宏谟,并望指陈缺失,俾政府各部门得以洞悉民隐,力求改进而善尽其职责。谨祝贵会成功和各位先生的健康。

〔国民参政会档案〕

6. 何基鸿在国民参政会四届二次大会开幕式上演说词

(1946年3月20日)

主席、各位先生、各位同人:

本会这一次大会是成立以来的第十二次大会,也是抗战胜利以后的第一次大会。我们回想过去的九年当中,正是中华民族生死存亡的关头,我政府以大无畏的精神发动神圣的抗战,虽受祸惨烈,为人类历史所仅见,然抗战必胜之心迄未动摇,举国一致在蒋主席领导之下,将士忠勇效命,为国捐躯,公教人员含辛茹苦,黾勉服务人民,国而忘家,不惜牺牲,卒能博得盟邦的同情与援助,驱逐了残暴敌寇,光复了锦绣山河。我们刚才已向高瞻远瞩指挥若定的元首谨致崇高之敬意,同时对于全国军民和世界的盟友也谨致慰劳和感念之热忱。

本会同人八年以来以风雨同舟的精神,对于政府应兴应革的事无不竭忠衡虑,知无不言,言论不尽;对于国家民族亦略尽棉〔绵〕薄之力。这也是我们可以自慰的地方。不过抗战虽已胜利的结束,而建国正待着光荣的开始,我们需要建设一个庄严灿烂的三民主义的新中国。这是全国人士一致的愿望。现在正当政府以全力执行这一个任务的时候,刚才又听了蒋主席的训辞,本会同人极感兴奋,愿趁此机会表达同人等对于时局的几点意见:

一、我国抗战八年,地方备受摧残,人民痛苦已达极点,加以疾疫流行,饥馑洊臻,死之相继惨不忍言,而接收敌伪物资和产业的人员又复不能尽为民意,同人来自民间触目惊心。此次仍当本已往不避劳怨之精神,据实检讨,立请施行,以解倒悬。

二、大战之后,无论战胜战败的国家都有疮痍未复,民困待复之现象,尤其在工业幼稚,产业落后的中国更属难关重重,险象环生,必须国内求得和平,然后民生方能安定,倘有任意破坏,继续以痛苦加诸人民者,无论来自何方,决非本会同人及全国民众所能忍受。东北各省以及边疆现状,最为全国人民所关怀,甚望政府一本亲仁善邻之旨,依据中苏友好条约切实交涉,以确保领土与行政主权之完整,尤宜将全部真象随时公布以安人心。

三、政治协商会议系政府对训政时期过渡于宪政的一种办法,在国民大会尚未召开,宪法尚未颁布之前,本会为全国最高民意机关,对于协商事件之检讨与审议,实有无可旁贷之责。

四、国民大会行将召开,同人认为宪法为国家百年根本大法,实施宪政尤为举国迫切要求。本会上次大会关于国民大会建议案之精神,政府未多予采纳,事关国家民族前途,同人忝为人民代表,对此问题至为关切,拟请政府将国民大会有关问题提交大会审议,以期合理决定。

总之,此次大会实较以前历次会议尤为重要,同人当再尽为民喉舌之责,以慰全国人民之望。蒋主席刚才指示各点,本会同人敬谨接受,敬祝蒋主席健康,此次大会成功。

〔国民参政会档案〕

7. 蒋介石在国民参政会四届二次会议上作政治报告(要点)

(1946年4月1日)

各位参政员同人:日本投降抗战结束至今已逾半年,政府在此半年之中争取国际与国内和平的措施可分为下列的六项:

(一)为求世界的和平与安全,与各友邦共同签署联合国宪草,促成联合国组织,参加安全理事会,以期重建国际正义与法律的秩序。

(二)为求国家四邻亲睦,四境安定,与有关各国共谋边疆悬案的解决,尤以中苏友好同盟条约订立,使边境毗连的两大国家获得和平合作之道。

(三)为求国内各民族的自由平等,对于省区以外各民族具备自治的能力与独立的意志,而在经济上、政治上达到了可以独立程度之时,扶助其独立自治。对于省区以内各民族在政治上、法律上一律予以平等,在信仰上、经济上亦予以充分自由。

(四)为求国内社会秩序的安定,党派纷争的口息,并提早训政的结束与宪政的实施,本于"政治问题应以政治方法解决"的一贯方针,召集政治协商会议,共商召开国民大会的方法,研讨宪法草案的原则,并决定在宪政实施之前扩大国民政府的基础,要求各党派人士及社会贤达共同参加,更拟订和平建国纲领,以为此过渡时期施政的准绳。

(五)为停止国内军事冲突,颁发停止冲突恢复交通的命令,并设立军事调处执行部,以贯彻停战命令。

(六)为实施军事复员计划,并统编中共独立军队使其加入国军,以确保军队编制与军令之统一,由军事小组会议订定整编及统编方案,政府对于方案信守不渝,而其中有关国军的部分已依其所定的步骤切实实施。

上述六项都是为寻求和平统一的道路而努力和平统一的方针,如能贯彻,建国的大业就可以顺利的进行和平统一的努力;如遭挫折,国家民族的危机也就日甚一日。各位对于这些关系国家存亡的问题自必予以深切的关怀。外交方面,已由王部长向大会报告了。政治协商会议的协议,已由邵秘书长报告。各位,本席现在要就东北问题最近的发展,新疆的伊宁事变的经过以及其解决的办法和政治协商会议、宪法草案修正原则商讨的经过简单说明。我们知道,东北与新疆问题对国家的和平统一皆有重大的影响。而宪法是国家组织的根本大法。这三个问题是今日中国外交政治最重要的问题。本席认为有向大会剀切陈述的必要:

一、东北问题最近的发展:

东北问题,在本质上是一个外交问题。问题的焦点在我们中国国民政府依照中苏友好同盟条约的精神及附件的规定接收在东北的主权。东北主权接收的经过已由外交部王部长另作报告,此刻无须重述。本席要特为补充的,就是最近中苏两国政府交换的文件。苏联大使于上月二十二日照会外交部:"苏联政府通知中国政府,苏军依照政府的决定,本年四月底将自满州〔洲〕撤退完毕。"外交部已于上月二十七日照覆:"中国政府为谋便利苏方起见,对于苏军于本年四月底自满州〔洲〕撤退完毕,可予同意,请苏方将苏军自各地点撤退之日期通知我方,并于撤退时根据中苏友好同盟条约的精神对中国政府接防军队予以便利与协助。"外交部王部长又于同日面告苏联大使:"现在距离苏军撤完日期尚有一月有余,且东北铁路纵横,交通便利,中国政府军队足能于苏军撤退以前到达苏军所要撤退的各地区,请苏联政府电知东北苏军司令部迅与我军事代表团董彦平中将商订交接各地防务的办法,以便我军能于接收时获得苏方之协助。"这就是中苏关于东北接收主权问题最近交涉的经过。

本席深信各位同人听见了这个报告以后,对于东北情势的澄清一定怀抱着很大的希望。我们始终认定中苏两国和平合作不独是两国共同的需要,并且是远东和平,世界安全的基本条件。本席更确信苏联之需要和平以利建设,正与我们中国相同。我们中国必须获得苏联的和平合作。至于一地一事的波折,都不能动摇我们的信心。中苏两国和平合作的根据,就是中苏友好同盟条约及其附件。我们惟有遵守条约及其附件的精神,然期望苏联共同践履条约及其附件的精神。这是中苏两国和平合作的基础也。就是我们两国对于远东和平,世界安全宝贵的贡献。

其次,说到东北内政问题。我们可以说,东北九省在主权的接收没有完成以前,没有什么内政问题可言。如果有人在东北主权没有收回,外交问题没有解决期间提出内政问题,即对中央交涉的条件在这时候必要妨碍我们主权的接收,加重外交的困难,那就不知道他的用意何在了?如果在这样外交形势之下,而国内党派之中还有藉着外交这样困难的局势来要求政府必要承认他非法的地位和特殊的权利,求得其私人或党派的利益而置国【家】生死存亡于不顾,这种害国殃民的工作是万万做不得的。我们中央对于东北的职责,现在只有接收领土,恢复主权行政的完整。这不仅是政府的责任,并且是国家民族的要求。东北人民在日本侵略军队和伪满统治之下离开了祖国至十四年之久,他们现在唯一的希望是中华民国的主权行政能够在东北九省完全行使,让他们重新受本国法律的保障,做中华民国自由的公民。东北人民在国家主权恢复行政完整的时候,自能依国家的法令,当然享有地方自治之权。但是现在东北真正爱国的同胞谁都不愿在这个时候藉地方自治的名义来阻碍政府的接收主权，分裂东北的领土，这是出于他们爱国至诚的愿望，我们万不能辜负他们的。

十四年来，东北军民在中国国民党党员领导之下武装反抗日本侵略和压迫，因而牺牲者自九一八至日本投降之日止，这十四年之间死亡与被囚的人数除了十余万军队官兵不计外，而中国国民党所牺牲的干部张涛（吉林省党部委员兼书记长）、韦仲达（辽宁省督导员）、于中和（东北党务办事处委员）、萧达三（黑龙江省党部主任委员）等乃达一千四百三十二人之多。当时日本和伪满的控制是一天一天的加强，民众武装活动和同志们地下工作也一天一天的困难，但是到了日本投降的时候，吉林、长春、哈尔滨的日伪监狱出狱的中国国民党党员还有二千七百人。试问，共产党籍的党员究有几人？东北人民对于中国国民党的信任，中国国民党党员在东北艰苦奋斗的成绩，这些数目字，就是最确切的证明。

在日本占领东北的时期，共产党并没有什么武装力量。自日本投降以后，东北才有中共部队的发现，从热河方面开进东北的中共部队乃持有少数武器，而从烟台渡海的中共部队那都是徒手过去的。这几种部队合起来就是他们所谓"民主联盟"。现在他们唯一的工作，就是妨害中苏友好同盟条约的实行也就是威胁远东和平与世界安全。我们国民政府为了国家主权，为了国际和平，对于共产党所谓"民主联军"这样阻碍接收主权的行动，和他所谓"民选政府"的非法组织，我们政府和人民决不能承认的。如其果能照整编与统编方案实践履行而不妨碍政府接收主权的行动，那我们政府自以与人为善之心，应予以正大光明的出路和效忠祖国的机会。这是我们对东北问题必须明白认识，确实把握的一点。

本年一月十日，政府代表与中共代表在马歇尔将军协助之下会同声明停止冲突恢复交通的办法规定："停止冲突命令第二节对于国民政府军队为恢复主权而开入东北九省或东北九省境内调动并不影响"。这个条款，就是根据上述的认识而成立，至今仍然有效。然而东北的中共部队,现在在东北各地阻碍政府接收主权的行动层出不穷,引起武装冲突,破坏地方的社会秩序,损害人民的生命财产,这是我们非常痛心的事情。国民政府顾念地方的疾苦,希望军事调处执行部慎选执行小组派赴东北停止当地的军事冲突。自上月十一日马歇尔将军向军事三人小组会议提议开始,至上月二十七日止,经过多次会议乃成立协议在下列条件下由军事调处执行部慎选执行小组前赴东北:(一)小组之任务,仅限于军事调处工作;(二)小组应在政府军队及中共军队地区工作,并避免进入仍为苏军驻留之地区;(三)小组应前往冲突地点或政府军与中共军密接地点,使其停止冲突,并作必要及公平之调处。各方另同意关于东北军事问题由三人会议继续商谈。关于政治问题则另行商谈,迅求解决。

我在此要加说明的,就是中共代表最后几次会议之中他特别提出其要求纪录事项的"政府应保证依照政治协商会议所定之方式与中共商谈有关东北政治事项过渡时期之办法,政府承认目前民选之地方政府不加干涉或阻碍,以待政治问题之解决。"据此就可以明了中共代表之意见,显然要使他东北共党部队所谓"民主联军"及其非法制造的所谓"民选政府"的名义来阻碍政府接收主权的企图取得他合法的根据。政府代表自不能予以同意,且已予以断然的拒绝。这是会议经过重要之点,故有向大会申述的必要。其次,就是政府对东北问题所取的方针。政府对于东北九省只有接收主权,推行国家的行政权力,军事冲突的调处,只在不影响政府接收主权,行使国家行政权力的前提之下进行。至于违背东北人民意志,妨碍东北主权行政的一切非法政权更不是国民政府和全国人民所能承认。我们对于东北的中共部队,希望他们停止蹂躏民众,强制民众,伪造民意,妨害国家主权行政的行为,尤希望他们接受统编方案编入国军,为国家民族努力服务。我们始终确信,爱国家爱民族的心情为中国人所同具。我们应以和平奋斗团结一致的精神来处理东北中共部队的问题。我们深信这是解决东北问题唯一正确的方针。

二、伊宁事件经过及其解决办法〔略〕。

三、政治协商会议及宪法原则的商讨：

在政治协商会议五项协议案中，宪法草案修改原则一项具有特殊的重要。宪法是国家的根本大法。而宪法的最后决定权，当然在国民大会，但是在宪法没有制定以前，全国人民无论何人如有良好的意见都可提出来作为决定宪草的参考。政治协商会议宪法草案小组既已汇合出席各方代表的意见，更决定组织宪草审议会，其开会时间定为两个月，在这两个月中宪草审议委员会的工作是"根据协商会议拟定之修改原则，并参酌宪政期成会修正案，宪政实施协进会研讨结果及各方面所提出之意见，汇综整理制成五五宪草修正案，提供国民大会采纳。"

中国国民党二中全会对于宪法草案修改原则予以周详矜慎的审查，在审查报告提出大会以前，国民党出席宪草审议会的代表将共党多数中央委员的意见向宪草审议委员会提出讨论，于是上月十五日宪草审议委员会与政协综合小组的联席会议就下列三项获得协议：（一）国民大会为有形之国民大会；（二）宪草修改原则第六条第二项取消（宪草修改原则第六条第二项规定：如立法院对行政院全体不信任时，行政院或辞职，或提请总统解散立法院，但同一行政院长不得再提请解散立法院）；（三）省宪改为省自治法。

上月十六日二中全会才接受宪草修改原则的审查报告，决定授权中央常务委员会负责处理审查意见为左列五项：（一）制定宪法应以建国大纲为最基本之依据。（二）国民大会应为有形之组织，用集中开会之方式行使建国大纲所规定之职权，其召集之次数应酌予增加。（三）立法院对行政院不应有同意权及不信任权，行政院亦不应有提请解散立法院之权。（四）监察院不应有同意权。（五）省无须制定省宪。

二中全会对政治协商会议的协议案所成立的决议明白宣示了中国国民党竭诚信守努力实践的决心,而全会根据国父遗教,对于宪法原则提出意见,态度是极为谨慎,事先既由本党代表提出宪草审议委员会与综合小组得到协议,事后复授权中央常会处理以期获致各方的谅解。凡此都足表现其容忍退让,委曲求全一贯的苦心。不料中共代表团发表声明指责二中全会造成违反政协决议之混淆情形。这究竟是什么人造成混淆情形?究竟什么人造作这种混淆是非的宣传?明眼人自然了解,不待多言。但是我们政府仍本忍让为国的方针和他们继续虚心研讨,静候解决。不料中共代表前几天在综合小组中突然又提一议案使我们非常诧异。他们主张"由训政到宪政过渡时期,训政时期约法应即废止,由各党派依平等合法原则共同参加的国民政府其组织法应依照政治协商会议关于政府组织的协议制订。"本席对于这一重大问题,有略予说明的必要。

训政时期约法是民国二十年国民会议制定的国家组织法。这一部约法,只有国民大会制定的宪法才能够代替。在宪法尚未颁行之前,训政时期约法是根本有效的。要知道国家不可一日没有政府,政府不可一日没有法律,尤其是国家与政府所依据的根本大法——约法。我们国民政府就是根据训政时期约法而成立的,而且根据训政时期的约法而行使其职权,倘若宪法尚未颁行,而约法先行废止,中国就没有合法的政府,国家就要陷于无政府状态。

我们政府以及二中全会都尊重政治协商会议,持有最大的决心要实行政治协商会议的协议案。但是我们要说明,政治协商会议的性质。政治协商会议在本质上不是制宪会议。政治协商会议关于政府的组织协议案,在本质上更不能代替约法。结束训政的步骤,只有召集国民大会。若要代替约法,而为宪政时期国家组织所依据的根本大法,那只有国民大会所制定的宪法。所以国民政府在政治协商会议开会时再三宣示,此次扩充政府的组织是在国民政府现有的基础之上要求各党派人士及社会贤达共同参加来扩大政府的范围,而决不是推翻现在国民政府的基础另外来组织一个政府。这个道理几乎是中外皆知的。因之可以明了,我们此次扩大政府组织的目的,乃在使政府于此由训政到宪政的过渡时期汇合全国的意见,集中全国的力量赢得和平的胜利,共商建国的方策,准备国民大会的召集,树立宪政实施的基础。而其中还有一种委曲求全的苦心,就是要把现在国内许多非法的事实,导入合法的轨辙。倘若宪法尚未颁行,而约法先行废止,则政府穷六个月之力所得到的结果乃不是和平而是混乱,不是统一而是分裂,不是人人可以共循的合法轨辙而是人人可以造乱的非法祸胎,这与我们召开政治协商会议的宗旨是完全违反了。如政治协商会议果真成为这样一个性质的会议,我们政府与全国人民是决不能承认的。否则,中国国民党五十年来革命努力的结果,对于全国国民应得的政权没有一个交代,而我国同胞八年抗战的牺牲亦没有一点意义了。这不仅是政府所不能接受,也是全国人民所万万不能容许的。

各位先生:上面所说是国民政府六个月来为和平建国而努力的经过。国民政府对外则遵守国际公法,崇尚传统信义;对内则采取忍让为国的方针,凡有利于和平建国的措施必委曲迁就,期其实行。政治协商会议的协议军事冲突调处的办法,整编国军及统编中共部队的方案,都是政府忍让为国的精神所产生的"政府持有最大的诚意和决心",使其一一见诸实施。现在最迫切的一件事,就是协商会议所决议的国民政府委员会的成立,我们正在期待各党派提出名单,使国民政府扩大范围,集中各方意见和力量的愿望及早实现。

〔国民参政会档案〕

8. 国民政府修正公布国民参政会组织条例令

(1947年1月7日)

国民参政会组织条例 三十六年一月七日修正公布

第一条 国民政府在宪法实施以前,为集思广益,团结全国力量起见,特设国民参政会。

第二条 凡具有中华民国国籍之男子或女子,年满三十岁,暨第三条所列(甲)、(乙)、(丙)、(丁)四项资格之一者,得为国民参政会参政员。

第三条 国民参政会置参政员总额三百五十八名,其分配如左:

(甲) 由曾在各省市(指行政直辖市而言)公私机关团体服务三年以上,著有信望之人员中,共遴选二百二十三名。

各省市所出参政员名额,依照附表之所规定。

各省市参政员不以具有各该省市籍贯者为限。

(乙) 由曾在蒙古、西藏地方公私机关或团体服务三年以上,著有信望,或熟谙各该地方政治社会情形,信望久著之人员中,遴选八名(蒙古五名、西藏三名)

(丙) 由曾在海外侨民居留地工作三年以上,著有信望,或熟谙侨民生活情形,信望久著人员中,遴选八名。

(丁) 由曾在各重要文化团体或经济团体服务三年以上,著有信望,或努力国事,信望久著之人员中,遴选一百十九名。

第四条 国民参政会参政员之选定,依次列程序行之。

(一) 前条(甲)项参政员,由各省市临时参议会用无记名连记投票法选举之,以得票较多者为当选。

政府召集国民参政会时,各省市临时参议会如在休会期间,且因例会期间尚远,不能于国民参政会召集期限前完成前项选举时,其选举得以通讯方式行之。

（二） 在临时参议会尚未成立之省市，前条（甲）项参政员，由各该省市政府会同各该省市党部，按其本省市应出参政员名额，加倍提出候选人，送请国防最高委员会，提中国国民党中央执行委员会选定之。

（三） 前条（乙）、（丙）两项参政员，分别由蒙藏委员会、侨务委员会，按照应出参政员名额，加倍提出候选人，送请国防最高委员会，提中国国民党中央执行委员会选定之。

（四） 前条（丁）项参政员，由国防最高委员会按照应出参政员名额，提出候选人，提请中国国民党中央执行委员会选定之。

第五条　国防最高委员会设置国民参政会参政员资格审查会，置审查委员九人至十一人，并指定一人为主席，执行左列事宜：

（一） 对于依第四条第（一）项规定当选之人，如发现其资格与本条例之规定不符时，得提经国防最高委员会核定取消其当选资格，以各该省市得票次多者补充之。

（二） 对于依第四条第（二）、第（三）、第（四）各项所列候选人，如发现其资格与本条例之规定不符时，得提请国防最高委员会核定取消其候选人资格。

第六条　在宪法实施以前，政府对内对外之重要方针，于实施前，应提交国民参政会议决。

前项决议案，经国防最高委员会通过后，依其性质，交主管机关制定法律或颁布命令行之。

遇有紧急特殊情形，国防最高委员会委员长，得依国防最高委员会组织条例，以命令为便宜之措施，不受本条第一、二项之限制。

第七条　政府编制国家总预算，应于决定前，提交国民参政会或其驻会委员会，作初步之审议。

第八条　国民参政会得提出建议案于政府。

第九条　国民参政会有听取政府施政报告暨向政府提出询问案之权。

第十条　国民参政会得组织调查委员会,调查政府委托考察事项。

前项调查结果,得由国民参政会(或由国民参政会授权于调查委员会)提请政府核办。

国民参政会或其驻会委员会,对于政府某种施政事项之真象,认为有调查之必要时,得提请政府调查,向国民参政会或其驻会委员会报告,国民参政会或其驻会委员会于听取报告后,得提出建议,请政府核办。

第十一条　国民参政会参政员之任期为一年,国民政府认为有必要时,得延长之。

第十二条　国民参政会每六个月开会一次,会期为十四日,国民政府认为有必要时,得延长其会期或召开临时会。

第十三条　国民参政会休会期间,设置国民参政会驻会委员会,由国民参政会主席团及参政员互选三十一人组织之。其任务如左：

（一）听取政府之各种报告。

（二）促进业经成立决议案之实施,并随时考核其实施状况。

（三）在不违反大会决议案之范围内,得随时执行本会建议权暨调查权。

第十四条　国民参政会有该会参政员总额二分之一以上之出席,即得开议。

第十五条　中央各院部会长官得出席于国民参政会会议,但不参加其表决。

第十六条　现任官吏不得当选为国民参政会参政员,但各地方自治机关及各教育学术机关服务人员,不在此限,各省市临时参议会现任参议员,不得当选为本省市参政员。

第十七条　国民参政会置主席团,由国民参政会选举主席五人至七人组织之,其人选不以参政员为限,国民参政会及其驻会委员开会时,由主席团互推一人为主席。

第十八条 本条例未尽事宜,由国民政府另以命令定之。

第十九条 本条例自公布日施行。

国民参政会参政员名额表

甲项二百二十三名

　　　　四川　湖南　浙江　广东　安徽　山东　河南　湖北　江西　以上各出十人

　　　　江苏　河北　陕西　福建　广西　云南　台湾　以上各出八人

　　　　贵州　甘肃　以上各出六人

　　　　山西　新疆　重庆市　以上各出四人

　　　　察哈尔　绥远　上海市　青海　西康　宁夏　辽宁　安东　吉林　松江　以上各出三人

　　　　辽北　合江　黑龙江　嫩江　兴安　热河　南京市　北平市　大连市　哈尔滨市　以上各出二人

乙项八名　蒙古五人　西藏三人

丙项八名　海外八人

丁项一百十九名　由中央遴选一百十九人

〔国民政府档案〕

9. 国民政府修正公布国民参政会组织条例第三条条文令

(1947年3月31日)

国民参政会组织条例第三条条文

三十六年三月三十一日修正公布

第三条　国民参政会置参政员,总额三百六十二名,其分配如左。

(甲)由曾在各省市(指行政院直辖市而言)公私机关团体服务

三年以上,著有信望之人员中,共遴选二百二十七名。

各省市所出参政员名额,依照附表之所规定。

各省市参政员,不以具有各该省市籍贯者为限。

(乙)由曾在蒙古、西藏地方公私机关或团体服务三年以上,著有信望,或熟谙各该地方政治社会情形,信望久著之人员中,遴选八名(蒙古五名,西藏三名)。

(丙)由曾在海外侨民居留地工作三年以上,著有信望,或熟谙侨民生活情形,信望久著之人员中,遴选八名。

(丁)由曾在各重要文化团体或经济团体服务三年以上,著有信望,或努力国事,信望久著之人员中,遴选一百十九名。

国民参政会参政员名额表

甲项二百二十七名

四川 湖南 浙江 广东 安徽 山东 河南 湖北 江西 以上各出十人

江苏 河北 陕西 福建 广西 云南 山西 台湾 以上各出八人

贵州 甘肃 以上各出六人

新疆 重庆市 以上各出四人

察哈尔 绥远 上海市 青海 西康 宁夏 辽宁 安东 吉林 松江 以上各出三人

辽北 合江 黑龙江 兴安 热河 南京市 北平市 大连市 哈尔滨市 以上各出二人

天津市 青岛市 西京市 以上各出一人

乙项八名

蒙古五人 西藏三人

丙项八名

海外八人

丁项一百十九名
由中央遴选一百十九人

〔国民政府档案〕

(三)挑动内战与马歇尔使华

一、发动内战

1. 中统局关于三民主义同志联合会向美国人民揭发美蒋勾结发动内战情报

(1945年11月)

三民主义同志联合会之内幕

渝市日前发现以所谓:三民主义同志联合会的名义□□□□内战宣言及告美国人民书一种。据悉□□□具有□□□□之谭平山(参政员)、陈铭枢、邓初民、柳亚子□□除□□加民主同盟活动之跨党份子所主持、闻系得孙科院长□□援、此一联合会即"中国国民党民主同志联合会"之改称。盖中国国民党民主同志联合会临时组织通□中,有凡加入本会之会员,本会均认同本党党员之规定,改为三民主义同志联合会后,可以任一般非党员份子参加。该会反对内战宣言内容已业专案列报。兹再将其告美国人民书内容列后:

三民主义同志联合会告美国人民书

当法西斯日本刚在盟邦协力打击下崩溃的时候,中国的政治者,不顾人民对于和平的愿望,不□民主力量的生长,便开始向中国人民进攻,发动大规模的内战了。

早从向日本受降的阶段开始,远征的美军,在极端的错误政策领导之下,支持了中国统治者进行这一不智的工作,实际无异于中国内战的策动者,其直接干涉中国内战,成为无法掩饰的事实。这固然是违反了中国人民的利益,也违反了美国人民的利益,并违背了莫斯科、雅尔达、波茨坦各次会议的决议。我们对于这种不义的行动，必须向美国人民大众申诉。

中国的统治者，在中国民主革命的过程中，早已走入背叛人民的路向，多年来，他们想用军事独裁来完成中国法西斯的统一。他们治理国政，不是向着和平民主建设的大道迈进，而是时刻防制〔止〕着人民力量的生长，远在一九二七年他们发动了中国的内战，多年变乱，招致了法西斯日本军事的侵略，造成了世界第二次大战的导火线。在对抗日本法西斯的战争中，他们进行怠工，控制其军事力量而用之于阻碍人民抗敌力量的发展，行政腐败，官吏贪污，军事废弛，而对于钳制压迫人民的手段，无所不用其极，因此，给人民带来格外沉重的痛苦，现在他们又想窃取人民全部抗战的成果，不惜重陷人民于水深火热之中。

这一个事实，中国正进行着民主与反民主的斗争。民主的主张表现于民主团结和平建国的目标；反民主的一贯阴谋则要想以军事独裁达到武力的统一。目前中国爆发的大规模内战，正是中国统治者大胆向人民进攻一个冒险的尝试。

在这个中国的民主要求受到严重危害的时候，美国对华政策的表现，是出于中国人民意料之外的，也是出于世界爱好和平人士意料之外的，租借物资武装予统治者进行内战的军队，以屠杀中国人民，而在借口帮助受降的名义下，飞机与军舰并用，海陆空大军相继出发，毫不顾忌的对于中国内战加以不公道的而且直接的干涉。最近，犹以六千四百万美金的美国作战剩余物资，以贷款方式，给予中国统治者，使中国内战变成全面战争，无法收拾。

这种错误的政策，伤害了中美两国人民传统的友谊，违背了故罗斯福总统不干涉他国内政之方针，如任其发展，除了造成中国的分裂、助长中国统治者的反动而外，也是远东和平以至世界和平的一个新的威胁、中美两国人民利益的严重的损害。

我们以坦白诚挚的态度，向美国人民大众郑重的说明：目前中国大规模的内战，是中国统治者向人民的进攻，是反民主向民主的进攻,并不是国民党与中国共产党两党军事斗争那样简单。我们以沉痛的心情向美国人民大众提出急切的要求,我们要求你们以人民的力量,督促政府立即撤退驻华美军,切实执行故罗斯福总统、杜鲁门总统不干涉中国内政的政策,并不以足以助长中国内战的一切物资。

〔中统局档案〕

2. 中统局关于美陆次罗叶说明来华任务情报

(1946年3月)

美陆次罗叶电驻我美大使馆说明来华任务

重庆三月十五日讯:据报:美陆军部次长罗叶于十三日电美大使馆,谓渠来华之任务,将系对中国国内之军事政治问题有所考察,彼希望美大使馆供给其中国共党之一般活动情报,中国共党在东北与苏军之活动情报,尤为重要,彼谓其于来华任务完成后返美时,向国会杜总统有所建议远东政策之改进云。

〔中统局档案〕

3. 中统局关于中共揭露国民政府与美国方面进行反苏反共活动情报

(1946年10月3日)

重庆四月八日讯:民主同盟沈钧儒、罗隆基、张君劢、邓初民等四日在沈钧儒寓所集会。据邓初民会后对中苏文协侯外庐谈称:延安方面已有电致渝中共代表团说明延安已发现国民政府近在美国方面活动甚力,其目的有三:

(一)极力向美方供给苏联反美情报,以引起美国对苏联决裂;

(二)制造中共谣言。谓中共要依附苏联以威胁美国,使美国默认国民党以武力解决中共之举动;

(三)拉拢美国之反动人物及大资本家鼓励其向华贷款及投

资,以便国民党利用其打内战。因此中共方面主张与民盟联合揭露此种阴谋,但民盟方面以为此或为延安方面情报不一定完全是事实,多数主张慎重,致未讨论出结果。罗隆基已将此意转告周恩来。周认为民盟态度欠明了,希望应挺身而出,打击国民党,然后国民党方可就范。大约民盟方面将再度正式集会,解决此问题云。

〔中统局档案〕

4. 美国记者杰考贝夫人撰"美应停止对华干涉"论文

(1947年2月)

美应停止对华干涉　　杰考贝夫人

作者杰考贝夫人为前美国生活杂志与时代周刊驻重庆记者曾与白修德合著"中国的怒吼"一书,为美著名之左翼作家。本文载于元月十二日之纽约午报论及马歇尔最近声明中所忽略之一点,即美国对中国政府之帮助,实为造成内战之原因,故主张美应停止对华干涉。　——译者——

本周马歇尔元帅曾作一个公平正确有启迪性的声明,解释中国的不幸局势,但马帅对中国内战的综合叙述,把造成这个不幸事件的最大因素忽略去了。

马帅说:"第一、和平的最大障碍乃中国共产党及国民党彼此所怀的充分而几乎具有压倒力量的怀疑心理。"

这个中国政治上的主要事实,是马歇尔特使的前任摇旗呐喊的赫尔利大使所从未发现的。赫尔利曾把纷扰的亚洲当作一个简单的定价问题来处理。

共产党及国民党都曾受过谋害、酷刑和恐怖的威胁,为保障国共党员的生命起见,两党间必须有和平。

战争期间,蒋主席的最精良军队却驻扎在共区周围的封锁圈上。事实上,每一位共产领袖都有一位继室,因为他们的原配已被国民党杀害。

怀疑的遗毒非常大，以致使得国共双方都感觉不能依着道理去谈判，只有用一个最牢固的分享控制权的制度，由两党在这种制度下都有很大的否决权，以防止己党被消灭，方可以在和平之初来代替信任。

马帅在声明中说：我认为最近数次谈判宣告破裂的最重要原因有下列数端：

在国民政府实则就是国民党方面存在最有势力的反动派，我认为这一反动派对我为求组织一真正联合政府所作的各种努力几乎均加反对。

这种反对行动通常以政治或政党行动作掩护，但因为党就是政府，这种行动虽然诡谲间接，但破坏影响很大。

这是一个最能深入的分析而是史迪威被召回以来，美国对华政策所忽略的一点，但马帅也许是因为客气的关系，对蒋主席的责任估计过低，实际上蒋就是政府，蒋也就是政党，连新的中国宪法中也规定了一个危险的万能的行政首长。

蒋在过去廿多年中已完成了军阀和军阀间、军队和军队间的□□□□□□制，到今天他的任何拥护者如想联合起来反对他都是不可能的，反动派在国民党中所以得掌握权力，是因为蒋付予他们这种权力。

在最近一次国民党代表大会中，蒋亲自拟定一个不合人意的中委候选人名单。中央执行委员会乃是党和政府的主要部分，蒋坚持将这个候选人名单付表决，压制其本党在会中提出的异议，并消灭一个有更多自由份子的候选人名单。这个名单本可由一个反对本身封建腐败的政党加以通过的，连马帅的准确外交辞令也不能掩饰蒋有助于破坏谈判的事实。

马帅并在声明中说："在共产党方面，我认为有自由份子，也有过激份子，虽然有许多人极力反对这种见解，他们认为中共的党纪极为严格，不容有如是分歧的意见存在，但我仍认为共党之中确有一自由派存在,乃因厌恶诸地方政府腐败情形而投向共党的青年,尤其为自由份子这些人士将视中国人民的幸福重于以无情的手段,在最近之将来树立一共产党的理想。"

中国的共产党不是仁慈的。他们能够且已经如蒋一样的残酷无情。在这只有一个政党为合法的国度里,只有依赖一种政治武器,那就是武力。

只有国民党和共产党才有军队,许多走中间路线的人被迫要在蒋的压制的腐败和一个在将来成为可能的共产主义之间有所选择,就选择了更为遥远的威胁的路子。

中国的共产党是把人民所需要的给予他们任何的美国人,民主党或共和党假若要去起草一个中国社会改革的计划时候,他会发现这些改革计划原都是中国政府的法律上所规定的。但这些规定,在国民党的法律上是已被尘封的东西,而共产党却将这些灿烂的规定真正实行了。

中共在军队的掩护之下已经建立一个临时性的地方民主制度,而许多自由份子也都跑到共产党那里去,认为共产党才是既能满足他们的要求而又能保护他们的唯一集团。

中共在战时曾与苏联隔断,且因未得到莫斯科的帮助而表示不满,但仍然是马克思主义的信徒,不过大部份中国人虽然支持中共的短期间的计划,但对一个长期性的马克思政权的前途仍抱着迟疑的态度。

马歇尔声明的结论曾说:"据我观察中国局势的挽救在于由政府中的自由份子和少数党派中的自由份子出而领导。但他们还缺乏政治权力可以发生控制的作用。我相信,只有在蒋主席领导之下的,他们的成功行动才可以经过良好政府而走上统一之途。"

这大约是马歇尔声明中最重要的一点。自由份子早已为中国人所遗忘禁止组织,受政府检查,受特务的恐怖,只有最勇敢的人方敢谈政治处在双方面的死硬派之间(还有仅为自己利益而支持政府的非常中饱的官员们）的是中国人民大众，他们既不需要封建主义，也不需要共产主义，而只希望成立一个联合政府，能代表各方面的意见，向民主的方向走去。

马歇尔的声明虽指责国共两党的极端派，但是忽略了最重要的一点，就是美对蒋的帮助中国继续内战的最大原因，并不在于中国本身，美政府既帮助一方以对抗另一方，马歇尔自不能成为被信赖的调人。

自从马歇尔开始了调解工作以来，自从美国宣布以建立中国的民主政府为目标以来，即对蒋的进行内战积极给以帮助，明知道要打内战，还对政府军队施以训练；又以价值八亿美元至九亿美元的剩余军需物品接济给蒋，纵然是联总的救济品，也只有百分之一又二分之一运到中共区内，而中共区域几乎要占中国的三分之一。

由于外交上的原因，使马歇尔不能明白说出为什么中国还要继续内战的原因。这只是因为只有武力来决胜负的时候，双方面只有继续打下去，只有一旦外国的帮助停止的时候，双方才会妥协，中国人方能自行决定其前途。

我们虽然带着恐惧眼光看苏联，但下述的事实是无可逃避的，即我们正在干涉中国而苏联并没有。

〔国民党中执会档案〕

5. 外交部关于同意美军驻扎中国领土内呈及国民政府令
（1947年9—10月）

（1）外交部致行政院呈（9月6日）

外交部呈　第36字第18582号　中华民国卅六年九月初六日

谨查联合国大会曾于一九四六年十二月十四日通过决议一项，建议各会员国，将其未经驻在国同意而驻扎于其他会员国领土内之武装部队，立予撤退。美国大使馆顷为美国拟履行此项决议，来照请由我国正式声明美国驻在中国领土内之武装部队，系经中国政府之同意而驻扎。本部爰于本月三日照覆美方正式声明如下：现在驻扎中国领土之美国武装部队，系由中国政府之同意而驻扎。双方了解倘中国政府或美国政府认为此项美国部队应撤退时，此项部队即须撤退。上述来往照会，当即构成中美两国间之协定，并拟送交联合国秘书处登记。除业经本部王部长提出钧院院会报告外，理合抄同美方来照及本部复照中英文各一份，呈请鉴察备案。

谨呈

行政院

附件〔英文照会略〕

外交部政务次长代理部务刘师舜

照会此系译件英文为准

第一一〇九号

径启者：查联合国大会曾于一九四六年十二月十四日通过决议案一项。其第七段节开如左：

大会建议各会员国应从事将其所驻在其他会员国领土内之武装部队，而未经各该国在符合宪章及不抵触国际协定之条约或协定内自由及公开表示其同意者，立予撤退。等由。本国政府拟欲履行此项决议案之规定，倘荷贵国政府惠予正式声明所有美国驻在贵国政府同意，本国政府当深感荷。兹计划本文及贵部长阁下复文将在上述决议案意义构成一项协定，并拟将此项协定届时向联合国备案，相应照达，即希查照为荷。

本大使顺向贵部长重表敬意。此致

中华民国外交部长王阁下

司徒雷登

一千九百四十七年八月二十九日

中华民国三十六年

(2)国民政府指令(10月20日)

国民政府指令 处字第一七二二号 中华民国三十六年十月二十日

 令行政院

三十六年九月二十七日(卅六)外字第三八九九五号

呈。为据外交部呈:以中美换文声明:现在美国驻华武装部队系由中国政府之同意而驻扎。双方了解,倘中国政府或美国政府认为此项美国部队应撤退时,此项部队即须撤退。抄同来往照会,请鉴核备案。等情。鉴核备案由。

呈件均悉。将予备案。此令。

      国民政府主席 蒋中正
      行政院院长 张 群

照会条三六字第一八二八七号

径启者:接准八月二十九日贵大使馆一等秘书滕诺代表阁下签署之照会一件。原文如下:

径启者:查联合国大会曾于一九四六年十二月十四日通过决议案一项。其第七段节开如左:(大会)建议各会员国应从事〔同前略〕。

本部长兹代表本国政府为下列之声明:现在驻扎中国领土内之美国武装部队系由中国政府之同意而驻扎。双方了解倘中国政府或美国政府认为此项美国部队应撤退时,此项部队即须撤退。相应照达,即希查照为荷。

本部长顺向贵大使重表敬意。此致

美利坚合众国驻华特命全权大使司徒雷登阁下

      刘师舜代
      (签名)

中华民国三十六年九月三日于南京

〔行政院档案〕

6. 国防部转报加大使戴维斯对加外交部报告中国局势美援不能帮助战胜中共等情密电

（1947年10月31日）

国防部快邮代电　张俚字第三八六三号

行政院新闻局董局长密鉴：据报加大使戴维斯七月十二日报告外交部称：昨日曾与纽约时报驻南京代表杜丁（Dusdin）谈话，杜君以前曾与渥特龙将军（General Odlum）有若干谈论，多由此间报呈鉴察。必尊处对杜丁其人早已稔悉，杜君乃此间一精干著名之记者，对中国及远东有湛深智识与经验，有稳健精确判断力，余悉此间美方高级人士对于其观察多曾目及，且对其之建议亦极重视。彼论及中国军事情势日非，东北情况更为恶劣，政府为克复此种困难，企图在华北获致若干军事上之成就，因华北最近情况之转恶实不减于东北也。真实之军事情况多不见诸报章，因报纸消息多仰给于官方之消息，如此日积月累，已与事实背离。继论及马帅离华时所订立之美国对华政策，美国是否可能因中国现正从事转移其内战为国际意义之论调，而变更其对华政策。杜君谓：中国若不依照马帅主张而改革其政府，则美国之援华或改变其对华政策直等于自杀。杜君坚信美政策决不致于变更，彼深信政府决无可能以武力解决内战。中央政府纵可获得美国或任何其他国家之经济援助，现政府亦决无丝毫改善其军事情况之可能，任何贷款予中国用作战胜共党之助者，不啻大量金钱弃诸江河，倾诸沟壑，自不待言。余完全同意杜君之见解，一如以前各报中所论及者，然杜君谓其常与此间美军方面往返甚密，上周有美高级官员等告杜君谓：彼等深觉诧异，中国若干高级军官，尤其在京外者，竟能如此公开坦白对蒋主席作批评。此辈中国军官咸认武力不足以息争，对共党确有妥协之必要，并表示不赞同蒋主席所决定办法。美方官员亦认为蒋主席若不及早回头，行将见大量军官转向共党，并将率其部众与共党合作。杜君谓:局面一旦澄清,将见共党势头不仅已控制黄河以北,抑且遍及全国,最足惊异之处,乃杜君竟认为共党若能掌握政权,一切必较已往进步,至少亦不致于较政府恶劣。彼以为中国现况惟共党可予中国以改进及救活,并认美国政府应重新考虑其步骤,准备适应将来此种斗争所产生之结果。彼认为所谓中国共产党确有别于苏联之共产党。又谓苏联决无可能利用共党以达到统治中国之目的。马克思共产主义不适用于中国,且任何企图使之适用亦终必失败。彼认为美军顾问团惟以改建其军队之关系,若干美军官员难免留驻于中国军队之中,若将来共党得势,美人势力必将全部逐出中国,与其被逐于将来,不如及早撤退。彼意一如前述,美国必须立即重行考虑以应付万一现政府之失败,而共党握全国政权之日。继又论及设若中国分裂,是否有再沦为已往军阀割据之危险情形。彼认为可能性甚渺,纵有极短暂期间如此一旦现政权倾覆,则共党能立时统一全国,在其政权下本文上述之末后部份颇有超过余本人所能想像者,愚见以为中国内战之终极结果,乃国民党与共产党分据黄河南北,国民党政府终必崩溃,惟于崩溃之前或以后,即有若干前进份子出而改组政府。惟杜君则以为国民政府将根本不存在,若共党统治中国则举世之将来实深隐忧,此项意见余以前经已表示,惟杜君对此则毫不介意,一如上述。彼确认中国唯一之救药,为共党之战胜,余则并未作是想。余对此原无成见,果尔有足以使余改变论调之情形时,自应详为呈报鉴察也。等情。查杜丁同情共党于我报导自属不利贵局,似可予以密切注意,或多加联络,以改善其观点。特电请查照卓办为荷。弟陈诚、张俚西世。印。

中华民国三十六年十月三十一日

〔行政院新闻局档案〕

7. 冯玉祥讲"美国应立刻停止援蒋"演词

(1947年12月)

美国应立刻停止援蒋　冯玉祥

各位女士、各位先生：

今天是珍珠港事件六周年的纪念日,我能和各位见面、讲话,觉得有特殊的意义。从六年前的今天以后,美国青年和中国青年为着反抗共同的侵略敌人日本帝国主义,手牵着手,把血流在一起,使中美传统的友谊,变得更深、更密。今天来纪念珍珠港事件,首先我们要对这些为反对法西斯侵略强盗而牺牲的中美烈士们致最高的敬意,并祈祷中美两大民族的深厚友谊,将日益发扬,日益光大。

六年前的今天,是日本帝国主义最后一次最大一次的冒险。从一八九五年中日战争日本得到幸胜以来,特别是在一九〇五年日本打败俄国之后,日本帝国主义者真是骄傲万分,认为她是神的民族,全世界上最优秀的民族。她国内一切均被军人所把持,厉行军国主义。于是恣意向外侵略,不但妄想建立"东亚新秩序",甚至想建立"世界新秩序"。所以就在六年前的今天,不顾一切来进攻美国。她的失败是必然的,妄自尊大,企图作全世界主人的帝国主义者,在今天的世界上是决定不能长久存在的了。

我现在要来作点自我介绍我叫冯玉祥,十二岁入伍,去年六十六岁退伍。三十五年以前,在北京信仰基督教,因此被美国朋友称呼为"基督将军"。我去年九月奉国民政府的命令到美国来考察水利一年,今年九月满期,奉命再继续考察一年,一年多以来,我参观过西士塔大坝、鲍尔德大坝和FDA的工程等,最近到明那索塔州,还看了米西西比河上游的水利设施不少。

我们中国在胜利之后,正是用全力来建设的好时机。去年我离开祖国的时候,抱着满腔热忱,希望不打内战,我回国的时候能对水利建设有些微贡献,谁知道中国的内战打得一天比一天更利害起来了。

当中国内战爆发之时,我还在国内,对内战爆发原因,知道得很清楚。一句话说,就是反动派推翻了政治协商会议的决议案,反动派不愿意"天下为公",不愿意全国人大家来担负建国的责任,而是要"天下为私",要一个人作独裁者,把持全国政权,因此,从去年六月起,更大规模地爆发了内战,到现在说,是已经整整打了一年半了。

一年半以来,蒋介石越打越弱,东北只胜下一条片断铁路线的走廊,山东只胜下烟台和济南等座孤城,山西只保有太原孤岛,平、津、保岌岌可危,豫东、豫西一直到陕南,长江沿岸从汉口一直到上海,都在"风声鹤唳"之中。

一年半以来,美国帮助了蒋介石不少军火、物资和美金,为什么蒋介石不能打胜仗,反而打败仗呢?这就是因为他失去了军心、民心之故。

他为什么失了军心呢?因为他强迫官兵打内战,待遇不公,赏罚不明,抓来的列兵天天想偷跑回家去。下级官长吃不饱,穿不暖,不愿意中国人自己杀中国人。

前几天一个空军中尉毛玉麟,是蒋介石的学生,因为反对内战,拿枪打蒋介石。蒋的宣传机关说这是"打鸟误射",你们各位谁相信,打鸟会打到蒋介石的汽车里去么?高级将领打日本人最有成绩的如高树勋中将、赵寿山中将、张冲中将、潘朔端少将、孔从周少将、张公干少将等都带着整团和师、整个集团军,掉转枪头打蒋介石。

美国装备的军队一样地打败仗。整编第六十九师师长戴之奇,整编第七十四师的师长张灵甫,都被在战场上打死了,军队完全被消灭了,美国装备都送给共产党了。今年春天,指挥机械化部队的山东总司令李仙洲中将,广西唯一机械化部队、四十六军一八一师国防部长白崇禧的外甥、中将师长海竞强都率军全部投降了。就拿最近两个月的事情来说,美国装备的第三军军长罗历戎在保定南边的清风店被俘虏了。美国装备的三十六军军长廖昂在陕北清涧被俘虏了。卅二师师长刘任在石家庄被俘虏了。为什么最新式的美国装备还不能打胜仗呢?因为枪炮本身不能打胜仗,要拿着枪炮的士兵才能打胜仗。蒋介石的士兵都不愿意打内战,所以无论美国帮了多少军火,蒋介石不过是一个输送大队长。都把军火转送给共产党军队了。所以美国如果帮助蒋介石军火,就等于帮助共产党的军火。

蒋介石不但失了军心,而更重要的是失了民心。他征粮,征实,征工,农民没有办法生活,不起来和他拼命么?工业企业家任何生意不能作,生意大半被蒋介石和他的亲戚包办了,工商企业家能够不起来反对独裁要求民主么?美国教会办的金陵大学统计现在物价比战前高涨了七万六千倍,而工人工资高涨了不到一万倍,工人能够不起来问蒋介石要饭吃么?如果美国工人的工资被减少了百分之八十以上,会成为一种什么样的景象呢?大学教授和公务人员收入少的每月美金十元,收入多的每月美金廿元,如果诸位美国朋友每周收入二元五或者五元,你们怎么样生活呢?那么,大学教授和公务人员反对蒋介石的独裁政府,不是一点儿都不奇怪么?南京的公务人员相信蒋介石不会再维持多久,而在窃窃私议着,"共产党来了怎么办?"不是也一点儿都不奇怪么?

中国有句俗语,叫做"准备后事",就是在人死以前,预备人死以后的事。现在蒋介石的文武官员很多起来反对内战和独裁,另外很多又在准备后事。他们怎么样准备法呢?就是贪污。他们想,今天多抓一个钱,蒋介石塌台后就可以多过一天日子,所以贪污的事情,一年比一年利害,一天比一天利害。前天纽约时报南京的专电证明了这一点。贪污之风去年比前年利害,今年又比去年利害,今年上半年,武官不算,只文官,因犯贪污案法院起诉的,就是五千件,法院没有和不敢起诉的就更多了。

而武官和文官比较起来，武官的贪污是更加利害。如果现在美国用钱援助蒋介石，这正中了这批贪官污吏的心怀，他们就可以借此大贪污一回。贪污的结果，政治更腐败，官吏更豪奢了，人民更痛苦了，共产党的发展也就更快了，蒋介石的崩溃也就更加迅速了。所以，如果美国借钱帮助蒋介石，就等于加快这个循环，就等于替中国共产党制造胜利的条件。我曾经说过，蒋介石是制造共产党工厂的厂长，也就是这个意思。

蒋介石政权的崩溃是毫无可疑的事了。美国不援助他，他固然要塌台，美国援助他，也挽救不了他灭亡的命运。十一月卅日芝加哥每日新闻说蒋政府只有几个月的寿命，援助他等于对垂死之人注射血浆，其作用不足以使死者复活，所以替美国打算的话，援蒋是一条错路，是破坏中美友谊的路，是最不聪明的办法。

一九二四年——二八年，中国国民党领导的北伐革命终于把北洋军阀消灭了。日本帮助北洋军阀，以为可以把他支持起来，结果，希望完全破灭，中国人民终于得到最后的胜利。今天的情形也相仿，无论谁要援助蒋介石，结果，都必定是一场空。美国没有援助中国人民一九二四年——二八年的革命，这次千万不要错过这个机会了。美国革命的时候，法国积极帮助，美法友谊于是建立了长远的根基。中美友谊已经被援蒋政策破坏了不少了，要补救就要赶紧改弦更张。

美国怎样援助中国人民的力量呢？第一，就是援助中国国民党的进步派，像孙夫人、李济琛将军、廖夫人等所领导的一般国民党同志们。第二，就是援助中国的民主同盟，像张澜先生、沈钧儒老先生、罗隆基博士和陈嘉庚大企业家。第三，就是援助无党无派的自由主义者，像郭沫若先生、马寅初先生、马叙伦先生等。使他们能够出来领导，组成真正民主的宪政政府，联合各党派各民主力量，真正实行三民主义，则中国国内的和平便立刻可以实现，民主建设马上可以开始，中国一切问题都可以迎刃而解，中美友谊也将奠下历久不渝的根基。

美国有知识的朋友,都懂得援蒋是一条死路,援助中国人民是一条生路。不但在座的诸位朋友这样认识,就是马赛尔将军、魏德迈将军和最近返美的下议员路易士对蒋介石缺点都知道得很清楚。其他如华赖斯、伊克斯等政治家,许多国会议员,东部哥伦比亚大学和其他大学的教授与同学们,西部卅个大学的教授和同学们,银行家的美国新闻周报,自由主义的新共和周报,民族周报和华府邮报,纽约论坛报,下午报,纽约邮报,波市顿基督教箴言报等的编辑们,对中国问题都有正确的看法。我相信,只要我们把中国真实情形广为介绍,则美国舆论必然能引导美国实行一个聪明的对华政策。让我们携手为这件事努力吧!

〔行政院新闻局档案〕

8. 董显光代蒋介石拟复美国赫斯德报系记者李查德所提关于国共问题呈

(1948年1月26日)

谨呈者:美国赫斯德报系,其所属报纸,约有数十家,每日销数约及二三千万份之多,与霍华德并为美国二大报系。该系记者李查德氏原在朝鲜采访,近经职征得赫斯德本人同意顷邀请其来华与之一再联络,允经常撰文拥护我政府立场,揭发共匪祸害,唤醒美国人民之注意。旬日以来业经撰发通讯电数篇,叙事立说,均极有利。该记者拟有书面问题十一则,意欲叩询钧座,赐以答案,发交该系报纸,广为宣扬。窃以该记者深明大体,言论公正,似可赐以荣宠,俯允所请,以资策励。所呈是否有当,理合将其所提问题恭拟答词,连同其文稿摘要,译文一篇。谨祈鉴核示遵。谨呈
蒋主席

职董○○

问题(一)、(二)、(三):

(拟答)余不欲以中国政府主席之身份,对他国政治制度加以批评。惟中国共产党一再公开宣言彼等系为国际利益与世界无产阶级利益而奋斗,其目的在夺取政权,实行无产阶级独裁之寡头政治,彼等之目标既如此显明,在彼等推行极权政治之一贯作风中,除非甘作彼等之傀儡,实难望有任何拥护祖国利益之政党可与彼等合作。中国政府在过去若干年中,对于共产党极尽宽大容忍之能事,终未能求得政治解决之方法,但无论如何,吾人为民主自由之斗争,终必获得全胜。

恭拟主席答复美国赫斯德系报纸记者李查德氏问题十一则:

问一:民主国家倘继续容忍共产主义者之宣传及其扩张领土之野心,则自整个世界之局势而言,钧座以为结果将由何方获胜?

问二:共产党与右派分子在任何政府之中,能作有益之联合否?

问三:今日全世界之共产主义,究系一种哲学思想,抑为俄国帝国主义之工具乎?

照××另付拟录 拟答:以上三题,无意见发表。

问四:中国剿共戡乱之展望如何?

拟答:共匪主力,今年可以击溃。两年以内可以完成绥靖工作。

问五:美国业已开始立即援助希土政府以抗共产主义计划。目前美国人认为中国有同样重要性者日渐增多,而对中国尚未宣告类似之援助。钧座对此有何评论?

拟答:美国人民已知中国对于争取世界和平与安定,与中东国家至少与之同样重要,甚或过之者,而有此认识之美国人人士日见增多,余闻之颇为忻慰。

问六:任何债务势必清偿,除金钱偿付之外,在中国对美友好原则之下,将来中国允给美国以何种利益? 将于未来世界危机中,续缔军事同盟乎? 抑为经济方面之合作?

拟答:在此动荡不定之国际局势中,中美友谊将为太平洋之安定力,且为维护世界和平之决定因素。中国能获得和平统一,则经济之繁荣必可立时恢复,相信两国必能互得其利,从而奠定两国永久合作之基础。

问七:改革中国币制,需要多少美元?稳定货币而无国外协助,则其成功之展望如何?

拟答:"此一问题,目前正由贝祖诒率领之技术团在华盛顿与美政府代表措商,此时本人拟无表示意见之必要。"余相信,如获国外援助,则吾人解决金融及货币问题之时,必能减少困难。

问八:内争结束之后,美国对华或将贷放公私借款,则中国首先着手之工作,将为建筑公路乎,铁路交通乎?造林乎?水利乎?或各项公用事业同时着手举办乎?

拟答:中国戡平匪乱之后,政府立将修复破坏之铁路及工厂,尤当注意水力发电工程。目前中国政府因缺乏经费,扬子江三峡水电工程计划暂告停顿。匪乱戡平之后,此事将为中国政府立刻注意之建设事业之一。

问九:左倾分子一再指责政府"贪污反动",钧座对此有何评论?

拟答:中国政府亦如其他任何政府,并非绝无瑕疵。然若抹杀一切,指责中国公务员为"贪污"则既不公允亦不确当。在目前经济情形之下,一般公务员咸在艰难困苦之中,奉公守法,克尽厥职。凡不愿将国家断送于共匪之手者,左倾作者莫不指为"反动"。彼等所谓"反动",其意义不过如此而已。

问十:钧座认为普选之意义,能为中国人民所迅速了解否?新宪法之民主利益,达到广大民众须经过多少时间?

拟答:中国全体同胞,人人了解普选之意义,究须多少时间,甚难臆测,惟中国普选业已开始。中国人民于去年十一月选举国大代表,本星期正在投票选举立法委员。宪法已见实施,人民正开始享受宪法所赋予之各种权利,选举罢免创制复决亦为权利之一部分。

问十一:美国除受共产影响者反对国民政府外,目前舆论认为中国对美友谊为美国所忽略,而钧座领导之政府未获美国适当之待遇,采此观念者日见增多。钧座对于彼等所指出之点,亦有愤慨情绪否?

拟答:一部份美国报纸,其言论或记述,对中国及中国人民有欠公允,然余深信,美国人既信仰公平与正义,则必有一日,完全了解中国之问题而对中国之抱负,获得更深之认识。

〔行政院新闻局档案〕

9. 外交部转达美《周刊世界》关于中国浪费美练军队情形致新闻局函

(1948年6月2日)

顷据驻美顾大使五月廿九日电称:"美周刊世界报告南京通讯标题"中国浪费美练军队。略谓:(1)两年前美方训练卅九师华军,树立军需制度,现此项军队内调中国,已消失殆尽。(2)美式装备大部分已落于共军之手。(3)第七十四军、新一军及新六军所遭重大损失,主因由于军力分散,情报不确,补给不公。(4)美方建议改编军事机构及军需制度迄未实现。现美军官员虽在台湾协助训练一师新军,但凭既往经验颇属悲观云。际此参院拨款委员会讨论军援特款,上述报导似出负责方面授意,洵堪注意,我方对此似宜有所声明等语。除抄转国防部洽商贵局酌办外相函请查照并希将办理情形见复为荷。此致
行政院新闻局

部长　王世杰

中华民国三十七年六月

〔行政院新闻局档案〕

10. 董显光关于加紧对美宣传以便获得更多美援与何应钦往来函

(1948年6—8月)

(1)董显光函(6月26日)

敬之部长勋鉴:前有美国世界报导杂志刊载一文,据称:有全部美国配备及部份美国配备之中国军队十八师业已在剿匪军事中壮烈牺牲,云云。两周前弟已在外记者招待会中予以驳斥。窃以如何增进美国人士对于我国戡乱军事之注意,必须抓住彼等心理,从事有效宣传。我公在美时期与美方朝野接触必多,对美报所载我国战讯注意必切,想亦深感美国人士对我军事胜败漠不关心之焦悚。弟意欲转移此种心理,观于美人对足球垒球之狂热,可以思过半矣。盖美国运动观众之拥护某球队,其动机不外该球队与其个人发生某种特殊关系而引起其兴趣,我人对美军事宣传,似亦可运用此种心理。忆在抗战时期,美国报纸盛载美国装备之中国军队在缅甸战役中之战绩,目前情形虽与彼时不同,然宣传原则仍可以此为准绳。苟能使我政府剿匪工作与美国助我训练与装备新军,在美人心目中打成一片,自不难鼓舞。美国舆论,一致拥护我剿匪之成功。故凡受美国训练新军之战绩,应予以特殊之表扬,而初受美国训练,今因美国装备之不继,遽失其战斗能力,更应运用宣传技巧,引起美人之关切。此后剿匪军事,有赖于美援者实多,此项宣传之运用,似实重要,幸加裁察,并盼示复为荷。专颂勋绥。

弟董○○谨启

(2)何应钦函(8月25日)

显光局长兄大鉴:六月廿六日大函敬悉。所示各节用意至善。亦足见吾兄对弟之关注。除已饬政工局向有关单位搜集资料编撰特写稿送中外报纸登载外,关于国外方面宣传尚祈多予协助。无任企祷,耑此奉覆,并颂公绥。

弟 何应钦

中华民国卅七年八月廿五日

〔行政院新闻局档案〕

11. 董显光关于美国时代周刊驻华记者葛鲁恩为司徒雷登操纵蒋介石并准备以李宗仁代蒋干涉中国内政签呈

(1948年8月19日)

签呈

事由:为密呈美时代周刊记者葛鲁恩复该刊外交编辑高德裴尔及时代、生活两刊主人鲁斯电报告我国政情谨请钧阅由。

谨签者:美国时代周刊驻华记者葛鲁恩近复该刊外交编辑高德裴尔及时代、生活两周刊主人鲁斯一电,经职秘密获得,似是高鲁两氏曾电葛鲁恩嘱其详细报告我国政情。兹敬译就密呈,谨请钧阅为祷。谨呈

总统蒋

职董○○谨签 八月十九日

附呈葛鲁恩电一件

美国时代周刊记者葛鲁恩八月八日复高德裴尔及鲁斯两氏电(译文)。

高德裴尔及鲁斯先生:谢谢你们三一八号来讯。你们以为中国政府似已走上无可避免的绝境,因此发了很多关于美国下一个步骤应该怎样的议论,你们的见解是完全正确的。又关于如何避免国民党的完全崩溃和中国的陷入混乱,使共党无法攫取支配权,阁下所提供的方法也是很正确的。

一位接近蒋总统的重要部长,认为在日本侵略中国以来的所有日子中,没有像现在这样困难。他说,"目前局势的危急主要并不

是由于军事之失利——共军也有败绩的，近几个月来的战事好像美国足球赛似的不分什么胜负，每一队带了球冲入对方的阵营中去，但旋被踢回，所以没有那一队能够踢球入门，造成决定胜负的纪录。而且我们必须记住共产党还有其他的困难——派系的斗争、食粮的缺乏和人力的日益枯竭。

"通货膨胀和物价的剧升倒是更恼人与痛苦的事；但是我们拥有较多的土地和资源，我们现在要比日军封锁了我们的海岸截断了滇缅路，把我们关在四川的时候，有从国外获得援助的更佳希望。"

"我们这方面，最险恶的迹象，并不是军事，或经济力量的削弱，而是士气与民气的败坏，我还记得一九三八年日军入侵时我和家人离开南京时的情形，那是午夜时分，当我们挤上开往汉口的轮船时，要等好几个钟点才天亮。我们就抛弃一切走了吗？我们将会再见到南京吗？中国将来怎样呢？"

"我们的野战军已经被击溃了——在淞沪之役几乎丧失了五十师之多，我们不能向国外求援，军阀盘据着内地……我们就在这样前途茫茫的情景之下，开始了艰苦的退却，而且此后我们曾一再的感到懊丧——当汉口失守的时候，当英国封锁了滇缅路，我们感到被出卖的时候，以及当一九四四年的岁尾日军冲过湘西，撼动四川的时候，但我们老是能够渡过难关，我们感觉到公理是在我们这一边，全世界最后将会支持我们的。"

"可是现在我们心中的沉郁却似乎已经无法摆脱了。人们对政府几已绝对的丧失了信仰。人人感觉到大祸即将临头。人人都在坐待祸患的魔影的到来。在普遍的悲观情调笼罩之下，人们争辩着指责着，但仍找不到出路，我们走向政府是为了个人的好处，而决不是全心全意去拥护它的……这是我们当前的严重危机。假如我们无法恢复民气，假使我们不能重获大众的信心，那末政府真的要垮了。"

民气如何恢复？信心如何再生？似乎已属必然的崩溃如何避免？对于这些问题，这里有两个答案，一个是上面那位中国人所作的（他反映出国民党方面最好的想法），另一个是司徒雷登所作的（关于司徒仍保守秘密）。

那位中国人的答案："政府必须更加努力于改革。它必须在党政革新方面军事改组方面，以及财政改革方面各做一两桩事情。我们现正朝着这个目标做去。但是有困难（困难总是有的），如意见上的冲突，既得利益和阻止任何改变的惰性等。但我们务必改革，否则自取灭亡。"

"虽然如此，但我们的自助还嫌不足。凡是抱现实态度的人谅必明白，目前的美援不过表示意思而已，亦即美国对华传统友谊的一种很勉强的姿态。它不能阻挡我们局势的日趋恶化——其实它本来就不作如此想。当赠款人认为受援者已属无望的时候，要他耗去四亿美元，似乎是极浪费的一件事。所以假使我们有反共的联合阵线的话，那末正像中国政府必须改变它对于革新的态度一样，美国政府也必须改变它对于援华的态度。"

这位谈论者建议（不能发表）美国贷款五亿，作为新货币的准备金，他说此项准备金，应存放美国，应与中国纸币的发行同受中美合组的委员会予以严格管制，他认为这是中国当前最急切的需要，因为通货一稳定，物价就不致高涨，它比任何事物更能维持生活水准，并使那些因通货膨胀而变穷了的公务员、军人和知识阶级的精神振作起来。他还建议"军事援助至中国所需的程度，"由美国将领（巴大维或魏德迈）严格管制而不负指挥中国军队的正式责任。

司徒大使的答案：准在最近呈交华府的报告中（石普勒——按石氏为时代周刊驻华府记者——于七月廿一日华府备忘录中曾有部分引述）大使窥见了三项趋势，按其可能性的大小依次叙述如下：（甲）蒋总统亲自出来主持，发动党的改新，使自由分子跃居首要地位,产生了司徒所喜欢称呼的"自由革命",(乙)蒋总统对改革问题妥协,在这种情况之下,国民党中在李宗仁领导下的集团将在宪法许可的范围内,迫他退休,实施革新方案,并与共产党谈判,(丙)国民党政府将如石普勒备忘录中所预测的分裂而成若干区域。

本周内,大使又有了若干进一步的情报和见解。他说,"中国行将崩溃的预测大多是根据极易窥见的若干趋势,同时往往还有方向相反而不大容易察觉的趋势。"他在贝祖诒携往华府的中国十年货币贷款的新建议中看到了相反的趋向。中国人认为他们能够以每年交付三千至四千万美元的方式,清偿贷款,并说以钨、锑、锡等物资偿付,而这些物资美国为了战略上的关系正在大事积存。假使贷款能够谈判成功,假使加上蒋总统愿意发动党的改造,并接受巴大维将军所建议的军事改革,那末,大使认为国民党还有复兴的机会。这样又可促使政府,在比较目前更为有利的条件之下和共产党谈判,因为谈判是极可能的,而且最后政府是必须从事的。

谈了这么多关于政府目前处境的恶劣以及复兴的机会的话以后,我个人的意见以为,情势的恶化也许还可以继续若干时日,在六个月以前,有谁能想到法币到了一千万对一的时候政府犹能忍受存在呢?到了十亿对一的时候它不是也能忍受吗?中国人确能够担当得起。

现在谈判关于阴谋推翻蒋总统的那个微妙问题,倘使像你们所称,这种阴谋确有其事的话,它在此间是很巧妙地被隐蔽着的,我实在不能替你们找出任何明证,但有一点是确实的:就是认为蒋总统退休时机已到的人越发众多了,自从他干涉李宗仁竞选副总统那时起,这种趋势尤其显明昭彰,在另一方面李氏膺选副总统之后,除了发表若干强烈反苏的声明以外,他始终保持相当的缄默,因此引起人们猜疑,他之所以发表热烈的改革演说,是为了从事竞选的缘故,更可能他是在等待时机的到来。他当然有继承蒋总统的志向,但这种志向或许是遵循宪法的途径而进行着,因此比较起来似乎更像杜威想继承杜鲁门的野心,而不大像是暗箭伤人的阴谋了。李宗仁与他的支持者可能正在等待时机,届时便能以将领政客与学者所组成的强有力统一阵线施加压力于蒋总统,要求他自愿让位于合法当选的副总统,果不如是,那末这将是蒋总统被要求退休的第一次,一九二九年时,我相信国军高级将领曾联名上电蒋委员长,因此他下野了一年,领衔签名的是何应钦,李宗仁与白崇禧也在其中。试问这种政治上的变动到了什么时节才能够发生呢?如果你们的消息是正确的话,下面这件事或许便是线索了。数星期以前,我与傅泾波讨论蒋总统退休一事是否可能的时候,他表示意见道:倘若蒋总统确信他的退休有利于国家,他将毫不犹豫这样做。我问他,会不会有这样一个时机,蒋总统觉得他已失败,而另外一个人应该出山一试。傅氏说道:"万一北平与天津失陷的时候。"

有一件事情很确实:傅泾波与司徒大使坚决拥护李宗仁参加副总统竞选,当蒋总统以高压手段干涉时,二人都感惊恐不已,他们对于李宗仁并不存有幻想——他从前是一位军阀,具有军阀的种种缺陷。但他们觉得他能虚心接受忠告。他是改革的真实象征,且能成为蒋总统与一般自由分子间的桥梁。本星期我以你们所称的阴谋行动提询司徒大使,他听闻之下,大为惊异。他说:"我绝对否认傅泾波牵涉于推翻蒋总统所领导的政府之任何阴谋。我不相信有这种阴谋,我信任李宗仁、白崇禧、傅作义与卫立煌等将领对蒋总统是确实效忠的,至于李济琛,他的地位尽人皆知;他曾公开赞成推翻蒋总统。"司徒大使甚至要求我们替他在美国公布此项声明。我提醒他:倘若有关阴谋的谣言尚未发表,此举将属不智。

当然,傅泾波可能愚弄了司徒大使——在今天,阴谋就是这么一回事,没有什么不可能的。假使是这样的话,那末他也已欺瞒了其他的高级人员,举一个例:当我正和司徒大使谈话的时候傅氏在大使馆邸的另一个房间里与机敏的郑介民将军谈论着,郑将军是负责军事情报的首脑,这一次是蒋总统派他去会晤傅氏的。还有一次,司徒大使偕同傅氏于本月二日晋谒蒋总统讨论改革国民党的问题,蒋总统征询他们的意见:国民党是否应该分成保守与自由二派。傅氏指出此项运动的缺点,除非蒋总统能退出党派政治,他说:"假如你领导二派中的一派,全体党员必将争相参与你所领导的一派,而你的宗旨也就失败了。你应当在你最亲信的人士中选择二位,分任二派的首领,此后你自己应不再关心政治或军事。仅仅做中国的总统与元老好了……"蒋总统回答道:"我同意你的意见。"

蒋总统面露笑容,向傅氏继续说道:"如果是这样的话,你(傅泾波)现在不能再规避了。你必须加入这二个新派别中的一个。"他最后的一句话是指的一项事实:即傅泾波不顾蒋总统的压力,迄未加入国民党。

从这一件事情看来,傅氏与蒋总统之间维系着相当密切而信任的关系。傅氏告诉我(看上去态度是十分恳挚的),他的效忠蒋总统绝无问题,他认为没有一个人能替代蒋总统为反共的藩屏,但这并不是说,傅氏对蒋总统毫无批评,这种批评几乎每个人都有。

傅泾波与司徒大使的私人关系(我曾于搜集有关司徒大使生活资料的时候报告过你们),开端于许多年前共处燕京大学的时期,当时司徒大使及夫人因见傅氏罹患肺病,故与他结为友伴,并且给他以鼓励,傅氏为了感恩起见,便在司徒大使手下做事,傅氏为满清王公后裔,富有资财,后来他成为司徒大使的义子暨密友,并且担任他的机要秘书,替司徒大使答复许多中国人写来的信,辅助他与中国人士作非常广泛的接触。在傅氏的经历中,也曾有过密谋行动:抗战时他领导过北平八十名地下工作分子,他穿越住宅复墙下的地道而到达邻居的屋内,那位邻居假装是一位傀儡官员,其实他的住宅却是地下工作总部呢。

当马歇尔要司徒雷登出任大使时,那老人说,没有傅氏,他便不干了。马歇尔就同意说,司徒大使的工作也许会因傅氏的继续襄助而得到好处,这显然是一种勉强的认可。那些职业外交人员过去深恶傅氏,而现时仍极端憎恶他。他们说得很正确,傅氏正代表一个外国人的"侵入"使馆……他当然不支使馆的薪俸,他仍是大使的私人秘书,但是每一个人都觉得大使所知道的一切他也无不预闻。这在外交上是绝无仅有的事。

巴德华(现任国务院远东司长)很有礼貌的不喜傅氏,自从有一次在蒋总统的宴会中,这阶级——观念很深的巴氏竟不得不坐在傅的下首后他更厌恨他了。傅氏一度曾任行政院驻平办事处副处长,官阶等于南京市长。施伯劳斯(现任国务院远东司中国科科长)有一时期曾替大使管理总务;他曾把傅氏当做一个间谍看待,两人彼此都曾攻击过对方的不好。当马歇尔使节团在华调停和谈的时期,美国新闻处处长康诺斯从上海来担任使馆的发言人,他曾阻止中国与其他各国的记者们和傅氏会面,因为他相信傅泄漏了马歇尔所需要与想保守的消息。可是司徒大使每逢听到那些职业外交家们陈述他们对于傅氏的感觉时,总会固执地说:"我对于傅氏完全信任,你们必须信任我,但凡与美国有紧要的利害关系的事,我决不会让傅知道。"

本周我曾去访问使馆里的职业外交人员们,发现他们对傅氏仍很憎恶。他们告诉我傅是"不准"在大使馆(从前汪精卫住宅)里私自跑来跑去的。他们更告诉我,华盛顿的职业外交家们因了傅氏的关系,所以故意将若干外交政策方面的最高秘密项目瞒住了司徒大使,这些秘密只有南京职业外交人员才知道。

譬如外交部长王世杰想讨论美国的朝鲜政策,他最好还是去找公使衔参事克拉克,而不要去找大使。另一方面来讲,职业外交人员们承让傅氏的"侵入"使馆,与其说是一种实际的,还不如说是一种"可能的"威胁。他们直到现在还没有看到因为他的在场而引起的恶果。

这里的职业外交人员们简直不信傅氏是一个阴谋家,而且他们也不能确切地指出任何阴谋的证据来。他们觉得什么事是在酝酿之中，但时机也许还未成熟。华方认为这是无稽之谈。他们说，傅氏和你所提起的那位将领并没有充分的密切关系；照中国的标准与心理，他至少得有二十年的同志资格才能参与这类计谋。又说傅氏并没有施行这类计谋的才干。他们更进一步辩称，傅作义是一个激烈的反共人物，并深得委座的信任。他们说，卫立煌完全是委座的人，又说李、白也是坚决反共的人，决不能和年老的李济琛合得来。但是他们同意如遇各地呈瓦解状态，这些将领们也可能个别的领导着他们的地方部队与共产党作战，近来不断的有着各种关于共党试探和平、关于共党发起联合政府以及关于毛泽东与李济琛合作等的报导与谣诼特别是来自香港与上海方面。最近李济琛偶然曾致书司徒大使，恳求美方的援助，大使派遣专人口头对他的来信表示谢忱。李济琛就凭了这一点竟宣传美方是赞助他的了。

本周的共党广播似乎是响应这件事的。它说到"美国帝国主义者"对蒋总统的种种失败感到非常愠怒，"威胁着将赶他下台，甚至冒险准备让蒋辞职出国，而让其他军人与政客，在反蒋反内战与反独裁的烟幕掩蔽之下从事假意斡旋和平的阴谋，俾获得喘息的机会及挽回颓势。"共党的加紧制造谣言有时像是想在美国大选及可能真正援助中国的计划实行以前，先败坏国民党内部的团结力量。政府方面的人士告诉我，共产党并没有向他们试探和平，他们也没有向对方试探。他们说，现在不能考虑和谈，因为他们的军事形势很是不利，他们道："有一句老话能战能和——仗打得好才能和敌方谈判和平。"

美国时代周刊记者葛鲁恩八月十三日致纽约该刊参考电
——续谈中国政情——

关于万一蒋总统失败，中国将发生什么变故一点，这里有一个叙述的引子。本星期蒋总统与夫人在牯岭避暑。一般相信蒋总统将有重大的决策,来谋国民党的复兴——决策之一是党的革新,另一个是财政改革。他邀请了副总统李宗仁、司徒大使与傅泾波诸氏赴牯商谈。

蒋总统在和人商谈与独自筹思以外,曾经步行到含鄱口远望山下的景色以及江水滥泛了的平原,他以非常关切的神情,指出那些山边应该多种些树木。并且询问宋儒周濂溪墓地周围改善的情形,显出他的儒家风度。他穿着灰色绸长衫、软木帽、元色布鞋,最喜和蒋夫人在黄昏的微光中漫步。万一蒋总统的末日来临时,你们所说的三种可能途径可作检讨如下:

与共党谈判:国民党的人士说,你们有着可靠的情报,表示任何"联合政府",如果不能满足三项基本要求,共产党是不愿合伙的。他们要求:(一)蒋总统下台;(二)整肃包括没收蒋、张、宋、孔、陈五大豪门的财产;(三)改组国民党。国民党政府对于这些条件,即使是在蒋总统下野了以后,也似乎不可能满足的;重要人物如李宗仁、傅作义辈都激烈反共,不致同意组织联合政府,因为联合政府无异共党的把持政府,不过好听点而已。

但共方的条件,却能为李济琛领导下的香港不满分子(叛徒以及民盟流亡分子)所接受。今年五月节中共广播建议召开"新政协"(首次政协于一九四六年初马歇尔特使团留华时在国共间商谈,目的是为联合政府开阔途径;后来共产党宣称,因为国民党召开国民大会,政协已被破坏),当然新政协将拒绝国民党反动分子和美帝国主义走狗的参与(参看本人二九〇号电)。共方广播提出组织华北临时民主联合政府的计划。但共产党是否真想和李济琛那班人合伙,似乎还成疑问;真正从政治上看,香港的不满分子是些既无军队又乏有力群众拥护的脆弱的一群。共党试探的原意,也许是一种政治诡计,目的是想利用中国人民愿以任何代价争取和平的普遍期望联合政府的谈论,当作宣传的利器是很能加速国民党团结力的瓦解的,不论共产党玩的是什么把戏,他们的报纸和广播现在已经开始来宣传李济琛和毛泽东间的电讯往来。李济琛也开始自五月五日响应根据八月四日共产党的广播李氏曾说:"南京独裁者的篡窃权位与出卖中国诚属空前……他正和美国帝国主义秘密合作,想假借民主来欺蒙世界。"李氏接着提及共党于五月节所作召开代表大会建立民主联合政府的提议。但毛泽东有两个月没有回音——表面上的理由是"交通的困难"。他旋即回电称,革命形势日益展开中。一切民主力量亟需〔消灭〕中国的反动分子并阻遏美帝国主义者的侵略,以建立一个独立、自由、强盛与统一的中华人民民主共和国。

"为达这个目的,我们真切需要召集各民主政党与团体各人民组织以及各无党无派民主人士的代表们来共同商谈。至于会议召开的时间和地点以及会中应该讨论的问题一端,吾们希望你们会和全国各界的民主分子共同加以研究,并且把你们的意见告知我们。"

崩裂成军阀割据的局面:照现在的情势看,分裂的趋势似乎已经开始。目前这种趋势也许是由于实际需要的成分为多,而与南京脱离的成分较少,中央政府简直没有充分的财力去满足各省的要求。再加它和华北、东北的交通不便。所以中央让亲信的总司令傅作义、卫立煌等,尽其能力便宜措施,似乎是顺情合理的事。记者白克报导称,"我们有一种感觉——如果只是一种感觉而没有其他事故的话——华北对于本身事务的处理权正一天天的增大……地方当局正自个儿为民团购买枪械,银币的使用正日益推广中。在沈阳卫立煌已征集装备并训练了四师新军(二万人)。在广东宋子文正在不停的建筑基地;他支持年青有为的孙立人将军,从事华南方面征召与训练军队的计划。"

但假定各地割据的局面发生,不论它对中央政府名义上效忠也好,不效忠也好。我们容易想像得到各地军阀从事游击战的情形。

卫立煌可能与傅作义退守绥远。陕西的胡宗南与甘新区的张治中可能凭借有力的回族而坚守西北，阎锡山的地位似不重要。张群可能扼守四川。宋子文、孙立人与白崇禧将保守桂、黔、湘三省。最后蒋总统还能够成为京、沪区的军阀且有退守华南的后路。

共党统治全国：这是难以实现，也是不大可能的一件事，除非共党对日趋衰微的国民政府或对联系松懈的军阀能作长期的斗争。共党虽然再三夸张他们的胜利，并且预测"美帝国主义所支持的中国反动势力之最后溃灭"，将属不可避免，并迫在眉睫；然而他们却也公开承认未来的任务十分艰困。这是一项新发展。八月三日共党电台广播新华社的社论。总论二年来获得胜利的"人民解放战争"，承认："由于中国在面积与人口方面几乎相等于欧洲，由于中国的社会发展错综复杂而不平衡，更由于美帝国主义与国民党反动分子对于中国问题相互勾结，所以中国革命若仅凭一次或数次单纯的斗争，决不能获得完全的成功。中国革命只能一步一步的达到胜利，敌人的据点只能一部分一部分的加以扑灭，中国人民必须准备此后若干年继续不断的艰苦斗争。如欲解放整个中国，并以民主为基础而把中国统一起来，或许至少需要三、四年的斗争，且在斗争的过程中，或许会遭遇到某种暂时而局部的挫折。"

一般说来，你们可以采用本人所发第二九七号电讯中或有用处的任何资料，但是关于阴谋的消息除了直接引句以外，请不要将任何谈话推在司徒大使身上，而说是他讲的也不要引证傅泾波的话，或发表他与蒋总统的谈话内容。如果你们关心中国政府向美国申请改革币制贷款那件事，请与华府当轴核对一下，但不要告知任何人或任何其他机构。南京方面不相信马歇尔会赞同。中国政府根据这种臆测，并受恶性通货膨胀的威胁，行将自己发动紧急的币制改革，这样或许要把政府剩余的黄金、白银及外汇资产归聚起来（总值在二亿美元以下），然后把这笔钱放着不动，当作新币的准备金（中国货币的贬值已到如此地步，发行额达数千万亿的法币价值不及三千万美元)。为欲获得人民的信心,并防止无限制的发行或将由具有名望人民代表组成一个非政府性的团体,负责监督新币的发行,并将发行总额作公开的报告。但这似乎还是推测之论,因为关于财政改革的型式,最后必须由蒋总统决定币制,即使改革以后,这也决不是一帖万应药,因为巨额的军费与不足的税收势将继续下去。但这或许能使国家财政获得喘息的机会。

结论:关于政府行将崩溃的种种预测使我颇感不安。预测的人当中,有着那么多的专家。最后我可以一谈李济琛所作的预测(我记得时间在本年一月),他说七月一日蒋总统势将崩溃。中国政府的种种缺点,使人们忽视了那个政府现有的力量与活力等因素,上述共党对其本身所作的警句——共军若欲获致完全胜利,还需数年之久——是对于这点的最好明证。

本人认为:假如蒋总统干下去的话,他在一个相当时期之内是不会崩溃的。万一他不干的话,也将采取退休而让位于李宗仁的方式。果尔,则我相信中国政府还是要与共党作战下去的,除非双方都能同意把中国区分为二,或者因精疲力竭而停战,保证共党获得他们的第一个目标——东北。据政府某一可靠方面称:中国政府即使没有美国的援助,也能维持不坠。并且还能抵抗共党二年。我时常觉得:政府目前的命运是撤退,而不是崩溃。自东北撤退,然后再自华北撤退,最终保有华中与华南。到那时,国际情势倘不转向反俄与反共产国际,犹如对日战争时国际情势的转变一样,那末中国政府当然要完了。

〔行政院新闻局档案〕

12. 邓文仪为编撰"美式装备部队在剿匪作战中之战绩"文稿函

(1948年10月1日)

显光局长吾兄大鉴:九月一日大函奉悉。关于如何增进美国人士对于我国剿匪军事之注意,已饬由本局发布组着手搜集有关资料,编撰特稿,今后经常送请贵局发表。兹先奉上我国美式装备部队在剿匪作战中之战绩文稿一篇,敬请卓裁,拜请对外国记者发表,并斟酌可否译寄我驻美大使馆。专此奉复袛颂公绥。

  弟　邓文仪　十月一日

附上文稿一篇

美械装备的中国军队在剿匪战中发挥无比威力
曾获得辉煌战果

(一讯)国军美械装备之部队在两年的戡乱剿匪战斗中,确发挥了无上的威力,战绩辉煌。惜数量太少,不够使用,虽曾数度击溃了共匪一部兵力,而难收歼灭其全部之效,获得决定性的整个胜利。

在一九四六年九月中旬,国军美械部队第七十四师攻克苏北军事重地淮阴及淮安之役,毙伤匪一万二千余人,造成戡乱史上美械装备国军首页光荣史。

一九四七年五月上旬,东北林彪匪部发动第五次攻势,以廿四万匪兵围攻四平街。国军美械部队七十一军固守坚强阵地,屹立不动,迄至六月下旬,复经国军美械部队新一军新六军及五十三军之猛烈反击,先后激战达十九昼夜,歼灭匪五万三千余众,粉碎了东北匪军第五次攻势,而英勇国军在众寡悬殊的情况下,壮烈殉国者亦有二万多人。

同年六月下旬,国军美械装备的第五、八、九、十一等四个师参与进剿鲁平沂蒙山区战役击溃了陈毅匪部的一、四、五三个纵队,迄至上月上旬,陈匪纠集十四万兵力,围攻国军守南麻的十一师及守临朐的第八师。这两个师都配备着美式的军械,发挥了猛烈的炮火威力。以少于匪一倍余的兵力毙伤匪四万多人,国军伤亡约近二万人。

同年九月间国军美械装备的七十三师在鲁中和胶东，毙伤匪一万余人，俘匪及枪枝各一千余并破坏了匪重要工厂和仓库各一所，国军仅伤亡九百余人。

另外在胶东的平度、莱阳、龙口、范家集各战役。美械装备的国军五十四军及整八师均参与战斗，先后毙伤了匪五千余名。破坏匪兵工厂四所、粮库十三所和被服仓库三所。

一九四八年三月下旬，匪集中陈毅匪部一四、三八两纵队及刘伯承匪部十一纵队等共六个纵队，围攻驻守皖北阜阳的国军七十四师所属第五十八旅，激战五昼夜，国军沉着应战，使匪死亡枕藉，狼狈逃窜。这仅一旅的国军部队竟击退了六个纵队的匪军，因为国军这个旅是美械的装备。

当国军剿匪战，进入最后阶段的今天，深深地体验到国军英勇的官兵健儿们仍秉承着中国人坚〔艰〕苦卓绝、成仁取义的传统牺牲精神。为争取中国的统一民主和世界的永久和平而战，如果能获得美式武器弹药充分的接济，将发挥比抗日战争中中国缅甸远征军更辉煌的战绩。来击灭继轴心国再起的共产国际，在中国境内的窜扰的第五纵队匪徒们。

弟邓文仪　十月一日

〔行政院新闻局档案〕

二、马歇尔使华调停

1. 国民党中宣部关于分析杜鲁门对华声明系掩饰马歇尔来华干涉中国内政使命密电

（1945年12月22日）

机密
中国国民党中央执行委员会宣传部快邮代电

渝34利秘字第十五号
民国卅四年十二月廿二日

各省市党部主任委员、本部各特派员、各党报社长均鉴:极机密。兹就美总统对华政策声明及马歇尔将军来华事对我国内外时事问题分析如下,以供同志参考。但如据以作口头或文字上宣传运用时,切勿引用原句文意为要。(甲)关于美总统声明,吾人应有两项重要论断:其一、美国对华传统政策为不变的,其政策为何,即维持强大统一之中国,已由美总统声明重申其义。其二、美国对我国民政府之支持与援助为全面的与无条件的,其唯一保留之点,即美国之支持不致扩展为对我内政加以军事干涉。(乙)至于促进我统一之方法,美总统建议两项:一为自主之军队必须由国军加以收编,不能听其存在,以阻碍统一之完成。此为团结问题之先决条件;一为扩大国民政府之民主基础,容纳其他党派分子参加。此二者与我中央对于团结问题之一贯政策完全符合。自本党五届十中全会决议对共产党问题采取政治方法解决以后两年来始终以"政治不妨宽大,军事必须统一"为解决共党问题之基本方针。此与美总统声明对我之期望不谋而同。(丙)或以为美总统声明曾暗示美国之经济及军事援助须持上列二事进行后方予实行,以不免对我施以相当压力者,此实为一种不应有亦不必要之过,姑不论我立国之精神为独立自强,吾人八年抗战在初期孤力撑持,未□依赖他国之援助,且我建国工作以我自己无穷之财力资源为后盾,与外国互惠合作,有无通。而美国正为其战后过剩之生产力谋出路不招自来,我何虑之有,且目前时时刻刻已在进行中之援华工作,有下列三项无法停止者:(1)美军在华及在印缅物资之清理,由我接收;(2)租借法案仍在继续对我实行;(3)美军留驻华北一日,即对我有一日之实际援助(如护路及运输等)。而在美总统声明发表之后,又有二事可资证实,美政府对我援助未有保留,无须等待:(1)国务院公布魏德迈将军可于视为必要时拨用船集运用国军往东北海口;(2)美海长公布将提请国会授权美总统助我建立强大海军,包括拨给美剩余军舰、船舶及派遣军官佐代我训练等。此案系经美联合参谋部通过,获得美总统支持者。(丁)美总统声明主要目的系为获得其国内舆论及国会方面对于美对华政策之一致支持。以此一致支持,用为马歇尔使华之后盾,并亦为减轻国外其他方面对于美国无限度支持国民政府政策在军事观念上之疑惧,藉此种缓和达到运用联合国机构及协调各大国关系之目的。吾人对此中微妙关系应有深刻之认识。美总统发表声明后,其结果显然可见者:(1)自赫尔利辞任以来所引起之争论为之澄清,杜鲁门声明之对华政策获得美朝野全体之支持。而此政策实与赫尔利大使推行者并无二致,甚且尤富建设性(美共党及少数左倾报纸即攻击美总统声明毫未改变赫尔利绝对支持国民政府之主张,即赫尔利本人亦对此声明表示满意)。(2)美总统声明强调美陆战队须留驻华北以清除日本势力之理由,使要求美军撤离中国之声浪完全消灭。以上二点实为美总统声明预期之收获。而此收获本身实为建设性的,亦即美对华政策益趋积极是也。吾人更可谓此乃赫尔利将军一鸣之成就。明乎,此则当知美总统声明及马歇尔使华实于我为有利矣。(戊)吾人建国需要国内,尤其国外之和平。吾人必须在美苏关系协调中方能从事建国防与工业。今日美苏对华之政策为平行而不冲突,即美苏皆以道义的及条约的责任支持我国民政府。苏联且力避任何足以干涉我内政或支持共产之嫌。在此种国际环境之下,正我凭藉自己力量解决自己问题的时机,吾人绝不欲任何国外力量对于我内部争执予以支持或干涉。故若有人认为美总统声明军事支持不扩大及于干涉我内争一点为美国对华政策消极之表示实为谬误之甚,美国援华但无一定限度必引起美国左翼份子及孤立派之藉口,要求美军退出中国,并激起他国对华态度之恶化,甚至以中国为角逐之场,则我真不免沦为西班牙第二,是为共党朝夕所祈求者。故共党在华北不断向美军挑□引起事端及在宣传上挑拨美苏及中苏关系,使此三角关系尖锐化,造成远东纷扰的局面,甚或加速爆发第三次世界大战,以遂其发展壮大借刀杀人之企图,即系基此理由。(己)今日之世界为民主的。美总统推行政策必须获得舆论及议会之赞助,故须时时运用舆论。罗斯福如此,杜鲁门亦复如此。美总统此次声明,即在造成对于马歇尔来华使命作有力之支持,以便贯彻其任务,并为次一步骤留下余地。美人不愿因助我解决共党问题卷入纠纷,甚或再为中国参加一次战争。从现象观察,美总统声明似将压力施诸我政府及共党双方,此即为满足美国人惧怕再在远东惹事的心理,亦为杜绝反对派的藉口。吾人为配合此一局势,应当继续推行用政治方法解除共产党武装的政策。共产党之武装有二:其一,为军事的武装,即共产党之军队。吾人应坚持"政治不妨宽大,军事必须统一"的方针,为谈判基础与宣传策略,使其终必为国军收编;其二,为共产党的精神武装,即鼓动第三者攻击政府,反对本党之一切藉口。换言之,即吾人之各种缺点,本党历来为包涵各阶层份子代表全民利益的广大革命团体,在今日潮流中更无偏狭的排他的理由,故吾人不应反对政府扩大民主基础,以包容其他份子,但不是不讲法律根据与建国程序。在国民大会召开以前无所谓联合政府。惟吾人应自我检讨从政治的宽大与进步去争取第三者的同情,以解除共产党军事的及精神的武装,尤其希望各级党政机构能从实际的工作表现中代表人民的真正利益,解除人民的痛苦,获得人民的拥护,在收复区更要做几件收复民心的事情来弥补吾人自身之缺点,减少异党攻击的藉口。(庚)吾人应从基本上认识自七七抗战以来,太平洋局势的主动实操在我神武英断之蒋主席运筹之中,珍珠港事变,由于美政府一九四一年十一月二十六日致日本大使野村之通牒而起。此通牒之构成,则为吾人坚持日本须自越南撤兵之结果。美政府有关我切身利益之任何提议,我如坚持不予同意,不仅关系我内部者,固绝不能强我之所难,即关系远东大局者,非获我同意亦无法解决。须记取太平洋问题,自中国事件而起,亦必以中国事件终。此一问题之解决,必须维持强大统一与领土主权完整之中国为太平洋安全之柱石,乃可奠定世界和平,亦即必须俟彼时美国方能真正退出中国。此于杜鲁门声明中已明言之中国抗战以及国内外局势之险恶未有过于去年今日者,其时敌骑侵入贵州,豫西战事亦节节不利,共党方欲犯西安,越秦岭以乘我之危,而盟邦舆论尚对我责难交加,极不了解内外各方施予我之压力,可谓达于——极点,我仍安然渡过。今日国内外环境有利于较诸去年,此时何止千倍,纵有国外之任何压力我亦复何惧,而况此种疑虑皆属莫须有者乎。至于共党武力在此次全面叛变中已充分证明其不堪一击,包头、归绥被围攻数月终不能下,近则佯称停止内争他撤解围,周恩来、叶剑英来渝谈话,色厉内荏,尤其对杜鲁门总统声明之立即表示欢迎,实有趁风转舵,藉此下台之意向。今后共党主要作风,系以武力为勒索分割政权之政治资本,仍一面进行军事斗争,俟参加政府后,再谋进一步之发展,望我各级机构在此期中,不论对于军事、政治均须充分提高警觉性,以资防备。对于共党组织联合政府一项宣传攻势,幸勿轻信谣言,一切镇静应付,听候中央指示为要。中央宣传部。亥养。印。

中华民国卅四年十二月二十二日

〔国民党中宣部档案〕

2. 中统局揭露马歇尔有以武力挑起中国内战意向情报
(1946年1月23日)

马歇尔去沪前有以武力制止冲突之意向

据美国新闻处传出:谓马歇尔元帅去沪之前夕,曾接到杜鲁门总统之电报,希望中国局面能急速好转,至少要谋得全面和平,否则伦敦之联合国大会美国将难有所成就,因苏联方面忽认为美国对华政策有过肆干涉其内政之嫌,若最近不能获得结果,则国际又将有新的纠纷出现。以此,马歇尔认为有积极工作之必要,特赶赴上海与各将领会晤,协商作进一步之工作。如国共双方战事仍不能停止,马歇尔即准备以武力制止战争。马歇尔表示,美国不能以中国而损失其本身在他方面之成就云。

〔中统局档案〕

3. 第二战区党政军团联席会议拟具防范太原人民向军调小组请愿控诉电

(1946年2月16日)

第二战区司令长官司令部代电

重庆行政院院长宋钧鉴:顷据第一专员区党政军团联席会议紧急报告:顷据本区打入叛区之情报员及叛我交错区之党员先复报称:自军调小组来太原文讯传到以来,共党积极活动,决议组织大批民众包围太原请愿,历数国民党政治腐败,军队扰民及不遵照国民政府豁免田粮之命令,仍向人民赊购发价不及三分之一,证明为行政上之违法克扣与贪污。又据特别工作人员报称:共党决议变士兵武装为民众武装侵夺城市的手段,在该党控制区迫令各村每村出二十人,违者烧杀全村,中途而返者灭其全家。发动十万左右的村民陆续向各城及太原请愿,以省县地方政府违反国民政府的命令,赊购食粮,以党员为中心并暗中携带武器,由请愿而围困,希图造成惨案,号召全国响应,先实行遍地请愿,造成遍地惨案,然后煽动遍地暴动,以遍地请愿粉碎各地行政权,再造成各地暴动为其武装夺取政权之先锋。等语。本日即开紧急党政军团联席会议,并请张宣慰特使溥泉、崔监察委员晢云、郭副局长紫峻、郝视察委员遇林、崔秘书唯吾及乔专员华堂等均出席会议,由阎长官主席,当经决议由党政军团及本党领导之民众团体一齐总动员,分向人民解释赊购粮食及县村负担是代中央办理,一俟中央发到款项即行归还。并揭穿共产由请愿造成惨案,由惨案造成暴动,作军事夺取政权先锋之阴谋,但出席人员认为共党无论如何阻止,为其必实行之一个手段,拿上人民的面孔,政府的命令,夹攻地方省县政权,成则以人民粉碎了政权,达成了不流血的夺政权之成功。不成则造成惨案,各地响应,扩大请愿,扩大暴动,亦可作军事的先锋,并以为已过的学生请愿、人民请愿的惨案,不过对惨案做个报纸攻击与电报讨伐而已。今日以共党的军队作讨伐的工具,今昔大为不同,现在太原执行小组共党负责人迟迟不来,想系因其布置未竣,此应有适当的对策。第一、为全国扩大宣传,揭破其阴谋;第二、使中央命令适合地方状况勿使脱节,免使地方长官一面负违抗命令之咎,一面负惨杀人民之罪;与共党以最有效的藉口,最得势的机会;第三、一定规定出一笔政治斗争的经费,扩大组织民众,加强政治奋斗工具,稳定政治基础。是否有当?敬请迅速指示为祷。第二战区党政军团联席会议。丑蒸。联案。印。

〔行政院档案〕

4. 中统局关于政协会后中共中原局 对所属党政军颁发密令要点情报

(1946年2月19日)

武昌二月五日电:据报:中共中原局近密令各地党政军负责人要点如下:

(1)政协会已圆满结束,我各级干部应检讨警惕,加紧干部思想训练,求进一步努力,争取开放言论行动之自由,尽量设法争取人心,勿使稍存畏惧脱节心理。

(2)加紧发动党员干部从军运动,以期必要时应付整军诺言。

(3)加强小组会研讨会后地下党工作方针,设法抓紧群众,培植大选基础。

(4)在开展政治斗争期间应迎合人民心理,对宣传工作尤应加强进行,表面尽量维护和平。

〔中统局档案〕

中统局关于毛泽东来渝后鄂旗宣传情报 （1945年10月16日）

毛泽东来渝后鄂旗奸伪之宣传

蒙旗十月四日电：鄂旗奸伪对于毛泽东此次飞渝向各方宣传如下：此次毛主席赴渝乃系应蒋委员长之邀请而共商国家大事，可证明今日之中国政府非有共产党参加不得谓为完整政府，更可证明蒋委员长对于共产党已由仇视而变为重视。然毛主席此次去渝乃系其个人之行动，并不能代表共产党全体之政策，倘重庆政府对毛有所要求与留难，则共产党仍然坚定立场与行动，决不因毛主席个人之行动与祸福而有所顾虑与改变初态。总之，吾等必须达到既定步骤，即组织联合政府及十八集团军获得平等待遇与优越装备而后已。

〔中统局档案〕

5. 中统局关于马歇尔将派波利与中共商谈编军问题情报

（1946年2月22日）

马歇尔将派波利与中共商谈编军问题

据报：美国大使馆陆军武官波利少将顷奉马歇尔特使命令，将于本月十七日飞赴北来转赴某地与毛泽东、朱德等关于中共军队整编问题以非正式之代表资格交换意见。美大使馆方面将以别种名义，发布波利少将此行之任云。

〔中统局档案〕

6. 中统局关于马歇尔"处理"中国事件之态度情报

（1946年2月）

马歇尔处理中国事件之态度

据报：美国新闻处处长费正清在郭沫若寓谈称：依据马歇尔元帅之表示，国共双方已达接近阶段，中国可能获得一两年之和平。在此一两年内，国民政府如能迈开大步走向新的建设道路，战事即可完全避免下去。马歇尔对此事非常细心研究。他现在第一步要作到中国境内无战事。第二步要作到政党之间无鸿沟。他本人表示：他只作到这两点，中国就能在一定轨道上前进，他即可交卸责任回国去。但现在两样都还在开始，所以马歇尔一面研究，一面还准备到中国各地去亲身观察一番，再与各处人士接触一番。据马歇尔谈：如不把各方面情形完全了解，单凭少数方面资料下断语，定遭失败。所以他在给美国国务院的报告中说：迅速，虽为吾人之最好理想，但不把事件彻底解决，则迅速会变为无法前进的。不过他也承认中国事情相当复杂，复杂到比当时联合国打德国还难，所以非常之忍耐，不敢有丝毫放松。即如与蒋主席谈话，每次回来都必要将蒋主席对他所谈之话详加分析研究，然后再将各党派及各界人士所提到蒋主席处对照研究之。

〔中统局档案〕

7. 中统局关于马歇尔要求成立东北军事调处小组情报

(1946年2月)

马歇尔要求成立东北军事调处小组

据报：马歇尔将军于本月四日午前电白宫杜鲁门总统表示成立东北军事调处小组之必要性。惟须美国重视苏联在东北之非友善行动，并望有所强硬表示，俾促苏军于东北撤出后进行中共军已潜入东北之军队（电文中谓已获确之情报共军潜入东北约十四万人）及国民党军之调处，并谓于接得白宫电文之指示后，俾正式向国共双方建议云。

〔中统局档案〕

8. 中统局关于杜鲁门对马歇尔视察军事调处指示情报
（1946年3月4日）

杜鲁门对马歇尔视察之指示

据报：美总统杜鲁门于二月二十六日训令：指示马歇尔密切注意此次出发视察军事调处之共党行动。训令中并嘱其考虑往东北晤苏军马林诺夫元帅商谈（最好用非正式商谈方式，内容应包括苏军撤退情形及中国共军在何种情形下潜来东北及苏军之联络等），并促其考虑便道赴延安访问之可能性。惟马歇尔表示，如不便道前往将回渝后再行前往，波利脱少将亦将前往云。

〔中统局档案〕

9. 中统局关于中共欢迎马歇尔赴张家口参观情报
（1946年3月4日）

中共欢迎马歇尔赴张家口

据报：周恩来宣称：各地停战已大致无问题。马歇尔特使因拟最近返美国一行，故在未走前要到北平视察调处执行部，因调处执行部即有特务捣乱，不能不略施防范。张家口已有电到渝，欢迎马歇尔特使前往参观。马歇尔表示，到北平后如时间许可当往一行云。

〔中统局档案〕

10. 中统局关于武汉执行小组到信阳调处情形情报
（1946年3月7日）

武汉执行小组到信阳后之调处情形

武汉三月六日电：武汉执行小组暨武汉新闻界视察人员于二月二十四日抵达罗山，二十五抵信阳，第六战区长官与共军中原军区司令李先念会晤，经商谈结果，获得如下决议：

(1)关于中共军中原军区司令李先念所提之补给运输计划,小组同意将该计划携往汉口第六战区长官部交换意见,并请中原军区参谋长王震偕行赴汉,俾可作具体决定。

(2)关于中共军在该区内给养困难,请求移兵江苏地区就食,及非武装部队前往淮河下游地区两问题,小组仅同意转电北平军调处部请示。

(3)关于国军与共军在此区域内之驻防地区问题,小组同意国军与中共军双方所提出之驻地图表携往汉口,与第六战区长官部及中原军区参谋长王震作详细研究后,始能作具体决定。

(4)关于执行北平军调处部第四号命令立即撤除交通线及沿交通之一切地雷堡垒等,小组将立即监督国共双方彻底执行。

此系初步协议,详则待小组返汉后再作商讨。

〔中统局档案〕

11. 国民政府文官处关于辽宁省主席徐箴等反对军事调处小组执行停止东北冲突函

(1946年3月15日)

国民政府文官处公函　处字第2584号

奉主席交下辽宁省政府主席徐箴等代电:为接收东北各省应把握时机,续派有力部队与行政人员相配合,逐步挺进,万不可采取执行小组解决之途径。至苏军问题,可用外交方法解决。谨陈刍见,伏乞采择施行一案。奉谕:"分交行政院、军事委员会"等因。除分函外,相应抄同原代电函达。查照。此致
行政院

　　计抄送原代电一件

　　　　　　　　　　　　　文官长　吴鼎昌

抄代电

主席蒋钧鉴：顷闻张、周、马关于扩大北平军调部工作范围，包括东北即将派遣执行小组前往东北执行停止冲突一节，原则已获致协议。查东北本非中共所谓解放区，不仅中外人士皆知，即中共本身亦不能否认，是东北之接收工作，应全由政府办理，中共实无插足之余地，乃意凭藉外力，蓄心攘夺，始则声称东北并无中共部队，继则宣传得苏军之协助已有军队三十余万。但政协会议决定，关于东北国军之调动，不受三人小组之约束，当然先得中央同意，今反谓东北冲突亦应由执行小组前往停止，显见其前后矛盾而毫无顾忌，窥其用心，无非逞其已往惯用之伎俩，制造既成事实，而迫我中央不得已中承认，以遂其攘夺之阴谋。得寸进尺宁有已时，东北系整个中国之安危，中央应用全力经营，以固国本，实不容有任何分歧力量倡乱于其间，倘亦派遣执行小组前往，即是承认中共在东北所据有之非法势力，显然违背政协会议之决定。如此则今后东北国军之调动，必大受限制，而中共武力反将大肆发展，结果东北局面必永无安定之日，贻祸所及，国将不国，且中共在东北本无正式部队可言，今之能为乱者，皆系四五月来乘机收编之伪军残余份子及失业工人与地痞流氓得苏军之协助略有装备而已，既无集中之意志，复少相当之训练，倘中央不为其宣传所欺骗，不承认其有正式力量而把握时机，续派有力部队与行政人员相配合，内拾人心，外攘寇盗，逐步挺进，节节扫荡，虽不能一鼓歼灭，亦将逐渐肃清而使其一无发展之余地，则东北大局必有可为，故东北各省万万不可采取执行小组解决之途径。至于苏军问题，则当运用外交方法解决，与此事业无不可分之牵涉。职等面临艰巨，夙夜在心，责任所关，曷敢缄默，谨掬陈所见，伏乞钧座采择施行。职徐箴、高惜冰、刘翰东、郑道儒、关吉玉、吴瀚涛、韩骏杰、彭济群、吴焕章、沈怡、杨绰庵同叩。寅删。联平。印。

〔行政院档案〕

12. 中统局关于齐兰谈成立东北调处小组情况情报

（1946年3月）

齐兰谈成立东北调处小组情况

据报：马帅之代理齐兰将军昨（十一）日午后五时致电北平军事调处执行组美方代表罗伯□先生，谓：马帅已与国共双方两得同意，成立东北军事调处小组。齐南将军又谓：马将军之指示，希执行部搜集中国共军在东北行动之确实情报，并谓伊对东北小组之人选，正与芮克武官（陆军武官）商谈中云。

〔中统局档案〕

13. 中统局关于美政府考虑以原子弹运华以解决东北问题情报

（1946年3月）

传美政府考虑以原子弹运华

重庆三月十一日讯：据报：杜总统本（三）月八日电马歇尔元帅，谓美政府现在考虑以已制成之秘密武器（ATOMIC BOMB—原子弹）运华，俾作必要时之应用，向马帅征询意见。又谓：此项秘密武器来华后，将由美政府派遣专员监督使用和保守秘密。盖此举可能对觅取外交途径解决东北问题有所帮助，马歇尔将军接到此项指示后，于本月九日电复杜鲁门总统，谓关于美政府现在考虑将已制成原子弹运华，并由美政府派遣专员监督使用，及保守秘密事，在原则上甚为赞同，惟技术上须慎加计划，马帅并谓俟返华府后再行详商云。

〔中统局档案〕

14. 行政院驻平办公处报告国共
在华北地区换粮问题调处情形电

（1946年4月20日）

院长宋钧鉴：据河北田赋粮食管理处代电内称：密。案奉河北省政府本年四月十二日省地字第一三四一号训令内开：顷准军事调处执行部郑委员介民卯虞执交二代电，为关于光山区与共军粮食问题，前经决定，与华北被围各城交换，经电奉军令部徐部长江电，本案业经三人委员会议决派遣粮食小组、粮食部、后勤总部、中共各派一人日内由渝飞平详商换粮问题。请查照。等因。准此。合亟令仰该处知照。并迅转韩委员梅岑知照。等因。除分陈外，谨电鉴察。等情。理合电请鉴察。职谭伯羽叩。卯哿。秘。印。

〔行政院档案〕

15. 中统局关于马歇尔约周恩来
商谈政协获得成功方法情报

（1946年）

周恩来与马歇尔

据报：本月二十四日马歇尔约周恩来谈话，询问现在政协所争焦点后，马歇尔问周恩来有无另行改变方法，以使政治协商获得成功。周恩来表示，中共已作最大让步，如再使中共改变基本方针，以与国民党妥协，则中共代表团不能负责主持，须向延安中央请示。马歇尔问：假如中共代表团不能直接解决问题，毛泽东是否可以来渝。周恩来表示：要毛泽东来渝，须其本人回延安一趟，方可决定。继周恩来谓：倘马歇尔能赴延安一行，中共方面不特欢迎，且与解决问题上定有帮助。马歇尔表示：延安当然愿意去，不过现在还不能决定是否去，最好毛泽东能来重庆，则问题更易解决些。周恩来答应，如国民党方面要再坚持其条件，他本人愿意先回延安一趟，请示□□□□调办法,届时毛泽东究竟来否,他可以通知马歇尔。谈话至此转入军事冲突问题,马歇尔表示,前线将领,似不大服从命令,否则小组已将命令传到,且令其停止行动,而在小组离去后,竟仍有冲突者,这实出他意料之外。周恩来表示,此乃纯为国民党不让中共军队受降所致,因冲突地区,皆有日本军,国共双方既经停战,日本军队自应由中共方面缴械,因中共军队抗战八年之久,竟不能代表解放区受降,自不甘心。只要国民党军队不干涉中共受降,冲突自再不会发生。马歇尔认为受降事应另商办法,现在第一还是停止冲突紧要。周恩来答称:可将马歇尔意见转告延安总部云。

〔中统局档案〕

〔五〕设立"绥靖区"与破坏
"善后救济"物资运送解放区

(一)"绥靖区"概况

一、"绥靖区"组织与区域划分

1. 行政院抄发绥靖区政务委员会组织大纲训令

(1946年10月7日)

行政院训令　节京议字第一六○四三号
中华民国三十五年十月十七日
令行政院绥靖区政务委员会

奉国民政府本年十月十六日处京字第三零五号训令:略开:行政院绥靖区政务委员会组织大纲业经国防最高委员会第二○六次常务会议决议通过,仰知照。等因。合行抄发该会组织大纲,仰即成立具报。此令

抄发行政院绥靖区政务委员会组织大纲一份

院长　宋子文

行政院绥靖区政务委员会组织大纲

第一条　行政院为处理绥靖区行政设置绥靖区政务委员会(以下简称本会),绥靖区范围,以命令定之。

第二条　本会置主任委员一人,由行政院院长兼任,副主任委员一人,由国防部部长兼任,委员十五人至十九人,由行政院院长提请国民政府派充之。

第三条　本会之职权如左:

一、关于绥靖区行政之指挥、监督、考核、事项；

二、关于绥靖区民生经济之发展事项；

三、关于绥靖区民众组训事项；

四、关于绥靖区土地处理事项；

五、关于绥靖区田赋粮食事项；

六、关于绥靖区财政与金融之管理事项；

七、关于绥靖区文化教育与救济之设施事项；

八、关于绥靖区合作事业之指导、监督事项；

九、关于绥靖区行政机构强化与人事调整事项。

第四条　本会设秘书处，置秘书长一人，副秘书长二人，均简派。

第五条　本会秘书处分总处、机要、指导、考核四组，设秘书四人，参事四人，督导十五人，组长四人，均简派，组员、办事员六十人，内荐派二十四人，委派三十六人；另设雇员若干人，除由本会任用三十人外，其余均就行政院秘书处、国防部及其他有关部会现职人员调充。

第六条　本会每周开会一次，必要时得召开临时会议。

第七条　本会开会时，有关各部会首长得列席会议。

第八条　本会因研究及审查各项专门问题之需要，得设置各种专门委员会及审查委员会，约请有关机关各部门主管人员及各项专家组织之。

第九条　本会决定事项以主任委员、副主任委员名义行文，并依照组织大纲第三条本会之组织权事项，对绥靖区军事长官及地方行政长官用令。

第十条　本会办事细则与会议细则另定之。

第十一条　本大纲自公布日施行。

〔绥靖区政务委员会档案〕

2. 绥靖区政务委员会划分绥靖区范围地名一览表

(1946年12月25日)

重划绥靖区范围地名一览表,根据国防部第三厅亥真战谋签字第二七三号代电附图及亥篠战谋签第二八〇号代电附图、亥敬战谋六四六六号代电制:

分区	新收复县名			小计	将收复县名			小计	合计	备注
苏北区	海门 如皋 淮阴 睢宁 丰县 东台 江都 泰县 淮安 邳县	靖江 高邮 泗阳 萧县 沛县 兴化 东海 仪征 盐城	泰兴 宝应 宿迁 砀山 启东 南通 灌云 六合 涟水	28	阜宁 沭阳 赣榆			3	31	
皖东南区	天长 泗县 来安	盱眙 灵壁 宿县	五河 嘉山	8					8	
胶东区	即墨 益都 安邱 昌乐	胶县 临淄 潍县	高密 掖县 昌邑	10	荣成 威海卫 牟平 栖霞 招远 寿光 莒县	烟台 文登 海阳 蓬莱 莱阳 诸城 临朐	广饶 福山 黄县 平度 沂水 日照	20	30	
鲁西南区	淄川 桓台 滋阳 齐河 巨野 城武 单县	博山 章邱 峄县 邹平 荷泽 金乡 鱼台	长山 济阳 长清 嘉祥 定陶 曹县 濮县	23	阳信 青城 滨县 惠民 商河 德县 恩县	高苑 利津 霑化 乐陵 临邑 平原 武城	博兴 蒲台 无棣 德平 陵县 禹城 夏津	55	78	

续上表

分区	新收复县名			小计	将收复县名			小计	合计	备注
	聊城 济宁				高唐 茌平 东平 肥城 新泰 曲阜 费县 齐东 观城 阳谷 临清 馆陶	清平 平阴 汶上 泰安 蒙阴 邹县 临沂 郓城 寿张 莘县 冠县	博平 东阿 宁阳 莱芜 泗水 滕县 郯城 范县 朝城 堂邑 邱县			
豫北区	永城 浚县 博爱 兰封 汲县 修武 淇县 延津	夏邑 虞城 孟县 内黄 辉县 安阳 汤阴 温县	滑县 沁阳 考城 陕县 灵宝 阌乡 民权 济源	24	临漳 涉县	林县	武安	4	28	
冀南区	东明 濮阳 永年	青县 清丰 长垣	沧县 获鹿	8	南乐 肥乡 邯郸 临城 元氏	大名 成安 沙河 高邑 赵县	广平 磁县 邢台 赞皇	15	23	
热河区	承德 围场 滦平 绥东	赤峰 隆化 建平 开鲁	平泉 丰宁 宁城	11	林西 天山	林东 鲁北	经棚	5	16	
察哈尔区	万全 延庆 商都 尚义	宣化 涿鹿 多伦 扬原	怀来 张北 崇礼 怀安	18	赤城			1	19	

续上表

分区	新收复县名	小计	将收复县名	小计	合计	备注
	蔚县 康保 沽源 宝昌 新明 龙关					
绥远区	丰镇 凉城 兴和 集宁 陶林 清水河 和林格尔 萨县 武川 托克托 固阳	11			11	
冀中冀东区	香河 三河 蓟县 宝坻 平谷 迁安 抚宁 乐亭 遵化 丰润 玉田 宁河 卢龙 涞水 定兴 徐水 望都 保定 新乐 兴隆 都山 固安 昌黎	23	易县 涞源 完县 唐县 房山 满城 曲阳 行唐	8	31	
晋北区	天镇 大同 阳高 广灵 应县	5	左云 右玉 平鲁 山阴 浑源 怀仁 灵邱 朔县	8	13	
晋南区	定襄 闻喜 灵石 绛县 霍县 赵城 洪洞 翼城 五台 垆县 中阳 沃曲 夏县 文水 浮山 蒲县 垣曲 平陆 芮城	19	保德 大宁 永和 石楼 繁峙 代县 崞县 宁武 神池 偏关 河曲 五寨 岢岚 岚县 静乐 兴县 方山 临县 离石 汾西 和顺 昔阳 辽县 盂县 晋城 高平 榆社 武乡 沁县 沁源 安泽 襄垣 黎城 潞城 平顺 长治 长子 屯留 沁水 阳城 壶关 陵川	42	61	

续上表

分区	新收复县名	小计	将收复县名	小计	合计	备注
共计	12区	188		161	349	

说明：一、本表系根据国防部第三厅所送行政配合军事绥靖区域划分要图及代电等计列。

二、热察绥三省蒙旗部份，以蒙旗名称不详未列入。

〔国民政府档案〕

3. 国民政府关于山东绥靖统一总指挥部组织规程与备案文件

(1947年1月)

(1)山东绥靖统一总指挥部组织规程

第一条　为谋第二绥靖区党政军团指挥统一，运用灵活，以配合军事需要起见，特设立山东绥靖统一总指挥部（以下简称本部）。

第二条　本部由左例各机关组织之（并于每周由各机关首长举行会报一次）：

一、第二绥靖区司令部；

二、山东省政府；

三、青岛市政府；

四、山东省保安司令部；

五、山东省党部；

六、青岛市党部；

七、三民主义青年山东支团部。

第三条　本部之职权如左：

一、党务团务政务军务之推进及运用。

二、民众之组训及运用。

三、社会经济建设之改进，合作事业之发展与土地问题之处理。

四、整理地方武力,编制保甲,促进地方自治之实施。

五、地方行政之改进。

六、交通通信之修复保护与粮食之购运屯储。

七、工事碉堡之构筑及匪区经济之封锁。

八、宣抚慰劳社会救济民众服务等工作之发动。

九、加强情报,揭发贪污及扩大宣传工作之实施。

十、各部队军风纪之整饬事项。

十一、其他与绥靖有关及军民合作诸事项。

第四条 本部设左列各高级职员:

一、主任一人,由第二绥靖区司令官兼任。

二、副主任二人,由山东省政府主席省党部主任委员兼任。

三、秘书长一人,由主任副主任选派之。

四、副秘书长二人,由省政府秘书长及省党部书记长兼任。

第五条 本部设左列各组:

一、第一组 设组长一人,秘书三人,书记司书各二人。

二、第二组 设组长一人,参谋三人,绘图员一人,书记司书各二人。

三、第三组 设组长一人,组员三人,副官一人,书记司书各二人。

四、第四组 设组长一人,秘书一人,组员一人,邮电检查员四人,书记一人。

五、第五组 设组长一人。秘书书记司书各一人。

第六条 本部职员按照业务一部专任外,概由各机关调用,不支俸给。

第七条 本部设工作督导团设计委员会,其组织规程另订之。

第八条 本部随军令之进展,于必要地点设立支部直属分部及分部,其组织规程另订之。

第九条　本部经费由第二绥靖区司令部与省政府筹拨之。

第十条　本部办事细则另定之。

第十一条　本部于绥靖任务完毕后呈请撤销。

第十二条　本部组织规程绥靖会议决议通过公布施行,并由国防部转请行政院备案。

山东绥靖统一指挥部组织系统表

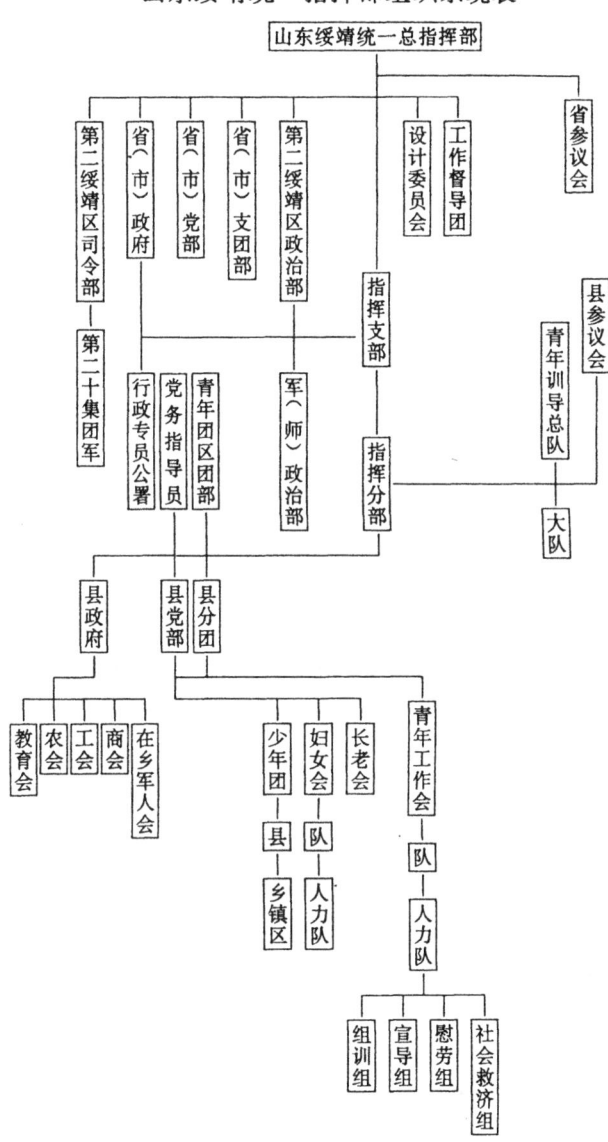

(2)山东省绥靖统一总指挥部某支部某分部组织规程

第一条 依总指挥部组织规程第八条之规定,于必要地点设立分部,受上级指挥部之指导监督。

第二条 分部由左列各机关组织之:

一、师令部或团本部。

二、师政治部。

三、县政府。

四、县党部及青年团分团部。

第三条 分部之职权与支部同。

第四条 分部设左列各职员:

一、主任一人,由当地驻军高级司令官兼任,如有特殊情形另以命令行之。

二、副主任二人,由县长及县党部书记长兼任。

三、秘书一人,股长二人,股员若干人。

第五条 分部设左列各股:

一、第一股:办理全县与绥靖有关之政治业务。

二、第二股:办理全县与绥靖有关之军事业务。

三、第三股:办理文书及庶务。

第六条 分部职员以由各机关调用为原则,不支薪给。

第七条 分部得设绥靖工作督导团及设计委员会。

第八条 分部经费由驻司令部筹拨之。

第九条 分部之设置与撤销由总指挥部以命令行之。

第十条 本组织规程经总指挥部核准后,公布施行。

(3)山东省绥靖统一总指挥部支部组织规程

第一条 依统一总指挥部组织规程第八条之规定,于必要地点,设立支部受总指挥部之指挥监督。

第二条 支部由左列各机关组织之:

一、集团军总司令部或军(师)司令部。

二、集团军政治部或军(师)政治部。

三、专员公署(市政府)。

四、党务督导员及青年团区团部市党部。

第三条　支部之职权与总指挥部同。

第四条　支部设左列职员：

一、主任一人,由当地驻军高级司令官兼任。

二、副主任二人,由行政专员(或市长)及县党部书记长兼任。

三、秘书主任一人,科长三人,科员若干人。

第五条　支部设左列各科：

一、第一科:办理与绥靖有关之党政业务。

二、第二科:办理与绥靖有关之军事业务。

三、第三科:办理文书庶务交际收发。

第六条　支部职员以各机关调用为原则。

第七条　支部得设绥靖工作督导支团及设计委员支会。

第八条　支部经费由驻军司令部与当地政府筹拨之。

第九条　支部之设立与撤销由总指挥部以命令行之。

第十条　本组织规程经总指挥核准后公布施行。

(4)山东省绥靖统一总指挥部设计委员会组织规则

第一条　为集思广益,推进绥靖工作起见,特组织设计委员会(以下简称本会)。

第二条　本会设计委员为不定额,其人选由指挥部主任就左列人员中择优聘任之：

一、地方贤达与耆宿。

二、大学教授及学者专家。

三、党政军团及地方法团之高级人员。

第三条　本会设主任委员一人，由省参议会议长兼任，副主任委员二人，由三民主义青年团支团部主任及绥靖区司令部高级军官一人兼任之。

第四条　本部之任务如左：

一、关于全省党政军业务改进之建议。

二、关于绥靖工作之设计与推行。

三、关于指挥部交办之事项。

第五条　本会分军事政治经济教育党务五组，由委员自行选择加入一组或两组。

第六条　本会每月开会两次，由主任委员召集之，必要时得召开临时会，在休会期间，每组应推选驻会委员一人主持业务进行。

第七条　本会办事细则另订之。

(5)山东省绥靖统一总指挥部工作督导团组织规则

第一条　依本部组织规程第七条之规定，为视察督导各部队及地方党政机关执行本部会议决议事项之进展考核其成绩以增进绥靖工作效率起见，特组织工作督导团（以下简称本团）。

第二条　本团由下列各机关组成之：

一、第二绥靖区司令部。

二、山东省政府及有关各厅处。

三、山东省保安司令部。

四、山东省党部。

五、三民主义青年团山东支团部。

六、山东省参议会及地方士绅。

七、第二绥靖区政治部及所属各集团军军师政治部与山东省保安司令部政治部。

第三条　本团之组织如下：

一、团长一人。

二、副团长一人。

三、秘书一人。

四、宣慰组组长一人,组员若干人。

五、督导组组长一人,组员若干人。

六、纠察组组长一人,组员若干人。

七、视事实之需要,得设司书译电员若干人。

第四条 本团团长副团长由总指挥部主任派员担任,秘书及各组组长由团长就各部队机关指派参加,本团工作人员由主任命令派兼之,组员司书及译电人员等以调用为原则,必要时得设专任人员。

第五条 本团之职权如下:

一、对人民之宣传抚慰事宜。

二、对民隐之访问事宜。

三、对政令之布达事宜。

四、对修筑道路桥梁碉堡之督导考核事宜。

五、对海防湖及封锁工作之考核事宜。

六、对匪盗及地方治安之调查事宜。

七、对肃奸工作之考核事宜。

八、对清剿绥靖工作之考核事宜。

九、对民众负担之调查事宜。

十、对贪污之检举事宜。

十一、对军风纪之纠察事宜。

十二、对治安会议一切决议事项执行情形之考核事宜。

第六条 本团视事实之需要,得设分团以期督导迅速而收分工合作之效,其组织如下:

一、分团长一人。

二、副分团长一人。

三、秘书一人。

四、宣慰股股长一人，股员若干人。

五、督导股股长一人，股员若干人。

六、纠察股股长一人，股员若干人。

第七条　各级部队及地方政府，对治安业务应列为中心工作，为其考绩之一，本团视其成绩优劣，报请各级主管机关予以奖惩，奖惩办法另定之。

第八条　本团由绥靖区司令部配属军法官若干人随团工作，受理绥靖区内紧急案件，并受权对于现行重要犯有处决呈判之权。

第九条　本团督导范围以第二绥靖区所辖地区为限。

第十条　本团经费实报实销，由第二绥靖区司令部与山东省政府筹拨。

第十一条　本团于任务完毕后结束，由统一总指挥部以命令行之。

第十二条　本团办事细则另定之。

第十三条　本办法经本部主任核准公布施行，并呈国防部行政院备案。

(6)青年训导总队组织规则

第一条　绥靖区为收容自新青年并纠正澄清其思想与灌输三民主义，宣达中央国策，使自新青年能成为建立三民主义新中国之优秀干部而组织青年训导总队（以下简称本总队）。

第二条　本总队直属三民主义青年团山东支团部并受第二绥靖区政治部之指导。

第三条　本总队为便于集中训导起见，于每统一指挥支部所在地，设置一大队，承总队之命，受指挥支部之指挥。

第四条　本总队之编组如附表。

第五条　本总队训练以政治感化教育为主眼，其重要课程如下。

一、政治课程——国父遗教,领袖言行,国际现势,本国史地,民族文选。

二、军事课程——学科典范令,术科基本教练。

三、训育课程——精神讲话,小组会议,辩论会,演讲会。

第六条　本总队之训练,本管教训合一,实行严格军事管理。

第七条　本总队队员之待遇另订之。

第八条　本总队之经费呈请中央筹措之。

第九条　本规则如有未尽事宜,得呈请修正之。

第十条　本规则经总指挥部核准实施之,嗣奉到中央正式法令时,即予废止。

(7)青年工作队组织规则

第一条　绥靖区各级统一指挥机构为阐扬三民主义,宣达中央国策,推行政府法令,协助绥靖工作,应发动地方知识青年及文教人员组织青年工作队。

第二条　青年工作队以县为单位组织之,由统一指挥分部指挥督导其工作。

第三条　县设青年工作队一队,各中等学校及乡镇设一工作分队,分队之下设组训宣传慰劳社会救济四组。

第四条　县青年工作队设队长一人,由县青年分团干事长或筹备主任兼任之,队附一人,由县教育局或教育科长兼任之,干事四人,由队长于地方文教团体首长或资深教师与优秀之青年团员中遴选兼任之,分队附一人,由乡公所文化股长兼任之,各组组长于当地青年团团员及文教人员中遴选兼任之,公役一人雇用之。

第五条　青年工作队各组中之中心工作如下:

一、组训组之工作,为发动组织各村民众团体及善后协进会协助组织并训练剿匪义勇队及地方自卫队、侦防奸匪与奸党之活动,举办民众补习学校等。

二、宣导组之工作,为以壁报戏剧宣讲歌咏等方式,从事剿匪建国各种宣传,并向民众多作个别谈话,宣达中央国策,揭露奸匪阴谋,发动群众参加或协助剿匪军事工作。

三、慰劳组之工作,为发动地方人士募集慰劳物品,从事慰劳绥靖部队与伤病官兵及设立茶水站等。

四、社会救济组之工作,为协助地方政府救济难民,防止病疫及其他有关救济工作。

第六条　青年工作队之官佐,由统一指挥分部派任之。

第七条　青年工作队除雇员公役外,而其队长队附干事组长队员等均为给职。

第八条　青年工作队除之办公费及事业费雇员公役薪水等,由各统一指挥部编列预算,交由地方政府拨款支用列报,必要时由各统一指挥部酌予补助。

第九条　本规则呈奉核准后施行。

〔国民政府档案〕

4. 绥靖区政务委员会关于重划绥靖区范围地名一览表

(1947年4月19日)

重划绥靖区范围地名一览表　三十六年四月十九日

分区	新收复县名			小计	将收复县名	小计	合计	备注
苏北区	海门 泰兴 淮阴 睢宁 兴化 东海 仪征 盐城 阜宁	高邮 如皋 泗阳 萧县 南通 灌云 六合 涟水 沭阳	靖江 宝应 宿迁 砀山 江都 泰县 淮安 邳县 赣榆	31			31	

续上表

分区	新收复县名			小计	将收复县名			小计	合计	备注
皖东南区	天长 泗县 宿县 亳县	盱眙 灵壁 来安	五河 嘉山 涡阳	10					10	
胶东区	即墨 益都 安邱 昌乐	胶县 临淄 潍县	高密 掖县 昌邑	10	荣成 威海卫 海阳 蓬莱 莱阳 诸城 临朐	烟台 文登 福山 黄县 平度 沂水 日照	广饶 牟平 栖霞 招远 寿光 莒县	20	30	
鲁西南区	淄川 桓台 滋阳 齐河 巨野城 单县 聊城 宁阳 新泰 曲阜 临沂 郓城	博山 章邱 峄县 邹平 荷泽 金乡 鱼台 济宁 肥城 东阿 邹县 费县 范县	长山 济阳 长清 嘉祥 定陶 曹县 濮县 汶上 莱芜 东平 郯城 齐东 观城	39	高苑 利津 霑化 惠民 商河 德县 恩县 高唐 茌平 蒙阴 寿张 华县 冠县	博兴 蒲台 无棣 乐陵 临邑 平原 武城 清平 平阴 泗水 朝城 堂邑 邱县	青城 滨县 阳信 德平 陵县 禹城 夏津 博平 泰安 滕县 阳谷 临清 馆陶	39	78	
豫北区	永城 浚县 博爱 兰封 汲县 修武 淇县 延津 原武	夏邑 虞城 孟县 内黄 辉县 安阳 汤阴 温县 阳武	滑县 沁阳 考城 武陟 灵宝 闽乡 民权 济源 封邱	27	临漳 涉县	林县	武安	4	31	

119

续上表

分区	新收复县名	小计	将收复县名	小计	合计	备注
豫东区	杞县 太康 睢县 通许 淮阳 抉沟 西华 商邱 陈留 子陵 鹿邑 拓城	12			12	
豫西南区	卢氏 信阳 光山 泌阳 洛宁 嵩县 桐柏 经扶 罗山 息县	10			10	
冀南区	东明 青县 沧县 濮阳 清丰 获鹿 永年 长垣	8	南乐 大名 广平 肥乡 成安 磁县 邯郸 沙河 邢台 内邱 临城 高邑 赞皇 元氏 赵县 新河 平乡 安平 任县 交河 周河 吴桥 东鹿 河间 南皮 南宫 南和 故城 威县 柏乡 清河 深泽 枣强 新河 巨鹿 肃宁 隆平 景县 晋县 深县 尧山 宁津 宁晋 广宗 武邑 无极 庆云 衡水 冀县 泽鸡 藁城 献县 饶阳 盐山 武强 阜城 东元	57	65	
冀中冀东区	香河 三河 蓟县 宝抵 平谷 迁安 抚宁 亭乐 遵化 丰润 玉田 宁河 卢龙 涞水 定兴 徐水 皇都 保定 新乐 兴隆 都山	27	涞源 完县 唐县 房山 曲阳 行唐 定县 □城 文安 安次 安国 平山 永清 任邱 阜平 高阳 雄县 博野 安新 灵寿 霸县	23	50	

续上表

分区	新收复县名	小计	将收复县名	小计	合计	备注
	固安 昌黎 易县 满城 容城 武清		蚕县 新镇			
热河区	承德 赤峰 平泉 围场 隆化 丰宁 滦平 建平 宁城 绥东 开鲁 陵源 朝阳 阜新	14	林西 林东 经棚 天山 鲁北 凌南	6	20	
察哈尔区	万全 宣化 怀来 延庆 涿鹿 张北 商都 多伦 崇礼 尚义 阳源 怀安 蔚县 康保 沽源 宝昌 新明 龙关 赤城 张家口	20			20	
绥远区	丰镇 凉城 兴和 集宁 陶林 清水河 和林格尔 萨县 武川 托克托 固阳 归绥 包头	13			13	
晋北区	天镇 大同 阳高 广灵 应县 右玉 怀仁 山阴 左云	9	平鲁 浑源 灵邱 朔县	4	13	
晋南区	定襄 闻喜 灵石 绛县 霍县 赵城 洪洞 翼城 五台 忻县 中阳 沃山 夏县 文水 浮山 蒲县 垣曲 平隆 芮城 安邑 襄陵 冷城 大宁 嶂县 汾西 孟县 隰县 孝义 汾阳	29	保德 永和 石楼 繁峙 代县 宁武 神池 偏关 河曲 五寨 岢岚 岚县 静乐 兴县 方山 临县 离石 和顺 昔阳 辽县 晋城 高平 榆社 武乡 沁县 沁源 安泽 襄垣 黎城 平顺	38	67	

续上表

分区	新收复县名			小计	将收复县名			小计	合计	备注
晋南区					长治 沁水 潞城	长子 阳城 陵川	屯留 壶关			
湖北区	南漳 郧县 房县 兴山 京山 当阳 荆门	穀城 郧西 竹山 随县 大门 远安 礼山	保康 均县 竹豁 安陆 钟祥 自忠	20					20	
陕西区	延长 延川 安定 定边 神木	甘泉 延安 清涧 榆林	鄜县 安塞 横山 府谷	13	采指 清边	吴堡 保安	葭县 绥德	6	19	
甘肃区	安阳 镇原	环县 宁县	正宁	5	含水			1	6	
宁夏区	盐池			1					1	
总计				298				198	496	

〔绥靖区政务委员会档案〕

5. 行政院第十二次临时会议通过划定绥靖区县(市)标准案

（1947年10月24日）

讨论事项（壹）

划定绥靖区县（市）标准案

签注：前据国防部拟订划定,绥靖区县(市)标准办法草案,经审查后提奉第十次临时院会决议："推王副院长及有关各部会首长暨不兼部会各政务委员开会,检讨绥靖区政策之实施情形,本案并付审查,由王副院长召集,各有关单位主管人员亦列席参加"。嗣由王副院长于十月一日召集开会审查,将划定绥靖区县市标准草案先行讨论,酌予修正,其余俟另行审查。兹将划定标准修正草案抄附于后,谨请核定。

划定绥靖区县(市)标准草案

一、为适应戡乱救民起见,各县(市)有左列情形之一者,得划为绥靖区:

甲、县(市)全境陷于共匪一年以上,全部或二分之一以上地区甫经收复者;

乙、县市全境遭匪窜扰虽未满一年,而破坏损失达百分之七十以上,甫经收复者。

二、绥靖区自划定之日起至届满一年为止,但免赋补助应照院颁绥靖区收复各县(市)免赋补助标准办理。

三、各县市请求划列为绥靖区时,应由该管省政府呈由行政院交国防部核议具报转呈核定。

决议:通过。

〔行政院档案〕

6. 国民政府六省主席检讨会议关于提高绥靖区司令官职权和加强军政配合决议案

(1947年11月18日)

秘密报告事项(三)

剿匪检讨会议决议案:

签注:主席电召豫鄂湘赣皖苏六省主席来京,检讨六省剿匪及军政配合措施,由院长主持,于本月十三日至十五日在国防部开会三日。兹将决议各案,抄附于后,谨请鉴察。

剿匪检讨会议决议案

第一案

为请将大巴山以东,长江以北黄河以南地区划建十五个绥靖区,以控制战场堵匪流窜并提高绥靖区司令官职权,统一指挥党政军民,以一事权案。

(国防部提)

决议:

一、各省内绥靖区之设置,得因实际情况划分之。

二、湘鄂赣边区及川陕鄂豫边区增设绥靖区,交国防部斟酌办理。

三、绥靖区内各县军事、民政均受绥靖区司令官之统一指挥。

四、各绥靖区司令官受省政府主席兼全省保安司令部司令之指挥监督,但在作战用兵上则仍依照战斗序列之规定受其上级指挥官之指挥。

五、绥靖区所辖地境,如有关两省以上之辖区者,该绥靖区司令官应受辖境较大之省政府主席兼全省保安司令部司令之指挥监督。

六、绥靖区设民政专员一至三人,督导所属各县之民政事宜。

七、设置绥靖区之省份原有之省政府行署及行政督察专员均撤销之。

八、绥靖区民政专员之人选,以撤销后之行政专员中有成绩者遴选任用。

九、现行绥靖区之各项法令应依此原则修正之。

〔行政院档案〕

二、"绥靖区"施政方针与"总体战"法令

1. 郑州绥靖公署订定党政军配合实施绥靖工作纲要

(1946年1月—1947年2月)

郑州绥靖公署指导辖区党政军配合实施绥靖工作纲要

一、本署为针对当前需要,指导辖区党政军团及民意机关,实施绥靖工作起见,特就前颁之绥靖方案,暨党政军团工作重点手册,加以补充,订定本纲要。

二、本纲要为适应各地方环境之不同,与将来局势之进展,特就辖区内区分为施政安全区,共匪窜扰区,与剿匪收复区,并各订工作原则,作实施后考核之标准。

三、在每一时地内,各地方党政军团及民意机关,应积极办理之工作,除前颁绥靖方案与工作重点手册已列举者外,均条列补充于后。

四、各省政府于奉到本纲要后,应即举行党政军联席会报,依本纲要之提示,斟酌地方情形,商订各种扼要详尽实施办法报备,一面切实执行。并将实施情形,就每事工作成一阶,列表统计报核,本署即随时会同各省政府派员视导。

壹、安全区

各种施政目标,以刷新政治,发扬正气,厚培民力,繁荣农村为体,以编查保查,加强自卫,组训民众,推广教育,军民配合为用。

一、关于刷新政治,发扬正气者:

(甲)健全各级人事机构:县各级人事,小至于保干事,必须有能力,有操守,尤应具备有跟着时代艰巨的责任心。

(子)县长必须选用合格人员,不得藉词滥用无政治常识,少时代认识者充任,并保障循良久于其任,不得随长官好恶,课其去留。

(丑)佐治人员中,不得任汉奸隐匿。

（寅）乡镇保长须遴选乡望素孚之党团员充任，并施以短期训练。

（卯）保长依照中央规定，虽为无给职，惟以事繁任重，应对其生活优予补助，并增加办公费。

（辰）严令各部队尊重乡镇保甲长职权，不得随意侮辱，藉以实现好人政治。

（乙）严惩贪污：

（子）具以下各级公教人员之待遇与公费，应参照中央规定与现实生活指数提高，以资养廉。

（丑）县以下应层层监察，如有宽纵贪污者，查出连坐。

（寅）地方之土豪劣绅，有凭藉恶劣势力，欺压乡民行为者，应利用党团及民意机构检举严办，以争取群众。

（丙）宣扬忠烈，优待征属，使社会正义伸张蔚为风气。

（子）发动党团员及民意机关，普遍调查。凡因抗战剿匪牺牲之官吏人民忠烈事迹，呈请褒扬，地方并应先予坊表，藉以宣扬正气，激劝人心。

（丑）对于抗战及剿匪军人之家属给予物资与精神之奖励，并对其子女入学，特予优待。

二、关于厚培民力，繁荣农村者：

（甲）经济设施，以增加农民收入，平均并减轻人民负担为原则。

（子）健全各级合作社组织，为农村经济设施之主体机构。

（丑）地方金融事业，如县银行、县合作金库，以发展农工生产改良农工技术为对象，并由合作金库与中国农民银行供应资金举行农贷。

（寅）农村各种贷款，如耕牛、农具、肥料、种籽，应透过乡镇合作社，及保合作社，确实于正当农民。

（卯）农民生活必需品，及生产必需品之供应，概由乡镇合作社及保合作社经营之,设立信托部代购。

(辰)农民生产之运销,组织运销合作社经营之。

(巳)禁宰耕牛,保护农村劳力。

(午)兴修水利。

(未)整理自治财政,剔除积弊。

(申)平均粮款差徭负担,并求合理。

(乙)土地以扶植自耕农,保护佃农,达到耕者有其田为原则。

(子)实行二五减租,及本党土地政策(详绥靖方案)。

(丑)加紧地籍整理,如土地测量,土地陈报。

(寅)调剂耕地,扶植自耕农,使佃农制度日渐泯灭。

(卯)土地利用,举凡移民垦荒改良土壤,凿井、造林、畜牧等均属之。

(丙)人民在完粮纳税义务以外,绝对不应自立名目,从事征摊,惟在军事时期,应组织军事供应机构,从事合理征购。

(子)严禁私征,所有在地方之部队,一律禁止私行征借款物,以杜流弊。

(丑)统筹军需,应组织军需采购委员会,统筹军需物品,以严整军纪,融和军民感情。

(寅)严防流弊,切实考核办理军需及经征人员,以免发生浮收滥支情事。

三、关于编查保甲者:

(甲)各县应遵照前颁绥靖方案内之督导保甲户口编查实施办法,发动党团员及公务员学校教员学生,积极办理左列事项,以清匪类,而安地方。

(子)编查以后,应举行复查抽查。

(丑)实行户口异动,人士登记。

(寅)实行国民身份证。

(卯)办理联保连坐切结。

（辰）收容无业游民及管理。

（巳）切实举行保甲治安会〔汇〕报。

四、关于加强自卫者：

（甲）民众自卫队以不脱离生产为原则，且应避免军队形式，而具有军事实际之力量。

（子）编制与训练，悉依前颁绥靖方案办理之。

（丑）避免制式训练，不必一定制备制服，以增加民众负担，违反与民休息原意。

（寅）枪支应举行登记，并就地征用，以不离县为原则，并订立损坏赔偿办法，以坚众信。

（卯）在乡镇缺少枪弹地方，于编制以后，得向驻军整编师长以上之主官呈请酌发，严禁摊款收购，其有藉购抢浮收搜刮民财者，查出严惩，并连坐其上级人员。

（辰）民众自卫队，战时应受驻军团长以上之指挥与督训。

（巳）党团员行动小组组成以后，应受总队部之指挥作为突击队。

（乙）各县城寨碉堡应及时修整，以备不虞。

（子）旧有城寨及碉堡修整时，应合乎军事要求。

（丑）碉堡距离，以彼此互应为度。

（寅）每碉堡内平时须指定任务保护，不得稍涉疏虞。

（卯）在邻近共匪区域须建立碉堡线，严格封锁，在接近窜扰区，须建立碉堡群，步步管制。

（辰）应责成保甲机构并发动在乡之公正士绅唤醒民众，切实负责保护交通，如电报、电话、铁路、公路等。

（丙）建立情报机构灵活运用，杜绝奸伪侵入。

（子）建立情报网，保设情报站，乡镇情报中心站，县设情报总站，并挑选党团员中富有机警性能者，利用各种关系，渗入奸伪久占区域，而作情报单位。

(丑)民意机关,及各法团学校,应建立情报小组,以辅益行政情报站。

(寅)我与共匪毗连境地,应构成封锁线,设置监视盘查哨,防止共匪潜入活动。

五、关于民众组织者:

(甲)宪政行将开始,还政于民即在目前,应抽调党团员之优秀者,加以训练,作为人民团体干部,继之切实认真发动全民训练注意核心领导。

(子)干部之生活及工作上应有之准备,政府应绝对负责。

(丑)各县人民团体,应于干部训练以后,分发指导次第成立,其已成立者应考核其干部,加强其干部。

(寅)党团及民意机关应督促政府协助县境之外县政府组织难民还乡团。

(乙)切实掌握士绅及智识份子,动员全力,协助政府。

(丙)民意机关应发扬舆论,申张正义,领导并激发民情,协助军队政府予共匪以精神上心理上之打击。

(戊)党团及民意机关,应与政府协助驻县境之外县政府,组织难民还乡团。

(己)民众团体应加强救济难民工作。

六、关于推广教育者:

(甲)教育为立国之本,际此人欲横流,尤应作育真才,匡救人心,立万世之基,且教育与治安有不可分性,必须闾阎安堵,始能弦歌不辍,故对于治安尤应首先注意。

(子)应筹教育经费,提高待遇,以安教学之心。

(丑)各县应尊师重道,礼貌教职人员。

(寅)应先训练教学干部,渗透到每个不同级之学校,而起核心作用(尤其中心国民学校)。

(乙)应使教育渗透于各行政级层,打在群众心窝。

(子)于办理成人补习班中,藉授业信仰心,抓住群众,而作一切忠奸真伪顺逆之宣传。

(丑)于办理妇女补【习】班中,藉其信念,施以组织,而作顺逆忠奸真伪之介绍。

(寅)应将共匪罪行,编为浅实歌曲,使全民歌唱,以示口诛。

(卯)要政教合一,使校长教员渗透于乡镇保而兼办乡镇保事务。

(辰)政府颁行有普通性重要法令,必须分发各级学校,使学生(国民学校四年级以上)各手抄一份由教员作公民课讲授,由学生回家宣传,俾政令切实贯彻于民众。

(巳)小学教员应参加保甲治安会议,及保民大会,并作政令与奸匪罪行之宣传。

七、关于军民配合群策群力者:

(甲)吾人对当前任务,应有共同认识,盖对奸匪斗争是整个的政治斗争,而不是单纯的军事行动。

(子)严格纠正以往一般纯军事观点,与平时化的政治观点之重大错误。

(丑)对奸匪斗争,需要控制广大地区和掌握广大民众,盖一切政治活动都要寄托在群众组织上,才有基础,才有力量。

(乙)吾人更应认识,现时党政军团及民众团体,风雨同舟,未可稍存观望,或以地位推诿责任。

(子)对共匪斗争,须使党政军各工作部门,形成一种有机战斗体,方能集中力量,指挥如意。

(丑)平时应加强党政军团民众团体之联系配合,藉期发挥整个力量。

(寅)各县党政军联系会报秘书处,应予加强,使发生横的力量。

贰、窜扰区

应起用循良,提倡气节,严伸军纪,争取民心为体,以坚壁清野,步步为营,军民一体,相辅相成,宣传中央德意,奖励共匪自新,并储备干部预期还乡为用。

一、关于起用循良重建各级行政机构者。

县以下各级行政机构,应在军事协助之下,迅为建立,各级行政人员应就需要选择。

(子)省府应对共匪窜扰区域之县长,应起用循良素著之人选充任,不一定用本地人,本地人有派别门户之分,用之则得此失彼,难以领导整个民众,最好起用向日深得民众信仰之去任官吏,藉收民心归向,驾轻就熟之效。

(丑)乡镇保甲长,应用党团员充任,尤其乡望素孚之士绅,应以礼聘用,藉收人心。

二、关于提倡气节蔚为风气者:

三代以下,无不好名,社会级层,尤重节操,惟以政府素日提倡程度不够,致少激劝,驯至寡廉鲜耻,世风日偷,明乎攻心为上之义,不可不力示提倡,以匡救人心。

(子)政府应褒扬为剿匪殉职之文武官吏,对其遗族,并应予抚恤。

(丑)政部与党团部应共同发动广为搜集,士绅人民因协助剿匪,或不受匪利用而至死亡之事迹,广为宣传,转请荣褒,并对负伤绅民优予精神与物质之慰问。

(寅)民间妇女有因拒绝共匪蹂躏,或不参加奸匪组织而至死亡,或有戕者,政府应搜集事迹,广为宣传,并转请旌表,以示激励。

三、关于严伸军纪,以争取人心者:

剿匪部队对于宿营炊饭往往不检细行,交恶民众,或因侦察带路,而施燥急,临时补给不足,打骂乡镇保甲长,皆为背离民众,自杀之举动。

(子)剿匪部队不得强住居民内宅。

(丑)剿匪部队不得使用人民炊具,洗脚抹澡。

(寅)对老幼妇孺,应有礼貌。

(卯)言语要清慢温和,对响导人民不懂时,应加以比划,不可因小有背误而施打骂,对侦察者亦然。

(辰)部队临时补给不足,须由团或独立营连以上之主管出具借据,向当地县政府商借,过后归还。

(巳)部队开拔后,不能携带之食物用具,应赠与人民,绝对不准将借用器具不归还原主,而有变卖行为。

(午)对乡镇保长或士绅,应比照军人阶级,而施以礼节,平行者应和蔼,不得有打骂侮辱之行为。

(未)违反上项各规定,准予随时扬报所在地军官,递级严予管制,情节重大者由军法议处。

(甲)乡镇保甲长做事,应积极负责,绝不应存畏难苟安及隔岸观火心理,而遇事躲避,致使军事孤立,而失军政配合之效。

四、关于坚壁清野步步为营者:

匪无底线,寸步难行,共匪未至之区,应发动党团员渗透各级层严予监督,匪过之后,应重清查户口,勿使隐匿,他如修建碉寨,严守卫,设盘查,封锁物资流入,拒绝抗币使用,皆为清乡之要图。

(子)防御奸匪行将窜扰之区,党团员应协助政府,切实办理保甲行政,并应藉以私人住居发起核心作用,随时监视邻里。

(丑)党团员在共匪窜扰之区,应协助政府办理连坐认真清查,勿使奸匪隐匿。

(寅)在防止共匪未窜扰之先,应注意盘哨人选,平时最好以党团员具有军事知识者加入,以起示范作用,而求真实,或化装为小商贩,从旁监察。

(卯)在共匪窜扰之后绝对封锁认真检查,不使物资流入匪区,更应禁绝抗币使用。

(辰)临近共匪之区,应建筑碉线,窜匪已过之区,应补成碉堡群,各碉堡内防御戒备任务,应责成党团员或士绅管理。

(巳)法令规定保甲编成以户为定,窜扰区之保甲,应临时权变以村庄为单位,并使各村正人及富户为村正副或临时正副保甲长。

(午)守望不能相助者,过后查明严处。

(未)凡为匪利用破坏交通,或导响者,足证地方行政人员平时治理不力,应查明县以下各络〔级〕行政人员责任处以死刑,或等差议处。

(申)窜扰区已组训之人民自卫队,应受驻军团长以上之指挥,并随军进退,免为匪用。

(酉)各工矿厂之工人,应指导临时远避,免为窜扰共匪所协从。

五、关于军民一体相辅相成者:

(甲)对共匪斗争,是整个的政治斗争,不是单纯的军事行动,故应军民一体,痛痒相关,纠正过去军民分离之重大错误。

(子)驻军首长及政工,应倡导或参加当地党政会报。

(丑)驻军应协助政府会同党团员,作清查户口守城等工作。

(寅)驻军应协助人民,收获作工,以争取民心。

(卯)应发动党团及士绅成立各级补给站,代军人现代购物,避免军人征摊。

(巳)民意机关及各法团学校,应运用情报小组,搜集情报,报告驻军,以补行政情报站工作之不足。

(午)党团员行动小组,应策动民众,破坏共匪交通通信仓库及补给线。

(未)党团员及公正士绅,应发动民众利用保甲机构,分段保护我方交通通讯。

(申)党团员应协助政府,收容救济伤病及落伍官兵,分别安置,转送及运用。

(酉)党团员应依照兵役绥靖方案,发动运担架,跟随进剿部队服务，作战时期，并应代为烧茶水，制馃粮。

（戌）党团员行动小组，应配合国军担任突击侦探夜袭等任务。

（乙）地方党团工作，应首先利用种种社会人事关系，有计划的深入匪区，建立国军外围细胞关系，并针对敌人之弱点，作有效神经宣传，同时并树立通信网，供应正确情报，作为军事行动之序幕，以补行政通讯站工作之不足。

六、关于宣达中央德者：

"周公恐惧流言日，王莽谦躬下士时"，泾渭同流，清浊难分，又曰得人者昌，失人者亡，师直者胜曲者败，祸国害民者不除，国何能安，应以牙还牙，唤醒民众，彻底明白是非，黑白忠坚、顺逆、邪正、祸福，崇是去非，崇正去邪，勿为残贼败类可诱，要立志做民族之正人义志。

（子）将中央委曲迁就政治协商会议之整军决议案，宣传使窜扰区民众知晓。

（丑）将主席胜利后历次建国文告，择要宣示。

（寅）要以牙还牙，将共匪罪行，制为通俗歌曲，普遍宣传。

（卯）将共匪过去歪曲宣传，予以驳斥。

（辰）宣传文字，要简赅普通。

七、关于奖励共匪自首自新者：

应宽大怀柔，使共匪内之协从份子，早为觉悟，施以感训，俾为我用。

（子）散发简单文字，劝导共匪自首自新。

（丑）优待共匪集体投诚。

（寅）欢迎共匪携械来归。

（卯）召开自首自新份子欢迎大会。

（辰）干部感训至相当程度，介绍其从业。

（巳）士兵感化至两周后，补充我方军队，其愿意返里从事生产者，给资护送交就地保甲长监护。

八、关于储备干部预期还乡者：

(甲)随军事进展之县政机构,应将流亡之青年党团员,收容于军队内,预备地方工作。

(子)慎选有领导与斗争能力之本党同志,在抗战期间著有成绩者。

(丑)此随军之党团员知识干部,应勤教严绳,计日谋功,培养其工作方法与工作技术。

(寅)为提高工作效率,加深各级干部人员对于工作之认识与兴趣,应经常举行政治座谈会,工作检讨会,或成立各种训练机关,普遍施以训练。

(乙)施以青年学生普训。

就各校集中,予以短期政治训练,加强其对当前政治认识,与斗争技术以培养一般工作的新干部。

(子)使其担任侦探慰劳突击担架等任务。

(丑)使受过训练之青年,就窜扰时渗入奸匪内部作策反工作。

(寅)此辈青年学生随军事进退历练,俾作将来收复区之各种经建社政机构内干部。

(丙)窜扰区民应事先编成各种任务,由难民中之党团员知识份子率领配合国军工作,并预为训练各种技能,以备还乡担任各级层领任务。

叁、收复区

在此久经毒化社会之下,凡百设施应先以干部决定一切为体,以原有各种经建社政机构为用,渐次纳入正轨,机构有如容器,可将其恶浊污秽者倾出,另易以新鲜机体,则可收事半功倍之效。

一、重建各级行政机构：

(甲)县各级行政干部,流亡于外埠者,应于地区收复后,迅随军事进展,立谋建立,以资领导。

(乙)县以下之各级行政机构,区乡镇保,向以环境特殊,多未完成,应于地区收复后,即依照组织规程并参酌实际情形,于流亡随军还乡之党团员士绅中,迅速遴员组织,以收人地两宜之效。

(丙)难民还乡团,与流亡同乡会推举之优秀团员,公正士绅,应使充实于各种人民组织中。

(丁)青年工作队,已经训练之男女队员,应迅即使其接收匪区各种经建与社政团体。

(戊)重新颁布简化扼要之法令,施用于收复区,其安全区普通法令,有繁复矛盾不适合者,暂缓施行。

(己)举行党政军团联席会报决定一切,即干部决定一切,渐次趋入正轨。

(庚)以部队配合小组,铲除奸匪之地方区乡队及各村之基干队,为向收复区推进工作之第一步。

(辛)在铲除敌人地方武力之际,同时需要铲除所有非法组织,例如匪之农救会妇女会……等组织之领导人物及其暗中指导工作之共党份子,予以猛烈之打击(打击之法不一定致之死命,要详密考查分别主从或被迫之份子分别轻重予以处理,但以争取大多数民众为处理原则)。

(壬)建立秘密封锁网,加强前后方之联系,以利□□之进展。

(癸)建立秘密村干部,及自卫队,或突击小组,以防死灰复燃。

二、关于重编保甲建立地方武力者:

(甲)初步就共匪原有基层组织,派忠勇干部参加领导,俟秩序稍定,即按照前颁绥靖方案内之督导保甲户口编查实施办法,切实整顿,并迅完成国民身份证。

(乙)征缴共匪遗留枪弹武器,依本署颁行绥靖方案,迅速编成各级人民自卫队,从事绥〔靖〕工作。

(丙)乡镇保甲长与各级队长队附,悉以随军训练之各级有经验干部充任之。

三、关于安定社会者:

（甲）军队进入收复区，应严守纪律公平买卖，违则从严惩办。

（子）收复地区，应以军队政工推进党政，一面以政治掩护部队活动使军政有不可分性。

（丑）部队所至，行政干部级层随之，与凡军需粮食，行政应悉予便利，但前进军人，不可恃功骄横，以分散军民配合力量。

（乙）铲除非法团体惩办暴民领袖。

（子）由匪组织之各级抗联会，农会，村自卫队，模范班，均予彻底解散，并酌量情节轻重，分别惩办其主要恶化份子。

（丑）青抗先锋队，儿童团，妇女会，斗争会，剪衣队，闻香队，凡带有敌对斗争性质者，均予解散，分别准予自首自新之机会，并分别施以短期感训以清除思想之毒素。

（寅）收复区民众不违背三民主义国家法令者，一律予以保护。

（卯）人民不准有私自直接报复情事，所有民刑纠纷由政府负责办理。

（丙）敦睦乡村礼俗，增进宗族关系者：

（子）政府应选派公正士绅，成立各种调解委员会。

（丑）被人调拨斗争所引起之仇恨，由调解机关召集双方调解。

（寅）夫妻父子兄弟宗族间被挑拨脱离关系者，由调解机关劝导使之复好。

（卯）婚姻纠纷之解决应尊重双方当事人之自由，必要时得由调解委员会予以调处，惟已生子女者，非经调处或法律手续，不得离异，如系抗属，则遵照中央所颁之出征抗敌军人婚姻保障条例办理之。

（辰）凡财产债务争端须先经调解委员会调解，调解不成时，再向法院起诉。

（丁）收复区经济设施，以鼓励农民还乡，努力生产，安定农村社会秩序，厉行复员为原则。

（子）农村经济复员，以地方原有经建机构，如县级下之合作社等机构为主体,此项机构原来健全者,更易干部,仍促其健全。

(丑)组织合作工作队,以机动方式,协助收复区农村经济复员。

(寅)收复区原有特产,应使其继续生产。

(卯)关于非法设立之公私农业机构,应分别彻底整理,并确定公私产权。

(辰)收复区农民消费品之购入,农产品之售出,资金之取得,农贷之分配,悉以合作方式经理之。

(戊)收复区之土地依据现行法令并适应当地环境,以不扰乱农村秩序为原则。

(子)收复区之农地,其所有权为自耕农者,得凭证收回自耕,其所有权为非自耕农者,在政府未依法处理前,得持证保持其所有权,但其农地,仍由佃农继续佃耕。

(丑)佃农须依法定租额,对地主纳租,但租额不得超过农产正产物三分之一之拆价,收复前佃农欠缴之佃租,一概免缴。

(寅)地主之农地如被人全部使用,而须自耕者,得酌予收回一部,但应顾及原使用人之生活。

(卯)人民私人间,对于地主所为,改定变更消灭等处分,经证明合法者,仍属有效。

(辰)原有公有土地,被共匪变更者,由政府收回。

(巳)无主土地由县政府管理。

(午)关于土地纠纷之解决,得由各县设立土地问题处理委员会,调查土地现状,公平处理土地分配及租佃纠纷。

(未)政府征收之农地,由自耕农承领耕种,分年缴价,取得所有权,但缴价期限,至多不得超过十五年,其承领优先权,依照绥靖区施政纲领第九条办理之。

(己)积极恢复收复区工矿业,努力生产,以安定民生为目标。

(子)就原有工矿业加入储备党团员之职业干部。推动照旧生产,以供应人民之需要。

(丑)奖励各矿场原有工人复工并利用机器改进技术,以厚生产。

(庚)查管粮食物资以充公用:

(子)共匪公有粮食物资,由党政军团民意机关,合组接管委员会,调查接管之,并奖励告密,以免隐匿。

(丑)公有粮食物资,如因军公需要,或有不能保管情势时,得由该会呈请省府转请绥署核准先行借用或处分之。

(寅)民有粮食物,仍归民有。

(卯)收复区之民食军粮,除由田粮机关负责统筹作有计划之调剂与补给外,对于存粮应予登记,每户人口所需予以充分保留。

(辛)收复区伪钞一律禁止行使,暂行以物易物,或商同四行及省行速筹设办事处,积极将法币大量运入,以流通金融。

(壬)迅速调查灾情及待救难民数目,迅施救剂〔济〕。

(子)收复区应迅速发动党团员作灾情难民之调查。

(丑)部队应协助救济机构,前进于收复区,作救济之实施。

(寅)由各省政府速商同救济分署运送面粉物资办理急赈。

(卯)医药保健等救济由各省卫生处商同救济分署办理之。

(辰)积极办理小型贷款,奖励复耕。

(巳)调查逃外人民,招使还乡,并予以生活救剂〔济〕。

四、关于文化教育者:

(甲)肃清社会一般思想毒素。

(乙)举凡共匪所遗留之一切文告、书籍、报章、歌曲,统应搜集焚毁。

(丙)甄训教职员,设立学校,收容学生。

五、关于交通者。

(甲)公路之整修,环境电话之架设,由地方政府督导办理,器材无处购买得请本署酌予发给。

(乙)军事通讯由军队自行架设,但电杆得按市价向地方采购。
(丙)电报邮政机构应商同各省各主管机关迅予恢复建立。

〔绥靖区政务委员会档案〕

2. 国民政府拟定"绥靖区施政纲领"

(1946年9月)

甲、总则:

绥靖区之施政以切实配合军事达成下列任务为目的:

一、针对奸匪以组织推进政治,以政治掩护军事之策略,实行政治剿匪,彻底摧毁其在匪区内一切制度及组织。

二、统一事权,迅赴戎机,以军事为主体,厉行党(团)军政一元化。

三、巩固军事据点,确保交通补给,强化行政机构,严密民众组织,以争取面的控制。

四、改变作风,收揽人心,发展民生经济,解除民众痛苦,以加速三民主义之彻底实行。

乙、组织及权责:

五、凡经奸匪盘据及流窜经国军进剿收复及尚待进行收复之区域,概划为绥靖区。

六、绥靖区第一期暂以苏皖豫鲁冀五省为范围,第二期推及晋绥察热及东北各省。

七、绥靖区行政于行政院设置绥靖区政务委员会全权处理之,置主任委员、副主任委员各一人,委员若干人,由国民政府主席遴派之。

八、绥靖区省以下之行政建制,以不变更为原则,其人事由国民政府授权政务委员会依军事需要调正之。

丙、实施纲要:

九、基层政治及民众组织:

（一）依地方自治之规定，切实清查户口，整理保甲，务使人必归户，户必归甲。

（二）依新县制之规定，制发国民身份证，按国民身份分别编组，各种民众团体与民众组织，并限县城收复后三个月内成立县议会。

（三）对于收复区民众，除重要匪首应依法惩办外，余不究既往，但必须连保连坐，还乡人民，严禁报复。

（四）所有乡镇保甲长以就地选拔地方公正廉能人员曾受干部训练者充任为原则。

（五）编训县乡民众自卫队、警察队，分区担任防护地方治安及清乡工作。

（六）设立乡村秘密义务警察（挑选积极分子）每保二人至三人担任通讯调查工作（此等义务警察必须经过严格考核训练）。

（七）充实县干训所，大量训练基层干部（此项所长必须特别慎重考选）。

（八）招致流亡在外曾受训练之青年随军还乡，担任基层政治及民众组训工作。

（九）组织人民服务队随军行进，协助地方政府，指导基层政治及民众组训工作。

（十）普设军民合作站，动员民众配合军队协助剿匪，切实实行军民合作。

十、土地问题之处理：

（一）各县设立土地问题处理委员会，调查土地现状，公平处理土地分配及租佃纠纷。

（二）领得奸匪分配土地之耕种人得继续保持土地使用权，但须对地主纳租。

（三）地主得保有产权，但须依靠规定并实行二五减租收租。

（四）为实行民生主义之土地政策，应逐渐实行耕者有其田，一面限制私有土地之亩数,一面由农民银行贷款农民购买所需耕种之土地。

(五)政府对公地及无主土地与地主超过限制之土地应集中管理,或定价收购,为国有公有办理公营农场、集体农场或配合退伍官兵及出征军人家属耕种。

(六)为改良农田水利,流畅运轮,应奖励农民成立合作社,用合作社方式领地耕种,从事生产运输。

(七)设立农具、耕牛、种籽供应站,借贷或半价售与农民,便利耕作,增进粮食生产。

十一、粮食之调剂:

(一)绥靖区民食军粮应兼筹并顾,于各县设立粮食调剂机构,实施有计划之调剂。

(二)奸匪征存之粮食应归公有,由粮食调剂机关接收,统筹分配人民,报告此项存粮者,按实收数给予百分之二十作为奖励,其隐瞒者,按情节轻重从严议处。

(三)田赋征实,凡灾情严重之区域经呈准后得予豁免,民间所有余粮,经调查确实后由调剂机关照市价以现款收购之。

(四)农民缴粮或服役运输,以来往一日行程为限,其运力按照规定发给粮食现品或代金。

(五)绥靖区粮食遇有不敷自给时,应由政府负责调处运济之。

十二、财政与金融:

(一)绥靖区之土地税,查有灾情严重者,得呈准豁免之。

(二)绥靖区绝对禁止伪币之使用。

(三)绥靖区应普遍推设国家及地方金融机构配合绥靖区整个经济政策之推行,应令四行分区负责办理,以免重复,而以农民银行为发展农村经济与扶助合作事业为主要任务。

(四)绥靖区公务人员之待遇应按生活需要为合理之规定,并尽可能配给现品其所需一切经费,除省县自身收入外,如有不敷由中央如数拨补,在当地国税收入项下划拨之。

(五)绥靖区财政金融机构一律受当地行政机构之指挥监督。

十三、文化与教育:

(一)为彻底肃清奸匪反动思想,增进绥靖区人民国家民族意识,应特别注意文化教育事业之举办。

(二)绥靖区各省应施行计划教育,统筹设置各级学校,并实行公费制度,俾贫苦青年皆有受教育之均等机会。

(三)绥靖区各级学校学生之升学就业应由政府负责统筹办理,俾能人尽其才,才尽其用。

(四)广设民众教育机构,举办识字教育,藉以宣扬三民主义,纠正邪说谬论。

(五)普遍编印通俗画刊读物壁报,输灌主义,宣扬政令,造成正确舆论,振作人心士气。

(六)提倡正当娱乐,发展音乐、图画、戏剧等艺术宣传教育,藉以提高人民文化水准,移风易俗。

丙、附则

十四、本纲领之实施办法另订之。

十五、现行法令与本纲领有抵触者,一律暂停实施。

十六、业已废止之惩办贪污及惩办盗匪条例,在绥靖区内暂仍有效。

〔绥靖区政务委员会档案〕

3. 行政院绥靖区政务委员会
订定绥靖时期各部队政治工作大纲

(1946年9月)

甲、工作方针与原则:

一、绥靖时期各部队政治工作之总方针,在配合军事,联系党政,铲除奸匪力量,恢复国家主权,彻底完成统一,实行三民主义,藉以确保抗战胜利之成果,促进建国工作之发展。

二、绥靖时期各部队政治工作之原则,为协助地方政府,恢复地方政权,推行民生主义经济政策,处理匪区政治、经济、文化、教育各种问题,组训民众,增强地方自卫武力,培养人民自治能力,藉以安定社会,改善民生。

乙、工作项目与实施办法:

一、协助地方政府,恢复地方政权,重编乡镇保甲组织。

办法:由于匪区内之乡镇保甲不仅组织机构业已破坏,即原有区域亦经多予变更,各部队政工人员于每一地区收复后,如地方政权无一人负责建立时,亟应协导地方政府,迅速实施下列各项步骤:

1. 各级政治部应就政工及党团干部与随军返乡之义民中,选定公正勤廉奋发有为之人员,先行恢复地方各级机构,建立地方政权,俟政府所派行政人员到达后即行移交,但仍应协助督导之。

2. 各级工作人员,应一致参加,协助地方切实调查户口,重编保甲,务使人必归户,户必归甲,并慎选乡镇保甲长,以健全基层政治组织,至保甲编组,应照国民政府所颁发之"县各级组织纲要"之规定办理。

3. 加强地方善后建设复兴工作,并应注意革除过去地方积弊,表现革命之新风气。

二、协助地方政府清查奸究〔宄〕,肃清奸匪之地下组织及潜伏份子。

办法:奸匪之活动无孔不入,对其地下组织与潜伏份子尤应特别注意,务须时时防制,处处摧毁,其主要方法如左:

1. 各收复区户口经予清查保甲经予编组后,应即普遍举行清乡,并实行一族清一族,一房清一房,一户清一户,联保连坐办法,如发现匪之地下组织与潜伏份子,应即迅予扑灭,务使奸宄不能活动藏匿,以达彻底肃清之目的。

2. 设置乡村秘密义务警察,每保二人至三人,并予以训练,使其担任通讯、调查工作,每周向驻在地政工人员报告一次,如有重要紧急情报,应饬随时报告。

三、凡重要匪徒及作恶有据之地痞流氓,应奖励人民秘密检举,予以逮捕,依法讯办。

办法:为求绥靖工作早日完成,应运用各种组织与策略,使民众各能团结自卫,并使极力发挥斗争性与革命性,始能以组织对组织发生良好之效果,其组织办法如左:

1. 以新县制之规定组织协助地方政府制发国民身份证,按证分别编组,各地在乡军人会、长老会、妇女会、少年团,并组织学生会、教育会、工会、商会等使人人均有团体,并能一致参加地方实际工作,并应发动地方知识青年及文教人员,成立青年工作队,以协助推行宣导慰劳及社会救济等工作。

2. 为集中各种力量担任地方绥靖与建设工作起见,凡具有一技之长者均可纳入各种组织之内,如长于绘画、写字、作诗、作曲、歌唱、奏乐、编剧、雕刻,以及善于写作文章小说者,皆可成立文艺或文化协会;又如算命、看相、卜卦、测字者,可成立星相研究会,并确实予以联络运用,使其发挥组织作用。

3. 切实协助地方政府组织各地民众自卫队,其组织依照行政院颁布之"收复省区民众自卫队组训方案"办理之。

4. 各地民众团体与地方自卫力量之组织,应着重配合作战,发挥战斗力量,加速完成绥靖任务。(并斟酌组织难民还乡团,配合部队作战。)

四、协助地方政府斟酌组织地方善后协进会。

办法:各地方甫经国军收复,关于善后救济工作自应加紧实施,并应策动当地知识份子及青年人士,组织地方善后协进会,其组织要点如左:

1. 地方善后协进会以县区乡(镇)各组织一会为原则,乡(镇)

以下不必组织,区有组织者,乡(镇)得免组织。

2. 各地善后协进会设委员七人至十一人,主持会务,由地方推选之,并于委员中互推常务委员一人,处理日常事务,均为无给职,并得依事实之需要酌设秘书及事务人员,就当地各机关团体人员中聘兼之。

3. 各地善后协进会之主要工作,为协助政府清剿奸匪,恢复秩序,抚辑流亡,办理救济,维护交通,鼓励农工生产,举办文化教育,转移社会风气等事项。

上项善后协进会,不必定为常设,待有必要时临时设置之,并须严防流弊。

五、协助地方政府处理收复区土地粮食及财政金融问题。

子、土地部份:

(一)协助地方政府斟酌设立土地委员会,办理土地登记、调查、分配及公平处理一切有关土地因被共匪强制分配而发生之纠纷事宜。

(二)凡已被奸匪没收分给农民耕作之土地,原有地主应依土地等级准予保存适当限额内之土地;但此项土地仍准由耕户继续使用,其地租由耕户按照土地法之规定(二五减租或减三分之一原则)缴纳之。

(三)地主超过限额规定之土地,应由政府发行土地债券征购分租于贫苦农民耕种,仍按土地法之规定向政府缴纳地租,必要时可由农民银行贷款农民价购之。

丑、粮食部分:

(一)协助地方政府斟酌成立粮食处使能对军民粮食兼筹并顾及实施有计划调剂。

(二)共匪征存之粮食收归公用,由粮食处接收,统筹分配,人民报告此项存粮者,按实收数给予百分之二十,作为奖励,其隐瞒不报者,按情节轻重从严议处。

(三)凡人民所积存或生产之粮食,应由粮食处举行登记,并依每户人口数量大小及其他经政府认可之必要用途保留其所需数量外,其超过自用之部分余粮,得由政府或兵站依市价购之。

(四)农民送交粮食以来往一日行程为限,其运力按照规定发给粮食或代金。

寅、财政金融部分:

(一)共匪所发之伪币,一律认为无效,严禁使用。

(二)凡人民因被迫而收受之伪币得声请登记。

卯、合作部分:

(一)指导人民分区组织合作社,并踊跃认股,热心服务,以期藉合作方法改善其生活。

(二)合作社以城区及乡村各区为单位分别组织之,并应于适当地点设立分社,各县应设立合作联合社。

(三)城区合作社以粮食及其他生活必需品之配给为主要业务,乡区合作社以粮食及其他生活必需品之生产运销为主要业务,县联合社以统筹城乡区合作社业务之配合及相互间物品之交流为主要之业务。

(四)政工人员应协导地方政府及党团部。确认合作社事业为实现主义之基本经济事业,共同负责,促其发展。以上各项,其详细实施办法俟行政院依据"绥靖区施政纲领"拟订后颁行。

六、加强宣传文化教育。

办法:奸匪于盘据地区传播邪说谬论,灌注反动思想,麻醉煽惑,无所不用其极,使人民完全丧失国家民族意识,任其奴役,供其牺牲,此种现象必须彻底肃清,故应特别加强宣传文化教育工作,其办法要点如左:

(一)确定宣传方针,改进宣传方法与技术。

(二)订颁绥靖时期宣传中心口号及标语,俾各地一致使用。

(三)把握时机大量印发通俗之传单、文告及画刊、读物、壁报,灌注主义,宣扬政令,造成正确舆论,振作人心士气。

(四)广设民众学校短期训练班及通俗讲演所、民众问事处、民众阅览室等教育机构,藉以宣扬三民主义,纠正邪说谬论。

(五)提倡正当娱乐,扩展艺术宣传教育。如音乐、图画、戏剧、电影等,以提高人民文化水准,转移社会风俗。

以上五项,政工人员于到达收复区后,亟应本倡导精神,唤起地方人士之注意,更从而积极协助,加强督促,使其随时改进,以宏效果。

七、发动爱民运动,举办军民合作站。

办法:军民合作为争取作战胜利之唯一要图,欲使军民确能真实合作,必先使军队爱护民众,以激起人民尊敬军队,同时举办军民合作站,使军队不致骚扰民间,以达成彼此敬爱互助合作之目的,其实施办法如次:

子、爱民运动:

(一)厉行军民合作公约。

(二)军队与民众相处,态度宜和蔼可亲,视同兄弟一般,各部队可以连为单位,组织爱民会,每连由士兵中选举干事三人主持会议,由连指导员领导,下设调查、纠察、执行、宣传四股,并就本该部队中广为征求会员,造成爱民风尚。

(三)于匪区选择重要地点,集中人力物力,设置军民诊疗施药处,由各医及军医院或卫生队负责办理,政工人员应协助督导,使其能真诚为人民服务,先起模范作用,再逐渐发展,普遍设置,详细办法另订之。

丑、军民合作站:

(一)于绥靖区重要军事交通线上设置军民合作站,乡镇设站,县设总站,省设军民合作指导处。

(二)军民合作站主要业务,为办理征催伕役,供应茶水,代购副食,代觅营舍。慰劳官兵救护伤病,担任向导侦报匪情等项。

(三)军民合作站之设置办法及工作纲要,由本部新闻局就原有办法修正后呈请行政院后施行。

八、整军风纪。

军纪之良否,为国军收揽民心发挥力量之基本条件,为求实实施,订定办法如左:

(一)军师纠抚军应执行督战,巡视宿营地,收容落伍士兵。维持军风纪,清查冶逆赌博,或其他不法军官,及宣抚民众等工作之责。

(二)各部队应实践不拉夫(北方不拉驮子,南方不封船只),不扰民之高尚武德。

(三)设立民众密告箱,准许民众密诉部军违法事件,并举行驻地民众对部队纪律优劣批评之民意测验。

(四)举行纪律竞赛,于行军作战时实行各部队纪律交互视察,对纪律优良或违反纪律之团体与个人,应厉行奖惩。

九、防止奸匪兵运及感训匪俘与自首份子。

奸匪惯技,重在挑拨离间,分化我军感情,运动我官兵投匪,为匪之内应,我宜竭力讲求对策,至于悔悟投诚或被查获与俘虏之匪军官兵,均应收容,施以训练,促其感化,其办法如左:

子、防止兵运:

(一)举办士兵联保,切实掌握政工服务员,并实施防奸连坐法。

(二)对新来部队之官佐及新入伍之士兵,应予严切注意,并随时举行官兵思想测验,调查其经历交游与日常生活。

(三)清查驻地户口,对营防附近小贩及嫌疑分子,应随时注意,或予以取缔,官兵外出与晤见来宾及地方应酬等事,应密予调查登记。

(四)于驻地附近设立盘查哨,派遣得力政工人员及优秀士兵,随时盘查有嫌疑性之行人与商贩。

(五)检查战地邮电旅馆妓寮及其他公共场所。

(六)为防奸匪利用放还俘获我军官兵挑拨宣传,对被俘人员应令隔离,不可使继任原职。

九、感训匪俘与自首分子。

(一)各行辕绥署战区及绥靖区司令部得就事实之需要,设置青年训导总队,下设大队、中队、区队三级,以收容感训匪俘及自首分子,所需干部由附近军官总队及地方党团人员调用之,政工人员应商承部队长负责支持。

(二)收容感训之实施,应依据〈一〉优待其生活,〈二〉感化其思想,〈三〉监视其行动三项原则办理,其办法另订之。

十、组织连政工小组,发挥高度战斗精神。

办法:为达成作战任务发挥高度之战斗精神起见,应于各连组织政工小组,切实执行作战命令。其组织如左:

(一)连政工小组应选择笃信三民主义之忠勇士兵十人组成之,以资深精干者一人为组长,忠实执行作战命令。

(二)连政工小组为一连之核心,作战时应积极发挥领导作用,并受连长及连指导员之指挥与监督。

(三)连政工小组之主要任务:

一、担任固守阵地任务,非有命令不得撤退,须与阵地共存亡。

二、担任敢死冲锋及其他非常任务。

三、鼓励同连同排之士兵忠勇作战,发扬受伤不退被俘不屈之**精神**。

四、随时监察意志不坚思想不稳作战不力之士兵,并鼓励其立业图功,旧〔奋〕勇作战,藉以稳固军心。

(四)连政工小组之组织以不公开方式行之。

丙、推行工作之重要机构。

绥靖时期之各项工作极为繁重,必赖有健全适用之工作机构,以为推行之原动力,分头齐进,共赴事功,故于前项实施办法中,曾订有地方民众自卫队,地方善后协进会,青年工作队,爱民会,军民合作站,军(师)纠抚队,政工服务员,与政工小组,青年训导总队等各种工作机构。名称虽有不同,职司亦或有异,但于共趋剿灭奸匪,完成统一,努力建国,实现主义之总目标,则殊无二致。兹除以上所述之机构外,尚有党政联席会报(会议)与人民服务队之组织,有属重要,列举如次:

一、党政联席会报(会议):为使绥靖区党团军政各机关及各级民意机构之密切配合,统一领导,结成摧毁奸匪推进要政之总力起见,前军事委员会与行政院曾经制定收复区党政联席会报(会议)实施方案,颁令施行,近复因中央有关机关之建议,奉准略加修正,各级政工人员应积极策动,切实督导,并担负实际责任,发挥其功效。

二、人民服务队为强化革命行动执行政治斗争之生力军,跟随剿匪部队同时推进,摧毁一切反动设施,打击奸匪潜伏组织,并协导地方政府即时恢复地方政权,组织民众自卫武力,执行民生主义经济政策,处理匪区土地粮食财政金融合作等重要问题,使此次剿匪不仅能达到军事胜利之目的更须求得政治之成功,而为实行三民主义之基础。

〔绥靖区政务委员会档案〕

4. 绥靖区政务委员会通饬施行绥靖时期督办清乡暂行办法

(1946年10月30日)

绥靖时期督办清乡暂行办法
本会三十五年十月三十日通饬施行

第一条 绥靖时期为迅速肃清收复区潜伏匪徒,巩固地方治安起见,特制定督办清乡暂行办法(以下简称本办法)。

第二条 收复区清乡事宜,由行辕绥署战区绥靖区及各该地军事最高长官(整编之旅长以上未整编者师长以上)督饬并协助各级地方行政官吏,依照本办法之规定办理之。

第三条 凡已收复之地方,迅速成立清乡队,以地方行政机关(专员公署县政府区乡(镇)公所)各级党团部保安团队各公法团及驻军政治部共同组织之,层转备案。

第四条 清乡队须依照政府法令规定,以清查户口整编保甲,搜查散匪,登记民枪,办理联保连坐,扩大宣传招抚为主要工作。

第五条 凡经军队收复之县城及乡镇与重要交通据点,应于收复后之第一日着手清乡队之组织,立即划分区域,实施清查,并规定限期大据点(县城)五日内完成,小据点(乡镇)二日内完成,各军队及行政长官,应切实负责,通力合作,严督密考,不使逾限。

第六条 凡已收复之县城重镇,如有因清户不严,联保不确,致被潜伏匪徒袭击失陷土地时,其驻在地之军队与地方行政长官,皆应共同负责,并按临阵逃避失陷守地治罪。

第七条 各地办理清乡事宜,应于月终填具报表,层报上级机关查核。

第八条 凡努力清乡工作,查获潜伏匪徒案件甚多,确著成绩者,得按其情节,层转国防部请予核奖。

第九条 本办法适用于绥靖区以命令颁布之。

〔国民政府档案〕

5. 绥靖区政务委员会第六次会议通过加强绥靖区党政军联席会报办法

(1946年10月)

加强绥靖区党政军联席会报办法
本会第六次会议通过

第一条 为使绥靖区党政军团各机关密切配合统一指挥,以加强推进复员善后工作起见,特订定本办法。

第二条　绥靖区内以党政军联席会报为指导机构,对党政军团有关绥靖事项之推进,负统筹策划及督导之责。

第三条　绥靖区党政军联合会报,并应遵照绥靖区施政纲领,加强民众组训,实施民众自卫,安定社会,贯彻政令等工作,经会报决定,有关机关应即负责执行。

第四条　凡绥靖区辖区之各级党政军联席会报,除受中央党政军联席会报指导外,应受各该绥靖署区及各战区党政军联席会报指导监督。

第五条　绥靖区各级党政军联席会报秘书处(室)应将工作方针,行动策略,与其邻接之秘书处(室)互相通报,以期收密切配合之效。

第六条　绥靖区应视实际情形,斟酌需要,督促地方组织民众自卫队等组织,并考核其成绩,分别奖惩。

第七条　在军事进展地带,党政人员必须随同部队行动,并立即成立会报,处理一切问题。

第八条　绥靖区党政军联合会报,应扶助民意机关,使能发挥民众公意,协助政军法令之推行。

〔国民政府档案〕

6. 绥靖区政务委员会第六次会议通过与党政军联席会报配合办法

(1946年10月)

一、中央党政军联席会报秘书长参加绥靖区政务委员会。

二、绥靖区政务委员会秘书长参加中央党政军联席会报。

三、绥靖区政务委员会派连络秘书参加中央党政军联席会报秘书处联络秘书会议。

四、绥靖区政务委员会派往各绥靖地区之督导人员,应参加各绥靖地区党政军联席会报。

五、各地党政军联席会报,应遵照绥靖区施政纲领及各项办法推进工作。

六、各绥靖区会报有关绥靖政务事项,应由中央党政军联席会报送请绥区政务委员会处理,绥靖区政务委员会之重要法令办法,应送请中央党政军联席会报转发各级会报办理。

七、绥靖区政务委员会与中央党政军联席会报,应密切联系并随时交换情报。

〔国民政府档案〕

7. 绥靖区政务委员会拟制"对中共解放区目前工作大纲之研究与对策"

(1946年10月)

对中共"解放区"目前工作大纲之研究与对策　侍(宇)字第16176号

甲、关于共党巩固"解放区"问题:

原　件　要　点	对　　　策
一、完成农民群众发动之充分程度 1. 以土地利益诱惑广大的农民群众,尤其是先要发动贫农雇农苦力为农村基本群众。 2. 吸收土匪流氓也来得到土地革命的利益,其办法:子,解散他们固有的组织;丑,解决他们的反动领袖;寅,就是同情的革命领袖也不能让他们率领原来的群众。 3. 建立真正广大工农劳动群众自己管理的"解放区"政权。 4. 已经建立的要动员群众改造最主要的是树立起最坚强无产阶级的领导。	一、共党分给农民的土地,除自耕农外,仍一律维持农民的土地使用权,并照二五减租办法向地主纳租,使农民既得一部分土地利益,仍然继续享有,使共党没有藉口和挑拨的余地。 二、自耕农的田地准许自行收回耕种,如因收回耕地致失去土地的农民另由政府配给无主的荒地。 三、三十五年春季前租谷一概不得清算。 右三项应以种种宣传方式并派遣飞机散发传单,普告共区人民一体知觉,以争取民心。 四、收复区之土地所有权仍暂归原有地主所有,地主对原使用土地者不

续上表

原 件 要 点	对 　 策
	得采取报复行为及藉口收回土地使用权,但耕种人应照二五减租办法向地主纳租。 五、实施遗产税累进税,并依土地法规定实施征购地主超过限度的土地。 六、减轻自耕农捐税,保障农民利益,并与他们密取联络,协助领导农村。 七、举办农贷、工贷救济农村,并扶植手工业。切实铲除农贷不入农村,工贷不及工人之积弊。 八、办理集体农场及农村合作社。 九、对土匪流氓应将其罪大恶极之首要痛惩数人,以平民愤,藉申正气。 十、普遍发动共区农民之"武装还乡运动"及"反斗争运动",以粉碎共党藉土地利益诱惑农民群众之阴谋。
二、取得点线上有战略形势的城市: 　1.加强后备军之训练。 　2.在八路军及新四军中建立纯工农成份的铁军。 　3.统一军事指挥。 　4.反对"偏安割据"、"和平保守"、"躲避上山"等观念。 　5.反对"划疆自守",不向外发展的自杀政策。 　6.反对"兜圈子式"的发展。 　7.在解放区内一切城市应完全占领,至少不容许国民党在解放区重要城市继续统治减除后方危险。 　8.切断交通,使国军无法侵入解放区。 　9.要占领一个城市,必须发动广大	一、共军要加强后备军之训练,今后必更积极裹胁农民,扩大所谓参军运动,我方宜宣传其滥征壮丁,制造内乱,不顾人民生死,粉碎其企图。 二、共军要建立纯工农成份的军队,今后他们部队中的复杂份子当必予以改编,清除,我方应针对共军此种情形,强调其排除异己,进行宣传上之心理作战,击破他们的计划。 三、共军要统一军事指挥,我方当挑拨其将领各不相下互存猜忌,并觅取共军内有之派系,如湖南派、四川派、云南派、东北各种裂痕,加以广大,尤应宣扬其某部投诚消息,以动摇军心。 四、共军反对偏安割据、保守、躲避、划疆自守,今后必争取主动,时时

续上表

原 件 要 点	对 策
的四周农民群众来围困，并加紧城内的工作来响应，方能巩固的。	扰我，以确保所谓解放区的安全，我当命令各部分别组织突击队轻装裹粮，常作出敌意外之袭击，使敌疲于奔命，疏于防范，而后集中大兵力攻其不备，将共军之主力一鼓而歼灭之。 　　五、共军要全占领所谓"解放区"内一切城市，今后必竭全力攻打我军，我当一面死守据点，多用小部队进行游击以保卫据点，并积级加强城乡民众组训，协助国军予共军以重大的反击，粉碎共军妄想占领城市的企图。 　　六、共军要破坏我方交通，我当：(子)派出部队，时常破坏共军之交通，使其不得不分兵应付，分散共军兵力；(丑)多派飞机炸毁共区桥梁、据点及其仓库；(寅)沿交通线重点控制，部队配合人民自卫队分区巡查会哨，一遇有警，即悉力赴援，以期保护铁路电线桥梁。 　　七、共军要发动城市四周农民群众与城内埋伏之奸细，作里应外合，我当：(子)严密将城乡四周民众确切加以组训与掌握，使不为共军所动；(丑)于城市之外多筑碉堡，以建立城市的卫星；(寅)办理乡村联防，并搜剿四乡散匪。

乙、关于共党发动农民群众问题：

原件实施内容与办法之研究	本党应如何仿效
一、共党发动农民与土地政策的意义。 　　1. 利用土地问题引起农民兴趣，再加以组训运用以配合军事行动，藉以加强所谓"解放区"之巩固。	本党民生主义中之平均地权为土地问题处理之最高原则，我应切实遵行。共党所推行之土地政策，并非解决土地问题之具体办法，不过藉土地利益号召农民参军，以为叛乱之手段

续上表

原件实施内容与办法之研究	本党应如何仿效
2. 牺牲少数富农,争取广大贫农,享受土地利益,甘心供其驱使。 3. 以土地利益吸引土匪流氓群众作爪牙,控制一般农民思想,并指挥其行动。 4. 控制土地,解决军粮及公教人员粮食问题。 二、共党发动农民群众与土地政策之重点: 1. 共党以贫农雇农苦力为其发动所争取之主要群众,以中农为次要争取之群众,与以往绝以工人无产阶级为重点之政策已有改变。 2. 以少数富农为农村革命之对象,具有号召贫苦群众之显明目标,而不落于抽象。 3. 针对贫苦群众之需要实行分配土地,使其宣传立刻兑现,而不落于空泛。 4. 使大多数之贫苦群众为其本身利益,而向共党效死。	而已。牺牲富农,吸收土匪流氓,皆与处理土地问题之精神相违背,不足为取。惟在战时因土地之控制而能获得军公粮之解决,不失为土地问题未能解决前之另一措施办法颇堪注意。 共党以农民群众本身利益为基础去发动领导,自易发生作用,实为可采。惟共党在所谓解放区所实行者,并非真正为农民群众谋利益,不过借此项号召发动农民参军而已。近来苏北各地之反斗争运动均系各地农民自动起来反抗,由此足证农民亦不可欺骗太甚,吾人必须真正站在农民群众本身利益上,实行二五减租,并按民生主义平均地权之办法,迅求公允之解决,以博得农民群众之同情。

〔绥靖区政务委员会档案〕

8. 蒋介石在绥靖区政务会议上作"绥靖区"中心工作报告

(1946年11月18日)

各位同志:

此次于百忙当中召集绥靖区政务会议,是因为绥靖工作特别重要,政府为使绥靖工作易于推动,并且在最短期内即能表现很好的成绩,已于行政院设见,以期获得圆满的结果。

目前绥靖工作,国内的人民和友邦人士,最为重视,他们现在都在看这次收复了匪区之后,本党和政府有没有能力来担负起这个复兴建设的责任,换言之,就是看我们今后在绥靖区的一切措施,是不是比共产党更进步,更有效能,而且更有利于民众。过去共产党毁谤本党和政府,说我们政府是世界上最腐败最无能的政府,说我们军人和公务员是最懦弱最贪污的军人和公务员,这种污蔑和毁谤,在国际上已经造成了一个牢不可破的观念。现在我们将绥靖区共匪的武力肃清了,我们可以在绥靖区推行政府的法令和政策,这就是我们的表现能力和成绩一个很好的机会,我们要乘此机会用事实来打破共匪虚伪的宣传,证明本党一切法令政策的确是以人民的福利为依据。本党一般干部人员的确有领导人民建设国家的能力,所以各位在绥靖区负责的同志,今后特别要努力,要趁此大好机会来拟订一个完善的计划,指导各地区工作人员积极推动,在三月到半年之内,依照计划按期进行,务使每一期有一期的进步,都能得到良好的结果,如此才能使国内外耳目一新,也必须如此才能使一般从水深火热之中解放出来的同胞得到安慰。

目前绥靖区的工作,我认为紧要的还是土地问题,现在行政院绥靖区政委会已订有土地处理条例,大家几个月来也有很多经验,如能实实在在做到,则土地问题不难得到解决,但我以为有了条例,还要能够因地制宜,灵活运用,才能使绥靖区的土地问题解决得更圆满,而民众所得的利益更实在,总要由我们的工作成绩,来反映出共产党对人民宣传的土地政策完全是虚伪欺骗,是害国害民的,为什么要注意这个问题呢?因为共产党对于国内国外大肆其土地政策的宣传,已非一朝一夕,这在我们国内一般人民固已洞察其虚伪,而且长江以南黄河以北的人民大多数都已身受共产党土地政策的痛苦,对于他们的宣传当然不会相信,但是外国人士惑于共产党土地政策的宣传,还有不少人信以为真,认为共产党在中国不是实行共产主义,而且农村改良派,确实能够解决农村土地问题——为人民谋福利,而国民党则虽有平均地权的土地政策,不过是徒托空言,毫未实行,这一种错误观念,我们必须用事实来纠正,因此我们回到收复区去,党政军各方面工作人员特别要注意土地的处理和分配,要比共产党处理土地的情形还要表现更好的成绩出来,使一般民众皆能了解我们的土地政策,是真正为民众解除痛苦,使农民得到利益,而不是为地主谋利益,然后国际的观念也可因而改变,我希望在最短期内,最好是三个月内,对于收复区土地的处理,以及农村组织,调查户口,编组保甲等项工作,都能收到相当的成效。

其次,我们在处理土地问题的时候,最好在各绥靖区域内选出几个比较重要的地方作为示范,然后逐次推广,例如苏北淮阴淮安泰兴泰县这些地方,匪化很深,我们拿革命精神选定几个县,集中人力财力,依照我们的主义和政策彻底去作,只要有成绩表现,我们就可以邀中外记者去调查,究竟是共产党好?或是国民党好?百姓自有公道批评,如此国际间才知道我们党政军人员真是有能力,能为民众解除痛苦,而共产党一切虚伪的宣传亦将不攻自破了。此外鲁东鲁南冀东等地,也要照这个方法推动起来。凡是交通便利之地,铁路沿线,如北宁胶济沿线,都要从速建设,任何铁路线在收复了一个月之后,绝对不许共产党窜来破坏,如此外国人的观感将会随之转移,知道我们政府的能力了。不过大家要知道,绥靖工作,固然以解决土地问题为首要,但同时更要其他部门的工作能够互相配合,然后才能得圆满的结果。如果社会没有组织,保甲没有加强,救济工作不确实,宣传技术不讲求,那无论我们的土地政策怎样好,还是不够达到我们绥靖的目的,所以我们一方面要以解决土地问题为中心,而同时其他工作亦要加强配合,齐头并进,才能收事半功倍的效果。

本党领导革命已经五十余年,各位同志追随总理和先烈出死入生也有二三十年了,但现在还要受到共产党这样的侮辱和诬蔑,这是我们共同的耻辱,因此希望各位同志知耻奋发,努力自强,表现我们的革命精神,发挥我们革命能力,达成绥靖任务,来打破共产党一切害国害民的阴谋。各位同志无论为国家为主义为本身着想,都应该兢兢业业,埋头苦干,然后才不致使我们革命五十年来一般先烈官兵所造的伟业,牺牲在我们的手里。现在是革命最后成功的时候,也就是最困难的时候,必须大家共同一致艰苦奋斗来突破当前的困难,我相信只要我们大家能坚信信心,确实努力,那我可以断言五个月之内,绥靖工作就可告一段落,如果再有五年的奋斗,则不仅共产党的武力可根本消灭,而且建设工作亦必能奠定相当的基础。希望各位同志在开会时尽量发表意见,开会以后,再拿政府所定的方针和宗旨,转告各级工作同志,实心实力,努力实行,来达成绥靖的任务,完成我们国民革命的目的。

〔绥靖区政务委员会档案〕

9. 白崇禧在政务会议上致开幕词和发言

(1946年11月19—21日)

(1)致开幕词(11月19日)

白副主任委员在绥靖区政务会议开幕典礼致词

三十五年十一月十九日

副院长,各位同志:此次举行绥靖区政务会议,院长适因公赴沪,临行命本席代为主持会议。

行政院绥靖区政务委员会的设立,是根据本年庐山高级政工会议所拟定绥靖区施政纲领,嗣经行政院,国防最高委员会议修正通过,绥靖区政务委员会始于上月二十一日正式成立,在此很短时期中,本会曾举行几次委员会议,根据绥靖区施政纲领,制定了绥靖区内关于民政、土地、田赋、财政金融、救济、医药卫生、合作、粮食、教育等法令规章,分别呈准颁布。主席对于绥靖工作至为重视,曾面谕召集绥靖区各党团军政负责同志来京听训,因此特召开会议,使各位亲听主席训示,同时借此检讨绥靖区现时颁发各种法令规章推行有无困难，或本着实施的经验，提出补充及修订的意见，这是此次会议召集的目的。

刚才主席训示，已经明白指示绥靖工作的重要性，现在收复地区被奸匪占领经过三五年乃至八九年，一切政治组织、经济、教育、社会秩序都摧毁。收复以后，如果照平时一般法令规章来谋规复，必感困难。为求适应现实必须采取紧急措施，使在最短期间将治安恢复，政治上恢复新县制，并严禁人民自由报复，以安定地方秩序。又如绥靖区内对于土地问题之处理，奸匪非法发行抗币之禁止使用，另由中央银行充分供应法币，中国农民银行举办小本无息贷款，并由救济机关举办急赈，注重医疗卫生。民食军粮应由田粮机关负责统筹，作有计划之调剂补给。普遍推行合作事业及发展农村经济。恢复及发展文化教育事业等在绥靖区现行各项法令规章中均有详密的规定。最重要的是土地问题，现在外国报纸因中了中共欺骗的宣传，称赞中共土地改革，实际上现在绥靖区对于土地处理办法中比二五减租地主三七五佃农六二五分配标准还较优厚。绥靖区内佃租额规定不得超过农产正产物三分之一，其三分之二还佃农，又在变乱期间农民欠缴之佃租一概免予追缴，完全是为多数农民利益作想，实较中共在占领区实行的办法更良好。

现在我们要和共产党争斗，单靠军事的力量，仍感不够，一定要兼靠政治的力量，军事和政治密切配合，才能奏效，政治方面首先要组织民众，训练民众，加强民众自卫的力量，健全基层，方可以根绝匪患。同时政治上安定了，如果经济上人民无饭吃无衣穿，反动派必又以此借口说我们政府完全维护地主利益，保护资本家。这固然是反动派恶意的污蔑，但本党自十三年改组决定二五减租，由于过去没有普遍实行，中共在占领区域中有些实行了，便在国际间大肆宣传，来打击我们，真所谓以子之矛，〔攻〕子之盾，我们也实在惭愧。古语云："抚我则厚，虐我则仇。"我们就该贯彻法令，解除人民的切身痛苦，遵照主席指示，攻〔?〕地方秩序安定以后，必须使人民生活安定，人民生活不安定，地方秩序也就不能安定，所谓仓廪足衣食足，然后知礼义知荣辱。历史上李闯黄巢的作乱，都是受压迫农民无饭吃不能生存所酿成，可资鉴戒。今年中央已经明令各省实行二五减租，列为各省施政成绩重要考核，对收复区更要本此实行，要争取民众，单靠宣传是不够的，一定要有实惠，才能博得民众的同情。总之现在剿匪成败的因素，在军事上是具有百分之百的把握，因为政治协商，国内外环境的限制，政府对中共始予最大容忍，决不是军事上有所顾忌。今天我们的口号仍是三分军事，七分政治，更重要的还要注重经济，凡是中共所能作到与人民有利的，我们就应该作的更胜过他。如果人民所厌恶的，也要彻底革除，兴利除弊，真正去为民众谋福利。然而中共在占领区所施行的经济政策，绝对赶不上本党的民生主义，所以我们要求民生主义的及早实现，如再迟延不行，单靠军事的力量来肃清匪患，□是难期彻底的。绥靖区政务委员会成立后，深感职责重大，无限惶恐。本会所能负〔贡〕献的仅是制定法令规章，在财力上由中央尽可能协助地方，不过法令规章具备了，徒法不足以自行，有治法必须有治人，绥靖工作的成效，仍赖地方党团军政各级负责同志努力推行。昨天听到江苏王主席面告苏北收复地区沿运河的淮阴、淮安、泗阳、丰、沛、萧、砀山各县，均经亲往视察，各地治安均有相当进步，本席听到至为兴奋。目前绥靖区范围共计一百四十余县，只要各地党团军政一致协力，根据已定法令规章彻底推行，实事求是，相信在短期内必可完成任务，使地方秩序得以迅速恢复，人民获得安居乐业，一切重归原有行政系统，恢复到平时常态。目前中共已决心不参加国民大会，势将叛乱到底，因此绥靖工作更感重要，希望地方党团军政负责同志，上下一心，加倍努力，来完成所负使命，方不负主席期望。

最后要向各位说明的，即此次会议召集，适逢国民大会开会期间，各位远道来京，时间仓卒，也许未先准备提案，因此对会议讨论的方式，拟就现行民政、土地、田赋、财政、金融、救济、医药卫生、合作、粮食、教育各项法令规章,分别由各主管机关首长视条文详加解释,各位如有意见,请先就各项新的法令,尽量发表,以便斟酌损益,加以补充或修正,只要是认为必须修改的,自当呈报中央最高机关采择,此外各位如有临时提案亦望送交大会秘书处,以备提请大会讨论。

(2)讲话(11月21日)
白副主任委员在绥靖区政务会议席上讲词
三十五年十一月二十一日

各位同志:此次绥靖区政务会议,适逢国大会期,各位在此四天会议中,虽然时间短促,但在会议中得到各方许多宝贵意见,一切提案都已获得相当解决,至于各省因情形不同,其实施办法,必须因地制宜的,经大会决定,由中央主管部召集各省代表举行小组会议详细商讨。

关于绥靖工作的重要性,主席在大会开幕时已经明白指示,我们要和匪斗争,只有将绥靖区施政纲领及一切法令彻底推行,今后绥靖工作最主要的对象也就是对付绥靖区内之土匪,现在一般对于土匪的观察,有的看得过份严重,甚或以从前江西剿匪为列,以为过去土匪在江西盘据几县的地方,我们经过几年的清剿,现在占领地区达一百多县,不知道何年何月才能肃清。其实彼一时此一时,是不可为比拟的。最明显的例子,当在江西时期,匪占领区内,溃窜时全体民众都随匪行动,现在收复区民众便绝少随匪行动的。在江西剿匪时期,匪军绝无中上级干部投降的,最近四平街战役,随匪军七年任作战科长的王继芳即向我方投诚,我们获得若干情报,决定用兵,相继收复公主岭、长春、吉林,如不受停战半个月的影响,当时必可一直略取安东、哈尔滨。又尚有许多匪军之中上军官投诚者不在少数,足见民众既不如前被迫倾向匪军,匪军本身的控制力也较减弱。在宣传方面中共过去为欺骗民众,仍是拿三民主义,本党总裁相号召,不敢拿共产主义来号召,在政治的意义上无异如缴械一样。这可见中国厌恶共产主义,共产党他也有自知之明。

中共现已拒绝参加国大会议,势将扩大叛乱,近得情报,奸匪将大规模蠢动,在胶东、鲁南、苏北大平原,冀东津浦路以西,平绥路以南,陇海路以北大平原,察南晋北集中力量发动战争,不过匪军实力,关外东北自四平街、公主岭、安东、通化各次会战后,已极脆弱,而四平街战败向长春溃退时,被我空军追击炸毁十四列车,其伤亡即在三万以上,其军需品损失惨重,现在战斗亦极脆弱。

他如陈毅部在苏北,刘伯承部在冀南,贺龙、聂荣臻部在察绥等地,各次作战,其主力多已被我击溃。总之我们剿匪军事上具有百分之百的把握,不过要肃清匪患使其根绝,不再死灰复燃,还要政治经济力量和军事密切配合,在经济上必须切实恢复秩序,贯彻本党土地政策,减轻农民负担,并实施紧急救济,安定民生。在政治上首先要组训民众,加强民众自卫力量。本年五月间本席巡视到青岛、济南,济南人口有七十九万,四周被匪封锁,粮食煤源缺乏,水电供应都感困难,但社会上一般人仍形同无事,济南四面楚歌,简直已成危城,单凭少数军队力量来固守,实在感觉可虑,当时本席便对各党政军首长提出加紧组训民众,由于王司令官、何主席努力推行,党团民意机关协力,先后组训民众,达二十余万人,以此配合军队,甚收宏效,凡是受过训练的民众,有枪枝的用枪,没有枪使用手榴弹,刀矛也能发挥战斗力量。现在有些提案请发民众组训的枪枝,按我们收缴敌军步枪不过六十余万枝,除换发各正规军外,先后发给东北行营七万余枝,北平行营两万枝,分配各省,至现在发给枪械当尽可能将各部队换缴旧枪枝设法统筹,即或一时不能普遍都发枪械,但对民众组训仍须加紧实施,如一个大队能有十枝枪,其余都可配备手榴弹刀矛,只要有了严密的组织,就能发挥力量。于此特再举一例,广西自民国二十年起实施民团训练,当时组织甚为简单,而推行却异常贯彻,先从省会开始,党政高级人员,省主席、厅长、委员都率先倡导,以身作则,上行下效,风行草偃,当时先召训各专员、县长,再由专员、县长去训练乡镇保甲长,逐次普遍去组训民众,广西素有无处无山,无山无洞,无洞无匪之称,自民众组训著有成效,户籍调查清楚,自卫力量建立,匪已绝迹,抗战前可说是夜不闭户,道不拾遗,由于办理户籍确实,推行征兵征工都较顺利。抗战期中,民国二十九年敌军攻占南宁十一个月,国军后调,民众厉行空室清野,更发挥自卫力量,随时破路阻敌运输,配合军队袭击敌人,使敌知难而退。敌人在占领期间,地方并无伪组织、伪军、解放区、伪币。三十三年桂柳会战,广西全省九十九县沦陷七十三县,敌人投降后,也没有伪组织、伪军、解放区、伪币,以上特以山东、广西为例,期望增加大家的信心,我们要实施民众组训,首须训练干部,尤其要上层以身作则,所谓以身教者从,希望各省行政党团负责同志,一致率先领导,精勤督饬,彻底推行,预料在最短时期,必能收到伟大的功效,配合军事,完成剿匪的任务。

〔绥靖区政务委员会档案〕

10. 第八绥靖区司令官夏威关于
具体实施三民主义加强地方统治建议呈

(1946年11月)

第八绥靖区建议事项:

甲、治本方面

一、绥靖地区请即具体实施三民主义:

说明:查绥靖地区乃抗战时敌伪所盘据之区域,而共党共军当年得以潜伏滋扰者,即渠乘敌我之空隙,今敌寇已无,共军主力亦皆败窜,残余转为潜伏,企图死灰复燃,我党政军人员进驻之后,流亡民众随军归来。原在乡镇人民久染恶腐势力不流于杨,即流于墨,思想行为亟须乘时导正,且土地问题、社会秩序亦必须及时示以指标,然后本党基础始能永大永久。再衡以军事进展比党政复员为若收复一县军队即追匪前进,而党政力量每不能维持地方,故剿匪问题实政治重于军事,抑有进者安全地区人事复杂为事实牵制主义之彻底实施,略有困难,不免采用逐步办法,但收复区则环境一新,民众求治益切,实行一举而毕其功,不宜迁延,请即统筹具体实施三民主义为各地倡导以树模范,且乘此以促成建国千秋万世之大业。

办法:

1. 请划定收复区为三民主义建设之示范区。

2. 颁定有系统有计划有步骤的整个建设方案。

3. 选拔最忠干之人员为地方党政军各级干部,并切实督导考核保障其工作。

4. 统筹收复区一切建设经费。

5. 收复区之教育,以提高国家民族意识发扬民族主义为急务,确立忠党爱国思想。

6. 收复区实施民权主义,以建立民主精神,培养守法习惯,增进人民对政治建设之兴趣为要图。严防土豪劣绅贪官污吏之操纵报复。

7. 收复区须即刻实行平均地权,土地逐步收归国有,而推行集体经营,初期先暂维持现状(即地权由地主恢复管业,土地仍由现佃农耕种,而厉行二五减租。),一年之后即依土地政策大量价征税,二年之后筹发土地证券,征收土地国有。

8. 收复区即办理登记公私资本,尤其党员财产,更应先行登记,进而实行节制,统筹运用,切实推行合作事业。

9. 即刻建立老残幼弱,由公家养育制度。

10. 确定救济赤贫,以工代赈扶植,小康不赈不征之政策。

11. 农业区之建设,以推行农业、工业为原则,农贷借款应先改善。

12. 滨海区之建设,迅速发展国营渔盐事业。

13. 民生主义之建设,推行共管制。

14. 省县区域迅行调整县之建设,迅速实施新县制。

15. 无家可归之难民及编余之官兵统作垦荒开矿建工厂之用。

16. 诱导及管理都市游资,逐渐移作发展收复区建设事业之用。

17. 实行军区制作,有计划的驻军屯垦,俾地方建设能配合国防。

18. 建立党政军配合之制度,并厘订分工合作之办法,使相互为助各展其长。

19. 审查前颁所有法令,其有已不适用或与现行办法抵触者应即修正或废止。

20. 加重地方权责,限期考核,实施养廉制度,提高待遇,奖励忠良,严惩贪污,树立革命廉洁风尚。

21. 基层行政干部以选任当地之贤能人士为最宜,惟贤能者,又视兵役征粮军差诸事为畏涂而多不欲为,遂使地方权势得以把持之机,故须于选任时严行监督其依法选举,力避循列选任,又对于留用曾在伪奸充任地方干部之人员,应迅速训练新人员替代,以肃纲常。

22. 励行考核收复区行政,应以维持地方治安,恢复地方政权为中心,考核行政官吏亦应以此为重点,其他不急之图既不宜要求同时并举,对于官吏亦不宜求全责备,且为维持治安,势不免有权宜行事之处,纵使与法规偶有出入亦应衡量其得失,不宜过事吹求,俾能因事因地制宜,急其所急。

乙、治标方面

一、收复区各县久被匪军蹂躏,在共军推行其共产政策之下,民众之财产田地,亦均被没收分配。自我军收复以后,地主对土地问题多未遵照中央规定之处理收复区"土地办法"办理。最近发现两种不良现象：（一）地主任意查封前在匪区佃农之全部财产,并加以驱逐；（二）本年地租地主不特不奉行中央颁发之处理土地办法及实行二五减租,反而强迫佃农对半分租,并追算匪军占领后之历年旧帐,致使佃农不安,影响今后地方绥靖工作不浅,应命令禁止报复。

二、查现在各地地方政府办理兵役流弊甚大,征集壮丁多采收买顶替方法,滥竽充数,以致征集新兵份子复杂,至拨送正规军后逃亡现象时常发生,且收复区各县征兵间有以自首自新份子滥充其数,诚恐奸匪份子潜入,我国军发展兵运工作殊为危险,同时基政人员多乘办理兵役机会榨取民众财产,人民亦不堪其苦,拟请政府对收复区各县暂行停止征兵,并对各级地方政府严惩兵役舞弊人员,以收揽人心。

三、查收复区各县农村地广人稀,少数民众散居边区山麓,村落稀散,常为散匪胁迫受其利用以作潜伏活动之巢穴,殊不利于绥靖工作之推进,拟请政府饬各省政府转令各县实行并村运动,将少数民家联合数村并为一大村,集团居住,零散民房即行拆毁,以免散匪流窜,而利于自卫。

四、查收复区各地救济工作亟待推行,现行总分驻各地之救济分署进行工作迟缓,且配发救济物品流弊甚多,因各分署直隶行总指挥监督,鞭长莫及,驻地之军事行政机关亦未便加以督导,兹为利于救济工作之切实推进起见,拟规定各地救济分署之救济工作应受当地之最高军事机关及行政机关协助监督。

五、各地特务机关特工人员往往因人力、财力有限,多在地方揽用,情报人员良莠不齐,弊端百出,敲诈勒索人民,胁于威势,受害者亦敢怒不敢言,宜加以统一,并迅速考核,彻底取缔。至自新自首份子亦应统筹管训,以免再为奸匪利用。

六、各地民众负担捐税名目繁多,且税捐人员往往苛征暴敛以肥私囊,似应迅加调整取缔,对各级税捐人员亦应严加训练考核。

七、地方封建势力乘时而起,每假自治之名,作操纵地方一切保甲乡镇长地方议会,实行选举之后,此风尤甚,亟应设法防制,又社会奢侈风气年来日甚,道德沦丧,道义已无利害,是赖亦应切实倡导以正人心。

八、收复县区人民聚讼日多,司法员警或工作延缓,或处理欠公,民多失望,此事亦应迅加整饬。

九、多种骈节机关,多为因人设事,工作已无表现,财力又为浪费,似应调整或取消。

十、各地易滋事端者一为伤病官兵,一为流浪官兵,对各医院应加充实整饬,对流浪官兵,亦请统筹救济。

十一、抗战以还,全国残废军人为数甚众,其有无家可归者,应请迅设教养院。

十二、驻军地区多无住舍,军队或住民房,或住地方公共场所,影响地方甚大,请于永久驻军地方迅建军营,或拨定汉奸敌产房屋。

十三、各地民众组训多为有名无实,请加设法改进。

十四、学生纪律日见废驰,学风不振,影响社会不浅,请加改进。

十五、充实各省保安队,查国军经次第推进,除必要交通及后方连络线由国军派队驻守外,其他后方各地甚感空虚,时有残余散匪到处流窜,为充实后方守备力量,故各省之保安队:一、应按照规定编制数目编足,如在情形特殊之省,并可酌量增加若干总队;二、各保安总队人员武器须照编制充实;三、积极整饬军纪,严加训练,使能负责清剿后方散匪之任务,维持治安秩序。

十六、整理各县自卫队

国军经已向前推进,而省保安队亦因地广,兵军未能处处兼顾,故各县之治安端赖县自卫队之维持,对各县之自卫队应加整理之点有:(一)每县所编自卫队数目之多寡,按该县实际情形所需要而编足之;(二)干部之慎选,凡中队长须军校毕业或允经戎行者,其位置须切实保障,不得因县长之去留而去留;(三)官兵待遇须提高,由各省府规定划一,使其能以养廉,否则反致扰害地方;(四)人员武器之充实,如武器遇劣者,应向省保安司令部补充修理,兵员亦须足额,并不得派作其他勤务使用;(五)积极整训,使增强其战斗力。此外如甲县匪情紧急而乙县匪情顾虑之时,应受省保安司令部或专署之调遣,将乙县自卫队一部调甲县剿匪,有时乙县亦可应甲县之要求直接派队协剿守望相助,散匪自易清除,但在清剿期间给养,可由调赴之甲县负责,清剿完毕仍归还乙县建制。

十七、还乡队之整饬:还乡队之人员乃为受奸匪之压迫而脱离其乡境者,为重归乡大计,始有如此之组织,但其间份子复杂,良莠不齐,且未经严格之训练,故对于还乡队应切实做到下列三点:一、队长之人选须为该县负有声望之公正士绅担任;二、须严格整饬纪律,绝对不得有报复及扰民情事;三、应按照规定还乡队即达目的后应即取销并入各该地民众自卫队,不得任其存在,形成私人武力,养成封建恶习。

二、收复区内工事构筑之意见:

一、收复区内各要点之野战工事有增强或修筑之必要者,如无材料可资利用应由国库拨给构筑费,以减轻当地民众负担。

二、收复区内之县府乡保公所所在地之村镇城寨应一律构筑碉堡壕圩,增强自卫力量,抵御奸匪袭击。

司令官夏威　呈

中华民国三十五年十一月

〔绥靖区政务委员会档案〕

11. 国民政府拟具"绥靖区各省设置示范县办法"

(1946年12月19日)

绥靖区各省设置示范县办法

第一条 绥靖区各省省政府为实施绥靖法规及土地政策，应就适当区域指定二县至五县为示范县。

第二条 示范县县长应由各该省省政府就曾任县长具有成绩或合于县长资格之人员中特别慎重遴选。

第三条 各省省政府应一面指定示范县县名及遴委县长展开工作，一面呈报绥靖区政务委员会。

第四条 示范县县政府组织应照各该省通例办理，但省政府得依实际需要酌予变通，并得以必要时遴调人民服务队队员参加工作。

第五条 示范县业务应特别注重人民福利及土地政策，县第一期业务要项如左：

一、关于人民福利者：

甲、编组人民自卫武力，与驻在各该地之军队通力协作，恢复地方秩序。

乙、调查户口，发给国民身份证，编组保甲，实行联保连坐。

丙、办理难民急赈，实施医药救济。

丁、举办小本借贷及组织合作社。

二、关于土地政策者：

甲、与调查户口配合调查现耕农民土地及荒芜土地之坐落面积使用与所有权人姓名、住址分区办理，规定地价手续。

乙、确定现耕农民及现耕土地之所有权。

丙、办理征收手续，编造清册，准备填制土地债券及填发土地所有权状。

第一期业务定于三个月内办理完成，但征收手续得因实际情况酌予延展期限。

第六条 示范县推进前条所定各项业务应以新生活运动为一切施政之标准,并得选择据点,先就交通便利,人口集中地区切实推进,以至普及于全县为止。

第七条 示范县除第五条所定第一期业务外,应按照地方实际情形,拟具分期业务计划呈由各该省政府核转绥靖区政务委员会查核。

第八条 中央各机关及省政府派驻示范县工作之行政及技术人员,得授权示范县县长就近指导,所有各种业务并授权示范县县长统筹办理。

第九条 绥靖区政务委员会应随时遴派高级人员分赴各示范县切实考察指导。

第十条 本办法自公布之日施行。

〔绥靖区政务委员会档案〕

12. 宋子文等为在绥靖区设置实验县致江苏等省府电

(1946年12月20日)

急。江苏、山东、河北省政府王主席、孙主席勋鉴:3668密。案查前奉主席蒋手令为本年已收复各区,每区必须指定二县至五县为实验,以实施本会所颁各条规并以处理土地案为第一要务一案,当经以绥秘指亥密电该省府遵照办理,具报在案。谨查主席手令所定第一期绥靖业务期于三月以前完成,是一切措施必须争取时间,不得有所延搁,亟应认明目标及必须兴办之事项先行举办,以期迅赴事功。兹遵照主席手令指示及本会所颁各项法令撮要在指定实验县区内应先行举办之事项开示于下:(一)实验县县长由该省府就曾任县长具有成绩或合于县长资格人员能力优越者遴选,并报会查核,至县以下所属佐治人员如各该县不足应用时,可就国防部人民服务队队员中调充;(二)恢复社会秩序,应根据绥靖区各县行政实施办法清查户口,发给国民身份证,编组保甲,实行联保连坐,并召开户长会议,保民大会,成立乡镇民代表会及临时县参议会;(三)安定人民经济生活,除中央办理难民急振,实施医药救济及举办小本贷款外,各县应迅即组织合作社以繁荣社会经济;(四)关于土地政策,应切实依照绥靖区土地处理办法成立县及乡镇地权调处委员会,分别处理经奸匪非法分配之土地,确保自耕农及佃农权益,实施减租办法,并配合清查户口调查现耕农民土地及荒芜土地之坐落、面积、使用人与所有权姓名、住址分区办理;(五)普及国民教育,人民受奸匪宣传流毒甚深,应迅即成立乡镇国民小学,县立中学至少在城区内成立民众教育馆及国书馆各一所,俾人民耳目一新,智〔知〕识亦因之提高;(六)道路交通城市街道及主要干路应即修理,保持整洁;(七)各级公所学校应制备统计图表悬挂;(八)推进上列各项业务应以新生活运动为一切施政之标准,并得选择据点,先就交通便利,人口集中地区切实推进,以至普及于全县为止。以上各点,仰即遵照于明年三月以前完成,迅速办理,并随时报会查核为要。行政院绥靖区政务委员会主任委员宋子文、副主任委员白崇禧。亥哿。绥秘指。印。

〔绥靖区政务委员会档案〕

13. 绥靖区政务委员会法规委员会审议收复区民事纠纷调解等办法

(1946年12月)

(1)收复区民事纠纷调解办法

甲、总则

一、匪区久经奸匪挑拨斗争,积怨已深,讼争易起,为彻底廓清遗毒,调和社会情感,安定地方秩序,特订立本办法。

二、本办法所称民事纠纷,系指房屋、财产、契券、债务、婚姻及其他非刑事事件,已发生纠纷而未进入诉讼程序者而言。

三、收复区内凡未进入诉讼程序之民事纠纷，均依本办法办理之。

乙、调解

四、为调解进行公平迅速有效起见，得设立区乡各级调解委员会。

五、各级调解委员会以促进社会互相团结，根绝奸匪暴力思想为目的，以排除民间纠纷调协社会秩序为任务。

六、各级调解委员会以和平公允息事宁人为处事原则，以原情酌理速处速结为处事方针。

七、调解委员会除依照第二条之规定履行第五条之任务外，不得干涉地方民刑诉讼。

八、调解委员会于接受事件时得召集当事人两造亲友进行初步调解、无效后再提会调解之。

九、调解委员会调解事件，应按级递进以减少当事人时间物质上之损失。

十、调解委员会调解事件，不得接受当事人任何待遇与报酬，当事人亦不得以任何待遇与报酬赠予调解人。

丙、组织

十一、各级调解委员会名称均冠以各地地名，如某县某区某保调解委员会。

十二、各级调解委员会设委员若干人由左列人员中挑选之，为无给职。

一、学校校长或资深教员，二、地方公正士绅，三、区乡保长及各级善良干部。

十三、各级调解委员会附设于区乡保办公处内，其办事人员以调用为原则。

十四、各级调解委员会,得受当地行政司法机关之指导,必要时各机关得派员参加调解。

十五、各级调解委员会应将重要之调解事件,制成调解书存案,并报请关系机关备查,关系机关应视该项调解书为合法文书,事件再度发生时,有证明之效力。

十六、调解委员会应于国军进驻之日组织之,于行政司法机关达到后半年内撤销之。

十七、凡本办法第二条规定事项能提出确凿证据者,即认为纠纷成立,得提交调解委员会调解之。

十八、凡纠纷情节重大超出第二条之规定而当事人自愿提交调解委员会调解者,仍应视为民事纠纷。

十九、有左列情形之一者,应认为已超出民事纠纷范围。

一、房屋之拆毁霸占盗卖,二、财产之损害变卖侵夺,三、契券之毁灭伪造,四、债务之诬构抗偿。

二十、凡第二条第十九条规定之事项,非当事人或当事人之直系血亲不得提出调解,但连带受被告非法行为之损害者不受此限。

二十一、本办法呈经中央核准后施行。

(2)绥靖区政工主管人员对收复区各县乡镇地方行政协助办法

一、为积极使剿匪部队政工主管人员参加协助与指挥监督收复区各县乡(镇)地方行政工作起见,特订定本办法。

二、政工主管人员协助县乡(镇)地方行政工作期间,以县区收复秩序安定时为止。

三、剿匪部队政工主管人员,得由国防部派兼为民政督导员,于派定后通知省政府。

四、各级兼任民政督导员之政工主管人员协助督导事项如左:

1. 地方政权之建立。
2. 匪伪政权之摧毁。
3. 县军事法庭之设置。

4. 户口保甲之清查整编,国民身份证及连络切结之办理。

5. 民众与民众团体之组训与运用。

6. 军民之合作及普设军民合作站。

7. 军事之供应。

8. 交通通讯之修建与保护。

9. 难民之安抚与救济。

10. 碉塞工事之整修。

11. 情报网及递步哨所之设置。

12. 贪污奸细之检举。

13. 学校及文化事业之举办。

14. 土地及房屋纠纷之调处。

15. 金融伪币与物资之流通与管制。

16. 烟毒赌娼之查禁。

17. 匪军反正之策动。

18. 县训练所之设置充实与基层干部之训练。

19. 县乡民众自卫队及警察队之编训。

20. 人民服务队之组训。

21. 其他有关地方应兴应革事项。

五、旅以上之部队长进入收复区后,如无地方政府时,得令民政督导员(上校以上者)建立临时地方政府,办理前条所列事项,并得依县长及地方行政长官兼理军法暂行办法处理军法业务,候县乡(镇)地方政府组成时交替之,如有县乡(镇)地方政府随军推进时,民政督导员依照前条所列事项,协助并指挥督导之。

六、各级兼任民政督导员之政工主管人员(上校以上者),对于各县乡(镇)之地方行政人员有赏罚权,但须举事实证据,会同部队长处理之,并函咨其上级机关知照。

七、本办法自呈奉核准后施行。

(3)绥靖区各级部队长协助推行地方自治暂行办法

一、为肃清奸匪,维持治安,恢复地方政权,协助推行地方自治起见,特订定绥靖区各级部队长协助推行地方自治暂行办法(以下简称本办法)。

二、凡经国军收复后之乡镇城市驻在地之师旅团长(或尚未整编之军师团长),应即就每连官兵中严格考选最有能力品格及政治认识者官长一员士兵四名,指派配属之政治部或团指室工作,受政治部主任或团指导员之督导指挥。

三、绥靖区地方自治之协助推行,分三个步骤完成,第一步骤时间为一个月,第二步骤二个月,第三步骤三个月。

四、协助推行范围及方法如下:

甲、第一步骤

1. 恢复地方政权,绥靖区乡镇保甲组织经奸匪破坏或变更者,得就随军返乡义民中选定优秀有为青年及公正勤廉乡贤,先行恢复地方各级机构,建立地方政权。

2. 清查户口,编组保甲,依据"收复区实施户口清查办法","县保甲户口编查办法"等,协助县市政府查编,主办机关,除责令户政及警查人员,并发动当地返乡知识份子协同办理,务使人必归户,户必归保甲。

3. 组训地方自卫队部队,进入绥靖区后,应即会同县市政府,或乡镇公所,就现有之民众及武器(或以梭标马刀等物代替),编组为地方自卫队,县(市)设大队,乡(镇)设中队,保(或联保)设分队,分队下设盘查哨,守望递步哨,侦察班等,负清查奸究,维护交通,侦察匪情,传达公文,协助作战等任务,加紧组训,切实掌握运用,依照行政院颁布之"绥靖区民众自卫队组训方案"办理。

乙、第二步骤

4. 绥靖区流通之非法发行币券,应一律作废,协助县政府禁止使用,并布告周知,至以非法发行币券所生之债权债务,其处理办法:(一)原以法币订立之契约,经被迫改折非法发行之币券者,一律回复法币原额,(二)以非法发行之币券订立之契约,由当事人协议,以法币改订之,协议不成时,由当地乡镇或区地方善后协进会(或乡镇公所)予以调解,调解不成时,由该管司法机关依法公平处理之。

5. 实行清乡与联保连坐办法,清查户口,编组保甲,施行后,随即协同县政府或乡镇公所普遍实行清乡,以一族清一族,一房清一房,一户清一户办理,同时实行联保连坐办法,设立保甲秘密通讯员,使奸匪无法潜伏活动。

6. 绥靖区内之农地,经非法分配农民耕种,如其所有权人为自耕农者,依原有证件或保甲四邻证明文件保持其所有权,并应由现耕农民继续佃耕。

7. 对于收复县份之民食军粮,协助县田赋粮食管理处负责统筹,作有计划之调整与补给,各机关各部队不得向人民直接征用。

丙、第三步骤

8. 推行合作事业,协助各县合作指导人员于各县收复时,应将原不合法之合作组织予以解散,另行成立区域及乡镇合作社筹备处,征求人民入社,举行创立会,宣告成立,积极推进合作事业,各县应设一联合社,其筹备成立,亦照此办理。

9. 举办生产事业,如修路筑垣,修筑水渠水堰水车水碾,兴办水利,设置苗圃林场植树造林开垦荒地,实行公共造产等,视当地需要缓急,分别协助地方办理。

10. 其他必须协助推行之地方自治工作。

五、各考选调用官兵之奖惩,由师旅政治部主任团指导员报由各级部队长奖惩,其协助推行地方自治之成绩,得列为本年度部队考成之一,本部并得派员分赴绥靖区,实地视察情形,呈请主席奖惩之。

六、协助推行时,得参照"绥靖时期各部队政治工作大纲""绥靖时期政工服务员甄训办法"办理。

七、本办法如有未尽事宜,得呈请以命令修改之。

八、本办法自公布之日起施行。

〔国民政府档案〕

14. 绥靖区政务委员会第八次会议修正徐州绥靖区各县市党团政工作大队组织办法

(1946年12月)

一、为使绥靖区内党(团)政工作指挥之统一与灵活以配合军事需要,特规定政府半控制区,及被匪占领区各县(市)组织党政工作大队。

二、党政工作大队就原各该县(市)政府县党部三民主义青年团分团部及所属机关工作人员编组成立,必要时得聘请县参议员及地方公正士绅参加工作。

三、党政工作大队,受当地党政军联席会报之指挥监督。

四、大队部设大队长一人,副大队长二人,大队长由县长兼任,副大队长由县党部书记长分团部干事长(或主任)分任之。

五、大队部设秘书一至二人,并设总务党政军事宣慰四组,每组设组长一人,组员若干人,分掌各项事务。

 1. 总务组　掌理文书庶务会计卫生等事项。

 2. 党政组　掌理党(团)务运用,民众组训,军民合作,难民救济,经济建设等事项。

 3. 军事组　掌理民众武力之编训,通讯情报之运用,工事碉堡之构筑及作战策反等事项。

 4. 宣慰组　掌理文化宣传慰劳等事项。

六、各县(市)区乡镇得视需要情形编组分队。

七、大队工作人员,均由各机关调派,不另支薪,其事业及活动费用,由当地党政军联席会报筹措拨付之。

八、各县工作大队编组完成后,应呈报徐州绥靖公署备查。

九、各县完全收复后,党政机关应即恢复原有建制。

十、本办法自颁布之日起实施。

〔国民政府档案〕

15. 绥靖区政务委员会秘书处为修订实施"绥靖区及东北九省临时军政措施办法"与行政院秘书处往来函

(1947年1月)

(1)绥靖区政务委员会秘书处函(1月7日)

行政院绥靖区政务委员会秘书处公函　绥秘指(三十六)字第六五一号　中华民国三十六年一月初七日

奉交国防部三十五年十二月二十七日法办字第六八五七号函开:"案奉行政院本年十二月十八日节京贰字第二四一五六号训令开:'本院绥靖区政务委员会请将冀热察鲁及东北各省临时紧急军政措施办法修正为绥靖区及东北九省临时紧急军政措施办法一案,业经呈奉主席核准备案。除呈报国防最高委员会备案,并分行外,合行抄发绥靖区及东北九省临时紧急军政措施办法一份,令仰遵照,并转各绥靖公署及其他所属有关机关遵照。此令。'等因。附抄发绥靖区及东北九省临时紧急军政措施办法一份。奉此。查前奉颁冀热察绥鲁及东北各省临时紧急军政措施办法,嗣复奉令该办法适用于苏皖豫鄂晋陕六省,均经通饬各该省区军法机关遵办在案。兹又奉令颁修正该办法为绥靖区及东北九省临时紧急军政措施办法到部,自应遵办。惟修正办法之实施尚有拟〔疑〕窦,亟待洽商之处:(一)实施时期,冀热察绥鲁及东北九省似应以院令颁发该办法之日起,苏皖豫鄂晋陕六首则以奉令扩张之日起,而新修正办法之实施时间,关于上开各地区似仍应追溯以前各该施行时日为实施时期,以免脱节。(二)施行地区,查修正办法内规定之绥靖区是否仍以前定之各省区域为限，各行辕管辖地区是否包括在内，例如川康衢州及川黔湘鄂边区等绥署辖区大股帮匪甚少，而北平、武汉两行辕一、二两战区之辖境则匪势甚张，且复定之区域如不包括以前施行之区域，则管辖上另起纠争。关于施行区域之指定应请特加注意，并从速指定以便施行。(三)修正办法第二条五款列举之'战时器材防护条例'，器材上漏'交通'二字，请补正。上三项即查照核定，呈院令饬遵行。"等由。查冀热察绥鲁及东北各省临时紧急军政措施办法，经本会呈请修正为绥靖区及东北九省临时紧急军政措施办法，标题内容均已重订，原办法似应于新修正办法颁布后由院明令废止，新修正办法似应自院令颁发之日起实施，其施行地区该项办法已明定为绥靖区及东北九省，其中绥靖区应为国府命令指定之绥靖区范围地区。惟为顾及其他地区特殊环境起见，依照该项办法第三条规定，似可由国防部拟定其他适用本办法之地区呈准以命令定之。复查院颁修正办法第二条五款列举之"战时器材防护条例"确于器材上漏"交通"二字，并应补正，奉交前案，除函复外，特函请贵处查照转陈明令规定，并予补正为荷。此致
行政院秘书处

行政院绥靖区政务委员会秘书长何浩若

(2)行政院秘书处函(1月)

处函从贰第二四六六号

贵处三十六年一月七日绥秘指第六五一号公函诵悉。经陈奉院长谕："一、冀热察绥鲁及东北各省临时紧急军政措施办法既经修正为绥靖区及东北九省临时紧急军政措施办法，则自修正办法颁行之日起原办法即自失其效力，毋庸另行规定实施与废止日期；二、该项修正办法实施地区自以东北九省及绥靖区范围内之指定地区为限，如须扩充至其他地区时，应由该会商同国防部拟议呈核；三、该项修正办法第二条五款'器材'上漏'交通'二字，准予分

行补正。"等因。除所漏"交通"二字业由院分行补正外,相应函请查照。此致
绥靖区政务委员会秘书处

行政院秘书处启

(3)办法

绥靖区及东北九省临时紧急军政措施办法:

(原名冀热察绥鲁及东北各省临时紧急军政措施办法)

一、国民政府为绥靖区及东北九省在临时紧急时期军政措施克臻迅速处理之目的,特制定本办法。

二、绥靖区内各最高军事长官授与左列有关军事权宜处理之权,各省政府主席授与左列有关行政权宜处理之权,东北行辕主任授与左列权宜处理全权以应机宜:

1. 对整编旅长(未整编师长)暨行政督察区及县以下各级军政主管官佐人员失职有据者,准先行撤惩,遴派资历相当人员暂行代理,分别报请并分知其主管机关依法任用。

2. 对中央派驻各地区财政、粮食、救济机关主管人员有指挥监督之权,如有违法失职查明属实者,准先行撤职遴员派代报请中央主管机关核办。

3. 军费政费预算已核定者,得斟酌缓急权宜支配流用随时报请备案,另由中央配拨预备金并准就拨给之预备金数额范围内先行紧急动用补报中央备案。东北各省动支预备金应速报东北行辕核准。

4. 各地区补给困难时准予征用军用物资粮秣人马等,但应会同地方行政及民意机关公平办理,并妥定赔偿方法得报请中央主管机关办理。

5. 军法机关仍适用惩治盗匪条例、妨害兵役罪条例、禁烟禁毒治罪条例、陆海空军刑法、战时器材防护条例,其受理案件应不

限于被告为军人。

6. 行政督察专员及县长得兼军法官,其职权依县长及地方行政长官兼理军法暂行办法之规定。

三、本办法实施及撤销时期及其地区以命令定之。

〔行政院档案〕

16. 第一绥靖区黄桥实验区绥靖复员工作纲要

（1947年1月）

甲　工作原则

一、针对奸匪以组织推进政治,以政治掩护军事之策略,实行政治剿匪,彻底摧毁其在匪区内一切制度及组织。

二、统一事权,迅赴戎机,以军事为主体,厉行党（团）政军一元化。

三、保障军事胜利成果,严密组训民众,强化行政机构,恢复及巩固面的控制。

四、改变作风,收揽人心,发展民主经济,解除民众痛苦,以加速三民主义之彻底实行。

乙　工作目标

五、配合军事力量歼灭匪军主力,并摧毁奸匪一切反动设施。

六、发展党团组训民众团体及自卫武力协助绥靖。

七、恢复及巩固地方政权,办理清查户口编组保甲工作。

八、协助处理土地粮食问题并推行合作事业。

九、推动地方各项建设,尤其对公路、电讯、交通之迅速恢复。

十、办理善后救济及宣传调查工作。

丙　工作项目

十一、军事：

（一）建立地方保安部队。

（二）加强民众自卫武力：

1. 编组民众自卫队。
2. 组训壮丁队。
3. 编组难民还乡团。
(三) 建立各区县情报网。
(四) 设置盘查哨巡逻队递步哨。
(五) 组织护路队。
(六) 建筑人民自卫防御工事。
(七) 成立警察机构。
(八) 协助推行警管区制。
(九) 协助设立乡村秘密义务警察。
(十) 抽查民间枪枝。

十二、政治：
(一) 安定人心，招抚流亡。
(二) 实施县各级组织：
1. 充实县政府组织。
2. 设置区署。
3. 恢复乡镇公所保办公处及甲长办公处。
(三) 整理保甲：
1. 编组保甲。
2. 清查户口。
3. 实施联保连坐。
4. 举办户口异动查报。
5. 制发国民身份证。
(四) 整理县乡镇区域。
(五) 肃清匪患：
1. 清查散匪。
2. 策动反正。
3. 办理自首自新。

4. 设立感化所。

（六）建立各级民意机关。

（七）组训民众：

1. 组织妇女队、儿童队、青年工作队、运输队等。
2. 组织各种职业团体与社会团体。
3. 组织地方善后协进会。

（八）组设军民合作站。

（九）设立县干训所。

十三、财政金融：

（一）整理法定税收。

（二）整理地方公有款产。

（三）请中央特予补助。

（四）严密对匪经济封锁：

1. 协助处理伪币邮印花税票。
2. 调节收复区金融及经济流通。
3. 协助地方推广合作事业。

（六）处理土地及粮食问题：

1. 照徐州绥靖公署颁布之"收复区土地处理暂行办法"处理土地问题。
2. 协助政府二五减租。
3. 协助调查及登记公私粮食，严禁囤集居奇。
4. 协助收购民间余粮，供应军粮民食。

（七）废除苛捐杂税。

十四、教育文化：

（一）协助恢复各级学校。

（二）协助收容并训练流亡青年。

（三）办理民众学校或短期训练班。

（四）大量印发各种宣传品。

(五) 暴露奸匪罪行，加深人民憎恨。
(六) 组织地方宣传机构，扩大宣传效果。
(七) 提倡正当娱乐，扩大艺术教育巡回宣传。

十五、 社会救济：
(一) 举办善后救济。
(二) 办理紧急农贷。
(三) 办理流动医药救济。
(四) 筹设县卫生院。
(五) 推行清洁及卫生运动。

十六、 情报及调查：
(一) 搜集及侦察各种匪情供给军队及地方政府，以利绥靖工作。
(二) 调查地方公正士绅。
(三) 调查地方匪伪流氓地痞土豪劣绅。
(四) 调查贪污案件。
(五) 调查地方各种公开及秘密组织。
(六) 突击及摧毁一切反动设施。

十七、 其它临时工作。

十八、 黄桥区内之公路、电讯、交通建设依军事要求另行区处。

丁 附则

十九、 本纲领实施期间以第一绥靖区司令部对黄桥区军事清剿期间为准。

二十、 本纲要所订工作项目在实施时均依照中央江苏省政府及徐州绥署颁行法令办理之。

〔国民政府档案〕

17. 江苏省如皋县长简涤初拟请于绥靖区实行屯垦政策意见书

(1947年2月15日)

拟请于绥区实行屯垦政策以利剿匪建国意见具申

(一)时事之分析

自抗战胜利开始,复员一年又六个月以来,整个国家仍在扰攘动荡杌桯不安之情况中,国脉如丝,民命如缕,秩序紊乱,庶政参差,朝野惶惶,遑论复员建设。默察大局,目前剿匪建国工作其伟业之艰巨,殆千倍于历史上平捻之役,不有彻根彻底办法,剑及履及精神明快果决当机立断,以求全盘解决,则恐掩耳盗铃,徒然误民误国。试翻近百年之现代史,以言国内创建民国,领导抗战,准备实施宪政,成仁取义,视死如归,莫非由我国民革命军为之中坚。以言国际民有民治民享之思潮,莫不成为宪政之圭臬。一言以蔽之,实行三民主义,实为适合时代潮流,救国救民之康庄大道。然而本党革命迭经顿挫,未能争取时间,以救速效者,盖保守人士则故步自封,不求改革,基层泄盜,上级颟顸,峥漏补苴,敷衍塞责。至于标奇立异,钓誉于时之流,则以民为命为试验,藉政治为装簧,广事汇缘以博爵禄,于国计民生敢言补益。中国以农立国,苟百分之八十人口不得解决生计问题,则建国前途整个无望,剿匪亦成为滥觞。今日东欧中欧,凡苏联控制之国家,其所行政策纯为代表农民利益。在中国之共党亦以分田为号召。若耕者不有其田,则农民利益将被剥削罄尽,终年胼手胝足不得敷口(美国农民全年耕作收益以百分之二十供给衣食住行,百分之八十供给教育娱乐),农民瞻生之不暇,安言购买能力,百分之八十人口无购买力,则商业自然凋残,工业亦随之消逝,科学(自然科学社会科学)之不讲求。如何谈工业化,更何从谈建立现代化国际,故今后剿匪建国工作重心,应以代表农民利益,繁荣农村经济,励行农村建设,积极从扶植民权,发展民生着手。

顾兹事体大,应如何进行,首须了解今日绥区之真相。

(二)绥区之真相

绥区之真相可以于人群相中见之:

一、逃避现实者:

1. 大地主:大地主吮吸农民血汗以营养自身,罔识大义,不知有国家民族,平日欲积钱财投资地产或工商业,脑满肠肥,只知图利,地方被匪占据,则侨京上海坐观成败,剿匪建国工作一概委诸政府,如地方绥靖秩序恢复,则转变重来坐享其成。

2. 老好人:平日与人无侮,与世无争,过去或有建树,或有资历,或有积蓄,则避地他乡不问世事。

二、利用现实者:

1. 假士绅:假士绅之旧式者,平日假藉民意奔走官府,勾结污吏,惯造谰言,鱼肉乡愚,包揽词讼;新式者,则利用商业机构,凭藉身份买空卖空,甚至暗通奸匪,换取物资,唯利是图,作祟闾里,人民受害以此为烈。

2. 情报员:地痞流氓动辄假冒情报人员,潜伏四乡,敲诈勒索,无所不为,人民素畏,官府噤不敢声,敌伪时期之和平军作风,苏北逐地皆是。人民如居黑暗地狱,人权毫无保障,无是非,无正气,收揽人心,实谈不到。

三、面对现实者:

1. 苦农民:此辈农民类属自耕农、半自耕农及佃农,于平时靠天吃饭,于战时听天由命,匪来则充民兵,匪去则替我筑碉修路。平时死于饥饿,战时死于炮火。平时血汗与土地相凝结,离土则死,战时血汗还于土地,了此残生。古人所谓:少壮铤而走险,老弱转乎沟壑,于今益倍。

2. 小官兵:官兵大抵来自田间,类属小资产者及贫苦农民。爱国家、爱民族,死而无怨。但蝼蚁尚且偷生,谁不畏死,其所以愿一死,以酬此生者,愿国泰民安,日臻治理,以跻国家于富强之域耳。

今日绥靖区之现象,一言以蔽之,为混乱、为黑暗、为疾病、为饥饿、为死亡。南北美战争时之种种惨象,今日有过之无不及。有假冒为善之士绅,有跑封锁线之冒险商人,有被弃之婴孩,有塞途之饿殍,有正义之士兵,亦有十室之内必有之忠信。

(三)澄清绥区乱象之良规:

一、张正气;

二、明是非;

三、行新政;

四、整纪纲。

右四项,为第一绥靖区司令官李目击时艰,亲身经历,针对现实所提之济时箴言。猝视之,虽近老生常谈,实洞切时弊,为救世济人之不二法门。关于一、二两项有赖治人,二、三两项有赖治法。国家铨衡选举遴员自有常规,整肃纪纲亦有明文。至行新政则于此时此地,实有待更张。

(四)绥区如何行新政:

一、时间之认识:绥靖时期一般多误解专指肃清散匪,此实大谬。绥靖实去旧布新之谓,一切黑暗混乱现象固须扫除,而一切新的生机亦必须于此时期同时奠立。今日时间之划分,于国民革命之历史上实为第三时期(以推翻满清建立民国,建都南京为第一时期;完成北伐,领导抗战,击溃倭寇,受降南京为第二时期;最后扫除革命障碍,准备实施宪政于民,实现民生主义为第三时期),此时期之任务深为艰巨,凡我国民三阶段之军政、训政、宪政时期工作,必须于此时期并力于同时完成之。

二、空间之认识:绥区经九年以上之敌伪奸匪盘据滋扰,原有政治基础全被摧毁无遗,五大建设均待从新开始,而最基本办法,最彻底办法,莫如剿匪建国同时并举。言剿匪,必须党政军民打成一片;言建国,必须管教养卫同时实行。因绥靖区环境复杂,此时此地非有大刀阔斧之手段,不能澄清乱象,奠定治安。历代大兵之后,灾祸洊臻,盗匪蜂起,况今日之共党,揭橥主义,标明政策,严密组织,挟持武力以与我作生死存亡之斗争,苟仍不大彻大悟,全民奋起,殄灭此獠,则建国前途实为隐忧。故今日仍须以军事为第一,厉行军政,以政治为基本,完成训政,以民生为圭臬,准备宪政,而实施之道,绥区施政纲领早已明白言之:"改变作风,收揽人心,安定社会秩序,解除民众痛苦,健全基层政治,厉行复员建国,发展民权,扶植民生,以加速三民主义之彻底实行。"

论目前形势,为求党政军民配合一致,以实践绥区施政纲领,其方法可因势利导,顺理成章,完成如下组织与运用。

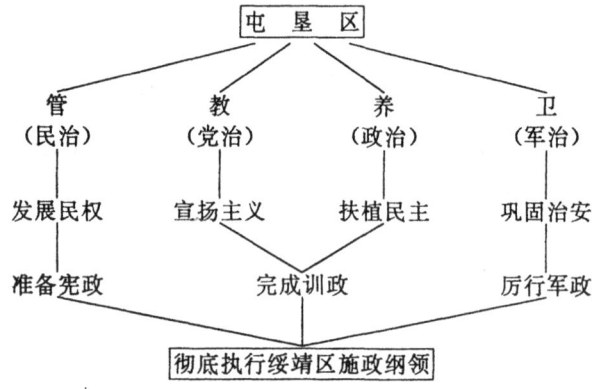

(五)历史之任务

历代兵兴之后,对于复员莫不采用屯垦为最有效方法,如县各地至今犹有群田、营田、围田等名称,历史之可考者,明季以后载在志书。目前剿匪军事断非最短期间可以结束,军事为政治之延长,盖有因也。然而贫苦农民已不聊生,千万官兵转战疆场亦无了日,究竟为何而战,明了此义者恐甚寥寥,政府不妨彰明宣告:"为土地而战。"何也,民十五年国府颁布减租令,十九年内政部公布土地法,二十一年内政部公布保护佃农利益原则,然而政令自政令,事实自事实,非法令之不良,实人事之不臧,徒成具文耳。迄至抗战复员,中枢已深切认识,建国坦途,必从土地问题做起。因年来物价之波动,生计之艰难,工商之破产,民生之凋敝,实缘于治安之不确立,共产之倡乱。而旋转乾坤之法,必先平乱,以奠定治安,徐图裕国。而裕国之道,"民穷当然财尽,裕国必先富民。"整个国家行政不以代表农民利益为前提,则整个国家完结。是故三十五年行政院又有绥靖区土地处理办法之公布,事急矣,今日而不大胆立即实行,又待何年何月。

千万官兵现无安身立命之所,千万农民现无休养生息之地,千万小资产者及公忠报国之穷困公务文教人员均含辛茹苦,亟愿安宁。果能划全国绥靖区为屯垦区,部队各就原地,一面剿匪,一面协助地方建设,不予调动,党政军民打成一片,同时各就岗位,厉行管教养卫之新县制工作处理土地问题,亦包括在内解决,则战后复员养生送死亦即并此整个解决矣。士兵既能坚定信心,人民亦愿赖以保护,政令亦藉以推行,奸匪亦趁此杀平,而后徐图建设则经济、文化、武力三体合一之新国防,想信亦能于此奠其初基,不然恐师老兵疲,一切问题依然仍旧。涤初到差两个月,谨就实际观察所得略陈刍见,另已拟具本府设置永安沙合作农场计划书一份,作其开端,呈请层峰核示,但愿国家早臻治理,当担五大强国任务,则党国幸甚,民生幸甚。

附如皋县政府设置永安沙合作农场计划书一份〔缺〕

谨呈

如皋县县长简涤初

中华民国三十六年二月十五日

〔绥靖区政务委员会档案〕

18. 立法院修正公布绥靖区施政纲领

(1947年2月19日)

绥靖区施政纲领　三十五、十、三十一、公布,三十六、二、十九、修正。

绥靖区施政,为求安定社会秩序,解除民众痛苦,健全基层政治,厉行复员建设,发展民权,扶植民生,以加速三民主义之彻底实行,特订定本纲领。

一、清查户口,整理保甲,严密自卫组织,以确保地方治安。

二、励行法治,严禁人民自由报复,并恢复人民言论集会之自由。

三、推行地方自治,健全人民团体,限三个月成立县以下各级民意机关。

四、慎选基层行政干部,选拔地方公正廉能人士充任乡镇保甲长。

五、严惩贪污,厉行考核,树立廉能政治之风气。

六、绥靖区内之农地,其所有权人为自耕农者,得凭证收回自耕,其所有权人为非自耕农者,在政府未依法处理前,得凭证保持其所有权,但其农地应由现耕农民继续佃耕。

七、绥靖区内之佃农,对地主纳租,其租额不得超过农产正产物三分之一,其约定以钱币交租者,不得超过农产正产物三分之一折价。收复前佃农欠缴之佃租,一概不得追缴。

八、绥靖区内之农地,经非法分配者,应由县政府征收。其地价应依法估价,折合农产物,由中国农民银行发行土地债券,给予合法所有人,分年偿付。

前项土地债券,以农产物为本位,其偿付期间,最多不得超过十五年。

九、政府征收之农地,应依左列次序,优先承领,自力耕种,分年缴价,取得所有权。

甲、变乱前原佃耕人。

乙、现耕种人。

丙、有耕种能力之退伍士兵,与抗战军人家属。

政府对承领自耕之农民,应辅助其经营,并指导其组织合作农场。

十、绥靖区之国税田赋,其在灾情严重地区,得呈准豁免一年。收复前各年度之欠赋欠税,一律豁免,收复前非法之苛捐杂税,并应一律废止。

十一、绥靖区内非法发行之币券,一律作废,禁止使用。由中央银行充分供应法币,中国农民银行举办小本无息贷款,并由救济机关举办急赈,以法币或实物发给赤贫人民,以维持其生活。

十二、绥靖区应普遍推行合作事业及发展农村经济,由合作金库与中国农民银行供应资金,举办农贷,国家与地方金融机构并应普设分行,以协助工商业之复兴。

十三、绥靖区之民食军粮,应由田粮机关负责统筹,作有计划之调剂与补给,对于存粮应予以登记,除每户人口所需予以充分保留外,其余粮可参酌当时当地价格,以现款收购,非法征存之粮食,一律收归公有。

十四、绥靖区之粮食商店行栈工厂,应予登记管理,如有囤积居奇,操纵粮价者,应依法惩处。军政人员管理或征购粮食,如有藉端勒索或营私舞弊者,应从重治罪。

十五、绥靖区应特别注意文化教育事业之恢复及发展,其因战事而失学失业之学生教师,应由各级教育机关予以招致,俾能复学复业。

十六、绥靖区应普遍建立各级国民学校,并慎选师资,俾能达成任务,并协助乡镇保甲推行政令。

十七、绥靖区应举办医药卫生及其他必要之社会福利事业。

〔立法院档案〕

19. 山东省政府关于民政土地设施部分绥靖政务报告

(1947年2月)

山东省政府绥靖政务报告

甲　民政

一、收复区行政机构之重建与秩序之恢复情形：

1. 事实：

(1)收复县市组织庞杂，乡镇保甲极不健全。

(2)沦陷县政府组织庞大，未能入境分驻济南、青岛两地。

(3)面积辽阔，奸匪肆扰，指挥不便。

2. 改进意见（已实施）：

(1)制定简化县各级组织，确定工作重点方案，就目前情况分别规定县政府编制经费。

(2)实行并保扩公减区，限二月份内改编完成。

(3)控制区、半控制区、机动区各项工作重点，应于二月内依照决议完成规定要求。

(4)成立鲁西南办事处，辖济宁等二十七县，统一指挥。

(5)各县调整完成后，重划行政专员区。

二、户口保甲之编组暨国民身份证发给情形：

甲、户口保甲之编组情形：

1. 事实：

(1)战前保甲组织未尽编成即遭全部破坏收复县各县市经编查保甲后人心安定，地方秩序渐次恢复。

(2)编组遇为地域或宗族观念所限，割裂时零〔?〕不合实际不合法定。

(3)局面混乱，正人不能立足，乡保甲长迄鲜变动。

(4)户政迄未举办，旧日户口调查已失作用。

(5)奸匪肆扰,治安难以确保,保甲组织不易,户口查记困难。

2. 改进意见(已实施):

(1)收复县市配合军事进展重新编组保甲,适合实际为准,以十五进为原则,并避免一村分编多保,分划两乡。

(2)发动选贤运动,逐渐实行乡保甲长民选。

(3)军政配合,彻底清查户口。

(4)省级举办户政人员训练,县级举办讲习,限期推行户政。

乙、制发国民身份证情形:

1. 事实:因本省编组保甲清查户口尚未完成,人事登记未举办,国民身份证亦未定期制发,临时由各县制发通行证、乞丐证、小贩营业证四种以便盘查奸宄,俟户口清查完竣即制发国民身份证。

2. 利弊得失:国民身份证印制照相,当前人力物力均难(每人以千元计平均一县需五亿),收复区十室九空,预收费不能,预垫无款,指纹代替检查不确,易为奸匪利用。

3. 改进意见:请中央特别拨助绥靖区户政经费,以利进行。

三、民意机构之设立情形:

1. 事实:

(1)户长会议及保民大会,除昌乐外,尚未举行。

(2)各乡镇民代表会尚未成立。

2. 利弊得失:

(1)县市临时参议会均已成立,惟未能尽合法令之要求,人事亦欠建全。

(2)公职候选人合格者太少,或受敌伪奸匪毒化甚深,成立乡镇民代表会及县参议会均多困难。

3. 改进意见:

(1)饬收复区保甲一经编定,即切实举行户长会议及保民大会。

(2)饬成立公职候选人资格审查委员会,赶办检核手续,成立乡镇民代表。

(3)督导各县市临参会按期开会,执行职权,督促成立正式参议会。

(4)特别督导切实举行户长会议及保民大会,发动直接民权,扶植民主力量,改变人民政治观念。

四、禁烟禁毒之办理情形。

1. 事实:

(1)完成禁政县份有昌东、齐河、益都、滋阳、历城、安邱、长清、即墨等八县。

(2)计登记烟民数有济南、济阳等十三县共三五二〇人。

(3)设置戒烟院所数有济南、益都等十一县市,共十二院所。

(4)戒绝烟民数有:长清、济南、曹县七县市,共七万人。

(5)成立禁烟协会县份有:长清、济南、曹县、高塘等四县市。

(6)铲除烟苗县份有:峄滕两县,共铲除四二五吨。

2. 利弊得失:

(1)本省受日人八年毒化政策,流毒极深,收复后实施严禁,各地种运售制烟毒者多以绝迹,仅有人口稠密少数之大城市,如济南、潍县、济宁等处尚有少数吸食藏匿者未能完全禁绝。

(2)奸匪到处运售烟毒,破坏禁政,本省各县市尚多为占据兼之烟毒宣传未能普遍深入人心。

3. 改进意见:

(1)对于主管禁政人员厉行考核,严予奖惩。

(2)督导各级政府认真办理,切实执行。

(3)各界均应以身作则,首先肃清各该团体内部之烟犯。

(4)设立及充实各收复县市戒烟院所及调验所。

(5)交通机关尤须认真查缉运毒,杜绝内销。

五、民众自卫之编组训练情形:

1. 事实:依据行政院颁发收复省区民众自卫组训方案,拟定山东省各县市民众组训实施办法：

（1）凡年满十八岁至四十五岁之壮丁均编入民众自卫队，每保组成保队，乡镇为中队，区为大队，县为总队。

（2）按壮丁之体格及能力分别组织盘查哨、守望哨、侦察组、警卫组、响导组等，凡收复地区，限三个月编组完成。

（3）自卫队之训练，以中队为单位，分四期至六期训练，每期训练十天，每日训练两小时，以不妨农时为原则。

（4）训练课目，除制式教练外，应讲述：1.现代世界大势；2.奸匪祸国祸鲁真像；3.东北问题；4.中央及本省党政军概况；5.蒋主席之伟大；6.保甲清乡之要义及站岗、放哨、盘查行人、刺探匪情等工作，并发动广泛宣传，使民众明了政策，奸匪阴谋，以坚定人民对政府之信仰。

（5）本省拟定民众训练精神讲话题目于三十五年十一月一日开始分期训练，并将训练情形及各级队部员役花名清册、现有枪枝子弹清册、训练计划进展表及已训人数统计表报核。

（6）举行比赛演习及校阅，并培植地方领袖及新起干部。

（7）本省各县沦于匪手地方武力多被摧残，应重新装备以加强地方自卫力量，乡镇设有常备队十至二十人，区署五十人至一百人，以有枪为限，于本年一月二十日以前组设完成，并派员分别校阅，以资考核，业经令饬各县遵办在案，并颁发民众武力调查概况表，限期填报。

（8）健全各级自卫干部领导自卫武力，协助国军建筑碉堡防御工事，切实肃清隐匿之奸匪，并各县毗连之乡镇不分畛域，实行联防。

（9）各级民众自卫队之经费，均由县统筹呈报省府核定。

以上各项业经分别令饬各县遵办实施在案，现计成立自卫队及分期训练呈报有案者，有即墨等二十三县市（附表）。

利弊得失：查组训民众确为彻底肃清匪患及保卫地方治安之

要举,收复各县限期完成,所有保队乡镇队及区队均能健全机构则全面农村足以控制,而使奸匪无处潜伏。惟本省现仅有少数县份收复,且因收复未久,各级干部人员缺乏,组织不严,奸匪仍有时窜扰。

3. 改进意见:
(1)慎选干部。
(2)各县政务,切实督导。
(3)本府派员巡回校阅考核。

山东省各县市民众组训情形一览表

县(市)别	训练种类	已训期数	已训人数	现有枪数	备考
即墨	乡镇各分大队分期训练	已训至第三期	七〇六三三	二〇〇	
桓台	乡保分期训练	第六期	一一九三〇		
德县	各区队突围耒济集中训练		二八九	六一	
长清	乡镇分期训练	第五期	三六七八		
淄川	各乡镇分三期训练	均未训练完毕	九〇一二		
长山	二十集团军在周村设立国训处训练	分队	四六七六		仅周村一镇
潍县	第八军派员协助训练	分队	八六二二	二二八四	潍县城厢内有商团三五〇〇名
昌乐	乡镇分期训练		一五六九		
济宁			二〇〇〇		
阳谷	以乡镇为单位	已训练十五个乡镇	四五二	二二六	
益都	四一乡镇分为五期训练共十个中队	第一期	一四八九一	三八四五	

续上表

县(市)别	训练种类	已训期数	已训人数	现有枪数	备考
临朐	乡镇分期训练		一四三五九	一三五四	内有老人四〇一七名,青年二五六七名,女子一一五名
寿光	收复乡镇先行训练		九一八六	六〇	
博山	乡镇分期训练	第六期	三八三八		
历城	分区训练	第一区	八五		
齐河	先分期训练保干部	第三期	一八六		
济阳			四〇〇	二九七	第八区队
胶县	以乡镇为单位	已训八个乡镇	二〇二五二		内有老年三二四〇名,青年一七二名,妇女四十三名
临淄	以乡镇为单位	已训四个乡镇	六九八	一六三	
定陶	以保为单位	已训八个保	三八九		
滕县			五五一	四七四	第八区队
烟台市			一五〇〇		
济南市	济南市民训处分队训练	五十个支队已训十一个支队	二六七九七三		
菏泽	以保为单位分九班训练		一五二五四		
合计二十四县市			四六三二〇五	五八八三	

六、难民还乡团到达县境后情形：

1. 事实：

遵徐州绥署颁发难民还乡团组织办法,组织难民还乡团者,有诸城等五十五县,在徐州之邹县等二十县业由徐州绥署点验人数,发给枪枝,并令饬各团分别随国军进入县境,协助工作。

2. 利弊得失：

各县难民还乡团协助工作推行政令，艰苦备尝，成效颇著。至各县难民散居各处流离失所，虽奉命组为还乡团，惟因给养、枪支不足，不能尽量收容集中训练，难达圆满结果。

3. 改进意见：

各县难民还乡团已奉令撤销。

附一览表一份〔略〕。

七、军民合作站组设情形：

1. 事实：

为加强军民合作，适应绥靖需要，饬各县成立军民合作处，并拟定组织通则，旋奉徐州绥署颁发军民合作站组设办法及办事通则，遂遵照规定，一律改合作处为合作站，现组设成立呈报有案者，计有嘉祥等二十一县（附表）。

2. 利弊得失：

凡组设成立各县所有军事一切供应补给等事，均由合作站统筹，至发挥各种任务之效能，协助军事尤称便利。

3. 改进意见：

(1)合作站代购之物品一律市价，以减少民众之负担。

(2)合作站征雇之车马运输达到目的地后，应给予执照，以利通行并酌予补助给养或工资。

(3)绝对禁止官兵对于征雇之人力横加打骂。

(4)各部队除烧柴及马草由合作站代筹外，其他副食，如菜油等可由各部队直接购买，一律市价。

山东省各县军民合作站组设情形一览表

县　别	成立日期	站长姓名	备考
嘉　祥	三十五年十月二十一日		

续上表

县　别	成立日期	站长姓名	备考
昌　乐	十月八日	处长张天佐、副处长赵一鹤、李进新	
齐　河	十月三十一日	站长李连祥、副站长梁子敬、殷波僧、樊钟祜	
长　清	十月一日		
长　山	十月十四日		
高　密	十月一日		
即　墨	十月十八日	站长隋永谞 副站长蒋公亮、王文郁、衣钦尧	
城　武	九月二十日		
单　县	十月二十二日	站长周茂林 副站长朱建翎、卢尚一、刘醒亚	
济　宁	十月八日		
曹　县	十一月一日	处长赵志清 副处长武蟾香、张荫桐	
章　邱	十月八日		明水枣园十月十九日成立分处
博　山	十一月十五日		
历　城	十一月十一日	处长岳伯芬 副处长侯存典、任冠山、刘瑞五	
益　都	十一月十九日		
胶　县	十一月二十六日	站长丁芸初、副站长曾湘屏、郑志敬、董士廉、高芳堂、鹿宝琛	
鱼　台	九月十七日		
桓　台	十二月十九日	站长邵兴基、副滕恩耕、王岳亭、胡化成	
淄　川	十二月二十日	站长程学通、副汤季华、张世荣、张文、沈子宜	第一、二、三、四区同时成立
峄　县	十月十日	站长张云川、副毛炳辉	

续上表

县别	成立日期	站长姓名	备考
曲阜	十月二十四日	站长王震宇、副崔魁武、王香坡	
合计二十一县			

乙、土地

一、收复前土地改变情形:

1. 事实:

全省耕地计有九八五八三五三五亩,经奸伪施行倒租、倒息、倒契等非法手段,一般中上农民之土地在沦陷区内均被分配,现正饬查被奸伪分配之土地数目,以便依法处理。

2. 利弊得失:

本省大地主甚少,土地一经非法分配,地籍糜乱,产权变更,农者怠耕,商者废市,影响民生,动摇国本,莫此为甚,是以非急谋补救办法,认真求得土地之合理分配不可。

3. 改进意见:

经奸伪处分之土地虽为施行暴力政策,为本党及全体人民所反对,然其原旨核与耕者有其田主张实为昭合,只要收复区各县市对于土地问题遵照绥靖区土地处理办法加以合理的处置,彻底的执行平均地权亦可收到完满的效果。

二、地主返境后之土地纠纷情形:

1. 事实:

本省收复之县市其承受奸伪非法分配土地之农民收复后多有自动归还原主,兼之本省以自耕农为多,是以土地纠纷,尚不十分严重。

2. 利弊得失:

绥靖区土地问题不论地主返境与否,抑或地主愿意与不愿意,对于政府规定重新加以合理处分办法,总要彻底实行,在农民有田可种,在地主亦有收益,已不偏重于革命方式打倒地主,亦不使农民不劳而获。

3.改进意见:

从速施行绥靖区土地处理办法,简易地籍调查,举办征收、放领诸工作,以求土地问题早日得到合理之解决。

三、收复后佃农缴纳租赋情形:

1.事实:

三十五年度遵照院颁办法施行二五减租者,计有历城、章邱等六县市,统计已减百分之十四.七,本年度已令各收复县市施行绥靖区土地处理办法规定之地租。

2.利弊得失:

二五减租计算法农民不易明了,且积习难改,推行多感不便,刻正推行绥靖区土地处理办法规定之地租。

3.改进意见:

(1)绥靖区土地处理办法规定之地租应列为各级政府暨各级农会中心工作。

(2)健全农会组织,协助推行。

四、县政府对土地及土地上建筑物之处理情形。

五、执行土地处理办法之成效与反映。

六、执行城市土地及建筑物处理办法后之成效与反应。

七、其他有关土地情形。

兹综合报告如下:

1.事实:

(1)战前曾举办高密、历城等二十二县土地陈报事变后功败垂成。

(2)鲁西南胶东各县土地概为奸匪平分,其他各县地权、地籍亦极混乱。

(3)遵行国父遗教,实行耕者有其田,以地政工作为本省中心工作之中心。

（4）进行初步调查，划定征收区及暂不征收区，于收复县次第建立地政科。

（5）训练干部已令昌乐、章邱两实验县保送人选入省训练团受训，并举行招考地政人才。

2. 改进意见：

（1）匪化较深区内土地界址消失、契据焚毁，无法根据绥靖区土地处理办法清理地权，应即划入征收区，实行征放，或竟承认既成事实。

（2）放领土地最高额标准、数量无明文规定，应依人口面积土地肥瘠，确定数量。

（3）暂不征收区防止土地集中与垄断，或课以累进土地税，应速规定私有土地最高额，超过者明令征收，并限制私有土地转移，扶植自耕农。

（4）法无明文规定，或规定而不切合地方情形者，各县市得酌予变更报核。

〔绥靖区政务委员会档案〕

20. 内政部拟具中共边沿区斗争策略之对策电

（1947年3—4月）

（1）内政部电（3月8日）

内政部代电　民字第二八一七号　中华民国三十六年三月初八日发出

行政院绥靖区政务委员会密鉴：据浑源县政府三十六年二月二十八日电呈中共区斗争策略秘密文件，到部。相应抄附原件，电请〔原件模糊〕。寅齐。印。附抄原代电一份。

抄原代电

兹查就中共进行边沿区村斗争策略重要秘密文件摘要：国民党顽固派此次在美帝国主义公开支持下，用各种方式向我解放区进攻，秘密派遣伪顽军、国特进我解放区与土匪地主勾结起来，形成四位一体，进行暗杀、抢劫、造谣、欺骗、捣乱，企图瓦解我解放区，特别最近两次保卫战，我们不能不作充分准备，以粉碎伪特务的进攻，因此，我们必须加强边沿区斗争。目前边沿区的特点，就是当前是阶级敌人不同于过去敌人，因为阶级敌人是大地主、大资产阶级及残余的封建统治势力的代表者，他比民族敌人的社会基础较为广泛，再加上我们在群众运动中走雇佃贫路线的结果，造成雇佃贫孤立，地主向敌中农观望的紧张的阶级斗争局面，因此边沿区一切工作应从这个形势出发，一切工作都以对顽特斗争为主，只有在武装斗争与武装支持下去稳定社会秩序，进行政治攻势，发动群众，组织联防武装。另外顽固军特务活动的地点，可分为以下各点：第一、国特顽军土豪地主四位一体所组织起来的小股部队潜入我边沿区活动，这实际上就是特务化了的政治土匪活动方式。他的特点，就利用土匪隐蔽活动的经验，到处窜扰，地主是他们的护身符，是土匪的窝藏者与掩蔽者。再加政治活动的特务份子，再加伪顽军的武装力量，这四位一体的力量结合起来，形势上看只见单纯的土匪活动，或只见单纯的小股顽伪武装活动，而实际上就是伪顽土匪的特务地主一体化了的活动方式。这就是这种部队本身的突出的基本特点。第二、就是地方化的特点。他利用地方人和地方关系，利用亲戚朋友结拜兄弟，收买本地流氓土匪作其底线。第三、这小股部队，主要是利用我之弱点，如在我县与县区间活动较多，其主要目的是捕捉与杀害我工作人员及群众运动中的积极份子来镇压群众运动，破坏我社会秩序，造成大股顽军进攻的便利条件。第四个特点，就是他们建立了隐蔽的区乡政权，来破坏我之区乡政权，使我不能存在。对我工作较好，群众发动较好的村庄进攻、破坏、打击。另外还采用盼□□部的活动方式，集中精干部队突入我腹地。

这种突击活动的特点,主要是以顽伪的武装力量为主,配合着我内地的特务活动了解我地区情况,进行远距离的奔袭、抢劫我后方资产,扰乱社会秩序,如湘西直接进入到我大刘集五分区更进入后防住地,由于以上顽伪土匪特务地主等以大股小股部队的活动,使群众不准不敢依靠我们小阶级层,认为天下说不定是谁的,基本群众认为反身好,但反身没有头了。边沿区部队的干部右倾情绪上,都认为和有希望,自己怕当和平牺牲品;怕"死"情绪上成了这种局面是值得警惕。根据以上情况来确定我们的对策:(1)以我小部队对付顽伪小部队,变被动为主动,变防御为进攻,变消极为积极,变松懈为紧张,具体办法是组联防,并建立脱离生产的联防队。这里我们首先要从思想上解决一个问题,就是今天对顽特土匪的联防斗争与过去对日的民族联防斗争有基本上的区别,因为今天是阶级斗争不同于过去的民族斗争。过去的对日联防组织在没有发动群众之前,联防的领导权往往被掌握在地主手里或中间阶层手里。这是为因富有者保家的要求更迫切,穷人对于参加联防并不积极。而今天因为斗争的性质有了基本变化,由民族斗争变为阶级斗争,顽伪特务来了首先杀害积极份子和基本群众,上层地主则勾通顽伪,因此他们并不须要联防,而且会用各种方式来破坏联防。这就是增加了我们的困难,所以联防一开始,就以作为基本群众的组织,特别是领导权,必须掌握在群众手里,要严防地主、特务的混入与破坏,严防内奸活动。其次在边沿区应迅速组织短小精干精明的或全脱离生产的联防队。联防队活动的方式,主要采取夜集昼散的方法。夜间集合起来,到特务活动的地区,或有特务活动邪疑的村庄去活动,特务上日在那里我们就在那里活动。他利用亲戚朋友的关系来了解我们情况,我们也利用亲戚朋友关系去侦察他的情况。他捕捉杀害我们积极份子及村干部,不要以为他麻痹我区级干部就不杀他,麻痹目的,还是杀害我们。我们也应捕捉最坏的特务份子交群众公审,送政府法办。对于次要的使他向群众自首悔过,并使他为我工作，必要时可采取密捕密放和速捕速放办法。这个权限属县级机关联防队。在白天应该是休息，自己生产或掩护群众生产，对可疑村庄应作周密的准确调查，如特务活动时进行突然的紧急戒严与清剿，一般应采取拂晓包围清晨搜查的方式。这样特务难以漏网，使地主坏人也不敢轻而隐藏特务，必要时对可疑的坏人地主实行连环保制度。联防队的供给，应以县为单位，由地方粮供给，地方粮不够时可以区为单位，统一筹款。联防队是轮训性质，除了管吃以外，其他都不管（严防对群众额外负担）。联防队在夜间活动时，可派可靠干部领导，严防违反群众纪律，自行紊乱社会秩序，各村联防互助一定能真正有力量。边沿区的联防组织避免一线防御，防止敌人突破，应该有第一线，第二线，甚至第三线的纵深配备，一旦前线突破，后防可以应援，使敌人无法突入。在联防最前线对顽军应实行地雷封锁，到处埋设地雷，真假不清，使敌人不敢前进一步。联防村庄及联防队在开始时要保守秘密，进行隐蔽组织与隐蔽活动，避免过早暴露致受打击破坏，而使组织联防发生困难。(2)对大股顽伪军突入我腹地活动的对策，这要依靠我边沿区联防有严密组织，使顽军不能超过联防线到我腹地来。当大股顽军通我联防线时，我应给予有效的阻扰和打击，他就不敢进入我腹地来了。就是进来，也难以活动，而且会及早被我主力部队发觉，给予打击或消灭。又鄂中共之联络通讯办法及传递重要信件多以小娃、尼僧、乞丐交各股土匪，如甲处有信给乙处，即在事先指定地点如土地庙山上石坑标暗记，将文件蔽入以待取递，如送信人路上遇有情况，即将信件贴入石上，掷于地下，以便回取，俾免露出形迹，其行动□暴露办法，以往于大路附近村庄或神庙为原则，使我乡长不大注意住地，不放哨以免暴露目标。各股匪集合时，先确定时间、地点，绝不到共党住宅。行动时，多在夜间，不走大路，避免一切，倘遇我清剿努力工作人员，则施行突击暗杀，造谣离间，使我各失去信心。综观文内阴谋谲诈，极尽煽惑敌我交错区民众之能事。职府除针对布置工作并揭穿其阴谋外,理合将该项秘密文件肃电抄呈,敬祈鉴核,通饬全国各级军政部门一体知照,俾资粉碎其阴谋策略为祷。

(2)陆军总司令部郑州指挥部电(4月16日)

陆军总司令部郑州指挥部代电　洁一字第0321号　中华民国三十六年四月十七日发出

　　行政院绥靖区政务委员会大鉴:密。案查接管卷内奉大会(三十六)寅养绥秘指(三十六)字第一八三七号代电抄发中共进行边沿区斗争策略重要秘密文件摘要一件,饬转研究,要拟对策等因。除拟具对策,饬属遵照实施外,谨随电檥奉对中共进行边沿区斗争策略之对策一份,恭请鉴核。陆军总司令郑州指挥部(三十六)卯铣。洁一。印。附件如文:

对中共进行边沿区斗争策略之对策

一、对奸伪组织联防队实行纵深配备及地雷封锁之对策:

1. 加强策反防线工作。
2. 加强匪区宣传。
3. 加强匪区民众组训,建立潜伏武力。
4. 加强党团行动小组,深入匪区工作。
5. 加强匪区情报布署。
6. 国军与地方团队,应不择时间加紧武装搜索。

二、对奸伪连络通讯之对策:

1. 随时注意户口清查。
2. 对行迹可疑之僧道、乞丐、孩提等注意侦查。
3. 奖励告密。
4. 办理联保连坐切结。
5. 加强夜间巡逻警戒。
6. 认真检查国民身份证。

7. 增设保甲,盘查哨。

〔绥靖区政务委员会档案〕

21. 绥靖区难民急振总队部呈挽救当前危机紧急建议书致绥靖区政务委员会电

(1947年4月1日)

绥靖区难民急振总队部代电　发文振督字号零九六号　中华民国三十六年四月初一日发出

行政院绥靖区政务委员会钧鉴:准社会部移送河北国民大会代表联谊会、河北省复员协进会北平分会丑宥平复字第五十号代电内称:查河北省抗战胜利以来,因遭匪军袭扰,迄未复员,近匪军复变本加厉攻城略地,惨杀无辜,烽火遍地,哀鸿盈野,凶焰所及,平津岌岌可危,民命朝不保夕,同人等忧心如捣,缄默难安,爰紧急集会商讨救急对策,经针对目前实况,议决建议数则,兹值我公莅平督导绥靖区政务之会披沥直陈,敬祈俯赐采纳,迅付实施,以保省区而活民命,则河北幸甚,国家幸甚。等由。附紧急建议书一份。准此。除急振部队一、二两项由本队部径行处理,并电复外,理合检同原建议书一份转呈鉴核。绥靖区难民急振总队部叩。宣世。印。附抄呈原建议书一份。

挽救河北当前危机紧急建议书

甲、扩大绥靖区域:查河北省沦陷最早,收复最迟,共匪之祸,遍及各县,虽有少数县份名为收复,而就其实际,则仅为点线,以总面积而论,仅占百分之八,大部人民均仍在水深火热之中,待救情殷。查鲁省各县市已全部列入绥靖区,河北受祸之惨重无不减于鲁省,应请中枢根据事实,将河北各县一律划入绥靖区,以宏救济而安人心。

乙、加强境内武力

(一)增加国军兵力：目前全省境内共军兵力较厚，而国军仅有三军零一师，兵力过于单薄，无法摧毁其主力，应请中枢从速抽调有力部队以厚实力而解危急(最好多增调北方队伍，俾易与人民合作)。

(二)整饬地方团队：目前绥靖地方固以击溃共军主力为要务，但国军因人地两生，对肃清残匪及摧毁中共乡村组织则无能为力，非赖地方团队不可，但省保安团及县保安警队待遇即甚微薄，装备尤为恶劣，以致纪律间欠整饬，战斗情绪较差，亟应速彻底加以整理。其过于腐败不堪者，应毅然予以裁汰。其余应俟整编后，施以严格训练，尤以政治训练最关重要。并切实改善其待遇，充实其装备，以增强其战斗能力。(本省现有保安团十六团，中央仅按十三团配发饷械)此外，并应尽量配发汽车，以增强其机动性，每团须有无线电台，以求情报指挥之迅速。

(三)扩大人民自卫武力：各县应视其实际需要，因势利导收复区普遍组织人民自卫队，未收复区组织难民还乡团策动匪区民众来归配合国军以增厚剿匪力量，并遴选各地有号召能力之人士假以事权，负责主持。再查明各地实有枪弹数量，尚须补充若干，由省府源源供给不足之数，由战区或行辕统筹补助其粮饷，亦应由省统筹统支，绝对禁止擅自就地摊派不足之数，由绥靖区政委会予以补助，并由省政府尽量充实各修械所，廉价为人民修理武器。

(四)关于整饬军风纪者：军风纪之良窳直接影响其作战能力与军民感情，虽有主管机关专司其事，然以各部队散处四方，监督不易，告发无人，以及其他原因致效力未彰，应由党政军民仿照战时军风纪巡察团办法组织军风纪纠察机构，增进军民感情。

(五)关于作战指挥者：我方作战失利最主要原因不外指挥不统一，作战不机动，亟应彻加矫正。至国军与地方团队及人民武力尤应妥切联合配备，将任务予以适当分配，以资协调而免政治不能配合军事，或军事不能配合政治之弊。更应针对匪军游击战术，力采机动作战,特别加强各据点之情报联络。又空军配合作战,似应由行辕或战区指挥。

丙、充实政治机构

(一)紧缩省府组织:河北省政府现设有四厅九处,职员千七百余人,机构庞大散漫,效率既差,耗费复巨,亟应切实裁并汰劣留良,以节余经费充实各县政府,俾增进行政效率,而免头重脚轻之弊。

(二)恢复尚未入境之县政府:河北尚未入境之县政府已被裁撤者三十二县,所节经费为数无几,然对于各县人民心理上之影响则至深且巨,似应予恢复,并由省政府及绥靖区政委会宽筹经费,俾其编组武力,策动军事,安抚流亡,收拾民心。(过去旅京同乡不满意流亡县长系要求其入境而非取消)

(三)慎选专员县长:县长为亲民之官,专员负责督察之责,处兹危急存亡之时,关系尤为重要,实应公开慎选,其遴选标准,除应切实遵照中央法规外,并应尽可能征询各方意见,最好设置甄审委员会,由政府有关各机关党团社会贤达及人民团体共同组织甄审及格后,并应择具适合各该县需要条件者派充,经甄审者一律不准派用。如专员县长完全考虑以军官充任,殊不无问题,因目前虽系军事第一,并非军人第一,一切工作非军人莫属之谓,又为易于入境及推行政令便利计,在目前情形专员县长人选并应以本地人为原则。

(四)健全县以下各级机构:县以下乡镇保甲等各级机构组织人选均欠健全,不能发挥基层力量与奸匪斗争,除应慎选其适当人选外,并应切实充实其组织,扩大其职权,宽筹其经费,改善其待遇,俾建立廉洁政策,领导人民推行政令,保卫地方。

(五)奖励人才参加下级工作:目前政治机构已形成头重脚轻之势态,一般人员皆注重向上层发展而放弃或忽视基层工作,以致政治力量不能渗透乡村,政治机构等于悬空而设,长此不已,没落堪虞,欲挽回此严重颓势,非奖励干练人才参加下层工作不可,尤其注意其待遇,例如现任县长每月所得仅九万一千元(内有养廉金五万），县保警队每中队一百〇八人每月仅一百五拾万元，求个人之饱食暖衣尚不可得，遑论其他，若能特别提高待遇，并实行优厚奖励办法，则人力必将趋重下级，而政治基础亦得以建立矣。

（六）实行党政军团一元化：统一党政军团之指挥，运用联席会报方式，检讨策划并联系各部门之工作，以发挥各部门有计划有机体之效能，以免互相歧视，互相牵制，互相推诿。此外并合组政工队随同军事进展深入民间，配合行动，以发挥集体之力量。

（七）追究责任严行奖惩：去冬保定被围危急万分，而省政府警备司令部及保安干部训练所等机关内，居然潜伏匪党达二百余人之多，密谋里应外合，幸发现破获较早，未酿大患。上月定县被围，城内保安纵队不战而迎匪致，城垣被占，专员崔子信等殉职。又最近通县被匪一度攻陷，查该县近在平郊而军政双方竟疏予防范，致人民惨遭浩劫。以上责任谁属，亟应深究，俾是非得辨，功过有归，严行奖惩，以励来兹。

丁、举办紧急救济

（一）速加强经济机构：省县均设救济委员会，由党政机关社会贤达及人民团体共同组成，长期策划各项救济事宜。

（二）宽筹救济费及物资：战争蔓延，流亡日增，应由绥靖区政务委员会大量拨发救济经费及物资，省县政府收到后即会同救济会直接分配人民，务期实惠及民，杜绝中饱。

（三）缓征兵粮：河北人民已陷水深火热之中，救死不遑，征兵征粮不啻为渊驱鱼，亟应从缓办理，以苏民困。

〔绥靖区政务委员会档案〕

22. 白崇禧关于修正西北行辕绥靖期间紧急军运实施办法电

(1947年8月14日)

行政院院长张钧鉴：前奉辰佳四从日字17554号代电：关于修

正西北行辕辖区军车监运办法及交通部工具管制办法饬遵一案，当经转行遵照。又准西北行辕张主任巳感代电称：查本辖区辽阔，军运浩繁，为使各车辆运用灵活，而期适时达成任务起见，兹拟订本辖区绥靖期间紧急军运实施办法一份，随电请核备。等情。附实施办法一份，到部。除将该办法酌予修正核复可行，并分电交通部及联勤总部查照外，理合检呈修正办法一份，随电报请核备。白崇禧。（三十六）未寒。来织生。

附呈国民政府主席西北行辕辖区绥靖期间紧急军运实施办法一份

国民政府主席西北行辕辖区绥靖期间紧急军运实施办法

一、本行辕遵照主席蒋防（36）来郡子㗱代电之指示，并依据行政院核准本辖区交通工具管制办法，参照目前交通运输状况，而期于绥靖期间紧急军运能适时迅确达成起见，特拟订绥靖期间紧急军运实施办法。（以下简称本办法）

二、本行辕辖区（新疆省区域内另行规定）如有任何地区进入战争状态，或策应邻接辖境之作战期间，关于兵员械弹以及其他军品之运输，均适用本办法。

三、紧急时期军运，除尽先使用军车外，其次为局商车，再次为公建车，惟均须本行辕命令行之。如不敷用，或受地形限制，并得征雇民间一切输力。（民伕、胶车、火车及驼、马、骡、牛等）

四、紧急时期军运使用军车，由第三区军运指挥部调派、征雇，公建局车由第七区公路局调派、征雇，商车由西北区商车联合办事处调派。以上车辆均须赴军运指挥部、或其所属各办公处办理行车手续。如征雇民间输力，由甘、宁、青三省府调派，惟均受本行辕之统一指挥调度。

五、紧急时期军运，关于统一指挥调度之业务如左：

（一）依据本行辕辖区军公建局商车辆及民间输力管制办法内

所规定,各机关呈报之输力状况月报表,而精密统计,适宜调度,勿使有偏枯之弊,各机关亦不得有匿报或规避情事。

(二)依据军事情况之需要,妥拟运输计划,然后对军车及所征雇之公建局车辆,或民间输力统筹调度,必要时并在车辆准行证件上,会章放行。

(三)本行辕军运车辆监运监装暂行办法,应彻底实行,必要时并得施行游动或固定地点之检查,以防私放车辆或装载未经规定之物品。

六、紧急时期军运,关于统一指挥调度业务,如感忙迫,得令饬有关机关派员协助之。如此种业务不局限于一地时,得派员赴其他各地施行之,或令派其他各地之有关机关代为施行。

七、紧急军运时期所征雇之公建局商车辆,于奉到征雇命令后,应一律停止货运即赴指定地点集中报到,听候派装。如因特殊情形,装卸时间延期一日以上期限,其所需延期费由第八补给区依照规定办理之。

八、紧急军运时期所征雇之公建局商车辆,其征雇费由本行辕令饬第八补给区,按规定核发,如迫不及待时,应由原车属机关(商联处七区路局)暂行记帐,另由军运办公处于每车启程前,按照规定行驶日程,遵照当时陆军给与规则先行垫付养路费及司机之膳食旅费。(每车以二名为限)于路单上注明,俟结帐扣回归垫。

九、紧急军运时期,所征雇之公建局商车辆,由第八补给区依规定核发油料,如供应不及时,各车属机关或车主应以自有油料尽量垫用及协搜购或依不供油租车照发运价,必要时得由本行辕会同有关机关对各机关商户之存油施以调查管制,按现时官价给价征用。

十、紧急军运时期,以征雇之公建局商车辆,在征用期间如确有重大损坏由第八补给区汽车修理机构酌予修理。(如另配机件按官价收费)如遇意外损坏无法修理时,得由本行辕转请联勤总部照规定赔偿(依车辆出厂年份估价)。

十一、紧急军运时期,所征雇之民间输力之待遇,由各地兵站机关按规定如期发放,不得短少或苛扣。

十二、紧急军运时期,军车及所征雇之公建局商车辆,或民间输力之回程装运,由本行辕派赴各地执行统一指挥调度之人员统一办理,如该地无本行辕指挥调度人员时,则由当地之军运办公处或兵站机关办理。其原则应先运军公品,次为商品,如在二十四小时内无可利用时,则由军运指挥部,或其所属各办公处办理回空手续。

十三、紧急军运时期,所征雇之公建局商车辆,于使用完毕后,应即发还(至原征雇地点发还为原则),任何军事机关及部队不得藉故稽留或扣用。

十四、本办法如有未尽事宜,得以命令修正或增补之。

〔行政院档案〕

23. 王懋功为订定"江苏省戡乱时期施政纲领"致蒋介石呈

(1948年7月14日)

总统钧鉴:敬肃者,本省襟带江淮,屏藩京沪,历经变乱,创巨痛深。职以苏人忝主苏政,际兹行宪伊始,戡乱方张,思有以上副钧座求治之殷,下慰人民望治之切。爰即针对事实通盘筹划,订定"江苏省戡乱时期施政纲领"附以"实施方案"通令全省一致遵行,以期切合实际,达成任务。为求配合军事体制,加强剿匪效能,在苏北匪患迭经,故侧重以保弥乱,由纷扰中求安定;在苏南治安较佳,故侧重以警建卫,由安定中求建设。因情形之不同,遂治理之各异,几经研讨,始克有成。惟念功无幸,致事难猝成。各县施行之初,当不无障碍枝节之处,倘或主持不力,信任不专,难免事废中途,功败垂成。经已严饬各县市务须遵照方案,彻底施行,如有任何困难自当负责代为排除,予以保障,期于安身心之中,达成戡乱任务之计。本省密迩京畿,当蒙钧座特别垂注,谨检呈是项施政纲领一册,附请俯赐察核，并乞恩予支撑，以期推行顺利，迅赴事功，则不惟职个人之幸，抑亦全苏人民之福也。肃此上呈，恭请崇安，伏维睿察。

附呈江苏省戡乱时期施政纲领一册

职王懋功谨肃　　七月十四日

江苏省戡乱时期施政纲领
中华民国三十七年七月　江苏省政府印

目　录

一、弁言　　　　　　　　　　　　　　王懋功

二、江苏省戡乱时期施政纲领

三、江苏省戡乱时期施政纲领实施方案

壹　整建地方武力

贰　积极组训民众

叁　稳定生产关系

肆　整理地方财政

伍　强化执行机构

陆　加强督导考核

　　　　　　　　　　弁言　　　　　王懋功

目前国内局势日益严重，人心苦闷，一致企求革新，以适应危机，总统就任宣言，一再诏示吾人须于戡乱中求建设，求进步，又须于行宪以后率领全国人民向民主之大道迈进。凡百设施一应以人民大众之福利为前提。是行宪，必须戡乱；戡乱必以奠定宪政之基础为准则，行宪与戡乱所以相辅相成也。本省襟带江淮，屏藩京沪，地位重要，责任艰巨。就现时一般治安状况而言，苏北各县迭经匪扰，哀鸿遍地，民不聊生；江南各县表面虽尚安定，而零星奸匪仍不断破获，潜滋暗长，隐患犹存。近且扬言渡江觊觎非分，亟应彻底肃清，根除内在奸究，藉以确保江南治安，进而挽救苏北。再就政治方

面而言,苏北县政以匪患迭经,未克纳入正轨,无可为讳。其各级干部尚能勉体时艰,实干苦干深入民间,与民众溶成一体,合谋自卫者固多,而间因配合军事要求,不免摊派苛扰,牵涉个人操守,引起民众反感者亦复在所难免,虽尽法以惩,要不过消极制裁,迄难发生积极作用。江南吏治,自复员以来,虽渐臻常轨,以国家委办事项之繁重,于地方自治建设之推进仍少成就,户籍登记与地籍整理两项基本要政,为组训民众,建树地方武力,平均地权,实施土地改革之张本,当前之征兵征粮,亦均植基于此。懋功忝主省政,日夕焦思,于如何发挥政治力量,以配合军事;于如何安定江南,以挽救苏北;于如何培养民生,以团结民心,达成戡乱建国之要求,迭经与省临参会诸公暨本省贤达交换意见,商订此项本省戡乱时期施政纲领,并依据纲领附以实施方案,今后循此途径,以作省县政治革新之准绳。一、整建地方武力,以期配合战时体制,增强剿匪力量;二、积极组训民众,以期严密基层组织,团结合作精神;三、稳定生产关系,以期改善人民生活,发展农村经济;四、整理地方财政,以期增加合法收入,根除摊派恶习;五、强化执行机构,以期认清本身职责,确能完成任务;六、加强督导考核,以期简化公文手续,提高工作效能。凡百措施,悉详方案。要在工作中求改进,要在改进中求完成自我示范以身作则,倘有躬履实践之诚,自收风行草偃之效,所望各专员县长懔于职责,集中意志,身体力行,共同迈进。第一要力改过去静态政治而为动态政治,由消极而积极,由被动而主动;第二要淘汰腐化暮气而为奋发朝气,培养优秀青年,激发干部情绪;第三要整饬官常,肃清贪污,造成廉洁政风;第四要珍惜物力,倡导节约,转移社会风气;第五要积极领导民众,唤起民众,人人参加,步步为营,使匪无可用之人,更无可乘之机。本即组即训即用之方法,达到民众自觉自卫自治之目的,并藉以完成管教养卫四位一体之功用。本纲领与方案均赋予极大之弹性,自可因地因事因时制宜,希各本良知与抱负切实奉行,毋再徘徊瞻顾。懋功职责所在,自当整躬率属,所有上自省府各厅、处、局以及保安军管区两司令部,下至专署、县府以及全省团警机关各同人,务须在此纲领所载整个目标之下密切配合,勇往迈进,集中意志,统一力量,一致坚决执行,期于破坏之中力谋安定之计,无稍松懈,无稍纷歧。至于地方人士,尤望能化除派系之争,明辨是非之义,牺牲小我,成全大我,本此正义精神,监督政府,建议政府,更进而协助政府,举凡一切政治设施,悉以民众利益为前提,则我苏政治前途,庶其有豸。

江苏省戡乱时期施政纲领

三十七年五月十二日江苏省政府委员会第二次临时会议通过

三十七年五月江苏省临时参议会第四次大会修正通过

一、本省为奉行国策,加强戡乱工作,恢复社会秩序,安定民生起见,订定本纲领。

二、本省戡乱工作之重心,在建立地方武力,普遍组训民众,配合国军肃清匪患,于苏北侧重自卫,江南侧重生产。

三、各县(市局)地方武力之建立,视其财力及事实需要,以现有之保安队、警察队及常备自卫队合并改编为保安警察队,并充实其武装力量,务使组织简化,指挥统一。

四、为加强地方武力之机动效能,便利剿匪工作起见,各县(市局)应实行联防,设有专员区者,各县(市局)武力由专员指挥之;未设专员区县(市局)份,由省政府或会同有关绥靖机关指定联防主任指挥之。

五、各县(市局)地方武力应分驻县(市局)境内冲要地点,机动使用,随时配合民众武力肃清零星散匪,并配合国军防御流匪之窜扰。

六、各县(市局)地方武力,应由县(市局)长统率,其各级干部由县(市局)长遴选有军事经验之本籍人保荐核派之。

七、各县(市局)应依照民众自卫队组训规程,普遍成立甲种民众自卫队及乡镇区常备自卫分队或班,并积极予以训练,配合地方武力达成清匪任务。

八、甲种民众自卫队之组训,以保为单位,凡年在十八岁以上四十五岁以下之壮丁,从事生产或有正常职业者一律参加,施以自卫及生产之训练,但以不脱离生产为主。

九、各县(市局)乡镇(区)常备自卫分队或班,应以甲种自卫队为基础,由各该乡镇(区)所属之保队分期抽调队员若干人组织之,并施以集中训练,每三月轮流一次。

十、各县(市局)民众自卫组织,在保方面应完成下列任务:(一)清查户口;(二)执行联保连坐切结;(三)检查国民身份证或通行证;(四)守卫巡逻;(五)侦察情报;(六)保护交通。在乡镇(区)方面,应完成下列任务:(一)协助保队完成其任务;(二)协助各保肃清零星散匪;(三)实行乡镇(区)联防,配合地方武力,防御股匪流窜。

十一、各县(市局)治安已确立区域,其民众自卫组织之运用,应侧重于生产方面。其进行方式如下:

(一)运用救济款物,协助在乡及还乡难民恢复生产工作。

(二)洽借农业贷款及其他贷款,协助农民从事生产。

(三)以民众自卫组织为基础,成立生产合作组织,提倡合作互助办法,促进生产建设。

十二、各县(市局)自卫武力枪械子弹,除请中央拨发或价购外,由省县(市局)设立修械所制造。

十三、江南及苏北已完全控制之地区,应力求业佃土地关系之稳定,实行三一减租,并选择适当区域推行,直接或间接扶植自耕农业务以逐渐达到耕者有其田。

十四、苏北新收复区域之土地,其经共匪分配者,除匪干外,仍由原耕种人继续耕种,但自耕农仍得收回自耕,并得指定适当地区,按当地土地生产情形限制私有土地面积最高额,实施征收放领,组织合作农场,以达到扶植自耕农及增加生产之双重目的。凡随军还乡之农民及戡乱军人之家属,得优先分配适当之土地。

十五、县(市局)收入与支出(包括乡镇(区)自治自卫经费保国民学校经费),除绥靖临时费另有规定外,均应纳入县(市局)地方总预算,统一收支,预算不能平衡时,应紧缩机构,裁减人员,必要时经民意机关通过,得举办自卫特捐、特别税课或田赋附加补足之。

十六、戡乱时期田赋原征收实物之县(市局),其征起之实物由省县(市局)各按其应分配之成数全部控制,其出售之时间与数额,视财政上之需要决定。

十七、绥靖区各县(市)绥靖临时费,依照行政院令颁之绥靖区绥靖临时费筹集办法及江苏省绥靖区各县(市)绥靖区临时费统一筹集实施办法之规定征集实物。

十八、彻底整顿各县市税捐收入,严加考核,厉行奖惩。

十九、长警士兵酌发实物,各级公教人员之待遇,应遵照中央制定标准支给,并得折发实物,其办公费及旅费应照物价指数按月调整。至县长因公所必须之开支,应指定项目作正报销。

二十、省县(市局)财政必须公开,应按月公布收支。

廿一、加强保甲基层组织,整饬干部人选,充实乡镇经费,确定乡镇长待遇,并杜绝一切摊派,以期人才经费下乡。

廿二、县各级机构应依照已定办法继续调整,各级首长及其干部必须深入乡村,督导民众组训从事自卫,促进生产。

廿三、为彻底执行本纲领所定事项,应加强省首脑部之领导作用,各厅处局应切实执行本纲领,并会同省民意机关发动社会力量,共同推进。

廿四、省政府主管人员及高级干部应分区组织督导团,按期分赴各县(市局),督导考核本纲领所定事项执行之情形,并随时为各县(市局)解决困难,排除障碍及纠正错误。

廿五、县(市局)长以就地取才为原则,凡对本纲领认识不清,或执行不力者,一律撤换。各级工作干部,应由县(市局)长随时于工作中加以训练,并严其考成。省府督导人员至各县(市局)督导时,得随时就地就事召集有关干部研讨问题,商量改进办法。

廿六、改革训练制度,县(市局)级干部由省考核调训;乡镇(区)干部由县(市局)考核调训,并于平时工作中随时训练。

廿七、本纲领所定事项,应由有关单位拟具实施办法,分别公布施行。

江苏省戡乱时期施政纲领实施方案

三十七年七月六日江苏省政府委员会第一八二次会议通过

壹、整建地方武力

一、苏北各县(市)属绥靖区者,应在绥靖区司令部指挥之下,从速整编保安团队,增强战斗力量,其数量由各县依据实际需要及负担能力决定之。

二、苏北各县(市)之保安团队,统由县(市)政府将现有之保安队、警察队及一部分行政警察合并编成,除城区及重要市镇保留少数警察局所以维持秩序外,其余警察机构一律裁撤。

三、苏北各县(局)之区署,应各设置常备自卫队一中队至二中队,统受区长之指挥调遣。各乡镇之常备自卫分队或班及民众自卫队,应速组训完成,以谋配合。

四、苏北各县(市)之保安团团长以由县(市)长兼任为原则,并受其节制指挥,所有各级干部由县(市)长就合格人员中遴选派代,呈省核委。

五、前述苏北各县(市)保安团队及常备自卫队之整建工作,应由各县(市)斟酌地方情形自定完成期限,但以文到之日起算,至多不得超过两个月。

六、苏南各县(局)比较安定,应依以警建卫之原则,从速整建警察机构及保警队,维持治安秩序,其数量亦由各县(局)按照地方实际情形及负担能力决定之。

七、苏南各县（局）之警察局所应即调整充实，归县（局）长监督指挥，负责维持全县治安秩序。

八、苏南各县（局）应即成立保警大队，由县政府（设治局）将现有之保安队、警察队及一部分警察合并编成，作为全县（局）之中心武力，机动使用。

九、苏南各县（局）治安复杂之区域，得由县政府（设治局）酌设常备自卫队一中队至二中队，受县政府（设治局）或区署之指挥调遣，机动使用。各乡镇之常备自卫分队或班及民众自卫队，应速组训完成，以谋配合。

十、苏南各县之警察局长，应由县就合格人员中遴选，呈省核委。各县之保警大队长，由警察局长兼任，设有二大队者，其第二大队长仍由县长就原有保安人员中遴保核委。所有各级干部，统由县遴选合格人员派代，呈省核委。

十一、前述苏南各县（局）警察局所及保警队之整建工作，应由各县（局）斟酌地方情形自定完成期限，但以文到之日起算，至多不得超过两个月。

十二、全省各县（市）（局）保警团队之干部，由县（市）（局）长就在乡军人、警察人员、转业军官及具有军事经验与技能之人才遴选呈委，其各级干部应由省县（市）（局）分别按期调集训练，其训练要旨应使切实了解国家动员戡乱之方略及本省戡乱时期施政纲领之意旨，期能增强自信，爱护民众，一心剿匪，并使彻底明了匪方之实力与作法，研讨清剿方法，期能知己知彼运用自如。

十三、全省各县（市）（局）保警团队之服装，力求简朴耐久；械弹务使充实足用，所有警察士兵皆应配有武器，由各县（市）政府（设治局）就下列来源设法补充之：

（一）原有武器之修理。

（二）民间收藏之武器。

(三)向上级政府请领之武器。

(四)备价请购之武器。

(五)卤获匪方之武器。

十四、全省各县(市)(局)保警团队之待遇,由各县(市)政府(设治局)斟酌地方情形设法改善,县(市)(局)长与官佐之生活应力求与兵警接近,以鼓励其精神;兵警之待遇应以一部或全部发给实物。

十五、全省各县(市)(局)地方武力之运用,依左列方式行之:

1. 各乡镇常备自卫分队或班,负责支援各该乡镇内之民众自卫队,并与邻近之乡镇联防互助。

2. 各区常备自卫中队经常出动游剿,负责支援各该区内之乡镇分队或班,并与其他各区联防互助。

3. 县(市)(局)保安团队或保警队负责支援全县(市)(局)各区乡镇之武力,并应于各冲要地点经常活动,准备应援。

4. 驻在地之国军及省保安团队,负责支援县(市)(局)保安团队或保警大队。

为求地方武力相互联系,灵活运用及指挥便利起见,乡村道路及电话网应加速完成。

十六、全省各县(市)(局)地方武力经常应由县(市)(局)长指挥统率,但为清剿邻境匪患,或为配合国军行动,在不妨碍本县(市)(局)治安及不离开毗连各县(市)(局)之境地原则下,得以命令临时调遣使用。

十七、全省各县(市)(局)保警团队之考核奖惩,由省政府及保安司令部依左列标准按月行之:

1. 人枪足额者奖;不足额者惩。

2. 粮饷如期发放者奖;不能如期者惩。

3. 纪律优良奖;不良者惩。

4. 清剿而有成果者奖;不进剿或进剿而无成果者惩。

5. 俘虏匪方人枪者奖；丧失己方人枪者惩。

6. 情报确实应付有方者奖；情报不确误报军情者惩。

前项奖惩办法，由省政府及省保安司令部按其情形定之，应受奖之人员分别予以记功、奖金、升级等待遇；应受惩之人员分别予以记过、罚俸、撤职及军法审判等处置。

十八、本省整建地方武力之工作，统由各县(市)政府(设治局)依照本方案之规定，根据本县(市)(局)实际环境研拟实施办法，拟具工作计划与进度切实推行，并呈省备案。各种团队之编制装备等标准，由省保安司令部统一规定，令县(市)(局)遵行。

贰、积极组训民众

一、各县(市)(局)应依院颁民众自卫队组训规程，成立民众自卫总队部，由县(市)(局)长兼总队长，并由县(市)(局)长就合格人员中遴保副总队长、总队附各一人，受县(市)(局)长之指挥监督，推进全县(市)(局)民众组训事宜。

二、各县(市)(局)民众组训之工作，由下而上，以保为单位，每保组织民众自卫队一中队(以下简称保队)，保之划分，依其现状，但若不合自然条件或不适于组织运用时，得由县(市)政府(设治局)随时调整之。

三、保队队员须为本保以内从事生产或有正当职业，而年在十八岁以上四十五岁以下之男子。

保队一切人员不脱离生产不给待遇。

四、保队设中队长一人，由县(市)(局)就本保队员中遴选信望素孚之人士充任，并由县(市)政府(设治局)加委，必要时酌支津贴。各队酌设分队长或班长若干人，由队长就队员中选择适当人员担任。

五、保队之任务应视各地治安之情形，协助保甲长，分别置其重点如左：

1. 治安不靖之地方，保队之任务应着重左列六事：

甲、清查户口。　乙、执行联保连坐切结。

丙、检查国民身份证或通行证。

丁、守望巡逻。　戊、侦察情报。

己、保护交通通讯。

2.治安确立之地方,保队任务应着重左列六事:

甲、清查户口。　乙、检查国民身份证。

丙、侦察情报。　丁、防范奸宄。

戊、成立生产合作组织,接受救济物资与农贷,恢复并增进生产工作。　己、兴办小型农田水利。

关于保内征兵、征粮、征工、征税及军事供应等事项,保队于必要时应尽力协助保甲长办理之。

六、保队组织之初步,应为保队干部之选拔,所有保内之小学教师、在乡之军警人员及保长、干事等,皆应视为民众组织之干部,并须经过相当时期之训练。

七、保队干部之训练,应分乡镇为之各队干部,应分期集合于适中地点,举行讲习会,由县(市)政府(设治局)分配熟习组织业务之人员主持讲习,以本案第五条所举之事项为讨论之内容,分别以当地事务为背景,切实研讨执行之办法,并不惜反复以问答、举例与实习等方法,力求其了解之正确。

八、保队之组织应依左列步骤进行之:

(一)由干部人员用各种宣传方法,激发人民之警觉,并分头访问居户,说明保队组织之意义。

(二)由保长会同校长、队长编造队员名册。

(三)由保长会同队长分别选定分队长或班长。

(四)由分队长或班长分别邀约各该分队队员或班员,定期集合,举行保队成立大会。

(五)定期举行保队成立大会,由县(市)政府(设治局)派员监视,并由保长或校长代表欢迎中队长就职。

九、保队之训练,不必采用军事方式,应依照民众生活之习惯,尽量达到左列各目标:

(一)各队员能于约定时间内到达集合地点。

(二)队员能在某种号令之下站队集合。

(三)队员能于公共场所内遵守秩序,保持安静。

(四)队员能于集合时静听队长保长或其他人员之报告或讲话。

(五)队员能于集会时自由表示其意见,并能服从多数人所赞成之办法。

十、保队训练之内容,即为本案第五条所列举之事项,各保应按当地实际之需要,分期集合队员,由保内干部人员用浅近而具体之说法,讲解保队任务、达成之方法与步骤,再于实际工作中加深其了解。

十一、各县(市)政府(设治局)应协助保队干部尽量利用左列各种方法,提高保队队员对于团体组织之兴趣:

(一)用组织力量,保卫各队员之身家性命。

(二)用各种互助方法,减少对于征兵、征粮等所受之损失与困难。

(三)用组织力量,调解队员间之纠纷事件。

(四)用组织力量,减少因诉讼而受之损失与痛苦。

(五)用互助方法,增加生产之资金、工具与劳力。

十二、每乡镇各保中队统编为乡镇大队,以乡镇长为大队长,并受乡镇长之指挥(即以乡镇公所为指挥机构不另设人员),各乡镇公所应另设常备自卫队一班至一分队,其数量由各乡镇依其实际需要定之。

十三、乡镇常备自卫分队或班之队员,由各保队队员中轮流调集之,每保调集一至三人,以每三月更调一次为原则,均着便服,武器配备由县(市)(局)筹划,令各乡镇遵办。

十四、乡镇常备自卫分队或班,应受正式之军事训练,在服务期间,担任乡镇内防务,服务完毕,回保应视为保队之干部份子。

十五、乡镇常备自卫分队或班及保队部之经费,在省政府监督之下,由县(市)政府(设治局)统筹,各乡镇单位自卫经费之预算,一律应列入县(市)(局)总预算内。

十六、乡镇常备自卫队分队或班,依照规定支给待遇,分队长或班长由乡镇长遴选具有军事常识之本籍人士,呈县(市)(局)核委。

十七、一保遇有匪警,应以各种号志通报邻近各保,所有附近保队应实行联防出动协助,其联防互助办法应事先约定之。

十八、乡镇常备分队或班应为保队之支援,并联合各乡镇队班支援之,如乡镇力量不足,支援时应通知保警队或保安团队支援之。

叁、稳定生产关系

一、治安已能确立之各县(市)(局)地方,应以左列可能之方法,督策乡镇保协助指导各保队从事生产工作:

(一)由县(市)政府(设治局)督导各乡镇保,利用各保队之组织遵照国民义务劳动法于农闲时间修建各该保内之圩堤、塘坝、凿井等小型农田水利工程。

(二)由县(市)政府(设治局)负责接洽各种可能之救济物资与经费,协助各保队恢复生产事业。

(三)由县(市)政府(设治局)督导各乡镇保,协助各保队成立合作社或农会组织,并向农贷机关举办适时之生产贷款,增加生产。

(四)由县(市)政府(设治局)呈准省政府利用积谷及公有余粮,于耕作时期贷放于农民,至收获时归还,每百斤加收十斤,以此推陈出新。

(五)由县(市)政府(设治局)督导各乡镇保,利用各保队之组织实行各种合作互助办法,如劳动互换、耕牛互用、公共造产及森林、渔塘、果菜园之共同保护等。其详细办法,由各保自定规约共守之。

二、前述地方之保队,应尽可能从速组织农业生产合作社,即由保队队员加入为基本社员。其任务如左:

(一)指导各社员向本保地主依照三一减租之原则,另定地租租约,举办租约登记,新约订定以后农产社一方面保证地主之租谷,一方面保证农民之耕地使用。

(二)利用各种可能之机会,以农产社之组织力量向地主收购土地,其收购土地之基金尽先由原耕作者担任,不足之数由社筹集,并得向农业金融机关申请贷款。

(三)县(市)政府(设治局)得选择适当地区征收私有土地,实施土地重划,分配放领于自耕农。

(四)运用合作力量,改善土地利用,增进生产,提倡加工与副业,办理运销业务,活泼农村经济。

三、治安尚未确立之县(市)(局)地方应普遍发动保队之组织,于力行自卫中加强生产工作,并尽量抢救与存物资。其办法要点如左:

(一)发动保队之组织,修建各种水利工程及灾害抢救防御事项。

(二)原来从事耕作之农民继续耕作原有之土地,不得撤佃换佃。

(三)按照三一减租原则缴纳地租,亦不得任意缺欠。

(四)利用保队之组织,增加人力、畜力及生产条件之活用。

(五)收获时期,保队组织应尽量合作互助抢收,必要时将保内一切物资运至安全地带,以期达成空室清野之要求。

(六)利用保队组织,运用合作力量,抢购匪区物资同时,对于匪需物资加以封锁。

四、绥靖区沦陷之县份,各县政府应尽可能掌握其区乡镇,并在国军及地方武力掩护之下建立民众自卫组织,继续从事生产,一切经济关系力求稳定,原耕作者继续耕作其土地。

五、沦陷县份之经收复者,其土地关系作如左之调整:

(一)凡经匪方分配之土地,其现耕作人原为农民者,除匪干外,仍应继续耕种。

(二)流亡之地主随军还乡,并对于收复工作有贡献者,收回其土地,以能足够维持其家庭生活为限,但在变乱期间农民欠缴之细租一律不得追缴。

(三)凡不愿还乡地主之土地业经征收者,连同各种公地、荒地及应由政府处分暨没收匪干之土地,统由左列人员承领耕地:

甲、随军还乡之农民。

乙、戡乱军人之家属。

丙、变乱前原耕佃人。

丁、现耕种之佃农、雇农。

戊、有耕作能力之阵亡军民遗族。

己、有耕作能力之伤残军人或退伍军人。

六、新收复各县非自耕农,应保有土地面积之限额,得由县政府视各地土地之生产实际情形,斟酌拟定,呈请上级政府核定之。

七、收复地区之农民,应从速成立保队之组织,并依照前述各条保队之办法加强生产。

八、本省宜于特种生产之区域,如苏南之蚕丝,苏北之棉花,应由省县(市)政府(设治局)尽量鼓励民间之组织从事增产,并积极予以可能之协助。

九、省县(市)政府(设治局)应尽量运用各级金融机构,协助本省各种生产组织与事业。

肆、整理地方财政

一、本省各县(市)(局)财政之整理,应依施政纲领之根本精神，以安定公教人员生活，提高工作效能，并以培养地方武力，普遍组训民众，恢复社会秩序为目的，所有各机关员额及不急要之支出一律减缩，以求收支之平衡。

二、县（市）（局）乡镇（包括自治自卫国民学校）及其所属一切收入与支出，除绥靖临时费另有规定外，应分别编具单位预算，汇入地方总预算，统一收支。关于地方武力，组训民众，促进生产之支出及必要之事业费，应从宽核列。

三、各县（市）（局）应切实整理田赋税捐、公有款产，务须涓滴归公，剔除中饱，严禁把持偷漏，以期增加收入，如仍有不敷，得举办特别税课、自卫特捐、学谷捐及田赋附加一次补足之，此外不得再行临时摊筹。

四、长警士兵自卫团队配发实物，各级公教人员待遇照中央规定标准支给，并须折发一部份实物，各机关办公费与旅费按照指数逐月调整，县（市）（局）长因公必需之支出，准指定项目作正报销。

五、列入县总预算之保安乡镇自卫及事业各费，应按时核实发放，并组织保警团队粮饷点放委员会点名发放，务使有饷有人，有人有枪。

六、特别税课、自卫特捐不得与中央税、省税重复，或征收附加税亦不得对货物征收产销税或通过税。

七、学谷捐专为充实国民教育经费，并应将全部国民教育经费以特种基金处理，列入地方总预算。

八、田赋附加以不超过正赋为原则，随同正赋一次征收（绥靖区附加得斟酌实际情形变通办理）。

九、特别税课、自卫特捐、学谷捐、田赋附加以征收实物为原则，并由县（市）政府（设治局）依照县乡镇实际需要，拟订征率或征收章则，送经民意机关通过，呈报省政府核准后，交由征收机关统一经征。

十、田赋征收之实物如有剩余，中央必需收购时得视财政上之需要,随时呈省核转中央粮政机关照市价收购。

十一、从价及从营业额征课之税捐,应由县(市)政府(设治局)督率征收机关察酌物价涨落情形,随时核实调整课税,各项捐税之比额由省按照物价指数随时改订,各(市)(局)办理情形,经征成绩,县(市)(局)长、主管财政之科长、税捐稽征处长同予考核奖惩。

十二、税捐稽征处应视辖境大小、税源分布情形,于适当地点设置稽征分处,其他地区照核定比额,委托乡镇公所负责代征。

十三、各级税务人员,由省考试甄审训练,制定名册,颁发各县(市)(局),遇缺处长由县(市)(局)长遴荐,业务课长、分处主任由处长遴荐核派,其余由省分发任用。

十四、公产应彻底清理,并以供应公用及获得最大收益为原则,由县(市)(局)订定公产使用计划呈省核定,任何人不得操纵把持,阻扰清理。

十五、地方财政整理情形,由省派员分区督导考核,厉行奖惩。

十六、县(市)(局)级收支情形,应按期公布,呈报上级机关及咨送民意机关查核。

伍、强化执行机构

一、县(市)政府(设治局)为执行本方案之枢纽,县(市)(局)长应负领导之责任,须认清本县(市)(局)之环境,依据确实之数字,督率所属拟具详细实施办法,并订定推行之进度。

二、县(市)政府(设治局)之文书、人事、会计、统计等工作,应由秘书室为之联系配合,务须简单明了,并应将本方案实施办法之推进情形按时作成书面报告,以供县(市)(局)长及业务单位主管人员之注意。

三、县(市)(局)长与其业务主管人员应定期召集全县(市)(局)区乡镇长举行县(市)(局)政会议,或县(市)(局)政研讨会,于会中讲解各种实施办法之精神及其进行之程序,并应由乡镇人员申述困难,为其设计答案。

前项会议举行时,应邀请民意机关代表及地方人士参加,请其协助提倡。

四、各乡镇长应依本乡镇之实际情形速即订定施行步骤,逐步推行,凡由县(市)政府(设治局)直接推行之工作如团队之整编及财政之整理等,应由县(市)(局)长督率所属迅速完成。

五、县(市)(局)长与其业务主管人员应订期分头下乡督导,并协助各乡镇长从事工作之推进,于工作环境中切实研究各种实行之技术并介绍于其他乡镇作为参考。乡镇干部对于本方案执行不力或能力不能胜任者,督导人员应随时予以适当之处分。

六、本方案之彻底实现,须赖基层干部人员之健全,故县长与其业务主管人员应以最大之热诚虚心物色乡镇中众望素孚之人士,请其出任乡镇保长随时协助其扫除障碍,使有负责之勇气。

现有之乡镇保长不论其民选或委派,倘执行本方案不力或敷衍塞责者,应由县(市)(局)长一律更换。

七、各级基层干部人员之训练应分乡镇就地行之,其方式应着重于开会商讨,共同决定,并于实际工作中切实指导时求进步。

八、县(市)(局)长与其业务主管人员定期返县(市)(局),应集会交换督导之经验及各乡镇所遭遇之困难与其解决办法,以为再度下乡之准备。

陆、加强督导考核

一、省政府及省保安司令部各主管人员应彻底研讨本方案之一切内容,务期认识一致,精神一致,行动一致,密切配合,共同负责完成本方案之实施。

二、本方案之实施,县(市)(局)长之职权相当提高,县(市)(局)长之责任亦相当重大,为求县(市)(局)长能在本方案所赋予之权责范围以内达成其任务,县(市)(局)长之人选实为关键,凡不能在一定期内有显著表现之县(市)(局)长,应予惩处或撤免。

三、各单位之干部人员应在省主席兼保安司令与厅处局长及保安副司令领导之下切实了解本省之实际环境以实施本方案为中心工作,除例行事件须上下行文外,一切以支援县(市)政府(设治局)推进其工作为原则,各县(市)(局)除呈报其实施办法及工作进度外,尽量减少公文请示手续。

四、对各县(市)(局)长应分区举行会议,由省主席兼保安司令指派高级人员前往主持,详商本方案之实施办法,县(市)政府(设治局)之主要干部亦应由省分期召集,于各区用讲习方法施以实用训练。

五、实行分区督导,每区由省主席兼保安司令指派高级督导人员三至五人,并以一人为团长,由其率领至指定区域工作,绥靖区县分之督导团应请有关绥靖区司令部兼行政长公署指派高级职员参加。

六、督导团每至一县(市)(局)应实地考察实施本方案之成绩,并调查该县(市)(局)地方武力、治安状况、人民生活、民众组织及地方财政经济等情形,以为今后改进之依据。

七、督导团于规定各县(市)(局)督导完毕时,应邀集专员及附近之县(市)(局)长举行会议,检讨各县(市)(局)实施本方案之得失,拟具改进意见,呈省采择。

八、督导团于督导完毕回省后,五日内应拟具督导报告,连同前项改进意见,呈省以为将来改进及督导考核之依据。

〔行政院档案〕

24. 行政院抄发甘肃省拟具戡乱实施纲领案件通知单
(1948年9月9日)

右案奉院长谕:"抄交有关各部。"相应通知内政、国防、财政、工商、农林等部。

行政院秘书长李○○

中华民国三十七年九月九日发出　发37八审字第京械5341号

甘肃省遵行总统蒋午咸电实施纲要

甲、方针

为遵行总统蒋午咸电指示,发挥全省人力物力财力高度效能,俾政治经济军事联系,并进以发生整体力量,达成剿匪戡乱任务。

乙、要领

子、彻底改革政治,使上下贯通,全民一体。

丑、动员全省民力,自力自卫。

寅、培植民力,从事经济建设,增加生产,充裕戡乱力量。

卯、揭发共匪祸国阴谋,阐扬戡乱神圣任务,唤起人民保家保乡热诚,以利戡乱工作。

丙、实施要旨

子、关于深入基层,加强巡视：

一、巡视限期

一、主席每四月出巡一次。

二、省委及各厅处首长每三月出巡一次。

三、专员每二月出巡一次。

四、县长每月至少在乡巡视三分之一。

五、县府主管人员应经常轮流赴各乡镇督导。

六、各级主管人员必要时应随时巡视之。

二、巡视事项：

一、政令宣传。

二、各级工作情形。

三、干部品能。

四、勤求民隐。

五、指示办法,解决问题。

六、检举贪污、申明赏罚。

七、检查法令,实施情形。

三、考核：

一、各级巡视人员应于巡视完毕，三日内将巡视经过及心得表报该管上级核办（附件一）。

二、上级政府对下级巡视情形，应随时督导考核。

丑、关于自卫建设：

一、彻底实施本省"自卫建设方案"（附件二）。

二、依照本省制颁"号召在乡军人参加自卫工作实施办法"，激励士绅督导退役军官协助民众组训，尽力桑梓自卫工作（附件三）。

三、本省制颁之"各县市局查记户口组训民众及制发国民身份证联系实施方案"及"制发临时通行证办法"应切实兼行，以管制户口，严密保甲组织，杜绝潜匿奸匪（附件四、五）。

寅、关于减轻民负，增加生产：

一、依照本省"各县市局乡镇特别临时费筹支办法"公开乡镇筹支，不准法外苛扰（附件六）。

二、切实推行本省制颁之"各保自助办法"，以济贫困（附件七）。

三、加强实施本省"经济建设方案"，以增加生产（附件八），并特别注意左列各点：

一、本省自三十六年起陆续恢复之机器厂、制革厂、水泥厂、化工材料厂、煤矿厂、造纸厂等已具有成效，应再加强生产，并切实筹创新兴生产事业，以裕民生。

二、普遍推行羊毛初步标准化，藉谋发展畜牧事业（附件九）。

三、发动地方财富推行本省农村副业及手工业分区发展计划，以增加农业副产（附表十），并举办物产竞赛，以提高社会风气（附件十一）。

丁、结语：

本省年来，政治设施悉以改善民生及加强自卫为鹄的。本年度为配合戡乱需要，特于既定计划中规定以自卫、生产、经济、文化

(附件十二)、卫生(附件十三)等四大建设为重点,以自卫保障生产,以生产充实文化,以文化推广卫生,并行则有颇著成效。谨再遵照总统蒋咸电所示各点,拟具实施纲要,加强实施,企达建设新甘肃,安定西北,戡平匪乱之目的。

"机关职名"巡视报告表

巡视期间	
巡视地点	
巡视经过情形	一、政令宣传。
	二、各级施政状况及缺点与困难。
	三、各级干部品能之批评。
	四、勤求民隐。
	五、检举贪污。
	六、纠正及解决事项。
	七、检查法令实施情形。
	八、其他。
建议及改进事项	
备考	

附件二

甘肃省自卫建设方案

中华民国三十七年一月颁布　甘肃省保安司令部

目　　录

第一、方针

第二、实施要领

第三、实施办法

子、运用宣传,健全自卫建设心理。

丑、确切查编人力、物力,奠定自卫建设基础。

寅、明分各级权责,加强运用效能。

卯、健实各级机构业务,实行战时体制。

辰、各级自卫武力兵力编组、任务、训练及运用。

巳、加强自卫工事,完成空舍清野准备。

午、建立情报网。

未、筹补武器、装备。

申、整备交通、通信。

酉、干部任用及训练。

戌、经费筹措。

第四、附则

甘肃省自卫建设方案

第一、 方针

一、为巩固西北国防核心,防匪窜犯,应积极加强自卫建设,**构成全省坚强战斗体系,平时确保地方安宁,战时发挥全民力量**,实行自卫作战。

第二、 实施要领

二、宣传与力行并重,以提高全民自卫警觉性,**激发自力自卫独立精神**。

三、各级负责机构,应就其权责范围,以新、速、实精神,妥密组训全民,以达成掌握确实,运用灵活,平时共同努力自卫建设,战时发挥同艰苦共存亡之精神。

四、凡举办而鲜成效者,应积极改进加强实施,尚未举办者,应即付诸实施,或因宗族言语关系,一时不能贯施完成者,应逐步或分期实施之。

五、对于各重要山地带区域之自卫措施,应依情形特别加强之。

六、实施时应排除困难,力求人力物力不浪费,并避免远地征工征料,违法派款,平时并应避免远调集中。

七、各级负责机构,应联系民意机关及有关法团,促其协导人民,努力推行自卫建设,对于驻军团队,应与密切合作。

第三、实施办法

子、运用宣传,健全自卫建设心理。

八、各级政府机关,应运用诸般手段,就左列各点,从事宣传:

1. 根据本省国防地位及当前匪情判断,并暴露匪党匪军企图及其暴行,提高全民自卫警觉性。

2. 发扬大西北民族英勇精神,阐明自卫建设重要性,与人民应尽之义务性,暨全民皆兵之时代性,激励人民从事自卫建设工作。

3. 阐明国军团队任务,纠正依赖国军团队错误心理,养成地方自卫武力自力作战精神。

4. 连系省县(市局)戡乱建国动员委员会,随时扩大宣传,协力推进诸般措施。

丑、确切查编人力物力,奠定自卫建设基础。

九、人力调查:

1. 国民兵及在乡军人,应根据各级兵役管区调查之成果,制成统计图表,以便统筹运用。

2. 适龄壮丁,应根据各级兵役管区调查及户口查记之成果,酌行复查,制成册表,以利自卫队之编组。

3. 老弱妇孺及残疾人员,应分别调查,制成册表,以便适时支配任务或撤迁。

4. 全民职业、能力、教育程度,应分性别,分别调查,注记其特长,尤其对于军事、交通、通讯、卫生、机械、工程等技术人员,应详为调查,制成册表,以便必要时征配各单位工作。

十、物力调查:

1. 公私有枪枝,根据行政院颁布自卫枪枝管理条例及施行细则,切实办理登记、查验、烙印、给照,对有枪并能自己持用之人民,应配合民众自卫队之编组,酌情予以特别编组,有枪而本人不能持用者,准由枪主委托他人持用,仍照前项原则编组,以便运用。

2.公私输力:各种公私车辆、驴、骡、驼、马匹,应照省府颁发各县(市局)民间输力编组及征雇暂行办法,分别详确调查编组,以便必要时征调兵役。

3.通讯线路及器材:分别有线、无线、电话、电报,调制图表。

4.粮秣:应以乡镇为单位,分类制成图表,并随时注意其生产、消费、输出、输入概数。

5.其他有关军需物资:亦应就各地实际情形,分别办理,以便明了其概况。

6.兵要地志:包含交通、地形险隘、水草、村落、人口、宗族概况等概况。

寅、明分各级权责,加强运用效能。

十一、各级机构权责:

1.省:省保安司令部,为全省自卫建设及动员戡乱最高策划运用机构,兼司令对全省绥靖作战,有最高指挥权,并得依法宣布戒严,省保安司令部各处科室,对全省动员,作战剿匪,组训民众、情报、后勤及一切有关保安自卫工作。各就主管负策划督导实施之责。

2.警备区:区警备指挥部(或警备司令部),为适应本省情况临时设立之机构,平战两时,区警备指挥官(或警备司令)均以统筹运用及协调该警备区所辖各专员区内自卫措施及剿匪作战之指挥为主。

3.区:区保安司令部,为该区自卫建设及动员戡乱策划、监督、指挥机构,平时负有维护该区治安,策导各项自卫建设,民众组训,团队管训之责,战时应领导并运用各县及驻辖区团队武力,发挥自卫作战最高效能。

4.县(市局):县(市局)政府,为自卫建设及动员戡乱实施机构,平时负有执行上级各项命令,切实实施各项自卫建设,并维护该县(市局)治安及交通、通讯安全之责,战时,县(市局)长,应统率该县(市局)全民力量,配合团队,发挥自卫作战最大成效。

5.区保安司令及县(市局)长,对所属各级干部,有依法褒奖与撤惩之权。

卯、健实各级机构、业务,实行战时体制。

十二、各级机构,对自卫建设,应着眼适应战时需要,就人事、业务两项,分别加强改进,其要领如左:

1.**人事**:遵照编制,选用大陆或国内外正式军校出身,且能力优越,富有作战经验者,充实加强,平时适宜调配任用、俾得战时能收敏活运用,应付紧急情况之效。

2.**业务**:各级保安机构业务,应就其性质,区分为参谋、总务、军法三大系统,分别承办,其中参谋业务,省保安司令部应划归参谋、**警保**两处办理,区保安司令部应由第一、二两科办理,并责由区副司令综理之,县政府应责成军事科办理。

区警备指挥部(或警备司令部),系就区保安司令部,加重其权责,统率一方面之任务,故对人事、业务,尤应按以上要领特别加强之。

辰、各级自卫武力兵力编组,任务、训练及运用。

十三、为发挥全民力量,力行自卫作战起见,应能适时集中强大自卫武力,应付紧急情况,全省应以经常保持一百至一百二十个团为第一期目标,尔后再继续扩训之,兹就第一期各级自卫武力兵力编组、任务、训练及运用要领规定如左,第二期应视第一期完成程度另拟之。

1.兵力编组:

(一)省:编成十个保安团。

(1)第一步:按三十六年保安团编制,成立二个团,依情况,并成立一个旅部统辖之。

(2)第二步:将现有七个保安团,按三十六年保安团编制扩编充实,依情况,或更增设一个旅部,以利统辖运用。

(二)区(含警备区):应遵省保安司令部颁发之非常时期各区司令掌握地方武力编组腹案,抽集各县自卫武力之一部,编成一至三个团,其编组,应针对各县自卫武力与匪情自行拟订,呈报省保安司令部核定施行,并应依组训与物资储备情形,尽量发展之,平时归农,战时由区保安司令直接掌握运用。

(三)县(市局):县(市局)长,以统率该县(市局)全民力量,配合团队作战为主,为求应付非常,县(市局)长,应能就民众自卫总队武力中,适时抽组相当一个团兵力,直接掌握运用,县(市局)各种自卫武力正常编组如左:

(1)警察局(队)应按规定充实,并积极汰弱。

(2)民众自卫队:

(甲)常备自卫队:直属于民众自卫总队部,乡(镇)自卫班,属于乡(镇)大队部,均由自卫队中挑选精壮者编组,每县(市局)得视实际需要及地方财力,编组一至九个中队,合三——四个中队,得设大队部,乡(镇)得设一个自卫班(各县(市局)应成立之中队数,由省保安司令部核定之,乡(镇)自卫班,如无必要,可不设置),官兵均有饷给,队兵并应于服务半年起,实行参差退伍。

(乙)自卫队:以不脱离生产为原则,均无饷给,由十八岁至四十五岁之壮丁,(每年度年满二十岁一个年次之壮丁及依兵役法应行免役、禁役、缓役者均除外)凡有两丁之户出一丁,五丁之户出二丁,超过五丁之户,每满三丁出一丁,按每甲编成一分队,每保编成一中队(如各甲或某甲二,三丁之户过少,不足编成一分队时,得由县权宜规定,一丁之户亦出一丁,或合二、三甲编成一分队,中队不设中队部),每乡(镇)编成一大队,每县(市局)编成一总队,其编制如行政院颁发民众自卫队组训规程(以下简称院颁规程)附表(一至三)

(丙)各机关团体员工,如各单位壮丁,(每年度年满二十岁一个年次之壮丁,及依兵役法应行免役、禁役、缓役者均除外)人数在五十人以下者,应各参加其住所之保中队编组,超过五十人以上者,应编成一中队,二中队以上编成一大队,称为独立第几中、大队,直辖于民众自卫总队部,所需各级干部,由各该机关商承县(市局)政府,自行由各该机关选用,或请由县(市局)政府选派军事人员专任或兼任之。

2. 任务区分:

(一)省属保安团,为全省自卫武力之骨干,负有省防及协力国防任务,由省保安司令部就全省治安状况及匪情顾虑配置之,平时控维各地区治安,协助区县清剿匪股,战时配合国军协力作战。

(二)区组成之保安团,于战时召集之,以任维护该区治安及清剿股匪,配合国军团队作战为主。

(三)县(市局)警察局(队),为推行政令,保卫政府武力之骨干,常备自卫队,为县(市局)自卫武力之中坚,以任守备要点,机动剿匪,配合国军团队作战为主,县(市局)民众自卫队,为配级自卫武力,以任协守要点。清剿零匪,警卫地方及情报、响导、运输、通讯、警戒、盘查、工程、救护为主。

3. 训练要领:

(一)省保安团:本术科重于学科,战斗重于制式之原则,以精神、军纪、战斗及射击诸教育为主,其他学术科为辅之重点教育。

(二)区战时抽集之保安团之训练,平时由县民众自卫总队系统负责,但区保安司令应随时派员督导、校阅,并假设情况演习。

(三)县自卫武力

(1)警察局(队)之长警,应着重射击技术。小部队战斗教练及巡察、警卫、守护、暴动镇压、刑事侦察、消防等勤务训练,并实施军事学识与警察学识并重之学科教育。

(2)常备自卫队,以战斗教练、射击教练及阵中勤务为主,并加强精神教育、政治教育及军纪教育。

(3)自卫队应着重各种自卫战斗技能及政治教育,每周训练六小时至十二小时,训练时间,在乡保者以不妨碍农作,在城镇者以不妨碍营业生计,就近普训为原则。

(4)机关工商团体,就原有厂所编组训练,其训练要领与自卫队同。

以上各项训练计划,分别由省区保安司令部及县(市局)政府拟订之。

4. 运用:

(一)省保安团战时之运用,由省保安司令部策划,以集中机动防剿股匪为原则。

(二)区保安团之运用,以集中机动使用为原则,对辖境有股匪入犯,区保安司令应负责并用驻区保安团配合县自卫队剿灭之。

(三)县自卫武力

(1)警察局(队),平时配置于县城及重要乡镇,维持社会治安及清剿零匪,战时配合国军,团队机动剿匪,或协守据点,并担任军事辅助勤务。

(2)常备自卫队,平时配置于县城及各核心据点,担任警卫与据点附近零匪清剿,如受股匪攻击时,则应为据点守备之中坚,各据点应互相应援,相机连系出击,以困匪、扰匪、疲匪诸手段,分别围歼该匪股。

(3)民众自卫队,以使用于本县,并逐层节制指挥,有匪情顾虑时,应就据点管区之划分,及乡(镇)保甲大中分队之编组,配置于要点要隘,以担任盘查,守望,传递情报,搜索匪情及与邻近乡镇部队之联络为主,受股匪攻击时,应利用外围警戒工事,掩护无战斗人员进入据点或远撤,并服行各项军事辅助勤务,依情况得向各支撑据点集中,以资守备,不得已时,得向各核心据点集中,加强守备兵力。

(四)各县如得有匪大部队进犯情报时,应实行联防,由区保安司令部,运用团队及各县自卫队,不分畛域,互相应援,受匪侵入之县,应力行空舍清野,与匪周旋,各县长并应掌握全县有枪壮丁,先扼守重要据点及县城,不得已时,更应就直接掌握之有枪及精壮壮丁,本左列要领,施行游击作战,非有命令,不得离开县境。

(1)袭击——利用隘路或通过困难之各种地形及风、雨、晦、冥等天候,或匪疏于警戒之时机,运用埋伏、急袭、佯动、机动诸手段,对行进之匪部队或辎重加以截击及奇袭,对驻止之匪军,并应散布谣言,或派人潜入匪军内部,施行里应外合之袭击。

(2)扰乱及破坏——以多数小组部队,依佯动、疲固、牵制等手段,妨害匪之行动、宿营,并以技术人员,附以必要器材,编成破坏小组,配以必要部队,对匪之交通、通讯、辎重、仓库、场厂等加以破坏。

以上各种游击作战之实施,并应规定指挥及互相连络之各种信号,于平时就辖区地形,假设情况演习熟练之。

十四、各县(市局)未编入民众自卫队之壮丁,平时从事生产,战时应负空舍清野之物资、牲畜搬运、埋藏、遣送任务。

巳、加强自卫工事,完成空舍清野准备

十五、省就全省形势及匪情顾虑,选定若干据点,构成攻防作战地带,尤应于陇东六盘山附近之平凉、隆德、静宁地区,河西马鬃山,祁连山之武威,酒泉附近地区,陇南山地带之天水、武都、岷县、临夏附近地区,就其地形、物资及交通情形,加强自卫措施,构成自卫作战根据地带,并分别拟订工事构筑及守备等计划,督导各级遵照实施。

十六、区(含警备区)应就辖境形势及匪情顾虑,统一选定若干固守据点,责由县政府特别加强工事,并核定督导各县自卫工事之构筑。

十七、县除对省、区级指定之据点,应遵照构筑工事外,亦应就辖境形势及匪情顾虑,按下列工事种类,分别加强,或另行筑构工事。

1. 核心自卫据点：选定于交通便利，地势冲要，物资丰富，人烟稠密，防守有利之重要城镇，参照院颁规程附参考资料一及本省保安司令部颁发之自卫据点建立办法，构筑悬崖、深沟、低小堡垒、易于固守不易发现之自卫据点，并划分据点管区，俾于有匪警时，以容纳人畜与物资。

2. 支撑自卫据点：选定于核心据点周围，攻防有利之山地及村镇，按其军事价值，决定工事强度，其工事构筑，以斟酌地形加强或改筑原有围寨碉堡，并斟酌增筑外壕及坑道式堡垒等，以能拱卫核心据点为要求。

3. 外围警戒工事：于核心据点工事外围较远地区，选定村落及有军事价值之高地、沟缘、村落，构筑埋伏坑道工事，以为外围之警戒配置。

4. 封锁工事：于交通要点、要隘、河川渡口及毗连邻县易为匪窜入之要点要隘，并用堡垒及埋伏坑道工事，以资封锁。

十八、为保全人民生命财产安全，并消灭股匪之生存活力，各县应基于人畜物资之精确调查统计，妥拟运用及空舍清野计划，遇有匪警时，立即付诸实施，其要领如左：

1. 民间食粮牲畜，重要军需物资及老弱妇孺，必须预行迁移于据点以内，或疏散埋藏于深山僻野中。

2. 无法迁移或迁移不及之物资，预行施行埋藏，或适时加以破坏、焚毁，以免资匪。

3. 伪装密掩据点外围水井，使匪无法发现及利用。

4. 适时彻底破坏据点外围无据守价值之堡寨及建筑物，并毁阻不必要之交通，以免被匪利用。

5. 匪警及人民如何行动，应由各区自行规定各种信号，如悬旗、挂灯、鸣锣、响钟、吹角等，周知人民，并作演习。

十九、省为持久自卫作战之需要，应就各根据地附近地方粮食生产量及交通运输情形,选定若干地点,妥筹对粮弹之积集,其计划另拟之。

午、建立情报网。

二十、省、区保安司令部,县(市局)军事科,应经常就其辖区范围,利用各种机构,建立情报网,尽诸般手段,搜集匪奸情报,以适应自卫需要,其要领如左:

1. 省于区保安司令部及团队建立情报据点,区于县(市局)政府建立情报据点,县(市局)政府于乡(镇)建立情报据点,对重要地区,并应直接派遣人员搜集情报。

2. 各级情报机构,并应与平行各机构,其他情报机关及驻军切取连系,核换情报。

3. 县与邻县应斟酌举行会报、会哨等情报交换。

未、筹补武器装备。

二十一、省保安团所需武器、弹药、通讯、卫生器材,由省向中央请补,装备粮秣,由省自筹。

二十二、县武力武器装备筹补办法:

1. 县(市局)警察局(队)武器,由省保安司令部拨发。

2. 县(市局)常备自卫队武器,由省保安司令部拨发。

3. 县自卫队,所需武器,就现有公民枪枝调配使用为原则,如省保安司令部有余枪或剿匪俘获枪枝,应尽量拨配之,对无枪壮丁,应制配长矛大刀,自卫队一律自备短装便服,佩带规定臂章。

4. 各机关团体,于必要时应由各级保安机构,就近购借武器,其在重要城市者,更应大量购借,以增强城市之防御战斗力。

5. 省区县如筹有大宗款项,得由省令机器厂代制武器弹药配发。

申、整备交通通讯。

二十三、交通:

1. 省对国防要点、要道及与邻省之交通,以修成有路面之公路为主,由省计划,就现有省有公路加以整修,或勘定新修线路构筑,务求沟通。

2. 省内应以兰州为核心,以自卫根据地附近之平凉、天水、临夏、武都、岷县、武威、酒泉为支点,各向其他重要据点构成交通网,由省计划,就现有道路加以整修,或另勘定新修路线,构筑畅通并以能行驶汽车为主。

3. 区县间重要城镇之交通,应由区保安司令部本军事要求,就现有道路整修,或勘定线路修筑,务求畅通。

4. 以上各种道路,概以利用人民义务劳动构筑与保养为原则。

二十四、通讯

1. 省应配合交通网并以各自卫根据地为基点,向各保安司令部、县(市局)政府及重要据点,构成有无线电通讯网。

2. 区警备指挥部(警备司令部同)及区保安司令部,利用省设通讯网,对辖区有线通讯网,应督导积极扩建。

3. 县(市局)与县(市局)间、县(市局)与乡镇间及县(市局)政府与境内重要据点间之通信,应由县(市局)负责构成环境电话通讯网。

4. 县(市局)于必要时,应普设递步(骑)哨,构成递步(骑)哨网,以补助通讯。

酉、干部任用及训练。

二十五、干部任用。

1. 区保安司令部与保安团队各级干部之任用,由省保安司令部依照陆海空军人事法规办理。

2. 各县(市局)军事科人员之任用,由省保安司令部会同军管区,依照军事科人员任用标准规定办理。

3. 各县(市局)民众自卫队干部,除院颁规程规定县(市局)长兼任总队长,乡镇长兼任大队长,保长兼任中队长,甲长兼任分队长外，其他干部之任用，由省保安司令部及各县（市局）分别依照甘肃省各县（市局）民众自卫队各级干部任用办法规定办理。

4. 各县（市局）警察局（队）各级干部之任用，由省府依照警察官任用条例规定办理。

5. 各级机构应积极发动有作战经验之优秀在乡军人任各级干部，克期参加自卫建设工作。

二十六、干部训练：

1. 区保安司令部，县（市局）军事科及各保安团之重要干部，归省训团分期调训。

2. 县自卫总队各级干部，归区保安司令部，就区或县轮训之。

戌：经费筹措。

二十七、保安团经费及省级调训与省级自卫建设费用，概由省保安司令部筹措；

二十八、区保安司令部训练干部与作战运用、情报派遣等，所需费用，随时拟具计划及筹措办法，并与该区民意机关研商后报省核办。

二十九、县级自卫建设费用之筹措，概依临时特别费筹支办法办理。

第四，附则

三十、本方案为就本省实际情形，综合中央近颁，及省保安司令部历颁有关法令拟定之，各区县凡有关自卫措施，均以本方案为主，遵照拟订实施计划。

三十一、本方案自颁布之日起施行。

附件三

甘肃省号召在乡军人参加地方自卫工作实施办法

一、本办法系基于本省目前实际情形并依据国防部三十七年元月二十八日第十二号一般命令第一项之规定拟定之。

二、本办法依本省以往在乡军人管理之成果加以灵活运用,使之尽量加入民众组训工作,早日完成地方自卫武力,以发挥其戡乱之高度力量。

三、经军管区调查已列入册籍之各县在乡军人,应即由各县(市)长发动促其加入自卫队,担任适任之工作,其各县之在乡军人及可任自卫队之工作如附表。

四、凡参加自卫队工作之在乡军人,其曾在各县市政府登记报请团师管区有案,并领有退役俸给者,除依照国防部第十二号一般命令第一、二两项之规定由各该团师管区照退役俸给与标准按月发给外,不另支薪俸,但由各该县补助主食大月(五斗三升七合五勺)小月(四斗八升七合五勺)平月(四斗七升一合二勺五),其未登记有案无退役俸者,即按保安司令部财田会保气(37)丑铣代电之规定办理。

五、各县(市)政府应于三月底以前完成发动该县(市)所有在乡军人参加自卫队工作之运动,并于同时按所附之格式报团区层转军管区,并分报所隶行政专员公署(直属区免)及保安司令部。

六、本运动主由各团区及行政专员公署负责监督各县彻底实施,直属区则由师管区督办。

七、凡参加自卫队工作之在乡军人其伤亡者可依照联勤总部(37)疏字八三五号代电"退役军官服务保安团队或自卫队因戡乱死亡由该管部队长填具请恤表呈由省主管机关核转抚恤处议恤"之规定办理。

八、本办法自公布之日施行。

甘肃省各县市局查记户口组训民众暨制发国民身份证联系方案

一、本府为完成基层组织,加强自卫力量起见,特订定甘肃省各县市局查记户口,组训民众暨制发国民身份证联系方案(以下简称本方案)。

二、本方案规定联系推进之事项如左：

(1)整顿保甲调查户口；(2)办理户籍登记；(3)制发国民身份证；(4)编造壮丁名册暨国民兵名簿；(5)成立自卫队(6)组训国民兵，编组预备队及各种任务班；(7)组训民众及构筑自卫工事；(8)调查学龄儿童及失学民众。

三、各县市局办理本方案规定事项应依据左列之法令：

(1)修正户籍法暨施行细则；(2)各省市户口查记实施办法；(3)自卫队第二次调整办法；(4)国民兵组织管理教育实施办法；(5)甘肃省各县市局国民兵组训实施计划大纲；(6)甘肃省加强民众组训实施方案；(7)甘肃省加强民众自卫实施方案；(8)非常时期人民团体组织法及妇女会组织大纲；(9)县保甲户口编审办法及甘肃省县(市)保甲户口编审办法实施细则；(10)部颁学龄儿童及失学民众强迫入学办法暨修正强迫入学条例；(11)公民宣誓登记暂行办法。

四、各县市局对本方案规定事项，应依左列期限办竣：

(1)第一期直辖暨二、三各行政区，自三十六年四月一日起至六月底止；(2)第二期四、八、六、七各行政区，自三十六年六月一日起至八月底止；(3)第三期一、五、九各行政区，自三十六年八月一日起至十月底止。

五、各县市局办理本方案规定事项，以达到左列之目的为标准：

(1)保甲组织健全，户口调查清楚；(2)全省户籍登记普遍完成；(3)国民身份证一律制法；(4)壮丁名册暨国民兵名簿编造齐全；(5)自卫队一律组训完成；(6)国民兵实施普训集训及预备队继续组训完成；(7)自卫工事一律构筑完成；(8)各级职业团体及乡镇妇女会、长老会、少年团一律组织成立；(9)调查学龄儿童详确数目。

六、前条所列各项业务,其有业经办理者应切实整理接办之;其他事项,如因事实需要有提前办理之必要时,得呈准提前举办之。

七、本方案所列应行联系推进之事项,应分别由本府各主管机关暨军管区司令部、保安司令部负责筹划实施之。

八、本府各主管机关暨军管区司令部、保安司令部对于连系推进之事项,应每月召开检讨会一次,检讨实施情形,由民政厅负责召集,并由上列各单位指派主管业务之高级人员组织小组,经常负责承办,联系推进事项。

九、各区行政督察专员对于所辖各县局推进本方案所列事项负督促办理之责,并列为主要考绩之一。

十、各县市局长办理本方案所列事项之成绩,由各专员公署负责考核,报请本府核定奖惩之。

十一、各县市局办理本方案所列事项所需经费得依实际需要情形,分别核定本案饬遵。

十二、本方案实施办法另订之。

十三、本方案自公布之日实施。

甘肃省各县市局查记户口组训民众暨制发国民身份证联系实施办法

一、通则

一、本办法依据甘肃省各县市局查记户口组训民众暨制发国民身份证联系方案第十二条之规定订定之。

二、各县市局编查保甲户口、组训民众、编练国民兵暨制发国民身份证,除法令另有规定外,悉依本办法办理之。

各县市局办理前条所列各项事务,其推进程序及办竣时间应依照甘肃省各县市局查记户口组训民众暨制发国民身份证联系方案之规定。

三、本办法规定推进之事项,有关一般性户口调查应以一次联系办理,绝对避免手续上之重复。

二、整顿保甲,查记户口

四、整编保甲,按地区远近以户为单位,十户为甲,十甲为保,有增减之必要时,得以六户至十五户为甲,六甲至十五甲为保。兰州市照市保甲户口编组规定办理。

五、整编保甲应绝对避免脱漏,务必达到人必归户,户必归甲,甲必归保之目的。

六、保甲之编定以便于管理为原则,区域不宜过大,务必使保办公处能管理全保,甲长能管理全甲,并须配合保安需要。

七、各县市局保甲户口编成后,应督导人民积极发挥联保连坐切结效用,互相监督劝免,使不为匪通匪窝匪根绝匪患。

八、保甲编成后,应督促召开户长会议及保民大会,议定肃清匪类,安定地方及兴办地方公益事业之公约切实遵守实施之。

九、各县市局应注意选用地方公正人士及有为青年充任保甲长。

十、各县市局原有保甲应维持原有编制,如有不合规定者,得切实调整之。

十一、清查户口,按挨户逐日切实清查,以期达到无漏无遗为目的。

十二、凡住在一地区之常住户口(即世居其地之本籍人口)、现住人口(即居在一地区一月以上之迁徙人口及居住一年以上之寄籍人口)均须登入户籍册,确定属籍及身份,其不以谋生为目的之集体在营士兵及在校学生调查共同事业户时,于户籍登记声请书备考栏内注明其总人口数,不另分别办理户籍登记。

十三、保甲长对于入境之流动人口应切实控制,一律登入流动人口登记簿,不得遗漏。

十四、查记户口以乡镇为单位,由县政府指派高级职员一人督导办理,并分为若干组,每组至少查记三保。

每组以配属查记员二人为限,由乡镇干事、中心学校、保国民学校教职员担任之,前项登记人员由县政府召集讲习户籍法及施行细则、填表说明等项法令,时间以一周为限。

十五、各县市局清查户口时应按规定调查,以一县同时开始调查为原则,并依户籍登记声请书所载事项,逐项查填,力求准确。

十六、各县市局于户口调查完毕后应根据调查材料完成人口静态统计,并依户籍登记声请书过录户籍登记簿正副本,完成初次户籍登记,并继续办理户籍登记,以保持户口数字之正确。

十七、各县市局将初次户籍登记办理完成后,应即制发国民身份证。

国民身份证由省统筹印制,发交各县市局按实需印价向领证人收回成本,汇解归垫。

十八、清查户口,办理户籍登记所需登记书簿(兰州市使用卡片),由省统筹印制。

十九、未举行公民宣誓之公民,应先举行宣誓,再发给国民身份证。

二十、人民如有阻挠整编保甲或拒绝调查及隐匿户口者,依照户籍法罚则第五十三条、五十四条、五十六条之规定处罚之。

二十一、查记人员所需办公文具费,由省统筹拨发。

二十二、查记统计暨过录簿册人员膳食费每人每日以一千六百元为限,由各县市在税捐超额或其他收入增益项下开支,不敷时由各县市局按照各乡镇实际需要自行筹给。

前项查记统计暨过录簿册,每乡镇应于一个月内办理完成。

调查学龄儿童及失学民众簿册费之筹集适用本条之规定。

二十三、各县市局调查户口时,其主管户籍人员、主管壮丁调查人员及主办统计人员应会同办公,切实联系。

二十四、调查户口时,主管国民兵(壮丁)调查人员对于国民兵

(壮丁)之特征应特别注意,随时于簿册内注记之。

二十五、户口调查完竣后,应根据户籍簿册编造壮丁名册、国民兵名簿各两份,由县政府及所隶团区分别存查,缮造国民兵年次统计表四份,层转备查(各项表册格式依师团区已颁发者)。上项业务,应依方案所规定之期限,分区实施之。其次序如下:

(1)第一期直辖区及第二、三各区;(2)第二期四、八、六、七各区;(3)第三期一、五、九各区。

二十六、壮丁名册、国民兵名簿及各项统计表,由各县依式印制,其费用由壮丁调查补助费项下开支。

二十七、各县市局户政人员,每日应根据户籍登记簿将兵役适龄男子异动户及户口变动情形通知军事科,于壮丁名册内注记更正之。

二十八、各县市局调查学龄儿童及失学民众,应以户籍册为根据,其有项目不同者,于清查户口时特别注记之。

二十九、各县市局清查户口时,应督令各乡镇保长会同国民学校教员就本保各户调查学龄儿童及失学民众并造具清册二份,一存乡镇公所,一存本保内国民学校。

三十、凡应入学而未入学之学龄儿童及失学民众,应依照强迫入学办法第十条各项规定办理。

三、加强自卫

三十一、自卫队之编组,各县市局按地方治安需要及财力,依据自卫队第一二次调整办法与省颁编制及经费预算编拟计划编组办法及预算,送清县参议会核议通过后,呈由专署转报省保安司令部核准施行。

三十二、各县市局对于县参议会已核议通过之应充实或成立自卫队之议决案,应切实实施,加强自卫力量。

三十三、直辖区及二、三、四、八各区县自卫队之成立或充实,应配合省颁加强民众自卫实施方案于第一期内尽速完成,其余各区县于第二期内尽速完成之,不得藉故报请延期,但基于地方治安状况,自卫队于训练完成后,得不必完全脱离生产。

三十四、自卫队所需枪弹,以利用地方原有枪枝为原则,必要时得由省统筹补充之。

三十五、各县市局于自卫队成立充实后,应即按照加强民众组训实施方案规定之训练着眼及程度,拟定实施计划,切实训练,限期完成,专署或省随时派员督导检查。

三十六、各县市局对自卫工事之构筑,应遵照加强民众自卫实施方案第九、第十及第十一各项之规定,应实地勘查,将构筑地及数量绘图报备,并由各专员兼保安司令部负责督导,限期完成。

四、国民兵及民众组训

三十七、国民兵训练应于壮丁名册、国民兵名簿编造妥确后,赓续实施之,期满后应按其性能分别编组预备队及各种任务班,平时为地方服役,战时辅助军事工作。

三十八、国民兵组训及壮丁调查,由各县(市)局长严督军事科人员切实负责执行。

三十九、各县(市)局于户口调查清楚后,应将各级职业团体及妇女会(十八岁以上之妇女)、长老会(四十六岁以上之男性长老)、少年团(十三岁以上十八岁以下之少年)等分别全部组织成立。其已经成立者,应切实督导,严密加强其组织,充实其业务。

四十、各级职业团体及妇女会、长老会、少年团组织成立后,应依照规定专案具报备核。

四十一、各团体干部及会员之训练应注意左列之规定:

甲、职业团体干部及会员,除参加国民兵组织者应接受国民兵训练外,其余应实施精神教育、政治常识、使用四权及有关业务之训练。

乙、妇女会干部及会员应以识字训练之方式注意政治常识之灌输。

丙、长老会及少年团应以精神教育及政治常识为主。

前条训练之实施，应利用小组讨论、集体讲习、座谈会及家庭访问、田间访问、个别谈话等方式为之，尤须因地因时制宜并避免妨害受训人之工作与业务，办理训练之经过及成绩，应依照规定专案报核。

五、督导与考核

四十二、由本府民政厅、教育厅、社会处统计室暨保安司令部、军管区司令部、师管区司令部各派高级职员二人组织两个督导团，分期分区巡回督导，并特派委员或厅处长率领之。

四十三、督导团之任务如下：

(1)督导各县市局清查户口，整顿保甲。

(2)督导未办户籍登记县局普遍办理户籍登记。

(3)督导已办户籍登记县市切实整理簿册。

(4)督导各县局于初次户籍登记完成后，制发国民身份证。

(5)督导各县市局，依据户籍登记簿，过录壮丁名册及国民兵名簿。

(6)督导各县市局办理公民宣誓登记。

(7)督导各级自卫队编组管训及自卫工事之构筑。

(8)督导各县市局编制各项统计表。

(9)督导各县市局民众组训工作。

(10)督导各县市局调查学龄儿童及失学民众并强迫入学。

四十四、督导团应分区督导，其区分如左：

(1)第一期督导区为直辖区及二、三两区；(2)第二期督导区为四、八、六、七各区；(3)第三期督导区为一、五、九各区。

四十五、督导人员所到之县市局，应切实抽查实际办理情形，并纠正其缺点或错误。

四十六、督导人员每到一县市局，如发现重要事件，应随时报请主管机关核示办理。

四十七、督导人员旅费应依本省旅费支给办法编拟预算,分由本府暨军师管区司令部分担之。

四十八、督导人员应于任务完毕后一周内各就主管业务将督导情形暨建议事项编制总报告,报请主管机关核转上级机关督核之。

四十九、各县局办理本办法规定事项之成绩,得由各专员公署于各县市局如期办理完成后切实考核,并拟定奖惩,报请省政府会同军管区保安司令部核办之。直属区各县市由省政府军管区及保安司令部会同考核,拟定奖惩。

五十、各专员公署办理考核应依据之标准如左:

甲、计分标准:

(一)关于整顿保甲查记户口部份,占总成绩百分之五十:

(1)整顿保甲、调查户口占平均成绩百分之三十。

(2)办理户籍登记,占平均成绩百分之二十。

(3)制发国民身份证,占平均成绩百分之十。

(4)壮丁身家调查,占平均成绩百分之三十。

(5)学龄儿童及失学民众调查,占平均成绩百分之十。

(二)关于加强自卫部份,占总成绩百分之二十五:

(1)组织自卫队,占平均成绩百分之五十。

(2)自卫工事之构筑,占平均成绩百分之三十。

(3)自卫队之训练,占平均成绩百分之二十。

(三)关于国民兵暨民众组训部份,占总成绩百分之二十五:

(1)组训国民兵,占平均成绩百分之五十。

(2)组训各级职业团体及妇女会、长老会、少年团,占平均成绩百分之三十。

(3)强迫学龄儿童及失学民众入学,占平均成绩百分之二十。

乙、评定等次:

(一)总成绩在八十分以上者,为甲等。

(二)总成绩在七十分以上八十分以下者,为乙等。

(三)总成绩在六十分以上七十分以下者,为丙等。

(四)总成绩在六十分以下者,为丁等。

丙、奖惩办法:

(一)总成绩为甲等者,主管官晋级或记大功一次,各承办人员按其成绩升级、记大功或记功一次。

(二)总成绩为乙等者,主管官记功一次,各承办人员按其成绩记功或嘉奖一次。

(三)总成绩为丙等者,应予申诫一次。

(四)总成绩为丁等者,主管官撤职、降级或记大过一次,各承办人员撤职、降级、记大过或记过一次。

总成绩之同等者,应按其分数核定名次,如甲等第一名、第二名,余类推。

五十一、各乡镇办理本办法规定事项之成绩,依前条规定考核标准,由县市政府切实考核予以奖惩。

五十二、本办法自公布之日施行。

〔行政院档案〕

25. 第五绥靖区司令部制定"总体战政务部门军行法令"

(1948年9月)

第五绥靖区司令部、行政公署总体战军行法令目录
(政务部分)

一、副县长任用暂行办法。

二、各县县长及佐治人员下乡督导办法

三、本部署实施总体战督导办法

四、干部训练计划

五、招训战地青年办法

六、纠正各县乡镇保甲人员及机关学校首长不准擅离职守训

令及办法

七、本区地方武力整编办法

八、壮丁特别征募实施办法

第五绥靖区副县长任用办法

一、本办法依据奉颁绥靖区政治战实施办法第二条第一款之规定订定之。

二、副县长之任用资格标准：

1. 合于县长任用法第一条，非常时期公务员任用补充办法第二条、第三条及河南省非常时期战地公务员任用办法第二条之规定者。

2. 曾任荐任职，而有成绩者。

3. 曾任委任职五年以上，并从事区县行政工作著有成绩者。

4. 长于军事剿匪著有战绩者。

三、副县长任用之程序：

1. 由县长就本籍人合于第二条所列各项资格标准人员遴保三人，请由绥靖司令部、行政公署核派一人，并报请省政府核备。

2. 由绥靖区司令部、行政公署核派之合格人员直接派充之，并呈请省政府核备。

四、副县长之权责：

1. 副县长于平时辅助县长处理一切政务。

2. 副县长于县长公出或因事离开县府，所有县内一切事务，除特殊重大事件外，应由副县长全权处理。

3. 县政府对外行文，副县长暂不副署。

五、在未奉颁副县长任用办法以前，本办法暂行试用，并呈报国防部及省政府核备。

第五绥靖区各县县长及佐治人员下乡督导办法

一、为贯彻辖区行政奠定基层工作，加速行政效率，以期政治配合军事起见，特订定第五绥靖区各县县长及佐治人员下乡督导办法（以下简称本办法）。

二、本办法依据绥靖区政治战实施办法第二条第四款订定之。

三、县政府除秘书室办理文书总务人员及各科室酌留必要人员办理日常公务员外，县长或副县长应轮流督率所属经常下乡督导。

四、督导方式依下列规定：

1. 集体督导，由县长或副县长率领各科室主管业务人员组织督导团轮赴各乡镇督导。

2. 专业督导，县长或副县长应督饬主管业务人员经常轮赴各乡镇督导。

3. 抽查督导，县长或副县长应以明密方式随时下乡抽查所派督导人员工作进展。

五、督导业务，应就令颁各项绥靖政务由县长择定中心工作，逐项分期督导。

六、在督导期间各督导人员应随时参加乡镇民代表会或保民大会及各民众团体之活动，宣布重要政令，采访民间舆情及考询各项绥靖工作之实施。

七、县长应督饬各督导人员每半月开会报一次，检讨工作得失，以资改进。

八、各县督导工作进展，应于月终汇案列报本部，并附带列举下月中心工作。

九、督导工作之报告不拘格式，应采实效主义，力戒繁冗空洞及表册政治之流弊，并应将检讨工作得失据实报核。

十、督导人员旅费，按县级出差人员标准由县府旅费预算额内支给之，如因工作需要，旅费超支时，准由县地方绥靖费项下补助提经县参议会审议报告本部转报省府核备。

十一、督导人员应绝对禁止接受乡镇保甲招待,摊派民间,如因旅费接济不给,或因环境特殊,必须由乡镇保甲供给伙食时,督导人员应即出给单据,由应领旅费项下扣还,违者双方以贪污论处。

十二、各级督导人员督导成绩列为各县长重要考成。

十三、各县长下乡督导工作成绩之评定,除根据各县督导报告外,并以本部随时明密抽查之结果,核定奖惩之。

十四、本办法由本部命令实行,并分报省政府、国防部备查。

第五绥靖区司令部、行政公署实施总体战督导办法

一、为使总体战各项工作彻底实施,以期迅速完成戡乱建国之任务起见,特订定本办法。

二、督导人员应行注意事项:

1. 督导人员到达某县时,应索取县乡(镇)保长姓名册。

2. 督导人员出发工作于必要时,得商请当地军政机关予以保护。

3. 督导人员到达每一县乡镇时,应会同执行机关召集有关人员举行会议,商讨总体战各项工作进行事宜。

4. 督导人员于督导完毕时,应举行会议,检讨工作得失,适切指示,并会报本部署核备。

5. 督导人员应注意总体战各项工作之时效,有时间性者,务必如限完成。

三、督导事项:

1. 军事部份;

2. 政治部份;

3. 经济部份。

以上各项应行督导项目,另定之。

四、督导人员守则:

1.应和蔼谦恭,切戒倨傲粗暴。

2.不准接受任何招待及馈赠。

3.应彻底执行任务,不得应循敷衍及挟嫌偏私或利用职务上之便利,攫取不正当之利益。

4.督导人员如发现执行机关有缺陷时,应即纠正指导,得呈报征处,但对乡镇长及县级科长或中队长以下人员有随时报请撤惩之权。

五、每县督导时期以十日为限,最多不得十五日,于每县督导完毕时,应即填县督导报告表(表式另定之)呈报本部署以凭查考。

六、督导人员所需旅费,除沿公路汽车费或火车费及出发与回部时途中膳食费准照规定报支外,其在各县乡镇督导期间均按每人每日大米五斤(如发面粉按折合率折发之)由各县政府于绥靖临时粮拨发之,不得另报旅费。

七、为防止流弊并增进工作效率计,司令官兼行政长核准施行。

第五 绥靖区干部训练计划

第一章 总则

一、本计划依照奉颁绥靖区总体战实施纲要附发绥靖区基层干部训练办法各条订定之。

二、本计划以适合辖区环境推行中心工作,期使党政军各级干部加强效率,提高情绪,严守纪律,统一步骤,以配合戡乱军事,完成绥靖任务为主旨。

第二章 训练要领

三、精神训练:养成遵守纪律,躬行实践,发扬自动自治,以培养忠党爱国奋斗牺牲之精神。

四、生活训练:养成干部衣食住行简朴合理之生活,并积极发挥刻苦勤奋之作风,以领导及改造社会之风尚。

五、业务训练:以本绥区所订左列各项中心工作为范围:

1. 建立党政军一元化制度;
2. 完成民众组织,配合军事;
3. 健全保甲,确保治安;
4. 控制兵源,完成征补计划;
5. 实行累进制,整顿税收,平均负担;
6. 加强统制物资及粮食;
7. 实现经济建设,扩大合作农贷;
8. 收容青年,扩大救济;
9. 实施土地政策,安定社会;
10. 厉行廉能政治,严肃纲纪。

第三章 训练机构

六、本绥靖区设置区干部训练班,调训辖区军政及民众团体各主要干部,统一训练之。

七、各县地方行政干部训练所应加强整顿,调训县以下各级干部,统一训练之。

八、为全面动员普及训练区得设巡回训练班,轮赴各县训练。

九、本绥区得组织干部训练委员会,办理甄选干部,编制预算,请定教育计划及有关训练设计诸事宜。委员会组织办法另定之。

第四章 干部召集

十、为发挥训练实效用资观摩绥区得就每行政区指定各一个或二个示范县,尽先召集其干部训练之。

十一、区干部训练班,应行召集之各级主要干部如左:

1. 政治工作人员:

(子)县政府副县长秘书科长及指导员、户籍员、督学;

(丑)县干训所教育长;

(寅)各县乡镇长;

(卯)各县中心学校校长。

2.县级经济工作人员：

(子)县田粮处副处长或科长；

(丑)税捐稽征处处长或科长；

(寅)县银行经理。

3.军事干部人员：

(子)县民众自卫总队部及直属常备自卫大队中队长以上官佐；

(丑)各乡镇副大队长。

4.民众团体干部人员：

县农工商会理事长或书记及合作社县联社理事长或县政府主办合作人员。

5.各县已登记在乡优秀军官，并有号召能力者。

6.招致或由各县保送高中以上毕业之优秀青年。

十二、各县除乡镇长以上干部，由区干训班协助训练之。

十三、干部人员之选拔及保送，应由干部委员会严格甄审，务求本质优良，如有工作能力较强，成绩卓著者，得不受资历之限制，但被保送人员其有标准过差及冒名顶替者，原保送负责人应受连带处分。

十四、区干部人员之召集得按本部所订中心工作之需要及其主管业务之性质，分期训练之。

十五、区干部之集训以半个月为一期，必要时得缩短或延长之。

第五章　训练方式

十六、干部训练应采用下列方式：

1.小组讨论；

2.工作检讨；

3.专业研究；

4.参观及演习。

十七、训练教材应由各学员就本辖区所订中心工作有关总体战及各项法令自动研究，提出各项问题，分组讨论。

十八、管训人员之管制应采取民主自治精神，由各学员自发自觉适宜配合，达成干训班各项任务。

十九、县训所之训练方式，准适用本章各条之规定。

第六章　人事

二十、区干训班人事之调聘，应采用下列各原则：

1. 调用绥区各单位有关业务人员；
2. 聘请抗建班人员及社会专家；
3. 酌聘省县公私立中等学校校长、县参议会人员及社会贤达；
4. 设置专任人员。

二十一、区干训所之编制另定之。

第七章　经费

二十二、区干训班之经费呈请中央拨补，如有不敷，得由辖区统筹之。

二十三、调训人员之伙食费用，凡系现职人员应自带丰亩，其余由各县补助其非现职人员之伙食费，由本绥区饬各县统筹。

二十四、区干训班预算之编造（应专案呈核）。

第八章　干部管制及考核

二十五、区县训练班调训或召训人员，应加强管制，严肃纲纪，务使发生全面之核心作用。

二十六、示范县及示范乡镇之干训人员，应于第一（二）期训练完毕后，督饬积极开展工作树立示范作用。

二十七、调训之各县县训所人员，应积极督饬开展县训业务，以达成全面动员之任务。

二十八、招训人员选择成绩较优者组成巡回训练班，其余编为本绥区青年工作队，随时督饬配合全面绥靖工作。

二十九、凡经受训之各级干部，应由本绥区及各区县直属长官负责定期考核,实行纵横连带责任。

三十、考核结果之奖惩,如有成绩卓著,对绥靖工作确有贡献者,得以越级擢升,其有逃避怠工,或放弃职守致影响绥靖工作者,得取消受训资格,并依法严惩。

第九章　附则

三十一、本计划如有未尽事宜,得随时修正之。

三十二、本计划呈准省政府后施行,并分报国防部备查。

第五绥靖区招训战地青年办法

一、为争取战地青年实施组训,以加强戡乱力量,免被奸匪利用起见,特订定第五绥靖区招训战地青年办法(以下简称本办法)。

二、本办法依据绥靖区政治战实施办法第五条各款订定之。

三、凡本绥靖区流亡、失业、失学知识青年及沦入匪区之一般青年,均应由本部及各县乡镇分别收容编训之。

四、收容流亡、失业、失学知识青年依下列之标准办理登记审核手续:

1. 凡在初、高中以上毕业或肄业之学生,因奸匪窜陷无法续学就业而有相当证件者;

2. 各级学校教职员,年在三十五岁以下,因奸匪窜陷无法教学而有资历证件者。前二款规定之证件,如因遗失,不能提出时,须取具原学校或现任公教人员三人以上之合法证明。

五、关于收容登记审核编训事宜,得由本绥区组织知识青年招训委员会办理其组织办法另定之。

六、为扩大收容编训,本绥区得设流亡知识青年工作大队及集训总队,各县乡镇得设青年工作队。

七、本绥区知识青年集训总队集训时间以三个月为限,期满后按其志愿学识能力分别介绍工作或保送职业军警教育机关,如志愿从军者,予以特殊奖励。

八、陷入匪区之一般青年,各县应派员抢救招抚,成立青年自卫队或工作队,经训练后转入其他职业训练,以免失业。

九、本绥区知识青年工作大队及集训队之经费、粮饷统呈由中央拨补。各县乡镇知识青年工作队及招抚抢救之青年所需经费、食物由本绥区饬令各县统筹之。

十、本办法由绥区司令部以命令行之,并分报省政府及国防部备查。

纠正各县乡镇保甲人员及机关学校首长不准擅离职守训令及办法

一、查前因大股奸匪窜扰,各县乡镇保甲人员及各团警、各机关、各学校首长多因避免无谓牺牲及暂难执行职务短期离开,不无可原。乃近查有县城及乡镇已经收复,或奸匪根本未到地区,各级行政人员仍有闻风擅逃在外,延不回归情事,以致机关无人负责,政令陷于停顿,失人民望治之信仰,予奸匪活动之机会,此种违法失职风气,倘不急谋纠正,不但纲纪扫地,政治失其统驭之力,而军政脱节,剿匪永无成功之望,言念及此,至堪痛恨。

二、兹特规定办法如下:

1. 如县城及各乡镇省大股奸匪窜扰,而地方武力确实不能抵抗时,所有县乡镇保甲人员及机关学校首长准其暂避匪锋,免受无谓损失,但县长及乡镇以下各级干部绝对不准离开县境,所有在县自卫总队、警察局及党务、税务、田粮与县银行各首长均应与县长协同动作,不准私自远离。

2. 如县城与乡镇已经收复,县长应即日返县,所有自卫总队、警察局及党务、税务、田粮与县银行各首长应即随同县长返县。

如因有特殊事项者,至迟亦须于三日内返县,各乡镇保长及学校校长应由县长督饬考察,于三日以内均须回归,并饬递向县政府报告,不准自由行动。

3.县长如有不遵上项规定者,一被告发或查明定予严惩,各乡镇保甲人员及机关学校首长如有不遵上项规定者,准由县长报请本部署从重征处,绝不姑宽。

三、除分电外,合行电仰遵照,并分别函令遵照,切勿再蹈过去覆辙,致干究惩,并将遵办情形,随时具报为要。

第五绥靖区地方武力整编办法

一、本部为建立清剿主干部队,统一指挥使用,配合国军作战,特将辖区地方武力重新予以调整,分别编为保安团及县自卫常备队。

二、各行政督察区集训总队仍遵照河南省保部本年六月一日保训人编字第五四九六号代电规定,一律改编为保安团,其编制仍旧团以下,仍称大(中)队。

三、县自卫常备队之编组,遵照奉颁绥靖区政治战实施办法充实地方武力各款之规定,一律整编为一至三个大队,但得视其情形酌量增设之。桐柏、泌阳两县各自卫总队,因全县沦入匪手,依照省保部本年二月转奉部长白(卅七)子养闻洋字(127)号代电之规定,一律改编为剿匪支队,归桐泌确区联防指挥部统一编练指挥。

四、各县乡镇得视其情形,编组民众自卫常备队一分队至一中队,但设区署者,得由县长专案呈报本部核准,编组区大队。

五、各区保安团之番号,依照省保部之规定为河南省第〇区保安第〇团,各县自卫常备队大中队之番号及编制如附表一二之规定。桐柏、泌阳两县剿匪支队之番号为桐泌确区联防指挥部〇〇县剿匪第〇支队,其下大中队之编制得适用自卫常备队六中队编制表。

六、为加强各专员各县长权责,一律授予人事权。区保安团校尉官,由专员兼司令遴保。县各级校尉官,由县长遴保,均递经报由本部核定派代转请省保部核委,以统一人事,加强区县政一元化,如有延不请委,本部径予核派。

七、区保安团及县各级队粮饷给奖及办公费,一律改发实物,应遵照豫南绥靖会议议决应支米粮额标准办理。(附表三)(该案业经本部寅江和民一电饬知并奉省府核准本部已以平三字○三四四号代电饬遵在卷。)自本年七月一日起实施副入统征预算依限造报。凡沦陷县份团队之补给得依照原颁政治战实施办法六项丁款(6)之规定,由本绥区令发之绥靖临时费统一收支办法及控制粮实施办法所列百分之二十预备粮项下开支。

八、县各级常备队之整编,应由各专保公署督饬各县长限于七月三十一日前改编完竣,造具表册报部审核,听候点验。

九、此次整编应绝对采取精兵主义,各区保安团、桐泌剿匪支队及各县大中分队之人枪务求精良,乡中分队更不准滥竽充数分割使用,违则已拨粮饷一律不准核销。

十、自此次整编命令到达之日起,除桐泌确联防指挥部罗礼经三县边区办事处汝上西遂边区联防主任因情形特殊,暂予保留外,其余各联防指挥部、各联防办事处、各县常备队一至三总队等番号一律撤销,部队可由各该所属县遵照指示统一整编并将撤销日期报核。

第五绥靖区司令部特别征募实施办法

一、为开裕兵源,俾适时补充部队,增加战力起见,特遵照主席寅齐府机手启电及参照国防部授权高级指挥机关对辖区征集兵员处理暂行办法与三十七年度扩大兵源加强兵员补充实施大纲暨国军收复区特别征募实施办法。

二、本部所辖各县本年度征额应由师团管区负责,照原定者依限征集,如因零匪窜扰,致该管区与行政力量不能征集时,得报由本部酌派部队掩护征集之。

三、各县于本年度配额征齐后,得视各部队缺额情形,按各县人口比例及劳力情形酌加配征募数额，由本部令饬师团管区县政府及接兵部队会同征募之。

四、匪区或收复区之壮丁为免被奸匪利用计，应以尽量强征募集为主旨，匪区征募暂不定额，收复区之征募额仍由本部核定之。

五、在行政机关完整区内，对兵员征集或募集，均由当地行政机关负责办理，民意机关负责协助，师团管区负责督促指导，接兵部队不得直接征募，如征募区内尚有零匪窜扰时，应由接兵部队负责掩护，实施以策安全。

六、部队进入匪区时，师团管区应派干部随同前往，另由其部队长指派高级副职人员负专责征募，至征募之实施。如当地尚有行政机构者，应设法扶植，仍照第五条之规定办理，如无行政机构时，应派政工人员广作兵役宣传、人口调查，自行征募，如有地方自然领袖或乡土关系时，应尽量利用之。

七、本部所在地之师团管区所属各县而非本部辖境者，其兵员之征募仍适用本办法，但征募额之配赋久征集，由师团管区办理之。

八、特别征募之兵员，以拨补本辖区部队缺额为原则，负责掩护征募之部队，以指定新兵补充缺之部队担任为原则，藉以达到就地补充之目的，但必要时，掩护征募部队之使用，得由本部适宜调度之。

九、征募士兵随时拨补部队，其拨交手续由师管区照规定办理。至所需服装经粮均由接收部队负责。至征集费另照规定报领之。

十、壮丁之征募，不受年次之限制，以适合壮丁体格者为标准，其不合战斗列兵标准者可提交辎重运输等部队使用，所征募人数由师团管区负责办理抵额手续。

十一、征募士兵入营时，应由接收部队指派政工人员负责严予考核，以免奸匪份子潜入，凡思想有问题者，应转送师团管区严予训练,如发现思想顽固或为奸匪份子者,另行依法处理。

十二、各级行政机构奉到本部征募配额时,由师团管区督促加紧实施,如有奉行不力或故意延迟者,得由师团管区报由本部撤惩其主管。

十三、负责征募各单位,如成绩优良,由本部奖励之,如有奉行不力,或有不法情事发生时,得由本部视情节之轻重,予以议处。

十四、本办法实施后,如有困难或须变更时,得由实施单位报请本部以命令修改之。

十五、本办法自公布之日施行。

〔内政部档案〕

26. 内政部为绥靖区行政公署对辖区专员县长执行绥靖政务考核奖惩暂行办法致行政院呈

(1948年10月23日)

内政部呈 发文民一字第9005号
中华民国三十七年十月二十三日

准江西省政府代电,抄送第十六绥靖区专员县长执行绥靖政务考核奖惩暂行办法,请转咨国防部审酌等由。并准国防部代电抄同上项办法,请审核径复等由。到部。当以上项办法规定内容与本部及国防、铨叙两部职掌均有关连,经函准国防、铨叙两部派员于本年十月十四日上午九时在本部开会商讨。金以依照剿匪地区军政机构配合方案第十条有:"绥靖区行政长官对于辖区之行政人员有考核奖惩之权,并得于必要时先行撤免补报省政府核备"之规定。为提高绥靖政务工作效率,达成配合军事敉平匪患,及法律事实两能兼顾起见,应就原办法加以修正,由内政部呈报行政院核准,通令各绥靖区一体施行,以免各自为政,并呈报总统府备案等语。议决通过,纪录在卷。除电复江西省政府第十六绥靖区司令部行政公署查照外,理合抄同原件及修正办法草案,呈请鉴核。谨

呈

行政院

　　计抄呈江西省政府、国防部代电各一件，第十六绥靖区专员县长执行绥靖政务考核奖惩暂行办法及绥靖区司令部行政公署对辖区专员县长执行绥靖政务考核奖惩暂行办法草案（修正本）各一份

　　　　　　　　　　内政部部长　彭昭贤

抄江西省政府代电

　　内政部公鉴：准第十六绥靖区司令部、行政公署恭一字第〇四一四号代电，检附绥靖区专员县长执行绥靖政务考核奖惩暂行办法一种，嘱查照。等由。过府。查本省本年度县长考绩总百分比，前经函准贵部转咨铨叙部备案。兹查原办法所列绩分标准与本府前订县长考绩百分比颇有出入，来电虽未指明用于年终考绩，但万一适于年终时，某一县长依绥靖司令部考核结果应如此，而依本府考绩标准应如彼。换言之，即本府与绥靖司令部考核成绩互有差异，其时如何适从，不无疑问。又原办法第五、六两条戊项规定：逾限半个月犹未达成工作目的为丁等，得予以记过、记大过或撤职查办，永不录用。似此限期，颇嫌短促，各县遵办不无困难。如依原办法执行考核，将来县长更调，势必频繁，不能使之安心工作。而永不录用一节，于法又觉无据。复查行政督察专员并非直接执行绥靖政务人员，其奖惩标准，似应与县长有别，方为合理。今原办法第七、八两条规定专员县长同为执行绥靖政务，第九条规定专员为执行与督导。前后条文似欠一贯。又原文规定专员奖惩，照县长标准次一等行之，亦有研究。且原办法第六、七两条有情节特重，情节重大，情节较轻等规定，过于抽象，似亦难为标准，相应抄附原办法一份电请查照，敬祈转咨国防部审酌见复为荷。江西省政府。申梗。人民二。印。附抄送第十六绥靖区专员县长执行绥靖政务考核奖惩暂行办法一份。

抄国防部代电

一、顷据第十六绥靖区行政公署本年八月二日恭一字第〇四一三号代电,略以为综核名实,信赏必罚,以期彻底实施总体战方略达成军政密切配合戡平匪患计,特制定绥靖区专员县长执行绥靖政务考核奖惩暂行办法一种通饬实施,检附该办法一份,请鉴核等情。

二、兹抄附原件及原办法请贵部审核径复,并希将核定之办法惠赐一份,以备参考为荷。

第十六绥靖区专员县长执行绥靖政务考核奖惩暂行办法

一、本绥靖区为综核名实,信赏必罚,以提高绥靖政务工作效率,达成配合军事敉平匪患目的起见,特制定本办法。

二、本绥区专员县长之考核奖惩除法令另有规定外,悉依本办法之规定办理。

三、本办法所称绥靖政务,暂以民事行政、县地方财政、保甲户口编查、民众组训、兵役行政及合作事业六项为范围。

四、县长执行绥靖政务全部绩分以一百分为满度,六十分为及格。其区分标准如左:

甲、民事行政占百分之八。

乙、县地方财政占百分之二十。

丙、保甲户口编查占百分之二十。

丁、民众组训占百分之三十。

戊、兵役行政占百分之十五。

己、合作事业占百分之七。

经核定为某项绥靖政务示范者,其绩分之区分标准另以命令定之。

五、评判各县绩分之方式与标准,以实地考核并与其他各县相互比较,慎密评定成绩优劣。其等第如左:

甲、如限达成工作目的,成绩特优,在九十分以上者为优等。
乙、如限达成工作目的,成绩次优,在八十分以上者为甲等。
丙、如限达成工作目的,成绩较优,在七十分以上者为乙等。
丁、如限达成工作目的,成绩平常,在六十分以上者为丙等。
戊、逾限半个月犹未达成工作目的,成绩低劣,在六十分以下者为丁等。

各项工作目的与完成限期,另以命令规定。

六、奖惩县长之标准与项目分别如左:
甲、全部成绩列优等者,升任或晋级。
乙、全部成绩列甲等者,记大功或记功。
丙、全部成绩列乙等者,传令奖嘉。
丁、全部成绩列丙等者,予以警告。
戊、全部成绩列丁等者,分别情形予以记过,或记大过,或撤职,其情节特重者撤职查办,永不录用。

七、专员县长执行绥靖政务在限期以内,如境内发生匪情,确能忠勇守土,著有功勋者,比较前条甲、乙、丙三项之规定酌予分别奖励之。倘违背本部节度推行绥靖政务不力,致不能配合军事,其情节较轻者,比照前条丁、戊两项之规定,酌予分别惩处。其情节重大者并交付军法议处,以贻误戎机论罪。

八、专员县长执行绥靖政务如有利用职权营私舞弊情事,经本部查实,或经告发查明有据者,除比照第六条戊项之规定予以撤职查办外,并依照三十二年六月三十日国民政府公布之惩治贪污条例之规定办理。

九、专员执行或督导所属各县绥靖政务之奖惩,除依本办法第七、八两条之规定外,悉照县长之奖惩标准次一等行之。

十、县长对所属乡长执行绥靖政务之考核奖惩,酌察实际情形,并参照本办法各条之规定制定办法实施呈报本部备查。

十一、本办法如有未尽事宜,得随时以命令修正之。

十二、本办法自公布之日施行,并呈报国防部华中剿匪总司令部暨电湘鄂赣三省省政府备案。

绥靖区司令部、行政公署对辖区(专员)县长执行绥靖政务考核奖惩暂行办法(草案)

三十七年十二月行政院公布

一、为便于绥靖区综核名实,信赏必罚,以提高绥靖政务工作效率,达成配合军事戡平匪患目的起见,特制定本办法。

二、绥靖区县长之考核奖惩,除法令另有规定外,悉依本办法之规定办理。

三、本办法所称绥靖政务,暂以民事行政、县地方财政、保甲户口编查、民众组训、兵役行政、合作事业六项为范围。

四、县长执行各项绥靖政务工作成绩考核标准,由绥靖区司令部、行政公署商承省政府订之。

经核定为绥靖政务示范之县份,县长工作成绩考核标准之绩分应酌予提高。

五、评判各县执行各项绥靖工作成绩,应实地考核,并与其他各县相互比较,慎密评定优劣。其等第如左:

甲、如限达成工作目的,成绩特优,在九十分以上者为优等。

乙、如限达成工作目的,成绩次优,在八十分以上者为甲等。

丙、如限达成工作目的,成绩较优,在七十分以上者为乙等。

丁、如限达成工作目的,成绩平常,在六十分以上者为丙等。

戊、逾限半个月犹未达成工作目的,成绩低劣,在六十分以下者为丁等。

各项工作目的与完成限期另以命令规定。

六、奖惩县长之标准与项目分别如左:

甲、全部成绩列优等者晋级。

乙、全部成绩列甲等者记大功或记功。

丙、全部成绩列乙等者传令嘉奖。

丁、全部成绩列丙等者予以警告。

戊、全部成绩列丁等者,分别情形予以记过或记大过或报请省政府予以撤职。

前项记大功、大过应报由省政府转报铨叙部登记。其余奖惩应随时报请省政府交县长考绩委员会于年终考绩时依法办理。

七、县长执行各项绥靖工作,如境内发生匪情,确能忠勇守土著有功勋者,或违背绥靖区司令部、行政公署节度推行绥靖政务不力,致不能配合军事者,依照戡乱时期地方行政首长防匪保境奖惩条例规定奖惩办法办理。

八、县长执行绥靖政务,如有利用职权营私舞弊情事,经查属实或经告发查明有据者,由绥靖区司令部行政公署先行撤职并移送法院依法办理。

九、县长对所属乡长执行绥靖政务之考核奖惩酌察实际情形,并参照本办法各条之规定制定办法实施,呈报绥靖区司令部行政公署备查。

十、本办法自公布日施行。

〔行政院档案〕

27. 安徽省政府修正"安徽省总体战实施纲领"
(1948年10月)

修正安徽省总体战实施纲领

甲、总纲

一、遵奉总统蒋三十七年午咸府贰手启电指示,并参酌本省实际情形,积极配合各绥靖区推行总体战,以达成戡乱建国之目的。

二、本省今后措施,应以经济培养战力以绝匪,以政治组织战力以清匪,以军事运用战力以破匪,务使军事掩护政治经济之发展,以政治经济之设施,适应军事之需要,密切配合,完成戡乱任务。

三、发挥整体领导精神,团结党政军民意志,集中全省人力物力,在省政府及全省保安司令部,统一指导监督之下,配合各绥区司令部行政公署,集中力量,发挥戡建效能。

四、依据省内当前情势,皖北各县工作,重在收复失地,从事重建;皖中各县工作,重在清剿散匪,确保治安;皖南各县工作,重在肃清潜匪,巩固江防,改进政治,发展经济。

五、为求戡乱建设工作同时并进,应以尚廉、尚能、尚新、尚实之作风,达成求安、求均、求富、求教之要求,积极推行土地公耕,商业公营,银行公有政策,实现公医、公养、公教制度,建设三民主义之新安徽。

六、一切工作以实施总体战,达成戡乱建设任务为主,凡与戡建无关者,得暂行停办或缓办。

乙、军事

七、健全省县团队:健全各级团队干部,提高士兵素质,加强部队教育,充实各项装备,限期整训完成,奖励战功,法行连坐。

八、绥靖本省残匪:巩固各重要据点,控制水陆交通线,加强江防河防,以省县保安团队配合国军分区清剿,肃清全面股匪,达成求安目的。

九、健全联防机构:加强县与县联防机构,提高其职权,协助推行边区政令,并确定其兵力,负责清剿边区残匪。

十、严密情报组织:加强各级情报机构,实施保甲情报,设置情报秘密基点,整饬情报业务及纪律,务期运用灵活,对防情通讯设施,并应充实加强。

十一、整肃军纪风纪:组织军风纪考察团,明密考察军队纪律,肃清不良份子,并健全军民合作站,解决军队困难,减少军民纠纷,增进军民情感。

十二、构筑据点工事:合肥、蚌埠、安庆、芜湖及其他重要据点,构筑坚强永久工事,并于交通线上各重要城镇及淮河长江沿岸要点,建立保安城寨及防空工事。

十三、改善团队待遇:省县保安团队官兵薪饷,比照国军待遇,并按时发给,严禁克扣吃缺等积弊,务使官兵生活安定,减少逃亡,增高士气,完成戡乱任务。

十四、充实戡乱兵源:各县市所配赋征兵数额,应如期如数缴交,办理手续,力求合理合法,严防从中舞弊,对省保安团队兵额,亦应如期如数召集,并为改善兵役,各县市应普遍建立自卫生活小组。

丙、政治

十五、整理现行法规:为求政令切合实施总体战之需要,体察当前环境,将现行行政法规,切实加以整理,凡非戡乱时期迫切需要者,分别停止施用或修正,其与戡乱工作有关者,分别充实或加强,务以简单扼要,确切可行为主。

十六、强化行政组织:强化各级行政机构,裁并骈枝组织,提高行政效率。

十七、强化领导作用:为强化省政府领导机能,省务会议每次除讨论议案外,并须策划政务,检讨工作。

十八、厉行分层负责:为求工作之确切实施,严厉执行分层负责制,各层级主管人员,应切实负责督饬计划进度之预期绩效,负责考核奖惩,所属人员,倘有疏纵,应受连带处分。

十九、健全设计考核机构:为求职责专司,以便督责绩效,省府分设设计考核两委员会,分别专司省政设计与考核之责。

二十、建立行政督察网:考核委员会下建立行政督察网,划分省为若干督察区,以考核委员为主干,并将各厅处视察人员,统筹分配,指定若干人员,专负该区域之督察责任。

二一、设置副县长:为强化县政府施政机能,绥靖区各县得增设副县长,专负责整训自卫团队,绥靖地方,清剿匪患,并辅助县长推行政令。

二二、整饬纪纲转移风气：严禁各级工作人员挪用公款、克扣吃空及勒索受贿、非法摊派及嗜烟嫖赌等违法渎职行为,并切实作到经济公开,革除官僚积习,树立廉洁风尚。

二三、严惩地方豪劣：为保证总体战之顺利实施,如有任何力量从中阻挠者,即以违反动员戡乱法令之规定,从重惩处。

二四、勤督基层政务：各级机关除留必要办公人员在内部处理日常事务外,最少须有半数以上人员,经常下乡,督导政务,组调民众。

二五、健全人事制度：省县政府为选拔优秀工作人员,组设人事甄选委员会,负审查选拔考核备用人员之责,审查合核后,始准登记候用,保荐任用之人员,一律由保荐人填具保证书负责保证,俾符尚能要求。

二六、加强各级干部训练：调训各级行政干部,联防区主任,省保安团队干部,防空干部,县警保队,民众自卫武力各级干部,县情报通讯联络人员,乡镇保干部、保长、甲长、暨县市以下农工团体干部,增进各级干部智能,发扬革命精神。

二七、强化保甲组织：切实整编保甲,清查户口,办理异动登记,填发国民身份证,举办联保连坐切结,务使人必归户,户必归甲,甲必归保。

二八、加强人民团体组训：严密组织农民及各业工人,参加动员戡乱各种任务,并督导其活动。

二九、领导并救济青年：领导青年正确思想,积极培育青年人才,并扩大救济陷区失学青年。

三〇、改善交通业务：切实改善水陆交通业务,合理改进管理营业方法,并从重要城市入手创办主要社会服务事业。

三一、加强难民救济：发动地方力量,配合救济物资及贷款捐款,侧重工振救济灾难人民,协助地方建设。

三二、争取战区壮丁：招致匪区青年，收容散兵游勇，优待俘虏及来归人员，管训自首自新份子，枯竭共匪兵源。

三三、普及国民教育：普设保国民学校，分配公田，促成生产教育合一，并推广社会教育，扫除文盲，实现公教制度。

三四、推广卫生行政：充实省医院县市卫生院，普设保诊疗所，或巡回治疗所，免费治疗贫民，实现公医制度。

三五、推行老弱公养：设立省县市保养老院、孤儿院，收容老弱、残废、孤寡，实现公养制度。

三六、加强政令宣传：为辅助政令之推行，利用报纸通讯，广播报导等各种宣传方式，宣传各项政令，务使每一政令，家喻户晓，尤须侧重剿匪戡乱工作之宣传。

丁、经济

三七、整理省县财政：省县各项税捐及公有款产之整理，由省派员驻县督导，县（市）财务委员会整理财政，各县组织调查团分乡同时举行总调查，订定奖惩及检举告密办法，严防舞弊，并随时调整税额，简化稽征手续，并切实厉行考绩制度。

三八、统筹绥靖经费：省需自卫经费及绥靖临时费，依照行政院颁"自卫特捐筹集办法"办理，各绥区行政公署所需绥靖区临时费，依照"绥靖区司令部、行政公署统筹自卫经费及绥靖临时费实施办法草案"第三条规定，由财力有余之县市协济之，各县（市）所需之自卫经费绥靖临时费，依照院颁自卫特捐筹集办法，按照全县富力统筹征派，分期征收，自卫特捐征收后，严禁再有任何摊派情事。

三九、提高员警待遇：省县公教员工及保警常备自卫队官兵待遇，由省县分别统筹预算，其标准参照中央规定及本省财力另定之。

四〇、分编省县预算：省县收支预算分普通与特别两部门编列，凡普通收入与支出者属普通预算，因戡乱所需之自卫特捐收入及支出属特别预算,其编制程序,务应力求合理实际,各机关公旅费按照物价调整,一切事业费,凡与戡乱有关者宽予筹列,否则应即停办或缓办,并按各机关事务繁简及轻重,调整员额,裁汰浮冗。

四一、设置县(市)财务机关:由县府税捐田粮主管人员,县参议会议长及各法团首长,暨地方公正士绅,会同组织县(市)财务委员会,负责整理地方财政,筹措自卫经费,及稽核特别预算收支之责。

四二、发展地方经济:省县(市)保各级应普设经济委员会,策定经济计划,以发展地方经济,而达到民生主义经济共管之目的。

四三、实现银行公有:为达到银行公有之目的,应一面奖励并诱导私营银行钱庄并入省县银行,一面督饬省县银行,吸收地方游资,投资于省县公营事业及农业生产。

四四、实现商业公营:为达到商业公营之目的,省县保三级应普设公营机构,在省为贸易处,在县为县公店,在保为保公店,凡省县原有公营企业机构,均应改组为各级公店,分别隶属于省县保经济委员会之下,各级公店,在所隶经济委员会之节制下,应依照经济计划,并斟酌供求状况,办理本省(县)输出品之统运统销及输入品之统购统销。

四五、实现土地公耕,促成土地改革:

1. 保留地租,逐步收回地权,扶植雇农、佃农、自耕农,分配土地,实行耕者有其田。

2. 实行三一缴租,地主纳粮,主佃对半摊捐。

3. 清查无业主之土地,收回公有。

4. 各县(市)政府应以保农社为土地改革之基层执行机构,并代政府及地主经收田赋及地租。

5. 指导农民组织合作农场与集体农场,推行机械农垦,改良生产方法,并辅助公耕与公营之发展。

6. 城市土地公有。

四六、整理田赋册籍：各县田赋册籍，如已散失者，应严催限期整理完竣，并厉行推收，由保农社负责检举，期使有田必有户，有户必有粮。

四七、管制粮食物资：各县征购军粮，随购随即拨交兵站，赋粮即报缴省府，人民余粮自行妥为保藏，俟保安城寨筑成后，再行集中存储，其他各项重要物资及民生主要日用物品，其生产与经营之工厂，公司，行号，商号，各县均应详密调查登记，切实管制掌握，统筹合理调配。

四八、对匪经济封锁：责成各县严密保甲组织，协同有关部队实行全面封锁，对匪区之民间存粮余粮及物资，协同中央经济机构及武装部队，尽量抢购及抢运，对匪我交绥之真空地带，实行空室清野。

〔行政院档案〕

28. 蒋介石关于湖南省程潜呈报改进地方政治实施纲要情形致行政院电

(1948年11月26日)

府贰字　第2163号

行政院翁院长勋鉴：据湖南省程主席潜本年十月廿三报告：为呈报施政情形，请核示等情。所陈改进地方行政各项措施，悉协机宜，且多已见实效。除另复嘉勉外，兹将原报告随文拨发，希即知照为盼。蒋中正。戌寝。府贰甲。

附抄发原报告乙件。

中华民国卅七年十一月廿六日

抄件

职奉命回乡，遵于七月廿四日驰抵长沙接篆视事，各项重要措施节经电呈在案。窃见地方实情，派系斗争，社会风气大坏，纲纪废弛,行政效率极低,加以水灾严重,帮会猖獗,转业及在乡军官到处滋事,一切政令无法推行,危机四伏,一触即发,若不设法转移风气,必无以挽回颓势。因是首先发布各种文告,剀切诫谕军民,革除自私自利之观念,扑灭内心之蟊贼,振作戡乱建国之精神。爰订公约五项:一曰以精诚团结捍卫国家;二曰以公诚廉明改良政治;三曰以精忠勇敢发挥武德;四曰以勤俭朴实建立经济;五曰以刚中乾健消灭共匪。职督率僚属,一致力行,一面综名核实,严惩贪污,湘省最大弊政,厥为田粮。卅六年度应缴军粮积欠达三十余万大包,折合黄谷八十余万市石,而各处仓库存谷多系有数字而无实物,乃调派干员,切实清查,分别追缴,先后拘办卅余人移送法院侦审。转业及在乡军官,湘省独多,中央分发转业到湘者四千余人,与各县在乡军官结合要求迫胁,县府莫可如何,而浏醴及粤桂边区匪党复极活动。职到任之初,怵目惊心,首先对于转业及在乡军官严加管束,分别甄审惩奖,渐已就范。对于浏醴奸匪耿在孝等股则临之以兵,抽调保安第十四大队及各县自卫队联合猛剿,挨户搜杀,不一月而全部敉平,仅耿匪单身逃亡。邵阳、溆浦等处股匪同时并经督饬各该区专员负责清剿完竣。惟湘西及粤桂边区匪众当待继续清剿,经以三个月之努力,地方治安及社会一般风气渐见好转矣。关于地方行政事项,为增进行政效率起见,针对地方情形制定改进县级行政方案,逐步推进。兹摘要报告如下:

一、提高县长职权:县级及县属机关人事赋予县长指挥督察之全权,如有违法失职情事,县长得先予停职派代,再行报请核办。非直辖之上级机关,必须委托县政府办理事务时,应经省政府转令遵办,临时紧急用款县长得依法动支,不必事先呈准。

二、简化县级机构:县政府编制及员额多寡,视各县业务繁简及财力而定,不必一律。县税捐处紧缩编制,其经费开支超过税收百分之二十者均裁处该科,县级除设置文献、积谷保管、自卫饷械筹监、县公有款产管理及教育特种基金保管五委员会各留少数专任人员外，余均裁并，并不得由县预算开支经费，县长亦不得兼任各该会职务。

三、提高县长人选：经依据法令对县长任用水准予以提高，并为广储人材起见，特成立县政研究会，甄选干员入会。研究期限两月，计第一期取录一百十三人，次期六十人，研究方式为分组讨论、个别谈话、公文处理、论文撰述及派赴各县考察办案等项，期满择优派用，杜夤议奔竞之风。

四、加强自卫武力，确保地方治安：本省地方自卫武力——保安队及警察以往素质过差，管理不善，以饷械两缺，训练松懈，以致力量脆弱，难胜防剿。兹为加紧整训，增强实力，谨遵钧座午感府贰电所指示第二项切实整理。本省原有四个保警总队，及十二保警大队，一个突击大队，本年春续增二旅六团，除保安第一旅已奉令拨编为国军，刻正另行补充外，并决定将原有各总队、大队改变为保安旅团，以期完成四旅十二团及炮、工、交通、特务突击等大队。

各县自卫总队副总队长，时与县长兼总队长，争权诿责，纠纷迭起，为统一指挥，加强组训，自九月一日起将副总队长一职裁撤，各县自卫队由县长指挥管理，自卫饷械筹监委员会一律改隶县政府，受县长指挥管理。

五、查禁秘密组织之非法会党，于各县市警察局设置刑事警察队督饬切实执行，并于告帮会书中，限已入会者，于本年十一月十五日以前声明脱离，自首自新。

六、关于经济事项：自币制改革以来，本省为期稳定物价，安定民生，特成立经济委员会，奉行钧座午感府贰电第三项：积极促进生产建设，整顿金融机构。

省银行分支机构九十六单位，行员一千一百余人，丁警数亦逾千，开支浩繁，亏亦甚巨，特经依照规定改组，裁汰冗员，整顿业务。

组设农村复兴委员会，规划本省农村复兴事宜，积极策划农业，改良水利工程，农业机械，农村教育卫生、合作金融等工作。

其他如整理第一纺纱厂，筹设公粮加工厂，发展农矿事业，均在次第施行中。

七、抢救滨湖各县水灾：春末淫雨兼旬，湘资沅澧同时泛滥，滨湖各县尽成泽国，计十一县中共有堤垸六百七十余垸，总计亩积约五百余万市亩，其中百分之八十以上为稻田，一片汪洋，灾情惨重，据实地勘查估计淹没稻田二百八十万亩，减少稻产达一千五百万石以上，灾民逾三百万人。职接事之始，组设勘灾防汛团，前往勘察督导，防汛抢险，并宣慰灾民，行政院所拨本省水灾振款二百亿元，比按各县灾情轻重配发。四联前允汇拨紧急农贷四千亿，实拨半数，业充被灾田亩复耕播种之用，刻正督饬加紧冬耕，增产食粮，以防春荒。

八、整理财粮考选税吏：田粮征实，弊窦甚多。本省各县田赋粮食管理处员司挪亏赋谷，欠缴军粮为数甚巨。前任省田粮处长黄德安办理不善，经查明有渎职情事，移送司法机关侦讯。至各县处员司亏欠，则派本府委员参事等分别查办，经查属实移送法院下狱者已达卅余人，务期清追积欠，以肃官箴。今后择用税吏，自当审慎遴选。九月间饬由财政厅，省田粮处会同考询县田粮税捐等处长及其佐理人员，此于取录人员中一次择优派用，县田粮处长十八人，以期建立人事制度。至税收不敷开支之县，税捐处则裁处改科。交通不便转运困难之僻远县份，则田赋改征金圆，以资便民。近以军粮急迫，已派本府委员及各厅处长十余人分别驰赴各县督征矣。

九、推行限租护农政策：本府为扶植自耕，保障佃农，经遵照法令推行限租护农政策。佃农对地土应缴之地租，暂依正产物收获总量千分之三百七十五计算，自卅六年秋起收，佃农即依照前项规定缴租，虽东佃之间不免发生纠纷，但均已饬令各县政府，依法持平处理。

以上九项，谨择要陈述。至日常事务循例处理者，已分报有关院部,兹不渎呈。是否有当,敬恳鉴核示遵。谨呈。

〔行政院档案〕

29. 蒋介石关于各省市拟具改进政治具体纲要实施致行政院电

(1948年11月27日)

府贰字第2201号

行政院翁院长勋鉴:关于各省市拟具改进政治具体纲要实施具报一案,迭经发交该院审核在卷。兹续据广东省政府(卅七)戌真民二县字第1188号代电呈:为拟具奉行总统提示改进政治具体纲要请鉴核。等情。附呈纲要一份。兹将原纲要随文附发,希即并案审核为要。蒋中正。戌感。府贰。

附发原纲要一件

中华民国卅七年十一月廿七日

奉行总统提示改进政治具体纲要

一、整肃政风勤求民隐收拾民心

甲、省政府组织政务视导团,由委员及各厅处长率领,分区巡视各县市局,除考查各项施政成绩及督导改进外,并注意左列事项:

(一)召集县市局政府及各机关团体人员开会宣示总统手启提示事项,督饬各就主管范围悉力切实奉行。

(二)除就附城地方考察外,并择赴若干乡镇召集乡镇保甲长、乡镇民代表、国民学校职员及当地士绅开会,宣达政府注念人民之德意,勖勉协助政府推行政令。

(三)考察县(市局)政府及乡镇保各级人员有奉公守法,办事勤能,工作成绩优良者,分别予以升级、记功、嘉奖或慰勉,以资激励。

(四)勖勉县党部、县参议会协助县(市局)政府推行政令和衷共济,如查有各持成见,未能融洽情事,设法调解之。

(五)分派团员深入乡村访问民间疾苦,设法予以解除。

(六)调查省县政令,如有扞格难行,或不合民情者,切实予以改善。

(七)鼓励人民密告各级机关人员贪污舞弊情事从严究办,并予保守秘密。

(八)考查狱讼案件及看守人犯有无冤枉押及延不审办情事,督饬限日清理。

乙、各区督察专员,由省政府加拨旅费,按月巡视所辖各县,除考察各项施政成绩及督导改进外,并注意左列事项:

(一)考核县政府各单位办理赋税、兵役等项,如有积弊,督饬切实革除。

(二)调查地方派别争执,设法调解,以消弥地方纠纷。

(三)调查省县政令,如有扞格难行,或不合民情者,分别呈报,或饬县予以改善。

(四)亲赴若干乡镇,考察各级奉行政令情形,分别督导办理,及提示解决困难问题。

(五)收受人民密报各级官吏贪污舞弊案件,即密查证据,分别呈报省政府,或饬县究办。

(六)考查公教人员待遇,督饬尽量提高。

(七)考查县(市局)政府办理狱讼案件及羁押囚犯人数,如有积压不办及滥押人民情事,督饬限日清理。

丙、县市局长按月分赴各乡镇保巡视(必要时得会同各机关团体派员组织政务督导队行之),除督导推行各项要政外,并注意左列事项:

(一)人民控告所属人员贪污舞弊及勒索情事,即予彻查,依法究办,毋稍瞻徇。

(二)考核乡镇保户籍登记簿册,如未确实督导,切实整理。

(三)人民对政府重要政令,如有未及周知,或未了解者,督饬县指导员及乡镇保长分别宣传解释。

(四)县(市局)政府人员或队兵下乡办案,或催征赋役,禁止接受人民供应,或规费情弊。

(五)督导保甲实行,设立保甲规约及乡村互助防匪等公约。

(六)调解乡村纠纷,防止械斗。

(七)接见民众,访问民间疾苦,设法予以解除。

(八)乡保经费缺乏及人才罗致困难等问题,切实予以解决。

丁、县指导员须经常下乡督导乡镇办理行政及自治事务,不得常川驻留县政府办公。

戊、县(市局)政府各单位主管人员如查乡镇,有对其所主管业务之政令推行缺乏成绩者,应亲赴该乡镇会同县指导员切实指导改进。

二、排除豪劣,扶植地方正气

甲、鼓励公正人士出任地方事务及参加各项竞选,防止豪劣之操纵把持。

乙、访问地方耆硕,征求对县政兴革意见采择施行。

丙、地方人士能协助政府推行政令、或维持治安、或热心办理公益事业者,分别予以褒扬、或名誉之奖励,并公布人民周知其特别有功地方者,除依章褒扬外,并提倡建立纪念建筑物,以资矜式。

丁、地方豪劣有被控欺压平民情事,分别情节依法严办。

三、组训民众,充实地方武力,协助戡乱工作。

甲、严密复查户口,切实办理异动登记,注意查报住户临时增减人口,以防匪类潜伏,或壮丁逃散。

乙、推行五户联保连坐切结办法,使人民协助诘察奸宄。

丙、保警队依县财政与物价状况尽量规定队数,充实名额,提高待遇,切实整训,由县市局长负责监督并由各区专员随时点验,严禁空额。

丁、尽量选用地方优秀青年及退役军官担任整训地方自卫队，以提高员兵素质，并随时考核点验，以杜流弊。

四、革除苛扰捐税，禁止额外附加，减轻人民困苦：

甲、一切税捐征收，力求手续简化，公平确实，严禁额外浮收及留难苛扰，并禁止田赋任何附加。

乙、自卫队经费，悉遵行政院颁行自卫特捐筹集办法及本省订颁实施细则设法筹集，绝对禁止非法摊派，违者县市局长及乡镇长连带负责。

丙、征兵应严守法令，分层负责，绝对禁止行政或兵役人员借端舞弊勒索。

五、积极推行增产事业，并发动地方富力人力协助经济建设，充裕国民生计。

甲、派员查勘各县市局围堤，如发见患基，或未坚固堤防，即予设计，并发动民工修筑，以防潦患。

乙、督导各县市局兴办水闸、水塘、水圳或其他小型水利工程，必要时得由受益田亩业户科捐兴筑。

丙、贷放优良稻种及化学肥料，并组队分赴乡村实施防治害虫及牛瘟等工作。

丁、鼓励地方殷富或华侨投资兴办各项民生日用物品之工厂，或开放矿区，并扩充原有省营制糖、制纸及纺织等工厂。

戊、奖励民营矿业及取缔可即生产而延不设权及停工多年之矿区，限期开发，或另招商开发。

己、联合官民，组织农田水利建设委员会，筹办一切农田水利事业。

庚、推行春耕冬耕贷款，以利农民依期耕作，并指导向农贷机关请贷，举办增产事业，严禁高利贷款，并切实实行二五减租。

六、本纲要实施详细计划另定之。

〔行政院档案〕

30. 蒋介石关于重庆市改进
政治实施纲要情形致行政院电

(1948年12月29日)

府二字第246号

行政院孙院长勋鉴：据重庆市政府杨市长代电呈：为呈送重庆市改进政治实施纲要恳鉴核。等情。兹附发原实施纲要一份。希即汇案审核，并对其中建议意见切实核办为要。蒋中正。亥艳。府贰。

附发原纲要一份。
中华民国卅七年十二月廿九日

重庆市改进政治实施纲要

(一)原则

本市为西南重镇，当戡乱后方，为配合剿匪建国大计，谨遵总统午咸手启之指示，适合市民之需要，爰以"在安定中求建设，以建设谋安定"为实施改进政治之原则。

(二)实施要领

(1)督导考核

甲、为使市民明了政府戡乱大计，坚定信心，并针对共匪欺骗民众，煽惑青年之惯技，本市每周举行周会一次，分区集合各级公教自治人员及各区民众，由市长亲自主持，利用广播器宣达政令，指示中心工作，使由了解进而达到计日图功，尤其对于推行经济改革运动，勤俭建国运动及戡乱应有之认识与努力，特别注重。

乙、由市长暨各局处首长按月分区巡视，深入基层，探求民隐，并随时随地督导改进解决问题，严察有无贪污渎职之人员，申明赏罚，达到精诚感应丕变政风之效。

(2)保安自卫

甲、为确保治安,特加强市警察力量,经就原有保安警察总队两大队扩充为六个大队,刻已编组完竣。

乙、依照中央法令,编组民众自卫总队,各级官佐以退役军官充任为原则,协助民众组训,尽力桑梓自卫,刻已分区编组完竣,计每区一大队,每保一个中队,并已开始负协助冬防勤务。

丙、经常严密清查户口,查验国民身份证,另定自本年十二月起限期明年一月止,完成重新编号工作。

(3)经济建设

甲、筹建嘉陵江大桥、两江大桥之兴建,原属陪都十年建设计划之一,唯因工款无着延未兴工。兹为沟通江北交通,促进本市土地金融政策,特先行修建嘉陵江大桥,其大部费用取诸受益地主,另请中央予以补助。

乙、本市为安全地区军事上之供应需人民负担,自不免加重,应体念人民疾苦,对本市营业税、田赋、地价税、房捐、屠宰、娱乐、筵席捐等力求公平征收,严禁苛扰,并扶助手工业及民营小型工厂,促进区保产,安定民生为培养税源之张本。

丙、本市为消费都市,物资均自外来,为顾及再生产与再进货起见,遵照院颁布财政经济紧急措施令补充办法,成立本市物价评议会,就重要民生日用品价格作公平合理之调整,以达稳定物价维持经济秩序之目的。

丁、举办耕地佃约登记,推行二五减租,保障佃农耕作权,另清理公产,选择农地试办合作农场,以增进生产。

戊、举办粮押汇,储粮备荒,并推行杂粮种菜运动。

(4)文化组训

甲、整饬各级学校校风,注意教学效率,并就财力分期筹建各中心小学校舍,刻已发动士绅着手筹建两路中心校,一切建筑条件均标准化,以便依照推行。

乙、兴建体育场,以锻炼市民体力;设立艺术馆,藉艺术宣传之技术,收唤起民众之效果。

丙、健全工商农渔各业团体组织暨加强劳工组训,以配合战时需要。

丁、恢复市训练团,分期调训现职人员,加强工作效能,并依据各机关需要考训专业人员,储备任用。

(5)建议

查政治改革,旨在配合总体战,力求机动,用以增强行政效率。惟查现行自治法规对地方单行规章暨较有关人民权益之事,明定须经省市参议会审核,但以数众多意见,间难集中,则不无废事失时之处。可否由行政院于施行总体战法令中,再赐酌予明白划定政府之"能",民意机关之"权"之极度范围,以利工作,而增实效,谨附建议备考。

〔行政院档案〕

三、"绥靖区"工作报告

1. 郑州绥靖公署关于党务政治推行情况报告

(1946年1月1日—1947年2月28日)

第一章　党务

第一节　督导辖境各省党团工作

一、督导各省党团健全组织,务使党团间紧密联系,即每一党员团员之间,亦必精诚无间,发挥本党领导使用。

二、加强各级党团宣传工作,指示对于宣传方法之改进,宣传要点之掌握,以期收到宣传之效果。

三、翻印党员党政革新运动,分发本党最忠实之同志,使其遵照革新运动暂行纲领逐步实施并起领导作用,以期发扬本党过去革命光荣之历史,完成本党未来之任务。

四、分令辖区名省党团最高级机关呈报三十五年工作报告及三十六年度工作计划,就工作之缺点予以核示,并就计划指示其重点。

五、分令各省党团调查奸党罪行,经各省分别陆续呈报后,均分别加以核示或转报。

第二节　清查中共动态搜集叛乱资料

一、中共动态——本署为随时了解辖区中共活动情形,曾分饬所属党团军政机关及各情报机构,随时汇集中共活动情形之资料报查,经汇编"中共动态"一种,已编者有第一期一册,第二、三期合订本一册,分发参考。

二、中共叛乱资料——将各地呈报之中共叛乱暴行之材料,编印成册,定名为"中共叛乱资料"。一面分发辖区各党政军团机关参考,作为宣传资料,俾众周知中共叛国害民之罪行,一面以此项中共残暴罪行具体之事实,呈报中央转交军事调处执行部,向中共提出交涉,作为事实之证据。

第三节　拟定对奸匪阴谋对策

一、中共向以参加军事调处执行部各小组工作名义为掩护,暗中另作秘密活动,从事组织宣传及争取外人同情,并策动在华美籍共产实行第三国际之指示,本署经召集有关各处商讨对策密饬施行。

二、为处理共军投诚部队及共军零投诚并退役遣散官兵,曾拟定处理办法,呈报前军委会并通饬施行。

第四节　清理本署官佐党籍团籍

自三十四年七月军队及军事机关党部撤销后,凡属有党籍团籍各官佐均须就其驻地党部及青年团支部申请登记,以便参加党、团活动。当由本署分别通知直属各单位,填就附发之党员调查表,送署汇转郑县县党部,参加组织,凡属青年团团员者亦依此种手续办理。计已登记之党团员共四六〇人,嗣转奉中央举办党员总清查,亦经饬各单位遵办汇送郑县党部呈报中央。

第二章 政治

第一节 推行绥靖法令

抗战胜利后,共匪到处破坏,建国前途障碍良多,本署为以七分政治达成绥靖任务起见,初则依据前军委会指示原则,制成绥靖方案,内分民众自卫队,组训整编保甲,民众组训二五减租及实行地方自治等章。同时又制成党政军团工作重点手册,颁发辖境党政军团各单位遵照实施,嗣以共匪到处猖獗,乃复针对事实需要,厘订指导辖区党政军配合实施绥靖工作纲要作指导标准,复于焦作收复后将政治考察所得拟订绥靖区政治措施办法颁发辖境各县俾资改善。

第二节 召开辖境各省党政军座谈会

共匪无诚意遵照政协商定停止军事行动后,始有李先念部窜扰,豫鄂边区,继有刘伯承部窜扰陇海路汴徐段,陕淳化边境奸匪亦有行动,绥靖区日渐扩大,疮痍满目,到处骚然,本署刘前主任乃于九月间亲临开封、西安两处召集豫、陕两省党政军首领分别举行座谈会即时拟订收复区各县工作指导原则饬令转发辖境各县遵照实施,并责令豫省府即日派省府王委员幼乔携往豫北各收复县督责切实施行。

第三节 指导各省成立绥靖区办事处

本署鉴于伏莽遍地,辖境各省县间交通时有隔绝,且绥靖区县份问题较多,非派驻大员就近督导不易收政治配合军事之效,爰经指导各省对绥靖县份成立绥靖区办事处,藉收指挥灵活之效。计已经报告成立者,为山东鲁西南办事处,处长为彭委员国栋,指挥鲁西南荷泽、武城等十八县,驻在徐州;河南豫东办事处,处长为齐委员真如,指挥汛区及豫东各县,驻在陈留;豫北办事处为王委员幼乔,指挥豫北二十五县,驻在新乡。

第四节 清查户口整编保甲

本署对于辖境户政,特别重视下列各点:

一、对安全区县份,责成各县认真举行复查及抽查工作,并绝对实行五户联保连坐切结,办理户口异动,普发国民身份证,实施盘查,举行保民大会,保甲治安会议。

二、对收复区县份指导,其先行挑选保甲干部,厉行户口清查,除举办五户联保连坐切结及户口异动,普发国民身份证,举行保甲治安会议与安全区同样认真办理外,并深体中央意旨,感化协从未归,对从匪之家属秘密监视,对自新之住户严密查考其心理与行动,俾新匪不再滋生,外匪无法渗入,藉安闾阎,以抒前进军队后顾之忧。

第五节　组训民众自卫队

本署为展开绥靖工作,乃于三十五年五月召集辖境军政有关单位举行治安会议,并遵照前军委会指示,订定民众自卫队组训办法,通饬全境执行,并限定七月底完成。经事后考核,计有陕西省政府呈送西安市民众自卫队组训办法,陕西省民众自卫队总指挥部组织规程及人民自卫队组训办法,并报告西安市已于八月一日开训,河南省政府呈送河南全省各区县直属民众自卫队组训实施办法,并陆续报告各区训练成绩。

河南省各区县直属民众自卫队数字统计表

区　别	大　队	中　队	官　佐	士　兵	备　考
第一区	三	二八	三一〇	三八三一	
第二区	一八	六〇	五六三	七九九六	
第三区	二二	七二	六八六	九五九四	
第四区	一一	四六	四八四	六二三五	
第五区	四	二八	三八九	三七八一	
第六区	六	三五	三七九	四七六九	
第七区	五	二五	三五九	三三八一	
第八区	四	二五	三五三	三三六五	
第九区	一四	五三	五〇六	七〇六六	
第十区	五	三一	三一三	四一六九	

续上表

区 别	大 队	中 队	官 佐	士 兵	备 考
第十一区	五	三〇	三八九	四〇〇一	
第十二区	六	二七	三三七	四六六九	
合计	一〇三	四六〇	四五六八	六二八三七	

第六节 指导收复区在省工作人员还乡服务

本署鉴于绥靖区被匪盘踞日久县份,收复后一切行政机构完全摧毁,复以县府流亡关系,虽能随军事前进,但佐治人员不足,尤其乡镇自治教育合作各部门人事均感缺乏。为加强复员工作,充实各行政基层计,曾于去年十月于辖境豫北各县收复后将视察所得,建议中央并电河南省政府,发起在省会工作公教人员留薪返回本籍,协助地方办理善后自治,藉以增强收复后地方之行政效能,实施以来,成效卓著。

第七节 增加绥靖县份扩大救济范围

本署辖区原奉准列入四绥靖区域者:有冀、鲁、鄂、豫四省,共四十县,嗣因辖境冀、豫两省受奸匪蹂躏县份甚多,经转请行政院绥靖区政务委员会,电准增列豫省永城等二十九县,河北长垣一县,总计本署辖境先后列入绥靖区域者,共为七十县。(附表)

郑州绥靖公署辖境被列入绥靖区县份一览表

省别	区 分	新收复县名	小计	将收复县名	小计	合计	备考
河南省	豫北区	内黄、武陟、滑县、浚县、汲县、沁阳、博爱、孟县、辉县、修武、安阳、淇县、汤阴、延津、温县、济源	16	临漳、林县	3	19	
	豫东区	永城、夏邑、虞城、宁陵、	16			16	

续上表

省别	区分	新收复县名	小计	将收复县名	小计	合计	备考
河南省	豫东区	考城、兰封、民权、杞县、太康、睢县、通许、淮阴、扶沟、西华、商邱、陈留					
	豫西区	贝宝、闵乡、庐氏、洛宁、嵩县	5			5	
河北省	冀南区	东明、濮阳、清丰、长垣	4	南乐、大名、磁县	3	7	
山东省	鲁西南区	嘉祥、巨野、荷泽、定陶、城武、金乡、曹县、单县、濮县	9	东平、范县、观城、寿张、朝城、阳谷、莘县、郓城、冠城	9	18	
湖北省	鄂北区	郧县、郧西、房县、竹山、竹谿	5			5	
总计		六区	55		15	70	

第八节 黄汛区灾情损失调查〔略〕

第九节 办理绥靖区灾情急振

本署根据被灾各县呈报灾情,请予救济后即斟酌缓急轻重分别核转施振,如山东郓城撤守呈请救济逃往巨野之难民,荷泽收复后请办紧急农贷与迅发药品,陕西之西乡,河南之内黄、太康,河北之濮阳等县,呈报灾情,纷请救济,本署均即核转该管省府救济分署急振大队及行政院绥靖区政务委员会暨善后救济总署分别予以核振。此次冀南战役,大名、清丰、南乐等县有六万难民逃至安阳急待振济。本署当以此项灾情相当严重,一面电请中央速拨巨款及面粉办理急振,一面分电河南救济公署、豫北急振大队先予救济,以应万急,并另电河南青年复学就业辅导处派员前往设站收容该批难民内之千余失学青年。此外本署于上年十二月以辖境绥靖区急振工作亟待开展,经电准中央,将应需振款振衣、面粉食盐等均已提前拨运,以应急需。

第十节 指导成立急振大队

本署于豫北急振大队成立之初曾派前政务处主管科长参加协助,并随时指导,计第一中队负责救济豫东兰封、考城、夏邑、永城、虞城等五县。第二中队负责救济豫北北博、孟县、沁阳、滑县、濬县、温县、济源等七县。各该中队成立后,均已分别开展工作,并遵照规定,将难民分为三等:甲等每人发给救济金一万五千元,乙等一万元,丙等五千元。每人并发食盐半斤、面粉半袋、振衣一套。

第十一节 厉行禁烟禁毒

本署成立后,奉行各项禁烟法令及指导辖区各级地方政府厉行禁烟禁毒暨督饬所属部队协办禁烟情形分述如后:

一、三十五年元月奉前军委会令颁肃清烟毒善后办法,收复区肃清烟毒办法,查缉毒品给奖及处理办法后,当即分电辖区各省府、各部队,并经一再重申禁令,严电饬属切实办理,嗣奉国防部电以内政部为加强禁政之实施,将全面划分若干禁烟督导区,并订定禁烟特派员督导员办事细则公布施行,本署亦已分饬辖区各部队协助办理。

二、先后据报河南之临汝、鲁山、宝丰等县,各乡镇秘密吸食毒品者颇多,经电河南省政府分别查办。

三、三十五年六月据湖北省第八区专员公署报告该区与四川省毗连之山岳地区有匪首汪大鼎武装种烟,情形复杂,本署除电饬该区迅予捕剿外,并分电川省张主席饬属协助。

第十二节 解决郑市房屋纠纷

郑州在抗战八年中,两度沦陷,原有房屋一万三千二百余间,战时损毁六千三百余间,复员以来,部队机关遍布城厢,流离人民亦接踵归来,房荒颇感严重,纠纷迭起。本署为求合理分配使用,与兼顾人民权益计,乃于三十五年二月召集在郑党、政、军、团、宪、警、暨民意机关,共十五个单位,组织郑州房屋纠纷处理委员会,处理原则为:一、人民房产归还人民;二、敌伪房产切实调查,依法处置;三、经日人改造之公私房产登记调处;四、各机关部队所需房屋合理分配;五、机关部队及人民占住私人之房屋,依法租赁,如房主别无房屋者,即迁还一部与房主自居;六、其他有关房屋纠纷之临时处理。计三十五年度接收是项案件一百五十七件,经召开会议五次逐一解决,分别执行,差得社会好评。

第十三节　组织难民还乡团

本署为实现绥靖区难民还乡从事生产乃遵照主席蒋电规定,本辖境难民武装人数,以二万人为标准,就第一战区所辖组织六千人,第四绥靖区组织三千人,第五绥靖区组织三千人,整二十六军组织八千人,并经订定辖境内匪区各县难民武装还乡团组织办法,饬由各部责成政工人员负责办理及各有关省府遵办,经报各该地区组织者:一、晋东南逃至豫北"新乡"难民还乡四九一七名;二、武安难民还乡团二〇六名;三、淇县难民还乡团一一〇〇名。各还乡团经费、粮弹迭据转请核发迄未解决,旋准陈总长子虞、子真两电:"以难民还乡团中止组织"当饬各有关机关部队遵照,各该难民还乡团遵令结束。

第十四节　厉行新生活运动

本署为推行新【生】活运动,特严切谕诫所属军政党团及公教人员处事作人要将党员守则精神,阐扬力行并指导组织郑州节约运动委员会,加强实施。并规定:一、禁绝季节馈赠;二、减低婚丧贺赆;三、限制宴会馔饷;四、严禁饭馆饮酒;五、提倡土布制服;六、指导行人右走;七、实行捕蝇运动;八、定期扩大扫除;九、实施礼节训练等各项。事先皆有设计,临时动员执行,过后继续考核,办理以来颇著成效。至若沿陇海线实验乡镇保甲,更饬恪遵主席蒋手令,对新生活运动列为〔实〕施中心工作。

第十五节 实施督导考察

本署指导辖区施政概用行政三联制,每一种绥靖任务于设计实施以后,除根据文件考核外,为加强绥靖效力,曾作如下之考核:

一、组织绥靖善后督导团——去年八月共匪李先念部窜扰豫南,除派军队跟踪围剿外,复饬由豫省府派遣干员会同本署人员组织绥靖善后督导团,前往奸匪盘踞之桐柏、确山、信阳、罗山、光山、商城、经扶等县,切实指导绥靖善后等工务使各县新匪不得再生旧匪无法渗入。

二、组织焦作矿区考查团——本署于焦作收复后,以该处工矿重要即会同豫省党政各有关机关组织考查团,前往实地考查指导。

三、展开绥靖区督导工作——为促进收复区施政效能起见,经制定绥靖区视察纲要,除由本署派员分往视察外,并督导豫省府派员督办,计豫北派督导二十人,豫东派十八人,俱已次第出发藉收实地指导与考察之效。

第三章 经济〔略〕

〔绥靖区政务委员会档案〕

2. 绥靖区政务委员会推行各项绥靖法规和工作报告

(1946年10月—1947年1月)

行政院绥靖区政务委员会工作报告

本会奉令于三十五年十月二十一日成立。自成立之日起至三十六年一月底止,工作情形谨扼要报告如次:

壹、各项绥靖法规之订颁

一、绥靖区施政纲领:

绥靖区之政治设施为求安定社会秩序,解除民众痛苦,健全基层政治,厉行复员建设,发展民权,扶植民生,以加速三民主义之彻底实行,经订定"绥靖区施政纲领",以为绥靖地区一般施政之准则。

二、绥靖区民政法规:

关于绥靖区民政经制颁特种法规有左列六种:

(一)绥靖区各县行政实施办法。

(二)绥靖区乡(镇)保甲长纵横联保连坐办法。

(三)绥靖区民众自卫队组训办法。

(四)国防部人民服务总队与民众自卫队及难民还乡团联系办法。

(五)收复区民事纠纷调解办法。

(六)县各级行政干部甄别办法。

三、绥靖区财政金融法规:

绥靖地区惨遭破坏,县级财政异常匮乏,金融情形紊乱不堪,自应采取措施,以资救济,经制颁之特种法令有左列六种:

(一)绥靖区财政金融紧急措施实施办法。

(二)绥靖区临时费及各县复员补助费数额与动支办法。

(三)绥靖区各县复员补助费支拨考核办法。

(四)绥靖区各县免赋补助标准。

(五)中国农民银行办理绥靖区小本贷款办法。

(六)绥靖区农贷及小本贷款分期分区实施计划。

四、绥靖区粮政法规:

关于绥靖区赋政粮政原经制颁"绥靖区粮食紧急措施"、"绥靖区田赋粮食管理办法"及"绥靖区豁免田赋原则"三种,嗣复经综合以上各项法规,制定修正"绥靖区田赋粮食管理办法"颁怖施行。

五、绥靖区经济法规:

经制颁有关经济之法规,有左列四种:

(一)匪区交通经济封锁办法。

(二)绥靖区非法组织遗留物资接管处理办法。

(三)绥靖区合作事业实施办法。
(四)中央合作金库办理绥靖区业务分期分区计划及概算。

六、绥靖区教育法规：

绥靖区教育承破坏之余自应亟谋恢复，经制定"绥靖区中小学恢复办法"一种颁发施行。

七、绥靖区救济法规：

难民救济为绥区当务之急，制颁施行之法规有左列九种：

(一)绥靖区难民急振实施办法；
(二)绥靖区救济费分配办法；
(三)绥靖区难民急振总队部组织大纲；
(四)绥靖区难民急振队组织原则；
(五)绥靖区难民急振总队部大队中队编制表；
(六)绥靖区难民急振工作纲要；
(七)绥靖区难民急振款物分配表；
(八)绥靖区难民急振款项拨给办法；
(九)绥靖区难民急振款分配数及其汇划办法。

八、绥靖区地政法规：

保障佃农遂行土地改革为绥靖区施政之要目，经制颁之特种法规有左列四种：

(一)绥靖区土地处理办法；
(二)绥靖区土地处理施行程序及经费标准；
(三)中国农民银行发行土地债券办法；
(四)绥靖城市土地及建筑物处理办法。

九、绥靖区卫生法规：

关于绥靖区医药卫生经制订"绥靖区医药卫生工作实施计划大纲"一种颁饬施行。

贰、一般措施

一、划定绥靖区范围：

本会会同国防部根据军事第一线作战计划配合行政需要,划定绥靖区范围,计十五区都三百八十六县市:

(一)苏北区:本区计三十一县县名如左:

海门、靖江、泰兴、如皋、高邮、宝应、淮阴、泗阳、宿迁、睢宁、萧县、砀山、丰县、沛县、启东、东台、兴化、南通、江都、东海、灌云、泰县、仪征、六合、淮安、临城、涟水、邳县、阜宁、沭阳、赣榆。

(二)皖东南区:本区计八县县名如左:

天长、盱眙、五河、泗县、灵壁、嘉山、宿县、来安。

(三)胶东区:本区计三十县县名如左:

即墨、胶县、高密、益都、临淄、掖县、安邱、潍县、昌邑、昌乐、荣城、烟台、广饶、威海卫、文登、牟平、海阳、福山、栖霞、蓬莱、黄县、招远、莱阳、平度、寿光、诸城、沂水、莒县、临朐、日照。

(四)鲁西南区:本区计七十八县县名如左:

淄川、博山、长山、桓台、章邱、济阳、滋阳、峄县、长清、齐河、邹平、嘉祥、巨野、荷泽、定陶、城武、金乡、曹县、单县、鱼台、濮县、聊城、济宁、高苑、博兴、青城、利津、蒲台、滨县、霑化、无棣、阳信、惠民、乐陵、德平、商河、临邑、陵县、德县、平原、禹城、恩县、武城、夏津、高唐、清平、博平、茌平、平阴、东阿、东平、汶上、守阳、肥城、泰安、莱芜、新泰、蒙阴、泗水、曲阜、邹县、滕县、费县、临沂、郯城、齐东、郓城、范县、观城、寿张、朝城、阳谷、平县、堂邑、临清、冠县、邱县、馆陶。

(五)豫北区:本区计二十八县县名如左:

永城、夏邑、滑县、浚县、虞城、沁阳、博爱、孟县、考城、兰封、内黄、武陟、汲县、辉县、灵宝、修武、安阳、闵乡、湛县、汤阴、民权、延津、温县、济源、临漳、林县、武安、涉县。

(六)豫东区:本区计十县县名如左:

杞县、太康、睢县、通许、淮阳、扶沟、西华、商邱、陈留、宁陵。

(七)豫西南区:本区计八县县名如左:

庐氏、信阳、光山、泌阳、洛宁、嵩县、桐柏、经扶。

(八)冀南区:本区计二十三县县名如左:

东明、青县、沧县、濮阳、清丰、获鹿、永年、长垣、南乐、大名、广平、肥乡、成安、磁县、邯郸、沙河、邢台、内邱、临城、高邑、赞皇、元氏、赵县。

(九)热河区:本区计十六县县名如左:

承德、赤峰、平泉、围场、隆化、丰宁、滦平、建平、宁城、绥东、开鲁、林西、林东、经棚、天山、鲁北。

(十)察哈尔区:本区计十九县县名如左:

万全、宣化、怀来、延庆、涿鹿、张北、商都、多伦、崇礼、尚义、阳源、怀安、蔚县、康保、沽源、宝昌、新明、龙关、赤城。

(十一)绥远区:本区计十一县县名如左:

丰镇、凉城、兴和、集宁、陶林、清水河、和林格尔、萨县、武川、托克托、固阳。

(十二)冀中冀东区:本区计三十一县县名如左:

香河、三河、蓟县、宝坻、平谷、迁安、抚宁、乐亭、遵化、丰润、玉田、宁河、庐龙、涞水、定兴、徐水、望都、保定、新乐、兴隆、都山、固安、昌黎、易县、涞源、完县、唐县、房山、满城、曲阳、行唐。

(十三)晋北区:本区计十三县县名如左:

天镇、大同、阳高、广灵、应县、左云、右玉、平鲁、山阴、浑源、灵邱、朔县。

(十四)晋南区:本区计六十一县县名如左:

定襄、闻喜、灵石、绛县、霍县、赵城、洪同、翼城、五台、垆县、中阳、曲沃、夏县、文水、浮山、蒲县、垣曲、平阳、芮城、保德、大宁、永和、石楼、繁峙、代县、崞县、宁武、神池、偏关、河曲、五寨、岢岚、岚县、静乐、兴县、方山、临县、离石、汾西、和顺、昔阳、辽县、孟县、晋城、高平、榆社、武乡、沁县、沁源、安泽、襄垣、黎城、潞城、平顺、长治、长子、屯留、沁水、阳城、壶关、陵川。

(十五)湖北区:本区计十九县县名如左:

南漳、谷城、保康、郧县、郧西、均县、房县、竹山、竹谿、兴山、安陆、京山、天门、钟祥、当阳、远安、自忠、荆门。

二、举行绥靖区政务会议:

本会为加强推进绥靖区地方政务,检讨有关绥靖区各项法令执行情形暨研究绥靖区各种困难问题之解决,经召开"行政院绥靖区政务会议"。本会议于三十五年十一月十八日开幕,到中央各部署长官、绥靖区地方行政长官、军事长官及政治部主任、省党部主任委员、青年团支团部干事长等一百零三人,会期共四日,于二十一日闭幕。计收到提案八十件:内关于党政军联系一件,民政十件、军事十五件、教育文化十一件、财政金融十六件、田赋粮食八件、土地五件、急振八件、医药卫生一件,不属各类者五件,均分由各组审查会审查,拟具意见,提出大会讨论,制成决议,分交各有关机关执行。

三、组设督察团,分区督察:

本会为明了绥靖区各地实况,考核绥靖区各级政府执行绥靖政令之进度并指导其工作起见,特组设督察团分赴绥靖区各地实施督察,该团团员均由中央有关各部署选派高级人员充任,由本会白副主任委员任团长,谷委员正纲,邓委员文仪分任副团长,下设一、二两组,第一组前往苏、鲁、皖、豫各省;第二组前往华北各地。至其督察方式,并经详明规定如左:

(一)军联席会报切实研究绥靖政令之推行情形及反应,并依据中央法令详加指示;

(二)绥靖政策在各地之实施,如遇有窒碍时,应详细研究其症结所在,并协助当地机关合理解决之。其解决办法应随时电报本会备查。

(三)对各级机关应详尽讲解绥靖区施政纲领及各项办法措施,并藉各种集会向民众宣扬。

（四）按照本会所定各项办法进度，切实检查各级施政机关推行之成绩，随时电报，本会得依据其成绩之优劣转呈行政院予以奖惩。

（五）各级推行政令机关如有舞弊及苛扰情形，得视其情节之轻重分别先行法办电报本会备查。

（六）对奸匪之各项措施及地方实际情形之需要应详尽调查，随时电报本会，以便研拟实施对策。

（七）视察军民合作机构，并设法加强军民之谅解与合作。

四、设置实验县，树立绥靖区施政楷模：

奉主席蒋手令：饬于绥靖区已收复各县内分区择县设立实验县，以实施本会所颁发各条规并以处理土地案为第一要务，限三十六年三月以前完成第一期绥靖业务。等因。遵即积极策划进行，办理情形择述如次：

（一）县区之择定：实验县区经饬由苏鲁冀三省于辖区内择县具报呈奉主席指定苏省为东台、淮阴、兴化、宿迁四县；鲁省为昌乐、章邱两县；冀省为昌黎、丰润两县。

（二）订颁实验县施政要点：实验县施政要点经由会邀请各有关机关会商制定颁饬施行。

（三）拨发补助费：实验县政务较繁，当由国库拨款补助，每县二亿元，仍由各该省府就各县实际情形支配用途转发备用。

叁、民政措施

一、清查户口，整编保甲：

绥区各县，一经收复，即应办理户口清查，整编保甲，实行联保连坐。（以上各项均遵照院颁部颁法令办理）至收复县份制发国民身份证，奉主席电饬，限本年元月底完成。当经通饬办理，并规定未办户口查记省份，准依收复区实施户口清查办法之户口册籍办理，嗣以绥靖各县情形各殊，收复日期亦不一致，限期不宜一律，经规定三十五年十一月以前收复县份，限本年二月底完成，三十五年十一月以后收复县份,限自收复日起三个月内办竣,现已办理完成者有河南各县,余均在催办中。

二、督催成立各级民意机构:

各级民意机关之建立,为完成民主政治之重要步骤,并可协助各种政令之推行,经通饬绥靖各省依照绥靖区施政纲领第三条之规定限三个月内成立各级民意机构,嗣经本会第十五次会议就该条作补充之规定,收复后一个月内成立县临时参议会,临时参议会成立后三个月内成立县各级民意机构,复经通饬遵办,现已如期成立者有山东等省,余仍在催办之中。

三、健全民众力量,确保地方治安:

为彻底肃清匪患,确保地方治安,民众自卫力量之健全,实为当前急务。除修正收复区民众自卫队组训办法外,并经颁订绥靖区民众自卫队指挥系统暨补充干部械弹办法,使各地方自卫组织,干部健全,武器充实,指挥灵活,具有维护治安,协助清剿之实际力量。

四、甄训县各级行政干部:

本会鉴于收复县份干部缺乏,经拟就绥靖区县各级行政干部甄训办法及绥靖区乡镇干部训练纲要等,训练县长一百名,县佐治人员三百名,正由会积极办理。乡镇干部则委托青年军训练,第一期定于三月起开始。

五、实行军政配合:

绥靖区以剿匪为当务之急,故一切设施自以行政配合军事为前提,为达成此项目的,除加强各级党政军联席会报外,并经严饬绥靖区各级行政人员应随同部队推进,不得观望规避,专员、县长等各级行政人员亦不得擅离防地,并制定政工人员协助地方行政办法,使军事政治浑然一体。

肆、财政金融措施

甲、财政部份:

一、拨发县复员补助费：

绥靖县区收复之初，县级收入无着，而县级各级机构在势必须随军推进开展工作所需经费，自当由国库拨款补助，以资救济，爰经本会拟具"绥靖区各县复员补助标准"呈准施行。所有上项复员补助费及未收复各县酌拨复员补助预备金截止【至】三十六年一月份止，实拨金额如左表：

绥靖区各县拨发复员补助费数额表：

省别	区别	已拨县数	拨发金额	另拨预备金额	备考
江苏	苏北	三〇	一，三五〇，〇〇〇，〇〇〇	一〇〇，〇〇〇，〇〇〇	
安徽	皖东南	八	三六〇，〇〇〇，〇〇〇		
山东	胶东	一二	五八五，〇〇〇，〇〇〇	三〇〇，〇〇〇，〇〇〇	
山东	鲁西南	二八	一，二六〇，〇〇〇，〇〇〇		
河南	豫北	二五	一，一二五，〇〇〇，〇〇〇		
河南	豫东	十	四五〇，〇〇〇，〇〇〇	八〇，〇〇〇，〇〇〇	
河南	豫西南	八	三六〇，〇〇〇，〇〇〇		
河北	冀南	一〇	四五〇，〇〇〇，〇〇〇	二〇〇，〇〇〇，〇〇〇	
河北	冀中东	二四	一，〇三五，〇〇〇，〇〇〇	二〇〇，〇〇〇，〇〇〇	
热河	热河	一二	五四〇，〇〇〇，〇〇〇	八〇，〇〇〇，〇〇〇	
察哈尔	察哈尔	一九	八五五，〇〇〇，〇〇〇	一〇〇，〇〇〇，〇〇〇	
绥远	绥远	一一	四九五，〇〇〇，〇〇〇	四五，〇〇〇，〇〇〇	
山西	晋北	七	三一五，〇〇〇，〇〇〇	二五，〇〇〇，〇〇〇	
山西	晋南	二〇	九〇〇，〇〇〇，〇〇〇		
湖北	湖北	一九	八五五，〇〇〇，〇〇〇		
合计		二四三	一〇，九三五，〇〇〇，〇〇〇	一，一五五，〇〇〇，〇〇〇	

二、免赋之补助：

"绥靖区豁免田赋原则"经予规定：收复各县收复前，历年积欠田赋一律豁免，稍舒人民负担，本年度征起赋税则准全数留县，其应解中央百分之三十及省级百分之二十免予解缴，藉充裕县地方财源。至灾情严重，确属无法开征田赋各县，并准呈请绥靖区收复各县市免赋分等分期，补助标准表：

县 等	各期每月补助数额				平均数	备考
	第一期	第二期	第三期	第四期		
一等县	万元 六,〇〇〇	万元 四,五〇〇	万元 三,〇〇〇	万元 二,〇〇〇	万元 三,八七五	每一期为三个月
二等县	万元 五,〇〇〇	万元 四,〇〇〇	万元 二,五〇〇	万元 一,五〇〇	万元 三,二五〇	
三等县	万元 四,〇〇〇	万元 三,五〇〇	万元 二,〇〇〇	万元 一,五〇〇	万元 二,五〇〇	
四等县	万元 三,五〇〇	万元 三,〇〇〇	万元 二,〇〇〇	万元 一,〇〇〇	万元 二,三七五	
五等县	万元 三,〇〇〇	万元 二,五〇〇	万元 一,五〇〇	万元 一,〇〇〇	万元 二,〇〇〇	
平均数	万元 四,三〇〇	万元 三,五二五	万元 二,二〇〇	万元 一,四〇〇	万元 一,四〇〇	

免赋补助费原应俟核定豁免当年田赋再行拨发,但念核定程序需时甚久,受灾严重各县既无法开征田赋,当前财政亟待拨款接济,兹经就各省三十五年内已收复县份按照补助标准,第一期应拨金额先行核拨,专款交由各该省政府酌察情形统筹转发各县以应急需。分省核拨款额如左表:

绥靖区已收复各县核拨免赋补助专款分省款额表

省 别	金 额	备 考
江 苏	二,八五二,二一六,〇〇〇	
安 徽	六七五,七二八,〇〇〇	
山 东	二,八二九,〇一一,二〇〇	
察哈尔	一,八三二,七二一,六〇〇	
河 南	二,八三五,一六八,〇〇〇	
绥 远	一,〇五七,八四八,〇〇〇	
河 北	二,八三三,四〇九,八四〇	
热 河	一,〇九九,六三二,〇〇〇	
山 西	一,九一八,三六七,一二〇	
湖 北	一,八八九,六九六,〇〇〇	
合 计	一九,八二三,七九七,七六〇	

乙、金融部份：

一、钞券之接济：

绥靖区施政纲领之规定：绥靖区内非法发行之币券一律作废，禁止使用，钞券之接济需要至感迫切。其措施如左：

（一）由中央银行指定青岛、南京、长春、天津、北平、汉口等六行为负责行，随时匡计绥靖区大小额钞券需要头寸，陈由总行发行局按照实际需要情形调拨供应；

（二）由国防部转饬各部队自行携运；

（三）交通银行经饬上海分行察照需要情形充分运接；

（四）中国农民银行经饬上海、南京、镇江及苏北各行充分运济。

二、金融机构之敷设：

依绥靖区财政金融紧急措施办法之规定：绥靖区非法设立之银行应立予封闭，国家行局及省地方银行自应速筹设立，以资稳定当地金融。现中央银行苏北区已在徐州、扬州、淮阴、新浦、青口等地设立行处；热察绥区已设立归绥、承德两分行；东北区永吉、山海关两地行处已先后开业，并已在张家口先行办理军政费收解。至中国、交通、农民各行及邮汇局设行情形表列如左：

各行局最近在绥靖区筹设分支机构情形表

区别	行局别地名	中国银行	交通银行	农民银行	邮政储金汇业局
苏北区	淮阴			办事处十一月二十二日成立筹处	
	砀山			分理处十二月一日开业	
	如皋		支行十一月间复业	分理处十二月二日开业	

续上表

区　别	地名\行局别	中国银行	交通银行	农民银行	邮政储金汇业局
	靖江			分理处十二月二日开业	
	宿迁			分理处十一月七日成立筹处	
	泰县			筹设分理处	
	高邮			筹设分理处	
	宝应			筹设分处	
	淮安			筹设分处	
	泰兴			筹设分处	
鲁西区	潍县	办事处十月十八日复业	支行十一月间复业		
鲁东南区	博山	办事处正筹备复业	已派员前往积极筹设		
察哈尔区	万全		已派员前往积极筹设		已派员前往筹设机构
热河区	承德				在筹备中

三、小本贷款之举办：

绥靖地区民力凋敝，非法发行之币券，既予禁止使用，支付筹码尤感缺乏，爰经厘订绥靖区小本贷款办法及分区分期实施计划，由中国农民银行负责办理。其资金来源由中央银行在国库户下无息垫借。其第一期资金一百二十亿元，业奉院令饬拨，交由中农行，统筹配贷，办理情形摘述如次：

（一）分区调拨资金：奉拨第一期贷本一百二十亿元，当由中农行分区调配，其各区调配金额如左表：

第一期小本贷款资金调拨表

区 别	贷 额	拨 款 行 处
苏北区	十六亿元	款汇镇江行
皖东区	五亿元	款汇芜湖行
鲁东南区	二十亿元	款汇济南行十二亿,青岛行八亿元
鲁西区	九亿元	分汇徐州、开封两行
冀南区	三亿元	汇天津行
豫北区	十二亿元	汇郑州行
冀东中区	十二亿元	汇天津行
察哈尔区	十亿元	汇张家口行
热河区	十亿元	汇承德行
绥远区	十亿元	汇归绥行
晋北区	三亿元	汇太原行
晋南区	十亿元	汇太原行
合 计	一百二十亿元	

(二)确定各县配额:上表分区配拨金额系就原定第一期办理小本贷款之一百二十县,每县平均先贷一亿元匡计,至各县配额则由中农行洽商各该省政府斟酌缓急分别核定,报由本会核备。

(三)贷款机构之设立:各贷款县份业由中农行酌情筹设办事处、分理处或农贷通讯处,以期机构普遍并另组织小本贷款巡回工作队,配合办理贷放事宜。

(四)工作进度:苏北区各县小本贷款处暨小本贷款审查会,均已先后成立,并已开始办理贷放。其他山东、山西、河北及热察绥等省业由中农行遴派高级人员前往主持积极进行。

伍、粮政措施

一、民食之调剂:

关于绥区民食之调剂,由粮食部主持办理。其重要措施,有左列数端:

(一)查获匪粮,尽先拨充冬耕种籽:绥靖区收复各县经查获之匪粮,经由粮食部电苏皖鲁等省政府交由各该县政府会同接管机关斟酌各地方实际需要,尽先拨充冬耕种籽。

(二)办理急振或平粜:绥靖区内办理难民急振所需食粮原定由善后救济总署配拨,惟有时缓不济急,复经规定即由收复各县接管粮食机关就接收及搜集之非法组织遗留粮食内酌拨一部份办理急振,或平粜,以资救济难民。

(三)贷款购粮,调济民食:三十五年十月间华北粮价高涨,当由粮食部商得四联总处核准,由平津两市国家银行各行局对当地粮商及殷实商户予以贷款,俾向东北各产地购运粮食入关办理平粜贷款,总额以一百二十亿元为度。

二、统一军粮机构:

各地军粮机构过于纷歧重叠,修正绥靖区田赋粮食管理办法爰经规定应予归并统一,当由粮食部分令北平、徐州、郑州等三区军粮储备委员会及徐州区军粮储备委员会山东办事处统限于三十六年二月十五日以前一律撤销所有供应军粮业务,归军粮筹备委员会负责办理。

三、田赋之征免:

(一)欠赋之豁免:绥靖区各县市收复前各年度之旧欠田赋,经予规定一律豁免,令饬各省转饬各县切实执行。

(二)灾重县区三十五年度田赋之豁免:绥靖区收复各县当年田赋经规定,其因灾情严重,确属无法开征者,得报由省政府汇案呈请中央核准豁免,至未免赋各县所收田赋,其应解中央及省级之赋款免予解缴,全数留充地方行政及建设之用。

陆、经济措施

一、交通之修复:

绥靖区各地交通迭遭破坏,当由交通、国防两部切取联系,配合军事进展,派遣工程队设法抢修,务使各地收复后铁路及公路各干支线能短期迅速通车。其促各省配合军事进展迅行修复并设法解除其经费与工程方面之困难，以利修复。

二、对匪交通经济之封锁：

本会经制订匪区交通经济封锁办法颁发实施，于通过匪区之人员、物资、金融之流通及交通工具之统制，均经分别订定处理办法，现绥靖区各地军事机关均已会同当地地方政府进行办理。又关于对匪区海上交通经济封锁，亦经责成海军总司令部统筹办理。

三、合作事业之推进：

绥靖区各地社会经济组织迭经破坏，为求安定民生发展社会经济，当经制订绥靖区合作事业实施办法颁布施行，除按一般规定各地应组设城区乡镇合作社及县联社外，并应组设合作工厂、合作农场及合作农仓等，嗣为辅导各地积极组织各种合作社，当由社会部合作事业管理局组织绥靖区合作事业辅导团四团；共七十余人，分赴苏北、皖北、济青、河北等地工作，指导各地合作事业机关，配合实际需要，迅速组织各种合作社。又为辅助绥靖区合作事业发展，本会经策进中央合作金库推进业务，以绥靖区为主要范围，该库经订定办理绥靖区业务，分期分区计划，并已于徐州、淮阴、泰县、蚌埠、青岛、济南、郑州、北平、天津等地筹设分支金库，其他绥靖区各地分支机构在计划筹设中，藉以运用合作金融力量，复兴绥靖区经济。

四、非法组织遗留物资之处理：

绥靖区收复各县非法组织遗留物资之处理，经由本会制订办法颁发施行。对于各县接管物资机构之组设以及接管物资之保管处分，均有简明规定，现各省均已遵照执行。

五、协助工矿事业之恢复：

绥靖区各县收复后工矿事业多遭破坏，亟待恢复，当由经济部积极予以协助，俾使各厂矿迅获恢复生产，并救济失业工人，其重要者如河南焦作中福煤矿，汤阴鹤壁焦煤矿、安阳六合沟煤矿山、山东枣庄中兴煤矿、淄博区各煤矿均经协助复工生产。

六、促办工商贷款：

四联总处办理工商贷款历有成案，惟绥靖区承破坏之余，工商事业之恢复，特感迫切，经商请四联总处特为放宽贷款尺度，从优办理，仍由绥靖区各省政府就各省实际情形洽商四联总处统筹办理。

柒、教育措施

绥靖区施政纲领关于教育文化事业经规定，应特别注意其恢复与发展并普遍建立国民学校，其因战事而失学失业之学生应使其复学复业。爰经制订绥靖区中小学恢复办法颁布施行，实施情形摘述如次：

一、失学失业青年之救济辅导：

一年以来，因中共在割据地区实行种种摧残青年之能事，以致各地青年流亡载道，失学失业之现象视抗战时为尤甚，当由教育部组设青年复学就业辅导委员会予以收容辅导。其工作要点如左：

（一）流亡失学失业青年之登记；

（二）流亡失学失业青年之收容训练；

（三）失学青年之辅导复学；

（四）失业青年之辅导就业；

（五）流亡青年之鼓励从军；

（六）绥靖区教师学生之抚慰。

二、县教育经费之筹措：

绥靖各县率皆财力支绌，当由本会督导各县择其急要者尽先办理。关于各县教育经费之筹措经规定：

（一）清理各县市原有教育产款；

（二）各县征起当年田赋，经规定应解中央之百分之三十及省级百分之二十免予解缴，即以一部份拨充教育专款。

三、教材之编审供应：

绥区学校在收复前，其教材多经窜改，以宣传其不正确之思想。收复后，经饬各省切实审查改编供应，所有敌伪及其他非法教科用书与宣传品均应收集销毁,并由会筹拨绥靖区教育临时费五亿元交由教育部统筹支配,补助绥靖区各县专作购置教材用途。

四、中小学校之恢复:

收复各县原设有中小学校,经饬各省迅筹恢复,非法设立之学校应即接收,予以调整,并举办中小学校教员之甄审训练,以储备师资。

捌、地政措施

一、筹办农地之征收放领:

绥靖区之农地经非法分配,地主失踪或无从恢复原状者,依绥靖区施政纲领之规定,应由县政府征收发放自耕农承领耕种,俾资以渐实施耕者有其地之政策,顾事实上地主失踪或无从恢复原状之情况究属甚少。为贯彻土地改革之政策计,复经拟议进一步规定,凡经非法分配之农地一律由县政府征收处理,在本案未奉核定前各项工作尚难进入实施阶段。所有筹办情形摘述如次:

(一)选定试办区域:兹事重大,阻力在所难免,前于召开绥靖区政务会议时,对于此案经予切实检讨,佥认只能先行试办,视有成效再行逐渐推广,普遍办理,比经通饬各省就所辖绥靖县区妥为规划,指定实施区域,嗣因奉令成立实验县,并即规定即从实验各县先行着手试办。

(二)确定处理程序:试办土地征收放领之程序,经由本会统一规定,先从调查造册着手,依照规定应行征收之农地,即一面估定地价,一面公告征收,以次办理放领及发照手续。

(三)土地处理经费之筹拨:农地之征收放领,既经规定先从实验各县着手试办,所需初步调查及征收放领等项行政费用,经按八个实验县,每县三亿元匡计,在绥靖临时费预算内划列二十四亿元,仍由地政署按照各该县办理征收农地面积拟具分配预算,由本会核定呈院拨发。

二、筹办土地债券之发行:

被征收之土地依照规定由县政府依法估定其地价,折合农产物,以土地债券分期补偿之。土地债券之发行,并经规定中国农民银行负责办理,当由中农行拟具"绥靖区土地债券办法及发行计划"呈奉核定是项债券。以农产物为单位,分小麦券、稻谷券两种,债券面额分为一市石、五市石、十市石、五十市石、一百市石五种,其图样业由中农行设计完成,在沪招商估价承印,俾可及时应用。同时以发行土地债券手续繁复,各省政府或未能明了此中情形,经由中农行派员分赴江苏、山东、河北洽商各实验县之土地征收分配承领各项实施办法,期于最短期间完成初步工作。

三、实施保障佃农:

绥靖区还乡地主不免有自由报复,收回现耕农民耕地情事,本会迭经严令绥靖区各省政府及各军事长官应恪遵绥靖区施政纲领及土地处理办法之规定,禁止自由报复,非自耕之土地应由现耕农民继续耕种,布告周知并转饬所属一体遵照。在暂不征收区域尤应严禁任意撤佃并应实施租约登记,由地方政府严密监督执行。为调处佃农与土地所有权人之间发生之地权纠纷,或土地债务纠纷,本会并制定绥靖区县及乡镇地权调处委员会组织规程颁发各省遵行。

四、厉行三一减租:

绥靖区迭经变乱,农村经济破坏,农民生计艰苦,本会根据绥靖区施政纲领第七条及土地处理办法第五条租额不得超过农产正产物三分之一及农民欠缴之佃租免予追缴之规定,通饬绥靖区各省政府及军事长官严厉遵行,并严格检查租约,如发现租额超过农产物正产物三分之一者应予纠正,在暂不征收区域尤应厉行三一减租。

玖、救济卫生措施

一、划拨救济费:

绥靖区救济费,经奉核定总额为一百亿元。其分配如左:

(一)急振款：九十亿元；
(二)救济事务费：五亿元；
(三)卫生救济费：五亿元。

以上各项专款，其中救济事务费及卫生事务费经呈院一次拨发，分别交社会部及卫生署领用，急振款九十亿元亦经分批拨交社会部转发急振总队部办理收复各县急振事宜，按每县五千万元支配，每收复一县，即由急振总队部调款前往施振。

二、成立急振机构：

关于绥靖区难民急振事宜，特组设绥靖区难民急振总队部，负综合联系及监督指导之责。该总队部经于三十五年十一月九日正式成立，各区急振机构亦经依照规定由各该省市政府会同绥靖公署或绥靖区司令驻军长官之政工机构、国防部人民服务总队部、善后救济机关党部、团体及民意机关派员与地方人士会同组织急振大队及中队，负责办理各该地难民急振工作。现据报已设立队部者，计苏北、鲁东、鲁西南、豫北、冀东、冀中、热河、察哈尔、绥远、晋北、晋南等十个大队，皖东、冀南两直属中队。

三、拨发急振款物：

绥靖区难民急振款额共为九十亿元，总队部先以振款六十亿元按照核定汇款办法，由中央银行汇交各区大中队长经收配发，其余三十亿元俟各县收复时立即照案配拨发放。至救济物资，经按照核定分配数量由主管机关配拨赶运，除少数地区尚待补充外，余均足敷供应。所需食盐当由总队部径商财政部转饬拨发，现豫北等地区所配食盐已先后如数拨到。急振粮食，除由救济机关拨发面粉外，并由粮食部转饬所属粮政机关酌拨应用。为使救济物资运输迅捷起见，经由交通部及联勤总司令部转饬所属予以协助，并拨用车辆。

四、推进各区难民医疗工作：

关于各区难民医疗工作，业经按照区域分别成立医疗防疫队，并由卫生署及善后救济总署调派原有各地医防队协同办理。医防队组设情形及药材之供应摘述如次：

（一）临时医疗防疫队之设置：由卫生署督导各省卫生处，第一期设置临时医疗防疫队十二队。现已呈报成立者，计有八队，其余四队，业经卫生署催办。

（二）医疗防疫队之调派：依照计划，应由中央调派医防队十队前往协同办理难民医疗事宜，内七队由卫生署调派，三队由行总调派。现已到达地点开展工作者，计有七队正在推进中。此外并经饬由各省卫生处负责调派原有医务人员或工作单位前往办理，现据报已遵令派往工作者，有河南省之第三医疗队已在豫北展开工作，江苏省计有两个分队，四个工作队在苏北展开工作。

（三）药品器材之供应补充：关于绥靖区拨发物资业经善后救济总署增拨各项药材及大量痘苗，交由各有关分署照该署一般办法配合办理，卫生署已运抵徐州发给行总第二医防大队者一吨，发给芜湖卫生署第二医防大队者两吨，在陆续分别配发中。

〔绥靖区政务委员会档案〕

3. 江苏启东县关于"绥靖"概况报告

(1946年10月30日—1947年2月6日)

溯本县位大江之委滨海一隅，抗战比兴旋告沦陷，倍受敌伪蹂躏，其间复经匪潜滋扰破坏摧毁，不胜苛暴，及胜利后匪扰，全县遍罹赤祸，举凡民有财物具遭剥尽，一切建设悉告荡然。本府于去年十月三十日随军推进返还县治，瞩目县城庐舍为墟，人烟几绝，厥状惨极，经□后遵照中央颁布绥靖区实施纲领、省颁各种法规计划及第一绥靖区绥靖会议决议各项分别切实施行，排除困难，三月以来，地方秩序渐趋稳定。兹将各项举办情形，依次列报于后焉：

甲、收揽人心

入境之始，以奸匪之政策苛辣，本县受毒至深而人心之收复为

政治之第一要着,爰本中央之德意从事下列工作:

一、抚辑流亡:本县侨治崇明时已领得面粉一千六百三十二袋、旧衣一五〇〇件、旧鞋一五〇双、款三百万元,当即分发流亡难民,其后均随同本府还乡,续又领得面粉一千八百四十袋、款二千万元,由社会部许专员南通彭主任亲临监放。惟还乡民众家乡仍陷匪区,不能即返者为数不少,乃先于十一月初就县城内设难民招待所二所,经常收容难民一百二十余人,逐日按大口发面粉一斤半,小口减半发放,以资救济。目前每开展一地区,均饬令各该地方收容不能还乡之难民,以宏救济之效,所有本县冬令救济委员会及最近成立之急赈委员会均分头向善后救济总署分署苏北急赈大队部等机关请求拨发救济赈款物资,并向各旅外富商劝募。本府前奉四区专署转发敌伪遗留充作救济之面粉、饼干等项业经领回,刻正筹划发放。另又分饬各区详切调查急赈对象、办理登记,一面派员给领已经请准拨给各项赈款救济面粉、衣物等运县办理救济流亡难苦。

二、严惩土劣:县境以内,凡收复各区均经分别饬令各区乡镇长彻查地方土劣,严加惩办,以安良儒。入境以来,地方土劣为数无几,容有少数于每收复区时,辄随匪窜匿他往,顷分别详查,待全面开展,拟厉行检举,严惩示儆。

三、奖励良贤:本县公正士绅及具有才干人员早于沦陷之前高蹈远逸,本府曾分别函加慰问,促请归来,协助复员,月来逐有还乡,均一一给以精神上之奖励。至随府入境之各忠贞人员视能力才具业分别予以保障,畀以相当工作,以昭激励。

四、实行土地政策:本府以县境未获全面推展,建制未能恢复,所有全县之地籍整理,土地政策之实施,正计划步骤,分期遵照进行,目前已将各项法令饬行各收复区乡镇分别举办。

五、减轻人民负担,严禁非法摊派:人民迭经敌伪奸匪先后蹂躏,水深火热,痛苦已极,收复后即严令所属各级机关体恤民艰,减轻负担,绝对不准非法摊派款物,有忽绥靖要政。三月以来,迄未见任何一机关有非法摊派情事，人民亦未有无理负担任何供应物资费用。

六、严惩贪污，树立廉明作风：自还治后，所有县属机关工作人员，迭经一再申令，告诫洁身自好，树立廉明政治，先后数月尚未发生贪污情事。顷闻三区信实乡乡长龚志诚有贪污之嫌，业经予以看管，俟查明后再行处理。

七、匪军物资之依法处理：自十一月起至十二月止，在胡前县长任内，据所属各机关部队报来仅卤获一部份奸匪物资。自一月起至目前止，县城以内尚未卤获物资。至各区刻正催饬查报，将所卤获物资迅交物资接管会，听候依法处理中。〔附表一〕

乙、政治清乡

管理民众事务至繁且多，值此收复之初，舍收揽人心而外，其尤重者，莫若政治之推行，清乡之举办。职是之故，本县所办理者如下列数端：

一、恢复健全各级地方行政机构，进入定位展开工作：关于各区区公所均已恢复机构，计已进入定位者：有第一、第二、第三三个区公所，至第四、第五两区尚未开展，未及进入定位。所有第一区镇公所进入定位工作者，有县治、中柱、中成、中平、中古等五乡镇；第二区有正礼、正物、正德、正方等四乡镇；第三区有北新、信言、信用等三乡镇；第四、第五两区正积极准备，候令推进入境。附图（一）〔图略〕

二、严密编组保甲，清查户口，实行联保连坐：凡进入定位工作之乡镇，均已编组保甲，清查户口，计有八乡镇、八六保、八五八甲，共八五三八户，人口数为四一〇一九人；其半控制乡中保甲编组户口已清查者计十乡镇，九八保，九八三甲，一〇〇九一户，人口数为五〇二二八。（附表二）〔表略〕

三、积极宣传及策反工作：自本府入境后，首先印发告民众书，宣传中央意旨，劝勉受奸匪愚弄份子反正，复将各种法令布告晓谕周知,所有中央、省府、第一绥靖区司令部各层峰及本县各种文告宣传等品均饬各区设法散入匪区中。本年一月新启东报出版复经常辟栏宣传,至此项报纸业已能乘隙散入匪区之内。

四、办理自首自新青年感训:自三十五年十一月起,即遵照第一绥靖区司令部绥二北宁第二〇〇四号代电附发之办法依据自首自新人员须觅切实保证,按照法令办理手续后,方准自首自新之规定,通饬各区乡镇认真办理,计自十一月五日至一月十日止,共办理自首自新者三七三名,同时于十一月一日成立感训大队,收容青年施以感训,计至一月十日止,受训者一七九名。(附表三四)〔表略〕

五、加强地方武力及清乡壮丁队之编组与运用:地方武力一为保安大队,一为民众自卫总队。保安大队原有四个中队,三十五年十二月八日奉第一绥靖区司令部令无庸成立,惟以清剿工作急待推进,权保留一、二中队,其余遣编。兹又奉令仍须依照前颁编制编为四个中队,已着手扩编,所有官佐均经省保司令部第一绥靖区司令部派定人员先后来县。关于民众自卫队,除一区为前还乡团之一部分改编外,其余各区均系自行募补扩编。至本县警察局,于去岁十二月奉令成立,局之直属武力,计警察队员警八十二名,步枪四十五枝,水警队三十九员,步枪十枝。凡上例三种武力部署任务均详附表五、六、七。至清乡壮丁队,业经遵照办法令饬各区乡镇加紧办理,以资运用,而利清剿。(附表五、六、七)〔略〕

六、建立政治情报网:依照法令规定:县有情报组之组织;区有情报小组;乡镇有情报员,此为侧重军事方面之机构。本县业已举办已收复之一、二、三三区均遵照设置予以运用;四、五两区未及开展,区公所已有兼人员,各乡尚未建立齐全,有待赓续树植,其所运用结果,探得全县散匪情况如详表八。至政治情报工作,本县以节省人力、物力起见,已由该组兼办,不另组成。(附表八)〔略〕

七、举办联防:联防工作在地方武力与国军现驻各据点密切联系者,有如下列各端：

（一）本县保安队之第一中队全部于三十五年十二月进驻县城西十六里之余角镇,协助第二区推进清剿工作；第二中队驻守县城,协助城防并不时配合国军出击散匪。

（二）本县第二〔一〕区自卫队及县治镇自卫队驻县城及龚仓角,协助县城防并维护交通。第二区自卫队随保安第一中队进驻圩角镇,推进清剿并恢复乡镇行政机构。第三区自卫队进驻北新镇,清剿散匪,恢复乡镇行政机构。第四、五两区自卫队尚未入境,现均集驻县城,相机配合,向区境内突击散匪。

至各县镇民众自卫队及清乡壮丁队联合数镇组织联防队,手执长矛昼夜站岗鸣锣示警。本县第二区业于本年一月十三日开始办理,其办法如次：

〈一〉保联哨哨员执行任务时,在左臂佩有袖章,各执长矛一根。

〈二〉保联哨日期任务就保内交通冲要之处豁望及盘查行人,夜间于境内巡逻,遇有匪情,即鸣锣示警。

〈三〉保联哨哨所树旗一面,上书"守望相助"四字,印有区所钤记。

八、工事构筑与守备：本县目前恢复各据点,计有县城、泰安港、龚仓角、北新镇、川洪港、新港镇、高家镇、圩角镇、合兴镇、南阳村、边济镇等处,各处均经筑有碉堡。其守备一项,为国军与地方武力配合驻守或分守。至国军驻地任务详表九。（附表九图二）〔表图均略〕

丙、复员建设

一、交通：本县业已修复公路,计有：旧县城所在地之汇龙镇,向西经高家镇、北新镇至川洪港间约三七华里；由县城向南经龚仓角至泰安港间约十八华里；由县城向北至合兴镇间约七华里；又由高家镇向北经余縠镇至合兴镇间约十六华里；县城至南阳村间约十八华里。合计九十六华里。兹犹加强修整于公路两旁遍植树木，以养路基路面，正向省厅请拨碎石材料，重新铺整。所有水路交通已有泰安港至县城，泰安港至川洪港、北新镇间，泰安港至圩角镇间可以畅通。至沿江一带有海军之炮舰经常于江面巡逻。各港口复有军警严加检查，维护交通，而安商旅，尤避免奸匪混杂南窜。（详图（一）并附城厢图）〔图略〕

二、通信：本县以经费困难，电话交换所尚未成立，惟本府有十门总机，一部暂与驻军独立团通信排共同负责办理电话交换事宜。县城内已装设通话者，有本府警察局、县党部、军民合作站、第一区公所及独立团团部。县城与各区乡间通话者，计有高家镇、北新镇、川洪港、新港镇、龚仓角、泰安港、合兴镇、圩角镇等地，所有南阳村至县城间之电话刻正装设中。

三、行政干部之训练与基层干部之健全：入境以后行政工作推展不容或缓，以本县之在籍人民受奸匪威逼利诱，误入歧途者比比皆是，爰于入境之先罗致忠贞之士，延揽干练之才担任区乡镇长，兹区乡镇长已奉令分批送省受训，惟以人不敷用，刻正着手筹办干训所，招收青年施以训练，以资增补，健全区乡镇保之行政基层干部。

四、本县受匪毒殊深，教育复员亦当务之急，惟所有校舍均成废墟，为应现实需要，乃先假民房恢复。汇龙镇中心国民学校一所于十一月十二日开学，计有学生一百八十七名，教师五人。本学期地区拓展尽先恢复北新镇、余毅镇中心国民学校各一所；新港镇、高家镇、合兴镇、龚仓角、泰安镇、永兴镇及社仓国民学校各一所；又私立兴邦初级中学校一所业已开办，计先招收初一、初二两班。至本县简师、县中均在筹办中。

五、举办贷款，发展生产事业：本县之受灾情形既如前述，则地方之民贫财竭更不待言。还治三月，民气未苏，金融枯涸，银行钱庄均属乌有，而民众有待调剂不可终日。本府有鉴及此，曾呈请于本县设立江苏省银行办事处，举办贷款，以资发展生产。本年元月五日，江苏省银行派员来县觅址筹备，先成立本县公库，业经订定合约，并经一再敦促，拟于三月间正式营业，贷款事业可资举办。复以合作事业重要有关农村经济建设，兹已呈省请拨合作贷款五千万元拨县备借以资周转而利生产。

综上各点，为本县还治后之措施中以于去年十二月二十三日始来启邑甫一月有余，本中央、本省、本区之德意与各种法令规章，承胡前县长之后，赓续办理绥靖庶政，百废待举，职责至重，乃为时至促，成绩至鲜，冀于今后本人力、财力、物力之所及，当——力求建树以奠新基而利邑民，余则非敢期也。

〔绥靖区政务委员会档案〕

4. 第八绥靖区司令官夏威关于"绥靖政策"实施情况报告书
（1946年11月）

第八绥靖区政治报告书

第一　收复区各县目前情况与今后的展望

自日本无条件投降后，本区里重要交通地区已为我国军收复，至边远及接近共军盘据地区虽仍为共军乘机占领，变本加厉，不顾国家民族之生存，继续攻击或偷袭我国军驻地及收复之乡镇城市，破坏行政机构，惨杀人民，本区为自卫与推行政令，保护人民生命财产不得不予还击，被难人民亦纷起武装还乡，在皖省之津浦铁路南段两侧，淮河南北两岸被共军占领之泗县、灵璧、盱眙、五河、嘉山、定远、天长、来安、涡阳、蒙城、洛县县城、宿县、怀远、寿县、凤台、凤阳、滁县、全椒、和县、合肥、含山、巢县、无为、桐城、庐江各县乡镇，已随军事进展先后完全收复，地方机关团体学校均重新建立，人民亦由异地迁回家乡，复员与救济工作已开始办理。兹将收复区各县目前情况与今后之展望详述于后：

目前情况

收复区各县党(团)政人事虽经调整,各级机构、人民团体、学校虽已重行建立,惟组织未臻健全,配合未能密切,而贪污之事日有所闻,报复行为时有发生,人民痛苦日渐加深,军事进展虽然迅速,复员工作不易推行。列举事实于下:

各县党员总清查工作多不能遵照规定积极进行,各区党分部组织未能与行政区域配合小组,有已编划者,有尚未编划者,委员会议,党员大会,小组会议多不能按区举行,训练材料缺乏,宣传工作亦欠实际,防奸工作虽在积极进行,对办理自首自新份子手续尚多迟慢,且尚有特工人员与政府处理意见不能一致者。三民主义青年团各县分团有尚未筹设者,有在筹备而未正式成立者,且均缺乏训练,工作未能开展。各级行政机构虽经建立,在政府半控制区多数乡镇长未敢入境,政府控制区保甲虽已编划户口调查,五家联保连坐,各县多未办理完竣,户口异动登记表册多因无数未印制。各县人口均系约数,未有确实数字。保民大会亦不能按期举行。各县临时参议会虽已成立,而乡镇民代表尚未能多数选出,保长均系政府委派。各县财政尚在着手整理,田赋册串多已损失,虽在积极清查,短期内不易完成。田赋虽在着手征收多无依据,二五减租各县虽布告尚未实行。共军遗留物资均在清查,但有为不法人员运走和经办人之吞没。乡镇保中心及国民学校未能普遍设立,教师与教材均感缺乏,教育一时不易普及。公路虽已修复,路面尚不平,桥梁涵洞多不坚固,一遇天雨车辆行驶即有危险。电话亦多未架设完成。地方自卫武力均在积极加强中,尚能配合部队剿匪,难民还乡团已入境者均改为自卫队与民众自卫队。惟一般人民感受共军压迫残杀愤恨甚深,为防止卷土重来和潜伏份子活动多卖牛买枪以作防卫,购枪防匪,固属重要,卖牛则影响耕种。至地方摊派,政府虽早经明令禁止,但尚有部队向地方借粮及征购马干草料,乡镇保人员利用此种机会仍大量摊派中饱,部队所缴价多被吞没,不发还人民,(灵璧县政府固镇办事处主任即有吞没之事实,人民已向政府控告。此仅举其二,其他各县亦有类此事件发生。)受共军压迫逃出之难民已有一部随国军政府还乡,但多衣食住均无,未逃出之人民遭受水灾、蝗灾、旱灾及匪灾者中央为赈救灾民,虽拨发赈款、赈粮、赈衣、种籽救济而经办赈济人员有利用机会从中舞弊,至人民有不希望救济,只求不增加各项负担之呼声。

今年皖北水灾为害至大,现秋收甚少,明年饥馑更属堪虞。人民劫后归来,嗷嗷待哺,社会秩序尚未完全安定,必须继续清剿残匪及推行一切新的建设,始能一举而促成全功。

关于本区一般经常之工作始终积极推行,故不附列。兹谨将有关党政绥工作及建议事项分陈如后：

第二　党政重建工作概述

(一)党政工作会报：

一、蚌埠市党政工作会报由本部政治部按月召集举行,参加机关为市政筹备处、市党部、青年分团、一七六旅政治部及本部政治部等单位,每次决议案如各种纪念会之筹备及党政工作之计划等,除送由各有关施行外,并于下次会议时检讨实施成果,以求改进。查从本年三月份以来,所有各种决议案均能收预定之效果。

二、各地会报情形已据报者有：

1. 桐城党政军联席会议,主持人八十四师师长张光玮,实际负责人詹斌,参加机关十七单位,每月举行一次。

2. 滁县党政军联席会议,主持人于祖训,实际负责人孙树东,参加机关六单位,按月举行。

3. 嘉山县党政军联席会议,主持人莫万章,实际负责人姚成球,参加机关五单位。

4. 全椒党政军联席会议,主持人李振国,参加机关十三单位。

5. 泗阳县党政军联席会议,主持人军长钟纪,实际负责人邬浩,参加机关六单位。

6. 淮阴县军政委员会,主持人一七一师政治部主任戴田让,参加机关六单位。

7.萧县曹村党政会议,主持人魏沛苍,实际负责人甄绍武,参加机关二十六单位。

8.其余各县正在催报中。

(二)党政会报秘书处组织经过情形：

本部奉徐州绥署午巧代电附发会报秘书处组织条例后,除交政治部转各县遵照外,当拟订安徽省党政联席会议会报秘书处编制预算,电皖省府照经费预算先行筹垫成立,嗣准皖省府秘财计岁酉齐代电略：谓因财政改制后收支不敷奇巨,款源困难,在未奉中央拨补经费以前暂缓扩充。等语。当经转报徐州绥署奉核示准暂缓成立,惟该会报秘书处业务及待进行,业经于酉东起饬由本部政治部代为办理。自经办以来,各项中心工作,如青年队组训及民众自卫队组训等均已具有成效。详情如次：

(三)难民还乡团,本区难民还乡团已组织成立者,有：

一、泗县难民还乡团团长许腾宇,于三十五年七月十五日在固镇成立,共有官佐二三员,团员四〇〇名,步枪九〇枝,子弹一三〇〇粒。

二、嘉山难民还乡团团长胡梓征,于三十五年八月二十五日在明光成立,官兵共一四六九员,步枪三〇〇枝,子弹五〇〇〇发。

三、凤阳难民还乡大队大队长陆壁九,于三十五年七月二十八日在三铺镇成立,官佐一六员,团员一八四名,步枪九二枝,手枪一二枝,子弹一八〇〇粒,手枪弹一九〇粒。

四、盱眙难民还乡团团长阚济民,于三十五年九月五日成立,下分两大队七中队,该团人数名册尚未据报,无法统计。

五、以上各团本部,除协助指导已达还乡外,并经依照徐州绥署颁发之绥靖区难民还乡团组织办法第十一条,难民还乡既达还乡目的后,应即取消并入该地民众自卫队之规定,已电各该县府改编。

(四)民众自卫队:各县民众自卫队已组织成立者,有:

一、泗县民众自卫总队,总队长江石安,有二六乡(大)队,一〇八保(中)队,二六〇任务队,二四〇枝步枪,子弹甚少。

二、盱眙民众自卫总队,总队长王毅,有二八乡(大)队,二五一保队,二二五九任务队,步枪一一七三枝,子弹三一九〇〇发。

三、滁县民众自卫总队,总队长余瑶石,有十七乡队,一一九保队,一〇七一任务队,步枪六六〇枝,手枪一四枝,步弹一四二五六发,手榴弹二四一发。

四、定远民众自卫总队,总队长李宣,有三七三个保队,三三五七任务队,枪弹尚无。

五、天长县民众自卫总队,总队长管颂北,有二三乡队,二四〇保队,枪弹尚未统计。

六、宿县闵贤乡民众自卫队,队长王惠民,有七个保队,步枪二〇枝,子弹一〇〇〇发。

七、淮阴第四区自卫队,有一二个分队(每乡一分队),一个任务队,步枪二〇枝,子弹六〇〇发。

八、萧县曹村乡民众自卫队,队长高建,有一〇保队,九〇个任务队,无枪弹。

九、泗阳民众自卫总队,总队长田德生,有八四乡队,五八八保队,二九四〇任务队,步枪三五〇枝,子弹一七五〇〇发。

十、桐城民众自卫总队,总队长全无若,有七〇乡队,八二六保队,现正在编组中。

十一、灵壁、五河、嘉山、凤阳等四县正在编组,无法统计。其他各县则尚未据报。

合计有乡(大)队二六〇队,保(中)队二四二二队,任务队九九七八队,步枪六七七三枝,手枪一四枝,子弹六五四九七发。

(五)各县军民合作站已组织成立者:

一、蚌埠军民合作总站,站长李品绪,于三十五年十月九日成立,地点设本市商会。

二、桐城军民合作总站,站长全无若,于二十五年十月二十日成立,地点桐城。

三、十里铺分站,站长江石安,地点设该县社旧址。

四、灵壁军民合作总站,站长戴桓武,地点在城内东门大街。

五、五河军民合作总站,站长张宪,地点设该县商会。

六、盱眙军民合作总站,站长江毅,地点设总工会。

七、滁县军民合作总站,站长黄馨山,地点设城内火神庙。

八、凤阳军民合作总站,站长谷醒,地点设在临淮关。

九、定远军民合作总站,站长李宣,地点设该县城东大街。

十、淮阴鱼沟镇军民合作总站,站长王伯南,地点鱼沟镇,于三十五年十月十一日成立。

十一、萧县曹村军民合作总站,站长张让梅,地点设曹村,于三十五年十月十六日成立。

十二、泗阳军民合作总站,站长纵精瀛,地点设该县众兴镇,于三十五年十月十一日成立。

合计总站:一〇个,分站:一〇个。

(六)各县青年工作队已督导成立者如下表:

名　　　称	队长姓名	成立日期	附　　记
蒙城县青年工作队	张纯兴	六月十二日	经常工作
临泉县青年工作队	陈玉璞	六月十五日	均有报告
太和县青年工作队	贺才连	六月二十九日	本部亦经
蚌埠市青年工作队	张培朗	七月六日	常指示其
和县青年工作队	穆道铎	七月一日	工作进行
怀宁县青年工作队	何炳光	七月一日	
嘉山县青年工作队	陶镕	八月二十五日	
亳县青年工作队	沈贯卿	八月二十六日	
合肥县青年工作队	黄昌乔	八月二十二日	

续上表

名　　　称	队长姓名	成立日期	附　记
巢县青年工作队	万长乐	八月二十八日	
潜山县青年工作队	张之权	九月一日	
庐江县青年工作队	徐　步	九月一日	
舒城县青年工作队	王仁峰	十一月一日	
阜阳县青年工作队	李乐宾	九月一日	
怀远县青年工作队	王昭泰	八月二十三日	
宿县青年工作队	张兴仁	九月二十七日	
灵壁县青年工作队	徐俊卿	九月六日	
盱眙县青年工作队	叶维藩	十月十二日	
滁县青年工作队	王敬堂	七月一日	
瞿邱县青年工作队	朱援五	七月二十三日	
寿县青年工作队	张善竣	八月二十六日	
六安县青年工作队	胡苏明	八月一日	
立煌县青年工作队	陈纯清	九月一日	
桐城县青年工作队	徐伯书	八月二十日	
望江县青年工作队	张国雄	八月一日	

合计：二十五队。

(七)收复区青年感训情形，已成立感训队从事训练者有：

一、蚌埠为本区司令部组织名为感化队队长王定一,地点设蚌埠飞机场附近南兵房内,于本年十月十五日成立,收集各军师旅送来之曾参加匪军工作份子共一五三名训练,内容侧重在精神及思想之改造,情形甚好。

二、天长县在县训练尚未成立以前,已暂组织农村工作服务队,以从事将参加匪军工作份子予以训练,其所拟办法与徐州绥署颁发之收复区青年感训办法尚符。

三、淮阴县渔沟镇有青年集训所,负责人谢世清、王伯南,于本年十月十六日成立,收容男一〇〇名,女四〇名。

四、其他各县正电催办中。

（八）民众护路工作：本区津浦南段业经遵照民众护路办法将该段铁路沿线分四段成立党政军民合作指导委员会，计为：

一、由花旗营到北洋桥为第一段，系一七二师五一六团组织，于本年五月二十八日成立。

二、南接洋桥，北至明光为第二段，系一七二师五一五团组织，于五月二十八日成立。

三、由明光至蚌埠为第三段，系一七三师五一二团组织，于本年五月三十日成立。

四、由蚌埠至凌家桥为第四段，系一七一师师部组织，于本年五月二十八日成立。

第三　特种工作概况

一、举行特种会报：

自五月份起，每月举行一次商决本绥区防奸防谍政策计划方案等，由蚌市各机关首长参加，至十月份止，已举行六次会议。

二、举行情报会报：

由会报秘书长（政治部丘主任）召集，每周举行一次，参加人员为蚌市各机关首长及主办特种工作人员，会报内容为交换每周情报，供给本部作绥靖工作之参考，并随时呈报层峰备查，自四月份起，至最近止，已举行会议三十次。

三、举行防奸防谍会议：

由本部第二处负责，每半月举行会议一次，目的为检讨防奸防谍工作之实施情形及改进之研讨，先后共举行八次会议。

四、办理奸匪自首自新工作：

由会报决定交由省党部皖东北调查室专责办理，计蚌市办理自首人员三十一名，蚌市外围办理自首自新人员四十三名，该项工作仍继续进行中，各县自首自新工作亦积极办理。

自五月份先后逮捕奸匪及嫌疑分子共计二百五十三名，除送徐州联秘处八名外，其余情节较轻或无证据者，分别送感化队实施感化,或准予自新自首及取保开释。近月来,此项逮捕奸匪工作暂行停止(因奸匪在蚌活动极少无线索可得,各地奸匪之活动亦少)。

六、成立感化队:

本绥区因逮捕奸匪甚多,于九月份成立感化队,由司令部指派专人负责管理,并由政治部指派专人担任政治指导员及政治干事,专负感化工作之实施,共有受感化队员一百零七名。

七、刊印情报汇报、情报周刊、调查报告:

由司令部政治部分别按期刊印分发所属有关单位参考情报汇报,每月出刊一次,已出至十月份;情报周报每周出刊一次,已出至十一月份;第一周调查周报,已出刊十二期。

八、搜集奸匪宣传资料:

本绥区自成立以来搜获奸匪宣传资料,计分书刊、报纸、地图、肖像、文件等,总计七百六十九件,除重要者八十六件呈缴上峯外,其余存本部参考。

九、加强特种宣传工作:

由政治部经常印制大量对匪宣传标语、口号,交由各级政工人员、难民还乡队、各县青年工作队携带至收复区散发,促使民众协助国军,拥护国民政府,策动奸匪携械投诚,反正来归,并将奸匪暴行择要于报端披露,使民众益加明了奸匪之不法行为与事实。

十、所得情报工作统计:

计五月份七十八件;六月份一百三十九件;七月份一百五十一件;八月份一百九十三件;九月份二百七十七件;十月份二百零五件。总计六个月所得情报一千零四十三件。

司令官夏威　呈

中华民国三十五年十一月

〔绥靖区政务委员会档案〕

5. 山东绥靖统一总指挥部一九四六年度工作总报告书

(1946年12月31日)

一、前言

甲、会报成立之经过

本省光复以来,去年冬季党政军团工作偏重于接收方面工作,推行之地区限于济南、青岛等重要城市,其余多系匪区。本年一月奉令成立第二绥靖区司令部,赓续运兵来鲁。二月间司令部重要人员到济,正式成立时,济南在匪重围中,有岌岌不可终日之势,经部署军事第一步巩固济南、青岛及历城、长清、齐河、晏城、聊城、潍县、安邱、滋阳、临城等县县城,以为对抗匪军之基地,并切实健全组织,使能发挥最大效能,逐渐开展。三月初旬成立党政军联席会报,其业务于省府中设秘书处主管其事,办理防奸捕奸情报宣传等工作。初期为防止济南潜伏奸匪活动,并予逮捕审讯以遏乱源,故当时鲁境匪势披猖而济青治安得以维持。四月一日奉令成立本部(山东绥靖统一总指挥部),统一全省党政军团指挥事宜,齐一部骤,藉收联系合作之效。本部成立后,每星期召开各机关主管会报一次,并讨论对付奸匪之对策及情报执行等事项。本年五月下旬奉令将省府会报秘书处裁撤,所有工作移交本部接办,以免工作重复。自六月一日起,本部增设情报执行两组,接办会报业务。溯自本部成立迄今,本省党政军团确能精诚团结,协同一致,在工作上收得互助协调之效,积极方面使本党政策及中央命令顺利推行,获得一般人民之真诚拥护;消极方面侦捕防范亦颇称严密,使奸匪在我方地区无法活动。

(本部之组织人事经费如附件 ABCD)

乙、业务概述及其他:

本部自成立迄今工作之较著者:如成立各区复员工作督导团,健全各级党政机构,随同军事推进组织各县难民还乡队,实行武装还乡,协助军事行动,对匪斗争;成立人民自卫队积极组训民众加强自卫力量;成立青年工作队指导青年思想,领导青年运动;成立学兵总队,收容并训练失学失业青年;成立青年训导总队,感化捕获奸匪及自首自新分子;成立特种案科审讯委员会,慎重处理奸匪案件;成立各机关学校防奸小组,加强防奸及情报组织;成立物资管制委员会,防止军用物资流入匪区;成立特种宣传委员会,编印刊物及传单等,加强宣传工作,他如军粮之筹运,民食之维持,金融之调剂,交通之恢复,举凡党政之建设重要措施悉经本部督导,逐项施行。

二、匪情〔略〕

三、工作

甲、军事方面〔略〕。

乙、党政方面—— 一、(政治)

〈1〉本省为向匪区推进并使人事经费合用,俾宏实效起见,本年春即组织各区复员工作督导团,以行政督察专员为团长,率同所属各县县长及专署县府职员进入匪区,展开政治斗争,收效甚巨,五月间复经予以调整,共分为济南、高密、临城、张店、潍县、德县、高唐等七个区,现有临城、张店、潍县三个区因辖县大多收复,专署县府均已复员,故已撤销。

〈2〉由本部策动并督导校阅全市团队、警察机关、学校、人民团体、民众组织,自五月十日起实施,至五月底校阅毕,树立精神壁垒,加强组训实施。

〈3〉督办济南户口总清查及整编保甲,于五月底整编完竣,计全市十一区八十六坊六百二十四保七千八百六十甲十万九千零四十二户五十九万一千四百九十口。

〈4〉督导行政机关配合军事进展其已收复者:已有历城、昌乐、章邱、长清、聊城、临淄、齐河、潍县、益都、邹平、淄川、安邱、桓台、博山、即墨、胶县、曹县、荷泽、单县、鱼台、金乡、城武、定陶、济宁、嘉祥、巨野、滋阳、长山、高密、峄县、昌邑、郓城、濮县、宁阳、平度、掖县、寿光等三十七县，又各县地方行政经费已增加一倍（五百万元增至一千万元），以增进工作实效，并督饬民厅、建厅及沦陷县长中选派九人组织收复区县考察组，赴收复区考察，俾就实际情形互相观摩改进。（附表一、二、三）〔略〕

（5）督饬省府建厅组织三个工程队随军进展抢修公路电线，现青济公路已通车（附表四）〔略〕。

（6）督导强修胶济路，本部与路局负责人经常保持联系，现该路已于十二月十三日接轨，十二月十六日全线通车。

（7）督导办理工赈，修筑环城公路，全长六十五里，需工二十五万六千五百九十八人（以工代赈，经于上月派员验查完成）。又疏竣全市下水道，共长十四万公尺。

（8）办理工矿复员，组织煤矿工程两队赴章邱、淄博一带恢复煤矿工程，并组织工矿管理委员会，维护矿区安全及合理管制运销增产（该会已于本年十二月一日奉令结束）。

（9）调查济市各中等以上学校共计二十四校，嗣即由本部徐秘书长逐一亲往视察，并作学术讲演，以纠正青年谬误思想，总计讲演二十四次，听讲学生一万零四百人。

（10）救济贫苦学生，自四月份起，师范生计三一九八名，公费中学及专科生共计一二九九四名，亦按照国立中等以上学校学生核给公费办法规定百分之四十给予公费，百分之四十给予半公费（当时全费为九千元，半费为四千元）共受救济学生一六一九二名。又拨付良心献金二百八十万元及司令官兼主任拨杂粮八十六万三千五百二十二斤，均配合各贫苦学生领讫。

（11）培养师资并救济失业教员，办理中小学教师训练班，六月一日开学，经登记者计：小学教员一五二七名，中学教员五一名，共一五七八名，经考取入班者男五八名，女四五名，共九百零三名。

（12）办理高中以上学生暑期集训，自七月一日起至二十八日止,共四星期之训练,经派员视察计十五个中学参加学生二千二百零八名,训练科目:术科以射击教范为主,学科注重精神讲话及思想纠正,颇收成效。

〈13〉督导举办各中学讲演比赛及各种正当活动,改善学生思想,并改良学风,均经派员指导。

〈14〉本部主编之力行月刊,自本年四月出版以来,销路颇佳,以研究三民主义,阐扬力行理论,提高军中文化及促进科学建设,驳斥匪军暴行为宗旨。现已出版至第九期,每月销行三千余份,自双十节起,绥区政治部又发行力行周刊一种,加强对匪宣传。

〈15〉督饬动员民众修筑路旁碉堡及壕沟,胶济路自我方开展后,国军以兵力不敷困于防守,本部当督饬山东省政府转令各县动员民众修筑路旁碉堡壕沟,沿线交通赖以保障,并经会报决定派青年团山东支团部书记龚舜衡等前往沿线宣慰筑碉挖沟民众,人心振奋,踊跃应征,虽烈日溽暑,自动工作无敢或怠,于剿匪军事进展收效极大。

〈16〉督饬补救胶济路沿线农产:查胶济路西段沿线(济南至张店)自六月下旬经我军克复后,残匪每利用两侧高粱地带掩伏袭击我军,交通时遭破坏,为便利清剿,经会报决定割除沿线两侧三公尺内高粱,当饬由绥区司令部山东省政府各拨款补助农民二千万元,嗣以顾全农产改将高粱压倒仍能获利十分之七收成而防匪效果相同,于民心争取,收效颇宏。

〈17〉维持新闻事业,救济报社员工:济南报馆通讯社从业人员从事舆论宣传与奸匪搏斗,唯以物价高涨生活艰困,本处特饬山东田粮处及济市各面粉厂按月半价发给面粉,以资救济。

〈18〉救济聊城被困军民:查聊城被匪军围困达八阅月,该城军民同仇敌忾;虽弹尽援绝,物资困乏,屹然无恙。本部为鼓励士气,经饬由第二绥靖区司令部先后派飞机掷送粮弹接济,计四月份投送十万斤,五月份四万斤,八月份一万八千磅,九月份七万二千磅,

十、十一及十二月份并继续输送遂有增加,视兵力分配许可时,即派部队驰援。

〈19〉励行节约禁止私人宴会:本部为提倡节约转移风气,经拟定节约规章通饬所属遵照,所有宴会,除公宴外,其余私人应酬厉行禁止,并令饬济南市政府收筵席捐,提高至最高额百分之二十,藉以寓禁于征。

〈20〉督饬济南市党部设立书报检查机构:查济南市外来杂志刊物及敌伪时期书刊颇多,本部为防止青年思想误入歧途,特督饬济南市党部成立济南市书刊审查委员会办理本市书刊检查事宜。

〈21〉调整县长及县佐治人员举办检定严格甄审:查新收复区县份县长人选及县佐治人员关系至为重要,本部特饬山东省政府举办县长检定考试,严格甄审,以杜冒滥及悻进,刻正办理中。

〈22〉建立长白山特区:查胶东长白山一带为奸匪盘据渊薮,匪化甚深,本部为肃清该区散匪绥靖地方,特督饬山东省政府民政厅划邹平、长山等四县边境为长白山特区,设办事处,负责办理该区清剿事宜,拟定扫荡整理建设计划,分三期实施并饬由山东省政府呈报内政部备案。

〈23〉督导征兵,严究藉兵役舞弊:查本省征兵系属创举奉令伊始,本部即严密注意,督饬山东省政府慎重办理,如各县普设兵役科,科长人选以过去办理兵役有年之干员充任,实行三平原则,严究藉兵役舞弊人员、公务员、士绅子弟应率先倡导踊跃应征等,并发动党团舆论界广为宣传。现据呈报已征拨者共31785名。

〈24〉严禁非法摊派及接受地方供应:查收复区县非法摊派供应浩繁,关系争取民心至巨,本部特督饬军政机关严令禁止,随时派员查办,并奖励人民告密。

〈25〉储购民粮,以备春荒:本年各地粮食丰收,本部为预防来岁春荒,维持民食,特督饬山东省财政厅向济市各银行成立民粮贷款二十亿元采购屯储,现第一次透支五亿元业已购罄,共收购小麦一二六八三包,计重二五三六六〇〇市斤,业已分别运存银行指定仓库,现正进行第二次透支继续储。

〈26〉举办乡镇干部训练班:本部为健全各县乡镇干部增加行政效能,令饬济南区复员工作督导团举办乡镇干部训练,计二十县,每县抽训三十人,共六百人,训练期为三星期,现第一期业已结束,第二期正在办理。

〈27〉抚恤各区县伤亡突击队:各区突击队工作人员与奸匪展开斗争伤亡惨重,经本部第二十四次会报决定,由淄博存积项下拨付三亿元抚恤遗族,刻正饬党团有关机关办理中。

〈28〉策动献校运动:山东省胜利后复员困难,中小学学生失学人数太多,本部为谋救济失学儿童青年及纪念元首六秩寿辰,特策动山东各界发起响应献校运动,预计济南及青岛二市各献中正中学一所,各保最少献保国民小学一所,正在筹备进行中。

〈29〉加强对匪宣传,先后印发各种对匪宣传品五十万份,散发匪区,又总裁言行中共之研究等书二万册分发各党政军机关及人民团体。

〈30〉为救济各匪区学生,曾督饬本省教育厅成立临时中学校四所,共已收容学生三六四三名,现续筹第五临中,正修理房舍,约可容学生六百人,已报名招考。

〈31〉新近收复县区粮食缺乏,被难灾黎甚多,为紧急救济并争取匪区民心起见,经将前接受日俘之已霉面粉五十万斤、杂粮二十万斤,又由绥区政治部派员携往章邱及胶济路沿线散发并予慰问。

〈32〉由中央请到赈款七亿元,其分配情形如次:济南难民十七万〇六百〇八人,配款三亿元;收复区章邱、博山、桓台、邹平、潍县、高密、即墨、胶县、博山、淄川、益都、临淄、曹县、济宁、荷泽、定陶、单县、金乡、城武、鱼台等二十县难民共一百零四万人,配款一亿七千万元;被围城市:兖州、聊城、枣庄、临城等县市难民共二十七万九千人,配款六千万元;天灾区章邱、德县、安邱、潍县、历城、长清、济河、兖州、宁阳等九县共难民二十万人,配款七千万元。尚有一亿元正待分配中。

〈33〉整建各收复区集市区乡镇保机构,奠定基层工作,计已整建七一区七三九乡镇五七二保。附表如左:

山东省各收复县市整建区乡镇保机构统计表

县市名称	整建区数	整建乡镇数	整建保数	县市名称	整建区数	整建乡镇数	整建保数
昌乐	四	六五	五三七	滕县	一	六	三九
章邱	五	五〇	四四五	博山	一	一〇	一二五
长山	三	二〇	二五三	聊城		四	四〇
淄川	四	五五	六〇一	曹县	二	二五	四〇
邹平	一	九	一三	临淄	五	二五	七七
桓台	二	二一	三二	荷泽	四	一二	六六
胶县	一	八	二三二	寿光	一	一〇	一一一
即墨	一	六	四六〇	单县	四	七六	一四四
历城	二	三五	五〇三	高唐	二	三二	
临朐	二	九	八三	安邱		三〇	
长清	三	三五	一七六	城武		五	
齐河	三	一〇六	一一	金乡		二〇	
益都	三	三二	五二三	济阳		一	
潍县	三	一五	五八四	济南市	一一		
定陶	二	七	一二	共计	七一	七三九	五七二一

〈34〉成立民意机关——查本省各县临时参议会业经通饬限本年九月底前正式成立,参议员名额规定:一、二等县二十四人;三、四等县十八人;五、六等县十四人。据报告成立者:计莒县等一零七县市。〈附表五〉〔略〕

〈35〉各专员县长及各级工作人员与匪斗争被俘受伤殉职情形——自六月七日颁布停战命令后匪军乘机进袭,我各地专员县长坚〔艰〕苦支撑,终因弹尽援绝,张店、周村、泰安、德县、枣庄、高密、胶县、即墨等城镇相继失守,肥城县长张炳杰、峄县县长鲍国泉惨遭杀害,齐东县长邢永钰作战阵亡,五区专员刘麟绂、德平县长陶景惠、桓台县长隽宇澄、滨县县长陈振岩、邹平县长张矢乙、胶县县长姜澄川、黄县县长李梅五、安邱县长潘洁民先后被俘,生死不明。其他各级被俘人员七百二十八名,列表如下:

三十五年被俘伤亡专员县长统计表

甲、被俘专员一;县长八。			
刘麟绂	第五区专员	陶景惠	德平县长
李梅五	黄县县长	姜澄川	胶县县长
陈振岩	滨县县长	隽宇澄	桓台县长
张天乙	邹平县长	鲍国泉	峄县县长
潘洁民	安邱县长		
乙、受伤县长三。			
李广楹	济阳县长	张景儒	邹平县长
闫纪民	陵县县长		
丙、亡故县长二。			
张炳杰	肥城县长	邢永钰	齐东县长

党政方面——二(党务)

一、组织工作

〈1〉征收党员:本省原有党员五万四千四百二十七人,本年度因各县市多为奸匪所陷,对大量征收党员未达到原定计划与要求,仅就现能工作地区征收党员六千五百六十六人,现共有六万〇九百九十三人。

〈2〉组织概况:(一)本省原有党务督导区二十四,县党部一〇七,市党部二,特区党部三,区党部一〇六,区分部二〇五九,小组二九八〇,本年增设区党部一,直属区分部四。(二)重建区党部二十六,区分部九百六十七。(三)各县流亡各地之党员组织临时区分部一一五。(四)成立省党部青岛通讯处。

〈3〉本省各县被奸匪逮捕同志共二百二十人,现已脱险者十三人。

(4)本省各县党部随军入境或在边境展开活动者,计有荷泽、单县、定陶、曹县、城武、济宁、钜野、金乡、嘉祥、鱼台、滋阳、滕县、郓城、寿张、濮县、聊城、高唐、禹城、齐河、齐东、长清、历城、章邱、郯城、峄县、曲阜、费县、青城、邹平、长山、桓台、淄川、博山、益都、广饶、寿光、安邱、潍县、昌邑、胶县、高密、即墨、掖县、莱阳等四十四县,正积极布置加紧开展工作。

(5)视导工作情形:派员先后赴各县视导共九次,计赴齐河三次,淄川、博山、章邱、历城等县两次,济南市及长山、高唐两县各一次,在青岛召集鲁东各区党部督导员及各县书记长举行工作会议并成立驻青通讯处,作为指导联系机构。

(6)办理县级选举:为健全县级组织特饬既经收复县份迅速完成整理党籍及整建区分部工作,准备正式宣选,经指定积极准备者,计有济南、昌乐、潍县、历城、博山、淄川、益都等七县市。

(7)县级干部训练:于山东省干训团内举办党务班一期,训练期限两个月,训练学员六十人,在济南、青岛、徐州各举办短期训练一次,此外并派员分赴各县市协助训练基层干部,共二十二县,训练次数五十八次,受训人数一千七百七十三人,多采集体训练方式。

(8)民运工作健全组织加强领导:遵照中央指示厉行人民团登记,改组及重建、建立完成者,计有:省级人民团体八单位,社会团体九单位、学术团体十三单位,其他共十五单位;济南市人民团体六单位,社会团体八单位,同业公会八十单位,职业公会二十八单位;已恢复县市均已依法成立各种人民团体。

(9)宣传工作:除转发上级宣传文件外,并遵照中央指示及时局之变化确定对当前问题所持主张,积极运用党团活动召集各种座谈会,形成共同主张,随时作适当反映,以收宣传动员之效,计本年内召开各种会议及各种座谈会共三十一次,积极掌握舆论。

二、突击工作

(1)各县党部所发动之突击小组,于本年内曾在境内工作或现尚在境内活动者,计有:利津、武城、高唐、无棣、恩县、沂求、博平、禹城、益都、临淄、麦津、巨野、章邱、嘉祥、商河、济阳、阳信、临沂、寿博、邹平、费县、霑化、平度、荷泽、蒙阴、东平、齐东、冠县、□县、东阿、茌平、惠民、清平、临朐、临城、莒县、泗水、乐陵、德平、莱阳、诸城、海阳、寿光、滨县、博兴、莘县、宁阳、青城、临清、邹县、泰安、长清、汶上等县。

(2)监察工作:举办党员监督网,已指定有负责人者,共有二十四县市。

党政方面——三(团务)

复员工作情形

(1)本省青年团所辖各级团队截至本年十一月底已呈奉中央备案,计共五十七单位,团务工作能完全复员者约占二分之一,计有:济南、青岛两区团所属第一分团及潍县、昌乐、益都、即墨、高密、章邱、安邱、平度、淄川、淄博矿区、昌邑、菏泽、定陶、巨野、嘉祥、济宁、单县等分团;我方军政半控制区团务能次第进行工作者,计有:鱼台、寿光、临朐、莱阳、滋阳、滕县、平原、齐河等分团;奸匪占领县城,我方党团政能于乡区活动者,计有:鲁西北聊城、高唐、临清、平阴等分团;国军新告收复而团务正在积极布置者,计有:郓城分团;大部被奸匪控制,团内仅有秘密工作者,计有:滨县、惠民、德平、德县、烟台、沂蒙、临沂等分团,其他或因军事未能进展,政令未能推行,或因地处边陲,鞭长莫及,完全陷于匪区。

(2)为配合党政军复员工作,遴选各县干训同志建立临城、张店、潍县、高密、高唐、济南六区团务组,并饬属按照徐州绥靖公署本部及本省支团部筹备处拟定之绥靖时期党政工作纲要,本省收复区工作大纲及本处团务复员计划切实实施,分期呈核。

(3)团员之征求:本省本年预计征求团员一万五千人,嗣以环境所限,各地团部多有不能进入县境者,组织之发展大受影响,惟我占区如济南、青岛、潍县、昌乐、益都、桓台、章邱、安邱、临朐、历城等团部尚能积极征求。截至本年十一月份止,除以手续不合以及甫呈有处尚未登记者,约计一千余人,不予统计叙报外,共征求团员六千六百零一人。

(4)团员总登记之办理情形:本省奉办团员总登记预定本年六月底完成,惟以本省环境特殊,多数团部不能举办,延至今日,迄未完竣。唯业经报请中央准予缓办,另造现有团员名册呈报,刻奉令遵办中。

现有团队及团员数目表列如下(至十一月份)

团队	区团	分团	团务筹备员	直属区队	区队	分队	
数目	二	五八	一	五	六〇六	一一二六	
团员	原有	转入	移交	新增	开除	死亡	合计
数目	三一八四〇	五〇	二〇	六六〇一	一五	一七六	三八二七〇

(5)普通宣传:宣传指导每月编发宣传导报五百份,颁发普通宣传参考资料报刊办理情形,青年日报于四月杪奉令改组更名为新生日报;青年通讯社每日发行社稿并陆续在外地建立分社,现计已成立之分社十四单位,经常出刊之山东青年月刊,于四月奉令改组遂告停顿,于七月八日在新生日报出刊"青潮"周刊,现已刊至第二十三期,十月十日复创刊,"青年人"旬刊,现出刊至第七期,每期销售四千份。

(6)特种宣传:每周制发特宣资料,经常汇集共党秘密文件,并拟具对策令各团队参酌应用,并制发特种通讯指导纲要令各团队遵照及制编"特宣参考资料"颁发各团队参考。

(7)服务工作:各种捐募奉令举办团员捐输救济基金捐额为十四万元,结果共计二一四三二四〇元,悉数报解中央,献校祝寿团员同志及职业团员共捐献一二,〇一一,二六九元,报解中央节食救灾,省处员工捐款三五,〇〇〇元,各地劳军捐款九一,一六〇,〇〇〇元,救济难民捐款八十五万元,协助莱阳中学复学募集食粮二十万斤,义演收入五十万元。

(8)合作社:现有合作社四并转令各级团部推进合作事业办法。

丙、经济方面〔略〕。

丁、奉行上级命令情形:

(子)已完成者:

A、接办山东省党政军联席会报秘书业务:查该处业务自奉赵联群先生辰马仁电归并本部后,依其性质分别于本年六月一日移交本部各组接办贰事。

B、维护交通争取主动:查自本部成立以来,鲁境共军益形猖獗疯狂进攻胶济路沿线各重要城镇,并围困济青二市,本会报遵照赵联群先生已阳扎已巧仁及午支三电之指示,对内为维护交通与治安,不得不有万全之准备,策动党政军团各部门加紧布置积极准备,如加强市郊工事,组训民众,促进军民合作,检讨政治配合军事;对外争取国际同情,加强中美合作,对军调部美方代表雷克上校、邸韦司上校及谢乐士上校等经常保持连系;对济南小组中共代表采用羁縻政策,继续保持商谈。半载以来,除策划规复胶济线各重要城镇外,截止目前为止,本省党军团各部门工作在本部统一指导之下始终立于主动地位,予奸匪以严历之制裁。

C、扩大追悼小组政府代表雷奋强等:查本部所属第二绥区司令部第四处参谋雷奋强少校被派参加调处执行部济南小组政府代表于晏城途次因公惨遭匪军杀害,奉赵联群先生已寝仁电发动党团扩大纪念追悼,并以舆论尽量宣传揭发奸匪暴行。本部遵照指示,督饬扩大追悼,各界民众对万恶奸匪惨杀和平使者之阴谋,莫不痛恨异常。

D、策动民意机关及人民团体对新华日报侮辱国家毁谤元首提起公诉:奸匪机关——新华日报于未皓社评公然侮辱国家并煽动人民,意图推翻政府,实违反出版法并触犯刑章。惟一般人民往往认奸匪违法事件为政治问题,或党派纠纷,此种错误之见解,致使奸匪肆无忌惮。本部遵照赵联群先生未艳仁电指示,策动山东省临参会及人民团体根据刑法三百五十条毁谤罪,向山东高等法院检举提起公诉,并发动舆论制裁,以正视听。

〈丑〉尚在督饬赓续办理者:

A、策动党团成立党团行动小组:查各级党部应发动党团员参加各项民众组训并成立党团行动小组潜入奸匪占领区以配合绥靖工作,加强农村党团,务尽量吸收农工优秀份子把握群众,发挥党的领导作用,遵照赵联群先生已齐仁及申正义先生午微和电指示,经本部策动组织成立者计八十七小组,人数四〇五〇人,并自本(三十五)年四至十二月止,共吸收新党员六千五百六十六人,尚在继续办理。

B、取缔奸伪报纸刊物:奸匪在鲁发行之报纸刊物,计有:大众日报、冀南日报、胶东日报、前锋日报、战斗报、新华报等十余种。本部遵照赵联群先生已马礼电,除一面督饬有关机关随时查禁取缔,一面集中意志划一言论,创办月刊、周报尽量驳斥,收效颇宏。

C、督饬各区县定期成立会报机构:各区县汇报对于党政军团各部门工作之配合及加强联系关系至为重要,本部自接管后,积极整理督饬迅速恢复,并遵照申正义先生午巧平一代电之指示,限令改组成立者有八区十七县二市。

D、督饬党政军团工作计划之配合实施:本为谋指导各级地方党政团配合军事加强绥靖工作,经遵照徐州绥署未东和一代电颁发之党政工作纲要,特分为政府控制区、政府半控制区、奸匪占领区及第一(准备)、第二(绥靖)、第三(清乡)、第四(善后)四个时期并由本部设计委员会拟具详细办法通令实施办理以来,颇能按照预定进度推行。(所拟本省党政军各项工作计划内容包括:〈1〉党务工作计划;〈2〉政治工作实施计划纲要;〈3〉军事建议;〈4〉当前山东在经济上应采取的几个紧急政策;〈5〉针对当前需要之教育方案;

（6）管制金融平抑物价计划；（7）奸匪肃清后农村经济复员及地权整理方案提要等七种，经于本年八月二十七日以未寝绥总一椁字第九九〇号代电分呈国防部、中央联秘处、北平行辕、徐州、郑州绥署并奉国防部核示有案。）

E、转颁各项法令督饬各收复区县认真办理：查鲁境自军事开展后，各收复区对匪军俘虏处理等事项多无所依据，本部于开展前，即草订复员工作大纲及处理奸伪俘虏办法一种颁布，以臻一致，嗣奉徐州绥署未感和三代电颁发"处理奸匪暂行办法"、"奸匪奖励办法"、"匪军俘虏处理办法"、"匪军投诚官兵处理办法"、"奸匪自首办法"、"奸匪投诚自首优待办法"等法令，当即转令遵照，依法办理矣。

F、协助办理邮电检查：本部自成立后对于邮电检查非常重视，并设置邮电检查员四人经常派驻邮（电）局检查，嗣奉赵联群先生未篠仁电经本部会报决定由省政府及省党部各加派邮电检查员二人协同办理，故对于本市邮电检查工作益臻严办。

G、救济淄博矿工妥为合理领导：淄博矿区经我军克复后，该处矿工六万余在敌伪长期压榨下，复罹奸匪斗争之苦，鸠形鹄面，惨不忍睹，经本部先后派员视察，首先督饬拨付壹亿五千万元迅速使各矿复工，藉能以工代赈，一面商同行总鲁青分署施放急赈，旋奉赵联群先生未陷仁电指示，应集体收容，确实领导等因。关于救济事宜，当就社会部谷部长莅济视察，洽商允为交涉贷放工赈二十亿以资救济。关于妥为领导，当令饬有关机关组织淄博工矿管理委员会对失业矿工尽量设法使之工作，对矿区匪化份子予以严密监视。该会成立以来，当地治安情形至为良好。现奉行政院电令，限本年十二月底结束，移归经济部接管。今后本部对该区矿工之救济及治安确保，仍分饬军政机关继续予以协助，增加产量，以达成利国福民之任务。

H、组织特种宣传委员会：为统一并加强特种工作，以树立民众明确之是非观念,瓦解奸匪区内之军心、民心,遵照徐州绥署申佳平伍字第五九二号代电:由本部组织特种宣传委员会,委员七人,(本部、省党部、绥区第二处办公厅政治部、省政府及青年团支团部各派一人负责)并定每星期五举行会议一次,处理应办事项及联合会报所交办之事项,刻正积极展开工作。

I、维护治安,严密缉捕:目前政治上之最大任务,为如期召开国民大会,分化敌方阵容,巩固政府国际国内之基础,本部遵照华麦胜先生申梗仁电指示:关于济南市内外潜伏之奸党份子仍继续饬由各调查室严密侦察,一经发觉,即予逮捕讯办,同时地方治安亦督饬全省保安司令部济南防守司令部及省会警察局切实维持,本年五月间虽一度在极危急之下,幸能安全渡过。

J、调查被匪杀害之公教人员:自抗战胜利以后,我党团同志及公教人员被匪惨杀或俘虏者为数至多,本部遵照华麦胜先生申寝仁电示,转令调查并制表查填,刻正详密办理中。

K、搜集会报资料,分周汇报,本部暨所属各区县会报颇多可供参考之资料,经遵照北平行营俭办爽电示,按军事、政治、经济、文化以及其他临时发生事实处理经过,刻正分周整编汇报中。

戊、关于投诚自新(自首)及捕获奸匪等之处理情形:

〈1〉捕奸运动及处理情形:

本省奸匪猖獗情形特殊,尤其四、五月间乘执行小组调处之际,狡然思逞。本部为济南安全计,遂于六月十二日秘密发动捕奸运动,从此妖气敛迹,治安无虞,先后逮捕奸匪及嫌疑犯迄十一月底止,共计一〇二〇名,爰将捕获经过及处理情形表列于后(附表)。〔略〕

〈2〉策反工作及办理奸匪自新自首案件:

本部成立后,即积极发动策反工作及颁行奸匪自首自新优待办法,以期奸匪之憬悟而予以自新之路。兹将所收成果胪列于后。(附表二、三)〔略〕

己、对于所属会报工作督导情形：

(1)本部所属鲁东支部(青岛市)会报：查该部系依据本部组织规程第八条之规定，本年五月一日在青岛成立，参加机关为青岛警备司令部、青岛市政府、青岛市党部、青年团青岛区团部、山东省政府高密办事处、山东省党部青岛办事处、第五十四军部、宪兵第十一团、中央海军训练团、海军教导总队，会报设主任一人(由青岛警备司令兼)、副主任二人(由青岛市长、青岛市党部委员兼)、主任秘书一人，下设三科分掌党政、军事、总务事项。该会报在本部督导下，对于青岛市及鲁东各县督导工作办理尚著成效。

(2)各区县会报接管时期：本省各区县会报原隶山东省党政军联席会报秘书处，该处业务自并归本部接管后，各该区县会报亦随同改隶本部。惟山东自抗战胜利后，各区县十九皆为奸匪割据，政令无法推行，各专署县府多流亡济南，本部接管时，计已成立会报机构者仅二区(第八、十七区)、四县(临朐、历城、长山、德县)、一市(济南)均系本年三、四月间相继成立。其组织(区县相同)会报设主任一人(专员县长或驻军长官兼)、主任秘书一人，下设设计、调查、宣传三室，人员多系由各专署县府调兼。六月以后，奸匪再度窜扰，胶济路沿线各城镇多被陷落，其已成立者遂至停顿，未成立者无法进行。

(3)各区县会报整理时期：本年六月下旬鲁境军事在本部策划下，向外开展后，以各区县会报极应成立以资运用灵活，统一指挥而便配合军事推进，经本部计划限令逐步成立。旋奉徐州绥署午巧平一代电颁发各级党政军会报秘书处组织条例及编制表转令遵照改组实施，已据报成立有案者，有八区(第五、八、十一、十二、十三、十四、十五、十六、十七区)、十七县(临朐、昌乐、安邱、淄川、济阳、齐东、章邱、滕县、峄县、莱阳、海阳、临淄、广饶、胶县、高密、单县、寿光)、二市(青岛、济南)，其组织区级会报设主任一人(驻军长官或行政专员兼)、主任秘书一人(驻军政治部主任或专署秘书兼)、下设秘书室,掌理关于文书、会计、庶务事项;第一科掌理关于党团务、设计、考核事项;第二科掌理关于民政、经济、教育、建设,推动指导事项;第三科掌理关于参谋、整编地方团队、民枪登记、情报、组训、策反事项;第四科掌理关于民众组训、军民合作、社会救济事项;第五科掌理关于文化宣传、防奸突击事项。县(市)级会报设主任一人(驻军长官或县市长兼)、副主任二人(县市党部书记长青年团分团主任兼)、主任秘书一人,下设秘书室,第一、二、三、四、五股,其职掌与区级会报同。

(4)各区县会报督导时期:查已收复各区县会报机构虽已逐渐成立,然组织多不建全,或党政军不能配合一致,本部为加强督导、考核,并遵照徐州绥署酉江电示,通令所属各区县统于十月十五日以前一律健全组织,并经派临城区党政办事处主任张里元,张店区复员工作督导团团长龚舜衡及本部第一组组长高登海出发各区县市视察会报成效,并就近指示绥靖时期各项工作之推进及督导。

四、其他〔略〕

五、总结

(1)工作检讨:

A、关于各部门工作配合所获之成果:本部自成立后,由于会报之联系党政军团各机关首长对种种问题获有一致之认识及谅解,因能齐一步伐,集中意志,精诚团结,和衷共济。各部门工作配合情形甚为良好,切无彼此摩擦互相攻讦之现象,使鲁局迅速展开,达成预定之计划,实利赖之。

B、争取友党所获之成果:查青年党对政府颇表同情,其份子更多望与政府接近,为本党积极争取之对象。济南其他党派活动甚少,仅极少数青年党员,其负责人史一江前曾误以中共嫌疑被逮捕,嗣经本部讯问明确即予释放,并遵照华麦胜先生之指示派员经常连络,妥为运用。该史一江对本党之宽大政策至为感激,并挽该党中央负责人左舜生具函向本部申谢。

C、本部所属各派会报有少数因行政机构不健全,至未能配合军事按期成立,或成立之区县受匪军窜扰遂致停顿者,且间有专员、县长或驻军长官未尽明了会报之重要性视同具文,或奉行不力者,影响业务之推进至巨,故上级指示或计划之颁行,难达预期之成果。

D、本省各区县境内由党政团各部门所组成之行动小组或突击工作队名目繁多,指挥既不统一,经费亦系自给自筹,其成绩优良予奸匪以严厉打击之事实固多,然自难免有扰民情事。本部除过去奖励人民检举,分饬党政军团各方严予查惩外,现正设立山东人民义勇自卫队指导委员会,由傅保安处长任主委,筹划统一名义及指挥,以资改进。

〈2〉改进意见:

A、加强本会报对各部门工作之连系督导及考核:查本部对党政军团各部门工作在连系上虽已作到差强人意,然予工作之进度督导及考核方面尚难尽如理想,今后改进之处不在制度上之更变,而在人事上加强配合。凡本部在各单位调任之兼职人员务必将会报业务与该机关工作之推进打成一片,本部之中心工作,即各单位中心工作之总和,各机关工作之成果,即本部策划督导之成果,故对各单位之工作应严加考核,厉行奖惩,以收统一指挥,完成绥靖之任务。

B、加强对各区县(市)会报工作之督导及考核:(一)所有收复区县(市)限本年年底一律成立会报;(二)确定各级会报经费;(三)规定按期(每星期或两星期一次)呈报工作;(四)规定拟具各级会报年度中心工作计划报核;(五)目前对匪斗争,各地会报情形每有下情不能上达,上级不了解下情,上下隔膜,为绥靖时期最大故障,故各级会报应将所遭遇之各项困难问题及过去各项工作随时检讨呈报上级,以便参考并设法予以解决。(六)经特派员赴各区县督导考核。

C、整理各单位突击小组：①分别划归各该区县，由专员或县长统一管辖及指挥；②就保安团队编并予以整训；③统筹发给粮饷、械弹及装具；④其他地方非法扰民者按情节轻重查明，以法严惩。

乙、对未来工作之策划：

〈1〉成立鲁西南指挥支部——查鲁西南一带自军事开展后，先后收复金乡、鱼台、城武、荷泽、嘉祥、巨野、曹县、单县、定陶、济宁、峄县等十余县，今后为便利剿匪军事推展，统一指挥，安定收复各县，办理地方善后复员建设各项工作，拟于临城筹设鲁西南指挥支部。

〈2〉加强各级会报机构组织——查各区县会报工作人员多系由当地各机关调用，而各该兼职人员每以本单位工作繁忙势难兼顾，影响会报业务之推行至巨，今后各区县会报组织除因连系配合之需要酌留若干兼职人员外，拟增设专任人员名额，以专责成。

〈3〉宽筹各级会报经费——由省县（市）列入下（三十六）年度地方概算。

〈4〉普设感训机构——各区县应普遍设立感训机构，以感化训练俘虏或自新自首之奸匪份子。

〈5〉就省（县）地方行政干部训练机关受训学员遴选一批予以特种训练，俾能参加各级会报工作与匪展开斗争。

〈6〉加强各级会报特种宣传委员会之组织，出版定期书刊画报普遍散入收复区。

丙、困难与建议：

〈1〉困难：

A、地方财源枯竭——财为庶政之母，凡事非财莫举，如突击策反感训诸项工作所费至巨，地方财源枯竭，莫由筹措，即以本部所举办之山东青年训导总队而论，自本年五月成立以来，迄目前为止,先后收容之奸匪及嫌疑份子达一千余名,月需经费三千余万,截止本年十二月底止,共计垫用四亿余元,均系由各机关垫付,而各机关限于预算,每有巧妇难为之感,该项工作又未便停顿,至因噎废食,更以省级收支改制后益形困难,向上级请领辗转时日,不得要领,他如突击工作人员之奖赏及伤亡之抚恤,策反工作之招抚等费,皆莫由支付,各区县特种经费更毋论矣,故财政困难为会报工作进展之一大窒碍。

B、行政基础组织不健全——山东经八年长期沦陷,复四惟奸匪之蹂躏,过去所有各县地方基层组织摧毁无余,制度亦多改变,尤以乡保干部至为缺乏,大多不入于敌即入予匪,欲求选拔忠实干部,以利政令之推行,极为困难。

〈2〉建议:

A、所有绥靖区各级会报经费,除由地方筹措外,应由中央补助若干亿元,其特种经临费如感训突击策反等得专案报请中央核拨之。

B、加强各级会报职权,对会报所属单位负责人,关于会报交办或上级指示办理之工作,由各级会报主持人加以考核,并列为各该参加单位负责人年终考成之一。

〔绥靖区政务委员会档案〕

6. 夏益功抄送收复区一般工作情形致绥靖区政务委员会情报函

(1946年12月31日)

径启者:兹抄送"收复区之一般工作情形"情报一件,祈查照参考为荷。此致
绥靖区政务委员会
附情报一件

夏益功　启

中华民国三十五年十二月三十一日

收复区之一般工作情形

据报:"我方在接近收复区之一般工作情形如次:(一)保甲工作不彻底,办理保甲之人员如乡长等将保甲调集乡公所坐于屋内编户口,保甲长深恐将来需要壮丁甚多,乃有以三、四户报为一户者;恐负担摊派杂费过重,亦有将户口数少报,如此编组户口与实际相差甚巨,影响以后清乡及一般行政工作至巨。(二)各保甲长畏匪屠杀多辞不就职,即使强迫担任亦无服务诚心,故保甲工作松散不确实。(三)关于人民武装自卫既不普遍,力量亦甚薄弱,一般靠近我方驻军地方之富户,因受共军抢夺绑票等扰害,均能出资购枪防御共军,如果发动广大民众购枪成立武装自卫队,由政府加以扶植,代为购枪则小股共军将无法活动。(四)我方多数乡级干部能力不够,尤其靠近共军区域实不能应付非常局面,既无政治思想、又缺乏工作能力,致无法积极推动政令开展工作,且有吸收鸦片者,何能与中共斗争。(五)上级对下级无考核工作,所谓基层工作如乡村行政党务等究竟有无成绩?效果如何?干部如何?省县级很少派人实地视察考核致养成事事马虎之恶习。根据上述各种现象,在目前中共大声急呼开展群众运动巩固基层政治之情形下吾人似应提高警觉强化基层组织,并针对目前缺点积极从事适当之措施,庶政令得以顺利推行,人民得所依归。"

〔绥靖区政务委员会档案〕

7. 河北省政府关于"绥靖工作"实施情况报告书

(1947年2月26日)

河北省政府绥靖工作报告书

一般情形

(一)收复地区:本省共一百三十七县市局,现收复入县城者四十九县，入县境者五县，唐石两市及海滨管理局，在外保有县城控制面积在百分之六十以上者，计十五县（另有详单），中央已规定列入绥靖区县份五十四县。

（二）关于保安团队：日寇投降之初，本省境内各种游杂部队、地方武力、地下军及人民武力等颇为复杂紊乱，经于三十四年十月间开始调查，以便从事整理，迄至十一月底调查结果，计冀南地区有九单位，二〇，五二一人，枪一三，四九五枝；平汉北段地区有一五单位，三二，〇九三人，枪一〇，〇二六枝；冀东区有一五单位，二八，八六五人，枪二六，二九九枝；津浦地区，有二〇单位，七二，七三二人，枪三〇，〇九一枝；天津地区，有二七单位，七二，〇二〇人，枪二七，一二三枝；北平地区，有三一单位，一一八，九五二人，枪五二，七五二枝。以上共计一一八单位，三四五，一八二人，枪一六三，七八四枝。除十一战区将较有组织之部队改编为战区直接者外，其余在各地方散漫之武力拨归本府改编，维时本省计分为十五个专员区，拟每区辖三个保安团，计共四十五个团，只以种种关系未能完全按照计划实施。至三十五年二月凡就各部队点验结果，缩编为三十个团，嗣以国军陆续北上，复为经费所限，又于三月间缩编为二十五个团，所有编余之人枪均令归还各县以充实地方武力。四月间，奉令将二十五个团缩编为十二个保安总队，当以本省情形特殊，呈准暂按二十个总队缩编，另暂编永年总队及元氏魏永和部之保安暂一总队。以上整编工作，均于四月底完成。七月初复奉令将各总队予以拨编调整，经又遵照改编，现保安总队计共十三个，总队分驻各铁路沿线及冲要地点，负保护交通及巩固地方治安之责。

（三）关于地方武力：本府于三十四年十月还省之初，为建立民众武力，收复地方，开展政权起见，经制颁"河北省地方武力组织大纲"令行各县组训义勇壮丁队，凡十八岁以上，四十五岁以下之男子一律参加训练，迄至三十五年七月，计有清苑等六十七县先后成立，除有匪集合，无匪各安其业者不计外，经常保乡剿匪者，计有二百三十二中队。嗣依据中央颁布之民众组训方案,拟定"河北省民众自卫队组织大纲"经通令改组义壮队为民众自卫队,限一个月内改组完竣。改组后之优点为编制人事、经理、服装、待遇等均经详明订定,并确定视事实需要设置常备队,以增强战斗力量。再本省各地被匪压迫流亡异乡之难民青年等纷请组织还乡队,武力还乡剿匪。本府为尊重民意于三十五年举行县政工作检讨会时,确定准许人民组织还乡队,计先后成立者有二十八县,共三十五队,队员八,二九七名,先后参加各地活动颇有功绩。至八月初,为整饬纪律,加强力量起见,特拟定"还乡队整理要领"颁发各县,由县府负责整顿,统名为自卫队,其经费纯由地方负担,事实上,地方武力确甚需要,而担负则困难殊多。

(四)关于推行户政:

1.成立各级户政机构:本府于三十四年九月一日改组后,为奠定户政基础,即遵规定于民政厅增设户政科,并通令已入境各县政府于民政科设户政股,各乡镇设户籍主任及户籍干事,以专责成。

2.清查户口:本省沦陷八年,户口零乱,漫无稽考。本府以复员伊始,举凡安定地方秩序,树立自治机构诸要政,均以清查户口为前提,爰依据部颁收复区实施户口清查办法,制定实施细则,令饬已收复各县积极办理,限期完成。为减轻各县负担及划一表式起见,并将查报必需之表册,由本省统筹印发,应用正在清查中。

3.编组保甲:本府久劫之后,原有乡制摧毁殆尽,本府入省以来,即依照县各级组织纲要及乡保户口编查办法,通令已收复各县遵办。关于划分乡镇,编组保甲各县长尚能积极推进,截至三十五年八月在收复之四十六县,石门、唐山二市,省会、塘大二直属警察局及保有县境之十二县局,共计编成八六〇七保,八四二,一九六甲。

(五)关于推行地方自治:

1.建立民意机构:本省胜利复员后,遵奉中央法令筹设省县民意机关,于三十五年一月间依照规定积极遴选省临时参议会参议员候选人业奉核定公布,省临时参议会即行成立。至各县市局临时参议会,经于三十四年十一月拟具"河北省各县临时参议会组织规程"呈奉中央核准,当即通饬收复各县遴选加倍参议员候选人呈府核定,迄今已核定公布者,计有清苑、天津等四十三县,分饬迅速依法成立。至其余县份,正在审核中。

2.举办乡镇保甲人员考试:本省为推进地方自治,甄拔行政人才,加强干部智能,增进工作效率起见,经通饬收复各县市拟具计划,举办乡镇保甲人员考试,据报天津等四十县市正陆续举办中。

(六)举办地政:

1.建立省县地政机构:本省复员以后于民政厅增设地政科,掌管地方业务。至各县市地政机构,因政权尚未开展,其业务暂由各县市政府民政科兼办。

2.整理地籍:查本省大部县份均被共方盘据,因之地籍整理工作未能依照计划实施,对于共党占据之县份,就其特殊情形拟定"处理特殊区域土地问题原则"以作将来处理土地纠纷之依据。此外,经常业务多为处理地权纠纷事项,斯项工作均系依照"收复区土地权利清查办法"指示各县市政府分别办理,以解决产权纠纷。

(七)关于财政情形:

1.省级财政:收入仅田赋二成及营业税五成,但以本省地方不靖,收入极微,而中央补助亦甚有限,故仅可维持经常支出。关于绥靖支出如收训青壮收容俘匪,肃奸感化等均无着落。

2.县级财政:因控制面积多为点线,正当收入有限,而省库支绌亦无法补助,致地方极简单之机构,亦难维持敌对开展极感困难。

3.保安团队经费:中央仅拨膳食费,每人二万二千元,不足维持最低度之伙食,其余如临时费、服装费、行军费等均差额甚巨。

(八)关于社会行政:本省社会处于三十五年一月开始工作,各县市设社会科者十二单位,每科平均科长一人,科员一人,办事员一人,设社政指导员者十四县,每县一人,该项人员多数曾在省训团受训。

(九)关于民众组训:省级职业团体一为商会联合会,一为石门、保定二律师公会,社会团体有七,如妇女会、复员协进会、体协分会、自由保障委员会、国民国难会等,市县级人民团体,计有农会34、总工会10、产业公会16、职业公会8、商会31、教育会26、妇女会14、合计会员人数共三九,一三五人。

(十)关于社会福利:成立社会服务处者,有石门、秦皇岛、怀柔、定县;办理义诊者,有十三县,设立农民福利站者,有沧县,办理职业介绍者,有八县市,组有职工福利会者,有九厂。

(十一)关于救济业务:本省有93县设立冬令救济委员会,设六处难民收容所,共收容难民一八七四二人,救济难民还乡队失业工人经济来源断绝,学生、水灾、雹灾、匪灾各项急振工振等,计共用粮二四七七吨余,用款九千九百九十四万余,救济人数共三六八二九一人,各项振款共收入二亿八千一百八十二万余,共支一亿五千七百二十六万余。

(十二)关于合作业务:本省共成立县联社26,社员人数四九四,股金四〇五四〇六〇〇元;共成立乡镇社四〇四,社员人数一七五七九六,股金七六八〇六八四〇〇元;共成立保社一二九,社员人数一九〇四九,股金一二〇〇六三九〇元。前后办理紧急农贷三亿元,普通农贷(包括棉花贷款)三亿一千四百万元。此外组织专营合作社一七,社员六二八八人,股六四七六四八〇〇元,另组成合作事业协会河北省分会,又成立省合作社物品供销处。至绥靖区难民急振,已由冀东中区大队部编印成册。

现为执行绥靖区施政纲领,已在唐山组设县各级训练班,如农工妇及乡级人员以便健全人民团体,推行地方自治,保定、沧县、石门各处亦准备次第举行。惟中央所发只有正常经费,故以往关于绥靖工作如训练干部,收容降俘,肃奸感训等等皆由省自行设法筹措,事实上困难甚多,不免有因噎废食之处。此外与绥靖工作有关各问题,如交通通信等均另有提案,希望贵团予以解决。

河北省政府主席　孙连仲
二月二十六日

〔绥靖区政务委员会档案〕

8. 第一绥靖区司令部绥靖导报关于苏北政治推行概况及党团活动概况介绍

(1947年2月)

六、苏北政治推行概况

(一)苏北各县政治推进情形

自本绥靖区发动清剿以来,苏北地区平均已完成十分之八以上面的占领,现已进行第三期清剿,发动政治、经济、教育等一切力量,协助推进扫荡,预计不久的将来,苏北政治即可完全澄清。惟以地区重要,共产党决不肯轻易放弃,又以赤化较久,在政治、军事、经济、文化及民众组训与运用各方面,均有相当基础,故于军事失败之后,仍图作最后挣扎,密令其县政人员不离县,区乡镇人员不离乡镇,而残留之地方团队,亦以潜匿原地区为原则,以逞其扰乱社会秩序,危害地方治安之阴谋。因此之故,苏北地区虽经全部收复,但政治推行之困难,实十百倍于其他地区。

以是苏北各县于收复之后,即迅速建立政权,各级地方行政人员随军进入收复区,先全力从事保甲之编组与建立地方自卫武力,以期确保地方秩序之安宁,而后始可以逐渐从事抚辑流亡,救济还乡难民,举办农贷,办理感训,以达复员建设之目的。迄目前止,苏北各县均已渐次恢复正常状态。

惟苏北地区,共产党之各级地方行政基干,尚多潜匿穷乡僻壤,残留之地方团队,亦散窜各地,故目前政治推行,首在建立地方自卫武力,巩固地方治安,以确保政权,推行政令,必待此次三期清剿完成之后,将共产党之残留力量,予以彻底肃清,始足以进入全面开朗之局。兹将推行有关各项分别表列如次。

(二)苏北各县政治推进概况表

收复县	现时已控制面积	控制情形 半控制面积	控制情形 匪控制面积	收复县	现时已控制面积	控制情形 半控制面积	控制情形 匪控制面积
南通	85%	15%		东台	35%	25%	40%
如皋	80%	20%		阜宁	25%	30%	45%
海门	75%	25%		泰县	60%	30%	10%
启东	75%	25%		高邮	30%	35%	35%
宝应	35%	30%	35%	江都	80%	20%	
兴化	30%	30%	40%	靖江	70%	30%	
盐城	30%	30%	40%	泰兴	40%	40%	20%

附注:表列百分数仅就现时调查所得及据各县所报填我各县均继续扩展中。

(三)苏北各县清查户口编组保甲情形

清查户口编组保甲,为绥靖复员之基本工作,本绥区各县,收复后即遵照中央颁布收复区实施户口清查及保甲编组办法,参照各县实际情形,督饬各级行政机构及党团部配合军事进展切实实施,并派人民服务总队第一、四两大队依次分往各县实地协助与督导。其已完成清查编组各县列表统计如左:

县别	区数	乡镇数	保数	甲数	户数	人口数	备考
海门	六	七二	五二〇	六,二八七	六二,八八四	六二〇,〇〇〇	
启东	五	五四	五五五	五,六四七	六〇,三六八	三〇九,九八八	
靖江	八	七五	五七一	六,九一八	七一,〇九六	六一〇,〇〇〇	
如皋	九	八八	八四六	八,四五五	八四,三六三	四二二,二三一	城区已完竣其余各区正查编中

续上表

县别	区数	乡镇数	保数	甲数	户数	人口数	备考
东台	九	五五	七〇七	六,七七五	七七,五八六	三五八,三〇〇	上数已编完竣者
高邮	八	一一九	七九三	八,七三一	一〇一,六一七	五一六,五九二	政令已推行全县乡镇数内包括半控制乡镇四七个城区，黄桥、口岸三处均已查编完竣数字未据报
泰县	一〇	二〇一	一,二一八	一二,八八九	一四〇,八一四	七二五,〇九九	
泰兴							
南通	一三	二七三	二,六六〇	二七,四四二	二二三,八九五	八六七,二九〇	政令已推行全县

其余各县或以查编未完或未据报因散匪流窜时编时辍故数字不易正确。

（四）苏北各县行政干部训练概况表

县别	成立开训时期	完成期数	结业学员	干部来源	训练对象
南通	三十五年五月	二	二二六人	调训及招考	乡镇长干事
如皋	三十五年十二月	二	七七〇人	调训及招考	乡镇长副干事
海门	三十五年四月	四	一八六人	调训及招考	现任乡镇长副干事小学教员
靖江	三十五年九月	一	七〇人	调训及招考	乡镇长副
泰兴	三十五年六月	三	二九八人	调训及招考	乡保长
泰县	三十五年六月	三	二九八人	调训	乡镇长干事乡队附
兴化	三十五年十二月			调训及招考	流亡青年乡镇保长

续上表

县别	成立开训时期	完成期数	结业学员	干部来源	训练对象
东台	三十六年二月	一		调训及招考	现任乡镇保长有志地方自治青年

附记：

一、本绥靖区其余各县，亦均先后成立开训，惟未据报齐。

二、初收复时，大多就干训所内办理自首自新人员之感训。

三、现均注重乡镇保甲长之培养与训练。

(五)(六)(七)〔略〕

(八)苏北收复区土地政策实施概况：

苏北三十七县市，耕地面积约计六千二百余万亩，凡经共军盘据地区之土地，多已为其非法分配，所有阡陌经界，亦尽其可能加以毁变，政府为实行土地改革，达到平均地权之目的。故曾颁行绥靖区土地处理办法，为解决收复区土地问题之准绳。是项政策之确立，旨在争取民心，安定社会，巩固政治基础；一面由于地权合理分配，期能提高生产，渐使农村工业化之实现。惟目前本部普遍宣传并更饬所属劝导实施以来成效未能显著考其原因，约有下列各点：

一、各级行政机构，尚忙于配合军事清剿与恢复基层组织等业务，未暇及此。

二、各县及乡之地权处理委员会尚未普遍组设。

三、各地受分土地之农民，畏惧地主报复，颇多自动将所分得之土地归还地主，或与地主协商承佃，并缴纳租金，相安于一时。

四、党团军政机关宣传工作不力，农村民众，尚未了解政府之是项开明政策，纽于旧习，认为非法得之土地，总须归还地主。

五、司法机关尚未奉到绥靖区土地处理办法，未曾开始受理是项地权纠纷案件。

共党在苏北关于土地之措施，综其企图，是以"土地革命"为号召,而施其诱导农民,欺骗农民,进而把握农民,强其参军之伎俩。质言之,以是措施为手段,实践政治阴谋为目的。凡共党暴军所至,即不惜党政军民之集体力量,发动分田,期其必成,目前共党军事虽告溃败然土地解放则仍遗留于广大农村之民众脑筋中,因以民众明知共党分田别有用心,而农民虽亦未得到多大实惠,但总还可因劳力而得到若干土地聊以满足其部分之欲望,内心不无向往,基此分析,共党此一措施,在其发动农民运动之一策略上,却是成功。例如收复区一部农民即参军充当民兵于先,继而怕我军政人员追究,而随匪撤退,并不敢投诚或自首还乡,是一明证。

我方土地政策之主旨,即在争取民心及改革土地,自应尽力推行,万不可着眼于表面之有无纠纷,而贸然认为苏北收复区"地还原主"就算土地无问题,掩耳盗铃,敷衍将事,因此本部近又严厉督饬区内各有关机构,认真实施土地政策,并将派员出发视察,期收宏效。惟农业金融机关之土地债券,则须与地方政府联系,急剧发行,并办理农贷,务使农民复耕,一面依据中央所颁法令及农场办法之规定倡导集体农场,以期达到土地改革增加生产之目的。

(九)第一绥靖区党政军团联席会报概况

本部进驻南通后,苏北各县,次第收复,为加强绥靖区各地党政军团密切配合,集中力量,统一领导,贯彻政令,积极推进绥靖工作起见,遵照行政院绥靖区政务委员会加强党政军团联席会报秘书处组织条例之规定,经会同江苏省政府党部支团部及有关机关成立本绥靖区党政军团联席会报,组织联席会报秘书处,并督导本绥靖区各县陆续组设,积极展开工作。

绥区联秘处主任,由司令官兼任,副主任四人,由江苏省政府指定厅长一人,江苏省党部通盐办事处主任,江苏省支团部书记,暨本部政治部主任兼任,秘书长亦由政治部主任兼任,其下设秘书室及一、二两组,秘书组长组员等工作人员,由各有关机关调用。

本绥区联席会议,每月开会一次,除规定出席人员外,本绥靖区所辖各清剿区指挥官,辖区行政督察专员,兵站分监,徐州绥靖公署江都区党政督导委员及本部各处室主官均列席。

联秘处数月来,对各级联席会报之督导,并策勤〔动〕地方绥靖工作,均有显著之成效。

七、苏北党团活动概况

(一)苏北各县党团活动情形及党员人数统计

苏北的党团工作,极为艰困,沦陷期间,党团工作人员,或从事地下工作,或作游击战争,贡献至巨;胜利后,一面调整机构,健全组织,一面加强宣传服务配合复员建设,责任尤为重大,不幸奸匪利用抗战及胜利后之机会,侵入苏北,所有原有之党团机构,流离迁徙,更无从发展工作,然党团员及党团部工作人员,仍艰苦支持,与匪斗争,因之被奸匪残害者,为数甚众。

查本绥靖区各县,原均设有县党部及区党部及沭阳、宝应、盐城、东台、南通、泰县、靖江、崇明、涟水等九县地方分团及南通中学学校分团,约计团员九千四百二十九人,女团员占男团员总数十分之一强,年岁以二十一岁至二十五岁为最多,约占十分之七,出身以中学师范生最多,占总数百分之六十八强,被捕及殉难人数约二百十余人,党员数约计一万五千三百四十三人,南通一县新旧党员约一千三百二十九人,其中公教人员约占百分之七十五。

目前之工作,以协助军政,恢复社会秩序,安定民生为主旨,因鉴于苏北经敌伪八年长期之侵占及奸匪赤化较久,权衡轻重,本区之党团工作,以矫正一般人民纷歧之思想为重点,故对宣传工作,较为重视,而以实际行动为主,文字言论为辅,在与敌伪奸匪斗争环境中,以行动事实为宣传之前导,以文字言论为行动事实之说明,不屈不挠,与恶势力作殊死之搏斗。现军事进展甚速,奸匪主力均已次第击溃,各县党团工作人员,亦俱获公开活动之机会,经积极恢复原有机构,健全组织,开展工作,目前为配合军事,厉行政治清剿与适应当前实际需要计,积极协助军政,巩固治安,抚辑流亡,安定民心,并力从事复员建设工作,而于邪说暴行之宣露,与夫正义是非之倡明,更不遗余力,藉以澄清思想,坚定信仰,务使三民主义深入民心,完成建设新中国之使命。

自本年元月份起,本绥靖区鉴于奸匪各县地方党军基干散匿潜伏,啸聚滋扰在在堪虞,为求彻底肃清,以期长治久安,乃组织本区党政军团联席会报,所辖各县,一律成立县会报,使党团在最高军事统一指挥与监督工作之下——党政军团一元化,俾得尽量发挥党团力量,一致为绥靖地方,安定社会而努力。

此外如盐城、沭阳、宝应等分团,于去年春各设置流亡青年招致所,共计收容知识青年二千余名,旋于七月间,奉团长令创设南通青年训练班,泰县、南通等分团,均举办流亡知识青年登记考核,介绍前往受训,计受训人数已达三千人。结训后,分别介往各分团工作。各县党部,则于去年冬,亦经召集区乡镇保长,轮流受训,以加深其对三民主义之认识,坚持其对主义之信仰。

(二)第一绥靖区宣传工作概要

对敌宣传,为配合军事获致战果之无形武器,善为运用收效至宏。苏北各县,遭匪盘据,经绥靖清剿,业次第收复,固得力军事,亦有赖宣传,本绥靖区自进驻南通,开展宣传工作以还,利用环境时机,对奸匪及群众,作不同方式之宣传,驯至奸匪投诚,协从来归。

一、第一绥靖区各项宣传工作概要统计表

名称		区分	九月份	十月份	十一月份	十二月份	总计	备考
(文学宣传)	出版壁报	出版次数	三〇	二五	三〇	三〇	一一五	九月及十月上半月份均在常州其余在南通
		出版分数	九〇	七五	九〇	九〇	三四五	

续上表

名称		区分	九月份	十月份	十一月份	十二月份	总计	备考
（文学宣传）	拟制标语传单	拟制种数	三	七	一〇	六	二六	同上
		拟制份数	三〇〇〇〇	七〇〇〇〇	一〇〇〇〇	六〇〇〇〇	二六〇〇〇〇	
	翻印标语传单	缮制种数	二	四	二	三	一二	同上
		缮制份数	二〇〇〇〇	四〇〇〇〇	二〇〇〇〇	三〇〇〇〇	一一〇〇〇〇	
	设置民众阅报处	设置个数	三	三	三	三	一二	同上
	缮制墙标	缮制条数	二〇	一二	七	四	四二	同上
	搜集敌伪宣传品	搜集种数	二	一	三	二	八	同上
		搜集册数	二	二	三	二	九	
（艺术宣传）	出版画报	出版种数	三	二	三	二	一〇	同上
		出版份数	一五	一六	一二	一〇	五三	
	墙壁漫画	绘制种数	四	三	二	二	一一	同上
		绘制数量	八	一二	八	六	三四	
	电影	放映次数		二	二	三	七	同上
		观众人数		二二〇〇	二六〇〇	四二〇〇	九一〇〇	
	歌咏	歌咏次数	二	二	三	三	一〇	同上
		听众人数	五八〇〇	三一〇〇	六九〇〇	七一〇〇	二二九〇〇	

续上表

名称		区分	九月份	十月份	十一月份	十二月份	总计	备考
（艺术宣传）	话剧	演出次数	三	二	二	二	九	同上
		观众人数	一五〇〇〇	四七〇〇	五四〇〇	六二〇〇	三三〇〇	
	画展	次数	二	一	二	一	六	同上
		观众人数	一九〇〇	九二〇	一四〇〇	七〇〇	四九二〇	
（语言宣传）	演讲	演讲次数	二	二	二	一	七	同上
		听众人数	一五〇〇	一六〇〇	一三〇〇	八〇〇	五二〇〇	
	播音	次数	三〇	三一	三〇	三一	一二二	同上
	个别谈话	谈话对象	奸匪俘虏及投诚官兵	民众	部队官兵	学生		同上
		谈话次数	三	二	二	一	八	

附记：

一、本区在上海设军政广播电台每月预定节目按时广播自本年一月起经费关系停止。

二、本区司令部原驻常州自十月十五日进驻南通。

二、实施宣传工作效果统计表

宣传方法	宣传效果之事实	人数或次数
文字艺术及语言	奸匪自首自新	四一〇〇人
文字艺术及语言	受感而愿参加反共工作	一五三〇人
文字艺术及语言	民众愿为我军传递情报	五四〇人
文字艺术及语言	难民还乡	六五一〇〇人
文字艺术及语言	反共学生运动	五次

〔绥靖区政务委员会档案〕

9. 内政部等办理绥靖工作报告

(1948年)

(1)内政部报告
内政部办理绥靖工作报告

Ⅰ 办理情形

一、拟订法规

本省自"绥靖区施政纲领"颁行后,为使政治与军事密切配合,积极推进绥靖区各项行政工作起见,经陆续订就"绥靖区各县行政实施办法","加强中共侵占区周围各县行政□□□法","各省市办理户口查记要点","收复区各省市严密保甲要点",并与国防部会同拟订"绥靖区各县部队长协助推行地方自治暂行办法"等件,均经先后由院及本部分别颁行,上述各项法规中对于绥靖区各县市恢复各级行政机构,健全基层组织,办理各项复员工作,以及□□□□□□□□□规定,并经严催各省切实办理。

二、督促准备复员工作

本部为期绥靖区各县市一经收复,各项复员及行政工作即能积极开展起见,经二度分电绥靖区各省府促其从速准备各县市收复后之工作,并令行政人员随军前进,一俟县城收复,即恢复各级行政机构,执行各项复员工作,已接各省电复照办。

三、规划县市复员经费

三十五年十一月奉主席代电:据国防部邓局长文仪报告,以收复县份经费困难,人民保甲自卫组织请中央拨专款饬核办具报。等因。当以原建议所述确系目前所需,当然拟具补助标准及数额,呈请行政院核示。旋奉指令,以收复区保甲自卫组织所需经费,应在所发收复区各县市复员经费内开支。等因。经呈复主席鉴核。

四、网罗边疆人才参加行政工作

前据吴鹤龄建议请网罗边疆人才参加政府工作。本部以原建议旨在促进民族感情，加强行政效能，后方各省固属需要，而收复区未有充着公费，当经通电后方及绥靖区各省府查酌办理。

五、督促收复区各省市完成户口清查

本部为督导收复区各省市办理户口清查，曾于三十四年九月十一日公布"收复区实施户口清查办法"乙种，依原办法第三条：于每一收复区县市政府成立或迁回时，首先实施，三个月以内完成，截至现在止。据陆续填报办理完成者，计有福建、广西、江西、台湾、浙江、南京、上海、北平、天津、青岛等十省市，湖北、湖南、河南等三省仅有一、二县市尚未完成，除东北各省外，其余省份已大部完成，其尚未完成之各省迭经本部电催迅速办理具报。又本部为各省市办理户口查记便利起见，曾订颁各省市办理户口查记要点乙种，通行后方及绥靖区各省市办理。

六、督促收复区各省市严密保甲组织

本部为督导收复区各省市切实编查保甲，严密保甲组织，防御奸匪潜入，经于三十五年九月间订颁"收复区各省市严密保甲要点"乙种，复于十月间分电收复区各省市，请将办理情形按月具报。截至现在止，已有绥远、陕西、山东、河北、嫩江、吉林、福建、湖北、察哈尔、江西、辽北、湖南、台湾、北平、青岛等十五省市将办理情形报部。综合各省市报告，除为奸匪窜扰尚未能按照规定要点办理，大多数县市均已照本部所颁要点切实办理保甲组织及人员较前健全。

七、健全绥靖区各级行政机构

为健全绥靖区各级行政机构，以便执行各项复员计划，本部经督导各县市依照下列原则切实办理：

甲、简化机构，提高行政效率，减少无关政令。

乙、充实县级经费，不敷者呈请中央专款拨补，严禁摊派。

丙、遴派富有斗争经验、年富力强之精干同志担任县长及佐治人员。

丁、提高县以下各级行政人员之待遇。

戊、严惩贪污渎职人员,并奖励人民诉宪告密。

八、组织并健全县各级民意机关

本部于抗战胜利后,曾通电收复区各省市政府规定,凡收复县市应于收复后立即成立乡保民意机关,及县市临时参议会,六个月以内成立正式县市参议会,现经收复之县市大多均已先后成立(详附表)。

又本部为健全各级民意机关,并与执行机关切取联系,经指示应鼓励德高望重之公正士绅参加竞选,及政府与民意机关打成一片,运用民意机关作为握民众之机枢。

九、加强治安力量

甲、成立省警务处:为加强冀鲁豫三省治安,已照准于三十五年八月成立警务处,俟警保处组织条例核颁施行后再行改。

乙、加强警察力量:前呈奉行政院令颁加强华北五省警察力量办法,业经本处于三十五年八月分函冀鲁晋绥察五省省政府转饬遵办。

丙、规划警察大队改制:关于绥靖区地方情形恢复常态,应将警察大队改为警察局,其机构人事、勤务、警务实施办法,本部警察总署现正拟订中。

丁、审核各省市县民众自卫队组织办法:河北、河南、陕西、江苏、南京等省市政府遵照"收复区民众自卫队组训方案",拟订之各该省市县民众自卫队组织办法,经审核后,分别呈院核备,并分饬遵照实施。

十、督导工程复员

本部为督导收复城镇公共工程复员,于敌人投降后即经制定呈准公布下列各法规:

甲、收复区城镇营建规则;

乙、省公共工程队设置办法;

丙、地方政府恢复破坏城镇应行注意事项；

丁、城镇重建规划须知。

一年来督促各省成立公共工程队,巡回协助各城镇办理紧急措施及收复工作并促令各县市先行确定营建计划,然后依照实施,一面由部指派高级技术人员率领外籍专家分赴各大都市实施考察并协助设计,现除少数地方因情形特殊未能实施外,大都均在积极办理,其未能举办者亦能随军事进展逐步办理。

十一、加紧禁烟工作

甲、派员督导禁政:经依照收复地区肃清烟毒办法第十七条规定,呈准先行设置江苏兼上海、安徽、河北、山东兼青岛、平津、浙江等六个区,并分派刘学海等六员分任上列各区禁烟特派员,秦杰人等十八员,为各区禁烟督导专员,均在展开督禁工作中。

乙、严饬登记施戒:经规定下列办法通函各省市办理:

Ⅰ地方政府应将所有烟民详加调查登记,按其体力、年龄等分别核定戒绝日期,分区派员督导施戒调验,务于限内悉数戒完。

Ⅱ地方政府应按烟民人数择地设置戒烟示范院所,或戒烟巡回队。

Ⅲ申请入所烟民应缴纳必需费用,贫苦者酌予减免。

Ⅳ各县市于办理施戒时须普设调验所,或指定公私立医院协办。

Ⅴ施戒限满后,经检举调验尚未戒除者,一律依法以复吸论罪。

丙、厉行查缉

本部为厉行查缉工作,经将"查缉毒品给奖及处理办法"酌予修正,其要旨在提高缉毒奖额。关于各机关缉查烟毒,则于二十四小时内解交当地县市政府验收鉴定,立时垫发奖金,其鉴定合于制药之烟毒备具联单,由各省市政府径解卫生署验收,不合者,报部核定焚毁,实施以来,经本部核定奖额标准,已有平津、陕晋等二十四省市。

丁、加强禁政考核

江苏、上海、山东、青岛、北平、天津、河北等省市政府已函请依照规定拟具提前肃清烟毒计划及进度表,报由本部转呈行政院核定施行。惟迄至目前各该省市所报工作成绩,多未能按照计划进度切实办理,已函催速办。各级禁政人员工作努力,予以奖励者九十五人,工作不力,予以惩戒者七十七人,余正摧办具报中。

十二、审核各省市复员工作报告

绥靖区各省市政府所送复员工作报告,已报由本部审核者,计有江苏、热河、湖北、广西、辽宁、云南、福建、山西、江西、河北、陕西、河南、湖南、安徽、辽北、浙江、察哈尔、绥远等十八省及南京、北平、上海、天津、青岛等五市,均经分别详加审核拟具意见,呈请行政院转饬办理。

I 检讨结果

上述各项,经本部督促绥靖区各省市办理以来,虽甚少具体确实之报告及数字报部。惟综观全体,尚能认真分别推进,其尚未达到预期标准之原因,除未经收复或情形特殊者外,不外下述数种:

一、收复区各县市收复后百孔千疮,百事待举,而中央各部、会、署令办工作亦纷至沓来,使地方政府疲于奔命,难分轻重缓急,于复员影响颇巨,似应由院指示原则,规定中心工作,以及执行各项复员工作之先后程序及限期,加强督导,厉行考核,庶几有所改进。

二、各县市复员经费为数虽已可观,但仍嫌不敷。盖收复区县市甫经收复,事事需款,如救济、户政、保甲、自卫组织以及军事供应等均需款极多,而税捐收入毫无,如不由中央酌予专款补助实难以肆应,否则除强迫摊派外,即陷于停滞状态。

三、地方军事机关与行政机关之联系工作尚未能达到完善地步,密切配合似应加强其联系,以收宏效。

四、地方各级行政机构虽经调整，仍嫌层级过多，尤以省县两级为甚，机关骈列，事权纷歧，影响工作效率，贻误事机，莫此为甚，似应彻底调整，以节国币而增效能。

五、各部、会、署派遣人员视察绥靖区工作人数既少，所列区域亦未普遍，故对于绥靖区工作之办理情形仅能凭书面报告，致督导考核工作无法期其翔实，嗣后似应多派主管人员分赴绥区就近考察，以期有所改进。

六、地方各级行政人员，尤以基层人员人数颇多，考核难期周密，其能执行应负之任务者固多，然违法渎职，贪污舞弊者亦复不少，似应严加考核，淘汰冗劣，并提高待遇，以策励其工作情绪。

(2)财政部报告

财政部绥靖区施政报告

一、关于金融之措施者

查关于绥靖区财政金融之处理，前经本部遵照施政纲领拟订绥靖区财政金融紧急措施实施办法，呈转核定，通饬施行，其中关于国家行局应行办理事项，即经本部电请四联总处督促各行局加紧实施，中央、中农两行并派定人员与本部密取联系，随时洽商进行，所有关于绥靖区钞券之接济，金融机关之敷设，小本贷款之举办，在上项办法中均有详细规定。此外，为适应处理绥靖区土地问题之需要，复经责令中国农民银行拟订发行绥靖区土地债券办法，业经呈转核定，现正由该行积极准备施行中。兹将上列各项措施，从开始办理截至最近止之工作情形，分别报告于后：

（一）钞券之接济：关于运济绥靖区需用钞券前经由部电促中央银行指定青岛、南京、长春、天津、北平、汉口等六行为负责行，随时匡计绥靖区大小额钞券需要头寸，陈由总行发行局按照实际需要调拨供应，并为配合进行，以期迅捷起见，复由部电请国防部转饬各部队自行携运。又关于苏北区需用小额钞券，经电准四联总处转报中央银行，已饬徐州、淮阴两分行先向南京分行领运一托接济，嗣后并视事实需要，随时向总行请领准备。又交通银行已饬上海分行，中国农民银行已饬上海、南京、镇江及苏北各行查照需要情形运往供应，但整个绥靖区钞券需要，仍由中央银行按照分区运济供应办法继续办理。

（二）金融机关之敷设：关于敷设绥靖区金融机关，经部督促国家行局依照中央、中国、交通、农民四银行及邮汇局在绥靖区范围内筹设行处情形表所列地点积极推设，并已电饬有关各省银行迅在该区恢复机构。另复电转国防部，国军最近进展概况表。属各行局作为筹设行处之参考，俾便加紧准备。兹查苏北区中央银行已在徐州、扬州、淮阴、新浦、青口等地设立行处；中国银行泰县办事处正筹备复业中；交通银行在新浦已设行，并派员前往如皋、泰县筹设；中国农民银行已在宿迁、如皋、高邮、砀山、淮阴、泰县等地设行。又靖江、宝应、淮安、泰兴四地已先后成立筹备处，短期即可开业。江苏省银行淮阴、泰县及泰县姜堰行处亦均先后复业。热察绥区中央银行已设立归绥、承德两分行。东北区中央银行在永吉、山海关两地行处已先后开业，并已在张家口先行办理军政费收解，复派员赴安东准备筹设。交通银行在四平街已设行，并已派员筹设张家口、安东、万全等地行处。中国农民银行已在抚顺成立筹备处并拟筹设张家口行处。邮政储金汇业局正筹设张家口、万全、承德三地机构。中国银行亦派员往张家口筹备设立。鲁西及鲁南区潍县交通银行已开业并正筹设博山行处。冀东区之唐山、昌黎、沧县、蓟县等地中国农民银行已复业。又中央合作金库正在绥靖区积极推进业务，现已成立北平分库，并饬该分库迅速在冀东收复县份尽可能设立机构，办理合作金融业务。至有关各省银行在绥靖区已设行处地名，复经电饬随时报送。

（三）小本贷款：中国农民银行办理绥靖区小本贷款办法业经呈奉通过，现正依照办法实施，并先于苏北区之宝应、高邮、泰州等地成立小本贷款机构,以应急需。其余各地亦正普遍筹设,以利进行。为办理此项贷款审核,并经该项组设绥靖区小本贷审查会规定,须有佃农参加,以保障受贷人之利益。至小本贷款贷本已遵奉主席手令:暂拨一百廿亿元,交由中国农民银行统筹贷放。现该行正依照小本贷款分期分区实施计划办理,除小本贷款处之机构外,复有巡回贷款小组,以利工作而资适应。

(四)土地债券:关于发行绥靖区土地债券,中国农民银行发行绥靖区土地债券办法近已呈奉行政院修正通过,现该行已依据上项办法拟订绥靖区土地债券发行计划。其要点为发行稻谷券及小麦券各一千万市石,逐年分期发行,每年一月及九月为发行期,采本息合计,均等摊还法,于发行满一年后开始偿还,每年还本付息一次,规定由国库保证,分十五年还清,已由部酌予修正,正呈报行政院核夺,俟核定即可施行。现该行已预为积极准备中。

此外,中国农民银行为配合政府促进绥靖区农村经建实施土地政策,已特设绥靖区业务推进委员会,以专其责。该会主要任务为:绥靖区分支机关之设置变更,工作人员之调派考核,业务资金之筹拨运用以及其他经建暨土地处理等事项之策划督导,并视事实需要,分设小组深入各区办理该会决议交办事项与有关绥靖区业务之建议事项等,所有该会组织规程及小组办事规程经已转报绥靖区政务委员会秘书处查核。

二、关于财政之措施者:

(一)复员经费之拨发:绥靖区收复县市地方税收毫无,而各级机构之维持在在需款,是项经费奉行政院令饬拨一三五亿元济用,截至现在为止,已奉院令及准院秘书处公函计拨各县市复员补助费六一六五〇〇〇〇〇〇元,复员预备金一一五五〇〇〇〇〇〇元,又实验县补助费山东二亿元,河北二亿元,江苏四亿元,以上共计已拨八一二〇〇〇〇〇〇〇元,尚余五三八〇〇〇〇〇〇〇元,应俟奉院令或准秘书处通知再行拨发。

奉令垫拨绥靖区复员补助费数额表（截至三十六年元月二十一日）

地区	拨款字号	金　　额	用　途	发出日期
江苏	紧急命令拨款书 京特#2058	七六五,〇〇〇,〇〇〇	三十五年绥靖区复员补助费	三十五年十一月十九日
安徽	紧急命令拨款书 京特#2059	二二五,〇〇〇,〇〇〇	三十五年绥靖区复员补助费	三十五年十一月十九日
山东	紧急命令拨款书 京特#2060	一,三九五,〇〇〇,〇〇〇	三十五年绥靖区复员补助费	三十五年十一月十九日
河南	紧急命令拨款书 京特#2061	五四〇,〇〇〇,〇〇〇	三十五年绥靖区复员补助费	三十五年十一月十九日
河北	紧急命令拨款书 京特#2062	七二〇,〇〇〇,〇〇〇	三十五年绥靖区复员补助费	三十五年十一月十九日
察哈尔	紧急命令拨款书 京特#2063	四九五,〇〇〇,〇〇〇	三十五年绥靖区复员补助费	三十五年十一月十九日
热河	紧急命令拨款书 京特#2064	四五〇,〇〇〇,〇〇〇	三十五年绥靖区复员补助费	三十五年十一月十九日
绥远	紧急命令拨款书 京特#2065	四五〇,〇〇〇,〇〇〇	三十五年绥靖区复员补助费	三十五年十一月十九日
山西	紧急命令拨款书 京特#2066	六七五,〇〇〇,〇〇〇	三十五年绥靖区复员补助费	三十五年十一月十九日
江苏	紧急命令拨款书 京特#2067	一〇〇,〇〇〇,〇〇〇	三十五年绥靖区预备金	三十五年十一月十九日
山东	紧急命令拨款书 京特#2068	三〇〇,〇〇〇,〇〇〇	三十五年绥靖区预备金	三十五年十一月十九日
河南	紧急命令拨款书 京特#2069	八〇,〇〇〇,〇〇〇	三十五年绥靖区预备金	三十五年十一月十九日
河北	紧急命令拨款书 京特#2070	一〇〇,〇〇〇,〇〇〇	三十五年绥靖区预备金	三十五年十一月十九日
山西	紧急命令拨款书 京特#2071	二五〇,〇〇〇,〇〇〇	三十五年绥靖区预备金	三十五年十一月十九日
热河	紧急命令拨款书 京特#2072	八〇,〇〇〇,〇〇〇	三十五年绥靖区预备金	三十五年十一月十九日
察哈尔	紧急命令拨款书 京特#2073	一〇〇,〇〇〇,〇〇〇	三十五年绥靖区预备金	三十五年十一月十九日
绥远	紧急命令拨款书 京特#2074	四五,〇〇〇,〇〇〇	三十五年绥靖区预备金	三十五年十一月十九日

续上表

地区	拨款字号	金　　额	用　途	发出日期
察哈尔	紧急命令拨款书 京特#2079	一三五,〇〇〇,〇〇〇	绥靖区复员补助费	三十五年十二月七日
山西	紧急命令拨款书 京特#2098	四五,〇〇〇,〇〇〇	绥靖区复员补助费(山阴)	三十五年十二月二十四日
河北	紧急命令拨款书 京特#2099	九〇,〇〇〇,〇〇〇	绥靖区复员补助费(灵龙望都)	三十五年十二月二十四日
山东	紧急命令拨款书 京特#2100	九〇,〇〇〇,〇〇〇	绥靖区复员补助费(掖县寿光)	三十五年十二月二十四日
察哈尔	紧急命令拨款书 京特#2097	四五,〇〇〇,〇〇〇	绥靖区复员补助费	三十五年十二月二十四日
江苏	紧急命令拨款书 京特#2111	四五,〇〇〇,〇〇〇	绥靖区复员补助费(东台)	三十六年一月六日
山东	紧急命令拨款书	二〇〇,〇〇〇,〇〇〇	绥靖区实验县补助费	正在饬拨中
河北	紧急命令拨款书	二〇〇,〇〇〇,〇〇〇	绥靖区实验县补助费	正在饬拨中
江苏	紧急命令拨款书	四〇〇,〇〇〇,〇〇〇	绥靖区实验县补助费	正在饬拨中
合计	紧急命令拨款书	八一〇,〇〇〇,〇〇〇		

(二)急振经费之拨发:绥靖区民众因战事影响,流离转徙,势须救济。关于急振经费已先后奉院令饬拨一百亿元,除已拨卫生署五亿元,社会部七十亿元转拨绥靖区急振及卫生机关备用外,其余二十五亿元,院令注明存库备用,应俟绥靖区政务委员会函知具拨。

(三)绥靖临时费之拨发:奉院令饬拨绥靖临时费一百三十亿元,亦注明存库由院核准动支,除准行政院秘书处函知拨绥靖区政务委员会秘书处督导团经费二亿元外,计尚存一百二十八亿元待拨。

（四）绥靖区小本贷款：奉主席电饬拨一百二十亿元，遵已饬库如数拨交绥靖区政务委员会分别贷放在案。

（五）绥靖区田赋豁免之补助：查绥靖区施政纲领第十条规定："绥靖区之国税、田赋在灾情严重地区得呈准豁免一年"。旋经本会第七次会议通过豁免田赋原则三项：其第二项规定："绥靖区收复各县灾情严重，确属无法开征田赋者，得由省政府汇案呈请中央核准豁免，经核准免赋县份，在免赋期内，由国库按月酌予补助，其补助标准由财政部另订之"。上年十一月十八日行政院召集绥靖区政务会议，各省对于绥靖区财政金融之措施提案甚多，尤以免赋后之补助为重要议题，经大会决定："由有关机关于大会开幕后举行会议详细商讨解决各地方特殊困难。"即由本部于上年十一月二十一日召集各省代表开会商讨，经参酌各地方意见，拟订绥靖区免赋县市补助标准如次：

一、凡收复县市应视其灾情确属严重者，由省呈请中央豁免当年田赋，每省免赋成数不得超过各该收复县市总赋额百分之八十。

二、凡收复县市按照县等差别（一等至五等）予以补助，其每月补助之标准另作附表之规定。

三、每月补助数额分期递减，以三个月为一期，自收复之日起于三十五年免赋年度终了（即三十六年六月底）截止之。

四、凡属局部收复县市，准由国库按收复县份标准拨补四分之一，交由省政府统筹支配。

五、收复县市应就财力所及，择要举办各项自治事业，不得就地摊派，其他应行举办之事业，应俟地方已有法定收入时为之。

六、收复县市除法定税捐应酌量开征外，如需举办特别税课，应依照法定程序办理。

以上六项标准，业经本部呈奉院令核准，并已颁发紧急命令先拨二百亿元，现正由部洽商绥靖区政务委员会查明收复县市及等级日期等，以便核拨。

又原拟免费之补助标准表经会议决定："应再简化手续"。并经本部会同绥靖区政务委员会商讨简化，即将每月补助畸零之数字予以删减合并，正由会提请备案中。兹将该项补助标准表列如次：

绥靖区收复各县市免赋分等分期补助标准表

县等	各期每月补助数额				平均数	备考
	第一期	第二期	第三期	第四期		
一等县	六〇〇〇万元	四五〇〇万元	三〇〇〇万元	二〇〇〇万元	三八七五万元	每一期为三个月
二等县	五〇〇〇万元	四〇〇〇万元	二五〇〇万元	一五〇〇万元	三二五〇万元	每一期为三个月
三等县	四〇〇〇万元	三五〇〇万元	二〇〇〇万元	一五〇〇万元	二五〇〇万元	每一期为三个月
四等县	三五〇〇万元	三〇〇〇万元	二〇〇〇万元	一〇〇〇万元	二三七五万元	每一期为三个月
五等县	三〇〇〇万元	二五〇〇万元	一五〇〇万元	一〇〇〇万元	二〇〇〇万元	每一期为三个月
平均数	四〇〇〇万元	三五二五万元	二二〇〇万元	一四〇〇万元	二八〇〇万元	

(3)经济报告

经济部办理绥靖工作报告

（一）行政院秘书处通知单，以奉主席代电饬办理薛岳、李□庵电呈绥靖区党政军配合办法一案。奉谕："代电第五点内复兴经济办法，交经济部会商财政部、四联总处拟定办法呈核。"当经于九月二十一日函邀财政部、四联总处初步会商，并经拟具草案，续于十月一日函邀财政、粮食、交通、社会各部及善后救济总署、水利委员会、地政署、四联总处等开第二次会议,商定"绥靖区复兴经济办法草案"呈院鉴核。

(二)行政院训令:奉主席手谕:以收复区应即筹划成立地方民意机构,或设置收复区经济复兴协会等性质之组织,饬研拟呈核。等因。经拟具方案,函商社会部。旋准函复补充意见,复经修改缮具"收复区经济复兴协会组织章程草案"呈院核办。

(三)国防部(卅五)戌删民科(三)字第一五四五号代电,附送"禁止棉花布疋医药运往匪区销售暂行办法",请查核见复一案。经以是项暂行办法原则可行,惟条文内容不无应行修正之处,经提出意见,以戌感代电复请查照酌核办理,旋因国防部电复照本部意见转电修正。

(4)教育部报告
教育部绥靖区工作报告

查绥靖区教育工作,依照绥靖区中小学恢复办法共五项:

一为中小学恢复与调整;二为员生甄审与训练;三为失学青年之救济与收容;四为教科用书之审核与供应;五为宽筹经费。其中除第三项关于青年之救济与收容,因本部设省青年复学就业辅导委员会,有专管机构与经费,系由部直接办理。一年以来,业已登记救济二十余万人外,其余各项在部中原无此项经费,事实上亦不能均由部直接办理,须分由各省教育厅举办,经已将原颁绥靖区中小学恢复办法转发苏、皖、豫、鄂、鲁、晋、察、绥、热等省教育厅,并指示原则令妥拟实施办法,切实办理具报。另准绥靖区政务委员会电示,由部拟订办法送会汇办,并经拟定绥靖区教育复员实施办法一种送会。现各省办理情形,尚多未据报齐全,当再严令办理随时报核。兹先将一年来流亡失学失业青年之救济辅导概况,随文附送,敬请察阅。

附送一年来流亡失学失业青年之救济辅导概况一份。

一年来流亡失学失业青年之救济

辅导概况

一年来,因中共在各割据地区,实行种种摧残青年之能事,以致各地青年流亡载道,失学失业之现象,视战时为尤甚。按照教育部青年复学就业辅导委员会所收到各省市政府、参议会、各绥靖公署、及战区长官部等机关,请求收容救济之文电,及该会在各地区所登记调查之纪载为数不下六十余万人。此类青年大都颠沛流离,无所归宿,不仅求学问题无力解决,即最低生活所需之衣食住及医药棉被等亦均急待救济。据青年辅导委员会报告:欲以现在极有限之预算,解决此极端严重而复杂之青年救济与学业辅导问题,诚有杯水车薪之感。盖行政院核准该会公费收容流亡青年名额为二万七千人,初以中共遍地窜扰遂于各收复地区分设收容训练机构,粥少僧多,本已不敷分配,旋以华北、东北一带情势尤趋严重,流亡人数日增不已,政府以财力维艰,难能增拨名额经费,该会不得已乃于三十五年夏间起将所属长江以南及后方各收训机构逐渐缩紧裁撤,藉以腾出名额,悉数移用北方,然被裁撤机构员生之遣散安置工作,费尽周折。而华北、东北地区辽阔,二万七千名额,并不能适应需要,剜肉补疮,无济于事,乃饬由所属各省市青年辅导处,发动社会力量,提倡救济工作,用以补助政府财力物力之不足,推行以来,固依旧未能满足客观事实之要求,而其努力结果,对于当前严重问题之解决,确不无相当之助益。兹将一年来青年救济辅导工作略述如次:

一、流亡失学失业青年之登记:登记工作以额少人多,悉依严格规定,除一部份随时辅导转入正式学校复学及介绍适当工作就业者外,于去年十一月底止,各地先后登记合格,予以安置或救济之青年,总数为二〇万零九千二百五十六人。

二、流亡失学失业青年之收容训练:凡登记合格之流亡青年,确属贫苦无依,立待救济者,即分别依其学籍、年龄、志愿,分发各中学进修班、职业训练班或师资训练所收容予以功课之补习或职业训练，俾为复学就业之准备。总计，直接收容训练之人数为四万一千五百人，其中受复学训练者二万六千三百五十一人，受职业训练者八千二百六十六人，受师资训练者六千八百八十三人。

三、失学青年之辅导复学：凡经登记之失学青年，不论其临时收训或未经收训者，均随时分别辅导转入正式学校复学。卅五年度共计辅导复学者，先后合为六万七千九百〇一人。

四、失业青年之辅导就业：凡经登记之失业青年，除少数专科以上毕业者外，大部为高初中毕业，因无专长，直接介绍工作颇感困难，均经予以短期之职业或师资训练，然后辅导就业。一年中，计已获得工作者为八千九百二十一人。

五、流亡青年之鼓励从军：凡经登记合格而身体强健，超过学龄，并有志于军警宪之青年，则鼓励投考各军警宪学校，或直接参加军队工作，并优给旅膳补助等费，以壮行色。此类青年合计为四千二百九十七人。

六、收复区教师学生之抚慰：东北、华北收复区各地教师学生，处境最苦，曾由教育部拨紧急救济费一亿八千万元，分别派员会同各省市教育厅局长商决分配办法，并交由各厅局转发失业教师，及贫苦学生，以示政府体恤之至意，计被救济教师一千八百廿九人，学生五千人。

七、流亡青年之临时救济：凡经登记合格，一时不能完全收容训练者，则斟酌情形，予以临时衣食或医药之救济；其能还乡或就业与能投靠亲友者，则酌助旅膳费并代为解决交通问题；其可复学者，于补助旅膳费外，并代向主管教育厅局及学校洽给公费待遇，或免收学杂费，及缓期分缴一切用费；其已入学而经济困难，不能维持学业者，则予设奖学金补助之；其贫病者，则由公立医院及救济慈善机关，义务诊治或发给营养食品，以维健康；其无衣被者，则予以冬夏衣着及棉被之救济。总计一年来，经由青年辅导会而获得此项救济之青年,先后共七万九千八百〇八人。

八、救济物资之筹募:前项临时救济物资,除该会预算中所列救济费项下拨支外,余均由各辅导处会同当地人士组织清寒青年救济团体,从事筹募而来。一年中,各地筹募发放者,共计现款四千三百八十二万一千五百六十元(全向外界募得),面粉十万零一千四百四十袋,杂粮一万三千零四十斤,衣服十五万九千九百二十八件,皮鞋一千九百一十四双,棉被五十床,棉花一千四百三十斤,奶粉六万二千三百五十六磅,罐头二万一千六百零一听。此项物资,善后救济总署各地分署拨助者,占百分之八十,各地敌伪物资拨用者占百分之十五,余为各慈善团体所捐助。

九、举办京市清寒青年救济工作:南京为首都所在地,青年集中,贫苦者甚众,救济工作尤不可缓。该会乃发动南京市各学校团体,组织南京市清寒青年救济协会,工作人员除由该会调用外,并采以工代赈方式,或由各校清寒青年充任。一年来,向苏宁救济分署暨各慈善机关洽拨,并发放物资,计面粉一万四千五百八十七袋,衣服四万七千八百四十六件,及临时救济费五百零九万二千七百元,被救济之流亡青年及在校之清寒学生,合计四万五千七百七十四人。现正筹办清寒学生食堂、宿舍、书报流通阅览室及升学就业指导所,以扩大为社会清寒青年服务工作。又以本年冬季,京市气候特寒,一般流亡贫苦学生,尤感棉衣之迫切需要,该协会特洽由苏宁救济分署,南京办事处,拨发棉衣原料及工价粉,赶制棉衣及背心约五千件,并由辅导会补助不足之工价。另将结束江南各训练单位,收回之棉衣二百余套拨予,一并分发贫苦青年以资御寒。

统观上述各节,流亡青年,六十余万人中,虽已登记救济二十余万人,实尚有四十余万人,仍流离饥寒,遑云就学就业。由是可知,青年失学失业问题,不仅为单纯之教育问题,实当前之政治问题。此辈青年之痛苦,并非全为家境贫寒,实大都受政治影响所致,故此项问题之政治性不容讳言,如无彻底有效迅速解决之办法,殊堪为国家社会前途隐忧。此一问题,政府固应亟图解决,社会人士亦应共同注意,藉以安定社会秩序,培育民族之生机。

(5)交通部报告

交通部绥靖区工作报告绥靖区公路修复情形

(一)范围及办理情形:绥靖区公路,包括华北各省,及苏北徐州区通如海区,淮海区之公路,配合军事上之需要,予以抢修。四月间,本局奉前军委会寅养会一利密电:组织抢修工程队,配在各地军事最高机关办理各绥靖区公路抢修工作:平津区由第八区公路管理局负责;徐州区方面初由第三机械筑路工程总队负责,后由第一区公路管理局接办。除上列各地外,苏北之通如海区及淮海区各路归江苏省组织工程队办理;山东、河北、山西等省均由地方政府负责,配合军事进展,随时赶办各路抢修事宜。现仍分路进行中。

(二)经费:本局原拟抢修华北区公路计划呈请概算数为一百八十三亿九千三百五十万元,由行政院核拨一百四十亿元,另专案拨发紧急抢修苏省江南北公路工款四十六亿八千五百万元,其中苏北部分为十二亿四千六百六十万元,根据各单位需要情况由本部统筹分配应用。

(三)修复情形:绥靖区公路华北区计修复一八七三公里,苏北区计修复一五二四公里,其修复路段见附表及图。

绥靖区公路修复情形表

苏北区　　　　　　　　　　　　　　　截至三十五年十二月底

路　名	起讫及经过地点	里程(公里)	已修复通车		修　复　中		经办机关
			起讫地点	公里	起讫地点	公里	
扬清路	扬州、仙女庙、高邮、宝应、淮安、淮阴	一六〇	扬州淮阴	一六〇			苏省路局
扬六路	扬州、仪征、六合	六三	扬州、仪征	二九	仪征、六合	三四	苏省路局
扬镇路	扬州、六圩	一七	扬州、六圩	一七			苏省路局

续上表

路名	起迄及经过地点	里程(公里)	已修复通车 起迄地点	公里	修复中 起迄地点	公里	经办机关
扬海路	仙女庙、泰县、海安	一〇四	仙女庙、海安	一〇四			苏省路局
扬靖路	仙女庙、大桥、口岸、泰兴、靖江	九三	仙女庙、泰兴	六六	泰兴、靖江	二七	苏省路局
靖通路	靖江、新生港、平潮、南通	七八	平潮、南通	一六	靖江、平潮	六二	苏省路局
通启路	南通、张芝山、海门、启东	九五	南通、海门	二六	海门、启东	六九	苏省路局
扬天路	扬州、天长（皖界）	二四					苏省路局
通东路	平潮、如皋、海安、东台	九九	平潮、东台	九九			苏省路局
泰口路	泰县、口岸	二三	泰县、口岸	二三			苏省路局
浦天路	浦口、六合、天长（皖界）	六〇	浦口、天长（皖界）	六〇			苏省路局
铜台路	铜山、邳县、台儿庄	九九	铜山、邳县	七四	邳县、台儿庄	二五	一区局
铜淮路	铜山、睢宁、宿迁、淮阴	二三四	铜山、淮阴	二三四			苏省路局
铜豫路	铜山、肖县、豫界	七一	铜山、豫界	七一			一区局及苏省路局
肖砀路	肖县、砀山	六〇	肖县、砀山	六〇			苏省路局
铜砀路	铜山、黄口、砀山	九三	铜山、砀山	九三			一区局及苏省路局
铜鱼路	铜山、丰县、鱼台	一一五	铜山、鱼台	一一五			一区局及苏省路局
铜韩路	铜山、韩庄	五二	铜山、韩庄	五二			一区局及苏省路局
丰肖路	丰县、黄口、肖县	七〇	丰县、肖县	七〇			苏省路局
砀丰路	砀山、丰县	四一	砀山、丰县	四一			苏省路局
敬单路	敬安集、沛县、单县（丰县豫界）	九〇	敬安集、单县	九〇			一区局及苏省路局

绥靖区公路修复情形表

华北区 截至三十五年十二月底止

路名	起迄及经过地点	里程(公里)	已修复通车 起迄地点	公里	修复中 起迄地点	公里	经办机关
平塘路	北平、通县、天津、塘沽	一六〇	北平、塘沽	一六〇			八区局
平承路	通县、怀柔、密云、古北口、栾平、承德	二五〇	通县、承德	二五〇			八区局
平保路	北平、长辛店、高碑店、保定	一四五	北平、保定	一四五			八区局
平天路	北平、昌平、南口、怀来、下托园、宣化、张家口、天镇	二八二	北平、张家口	一八九	张家口、天镇	九三	八区局
通榆路	通县段甲岭(邦均镇)、玉田、丰润、唐山、滦县、昌黎、秦皇岛、山海关	三六〇	通县、邦均镇、玉田、山海关	二九〇	邦均镇、玉田	七〇	八区局
津保路	天津、霸县、任邱、高阳、保定	一九〇			天津、保定	一九〇	冀省路局
保沧路	保定、博野、河间、沧州	一八〇			保定、沧州	一八〇	冀省路局
济青路	济南、张店、潍县、高密、胶州、城阳、青岛	四〇〇	济南、青岛	四〇〇			八区局
济长路	济南、长清	三五	济南、长清				鲁省路局
济河路	济南、齐河	三〇	济南、齐河	三〇			鲁省路局
济阳路	济南、济阳	四六	济南、齐阳	四六			鲁省路局
明章路	明水、章邱	一五	明水、章邱	一五			鲁省路局
邹周路	邹平、周村	一六	邹平、周村	一六			鲁省路局
张博路	张店、淄川、博山	四四	张店、博山	四四			鲁省路局
邹长路	邹平、长山	一三	邹平、长山	一三			鲁省路局
长周路	长山、周村	一〇	长山、周村	一〇			鲁省路局
坊安路	坊子、安邱	三〇	坊子、安邱	三〇			鲁省路局

续上表

路 名	起迄及经过地点	里程(公里)	已修复通车		修 复 中		经办机关
			起迄地点	公里	起迄地点	公里	
周博路	周村、博山	三五	周村、博山	三五			鲁省路局
潍披路	潍县、披县	一四〇	潍县、披县	一四〇			八区及鲁省路局
合 计		二四〇六		一八七三		五三三	

(6)粮食部报告

粮食部办理绥靖工作报告

甲、关于民食调剂情形

一、查获匪粮尽先拨充冬耕种子：

三十五年十一月，据徐州区军粮储备委员会代电：以奉徐州绥靖公署电：饬将收复区各县查获匪粮交由县政府会同接管机关斟酌各地方实际需要，尽先拨充冬耕种籽，转请核示一案。经电复准予照办。并饬由该会负责统计各县拨充种籽之粮食种类数量，报部查核。一面分电苏皖鲁三省政府，请转饬收复区各县政府遵照办理。

二、办理急振或平粜：

三十五年十二月，准绥靖区难民急振总队部代电：以绥靖区内办理难民急振所需粮食，原定由善后救济总署配拨，惟有时缓不济急，请于必要时就收复各县接收匪遗粮食拨用。等由。经电复可照收复区粮食紧急措施第四条之规定，由收复各县接管粮食机关就接收及搜集之非法组织遗留粮食内酌拨一部份办理急振或平粜，以资救济难民。一面分电北平、徐州、郑州三军储会，及绥靖区各省田粮处财政厅遵照办理在案。

三、贷款购粮调剂民食：

三十五年十月，北平行辕李主任鉴于华北粮价高涨，组织平津食粮平粜委员会，请贷款购粮调剂，经洽由本部商得四联总处核准，由平津两市国家银行各行局对当地粮商及殷实商户以抵押及押汇两种方式予以贷款，俾向东北各产地购运粮食入关，办理平粜贷款总额以一百二十亿元为度。此项贷款购运之粮食，其调剂区域自不限于现有县份，河北省收复各县市自应责成该省政府统筹办理。又三十五年七月本部以山东济南等地遭受奸匪封锁，民食恐慌，经洽准四联总处核准，由济南中、中、交、农四行举办粮商贷款二十亿元，俾向产粮地区购粮调剂，所有收复县市，责成该省府统筹办理。

乙、关于采购军粮情形

在部队向匪区推进阶段，所需给养，由后方追送补给，诸多困难，即由军粮储备委员会设法向匪区抢购粮食拨补，部队推进到达匪区后，在当地田粮机关尚未成立以前，其所需军粮，仍应由储委会负责就地购拨，一俟田粮处成立，该储委会即随同部队继续推进，所有军粮筹拨工作改由田粮处负责办理。此项匪区军粮购办依照匪区粮食管理及军粮储运办法纲要暨匪区军粮储运委员会购拨军粮应行注意事项之规定，应以市价为准，收粮付款，均应会同当地乡镇长公开办理，不得浮收粮食及拖欠价款，如采购军粮不敷供应，得会同县乡镇长向当地殷实粮户征借，出具证明交粮户，抵解应纳征借粮额，购起之粮，应立时就地拨交补给机关接收，取据汇转所在地省田粮机关列抵配额。其采购粮食种类单价及拨交等情形，应按旬呈报备查。至购粮所需价款，经呈奉主席酉陷代电，核准拨发二百亿元，将来在三十五年度（年食年度）军粮预算内抵支。至分据徐州、郑州、北平三区储委会呈拟采用计划到部。当以郑州、北平两区经常军粮均已由田粮机关购办足额，推进部队所需之粮，自可由兵站机关在经常军粮内统筹补给，无另由储委会购拨之必要，复以军粮储备委员会经绥靖区政务会议决议撤销该两区军粮价款即予停拨。至徐州区因需粮甚急，当于绥靖区政务会议尚未开会前核定先购五万包，每包四万五千元，汇拨价款二十二亿五千万元。

据报已购到大米现品两万余大包,面粉一万袋(约折合大米二千余大包)交第五兵站总监部接收。另又在上项价款内拨大米一万大包,价款五亿元,交第五站代为采购,作为三十六年元月份配额(因元月份粮价上涨,提高每大包为五万元)取据转送江苏田粮处列抵配额,则该区购粮连同代金采购,共已陆续购到大米约三万余大包。其余各区,虽均报已成立,嗣因撤销,即未拨款购办。

丙、关于田赋粮食情形

一、田赋之征免

(一)欠赋:绥靖区各县市收复前,各年度之旧欠田赋依照规定,应一律豁免,收复前非法之苛捐杂税,并应一律废止。上项规定经本部分电绥靖区各省遵办后,均能恪遵办理,迄未闻有追收欠赋及苛捐杂税等情事发生。

(二)三十五年度田赋:绥靖区收复各县之田赋,依照规定,其因灾情严重,确属无法开征者,得报由省政府汇案呈请中央核准豁免。至未免赋县市所收田赋,难予留充地方行政及建设之用。兹将各该省属于绥靖区田赋征免情形表列如左:

省别	绥靖区县市数	减免数额		说明
		赋　额	粮　　额	
察哈尔	19	一一三〇三六四元	征实麦　三〇〇〇〇〇石 征借麦　一五〇〇〇〇石 公粮麦　　　九〇〇〇石 合　计　五四〇〇〇〇石	该省三十五年度配征粮额计上数,嗣以该省大部地区尚为共军营据,即已收复市县,因久遭敌伪蹂躏,疮痍满目,民生艰苦,经呈准行政院令准缓征。
山东	100	四一二八六元	征实麦　二七四〇〇石 征借麦　五八七〇〇石 公粮麦　三五二二〇石 合　计　一二一三二〇石	该省各县赋额共为一四五〇〇〇〇元,因该省大部地区尚为共军盘踞,即已收复县市,中央政权尚不能全部行使,致三十五年度田赋仅就估计,可能征赋地区赋额约四一二八六元配征嗣为鲁省政府电饬该省情形

续上表

省别	绥靖区县市数	减免数额			说　明
		赋　额	粮	额	
山东					特殊无法征收田赋,请予全部豁免,经核尚属实在,已转呈行政院核示。
热河	16	五四二四五九元	征实麦 征借麦 公粮麦 合　计	一三五〇〇〇石 六七五〇〇石 四〇五〇〇石 二四三〇〇〇石	该省财额共为六〇二七三八元,三十五年度原无核配,征实麦一五〇〇〇〇石,征借麦七五〇〇〇石,公粮四五〇〇〇石,以该省大部地区尚为共军盘据,经呈准除朝阳、阜新二县田赋折征东北流通券外,其余各县田赋均一律豁免,其数额计如上数。
安徽	5	征免数额已饬查报	同上	同上	该省绥靖区各县田赋已准剔灾征熟,折收法币征免办,其征免赋粮额已电饬皖田处查报。
江苏	24	五六八三八五四元(原赋额四折数)	征实谷 征借谷 公粮谷 合　计	一七〇五一五六石 五六八三八五石 五一一五四六石 二七八五〇八七石	该省三十五年度田赋原经按江南二十九县,赋额二一九三一五九五元,四折数配征,征实征借及公粮四二九八五九一石,嗣以六合、仪征、靖江、泰县、江都、东海、南通(以上为绥靖区)、铜山、徐州等九县市一部地区为适应需要经准开征田赋,计共征粮额四七九〇四四六石,其余各县市原未配征,粮食自应视同豁免,其数额计如上列。
绥远	11	征实数额尚未报部	同上		该省绥靖区各县田赋征免情形尚未报部。

续上表

省别	绥靖区县市数	减免数额			说明
		赋额	粮	额	
山西	61	二四〇〇〇〇〇两	征实麦 征借麦 公粮麦 合计	一六八〇〇〇〇石 八四〇〇〇〇石 五〇四〇〇〇石 三〇二四〇〇〇石	该省赋额共为三百万两,三十五年度仅就可能征赋地区,赋额约六十万两,配征小麦七五六〇〇〇石业已全部收足,较应配额共减配三〇二四〇〇〇石,此项减配粮额应视同已予豁免。
河北	46	一一七四一二〇八元	征实麦 征借麦 公粮麦 合计	三二八七四二六石 三二八七四二六石 九八六二二七石 七五一一〇七九石	该省赋额共为一三一八三六六五元,三十五年度田赋仅就估计可能征赋地区赋额约一四四二八五七元,配征小麦九二九二〇〇石,较应配征粮额共减配七五一一〇七九石,此项数额,视同已予豁免。
河南	17	二五八五一〇三元	征实麦 征借麦 公粮麦 合计	七五三八二八石 三一〇二一二石 二二六一四八石 一二九〇一八九石	该省三十五年度粮额,经减按七一五二〇〇〇元,配征麦三四五〇〇〇〇石,近已将该省绥靖及黄泛地区配征粮额分别予以减免,其数额计如上数。

一、附注:

1. 表列绥靖区县市数,系根据绥靖区政务委员会所送绥区地名表填列。

2. 表列河北、山西、热河、江苏等省减免赋粮数额,系在各该省应征粮额内减除本年配征赋粮数与绥靖区各县市赋粮数额,容不免有所出入,俟各省将应征免粮额详细报到后,再行订正。

二、行政经费之筹措

(一)征收田赋地区:绥靖区收复各县所收田赋,依照规定应准留充地方行政经费及建设之用,其应解中央百分之三十及省级百分之二十免予解缴。现苏北及皖东北属于绥靖地区,征赋各县已将征实部份留归地方征借免办,其已收借粮仍归中央或由地方留用,但财政部于中央应拨补助款中应如数扣除。

(二)免赋地区:绥靖区免赋县份,在免赋期内,经费依照规定,由国库按月予以补助,其补助标准由财政部核定之,除河南省补助款已呈准依该省核减粮额予以划拨外,其余当由财政部依照上项规定办理。

三、赋籍之整理

绥靖区各县市敌伪多年侵扰,所有田赋册籍大都损失,亟须重新整编,以备征收应用。自敌人投降以后,即积极筹备整编,经拟具收复县市整编田赋征粮底册注意事项,呈准行政院颁发实施,在三十五年度绥靖区各省已整编一部份县份。兹将整编情形分述于次:

(一)江苏省绥靖区二十四县中,已整编征册者,有靖江一县。

(二)安徽省绥靖区五县,计泗县、盱眙、五河、天长、灵壁五县,均已整编征册。

(三)山东省绥靖区一百县中,计整编征册者,有淄川、章邱、全乡、聊城等四县。

(四)河南省绥靖区一十七县中,计整编征册者,有虞城、孟县、考城等三县。

(五)河北省绥靖区四十六县中,已整编征册者,有青县、宁河、沧县、东明、方山、定兴、涞水、徐水、望都、获鹿、元氏等十一县。

(六)热河省绥靖区十六县中,计整编征册者,有建平、平泉两县。

(七)山西省绥靖区六十一县中,计整编征册者,仅灵石一县,惟整编田赋征册之方法只凭调查,结果未能完善,须于三十六年度重加整理,以臻精确。

绥靖区被敌伪多年蹂躏,复经共军滋扰,以致田赋册籍紊乱不堪,亟待整理,以重赋政。其整理办法,前经本部拟具查验契据整编赋册办法,赋籍勘查办法及土地报丈办法三种,并经召集绥靖区各省政府代表开会商讨结果,咸以绥靖区需要立即恢复原状,整理赋籍只能采用较简捷之方法,以原拟查验契据整编赋册办法及赋籍勘查办法较为适用。至土地报丈办法,费时太久,似不适宜。惟查绥靖区赋籍紊乱已极,非加彻底整理,不足以言赋收。经本部再三研讨,对于县境完全收复且地方秩序早已安定之县份,应视同后方县份,举办土地报丈,俾得精确成果,详订田赋科则。其县境收复未久,地方秩序尚未安定,或仅收复一部份之县份,则暂采用查验契据,整编赋册办法,以资简捷,俟地方秩序完全安定后,再行举办土地报丈,以求精确之成果。至所需经费采用,查验契据整编赋册办法者,平均每县约需四三〇〇万元,采用土地报丈办法者,每县约需四八〇〇〇万元,由绥靖区政务委员会统筹拨发,并由绥靖区各省斟酌各县实际情形将应举办土地报丈或查验契据之县份,先行核定报核。以上两种办法,业经函送绥靖区政务委员会查照办理矣。三十六年度绥靖区赋籍整理县数县名如附表:

绥靖区三十五年度已整编田赋征粮底册县数县名表

省别	县数	县名	备考
江苏	1	靖江。	
安徽	5	泗县、盱眙、五河、天长、灵璧。	
山东	4	淄川、章邱、金乡、聊城。	
河南	3	虞城、孟县、考城。	
河北	11	青县、宁河、沧县、东明、房山、定兴、涞水、徐水、望都、获鹿、元氏。	
热河	2	建平、平泉。	
山西	1	灵石。	
合计	27		

绥靖区三十六年度拟整理田赋册籍县数县名表

省别	县数	县　　　　　名	备考
江苏	24	海门、靖江、泰兴、如皋、高邮、宝应、淮安、淮阴、泗阳、宿迁、睢宁、肖县、砀山、丰县、沛县、启东、东台、兴化、盐城、阜宁、涟水、沭阳、赣榆、邳县。	
安徽	5	天长、盱眙、五河、泗县、灵壁。	
山东	100	即墨、胶县、高密、昌邑、益都、临淄、广饶、淄川、博山、长山、桓台、邹平、青城、济东、章邱、济阳、聊城、济宁、滋阳、文登、牟平、海阳、福山、栖霞、蓬莱、黄县、招远、莱阳、掖县、平度、寿光、利津、蒲台、阳信、惠民、乐陵、穗平、商河、临邑、陵县、德县、平源、禹城、恩县、武城、夏津、高唐、临清、清平、博平、茌平、平阴、东阿、东平、汶上、宁阳、肥城、泰安、莱芜、临朐、诸城、沂水、莒县、新泰、蒙阴、泗水、曲阜、邹县、滕县、贾县、临沂、日照、郯县、嘉祥、巨野、荷泽、定陶、城武、金乡、曹县、单县、鱼台、郓城、濮县、范县、观城、寿张、朝城、阳谷、莱县、堂邑、冠县、馆陶、邱县。	
河南	17	永城、夏邑、渭县、浚县、虞城、沁阳、博爱、温县、孟县、清源、考城、兰封、临漳、内黄、林县、武安、涉县。	
河北	46	东明、青县、沧县、濮阳、清平、南乐、大名、广平、固安、肥乡、成安、磁县、邯郸、沙河、邢台、内邱、临城、高邑、赞皇、元氏、双鹿、香河、三河、蓟县、宝坻、平古、迁安、抚宁、乐亭、遵化、丰润、玉田、宁河、卢龙、房山、涞水、定兴、易县、涞源、徐水、满城、望都、完县、唐县、曲阳、行唐、兴隆。	
热河	16	承德、赤峰、平泉、围场、隆化、丰宁、滦平、建平、(宁城)、绥东、开鲁、林西、林东、经棚、天山、鲁北。	
察哈尔	19	万全、宣化、怀来、延庆、涿鹿、张北、商都、多伦、崇礼、尚义、赤城、龙关、阳原、怀安、慰县、唐保、沽源、宝昌、新明。	

续上表

省 别	县数	县　　　　名	备　考
绥 远	11	丰镇、涞城、贝和、集宁、陶林、清水、阿和、林格尔、萨县、武川、托克托、固阳	
山 西	61	天镇、怀仁、大同、阳高、左云、右玉、平鲁、朔县、山阴、浑湟、灵邱、广灵、定襄、问喜、灵石、绛县、霍县、赵城、洪桐、浮山、翼城、垣曲、繁时、代县、峰县、五台、宁武、神池、偏关、河曲、五寨、岢岚、岚县、静乐、兴县、方山、临县、离石、汾西、和顺、昔阳、辽县、孟县、晋城、高平、榆社、武乡、沁县、沁源、安泽、襄垣、黎城、潞城、平顺、长治、长于、屯留、沁水、阳城、壶开、陵川。	
合计	299		

四、机构之设置

依照绥靖区田赋粮食管理办法第二条之规定,收复县份应设立田赋粮食管理处,为紧缩人员,节省经费起见,所有县境较小,田粮业务较简县份,经改设田粮科。兹将设处设科县名,分省列表于后,其未设机构县份,系尚未据呈请核设,合并注明。

绥靖区各省已设机构县名表

省名	设处县份	设　科　县　份	备　考
江苏		靖江	共一县
安徽		天长、盱眙、五河、泗县、灵壁	共五县
河南		潃县、虞城、沁阳、考城、兰封、临梓	共六县
绥远		陶林、清水河、和林格尔、萨县、武川、托克托、固阳	共七县
山西	闻喜、洪洞、翼城	定襄、灵石、绛县、霍县、赵城、浮山、垣曲、代县、崞县、五台、宁武、离石、汾西、孟县、沁县	共十五县
山东		滩县、胶县、即墨、高密、滋阳、德县、临清、临淄、淄川、博山、邹平、寿光、昌邑、济阳、济宁、临邑、商河、平原、邹县	共十九县

续上表

省名	设处县份	设 科 县 份	备 考
热河	赤峰		共一县

(7)地政署报告

地政署办理绥靖区工作报告

一、实施法令之制定

1. 拟订绥靖区土地处理办法：关于共产党盘据地区收复后土地权利之处理。本署于抗战胜利之初，即经规划，拟有特种地区地权处理办法。自院设置绥靖区政务委员会通过绥靖区施政纲领后，本署乃根据该纲领所定各项原则，将原拟特种地区地权处理办法重加修订。对于农地部份，拟具绥靖区土地处理办法，送请绥靖区政务委员会呈奉国防最高委员会核定，由院公布施行。该办法之要点如次：

(1)绥靖区内之农地，其所有权人为自耕农者，其土地纵经非法分配，仍依原有证件或保甲四邻证明文件收回自耕。

(2)非自耕农之农地，虽经非法分配，但如并无不可恢复原状情事，在未经依法处理前，准依原有证件或保甲四邻证明文件保持其所有权，并应由现耕农民继续佃耕，其佃租额不得超过农产正产物三分之一。

(3)经非法分配农地之地主失踪或经界混乱，无从恢复原状者，由县政府征收放领。

(4)征收土地应偿付之土地债券，以农产物为本位，以免受币值涨落之影响。

(5)承领土地之农民其优先次序，以变乱前原佃耕人为先，其次始为现耕人，再次为有耕作能力之退伍士兵及抗属。

(6)土地权利纠纷不服县及乡镇地权调处委员会之调处者，得诉请司法机关受理。

(7)承领耕地之农民,由政府指导其组织合作农场,并辅助其经营目的在以合作生产组织代替变乱期间之斗争组织。

2.拟订绥靖区城市土地及建筑物处理办法:对于城市土地及建筑物部份复经本署依照绥靖区土地处理办法第二十条之规定,拟订绥靖区城市土地及建筑物处理办法,呈奉国防最高委员会备案,由院公布施行。该办法之要点如次:

(1)绥靖区内城市土地及建筑物经非法处分或强占者,一律由原所有权人依原有证件领回营业。

(2)城市土地及建筑物所有权人逃亡未回者,由县市政府接收代管,在两年以内所有权人得依原有证件声请收回营业,逾期收归公有。

(3)占用人与原所有权人之债务纠纷及原所有权人应偿付占用人之改良工程费用,由双方协议处理,协议不成时,由地权调处委员会调处之,不服其调处者,得于一定期限内向司法机关诉请受理。

(4)界址不明之土地,得由县政府依原有权证件重行勘界,必要时并得施行土地重划,以促进土地之利用。

二、施行程序之规划

(1)拟定绥靖区土地处理办法施行程序及经费标准:自绥靖区土地处理办法暨绥靖区城市土地及建筑物处理办法公布施行后,本署赓即对其执行步骤予以规划,以便绥靖区各省付诸实施。当经拟定绥靖区土地处理办法施行程序及经费标准,并提送院召开之绥靖政务会议,经决议由本署召集苏、鲁、豫、晋、热、察等省政府及财政部、粮食部、中国农民银行、绥靖区政务委员会、国防部新闻局等机关代表,分组研讨,修正通过。由绥靖区政务委员会呈奉国民政府核准通行该项施行程序及经费标准如次:

甲、施行程序

(一)绥靖区之土地应由其所属省政府先作初步调查,据以划定征收区域及暂不征收区域,并估计其面积于三个月内报请行政院绥靖区政务委员会核定之。

(二)绥靖区各省政府依据初步调查划定征收土地之区域,并先择定少数县份先行试办。

(三)征收区域之土地应依照左列程序办理征收放领:

①调查造册;

②规定地价;

③公告征收;

④放领及发照;

⑤组织合作农场。

(四)暂不征收区域之土地,由各省政府举办简易地籍调查。其办法由绥靖区政务委员会另定之。

(五)暂不征收区域应由各省政府遴选革命干部充实乡镇机构,加强行政力量,负责严格执行有关保障佃农法令。

乙、经费标准

(一)初步调查经费:以每县五百万元为标准。

(二)办理征收放领所须行政经费标准:以每亩二百元(包括调查估价,造册发状及办公薪旅等费)估计,每一县平均二百万亩,约需四亿元办理,区域不及一县者,按面积比例计算。

(三)简易清理地籍经费标准另定之。

(四)第一、二两项经费由各省政府按前定标准参酌地方实际情形,拟定预算送请绥靖区政务委员会核发。

第三项简易清理地籍所需经费按一般预算程序办理。

(2)订定绥靖区简易地籍调查及租约调查办法原则:关于绥靖区简易地籍调查及租约调查办法,本署亦经拟定原则,于召集各有关省份及有关机关商讨绥靖区土地处理办法施行程序及经费标准小组会议时提出商定。其原则如次:

①施行三角及道线测量,以为各乡镇保总面积之控制,并派员逐户调查,同时由人民自行查报,然后榜示公告。

②厘订赋税,拟定地价等级,并评定地价等级。

③造册编造简易地籍册,租佃调查簿及总归户地价税册等。

④发照发给所有权执照及租佃契约。

(3)拟订绥靖区实验县第一期土地处理部份施政要项:奉主席手令:为指定绥靖区实验县,以实施绥靖区各项法令一案。其实验县第一期土地处理部份施政要项,业经本署拟定送请绥靖区政务委员会汇办。其要项如次:

①政府发出布告,规定所有农地一律仍由现耕农民继续耕作。

②配合户籍调查,现耕农民(自耕佃耕及雇农)土地及荒芜土地之坐落面积、使用人与有权人姓名、住址,同时办理分区规定地价手续。

③确定现耕农民现耕土地之所有权。

④办理征收手续,编造清册两份,一份送中国农民银行准备填制土地债券,一份为承领土地清册,准备填发土地所有权状。

⑤以上工作限三个月内办理完竣,但征收手续得因实际情况酌予延长期。

(4)编具各省绥靖区土地处理临时费预算:本署为求绥靖区各县土地处理工作划一配合起见,拟统一筹划督导推进,除关于简易清理地籍经费应于将来办理时,另案办理筹拨外,经依照绥靖区土地处理办法施行程序及程序标准之规定,编具各省绥靖区土地处理临时费预算。关于办理初步调查,拟办三百县,办理土地征收领,拟办二十县,计共需经费九十五亿元,该项经费预算已电饬绥靖区政务委员会核拨。

三、工作实施之督导。

1.督促绥靖区各省查报办理地区实施计划及所需经费:依照绥靖区土地处理办法之规定,凡绥靖区内之农地经非法分配不易恢复原状者,应一律由县市政府依该办法征收,并处理关于各省绥靖区内此项非法分配之土地。其分布地区如何,面积约有若干,亟须督促各省查报并将绥靖区内应依法执行处理之土地,迅拟实施计划及经费预算送核,业由本署分行苏、皖、鄂、豫、冀、黑、晋、绥、热、察等省政府查照,请迅速办理,以便实施。

2. 督导江苏省推进苏北绥靖区地政工作:为期明察苏北各县在共产党盘据期间处分土地之实况,收复后之现状,以及社会民众受损失之情形,以便策划进行苏北绥靖区土地处理工作,本署于卅五年十月间,曾会同中央各机关组织考察团派科长魏树东参加前赴苏北实地视察,并于十一月间复派副署长汤惠荪处江苏省,协助省政府策划推进该省苏北绥靖区土地处理事宜。现该省已先后拟具该省绥靖区土地处理办法实施细则及实施纲要经费概算暨该省绥靖区实验县完成第一期绥靖业务计划,积极着手进行,所有上述细则、纲要、计划及经费等系均经本署审核加具意见,送请绥靖区政务委员会核办,并电请绥靖区政务委员会先行垫拨该省经费,以利工作之推进。

3. 通饬绥靖区各省县地政机关与各级土地金融机关密切联系:绥靖政务会议,河南省政府主席刘茂恩曾提议,请于绥靖区普设土地金融机关,并与地政机关密切联系,以便推行工作一案。现业经本署分电绥靖区各省政府转饬各省县地政机关密切与各级土地金融机关取得连系,并电请中国农民银行查明办理。

4. 派员参加绥靖区政务委员会督察团:绥靖区政务委员会组织之绥靖区政务督察团,本署方面业经派简任视察张辉,专门委员周之佐,科长文甲、王慰祖四员参加督察团工作。

四、法令工作之检讨

1. 土地问题为政治经济建设之重心,土地制度之改革有助于农业之进步,工业之发达,人民大众物资文化生活之提高,与夫民主政治之推行,惟此一全国性之问题,乃须在政权安定秩序恢复以后,运用全部力量,方能获得妥善之解决。绥靖区当务之急,重在救死扶伤,安定程序,恢复生产,故绥靖区以地方善后问题为第一目标,并期于善后办法中尽可能推行进步之政策。共产党在绥靖区已肄行其分田政策,地权紊乱,经界失实。本署所拟绥靖区土地处理办法,即系针对现实需要,而所为之一种善后措施。在变乱无可恢复原状之地区,由政府机关推行进步之政策,藉以扶植自耕农,以消灭共党潜伏之社会根源;其在尚可恢复之地区,仍以维护原有产权,严格执行保障佃农,以期增厚农民之利益,促进社会秩序与福利。现关于实施法令及施行程序各项,业经本署先后规划拟订绥靖区各省县政府推行土地处理工作,足资□□,惟目前已表呈实施者,仅江苏一省,其他省份尚须加强督促进行。

2. 绥靖区各省执行土地处理工作,其县以下各地机构必须□用有革命认识,有工作能力之新进干部,以保证进步政策之顺利推进。目前军队及党部所组织之临时工作人员,亦可商请尽量协助以增强执行之力量。

(8)善后救济总署报告

善后救济总署绥靖区施政报告

配合办理情形及未来物资数量

本署六分署配合十二绥靖区所应发放之急振物资情形如下:

(一)面粉:除鲁青分署(配合鲁东、鲁西南两区)与晋绥察分署(配合晋北、晋南、绥远、察哈尔等区)未能全部垫拨外,其余苏宁分署(配合苏北区)、安徽分署(配合皖东区)、河南分署(配合豫北区)、冀热平津分署(配合冀东、冀南、热河等区)等四个分署均可全部垫拨。

(二)棉衣:除苏宁、鲁青两分署略感不敷外,其余四个分署均可配合发放。

惟月来,因各地运输及运费之困难及限于本署与联总之协定物资之供应,未照预期完成。

至本署未来全部输入物资数量,经清算约为:(1)食品十五万吨;(2)衣服五万吨;(3)医药器材三千吨;(4)农业器材三十万吨;(5)工矿交通器材九十五万吨,共约为一百四十五万三千吨,其中救济物资所占成数既微,又大部份须供给在进行中之各种工振需要,故今后配合急振之救济物资所余无几。

工作检讨及增拨物资数量

本年一月十五日为检讨各地区急振物资之供应与配合情形,本署派郑副署长、分配厅汪厅长与急振总队正副总干事、物资组组长等举行工作检讨会议,并计拟增拨物资数量,商谈要点如下:

(一)十二绥靖区所需之急振面粉二万吨,其至今尚未由各分署垫拨者,应于最近三星期内(即二月十日以前)由本署沪署分配、储运两厅负责自上海运出,其运达之目的地第一步为第(四)项所列各中心地点。

(二)上项面粉到达中心地点途程中之运输困难问题,本署沪署储运厅应随时电告京署,通知绥靖区政务委员会秘书处及难民急振总队部协助解决。

(三)面粉到达中心地点后,再转运至难民所在之振济终点时,其途程中之困难问题由各分署请各急振大(中)队商请各绥靖区军事长官解决之。其运费问题,由各分署电由行总请绥靖区政务委员会转请行政院核拨。

(四)面粉转运之中心地点规定如次:

苏北区　　镇江、徐州。

皖东区　　蚌埠。

鲁东区　　青岛。

鲁西南区　徐州。

豫北区　　开封。

冀南区　　开封。

冀东中区　　北平、天津。
热河区　　　承德。
察哈尔区　　归绥。
晋北区　　　大同。
晋南区　　　临汾。

（五）急振棉衣五万包,除已分配至各分署共一百二十四万五千套,已由本署令各分署于一般分配中尽量分配各大（中）队区内难民需用外,另由本署（分配厅负责）于旧衣续运到沪时,提前再拨发旧衣一万五千包（各分署并可按照难民急振款物分配表内列棉衣数额就现存旧衣先行垫拨）,其运输上之困难问题,参照上列各项办理。

（六）查联总配给本署粮食（包括基本粮食如面粉、小麦及米与杂粮,如豆粉、汤粉、牛奶,暨其他罐头食物在内）约共一百二十万吨,截至上年底止,业陆续运到约九十万吨,均已分配无余。从本年一月份起至联总结束时止,可能续运三十万吨来华,其中主要粮食（米、面）至多只占二分之一,即十五万吨。除去供应难民急振面粉二万吨及水利委员会振粉五万吨外,（上年本署允拨水委会三十五万五千吨粮食,专供水利工振之用,除已拨发十万吨外,尚欠二十五万五千吨,现以物资有限,只能勉力续拨五万吨,余已无力负担）所余只有八万吨。此次本署在沪举行工振会议,各分署提出各种工振方案,要求配发工粮数量多至一百万吨以上,供求相差太巨,深感无法供应,因之为供应绥靖区增加或继续收复地区难民之需要,经一再核计,本署仅能续拨杂粮（包括汤粉、豆粉、奶粉及其他罐头食品）一万吨,并定在二月底以前由总署或各有关分署垫拨。

〔行政院档案〕

(二)破坏"善后救济"物资运送解放区

一、战后"善后救济"概况

1. 国民党中央执委会抄送七次二中全会关于暴露"善后救济"内幕质询案

(1946年3月9日)

兹抄送二中全会第七次大会关于善后救济报告之质询案七件,即希查照提出书面答复,并油印四百份送处,以便分送为荷。此致
善后救济总署

附质询案七件。

中央执行委员会秘书处
三月九日

(1)韦委员永成口头询问

关于善后救济总署的报告,我有两点意见要提出来,希望解答:

(一)善后救济总署机构成立至今,在报上看到已有一年余。自抗战胜利后,各省机构成立多则五月,少则三月,试问下面的工作开展到何种程度?事实上正所谓:"只闻楼梯响,不见人下来",可以说工作毫无开展。我以为,机构方面善后救济总署是应该有的机构,但各省机构似乎多余,不必要的。因为各省分署所有工作,在积极方面的可以委托各省建设厅去办,在消极方面的可以委托各省社会处去办。现在设立分署以后,因行政与业务经费大为增加。刚才我们听了报告,知道分署经费是出自标卖联总运华物资可得的款项,我以为变卖所得款项不应该用在机关的经费方面,必须全部

用于救济难民。今日该署不但机构庞大,而且所领薪水比各地公务员来得高,这不是救济人民,而是救济了一般官僚,所以(一)主张将各省机构尽量缩小,只可留些技术人员,许多业务应交给各省政府机构办理,分署只是帮助各省推行救济工作,不应设立如此庞大的机关来办"等因奉此"的工作。

(二)救济总署以下所有各种机构经费在标卖物资款项究竟占了多少成份,刚才并未报告,以我们安徽一省而论,老百姓至今尚未得到救济,但分署办事人员用了许多开支很大,成了一个官僚化衙门化的机关,希望总署负责同志要改变这种作风,从实际的工作上着手,否则不仅不能得到人民的信仰,以后政府任何工作的推行都谈不上。

(2)吕委员云章口头询问案

我对救济总署报告有三个很小的询问:

(一)在中共武力盘据的地方或是恐怖空气浓厚的区域,不知善后救济总署用什么方法运送物资去救济那里面的老百姓,听说共产党要求按照区域人口来分配救济物资。当然这些救济物资,我们全国老百姓都应该得到的,尤其是所谓"解放区"的人民,但我们要注意的,这些物资究竟怎样能直接发到每一个老百姓的手里,因为中共对于这些物资必然想尽方法攫取为己有,人民无法得到。请求善后救济总署,对这一点有没有严密的方法,把这种物资送到每一个老百姓的手里。

(二)遣送难民回乡一事,刚才听到善后救济总署的报告列为中心工作之一。去年总署在重庆办理输送难民工作,办理登记手续非常滞缓,难民在江边有等候整日还没办妥的,他们在那里不能吃饭,扶老携小非常痛苦,照理我们救济他们,帮助他们还乡,他们应该感激我们,而事实上他们反而冤声载道,这是什么缘故呢?就是我们办事手续繁琐,时间浪费。我们救济难民回乡,虽不希望他们感激,但至少不使他们怨恨我们,如果人民有了怨恨的心理,又要归罪于本党,这点希望善后救济总署加以注意。

(三)我听说善后救济总署职员的待遇,有高至三四十万元一月的,我们前方作战的将领每月只领到三四万元。如说待遇高可以养廉,其他公教人员的生活亦非常困苦,他们的子弟不能求学,他们的待遇比善后救济总署职员的待遇要差三、四倍之多,我们要用什么方法救济他们呢?为什么不同总署一样提高他们的待遇,我以为总署的经费,如由国库开支,则其他机关人员的待遇应一视同仁,不能高的很高,低的很低,如以盟邦物资来做经费的,对友邦人员的待遇自应提高,本国的人员不能因为他们的待遇高,我们的待遇也要同样的提高,同样是政府机关的人员不能有所差别,我们应节省浪费,多救济些难民,多救济些收复区的老百姓。我们要求善后救济总署职员的待遇,与全国各机关的待遇应该平等,不应该特殊化。

(3)闻委员亦有口头询问案

对于善后救济总署报告有两点意见:

一、善后救济书面及口头报告中,对分署及储运局等附属机构经费没有报告,没有参考资料,希望把数字公布出来。副署长说救济经费太少,待救济的太多,是否可以减少事务经费,增加救济经费,本人在主计处服务,知道救济总署经费有三分之一是变卖物资来的,不是由国库支付,这项经费没有报账,主计处认为同是国府官吏领导的机关,其经费应该报账,现在尚在交涉之中。

二、书面报告中提到聘请外国专家和六十个留学生,每人补助一千美金的回国旅费,合共有六万美金,照官价计算就需一百二十万法币,如照开放牌价,则需一亿二千万法币,这六十个留学生都是抗战期中派出去的,如果是官费,自有旅费,如属自费的,多半是发国难财的,更不必补助这一亿二千万旅费,我们认为虚糜公帑若确有其事,应予改正,没有则更好,希望救济总署予以答复。

(4)刘委员文岛口头询问案

去年听到蒋署长讲过一句话,说是联总以九亿四千五百万美金救济物资给我们,我们要化六千亿法币才能运用,那时法币发行额只有八千亿,我们因要获得九万多美金的救济物资,使我们多发行千万万法币来刺激物价,这在民众方面的负担增加了不少。其次蒋署长说,六千亿中可以把一部份物资变卖,三千亿作为一切救济费,就是三千亿为数也不少了。救济工作除了输难民过境而外,其他工作都没有推动,衣服方面,从美国运来了许多旧西服、大皮鞋,我们老百姓着的是土布衣服,穿的是单鞋。现在化了不少运费运到各地,试问老百姓如何能穿(鼓掌)?善后救济总署为什么不把它变卖了发给老百姓去买草鞋,买布衣。说到食的问题,各地被共产党包围的城市,粮食米源断绝,甲户的死尸给乙户吃,乙户的死尸给丙户吃,我们仅仅派了一架飞机去投送粮食,何以善后救济总署不向美国多要飞机去接济他们粮食。我最近走了三省,看到老百姓在吃草根、吃树皮,没有见到善后救济总署发种子、发肥料、办集团农场、集团工厂,如果早些做这种工作,老百姓已救了几千万,还有面粉费了很大力量运到上海,又转运各地,何以不和有关机关商量一个彼此移转的办法,分配给各地的军队、人民,地方上可以少征些军粮,这一种经济而有效的办法,善后救济总署何以不实行?住的方面,衡阳原来有房屋三万多幢,现在仅存五所;长沙原来有十一万幢,毁的有九万多幢,人民没有地方住,善后救济总署何以不想办法把庞大的行政费节省些下来,多建筑房子,造了房子可以向银行抵押,再□现在只知薪水超越一般公务员之上,不想到这些,我要求公开答复,这些物资究竟用了多少的行政费。

(5)吕委员晓道口头询问案

听到善后总署的报告和几位同志的检讨以后,知道善后总署成立已有半年,内部组织庞大,由美国运到上海的物资也已很多,究竟这半年来善后救济总署救济了些什么,我们应该知道。我有几点意见想请善后总署予以答复:一、去年十一月间善后总署输送难民，由长江而下者三百多人，闻中途翻船死难者二百多人，这是事实还是谣传；二、陆续还乡难民甚多，因长江交通困难，多数停留在宜昌、汉口这二个地方，因为难民大多粮食不够，这些难民经八年的流离痛苦，在还乡途中还要受饥寒的痛苦，这点善后总署是否已予救济已予注意；三、究竟救济物资何时可运入收复区。最近我曾去收复区看过九县，许多地方曾遭敌人或共产党的一再烧杀，以致无衣无食，他们又不知有救济总署，且无法请求救济。善后总署组织如此庞大，何以工作不能开展到收复区去。刚才善后总署报告，物资运输感觉交通不便，这种困难早在我们意想之中，善后救济总署事先对这点是否已有考虑，研究出一个办法来克服运输的困难，使救济工作的实惠真能达到老百姓身上去。四、救济物资运抵上海，复不能分配到各地去，对于物资之保管，如霉烂、偷漏和火灾等意外事情发生，有否考虑防患，如果不幸，这批物资有了问题如何对得起救济我们的盟邦；五、对于善后物资，我们监察院和中央监察会应合组一个委员会，监督考察救济工作办得是否适当。

(6)伍委员智梅书面询问

善后救济在战后应视为非常重要，此次联合国善后救济总署拨给我国大批救济物资，如器材、粮食、衣物、药品等（为期十八个月），我们应如何把握时间，善为利用，以期对外不负友邦之盛意；对内可使全国经八年苦战，深受天灾匪祸之同胞获得实惠，并使该项物资得合理分配而民无怨言，兹提出三点询问：

一、输送难民回乡及协助各地华侨复员为目前最重要工作之一，惟阅读善后救济总署工作报告，以各地交通受阻碍，致难民遣送截至去年十二月底，总数只六六四九四人，遣送难民人数太少，请问善后救济总署对难民遣送有无整个总筹遣送计划。

二、各地难民救济：(1)供应粮食；(2)供应衣物；(3)供应食宿等工作，虽因交通关系救济物资难以运达，然就地采购亦不应如此迟误。又如河南、湖北、广东各地粮荒米价高涨，赤贫民众绝炊者比比皆是,饿莩日增,于此青黄不接之期,而善后救济分署发售面粉技术欠佳,未能普遍,请问善后救济总署,对供应难民粮食衣物住宿等办法如何,又现在实行以工代赈者有若干省份与人数若干。

三、关于医药卫生,读工作报告联合国救济总署拨助我国,配有大量卫生器材,主要者计有医院六百六十所,共设病床五万三千五百张,妇婴保健院五百所,共设产床六千张。此外,尚有卫生试验所十一所,生物学用品制造厂二所,制药厂二所,医疗防疫大队十队,应如何充分利用其修建费及经常费之开支,与医事人员之配合有无适当之计划及预算,使此项器材充分利用,而不负盟邦之盛意,与奠定我国卫生建设初步之基础。

以上三项请用书面答复。

(7)白委员云梯书面询问

对于善后救济总署关于内蒙救济问题,迄今未闻有如何办法,该署究竟对内蒙各旗有无救济办法,请明白答复。

〔善后救济总署〕

2. 善后救济总署编纂委员会编
《行政院善后救济总署总报告》(择录)

(1948年4月30日)

行政院善后救济总署总报告

第一章 绪 论

第一节 联总简述

第二次世界大战为人类空前浩劫。现代战争皆为世界性战争,其本质即要求大多数之人类,牺牲其正常之经济生活。新式武器之应用,更造成广泛而深刻之创伤,战后世界经济结构破坏,生产运输系统脱节,人民衣食无着,妇孺流离失所,自为必然之事。联合国家及其与国,鉴于历次大战以后,病疫饥荒、颠沛流离、失业等等而牺牲之生命,每不在疆场死亡人数之下。战败国家,动辄数十年不能恢复原气，甚至战胜国家，虽破坏程度较轻，亦未能避免相同之噩果。因于大战进行中之第五年度——三十二年十一月，在华盛顿白宫，共同签订联合国救济善后公约，依据公约，产生救济善后总署（以下简称联总）。

此一国际组织之联总，经其第一届全会（Council）议决为一短期之机构。其使命为："计划、统筹、执行、或准备执行若干办法，以救济在联合国控制下之任何地区内之战争受难者。济以粮食、燃料、衣着、房屋及其他基本必需品，供以医药及其他重要服务，并于足以供应救济之必需限度内，在上述地区内促进上述之服务与各种必需品之生产及运输"。易词言之，联总为一国际性之经济服务机构，受各会员国之委托，对第二次世界大战造成之战灾损害，作紧急之救护。至长期之世界复兴工作，则留待永久性机构接替其任务。

当时（三十二年）参加联总之国家凡四十四，一致同意，凡属会员国均须负担联总之行政经费，至办理善后救济所需之庞大业务费，则由未遭敌军侵入之会员国捐输负担。联总全会曾通过建议案，希望未遭敌军侵入之会员国，于三十二年六月以前，尽可能捐出其国家岁入之百分之一。各会员国无不热诚履行其义务，在三十三年底，联总收到美、英、加、澳、中南美洲各国及南非联邦等十八个会员国捐助业务基金一，八二二，七三四，○七三美元，至三十五年联总最后收到之业务基金总额，共为三，九九八，四一九，○○○美元。

联合国家以国际合作之方式，凑集如此庞大之经费，在世界各处战灾区域为战争受难者服务，其意义之深远，足以表示人类智慧及组织能力之进步。联总第一届全会，最富于创造性，曾议决"善后救济物资之分配，应一视同仁，不得因种族、宗教、政治信仰之不同，而有所歧视"，又议决"在任何情况下，善后救济物资及服务，不得利用为政治或军事之工具"。此类基本法案，构成联总精神之基石,此种精神,远绍人道主义之源流,近承国际协调、天下一家之理想。其思想已超越狭义国家观念及强权政治之范围,而欲以国际合作之方式,解决世界之问题,在世界历史上诚为空前之事业及最有建设性之国际组织。

联总之组织,分决策机构及执行机构两个范围。决策机构,以各会员国代表组成之全体大会或全会(Council)为最高决策机构,每年开会两次,以简单之多数表决方法,作政策之决定。全会休会期间,临时紧急案件,由中、英、美、苏四国组成之中央委员会讨论之。中央委员会虽为四大国所组成,并不能代替全会之权力,中央委员会如对政策有所决定,仍应送呈全会检讨。全会下设远东及欧洲两区域委员会,及若干专门委员会。两区域委员会之任务,为考虑欧洲及远东两大区域内之政策事项,向全会及执行机构建议;各专门委员会(Standing Technical Committee)之任务,为分别考虑物资、财务、农业、难民、卫生、工业、社会福利等专门问题,向全会及执行机构提供建议。至于执行机构方面,以署长(Directer-General)为最高执行长官,下设三厅七处,分掌财务、物资、服务及联系等事项,三厅七处以下,设官分职,各有所司,其组织状况,略同于一般执行组织,无庸赘述。

联总之工作,分善后及救济两方面。救济工作,有其明确之范围,即在曾遭敌军占领而经联合国家收复之地区,供给必需之物资及服务,以防止饥馑及瘟疫。善后工作,经纬万端,内容复杂,约言之,其范围限于恢复灾区内确因战争而遭受损失之公用事业,及协助恢复生活必需品之生产及运输。联总在世界战灾区之实地工作,多由联总派员执行,或与战灾国之当局合作办理,故联总在受惠之战灾国,均驻有派遣团 Mission。此类派遣团,为实际工作之组织,联总在中国亦设有驻华办事处,其性质类似联总驻在其他国家之派遣团,所不同者,驻华办事处并不直接在中国领土内执行实地工作,而将物资移交与中国政府,由中国政府机构自行办理。

第二节 中国与联总

三十二年,联总方值草创之期,中国政府,即派行政院政务处处长蒋廷黻先生为出席联总大会全权代表,赴华盛顿与各联合国共同缔订十一月九日之联合国善后救济公约,正式参加为联总会员国之一。

中国不仅为联总会员国,且为创造联总之一份子。中国在联总组织中,居于非常重要之地位,联总之常设决策机构—中央委员会,在最初仅为美、英、苏及中国四国代表所组成,联总之远东区域委员会亦以中国代表为常任主席,故在联总之决策工作上,中国实担任重要之任务,并能发挥重大之作用。

中国经八年对日战争,战灾区域广阔,损失奇重,故中国不能对联总有所捐输,而需要联总之协助,消弭战争之后果,迅谋战后经济之重建。远在三十三年三月,我国民政府行政院即设立善后救济调查设计委员会,约聘各部会之专门人员及外籍顾问,估计战后收复区对于善后救济之需要,草拟计划周密之报告书。于是年九月三十日,由中国代表正式递交当时任联总署长之李门先生(Gov. Herbert H. Lehman)。是项计划报告,除扼要论列中国对善后救济之需要外,并附分类计划十册,对于战后之粮食、衣服、房屋、医药卫生、交通运输、农业、工业、泛区、社会福利、难民遣送等项善后救济工作,所需物资估计之数量,并详切说明此项数字之根据,及其估计之方法。是项计划,共需进口物资之总值为二十五亿美元,此外并须具有战前购买力法币二十七亿元,以备就地购买本国物资,及配合善后救济计划执行之费用。是项数字,虽属庞大惊人,然以方法精密,数字详确,联总当局,亦从未指责我方要求之不当。惟当时联总资金之总额,尚不足二十亿美元,全部资金,尚不能满足中国二十五亿美元之要求,故我国出席联总之代表,经政府指示后,自动声明缩小要求之数额为九亿四千五百万美元,其余部分,由中国自筹。但联总仍因其本身基金有限,复顾及其他国家之需要,经与中国政府谈判经年,最后于三十四年,同意资助中国五亿三千五百万美元之物资,另加海洋运费一亿一千二百五十万美元。在联总之全部预算中,总计用于中国之费用为六亿四千七百五十万美元。约占当时联总全总部金三分之一。

联总供给中国之善后救济物资,种类极繁,约而言之,可分五大类,均系根据中国之要求由联总向世界各地采购运来,截至三十六年底行总宣布结束时,联总计运来价值五一七,五〇〇,〇〇〇美元之物资,其分类数字如表一:

表一 联总计划运华及实际到达物资价值比较表

计划类别	预算数(千美元)	到达数(千美元)	未到达数(千美元)
食物	133,488	133,200	288
衣着	114,900	113,400	1,500
医药卫生	31,762	31,700	62
农渔善后	78,000	72,500	5,500
工矿交通善后	171,500	166,700	4,800
冻结 1%	5,350	——	5,350
合　计	535,000	517,500	17,500

中国为接受联总资助之国家,在接受联总资助之受惠国中,吾人所得援助最大,所获物资独多,故中国与联总之关系,亦最为繁复密切。吾人对联总之关系,除受联合国善救公约及历届联总全会议决案之一般约束外,国民政府,并于三十四年十一月十四日,在重庆与联总代表,签订中国国民政府联合国善后救济总署基本协定,详细厘定我国与联总之权利义务关系,及我国运用联总物资之基本准则。基本协定之要点为:

一、确认中国为应接受联总援助之会员国,中国无庸以外汇偿付联总供给中国之善后救济物资及服务。除若干种长期使用之设备,由联总暂行保留所有权外,凡联总供给中国之物资及服务,概为免费赠送。

二、运用联总物资,在中国领土内实施善救工作,概由中国政府机构自行办理,惟须依照联总与中国政府商定之计划执行,尤应与联总大会议决案之政策相符合。具体言之,在中国领土内之善救工作,虽由中国政府自办,中国仍应遵行联总会员国之共同义务。例如联总大会议决案规定:"善救物资之分配,应一视同仁,不得因宗教、种族、政治信仰之不同,而有所歧视"等原则,对中国均有严格之约束力。

三、联总及中国政府对于运华善救物资之管理责任,以船舶靠岸时为分野线,即"凡在中国港口卸货之供华物资,应于船舶靠岸时立即办理移交"。但物资移交中国后,关于其分配计划及运用方法,中国政府仍应与联总咨商,并保证联总能充分获悉实际运用之情形。

四、中国政府得售卖一部分联总物资,以所得进款用于善后救济事业。

五、中国政府得借调联总人员参加中国机关服务,担任善后救济之专门工作,是项借调人员应对其派往服务之机关负责。

六、中国准许联总在中国设立办事处,并赋予联总在华人员以国际惯例上外交官员之身份。

自三十四年十一月八日,第一艘联总货轮 Emile Vidal 号驶抵上海以后,截至三十六年十二月底,两年以内联总以每天一艘半之运输速度,向中国输入大量善救物资,总重共达二百三十六万吨有奇,如此大量之物资总值为五亿壹千七百余万美元,约当战前我国每年进口货物总值之二倍弱。就中救济物资,如粮食、衣着、医药等物,直接用以挽救灾民之生命,间接足以稳定社会之秩序。善后物资,如交通、工矿、河防、农渔等类器材,对于我国尤有永久性之经济价值。战后我国生产力衰减,物资缺乏,海港恢复以后,大量外货涌入,入超之巨,殊属惊人,联总输入之大量物资,中国无需支出外汇,无形中减少巨额外汇之消耗,故仅就消极之意义言,联总对于中国之贡献已若是之巨。设使两年以来,此项进口物资,皆须以外汇支付,则支出总额连同运费在内,当在六亿美元以上,则我国如今之外汇及金融市场之情况,必已不堪设想。或此项物资根本不曾进口,则今日国内之经济情形,尤将不可想象矣。今联总业已结束,吾人缅怀友邦之盛谊隆情,自属衷心铭感,然尤为吾人所珍视者,则为其国际合作之价值。联总对世界之使命,其成败如何,姑不具论,其组织之成立,已足证明国际合作之可能,足以垂范千古而不堕,足以昭示人类以解决世界难题之真正途径究何在焉。

第三节 行总及其工作

中国自民国三十二年正式参加联总为会员国之一。惟当时敌势正盛,联合国家方倾其全力于欧洲战场,中国战场正在最艰苦之环境中,战事结束尚未见其端倪,故善后救济工作未曾积极进行。迨三十四年胜利在望,联总工作亦正积极展开,其在欧洲区域所经办之善救工作,大体皆为径由联总派遣团(Mission)执行,或径交所在国家之政府办理。惟两种方式,皆未能获得满意成绩。当经与我国政府详细磋商,而决定在中国方面采取两者之折衷方式,即中国在其政府机构之内,成立一临时机构,代表政府为联总交涉之对象,统筹办理中国境内之善后救济事宜,而联总亦在中国成立驻华办事处,以协助并配合前一机构之工作。我政府爰于三十四年一月一日,在行政院下设立善后救济总署,即是行政院善后救济总署(以下简称行总)。行总正式成立于三十四年一月一日,而于三十六年十二月三十一日结束其在全国各地之业务。惟联总济华物资,经由海运到达中国者,自三十四年十月方开始,故大规模之业务执行,事实上仅为两年,而联总公约亦曾规定,联总在任何区域内之工作时期,以不超过两年为限。

依行总组织法,行总为一临时机构,直隶于行政院,其地位与政院各部会同,行总之工作,一方面承政府之命办理善后救济,一方面须依据条约,履行中国对联总之义务。故行总在执行工作时,实际上负双重责任。依据国府与联总签订之基本协定,行总为中国政府对联总之代表机构；依据组织法，行总为中国政府所设之行政机关，负实地执行善后救济工作之责。

行总于执行其业务时，凡属于战灾救济性质者，则由行总直接办理，如粮食衣着之配发，难民还乡之协助，均由行总附属机关，在收复区各地执行。凡属善后重建性质之工作，大部份由行总与有关各部会合作办理，如恢复铁路、公路、医院、修筑河堤、工矿，均由行总分别性质，将器材配交有关部会，行总则居于协助之地位，用以工代赈等方式，会同有关部会合作从事。

行总之工作地域，为全国之收复区，故行总在苏、皖、赣、湘、鄂、豫、鲁、冀、热、晋、察、绥、浙、粤、桂、台湾各省、京、沪、平、津、青岛五市及东北九省，分设十五个分署及滇西与福建两直辖办事处。

图 1 沦陷地区及善后救济署区〔图略〕

又因中共控制区，情形特殊，行总为办理该区之善后救济，在中共区亦设有三个直辖办事处。故行总工作区域，自东九省以迄海南岛，自台湾以迄滇西，分布之广，约与美国全部面积相当。而国内交通事业，原已贫乏，兼以战时破坏，战后复员及军运，复令救济物资之运输，成为极大之难题，不得已乃利用联总供给之交通器材之一部，先后成立公路、水运及空运三大队，以解决本署物资之运输问题，然是类机构，皆以自给自足为原则，故事实上并不增加行总之负担。此外并在上海、天津、青岛、九龙、广州、大连等地设储运局，担任卸货及转运之工作。

自胜利降临以迄行总结束，两年以内，行总之工作，可分两大阶段。自三十四年十月至三十五年九月，行总工作以救济事业为主，自三十五年九月以后，吾人工作，则已由救济转趋重于善后，救济工作，往往见效于无形，具体言之，吾人计在全国各收复区施放食粮约九十万吨，衣着约二万八千余吨，直接发予灾民，受惠者近六千万人，善后工作，举其大者言之，如黄河花园口之缺口，经行总与水利部合作，用以工代赈之方式，召募工人最高时达五万余人，终于完成堵口,使黄河重归故道,泛区涸出田地千余万亩,中国工程师学会誉为中国近代史上最大之工程。复与水利部合作修复汉口以下两岸江堤及黄河下游河堤,三十五年扬子江水位为十年来之高峰,鲁豫皖苏及沿江一带免于泛滥之灾,无形中有稳定民生之作用。此外,浙赣、粤汉两铁路,战时几破坏殆尽,经行总与交通部合作,用联总之器材重修,今已大致恢复旧观,长江以南之经济动脉,业已畅通。凡此种种,本报告均分章详述,以供社会参考。

迄于今日,行总一名词,已成历史陈迹,吾人缅怀往事,认为行总之成败得失,对于行总人员之功过是非,已属无关于宏旨。惟对于捐助物资之友邦人民,对于援助对象之我国人民,以及任命吾人担任执行工作之我中央政府,不能不将吾人执行业务之经过,作一忠实之报道。然吾人仍有不得已于言者四点,阅读此项报告之海内外贤达,幸垂察焉!

一、中国之善后救济工作,于战争尚未结束之际,政府已拟定全盘之计划。并依照既定之计划,向联总申请物资。行总之实际使命,即为运用联总物资,配合政府既定之计划,完成全盘之工作程序。政府当时既定之计划,内容极尽详瞻周密之能事,向联总提出时,曾博得国际间之好评,但此计划,有其基本之前提,即假定战后中国为一秩序安定之局面,方能完成既定之计划。不幸此种假定完全为事实所否定。

二、联总供给中国之物资,数量空前,中国在联总预算中占第一位,所得援助最多。但中国幅员广袤,人口众多,八年抗战,受灾奇重,几无处无灾,无地无难,故以五亿余美元之物资投于广大之中国,不敷分配,自在意中。且联总物资之分配,限于曾受战灾之区域,如此,收复区各省,共以三亿人口计算,每人平均仅获益一元七角美金。如此戋戋之数,苟非作最经济且最有效之利用,则其有助于我国之善后救济者几希。为求最经济最有效之利用,则吾人不得不将直接救济,缩小至最低限度,而对于善后事业,亦每有力不从心之感。查三十三年美国之战费平均每天消耗二亿九千万美元,联总援助中国物资之总数,尚不及美国两日之战费,但就联总立场言之,已对中国作最大之贡献,其本身之力量止于此,吾人自不能希望联总供给中国一切之需要,但所有联总运华物资不敷分配,则为事实。

三、现代事业,无资金则不能运转而发挥其效能。联总供我大量之器材,在在均需资金配合运用。各项事业之复员,固在在需款,而国内烽火未熄,尤为政府财政及经济复员之致命伤,行总庞大之业务费,苟以全部置于我国国库负担,则不独无此可能,抑且非智者所应为。故行总两年以来,无时不感财政困难,吾人之工作,因受财政之限制,故效能之发挥,亦有其客观之限度。

四、行总在重庆成立时,大战尚未结束,业务机构亦未成立。当时我国对外交通,除驼峰空运之外,完全封闭,彼时吾人与联总商订之工作程序,计有两项。一为"驼峰计划",预备利用盟军空运剩余吨位,自印度载物资至西南,不待战争结束,先行办理救济工作;二为"海港计划",预备配合盟军自太平洋登陆中国海岸之反攻计划,随军办理善后救济。正筹划中,胜利突临,行总为应付骤然变化之新局势,仓促设立各业务机构,旋以业务及复员关系,迁往京沪,各省分署,亦于极短期间仓促组成。当时在渝所拟计划,已成明日黄花,而新的工作程序,未遑详细检核即已开始工作,仓促组成,因陋就简,其组织及人事于草创之初,弱点已伏。而时间有限,又无从容纠正之余裕,对于两年来整个之工作,不免有重要之影响。

第三章 物资分配

联总前驻华办事处处长雷易氏(J. Franklin Ray)于三十六年在太平洋学会报告联总在华工作时曾慨乎言之曰:"对于决定被灾各国,所受战灾损害之性质与程度,从而决定需要援助数额之大小,终联总之生命,未能获得一致同意之公式。各国出席联总之代表,在争取联总之援助时,只须一线之希望存在,无不全力以赴,而从无一国之代表,对于是项援助,曾有满足之表示"。联总物资,在中国境内之分配,为行总之任务,行总在此一方面所遭受之困难,较之联总所遭受者,有过之无不及。此中原因,其荦荦大者,可以略举如下:其一、联总供应中国之物资,只及我国预定方案五分之一,粥少僧多,自难满足任何一方之需要;其二、联总公约严格规定,善后救济,以第二次大战之战争损害为限,而战争损害,又非能严格划分其界限者;其三;公约规定,不能以宗教、政治信仰而差别待遇,执行方面,其不见谅于任一方,无庸赘述;其四、由于基本协定之约束,行总在每一阶段之分配,皆有联总人员参加。而联总人员对于我国国情,亦时有未尽明了者,虽多数热心可嘉,而牵制亦势所不免。此外终行总执行业务之时期,国内烽火,愈演愈烈,其配而不能运,运而不能达,达而不能用,则又岂行总所能为力! 近人有言,国内战争一年之破坏,相当八年抗战损失之总和。其言之正确程度如何,吾人未敢妄下断语,然其增加行总工作之负担,增加执行工作之困难,则不待智者而后辨。

第一节 分 配 原 则

联总最高决策之机构,为全体会员国代表大会,其决议吾人有遵行之义务。此外,我政府与联总方面,复订有基本协定,明白规定,我方有遵循联总全会决议案之义务。联总全会关于善后救济物资分配之决议,共十余条,对于善后救济及医药等项物资,均曾分别详加规定,惟关于分配之一般原则,其要点则有下列数端:

(一)善后救济物资之分配,应以第二次世界大战之战灾损害为限。

(二)善后救济物资分配,应不分种族、宗教、政治信仰,一视同仁。

(三)善后救济物资分配,以协助恢复战前已有之事业至战前水准为限。

(四)不协助任何新事业之建立。

在基本协定第三条之丙丁两款,更曾明白规定:

(丙款)为使联总顺利履行本协定及一九四三年(民国三十二年)十一月九日之协定,及大会各项决议案之义务起见,中国政府,应以分配物资之计划,及其实施办法,与联总商讨,其内容,至少应包括下列各点:

(一)分配机关及过程。

(二)地域及主要消费者。

(三)联总物资之特定价格。

(四)处理、搬运及储藏联总所供物资之方法及设备。

(丁款)中国政府,应负责给予联总代表以种种机会,以便观察物资每一阶段分配之情形,使其在原则上满意中国政府所推行之分配制度系与全会各项决议案符合。中国政府应准许联总代表在必要限度内,进入仓库、货站、分配站,以便获悉搬运分配货品之情形。

由上可知联总对于物资分配,不仅在原则方面,规定严格,且自物资申请之方案,以迄达于消费者之最后用途,每一阶段,皆须商得联总之同意。而实际上,吾人自申请物资以迄分配于最后用途之每一阶段,皆经联总人员参加,经双方同意,然后执行。

联总供给我国之物资,如以事业性质分类,计有救济、卫生、农业、工矿、水利、交通等项,其中除救济物资,旨在直接救济战灾人民,由行总及联总之联合分配委员会径予处理外,其余医药、农业、工矿、水利、交通各项,在方案设计时,即与有关部会会同办理,而对于是类器材之分配,则分别与有关部会订有合约,以为分配之准则,有关部会亦派员参加吾人之分配工作,或径以物资移交有关部会,而由有关部会,负责分配,兹略述各项物资分配之准则如下:

救济物资——即粮食、营养品、衣着福利物资等项,其分配以各地受灾之轻重,灾民之多寡,农作之丰歉,以及交通之通塞为标准。盖吾人一面考虑当地灾情之轻重,一面仍须比较各地灾情之缓急,以及各地自力更生之能力,并为争取物资之迅速利用,在分配物资时,而不能不考虑实际运达之可能性。

卫生物资——概为免费发放。分布区域,不分收复区或非收复区,以平均配置各区域为原则。其中属于紧急治疗及防疫性质之药品,则由行总及卫生部合组医防大队,分布全国,直接使用。其辅助各卫生机构之药品及器械,则限于永久性、服务性、且信誉卓著之机构为对象。且在任何情形下,不得以行总供给之器材转售。接受行总补助之医疗机构,尚须设立五分之一免费之病床,门诊须三分之一免费。

农业物资——除具长期使用性质之曳引机、渔轮、乡村工业机器等项物资外,皆以配合农业耕作之季节及其地区之适宜为标准。如棉种分配于棉作区域,稻种分配于稻作区域,病虫害药械则分配于各项病虫害流行之区域。一概免费运交农林部指定之区域,由当地之农业推广辅导委员会,在其区域内分配;肥田粉,则因台湾农民素习依赖于化学肥料,战后日本化学肥料,来源断绝,影响该区农作至为严重,乃以三分之二配于该区,低价配售。其余三分之一,仍由农林部免费分配各区,以资推广。至长期使用之机械设备,因联总须暂时保留产权,且我国农民尚未习于使用,故由行总专设机构予以利用,一面训练人员,一面从事示范工作。

交通器材——电讯、铁路、公路等事业,在我国皆为公营,故是项器材,皆以迳交交通部统筹分配为原则。惟行总为解决其本身之运输及通讯问题,亦曾酌留一部分之公路车辆及电讯器材。其余如铁路器材,公路设备及大部电讯器材皆系交由交通部统筹分配。至水运船只,因联总保留其所有权,更兼解决行总之运输问题,由行总全部保留使用。

工矿物资——其分配对象,为收复区内曾受战争破坏之工厂及矿场。吾人申请之物资,以国内无从补充者为限,所协助之工厂矿厂场,以恢复战前生产能力为度,且因是项器材又为生产工具,故以作价分配为原则。

水利物资——其属于工程方面使用者,概行配交水利部统筹使用,而配合工程之工粮,因采用以工代赈之办法,概由行总派遣工作队直接发放为原则。

故行总分配物资,既须遵从联总大会议决案与基本协定,又须依照行总与有关机构所订之合约,慎重办理,且自始至终,皆有联总人员及有关部会人员参加,决不能以少数人之情感作用而任意变更也。

吾国传统之观念,士为四民之首,但行总不能因而与大众有所歧视。当民族革命时期,若干革命义士,追随国父,创建民国,厥功至伟,吾人缅怀忠义之士,肃然起敬,但行总并不能予以特别待遇。即现在公务员生活之清苦,为大众所公认,而行总亦不能以之为救济对象,以上各种原则,盖为行总所必需遵行者也。

第二节 分配机构

根据善后救济公约及基本协定,我方分配联总供应之物资,有遵从联总政策之义务。且为实现此项义务起见,我方对于分配物资之每一阶段,皆须对联总公开,并应征得对方之同意。吾人履行此项义务之方式,前后曾经三次变更。自三十四年十一月,联总物资首次到达上海时起,迄三十五年三月中,可谓行总自主分配时期,而联总则处于咨询地位。嗣以联总根据公约,对行总申请之物资,每多疑难质询之点,对于行总已决定之分配,不断有诘难抗议之举,为使申请联总物资及分配工作,皆能迅速有效起见,遂有双方商定之联合申请及分配委员会暨九种技术小组之成立,惟是项委员会,仅决定地区及类别之分配,对于最后分配单之填发,以决定个别对象者,则仍由行总负责。故此一时期,可谓联总部份参与分配工作时期。迄三十五年七月上旬,联总驻华办事处人员三百余名,连签控诉行总成为政争武器,并因之而发生联总总署暂时停运济华物资之举措,遂有协议分配制度之产生,即不论总署分署或工作队所发出之最后分配单,皆须经过行总及联总双方代表签字方能发生效力,故此一时期,可谓联总参与全部分配工作时期。

以上所述,仅为行总分配机构之一部,此项机构,只涉及物资分配政策之决定,故可称之为决策机构。至于实际分配工作之执行,则行总设有分配厅及农业、工矿、卫生三个业务委员会。在民国三十五年四月迄三十六年二月之间,尚有直隶署长之交通器材组。分配厅除处理救济物资分配外,尚汇集各业务委员会之初步分配结果,提供联合分配及申请委员会作分配之参考,而各业务委员会,则会同有关部会制订各种善后器材之暂定分配单,兹分别说明决策及执行机构之组成如下:

决策之最高机构,为行总联总联合申请及分配委员会(CNRRA-UNRRA Joint Requirements and Allocation Committee)。委员三人。行总代表二人,为行总副署长及分配厅厅长。联总代表一人,以行总副署长为主席。其任务共有三项:(一)搜集并复审联总中国计划需要之剩余数量,赍送华盛顿联总;(二)将联总物资决定配与中国各地区域及中国政府之合作机构;(三)定期制作申请与分配之报告,呈行总署长核阅,并以副本送联总驻华办事处备查。

该会之下,设有技术小组委员会(Technical Sub-Committee)九种:即粮食、衣着、纺织品、福利及杂项、运输、医药、农渔、工业、水利、房舍等。每一小组委员会均由行总代表二人及联总代表一人组成,而以行总高级代表为主席,各小组委员会之任务,为根据最高委员会所决定交由该一小组之物资,再作技术方面之分配。

联合申请及分配委员会下,除设有前述九种小组委员会外,对于该会决定出售物资之出售政策,分配对象,以及出售价格之厘定,则另有行总联总联合销售委员会(CNRRA-UNRRA Joint Sales Committee)负责办理,该项委员会以行总执行长为主席,另以行总财务厅长及联总代表一人为委员。

执行机构,由行总分配厅综其成。其属于救济性之物资,因须争取时间,配合事机,故径由该厅根据技术小组之决议,制作详细之分配单,并在技术小组决定分配之前,制就暂定分配表,以供小组会议之参考。至善后性质之物资,在分配方面,因牵涉技术问题,则由行总农业、工矿、卫生三委员会,分别担任初步分配工作,会同分配厅作最后决定。此外决定出售之物资,则交由财务厅附设之物资购销处执行。

第三节 分配程序

行总最后实行之物资分配程序,有如下述:

(一)联总将运华物资品名、数量、用电讯(Telegram Information)或装船单(Manifest)寄达联总驻华办事处转送行总分配厅。

(二)分配厅技术科,在船未到埠前,根据上述资料,逐项分别性质,划交各有关单位主管分配,随时召集预先分配会议,或迳配行总附属机构,并逐次指定储存地点,以便在轮船到埠时,直接卸运或存储,以免周折,并节省栈租等用费。

(三)各有关业务委员会,将其所主管各项物资,提出行总联总审查小组会,根据各方需要及预定计划,予以分配,并填制分配协议单,由行总联总双方签署,再制分配单送分配厅。此项分配单共填一式七份。

(四)分配厅汇集各业务委员会所制分配单予以总编号,并校对后,送呈执行长副署长及署长校准后分发下列各分配单:

分配单(一)(二)由分配厅校对后,层呈执行长及署长签署。

分配单(一)留存分配厅作统计记录。

分配单(二)送储运局以凭制发提单。

分配单(三)即提货回单,连同分配单(二)同时送储运局,由该局根据仓库报告该号分配单所列各项已全部或一部份提出,即在分配单(三)上注明提单号码等项退回分配厅,由该厅编制总报告,分送各有关单位存查。

分配单(四)送回主配单位存查。

分配单（五）送联总存查。

分配单（六）送储运厅记账存查。

分配单（七）即分配通知单，通知受配者。

（子）所配物资如系免费配拨者，则直接送交受配者径洽储运局领取提单。

（丑）所配物资如系出售者，则送财务厅。此项出售之物资，如系核定售与某申请配购者，则由财务厅通知该请购者，向该厅接洽付款后，由该厅出具成交单，交其前往储运局领取提单提货。如未指定对象者，即由财务厅自行出售或标售。该厅可以分填成交单，交各承购人前往储运局领取分提单提货。

上述程序，乍睹之，似嫌繁复，事实上亦不无应予改进之处，然以行之有素，且物资数量庞大，种类繁多，不如此不足以收互相牵制之功，又以行总工作时限极短，设一变动，将影响工作效率，权衡得失，卒未更张。

此外，联总首批运到我国之物资，皆为军余物资，此项物资，因装箱草率，往往箱面标志，与箱内物品不相符合，整套机器，常有零件短缺之情形，且整船物资，并无确定清单，除一部分易识别之消费品，如军粮、奶粉等项外，各项机器及车辆等，不经整理，毫无利用之可能。行总为处理此类物资，乃设立机器装配厂于真茹，专司开箱检验详制清单，以凭分配，后因该厂办理欠佳，物资拥塞，乃改组为工业器材库，另与联总合组工业器材清理委员会，主持其事。其任务在清理前项内容不明，记录不清之物资，藉以肃清仓库。该库定期造送库存清单（Godown Inventery），分批送由该委员会即席分配，或再经审查委员会填注受配者，由分配厅汇总各项分配，编定号码送受配者，迳赴工矿器材库凭以提货，此即所谓汇册分配（Bulk Allocation）。工矿器材库之物资，经该会十余次之分配。业将积存该库年余重约一万三千余吨数达四五万件之多之器材，清理百分之九十，其未分配者，仅系该库自用之器材及尚待检验之物资而已。

器材清理委员会因工作效能甚高,乃扩大其清理业务于行总所有仓库。经六十余次之分配,其已清理物资,直至行总结束之日为止,已达五六万吨之谱。其分配办法,亦如上述。

第四节 分 配 结 果

行总存立期间,收到联总物资二百三十六万吨,在分配进行中,虽因战争之蔓延,交通之断绝,物资之冻结等等,而使分配计划时时改变,然仍一准分配原则,求物资之最大利用。截至行总结束时为止,分配之最后状况如下:

各部会	444,000 吨
各分署(包括未经分署而直接发往各署区者)	1,263,000 吨
各善后事业及行总附属单位	231,000 吨
出售	422,000 吨
合计	2,360,000 吨

(一)分配各部会

行总预定分配各部会之物资,除未运到外,皆已照配。仅其分配利用计划,或因战事影响而无法实现,或因物资到达过少,不能如原规模进行。交通部,原定依序修筑津浦、平汉、陇海等十六条铁路,而结果仅能将修筑范围,限于南浔、浙赣、湘桂黔三线,即为著例。配发各部会物资,以善后器材为主,如配予交通部者,悉为交通电讯器材,配予农林部者,悉为种籽肥料牲畜,病虫害药剂,农业机械等农业器材,配予水利部者,悉为修造堤坝所需之各项筑路平土打石等机械,配予资委会者则多为工矿善后器材,其分配主要数字如下:

交通部	325,000 吨
农林部	89,000 吨
水利部	22,000 吨
资委会	8,000 吨
合 计	444,000 吨

(二)分配各分署

行总分配各分署及中共区之物资达一百二十万吨。此项物资,在各分署间之分配,受"灾情轻重"及"交通畅塞"二项因素之支配。至其分配实况,可分为三个类型:一为战灾较重而交通无阻者,如湖南、广西、广东三署区,战时受祸惨重,而战后天灾屡见,就灾情轻重之原则,势必多配急赈物资以为救济。次如河南、安徽、苏宁三分署内之泛区,自花园口堵口功成后,难民返乡之急赈及复耕工作刻不容缓。湖北战时敌骑蹂躏备至,战后复耕需要迫切,故所配物资较多。一为战灾较轻而另有需要者,如浙江、福建、江西、上海各署区内,战灾地域较小。台湾虽为收复区,而战灾甚微,对于肥料之需要,则尤甚于救济物资。故行总虽配给粮食衣着医药等救济物资,为量皆不甚多。一为战灾虽重而交通阻塞者,如东北、冀热平津、晋察绥、鲁青等署区皆属之。此等区域,行总原皆配有大量物资,然因战事频仍,交通时断时续,救济工作,无法开展,而不得不予改制。但在可能进行救济之地域,仍尽量补救,如晋察绥分署所需物资以空运接济,冀热平津分署所得物资仍多,皆其明证。兹将三类分署所得物资实数列下:(不经分署而直接发放者不在内)

		吨数	配量等第
第一型	湖南	185,300	1
	广西	113,429	2
	河南	113,089	3
	广东	108,664	4
	苏宁	81,410	5
	安徽	76,647	6
	湖北	59,835	8
第二型	台湾	64,088	7
	浙江	34,643	11
	江西	34,522	12

	上　　海	30,830	13
	福　　建	28,899	14
第三型	冀热平津	52,283	9
	鲁　　青	40,147	10
	晋察绥	27,784	15
	东　　北	24,337	16
	特别办事处	44,110	
	合　　计	1,120,017	

至于各类物资之分配，则以需要为准；战灾区域，粮食之需要，至为普遍，故各分署收到之资，百分之九十以上皆为食物。衣着方面之需要，北方又较南方为迫切，故发放华北各省之衣着物资，占总量百分之五十。医药物资之需要与食物相似。工业器材，则因各地需要者，可直接向行总总署申请，且若干地区，因战事关系，不能利用，配量较小的农业方面，发出以肥料为主，其中台湾农民因一向使用化学肥料，战后日本肥料来源断绝，需要急切，故配给最多，惟配给台湾之肥料皆系作价配售。兹将各分署收到物资分别列下：

表九　行总各分署接收物资吨数分类表

署区＼类别	总计	食物	衣着	医药	工矿器材	交通器材	其他器材	农业器材	零星用具	燃料	原料及其他
湖　南	185,300	174,039	2,307	1,208	130	545	7	2,330	40	392	4,302
广　西	113,429	99,850	947	382	369	—	60	8,924	104	834	1,959
广　东	108,664	101,644	1,420	1,050	630	810	205	1,691	876	141	197
河　南	113,089	87,051	12,569	971	665	2,319	11	3,445	684	4,863	511
苏　宁	81,410	74,606	1,976	2,367	118	390	—	110	22	485	1,336
安　徽	76,647	72,382	1,430	462	35	3	8	1,829	88	—	347
台　湾	64,088	4,184	394	269	8	202	2	49,682	22	—	9,325
湖　北	59,835	50,611	1,614	2,545	114	252	—	2,887	47	221	1,536
冀热平津	52,283	43,312	4,405	1,166	41	323	6	2,014	51	346	619
鲁　青	40,147	35,945	2,406	1,049	16	160	—	266	24	253	28
浙　江	34,643	29,356	717	1,084	1,591	1,032	—	137	13	586	127
江　西	34,522	28,812	2,405	945	317	1,558	4	222	37	172	50

续上表

类别 署区	总计	食物	衣着	医药	工矿器材	交通器材	其他器材	农业器材	零星用具	燃料	原料及其他
上 海	30,830	28,095	706	814	149	269	--	28	4	--	765
福 建	28,899	25,675	538	1,312	32	210	116	916	16	80	4
晋 绥	27,784	24,421	2,308	632	24	2	1	279	15	—	102
东 北	24,337	14,810	3,023	820	105	439	5	1,883	46	658	2,548
特别办事处	44,110	15,917	7,179	2,167	12,642	—	—	6,205	—	—	—
合 计	1,120,017	910,710	46,344	19,243	16,986	8,514	433	82,911	2,089	9,031	23,756

以上为经由分署而发往各地区之物资,惟医药器材之分发,因不限于收复区,除在分署区内直接分配外,尚分配四川、云南、贵州、西康、甘肃、陕西等地域,因而未曾列入上项分署账内者约三千吨,联总肥料二十三万吨,以十五万吨运往台湾分发,八万吨交中国农民银行及农林部代在各地发放,台湾分署结束后,前者改为台湾省政府特设之分配委员会处理,中农行贷放之肥料不经分署,故未计在各分署账内者约十四万吨。由上所述总计发往各省之物资吨数如下:

各分署	1,120,000 吨
医 药	3,000 吨
肥 料	140,000 吨
合 计	1,263,000 吨

(三)分配各善后事业及行总各附属单位

行总除将善后物资,配予各部会直接配发外,尚有一部分物资,或因其性质不宜直接配予私人,或由于行总本身业务之需要,而由行总自设机构或于其他部会合办机构直接利用。如农业物资有与农林部合办之机械农垦复员物资管理处,又有与农林部及国营行局合办之农业机械公司,以及行总自设之乡村工业示范组运用。渔业物资,则设有渔业物资管理处。交通及装配方面,则设有公路运输队,水运大队,空运大队,驳船装配所,机具装配工厂等单位。前一类机构,因有永久性质,所配物资,于行总结束后即移转善后事业委员会，属于最后分配。后一类机构因系应付行总业务需要，属于暂时性质，分配之物资，仅消耗部分为最后分配，其余于结束后，仍须另行分配。此外行总各单位车辆所用油料，亦可并入后类，则在此二范畴内所分配之物资如下：

机械农垦复员物资管理处	48,000 吨
中国农业机械公司	56,000 吨
渔业物资管理处	25,000 吨
乡村工业示范组	1,000 吨
行总各单位（包括为运输机构及行政车辆使用之各项油料）	101,000 吨
合　　计	231,000 吨

(四)分配出售

分配出售之主要物资，计有四类：即食物、棉花、工矿器材及非救济物资，截至结束时止，分配出售之物资达 422,000 万吨，大部份皆在上海出售。

第五章　协助难民返乡

第一节　战时人民之流离

在此次大战过程中，我国以率先抗战，历时最久，战事演变之地区亦至广，人民迁徙避难，流离他乡者为数极巨。惟以幅员辽阔，战事持久，人口移动频繁，甚难明了其确数。根据行政院调查设计委员会之估计，至战争结束时，其总数约为四千二百万人。衡诸前赈济委员会之救济人数三千万人，如连同未接受救济部分，此数似较接近事实。

此庞大之难民群众，考其成因，大多为保全气节，不作顺民，随战况之变化，相继后撤，其中如沿海与中部南部以及工商业公教人员学生等，且一再向西迁移，从事抗建工作。一部人民，则避居邻近战区之地方，或于沦陷后，不堪敌伪凌辱，被迫出亡。敌人迭次进迫，难民之人数，亦比例增加，类皆携眷流徙，备历艰辛。

我国人安土重迁之传统观念甚深，离乡背井，为一不得已之举措,盖在离家之后,生活所资,皆失寄托。战时人民不惜牺牲,抛弃田庐,承受最大之苦难者,揆其动机,实皆出于爱国之思想,此种民族精神,经此次对外战争之考验,而愈觉其可贵。

战时原居国外之华侨,被迫返国或流落其他地域者,为数亦众。由于太平洋战事爆发,日本相继攻陷香港、越南,缅甸以及南洋群岛各地,此等地方,向为华侨集聚之区,我侨胞所受之损失最大,其中激于爱国义愤者,皆先后归返祖国,境况大多艰苦。又以华侨遍布世界各地,其因战事关系不能回国以至流落在外者,流离颠沛之程度,亦复相同。

胜利复员,流落后方之难民亟须返乡,各安生理;其因战事影响归国之华侨,亦急待返原侨居地,重理旧业;而流浪异国之华侨,其焦望回国之心情,自亦同属迫切。国家对此多数守持正义,因战事流离之人民,理应加以救济与安置,此在行总,以使命所在,尤当尽力协助。故于战事结束之初,首即着手规划,并积极从事协助返乡之工作。

第二节 协助难民返乡

协助成千成万之难民,归还故里,实为艰难繁重之工作。吾人所遭遇之困难,首先即为统计资料不全,无从确知需要协助之人数,致事前之准备,缺乏确切之依据。对于渴望返乡及必需协助始能返乡之难民,究有若干?其分布之地区如何?皆无从确知。按前赈济委员会之统计,经该会在各地运送难民机构,在战时运送至后方各地之难民,约一千万人。胜利后之计划为由政府资送回籍者,约三百万人,其余七百万人因各能解决其生活,均可自费还乡。然此仅属一种估计,固难期其可靠,若假定必需协助之人数,为流离人民全部十分之一,又当为四百万人左右。

其次,流离人民均为具有正义感之优秀国民,无论其有无返乡之能力,吾人原应一体予以协助。同时,我国为农业国家,能使此大量人民返乡,无异使农业生产力复员,基于社会经济复兴之需要,亦当予以返乡之便利。惟以大规模办理输送,以战时交通破坏及运输设备损失之程度,实非短期内所能适应;此在行总本身经济能力之负担,固成问题,而在实际条件限制之下,因各方复员之需要,所能利用之交通工具,尤属有限,同成为工作推行最大之困难。

上述困难,在中国善后救济计划设计之初,便已顾及,其规划难民之救济为(1)难民中已在一地安居乐业者,不予输送回籍,(2)其无还乡必要者,不予鼓励,(3)难民还乡须有秩序的分批办理,(4)鼓励难民留居工作地点或移至易于获得工作之区域。行总体察事实,乃参照此项原则,尽先以无力返乡之难民为协助之对象,对于此类难民有家可归者,协助其回归故里;无家可归者,依其志愿送至其自认生活较适之区域,在还乡途中一切所需,均予免费之供应。

协助难民返乡工作,于三十四年九月开始,一面从事调查难民人数,交通工具,订定程序经费及章则,一面在各地设置疏送机构,积极展开工作,两年来办理情形,约如下述:

(一)疏送机构之分布

行总在重庆成立后,首先着手之业务,即为办理疏送因湘桂战后流落重庆地区之贫苦难民及民营工厂被裁工人,然此为一临时性之措施。至三十四年年底,各地分署次第成立,首数月之业务皆集中于难民之登记与疏送,但其时各分署因限于人力财力,只能紧急应付处理,而不能作有计划之推进。

专设机构于三十五年度成立,先后在后方难民聚集之地区,设有重庆、昆明、贵阳三站;三十六年五月,陇海路修复,为配合黄泛区复员工作,成立西安一站;六月复以上海为重要口岸,于分署结束后,为适应事实需要,另改设上海难民接运处。以上机构,均负专责办理难民疏送事宜。

同时,收复区十五个分署为配合上项机构之疏送工作,均依照规定于难民还乡必经之主要路线上分区设立收容站,转运站或服

务站,办理运送及接运,以构成一完整之遣送网。所有各种疏送机构之分布,如右图:〔图略〕

各地返乡难民,由所属机构分别协助。原在后方自由区之难民返回收复区,由疏送站运送至适当地点,再由当地分署转送回籍。省区内之难民,返回本县,即由所在地分署办理输送。其省际间之难民返回本省,则由有关分署会同办理。

惟在工作初期,为加速难民之疏送,曾与交通部公路总局订立公路运输贴补办法,委托代运,凡循国营公路渝湘渝桂昆桂陕豫等线返乡者,其公路票款,由行总贴补车费之半数,余由返乡者自身负担,至难民中确系赤贫无力购票,经疏送机构审查属实者,则全部负担其车费。委托代运,旨在增加难民疏送,用补疏送机构力量之不足。

(二)疏送工具

胜利之始,原有铁路公路,多经战事破坏,交通工具,亦形缺乏,复以各方复员,运输之需要量大增,深感供不应求。行总为办理难民疏送,其间曾克复诸种困难,多方设法,尽量利用各种工具,综其种类,计有下列六种:

1. 公路　在公路畅通地区,使用汽车,经与交通部公路总局订定运输办法,施行以来,尚称顺利。

2. 铁路　凡可利用铁路运输地区,均用火车,载量既巨,费用较省,亦经与交通部订定二五折优待办法,收效颇宏。

3. 轮船　沿江疏运难民,使用轮船,其由国营招商局轮船运送者,经商准交通部照票价七五折计算。

4. 木船　冬季长江水浅,大轮不能航行,小轮复不敷供应,难民人数既众,返乡心情尤切,经呈准行政院临时以木船为疏送工具。

5. 飞机　使用飞机运送难民之机会极少,间有少数归侨为加赶船期,或遇其它交通工具缺乏并合于经济条件时始用之,惟均由空运大队派机运送。

6. 兽力车　在舟车不通之地方，则利用兽力车。

上述交通工具之数量原极有限，行总可利用者为数更小，在此种情形之下，疏运难民，困难殊多，有一时期且不得已竟至利用木船，因而发生覆舟意外者达百分之七，死亡人数达千分之九，汽车亦曾发生两次中途颠覆事件，略有伤亡，诚属不幸。此外，均尚能安全达成任务。

(三)疏送概况

关于疏送难民各种办法，均经详密规划，颁发实施。特别注意下列各点：(1)建立难民全国护照制度，每一难民发一难民证，载明其个人来历、旅程及现金衣服食物医药之发给数量。(2)每一集团之遣送，置备完整之纪录，以记其人数姓名年龄目的地及费用等项。(3)于主要路线上，随派代表往来照应，以负各分署间联系之责。(4)除对医药防疫等事，特别注意检查之外，并于各重要路线上向当地医院接洽病床之设备，以冀减少疫病之传染。(5)尽先办理遣送，在未遣送前，以工赈方式，应用其劳力于建设。

在程序方面，诸凡登记，调查，审核，编组，事前准备，运送方法以及卫生，护送，沿途食宿，遣散等事务之处理原则手续，亦经详细规定，俾各机构办理时有所准据。按照规定，于登记时先发一难民证，同时由发证署站留一纪录，为避免所经分署重复登记及管理便利起见，所发难民证，由难民随身附带。疏送之署站，应于事前电知接运分署述明被遣难民之情形，随后并将详情，连同名册邮寄。当大批难民到达时，须经检查或种痘，以预防传染。各收容处所，均备有宿舍，充量之日常生活设备，以便途中难民之食宿，对于幼童之供应，并加发牛奶。中外人士曾对贵州，湖南等地办理之成绩，加以赞誉，难民亦多表示谢意，咸以此种待遇，得未曾有。各地疏送情形及其成果如下：

甲、由赈恤厅直接运送者

(子)运送重庆难民:自三十四年九月十九日起至三十五年二月十三日止,共计五,七二八人,其中四,七二七人以木船运送。(上项数字包括韩侨三〇一人华侨四二人。)

(丑)运送重庆区民营工厂失业工人:自三十四年十二月八日起至三十五年一月二十八日止,用木船分批运送,共计二,九二七人。

乙、委托路局运送者

委托交通部公路总局分五线运送:(1)由昆明经贵阳赴柳州梧州或衡阳长沙。(2)由贵阳赴柳州梧州或衡阳长沙。(3)由重庆经贵阳赴梧州柳州或衡阳长沙。(4)由重庆经綦江赴沅陵长沙。(5)由潼关至洛阳或郑州,自三十五年一月底至六月底止,各线共运返乡难民七一,九八八人。

丙、由各疏送站运送者

(子)重庆疏送站 于三十五年二月开始工作,至三十六年五月结束,总计运送难民二六,一四三人,(内有侨民二,一六〇人)其中八,六〇六人以木船运送,五,七九〇人以轮船运送,九,一三八人以汽车运送,五五七人以飞机运送,二,〇五二人就地资遣,自觅工具返乡。该站结束前,曾应成都难民请求,在成都设立办事处,运送难民三七四人,其中二七人以汽车运送,三四七人以飞机运送。

(丑)贵阳疏送站 最先运送贵阳市区之难民,嗣为办理贵州省境难民之运送,曾临时组设工作队三队,第一队驻遵义,以遵义、息烽、湄潭、桐梓为工作地区;第二队驻独山,以独山、玉穗、平越、贵定为工作地区;第三队驻安顺,以黔西、毕节、安清、贵惠为工作地区。运送地点为长沙、衡阳、柳州、梧州、贵县、广州等六处,皆由汽车运输。工作开始于三十五年四月一日,至三十六年二月结束,总计运送难民一八,一四六人。

(寅)昆明疏送站 办理云南省境难民及侨民之运送,除难民由公路以汽车运送外，一部急遣出国侨民，为配合船期，由飞机运送。自三十五年三月二十日开始，至三十六年一月结束，分六十四批，共运送难民一一，二二六人（华侨未在内），百分之九十运送长沙，百分之十运送柳州梧州。

（卯）西安疏送站　陕甘宁青各地外省难民，经调查约在十万人以上，该站原拟于复员初期设立，以便从事疏送，但以中原交通屡阻，直至三十六年五月陇海路畅通时始行成立，嗣陇海路亦不时中断，于九月底结束，共运送难民十九批，计一一，〇七九人，多属泛区归耕者。惟西北各地原有大部东北华北籍难民，此时原籍未靖，经决定展缓疏送，致未能贯彻原定计划。

（辰）上海难民接运处　于三十六年五月上海分署结束后为办理难民接运业务而设，接转并收容各地过沪难民。自三十六年六月起至十月底止，共接运难民七，〇八八人，分别以轮船火车运送各地转返原籍。

丁、由各分署及办事处运送者

收复区十五个分署，及福建滇西烟台等三办事处，均自成立之日起，办理难民返乡业务，其经费除专案拨款指定承办运送外，境内难民之运送，则由分署（处）之业务费内统支。至三十六年三月底，一律停止登记难民，其专设之运送机构亦随之结束；仅由赈务组指派专人承办由各疏送站运来难民之接运事务。综计运送难民人数，为一，三四一，一九二人。各分署（处）对于境内华侨及外侨之复员，亦同时办理，其协助之人数另详以下两节，不在上列数字之内。

于此有应附述者，因战后地方秩序未能完全恢复，一般难民，除交通隔阻无法回籍者外，大部分心理，均无积极返乡之意图，致使吾人之工作，大受影响。而在已协助返乡之难民，或因原籍再度沦于烽火，或以生计艰难无法安居，大多被迫复出另图生路；同时，因战局不时变化，一部返乡难民，竟至逗留中途，进退维谷。今日各大城市,均有此类难民聚集,其处境较在原居留地时更为困苦,要求另送或申请救济者,所在多有,吾人格于规定,切感力不从心之苦。其中且产生一种职业性之难民,藉往返之救济以维持其生活,尤增加工作上之困难。

行总对于返乡之难民,均经于遣抵原籍时,分别予以安置,或给资遣散,或就地另办救济,或设法使其复业,在此方面,皆于直接救济配合进行。惟以国内军事局势及物价继涨增高,此等济助,难民本身所获之实惠,固未敢高估,然在吾人实已就力之所及,尽量予以帮助。若就所协助返乡之人数言,根据下表:

表二十五 协助难民还乡人数统计表

机构名称	协助人数	机构名称	协助人数
苏宁分署	157,612	冀热平津分署	35,114
上海分署	51,534	晋绥察分署	1,486
湖南分署	275,513	东北分署	30,833
湖北分署	149,507	台湾分署	11,693
广东分署	55,269	滇西办事处	279
广西分署	32,857	重庆疏送站	24,357
江西分署	56,400	昆明疏送站	11,226
浙闽分署	7,564	西安疏送站	11,079
浙江分署	9,870	赈恤厅	8,312
福建办事处	1,310	公路总局	71,988
安徽分署	70,816	上海难民接运处	7,088
河南分署	358,671	烟台办事处	13
鲁青分署	35,301	贵阳疏送站	18,174
		总计	1,493,416

总计为一百四十九万余人。在当前交通情况之下,获致如此之成果,在主观方面,似已克尽应有之努力,在全部流离人数之比例上,则实觉太小;虽大多数原已不需协助,业已自力返乡;或以路途较近,已迳行返里;而在当地定居不愿返乡者,亦不在少数,但按照吾人最初之估计,至多亦只及半数。由于客观环境条件之限制,使

吾人之工作，未克臻于理想之成功。其最引为遗憾者，一部籍隶东北华北之难民，迄犹散处川黔陕甘诸省，一时尚无还乡之望。在行总结束后，难民救济业务，已移由社会部接管，当能赓续办理，以竟全功。

第三节 协助归侨难侨复员

抗战期间，各地侨胞，无不踊跃输将，效忠祖国，贡献至宏。惟未几欧洲及太平洋战事，相继发生，侨胞在外，多遭浩劫，而以东南亚各地为最。其间，或被屠戮，或充劳役，或流亡异土，或逃返祖国，家人离散，生活弥艰，故于战后，复员救济，刻不容缓。

按侨务委员会三十五年四月之统计，由海外各地回国之华侨约二十万人，其分布情形如下表：

表二十六　战时回国华侨统计表

原来居住地	四　川	云　南	福　建	广　东	总　计
缅　　甸	873	5,794	20,626	2,098	29,391
婆 罗 洲	12	1	1,656	—	1,669
香　　港	619	—	879	101,185	102,683
印度支那	274	336	3,736	1,453	5,799
马 来 亚	737	665	23,426	2,486	27,314
荷属东印度	194	181	14,640	167	15,182
菲 律 宾	109	4	19,115	115	19,343
暹　　罗	200	565	913	1,508	3,186
其　　他	344	—	—	—	344
总　　计	3,362	7,546	84,991	109,012	204,911

上项数字，包括战前回国及在国内境况较佳之华侨。其中无力出国确需协助始能返回原侨居地者，经估计约为六万人。

关于因战事而在外流落之难侨，亦经分别调查，约为五万五千人，散处欧洲及其他各地，均待协助归国。

侨民复员工作，事甚繁琐，涉及关系方面甚多，自审查侨民资格以至遣送至目的地，非由各有关机关分工合作，不足以言事功。

行总为协助归侨出国复员及海外难侨回国,在业务方面,经与联总密切配合,并与侨务委员会及外交、交通两部切取联络。又以社会部主管社会救济,中国国民党中央执行委员会海外部在海外各地均设有支部,为工作上之便利,亦经常保持接触。其协助原则,在归侨方面,先自内地分期运送,集中出国口岸,再洽由联总输送至原侨居地复员。在难侨方面,则洽由联总自其所在地输送至我国口岸,再分别由所属之疏送机构协助回籍。年来由于联总及上述有关各机关通力合作,业务推进,颇为顺利。兹分项叙述于下:

(一)协助归侨复员

行总于三十四年十一月间,开始规划侨民救济遣送业务,当时联总亦自华盛顿派遣流离人民调查团,由威廉氏(Mr. P. Willams)率领来华,分赴各地调查,特别注意华侨之遣送,并与有关各国政府接洽入境问题。嗣经决定分工办法,由侨务委员会担任归侨之审查登记,外交部担任交涉入境及核发护照事宜,行总担任自国内各地至出国口岸之遣送与待遣期间之招待,联总担任自海口至外洋之运送,并计划协助华侨四二,〇〇〇人回返东南亚,自三十五年七月起至三十六年三月止运送完毕。联总方面特拨海洋遣送华侨经费美金一七〇万元,于三十五年六月,成立香港遣送办事处。

行总除先后商定依侨胞分布地域以广州、汕头、福州、厦门、上海为出国海口外,并设置遣侨机构,订立各项章则,积极展开工作。所有海外难侨及在华外侨之救济遣送,亦同时进行。

协助归侨复员,可分四种程序:第一步,由侨务委员会登记,审查归侨国内外证件,如确系战时回国,除准予登记,发给归侨出国复员证外,并造具名册分送外交部、联总及行总;第二步,各归侨凭国内外证件及侨委会所发之复员证向外交部领取出国护照,外交部及联总则于接获侨委会名册后,分向各侨居地政府交涉入境手续;第三步,由行总各侨遣机构——分署、疏送站、办事处、将归侨运送至出国口岸,于出国前,复查证件、检查体格、注射防疫针;第四步，由联总接洽船只，接运至各原侨居地。

甲、协助归侨集中口岸

归侨出国复员，其由内地至出国口岸之运送，由行总负责。经于三十五年九月，成立驻港侨遣代表办公处，配合联总香港遣送办事处，推动侨遣工作。内地运送事务，由办理难民疏送之重庆、贵阳、昆明三难民疏送站，广东、广西、上海等有关分署及福建、滇西二办事处分别办理。三十五年十二月，滇西办事处结束，三十六年一月昆明疏送站运送难民完毕，经改组为驻昆侨遣办事处，继续办理滇省之侨遣工作。

归侨由内地至口岸，其疏送办法及待遇，均与协助难民返乡相同。惟在归侨抵达口岸后，未出国以前，有一段候遣时间，必须加以照顾，经由该管分署及办事处另设侨遣站或招待所，集中供应，以维持其途中之生活，出国归侨，皆称便利。

各侨遣机构，协助归侨由内地至出国口岸集中，至三十六年九月底止，根据报告，有如下表：

表二十七　协助归侨由内地至出国口岸人数表

机构名称	协助人数	附注
重庆难民疏送站	2,160	
贵阳难民疏送站	613	
昆明难民疏送站	5,210	包括滇西办事处及驻昆侨遣办事处
广东分署	10,177	
上海分署	90	
福建办事处	13,396	
赈恤厅	42	
合计	31,688	

依照程序，归侨出国须俟入境交涉办妥，由行总通知后，始能集中口岸，上项人数即系获得通知，由行总协助，分别自内地送至口岸船中，候遣出国者，在候船期间，所有食宿，均由招待站所供应，惟在初期，各地侨胞因出国心切，复不明遣送办法，不待通知，

即纷纷自动涌至各处口岸,以致人数过份拥挤。加以一部美洲华侨,不属联总遣送之范围,返菲华侨复因入境问题,迁延未得解决,无法出国;缅甸华侨人数最多,亦以入境人数之限制,不克畅运,侨胞本身既受损失,当地侨遣机构,应付尤为困难。广州、厦门、汕头等地,秩序均不见佳,甚至影响工作之进行。嗣经多方劝导,其不能出国者,发给物资,予以遣散,并会同地方政府,分别救济,始获解决。

乙、协助归侨返回原侨居地

归侨返回原侨居地,须得当地政府之许可,其入境条件及手续,每以各地对于华侨所持态度之不同,而有宽严之差别。大抵以各国之侨民政策为背景,并取决于当地之需要性,鲜能重视我侨胞复员之诚意。少数地方且对华侨之复员多所顾虑,或因某种关系有所疑忌。如新加坡马来亚方面,以华侨与该地经济有密切之关系,需要华侨前往开发繁荣,故于侨胞之复员多予便利,如菲律宾方面,则完全相反,藉种种理由,拒绝集体入境。如缅甸方面,基于本身之利益,仅许有关该地经济复兴某数种职业之华侨返回,并因其他顾虑,对海道回缅之人数加以限制。至荷印越南等地,内战未息,影响归侨之复员亦巨。凡此情形,使工作之展开,未能尽如理想,其间吾人曾与各方接洽交涉,以最大之努力,谋入境交通各项问题之解决,其协助之成果,兹按华侨出国地区,分述如下:

(子)新加坡马来亚方面

各该地政府对归侨复员,颇能合作,新加坡且曾设立招待所,予以种种便利。其入境条件,凡曾在两地居住三年以上而于一九三七年后返国,或以一九三七年前返国但因返国后旋即中日战事发生不及回侨居地并能提出相当证明文件者,均得入境复员。由各该地政府委由联总代为检查资格及签发旅行证(Travel Document)代替入境签证。至三十六年九月止,经协助返回侨居地之归侨计一三,六四九人。

(丑)缅甸方面

入境条件除与新加坡相同者外,尚须华侨回缅后能自维生活或有人保证其能维持生活并有助于该地复兴者为合格,入境先后,则以其从事之职业有助于该地复兴程度之高下为标准。入境手续可分二类:其一由陆路自云南滇缅路经畹町入境者,仅须由英驻昆总领事在缅甸归侨协会之申请书上签证后即可入境;其一由海道返缅者,须经缅代表之审查甄别,签发入境证,但入境先后,则视其需要程度而定,同时每批人数仅限二千人,事先又须得缅政府之核准,始得启程。前者,大都云南境内之缅甸归侨,由昆明难民疏送站或驻昆侨遣办事处及滇西办事处,分批车运畹町,进入缅甸复员,共计三,八三九人。又有一部在滇南之佛海南峤车里澜沧等县待遣,经登记合格者计一,二五〇人,以交通不便,令自觅交通工具出国,其无力自备资斧者仅二六三人,由驻昆侨遣办事处发给路费补助。后者,因缅政府不允大批华侨同时入境,至行总侨遣工作结束时止,仅许三批复员,计六,六三三人,尚有一万余人待交涉返缅。

(寅)暹罗方面

返暹复员归侨,须能证明在暹有住所,并确系在一九三七年中日战争发生不久以前或战事发生以后返国者,入境前并须缴纳入境费二一〇叨币及生活保证金六〇〇叨币,保证金于就业后发还。由联总将审查合格名单及保证人姓名地址列明寄中国驻曼谷总领事及暹罗移民局,经其核准后入境。共计协助回暹归侨一,三六〇人,惜其中有极少数以手续稍有不合,曾被暹移民局扣押,经再三交涉,始获释放入境。

(卯)荷印方面

凡因战事影响返国而能证明在荷印确有住所及事业者得由联总签证入境。惟荷印当局以局势未靖,只许返回无战事区域之华侨复员,并对复员区域之人数严予限制,致荷印归侨返回侨居地,殊感困难,经协助复员者共计八〇九人,尚有八千余人,未及协助出国。

(辰)越南方面

在一九三九年以后离越返国之华侨,先将详细情形及证件,寄由法政府审核许可后,得入境复员。惟越南北部战事时起时息,华侨返越后,生命财产均无保障,仅能送回西黄、高棉、及堤等三地,经协助复员之人数,计一〇九人。

(巳)菲律宾方面

协助归侨返菲工作,迄未能展开,虽历经促请外交部及联总交涉,菲政府仍以战后房屋粮食恐慌为词,仅许一九四一年以后回国之华侨返菲。惟我国归侨,大都均因返国后中日战事(一九三七年)发生,交通隔绝,无法返菲,致都不合入境条件。复以菲政府不许集体遣送回国,仅能个别向菲驻厦领事申请入境,以致工作无法进行。

(午)英属北婆罗洲沙劳越方面

北婆罗洲及沙劳越二地,对于归侨之入境条件及手续,均与新加坡马来亚方面规定者相同。经协助复员者,计返北婆罗洲三三人,返沙劳越一,〇七人。

至三十六年九月行总侨遣工作结束时止,已协助之归侨人数,根据下表,共为二七,八〇二人。

表二十八 归侨出国复员人数表

侨居地别 \ 出国人数	广州	汕头	福州	厦门	上海	昆明	台湾	合计
缅甸	2,744	614		3,275		4,102		10,735
新加坡,马来亚	2,380	2,293	1,369	7,517	90			13,649
荷印	68	212	117	401			11	809
北婆罗洲	11	14		8				33
沙劳越	25	409	641	32				1,107
暹罗	304	1,040		16				1,360
越南	30	59		20				109
合计	5,562	4,641	2,127	11,269	90	4,102	11	27,802

按行总协助归侨自国境内遣至口岸之人数为三一,六八八人,除去上项已出国复员之人数,尚有三,八八六人待遣出国。又根据联总与行总驻港侨遣代表之调查,现留国内待遣出国之归侨,为二九,三九九人,其详情如下表:

表二十九　待遣出国归侨人数表

待遣地点＼侨居地名人数	缅甸	荷印	越南	菲律宾	暹罗	沙劳越	合计
厦门	3,856	2,600	450	5,480			12,386
福州	2,200	2,600	30	16			4,846
汕头	3,386	1,700	30		70	36	5,222
广州	2,780		250				3,030
南京,上海	60		30		60	5	155
台湾		500					500
海口			12		15	5	32
柳州	528		200				728
云南	2,500						2,500
合计	15,310	7,400	1,002	5,496	145	46	29,399

表内虽未列新加坡马来亚归侨之人数,但该二地之归侨,仍续有申请,据估计约为三百人左右。因此尚待复员之归侨,共达三万人以上。就整个人数比例观之,行总似只达成协助半数复员之任务;如以工作成效衡之,除去入境困难无法协助之因素,其可能复员之各地归侨,大都均获协助,返回原侨居地,吾人于此,差堪自慰。

行总之侨遣工作,于三十六年九月全部结束。此项工作,因联总结束后,另有国际难民组织之设立,当于十月一日将原有业务连同已配为侨遣用之救济物资,一并移由该组织远东办事处正式接办。

未复员之归侨,以返缅甸、荷印、菲律宾三地为最多,大都滞留口岸,生活困窘,行总在此项工作结束以前,虽经稍予救济,究未能解决其根本问题,尚有赖外交当局之继续交涉,与接办侨遣业务之国际难民组织赓续办理,俾得早日全数复员。

(二)协助难侨回国复员

抗战期间,东南沿海一带人民,以不愿受敌统治,迁徙至国外南洋各地者甚众,彼等在外复经长期之战争,类多处境艰困;更有被敌俘虏,运至海外充作苦工者,所受痛苦,尤为惨酷。至原在海外因战争影响不能回国,流落异土之侨胞,数亦不少,年来经商同联总及得当地军政府与我国驻外各使领馆之协助分别遣返国门,其情形略如下述:

(子)菲律宾方面

由菲遣送回国难侨,一小部分为海员及被胁迫赴菲之劳工,大部分系我国南部海岸为敌侵入时赴菲之难侨,经先后于三十四年底及三十五年初由联总派轮及我驻菲领事馆请派美军舰遣抵国境,共计六,五八七人。

(丑)澳大利亚方面

由澳大利亚遣送回国难侨计一,三四一人,均为驻澳美军解雇之造船技工,于三十四年十月间遣抵国境。

(寅)德意方面

由德意遣送回国之难侨共六五六人,大都系学生及商人。第一批四〇人,于三十五年五月前遣回;第二批五八〇人,于三十五年十月遣回,内一七一人合于联总遣送规定,其经费由联总负担,余四〇九人由我政府负担费用;第三批三六人,于三十六年三月遣回。

(卯)越南方面

越南之贫苦华侨回国,分海道与陆道二路,由海道回国者,先后共七批,计九三〇人,大部为工人商人及少数水手。由陆道返国者人数甚多,大都因越南北部战争关系,逃返祖国,至广西者约四五千人，经广西分署按日发给食米，并搭盖大量临时房屋暂予安置。至云南之河口者为一千余人，经社会部呈准行政院拨款二亿予以救济，其欲返籍者四三四人，由行总资遣，惟难侨多籍隶粤桂闽等省，须经昆明转运，其河口至昆明一段，交通异常困难，经令驻昆侨遣办事处慎重其事，于医药及武装护送周密准备之下遣送至昆，然后由空运大队派机分批接运，最后一批，于三十六年八月十三日离昆。此次空运，时间运费，均较车运节省。

（辰）新几尼亚方面

由新几尼亚拉布尔港遣回之难侨，均系日军于战时强虏前往工作之军民，数近二千，其中因被杀或死亡，仅存千余人。三十五年十二月间由澳政府派舰遣送回国，内有三三九人原为军人，由我政府负担运费，其余八〇二人均系平民，费用由联总负担。

（巳）缅甸方面

缅甸政府于三十五年十一月间，曾以不法份子名义，将我在缅侨民二一五人，强迫遣送回国，其中二七人经我驻仰光总领事馆电告确系善良侨民，于抵沪后释放回籍，其余一八八人经淞沪警备司令部讯结，并无犯罪事实，亦均先后释放回籍。又联总于三十六年六月间遣回四六人，均系流离侨民。

（午）荷印方面

滞留香港之荷印华工一，四七五人，以荷印战事未停，复员无望，于三十五年十二月由广东分署予以济助，暂回原籍，三十六年六月，由联总自巨港遣回五〇〇人，均系失依之难侨。

（未）新加坡马来亚方面——新加坡马来亚失依难侨计八二九人，经联总分批遣送回国。

（申）暹罗方面——旅暹难侨一六七人，由联总分批遣回。

（酉）日本方面——旅日华侨三二，一一八人，由盟军及美军当局先后遣送回国。

（戌）英属北婆罗洲方面——由英属北婆罗洲回国者计一五

人。

综上所述,联总对我国海外难侨回国之协助最大,约运回一万人,盟军及美军当局协助我旅日华侨返国之人数最多,达三万余人,便利难侨复员,实非浅鲜,计已完成原经调查人数五分之四。行总于各回国难侨抵达国境后,除能自费返籍者外,均经由当地分署分别予以救济,并资助各难侨返至原籍,重叙天伦,复振家园。

惟待遣回国之难侨,根据外交部及行总驻港侨遣代表办公处之调查,尚有七,八五〇人,滞留海外各地,其盼接办联总结束后遣送业务之国际难民组织,继续前功,完成全部复员工作。兹将回国难侨及待遣回国难侨之人数,列表于下,以供参阅。

表三十　难侨回国及待遣人数表

侨　居　地　名	回　国　人　数	待遣回国人数
菲　律　宾	6,587	
新　几　尼　亚	1,141	
澳　大　利　亚	1,341	
德　　　意	656	
越　　　南	1,364	
荷　　　印	1,975	2,000
新　加　坡	829	2,000
暹　　　罗	167	300
北　婆　罗　洲	15	2,500
日　　　本	32,118	
缅　　　甸	261	250
其　　　他		800
合　　　计	46,454	7,850

第四节　协助外侨复员

战后,侨居我国境内之外籍侨民,受战事影响,生活困难,希望遣送回国或安顿他国者,为数颇多,其中除德日意韩琉球等国之侨民,因处于敌侨地位,须由国防部外交部处理,不属于行总与联总之救济遣送范围外,当时经调查有待遣送及移居之欧侨约为一六,〇〇〇人。嗣以韩国及琉球,初系被迫参战,迨战争结束,均已脱离日本,故仍视为友邦,其侨民之遣送,自应酌予协助。

协助外侨复员工作,虽系由联总负责办理,但行总本联合国合作救济之宗旨,对于外侨在我国境内之救济与遣送,均予一视同仁,与国内难民同等待遇,并予以法律上必须之保障,所有需要协助之外侨,均经先后由内地运送至各通海口岸,其由我国口岸至各该国之遣送,则由联总办理。

自战事结束起至三十六年九月底止,经行总协助复员之外侨共为三五,一三四人,见下表:

表三十一　协助外侨复员统计表

遣送单位	外侨人数	遣送单位	外侨人数
苏宁分署	2,811	河南分署	16
上海分署	4,344	鲁青分署	1
湖南分署	15	冀热平津分署	17,747
湖北分署	73	东北分署	38
广东分署	3	台湾分署	3,221
广西分署	49	重庆疏送站	210
江西分署	651	赈恤厅	301
安徽分署	654		
		总　　计	35,134

其分类为欧侨六,九三〇人,韩侨一九,九八三人,(实际遣回之韩侨为五八,一三三人,均系由联总洽商美军当局派轮遣送,惟其中三八,一五〇人径自海口起运,未受行总协助或救济,故不计入。)琉球籍八,二二一人。

第六章　直接救济

第一节　救济方针

承国际战争之后,由国际合作办理救济,为世界之创举,而在我国实行有计划之大规模救济,亦属史无前例,故行总办理救济,其性质迥异于往昔国内任何救济之事业,任务备见艰巨,举凡一切原则政策,必须符合联总宗旨,适应国情需要,庶几于战后民众之幸福,与国际合作之前途,有所贡献。

救灾诚如救火,战争告终,为使战灾人民不致为饥馑瘟疫所乘,救济工作,最为急要。行总之使命,当首先协助此类受战争损害之人民,于战争停止后,得到衣食住最低生活所必需之条件。惟衡诸我国实情,此种救济,虽为时势所必要,然不足以解决本身之问题,盖我国之出路,不在救济而在建设,故根本之图,要在寓救济于善后,藉善后之事功,以促进国家之建设,使善后与救济打成一片,则此种救济,即为最好之救济。

吾人基此认识,对于全部救济工作之规划,自始即循救济与善后合一之原则,经将业务范围,分为两部:一为直接救济,又可分为协助难民返乡,城乡紧急救济,收容流浪儿童及老弱残废等三种。二为以工代赈,即一面从事难民之抢救,一面使难民参加善后建设事业,以期救济与善后并举。至其主要方针,可为申述者,计有下列四点:

其一、尊重公约精神:联合国救济善后公约及联总大会议决案,为各会员国合作办理善后救济友好精神之表现,我国政府并与联总订立基本协定,具体订定双方之权利义务关系。行总为履行并善尽我国应有之义务,所有救济方面之措施,自当符合其精神与所定之政策,尤须与联总有关部分,切取联系,俾有助于工作之展开。

其二、着重战灾救济:我国战灾区域广大,受难人民众多,需要救济之程度亦最迫切,工作开始,首应体察实际情形,从事急救,使战后灾黎,无虞冻馁。兼须顾及长期战争所造成之灾害,属于自然者,如战时农田水利失修,形成严重之水旱荒歉,当视为战灾之延长,统筹救济;其对人的损害,如儿童孕妇老弱残疾者,需有特殊之营养,亦当适应其所需,予以特殊之待遇。

其三、配合善后需要:为发挥救济之效能,应采积极的救济方法,帮助人民自助,使接受救济之个人及家庭重获生计,藉以增加社会生产能力,减轻战时损害。凡年壮力强之难民,均予以工作机会,利用其劳力,从事各种建设,俾循此逐渐获得自给自足及就业之途径。此在善后方面,国家各项公共工程,既得迅速恢复,而社会经济及人民生活,亦可随之改善。

其四、业务合作推进:吾人之工作期间甚短,业务实施,颇受限制。在不背联总基本协定及行总法令规章范围内,应力谋与其他有关机关团体合作,俾能确保工作之永久效果。且以战前若干公私救济设施,多为战争所摧毁,为加强社会救济之力量,并协助其恢复,使之健全,以便同时利用原有之社团,共同推进战后救济之业务。

顾以各项救济工作,均无成规可循,吾人本上述方针,所作之努力,直无异为一种新事业之试验。其间,吾人曾竭尽一切方法,以协助战争受难之人民,减轻其痛苦与困难。复鉴于我国现代化社会救济福利事业有待建立,当工作进行之际,对国际助我之物资与技术,亦曾善予利用,使有助于新基础之奠立,在行总结束后,能有更大之发展。

第二节 紧急救济

(一)急赈之范围

我国遭受战灾之地方,广及二十八省,城乡残破,交通阻断,人民之衣食住,大都匮乏;其中灾重区域,赤地相接,更多无以活命。据调查,在胜利初期,灾情最重之湖南、广西、广东、河南、江苏、安徽等省,亟需抢救之饥民,即达二千万人以上;至三十五年六月,在十八省内,尚有四千万人需要救济,其中三千三百万人为衣食不继或缺乏营养,七百万人至非赈不活之程度。在三十六年内,各地需要救济之情形,仍不稍减。

此一严重灾情之造成,其主要原因为战争及因战争损害而发生之天灾,中国以饱经战祸之故,其所受战争之创痛,继续影响至战后数年间,使人民仍处于水深火热之中,实为作战国家中所仅有。行总成立以后,即以全力从事紧急救济,俾战后灾黎,得以稍纾困苦,徐图恢复元气。

紧急救济之目的,系以最直接有效之方法,抢救挣扎饥饿线上之灾难人民,以免于冻馁疾病之牺牲。同时对于一般贫民缺乏衣食者予以济助,无家可归者予以收容安置,务使皆能获得生活上之帮助,在青黄不接之时及本身自给能力恢复以前,暂时渡过难关。此种救济,不仅为防止饥馑疫疠之蔓延,抑亦安定整个民生必经之阶段。故其范围,应包括民生所必需之衣食住三者,在难民方面,则无需任何代价或劳力即可获得所需之救济。

行总运用联总济我之物资,办理紧急救济,其重要业务,可分为粮食、衣服、房屋及现金等四种。惟以被救济者需要之程度不同,救济之方式因亦有异。吾人于此,曾经依照中国善后救济计划原定原则,规划实施,如粮食救济,在普通人民,仅须给予食粮即可维持,若孕妇乳母及儿童,则须另配营养食品,始能增进其健康;又如衣服救济,以无家可归之难民,较一般贫民所需者为多,而有全部救济与部分救济之别,前者除给予足够之衣着外,并给予被毯等御寒用品,后者则仅视实际需要,予以部分之济助;再如房屋救济,临时收容与住所供给,宜兼筹并顾;至现金救济,则于时机迫切或物资不易到达之地区,一种应急之措施。此外,因时因地因人而分定时、不定时、院内、院外、集体、个别等之救济方式,必多方配合,尽量适应,以收事功。

自三十四年秋季战事结束时起,行总针对国内灾况,分别以各种方式施赈。其实施经过,约可分为四期,第一期为三十四年秋冬之间,以粮食衣着紧急施赈;第二期为三十五年春季,倾全力抢救湘桂饥馑,第三期为同年秋冬两季,除救济豫皖苏泛区蝗旱灾情外,再度普遍举办冬赈;第四期为三十六年春季以来之各地水灾荒歉,经于剩余食粮衣着中,分别拨办救济。

依原定计划,于三十五年冬赈结束之后,原期灾情可望减轻,此项救济,即可停止,俾以全力推行工赈,藉收更大之效果。惟以国内军事局势变化，各地水旱灾歉，相继发生，难民激增，情况严重，吾人不能见死不救，且以一切灾荒之成因，皆为多年战争造成之恶果，按其性质，实际为战灾之延长，自应继续救济，经向联总据理力争，始商得同意，续办急赈，故紧急救济，直至三十六年底本署结束之前，仍未能完全停止，随时核酌情节举办。兹将各种救济之办理概况，分述于下：

（二）粮食救济

战后以田园荒芜，农村生产，未复常态，发生普遍之粮荒。此在曾经战争激烈之区，更呈严重之饥馑现象。当战事结束不久，素以谷仓著称之湖南，因产米区域遭多次会战之洗劫，其饥馑程度，远较他省为重，原赖挹注之广东、广西两省，同受影响；江西与湖北之西南部，其情形亦复相似；又如黄泛区积水未退，致河南、安徽、江苏三省有关部分，形成一饥荒区域。其后，各地相继收复，难民接踵回里，面临现实，需粮生活，尤为迫切。

此一事实，当善后救济计划设计时，业已预为注意，曾计划由国外输入粮食补充，以解决战后我国之缺粮问题。联总根据申请，以所需之基本粮食，包括米、麦、面粉、玉蜀黍等及营养食粮如干制食品等，运华济助。行总适应灾情，经以一部用于粮食之紧急救济，其办理情形，约如下述：

甲、难民收容

行总于三十四年及三十五年两度举办冬赈，散发赈衣赈粮，复为救济无家可归之难民，老弱残废及无力谋生之贫民，于各地设置收容机构，以期减少饿莩。此项机构，名称颇多，有招待所、收容所、寄宿舍、庇寒所、服务站或新村等。地址以利用公产如祠堂庙宇教堂为原则，必要时搭盖茅棚或蓬帐，除供给难民必需之日用物品医药及衣被外，并供应伙食，每人每日发米一斤或面粉一斤四两为准，菜金按当地物价酌给，孕妇及儿童另给营养食品。据已报之收容人数，共达一百余万人。

难民经短期收容,渡过寒冬,即配发定量之粮食等足以维持一时之物资,予以遣散,同时以各种方法使其获得出路。如有家可归者助其回籍,无家可归而年富力强者,则推动当地工赈,使其自食其力;对于失业难民,则资助其复业。老弱残废,分别安置于受行总补助之各慈善团体或救济机构收养,妇女则按其能力授以轻快适宜之工作,如转入与有关机关合办之手工场或缝纫工厂等。

惟以时局不靖,生计艰困,遣散后以生活无着,仍多需要救济;甚至养成职业式之难民,辗转各地,依赖救济,以维生活。新增难民日多,个别救济,应接不暇,若干城市,且因人数众多,经常办理收容,复以不易安置,每至遣散为难,所加于行总之负担甚重。各地分署仰体时艰,均于所拨赈粮内勉力供应,以资维持。

另一设施,为各地于协助难民返乡时,在水陆交通要冲所设之遣送站、接送站、转运站、中途站等。对于还乡难民沿途所需之给养,均由赈粮支应。按经协助复员之中外人民达一百六十万人,所用之粮食,为数亦巨。

乙、集体供食

三十五年春荒期中,各地民食问题,颇为严重,尤以湖南、广西等省之饥馑区域,饥民多以树皮草根观音土充食,情况极惨。行总为迅赴事机,曾以大规模集体供食之方法,从事救济,先后选择难民汇集之地点,普设粥厂或其类似之施食机构,如馒头站、施食站等。每日按时直接供应难民之饭食。同时,设置牛奶站、豆浆站等,供应老弱妇孺及病人之营养食物。

各地粥厂,多由分署派驻当地之工作队办理,少数地方,为工作上之联络便利,由工作队会同地方政府或社团合办。所需人员不敷时,得聘请当地热心公益人士义务协助,并以工赈方式招请难民服务。

粥厂供应能力,有时因人数众多而感不逮,此在饥馑区域,即有供不应求之困难,吾人除于当地添设足够之粥厂外,曾以联总赠我之流动厨灶,巡回供食,以救济乡僻地方之难民。此种厨灶,在湘南饥馑严重之际,最先使用,颇收实效,经根据所得效果,在衡阳设一训练机构,训练厨师,其后分发上海、江苏、河南、广东等地。使用之成绩,亦甚显著,共计三十二座,每座于三十分钟内,可煮成汤菜粥足供六百人用餐之容量,每日每座可供应一万人之粥食。

难民赴粥厂就食,每人以日食一市斤之面粉或米为准,事先经调查登记审核后发给食粥证,编号分队依次领食,供食时并佐以罐头食品,或酌配新鲜菜蔬及食盐。总计各地设置之粥厂在二百所以上,连同其他施食机构,最多时曾近千数,每所每日供应人数,约为二千人至四千人。

惟集体供食之措施,每因供食人数过多,或骤然大量增加,所耗员役薪金柴炭等费过巨,且难民群集,耗时拥挤,秩序维持,亦感不易,有将原有供食之米粮,改发难民者,按定量依定时发放。又在乡间,因难民所住之村落,距离施食地点较远,往返不便,亦多采用此种权宜办法,在实施上,尚觉便利。

集体供食,为吾人抢救饥馑或其他重大灾害紧急措施之一。在三十五年上半年,不仅曾使饥馑区域之人民渡过春荒难关,且得使此大量人力,恢复农耕,因而有是年之秋收,自此次秋收之后,各地饥馑之程度,即已大见减轻。此项措施,在初期救荒固已具有成效,而于后期之工赈工作,亦有甚大之影响;盖以粮食在直接救济方面之需要,既随灾情之减轻而逐渐减少,吾人乃得以相当数量之粮食,用于举办建设性之工赈事业。

丙、平价食堂

三十五年冬季,物价上涨速度,较前为烈,城市平民,生计益艰。行总为配合冬令赈济,经于生活程度较高之城市,办理平价食堂,旨在减轻一般贫民之负担,并谋营养之改善与增进。由分署联络当地公私立社会服务机关或社团合办,设置于贫民居住较多之区域。

食堂所需食米或面粉及罐头食品等,由当地分署免费供给,供应数量,每所每日以五百人为准,每餐每人一菜,米饭或馒头,定量食用,茶水任饮,每人计需米十二两或面粉十二两,蔬菜八两,油五钱,肉类或黄豆一两半,盐四钱(在供给罐头时则蔬菜减半,并除去肉类及黄豆),每人两餐,上下午各一次,共一千份。其中蔬菜油盐燃料,由食堂按需要采购,即按其成本酌收餐费。贫民按时入堂购证,凭证进餐。由于有关机关社团之合作,办理尚具成效。在贫民方面,以餐费低廉,就食至为踊跃。约共设置四十处,包括经济食堂及平价面包厂等。除贫民外,清寒公教人员学生,亦在受惠之列。

丁、赈放粮食

赈放粮食,为行总粮食救济重要方式之一。以其能直接到达难民,即可应其急需;尤以行之于重大灾赈时,易收速效。自三十四年冬赈起至结束时止,先后以此种方式赈救灾情或济助难民,为数达二十七万吨。

大规模赈放粮食,当以三十五年抢救湘桂饥馑之例为最著。吾人曾经动员水陆空一切可能之运输能力,以每日赶运粮食一千吨为目标,从事抢救。由分署组织急赈工作队深入灾区,除办理集体供食外,并会同当地自治机关及慈善团体,发放食粮,使濒于绝境之两省六百五十万饥民,得庆更生。事后根据报告及视察结果,饿毙之人数,仍不下二三万人,对此未沾救济不幸死亡之灾民,固不胜哀悼,但此一措施,实已竭尽全力,挽救无数生命。

在行总工作期间,曾举办冬赈两次,三十五年秋季,豫皖苏泛区蝗旱成灾,及三十六年度内各地之水旱荒歉,均经大量赈放救济物资,以粮食为主体,使大多数灾难人民,获得生存。

对于难民之个别救济,所赈发之物资中,亦多配给食粮,以补助生活。凡难民由于本人或家庭在生活上发生困难,均可向当地分署或其赈务机构申请配发食粮或其他物资,经审核后酌情按其所请核配实物,无实物时,得折发代金。通常之食粮赈发量,每大口发给四十八磅半装面粉一袋,小口减半,发米麦时,其比例均以此为准。有时将罐头食品及其他营养食物,随同配发。

上述各项粮食紧急救济,其使用基本食粮面粉等及各种罐头食品之总数量,据已报者,列表如右:

分 署	数 量 (单位:长吨)	分 署	数 量 (单位:长吨)	分 署	数 量 (单位:长吨)
鲁青	21,436.03	江 西	4,323.65	苏 宁	28,465.99
浙 江	4,226.28	上 海	441.50	安 徽	21,302.00
冀热平津	17,504.87	台 湾	2,000.90	湖 北	5,758.52
河 南	18,563.77	晋绥察	8,706.50	福建办事处	10,800.20
广 西	29,779.18	东 北	3,499.04	总 计	269,578.09
广 东	47,370.00	湖 南	45,399.66		

此外,行总为压抑粮价,调剂民食,曾以一部分食粮,在上海、南京、天津等地平售,其售价较市价为低,配售之对象,限于贫苦工人及公教人员等。

(三)衣服救济

我国之纺织业大部集中于沦陷区域,战时损失綦重。自经长期战争,物力益趋艰困,人民之衣着,均以补充困难,倍形缺乏,需要救济,至为迫切。故向联总所提之衣着救济计划,曾申请供应棉织品,以充救济之用,并请资助棉花、棉布、纺锭、棉织厂零件、棉线、针及缝纫机等,以利工作之进行。

联总供应我国作衣服救济用之物资,可分为衣服、纺织品及靴鞋三大类,包括棉花、布疋、毛线、毛毯、棉被、垫褥、蚊帐、针线、衣服、鞋、袜、帽、手套及各种用具等。在被服材料中,联总输入棉花较多,辅以纺织工具,期能增进我国之纺织设备及其生产量。其次,旧衣鞋出于联合国家人民之捐赠,种类甚多,自温带至寒带,以及成人至儿童各种衣服,皆甚齐备,经全部用于直接救济。

行总鉴于衣着救济之普遍需要,曾尽量以各国捐赠之旧衣鞋、毛毯、棉被、垫褥、蚊帐等为主体,并将联总供应之布料,以一部缝制寒衣,直接配发于需要救济者。发放之方式,大部分配合各次灾赈及冬赈,与赈粮一同发给,使难民同时获得衣服之补济;其余则配给各地救济福利机关团体所收容之老幼残废,还乡难民及个别申请救济之贫苦人民。

办理衣着救济,为一相当繁重之工作,吾人处理时曾遭遇事实上之困难,有非技术所能解决者。惟以此项被服,大多出于各国人民自动之捐赠,感于捐献者对人类互助之热忱,在此方面,经慎重将事,务使适应我国实际之需要,并能符合国际友人之愿望。兹分述其处理情形于下:

甲、旧衣鞋之整理

各国捐送之旧衣旧鞋,式样不一,因国情习俗之各殊,其中大多不合国人尤其乡村人民之服用。故在赈放之前,须详加整理,择其较适宜者发放,不合用者予以改装。其中旧衣一项,系依男女、季节、成人或儿童等之区别,为整理标准,并于整理后加以分类编号及标签。普通由联总运来原装一包之旧衣,平均可供发放五十人衣着之用。今选浙江分署就原装五十包旧衣,整理结果之例于左,可略示旧衣内容之一斑:

名　　称	单位	数量	名　　称	单位	数量	名　　称	单位	数量
总　　计	—	3,643						
男　大　衣	件	187	女　上　装	件	523	毛　　毯	条	10
男　上　装	件	503	女　下　装	件	155	被　　单	条	17
男　下　装	件	258	毛　线　衣	件	221	棉　　被	条	3
西　　装	套	32	背　　心	件	121	枕　　头	个	3
女　大　衣	件	504	童　　装	件	202	待改装者	件	904

待改装者为式样奇特,或较为破烂等不宜服用之衣服。照上列整理结果,几近三分之一须经改装后,始能发放应用。为符物尽其用之旨,均经分别拆改。至旧鞋之处理,多就适中地点检选,如系完

整其尺寸式样并适合一般难民应用者,随即运往各地分配;如完全不适合国人之需要,或损坏程度甚高不能加以修理时,则将是项旧鞋拆卸之材料作修补之用。

经整理后须改装或修理之旧衣鞋,均分交行总在各地所设之难民缝纫工厂、难民站、难民收容所或救济院所,依照工赈办法,拨发工具材料及工资,选择有修补经验之难民改制,在此方面,曾配发缝纫机约六千架。

乙、配发及交换

旧衣鞋配运分署之前,先将数量通知,俾分署预作配发之准备,斟酌当地情形,制订配发计划。其优先次序,经规定:

(1)凡需要急迫之区域,不论以前曾否分配,应予优先配发。

(2)凡需要次急之区域,但以前并未配发者。

(3)除上述(1)及(2)两项外,再次应配给有大量难民或经调查其需要尚在激增者。

(4)对于被遣送过境或还乡难民之衣着,务使其获得旅途上所必要之衣着,并应划拨一部专供被遣送难民之用。

在原则上,配发之数量,视各地之气候灾情及需要而定。惟以北方天寒,所配布料较多,南方地湿,多配蚊帐,至衣着之种类质料,亦互有不同。各地已配振之衣着数量,如下表:

表三十三　赈发衣着统计表

分　　署	重量(长吨)	分　　署	重量(长吨)	分　　署	重量(长吨)
上　　海	50.81	河　　南	7,677.21	广　　东	1,420.00
苏　　宁	1,307.00	安　　徽	1,261.00	浙　　江	717.00
鲁　　青	2,017.53	湖　　北	1,549.00	福　建 办 事 处	556.28
东　　北	1,265.15	湖　　南	1,592.00		
冀热平津	3,445.97	江　　西	2,405.00	台湾分署	280.47
晋绥察	1,792.00	广　　西	1,138.22	总　　计	28,474.64

各种衣着当振发时,发生若干困难之问题。如旧衣旧鞋,大都不合农村习俗,普通难民对其利用之价值,几等于零,而在城市中

之公教人员,则需要甚殷。又以此类衣鞋,有非常用或限于极少数人始能着用者,类如雪衣、冰靴、高跟鞋等,即在城市一般人民中,亦不甚普遍适用。若干方面曾倡议出卖,吾人以有背捐助者之原旨,经坚决执行,必须免费发放,俾能直达最需要者之手。顾以振发之后,受振者每将其变售,另易所需之衣服,致旧衣充斥市场,反予商人牟利之机会。

在此种情形之下,行总对于出卖之利弊问题,虽已不予考虑,但少数分署曾试用交换之办法,将拟交换之旧衣,逐件估价编号,标明拟交换花布之数量,其对象以公教文化人员为限,换得之棉花布疋,即以缝制棉衣,振发难民。此为不得已之一种办法,以其名虽掉换,实含救济之意,就一般论,各得所需,似较出卖稍近事理。

受赈人领取衣着,均以抽签方法行之。盖衣类之品种,差异甚大,受赈人数众多,使所有之衣着各遂其欲,乃一不可能之事,以抽签定其所属,固较为公允,然实际结果,亦不圆满,男女老幼往往抽得与其性别年龄相反之衣物,仍不能满足其所需。又每包衣着,均包括若干较贵重之被服如毛毯、被絮、褥单等。数量甚少,亦并入抽签配振,此在抽得者所获之价值,往往超过若干人所得他类衣物之总值;吾人虽经在份量上力求差别之减少,但仍难期诸受赈者各个受惠之程度相等。

丙、缝制寒衣

联总济我之被服材料,行总曾以一部利用于衣服救济方面。在三十五年冬赈期间,经根据各地需要之实况,大量配拨,制成棉衣,赈放难民。此项棉衣,每套以需用面布十四尺,里布十一尺,棉花一市斤半及线四百码为准,由所设之缝纫工厂或手工场承制。

布料之分配,共三百万套。其配拨数量如下:

表三十四　配发寒衣布料表

分　　署（处　　厅）	数　量（单位:套）	分　　署（处　　厅）	数　量（单位:套）	分　　署（处　　厅）	数　量（单位:套）
东　　北	350,000	湖　　北	180,000	广　　东	150,000
河　　南	270,000	江　　西	120,000	广　　西	240,000
冀热平津	270,000	湖　　南	270,000	台　　湾	90,000
晋绥察	240,000	浙　　江	90,000	福　建办事处	90,000
鲁　　青	210,000	上　　海	60,000		
安　　徽	120,000	苏　　宁	135,000	振恤厅	135,000

在缝纫厂场之能力如不及赶制，或为争取时间抢救灾情时，则将布料剪成套料，连同规定数量之棉花针线、钮扣等，迳发难民自行缝制，俾便及时着用。各地分署于制发寒衣，均尚能尽其最大之效率，于布料之剪放，亦能符合规定。在冬季衣服救济方面，复经配发毛线一八二长吨，分由各地织成毛衣施赈。

(四)房屋救济

我国长期抗战，房屋被破坏之程度，极为惨重，尤以华中、华南各省为最甚。根据湖南、广西等十二省之调查，损失程度在百分之五十至百分之百者达二二九县市，如长沙、衡阳、宝庆、桂林、柳州等地均遭高度之毁坏。前联总韩德生君在三十四年年底时视察衡阳战后情况，据其谈话，该市仅有房屋五所可用，三十五所尚须加以修理，始可应用。按战前原有房屋五万余幢之比例，认为欧洲各国无一城市之被毁有如此者。

善后救济计划中所列房屋需要分为二类，一为难民之临时住所，一为帮助人民修理改装及重建其被战争毁坏之房屋，当时之设计，与上述战后实际之情况相去甚远。因此，房屋救济，不仅为一迫切之居住问题，且关城市重建，而为一极艰巨之工作，已非行总之能力所克负荷。

吾人体察实况，经就力之所及，自治标治本两方面，从事房屋之救济工作，其灾重省份，则另拨专款，加强进行，计湖南二五亿

元,湖北十七亿元,江西十七亿元,广西二三亿元,河南十一亿元,浙江三十亿元,共一二三亿元。综合各项措施,约如下述:

甲、修缮临时住所

在复员初期,亟须解决之居住问题,为还乡难民于回乡中途之住宿,及无家可归者之临时归处。此在破坏程度不高之地方,尚无多大困难,但若干毁坏惨重之城市,则必须另行修缮临时之房屋,以资适应。当经分别紧急拨款办理,由各地尽先利用庙宇、教堂、学校、祠堂及其他公有建筑加以改装修理;其公共房舍不足利用时,则临时搭盖棚屋或帐篷,务使过境难民及当地无住处之难民,获得临时居住之所。此一工作,系于协助返乡及冬赈时配合进行,各地均能因应需要,对此问题,妥谋解决。

乙、修建平民住宅

关于一般房屋之救济,行总曾与四联总处协议房屋修缮贷款,由行总参加保证,分拨各省贷放,协助人民修复已毁房屋。复专案拨款兴建平民住宅或善救新村,于房屋破坏达百分之五十以上城镇修筑,并尽先供给无家可归者,尤其属于从事公共服务机关、工业及农业之工作人员,农民及工人居住。湖南、广西、江西、浙江等省均经以工赈方式修建,以期减少各地一部份之房荒。惟以限于财力,未能作普遍之救济,经另就联总所拨活动房屋中,以大型小型各式共五,二一八长吨分配各地,作为医院、学校、福利机构、难民住所、手工场、仓库等之用。

丙、补助修复公共房舍

各地公共房舍如医院、学校、慈善团体等,在战时多遭损坏,此类事业既为社会所必要,行总自应量力予以协助修复,经列入工赈范围,运用物资,发动难民,从事修建。房屋工赈,在各处均行展开,每一修复工程,经各该事业机关申请,即由分署酌情予以工粮或器材之补助,其规模颇大,修复之公共房舍,为数甚多。至修建情形,另见房屋工赈。

丁、充实房屋建筑工业

房屋修缮之主要困难,为建筑材料之缺乏。其必需之砖瓦木料等项,均属粗笨之物,尤不便由国外输入。且以国内除少数大城市外,各地所需建筑材料,咸仰给于土产,为使国内房屋之重建工作,可因建筑材料之增加而迅速进行,其根本办法,要在充实房屋建筑工业。吾人曾向联总议定申请建筑材料之项目,以期获取合适之进口材料与建筑工业上之增产工具,共分两部份,材料部份,计有木料、轻结构钢、五金器材、洋钉及制钉钢条、窗玻璃、屋顶器材、水管与装具、电灯器材、水泥、三夹板等。设备部份,为锌接工具、压缩氧气、木板与水泥之磨光工具、圆锯及木匠工具等。惟原有预算,因种种关系,颇有变更。实际运华之房屋建筑材料,均经分配各地兴办建筑。至设备机械,则配售国内各大建筑工业,计水泥厂机器价值四,一三七,二五八美元,制造砖瓦,玻璃及洋灰管机器各二套,制造水泥砖机器六套,锯木厂主要机械三六一吨,锯木及木工机械八五五,〇四一磅,上项增加之设备,如能充分利用,每年可供应全国之房屋建筑材料,将为水泥一,〇八九,六〇〇吨,红砖瓦六四八,〇〇〇,〇〇〇块,平板玻璃(二糎)一,四〇〇,〇〇〇平方公尺,水泥砖六二,四〇八,〇〇〇块,洋灰管一一,四四八,〇〇〇呎,木材二八,八〇〇,〇〇〇呎。

按诸全国房屋重建及需要之程度,吾人所已致力者,实属甚微。上列各项措施,以物资与经费来源,皆属有限,仅能在可能范围内,权衡轻重,分别进行。故其成果,未能尽如理想。

(五)现金救济

紧急救济之主要目的,在使难民有衣有食有住。惟在上举各项措施以外,行总亦曾以现金,用赈款或贷款之办法施行救济,依其性质,可分下列各种:

甲、难民救济费

当各地分署成立之初,正值三十四年冬令,以物资尚未到达,难民亟待赈济,曾拨现金办理冬赈,嗣后在交通不甚便利,物资不易到达之地区,或以受灾地方情况严重,不及等待物资之运达而必须予以紧急救济者,亦以现金赈放,藉应环境及事实上之需要。又各地于遣散难民时,或因方经协助回籍之难民,无力购办种子、农具、手工具、耕牛,以及缺乏小本经营者,每以现金资遣,或举办小本贷款,以资救济。此项赈款发放之方式,由分署工作队直接发给难民,或发由各地方政府机关社团转发,据已报者,计达四十亿元以上,均由行总之业务费内开支。

乙、赈灾专款

行总在业务方面,原奉行政院令接办前赈济委员会之业务,即包括对非收复区之救济事宜。依据基本协定,非收复区除医药可通融配济外,不能以联总其他物资办理救济。虽在三十四年甘肃发生旱灾时,蒋前署长曾与联总协议,非收复区若发生极严重之灾害,仍可专案酌予救济。然事实上亦仅以此次甘肃旱灾救济为例外,所有非收复区之灾害救济,均经专案呈请行政院拨款施赈,计七十余亿元,分别交由地方政府依照规定发放。

又战后天灾频仍,行总为救济各地灾情,亦经先后会同有关机关转请行政院拨发专款施赈,属于收复区者计五百六十余亿。均经交由当地政府统筹办理救济。上项专款,系在善后救济基金及第二预备金项下拨付。

丙、国内外捐款

在行总工作期间,曾先后收到国内外团体及私人捐款二四二,四二一,〇〇四·二五元,经分别补助公私立社会福利团体,办理救济之用。

丁、贷款

此外,行总为加强灾区救济,曾呈请行政院转知四联总处办理贷款,该处于三十六年八月曾贷放河南、山东、河北、山西各五十亿元。

(六)急赈之成效

上述各项紧急救济工作,其成效如何,吾人固不愿遽下结论,盖以当前之情况,两年余之努力,诚不免有事倍功半之感。所谓紧急救济,原以救饥为目标,故其效果,亦止于救一时之急。至各地急赈详情,以业务浩繁,另见分署总报告,不及备载。惟统计全部受惠人数,达五千二百余万人:

表三十五　急赈受惠人数统计表

分　署	人　数（单位:一人）	分　署	人　数（单位:一人）	分　署	人　数（单位:一人）
上　海	46,315	河　南	2,120,000	广　东	2,191,823
苏　宁	2,977,307	安　徽	1,468,544	浙　江	857,370
鲁　青	7,183,863	湖　北	730,036	福　建办事处	1,189,460
东　北	5,117,229	湖　南	6,609,433		
冀热平津	3,897,802	江　西	1,172,210	台　湾	1,475,004
晋绥察	5,936,922	广　西	9,397,152	总　计	52,370,470

上表所列人数,因各地统计方法不同,当已包括累计受惠之数字在内,如就已发粮食之数量为比例,按每人日给二磅以连续接受十天计,则受救济之人数,当为二千七百万人。此在战后,得不为严重之饥馑所袭击,已因行总之协助,渡过最急要之难关,睹兹成果,差堪自慰。

第三节　福利事业

(一)特赈之范围

八年战争,无数幼小之生命,备受摧残,失其教养;老弱者,辗转流离,无所依靠;少壮有为之躯,且多肢体缺残,谋生维艰,成为战后社会救济主题之一。是以紧急救济之外,对此类特殊者,亦应举办特赈,予以特殊之待遇,使能各遂其生,皆有所养。

善后救济计划中,关于战后社会福利之规划,曾以我国之需要至广,非短期间所能尽举,且因种种困难,其事业范围,势将缩小,故仅提出尽先从事难童、残废、老弱等之救济,盖以此类人民,非得有组织之救济，必难安身立命，其需要实最迫切。

行总为使幼有所长，老弱残废，咸获安养，乃有福利事业之设施，以安老、抚幼、恤残为其中心工作。惟以工作时期短暂，而福利事业皆具永久性，一切措施，既须把握时机，尤当预作永久之计划；在此种情形之下，吾人认为除必须自办者外，应尽量利用原有之救济福利机构，推行各项业务，以扩大工作之效果，由行总予以实际之协助，供给专家及物资，以促进其健全。

协助原有机构，不仅可以扩展吾人之福利工作，达到救济之目的，且因其业务充实，技术设备之改进，对于今后福利事业之前途，将造成一良好之基础，虽在行总结束后，而工作之效果，仍将继续延长，益趋发展。两年来，吾人根据此种原则分别进行，实施情形，约如下述。

（二）儿童福利

战争期中，我国儿童所受之影响，虽无确切统计，但流落、失依、失学以至一般健康之损失，其数字实极惊人。行总办理儿童救济，对流落失依之儿童，首应予以收容安置，进而谋一般儿童身心健康之增进，经订定工作目标，凡受战事影响，以致无家可归，流浪失依，或家境赤贫无力生活之孤苦病残儿童，在工作期限内，施以各种救济，期能协助政府，实现四善原则，善生、善养、善教、善保，培育健全生活，优良国民，以增进民族活力，奠定建国基础。

所有受战事影响之收复区儿童，及非收复区内需要救济之战区儿童均为救济之对象，其范围自胎儿至十六岁以下之儿童，依其情况，可分下列十类：(1)流浪儿童，(2)失依儿童，(3)无住所之儿童（有父母亲友而无居住处所者），(4)营养不良之儿童，(5)残疾儿童，(6)赤贫儿童，(7)贫苦孕妇，(8)疾病儿童，(9)贫苦之解组家庭儿童，(10)非婚生儿童。

关于工作之实施，注重联络中央原有儿童福利机构，并辅导各分署与所在省区内各公私立儿童福利机构，切实联合办理，或委托上项机构办理。对于受救济之儿童,非特殊事故(如父母神经失常或患有必需隔离之传染病以及行为不良等),以不使其脱离家庭生活,藉以保持其家庭之完整为原则。并依儿童之体力与兴趣,订定富有教育意义之劳动服务与劳作训练各项设计,配合救济,以促进儿童身心之发展。综其办理经过,可分下列各项:

甲、难童收容

三十五年冬赈期间,行总曾普遍展开冬令失依儿童救济运动,以肃清流浪儿童为目标,各地分署均发动所属工作队联合治安机关收救,并委托地方原有救济福利机关设置收容机构,予以短期之救济。此种机构,由分署依据实际需要,予以补助,其一切行政及业务,须符合行总所规定之标准,特别注意于教养儿童之福利。

其由分署自行设所收容者,其设备及生活待遇,均尽量适应儿童之需要,对于已届学龄之儿童,由收容所按其年龄智力,接洽当地小学就读,其不能入学者,由所编级授课。同时,为养成儿童之职业基础与兴趣,酌设劳动及手工工具,指导学习简单之工艺;并就适于习艺之儿童,转入习艺所实习,日常活动均以团体组织之方式行之,如团体游戏、体操、远足野餐、演剧等,以促进其活泼进取与合作之精神。

失依难童经短期收容后,即分别情形予以安置,有家者协助其归家或寻亲,无家者请转适当之机关或另设教养机构予以培育,或予举办家庭寄养;在十四岁以上者,并为介绍就业,务使重度其正常之生活。

自经扩大收容救济后,露宿街头之失依儿童,已告绝迹。其后,遇有发现或经治安机关移送救济者,均予转送当地之儿童教养机关收养。就已报各地收养难童之情形,约如表三十六:

表三十六　难童收容统计表

分　　署	设　立　机　构	单　位	受惠儿童数
晋绥察	难童工读工厂	2	500

续上表

分署	设立机构	单位	受惠儿童数
冀热平津	儿童习艺所	1	81
	失依儿童收容所	1	72
鲁青	家庭助养	500	500
河南	孤儿院	1	200
	儿童教养院	2	1,000
	工读学校	7	1,700
上海	收容街童中心站	3	
安徽	合肥保育所	1	42
	儿童教养所	100	7,000
	中心育幼院	3	900
江西	流浪儿童收容所	1	107
湖南	衡阳育幼院（一）	1	900
	衡阳育幼院（二）	1	600
	长沙市示范育幼院	1	650
	孤儿教养学校	1	600
广西	难童临时收容所	3	2,214
	柳州失依儿童临时收容所	1	150
	全县失依儿童临时收容所	1	150
	梧州育幼院	1	150
	南宁育幼院	1	200
	岑溪育幼院	1	100
	弃婴寄养		
	难童生产工艺训练班	1	16
广东	难童收容所	1	300
浙江	失依儿童教养所	4	760
台湾	补助收容		148
合计		640	19,040

行总除收容难童外，复经与有关机关合作，协助难童返乡，计已遣送战时儿童保育会难童二,二五六名，一般难童二一〇,三九四名，重回家庭之怀抱。

乙、福利服务

平时儿童身心之发展,常因贫穷失依而受阻碍。此在战时,随父母之颠沛流离,所受之损失尤大。战后以社会经济困乏,一般儿童生活,仍多失其常态,若不加以改进,其对于体力智力之影响,将更严重。行总为救济一般贫苦儿童,特普遍办理儿童福利工作,按儿童之个别需要,在保持家庭生活完整之原则下,负责儿童衣食住之改善及医药、卫生、教育、娱乐等项之服务与提倡。

吾人配发大量之儿童衣着,营养食物及医药用品,推动此项工作,在各地以委托或代办之方式,设置机构——儿童福利站及其性质相同之教养站、游憩站、服务站、义务学校等,达一千余单位,其中一部分由分署自办,皆视当地儿童之需要,有其工作之重心,惟一般业务,为发放儿童衣服药与食物,供应特殊营养品,组织儿童团体,施行劳动服务,作业训练,生活指导,医卫生服务及家庭访问等项。在人数较多地方,并由当地女学生参加工作,受分署儿童福利工作人员及外籍专家之指导与协助。

各福利站每日均有一定时间,为其附近地区儿童服务,儿童本身,固深受其益,而家庭亦可藉此减轻负担;福利站对于家庭之访问,更促进儿童生活全面之改善,故此项工作,行总曾尽量使其延长,其设置情形见表三十七。

表三十七　儿童福利机构统计表

分　　　署	设　立　机　构	单　位　数	受惠儿童数(人)
冀 热 平 津	贫 童 义 务 学 校	702	34,950
上　　　海	夏 令 儿 童 游 憩 站	5	1,000
苏　　　宁	儿 童 福 利 站	6	1,200
安　　　徽	难 童 教 养 站	616	41,940
浙　　　江	儿 童 教 养 站	27	2,819
福建办事处	贫 苦 儿 童 服 务 站	53	13,127
	儿 童 福 利 站	1	1,218
合　　　计		1,410	96,254

丙、托儿所

依照善后救济计划之估计,全国约需办理托儿所五百,每所容儿童五百人。惟此项机构,为长期性之事业,其设备、人才、经费及物资所需,为数既巨,均非行总短期内所克完成,经缩小范围,先就劳动妇女之需要设置。

各地为配合工赈,曾委托当地有关社团办理贫苦劳动妇女托儿所,对参加工赈工人之子女予以免费养育,共设十五所,托儿一,二一五名,其设置情形如下表:

表三十八 托儿所统计表

分 署	设 立 机 构	单 位 数	受惠儿童数(人)
鲁 青	青岛胜利托儿所	1	100
河 南	西华白日托儿所	1	100
苏 宁	南京白日托儿所	4	200
	南京农忙托儿所	4	240
江 西	南昌白日托儿所	2	300
广 西	柳州托儿所	1	150
广 东	广州水上托儿所	1	50
浙 江	省会托儿所	1	75
合 计		15	1,215

丁、营养促进

行总鉴于儿童营养之重要,曾发动儿童供食运动,以期补偿儿童在战时健康之损失,并唤起社会对此问题之注意。采配给及集体供食两种方式进行。营养品之配给,系以慈善福利机关收容之儿童及小学校中之贫苦学生为对象。对于社会儿童,则设站按时供应,但在二岁以下之婴儿,孕产妇及因病或距集体供食地点过远之儿童,得改由家庭派人按周代领营养品;如因一地儿童过多不便集体供应时,亦采置直接配放,由儿童自行领用。

各地儿童营养促进机构设于适中地点及附设于各儿童收容机关、小学校及福利团体内,以施放食品及业务之不同,有营养站、牛奶站、奶粉配给站,供饮站、供应站、施奶站、学校儿童营养品补助

站等名称,此项机构,据已报设置情形如下表:

表三十九　儿童营养机构统计表

分　署	设　立　机　构	单位数	受惠儿童数(人)
东　北	牛　奶　站	33	20,894
	难童供应站	7	
冀热平津	牛　奶　站	99	970,092
	营　养　站	11	
鲁　青	营　养　站	11	7,335
河　南	牛　奶　站	89	1,138,571
上　海	牛奶供饮站	6	180,000
	儿童衣服食品分发站	26	
	奶粉配给站	6	81,939
苏　宁	营　养　站	53	20,889
安　徽	供　食　站	499	101,949
江　西	营　养　站	31	21,675
	牛奶供应站	58	45,545
	牛　奶　站	201	50,157
湖　南	营　养　站	28,003	1,918,387
	牛　奶　站	197	404,655
湖　北	饮　奶　站	107	55,640
	牛　奶　站	11	3,300
广　西	牛　奶　站	51	275,110
广　东	施　奶　站	50	1,445,620
	营养豆场	1	120,475
	广州儿童营养实验站	1	46
浙　江	牛　奶　站	18	2,695
福建办事处	儿童营养品供应站	154	72,984
	儿童营养品补助站	13	2,519
台　湾	牛　奶　站	235	149,113
	奶粉供应站	88	87,323
合　计		30,059	7,176,913

关于儿童营养之促进,为行总儿童福利工作主要之措施,前述各项业各如收容所、福利站、托儿所等,对于儿童之服务,均包括营养品之供应;此外,直接发放营养品及补助救济机关福利团体收容儿童之营养品,为数亦巨,综合各项设施,每日受惠人数,亦达二百八十万人。

戊、医药保健

战前我国医药卫生设备,原感不足,经长期战争之摧毁,愈形缺乏,行总为适应战后社会之需要,特与卫生机构,订定合作办法,拨助医药器材,充实医院设备,各地医院及卫生诊疗所则免费为难民,贫民,难童诊病,并专设免费病床,以供治疗。

在儿童医药服务方面,各地分署均经与当地卫生机构合作,组设巡回医疗工作队,为牛奶站、供食站之儿童服务,并为各小学校学生办理防疫及治疗以期与营养促进工作配合,增进儿童之健康。

至于儿童保健,亦赖卫生机构之协助,颇具成效。其中如浙江分署,由行总于杭州市负责办有皮肤病及砂眼诊疗所,为各牛奶站、教养站之儿童检查及诊治;上海分署有联总牙科医生主持牙齿卫生讲习班,调集小学教师及护士,讲习口腔卫生,并于各医院设门诊部,免费为小学生医治牙病;河南分署举办社会福利工作讲习班,专设保健一系,训练护士,分发各育幼机关工作。台湾分署于台北设儿童保健馆及草山林间学园,从事增进儿童之健康工作,苏宁分署南京办事处在首都,与母婴保健委员会合作,由该会指派医师护士,定期至各营养站,为儿童及孕产妇检验身体,指导医生卫生。

上推各项儿童福利事务,大多利用原有儿童救济福利机关协助推行,行总则以物资经费分别补助,计接受补助之机关为六〇八单位,除物资补助外,现金补助约六〇亿元,同时对于各地小学校舍之重建,亦经以工赈方式,大量补助修复使儿童教育,不受校舍缺乏之影响。

行总推进战后儿童福利事业,其规模较大成效较著者,当为营养之促进。次为福利服务，吾人于其实施之情形，亦尚满意。在工作过程中，行总曾借用外籍儿童福利专家，作工作技术之介绍，协助各地社政、福利机关，训练大批工作人员，成为今后现代化之主力。另一重要之收获，则于结束之前，已协助全国性之儿童福利事业，重奠其基础，各地均经组织儿童福利委员会及类似团体，结合有关机关社团及热心人士，集中力量，共同策划儿童福利事业之扩展，将继行总之后，谋更大之贡献。

(三)安老恤残

安老恤残，我国素极重视，战前政府机关及慈善社团，对此均有专设机构，办理收容救济，其于盲人聋哑，且另设教养场所，以利训练。惟公私财力有限，各项设施，未能尽合需要，嗣经战时长期之破坏，原有机构，多被摧毁，或已中断。战后，老弱伤残救济事业，亟应分别恢复或充实，俾此类人民得有安身立命之所。

甲、安老设施

行总以限于人力物力及时间，对于社会福利事业，未能随需要而扩充，仅能尽其能力，补助原有之救济福利机构，使其恢复或充实，运用所供应之物资设备及技术，根据吾人计划，推进工作。补助之方式，计有下列各种：

(子)协助恢复：平时办理成绩优良，因受战事影响及摧残，无力恢复者，予以补助，使其恢复。

(丑)修缮补助：原有房舍家具，因受战事影响及摧残，必须修缮者，予以补助，使其修复。

(寅)设备补助：原有各项设备破坏不堪，或确不敷应用者，予以补助，分别增置。

(卯)协助筹设：因当地事实所必需而新设之救济机关，予以补助，使其成立。

(辰)经常补助：原有经常费用，因受战事影响不敷支用，或完全不能继续具领，以及新筹设之救济机关经常费暂无来源者，予以经常费补助,但均以三个月至六个月为限。

(巳)协助返乡:各地救济机关所留养之老弱残废,如有家可归者分别资助返乡。

(午)实物补助:原有或新设之救济机关,因业务需要,予以物资补助,使其充实改进。

(未)医药卫生器材补助:原有或新设之救济机关,其医药设备不全时,予以补助。

(申)技术辅导:救济机关为谋改善业务及福利事项,需要技术上之指导时,指派或协助延聘专家,予以辅导。

总计受补助之救济机关一、五七〇单位,收容之人数为一五三,五三五人,各补助机关,具有推行行总救济工作及编送工作报告之义务,在业务上,并须接受督导。其中安老部份,各救济院所依照规定,对于当地年逾六旬,因受战事影响,暂时无法与家人取得联系,致生活无依,或身体孱弱,无靠之鳏寡孤独,生活困难者,均经尽量收养。其生活标准,衣着以蔽体、保暖、整洁为主;食物以能适合年老人之咀、嚼果腹清洁,并注意个别之营养,住室阳光充足,空气流畅;日常待遇,则酌给年老者个别用费。由各地分署随时派员视导,一般情况,尚属良好。

乙、伤残重建

各地救济院所,大都孤老与残废同时收容,行总对于因受战事影响致官肢伤残之人民,均送由此项救济机关安置。惟以此类人民,大多残而不废,长此救济,不仅增加公家负担,抑且坐丧其生活乐趣,倘能予以教养,经过相当时期,自可达到全部或局部之自养。吾人乃于消极救济之外,更自积极方面,从事其重建工作,设置重建机构,一面施以心理上及生活上之治疗,俾其恢复健康,一面授予从业技能,期能有以自立于社会。

在重建方面,主要为协助中央主管机关筹设伤残重建机构,采用最新有效方法,示范全国,以为推广之基础。其次为指导各救济院所之伤残重建方法,可分物理治疗、职业治疗、职业训练三种:物理治疗,系运用物理方法,如水疗、热疗、电疗、光疗、按摩等。职业治疗:采用逐渐运动方法,尽可能恢复伤残人民之形体及精神机能。职业训练:其方法有二:一为院内训练,设置实习工场,教习职业及手艺技能,一为院外训练,因伤残者之体况个性而异,院内工场未能尽合病人情况,遇必要时委托院外其他习艺场所代为训练。经分别协助各有关机构进行。其具体措施较著成绩者,为协助社会部设立伤残重建院,及委托中华职业教育社在上海设立伤残重建服务处。办理概况,分述于下:

(子)协助筹设伤残重建院

行总会同社会部、卫生部、中央卫生实验院、中央医院及联总代表,筹划建立伤残重建机构,原拟在南京、北平、广州各设伤残重建院一所。嗣以限于经费,复经决定集中人力物力,先在南京筹建一所,由社会部自筹经临各费,所需新式科学设备及外籍专门人员,统由行总供应,先后共以四十四万零一百万元,代为在美采购各项器材,另就联总运华物资中,配与必要器材多种,并拨活动房屋二二幢,为修建院舍之用,已于三十七年元旦正式成立,开始收容,从事治疗及训练,此为我国施行最新伤残教养方法之首创机构。

(丑)委托设立伤残重建服务处:

行总在上海委托中华职业教育社附设服务处一所,旨在利用城市中原有医院,普通商店及小型工场等,为伤残者训练及就业场所,先后拨助经费七千万元,及应用物资十余种,于三十六年六月一日成立,订定各项章则表式,办理伤残登记、指导、训练、就业等项工作,是为重建工作另一方式之试验。

(四)清寒学生救济

一般救济之对象,虽为流离之难民、贫民、老弱、残废及儿童,但行总以收复区不少清寒学生,因战争造成家境贫困或家庭接济断绝,其需要救济之情形,实同属迫切,当予以适宜之济助,俾克继续学业。顾学生之救济,不宜视同难民一体办理,且恐因有一时之救济,养成学生依赖而失其自助及取予有道之精神,故规定清寒学生除因病经医生证明属实或因临时紧急需要者予以直接救济外,在不耽误学生学业之原则下,尽量采用工赈方式,使学生担任抄写、打字、管卷、图书馆及平价食堂之管理、以及充任救济福利事务,办理平民学校、缝制旧衣暨简易之生产工作等,所给报酬,则按其个别需要,分别予以衣食及营养物资之周济,以增益其生活。

关于清寒学生救济事宜,由各地分署与当地救济机关及学生救济机关联合办理,同时与校方学生公费审查委员会切取联系,其未领公费之学生中,如系特殊贫困经会同审查确实者予以优先救济。公费生之协助,则仅以衣被之补给为限。在办理此项救济时,各校清寒教职员及社教人员,其境遇困苦者,亦一并予以补助,此外为减轻学生负担,并置设学生食堂多处,总计接受此项救济之受惠学生,达三十万人。

(五)特赈之成效

自广义言之,福利事业之范畴,原不止上述诸端。行总在各地举办者,均由分署根据地方需要,以多种不同之方式进行工赈,虽各项业务实施之详情,不克尽举;但可得而言者,由于吾人工作之实施,使收复区一千余公私老幼残废机关,分别恢复或充实,在物资及技术方面,均经竭尽全力切实协助,已奠立一具备发展条件之基础。更由此所致力之基础,促成全国福利团体之联合,此一创举,当为吾人精神上一大贡献。

其次,战后人民营养之需要,亦因行总大量营养品之配赈,已使一部人民,尤以需要最切之儿童,老弱,残废及孕妇等等,得到相当之改善。特赈所用之食物,计逾九万吨,见下表:

表四十　特赈食物统计表

分署	数量(单位:吨)	分署	数量(单位:吨)	分署	数量(单位:吨)
鲁青	3,899.16	江西	1,427.56	苏宁	4,162.72
浙江	3,906.81	上海	6,196.10	安徽	9,476.00
冀热平津	8,905.12	台湾	1,473.02	湖北	9,635.00
河南	9,469.55	晋绥察	1,287.91	福建办事处	1,703.23
广西	7,415.48	东北	1,163.69	总计	91,361.06
广东	5,843.00	湖南	16,964.71		

其中除去基本粮食之米及面粉外,大多为牛奶、奶粉、罐头等营养品。至于衣着及医药用品等,在各该类物资之配发比例上,亦占相当数量。总计接受粮食、营养品、衣服、医药服务各种救济之受惠人数,逾二千四百万人。见下表:

表四十一　特赈人数统计表

分署	人数(单位:人)	分署	人数(单位:人)	分署	人数(单位:人)
上海	626,107	河南	7,177,416	广东	51,810
苏宁	1,682,717	安徽	5,586	浙江	1,120,212
鲁青	3,889,631	湖北	1,186,524	福建办事处	100,017
东北	214,420	湖南	2,931,571	台湾	335,259
冀热平津	2,487,226	江西	199,376	总计	24,681,788
晋绥察	68,330	广西	2,605,586		

上表虽包括一部累计之数字,如以儿童人数为计算之基准,则受救济者,当在一千万人以上,其中儿童约占三分之二。吾人对于此类必需特殊救济之人民,物质上之贡献,似亦不在精神贡献之下。

第四节　业务移交

(一)事业之移转

三十六年春,因结束期近,直接救济业务,固须以全力加紧推进,而于其结束移转,亦应预为部署,当经从事各种之准备:首为业务之规划,经于一月间召开工赈会议,三月复举行福利会议,分别就工赈福利以及有关救济各项业务,详加检讨,并于其结束步骤,移转程序,有具体之决定。次为业务之缩减,自两次会议举行后,即按照既定步骤,分期紧缩业务,一面裁遣工作人员,一面将应行结束及业务停办之机构,分别结束。

在业务缩减过程中,吾人以全国公私立救济福利机关团体,经两年来之补助,已分别恢复或改善,为使其不因行总结束而受影响,经分别加以调查,并通知亦应自作必要之准备。另一重要之措施,则以各私立福利团体,由于行总之协助,业已树立基础,其在事业方面之表现,对于此次战后之救济,厥功甚伟,此种力量之继续成长,为发展今后福利事业所必需,经策动组织全国私立福利团体联合委员会,以增厚其力量。

三十六年九月,奉行政院令知调整现行救济行政权职实施办法,依照规定,行总之救济业务,在结束后,应移由社会部接管。为使业务移转便利,经与社会部加强联系,由双方之业务单位,在工作及人事上,谋密切之配合。

以上为事业移转前之结束准备情形,至事业之移转,可分两方面:

甲、行政部分

行总之救济业务,行政部分,经明定自三十七年一月一日起停止办理,所有应行移交之事项,经于三十六年年底结束时,依照法定程序,与社会部交接完竣。

乙、事业部分

关于救济福利事业,除由行总自办者外,大多与当地社政机关及救济福利团体合办或委托办理,其中一部且已办有成效,如儿童福利,伤残重建等,并已粗具现代化之规模,故移转之方式,原则上自应仍由原合办或委托之机关团体继续办理,俾能益趋发展。至自办之事业,多属暂时性,并已大部结束,其有继续办理必要者,则已移由有关之机关或社团接办,使其能有良好之继续,所有移转之事业,均经按其需要之程度,配拨足以维持一时期之物资。

惟以社会救济及福利,系属永久之事业,虽经多所致力,已将战前原有之基础,重新奠立,然其事业,实尚有待今后之继续发展。行总有鉴于此,经于任务完毕之前,将全部剩余之救济物资及一部解冻物资,连同价售奢侈品之款项,会商社会部,联总驻华办事处及私立福利团体联合委员会,决定各半分拨社会部及福联会,作为继续办理公私救济及福利之用,此项款物,即由社会部及福联会分别统筹支配。

各项事业,由结束准备,以至移转,经过均甚顺利,于此,有应附述者,自救济福利业务,移由社会部接管后,经专设救济福利事业审议委员会,负统盘规划进行之责,行政院并另设美国救济物资处理委员会,依据该审议会之计划与决议,办理物资之配拨事宜,关于一般救济工作,社会部已决定于最近扩大办理难民救济,至福利事业,由于全国私立福利团体之联合,国际儿童福利基金之拨助,伤残重建机构之成立,亦在积极进展之中,不惟行总原有工作之效果,得以保持延续,瞻望前途,更有无穷之希望。

(二)物资之移转

行总结束时,所剩余之救济及福利物资,为数尚巨,其应配运北纬三十四度以北地区经联总冻结之物资,亦经交涉,由联总中央委员会予以解冻,对于此项物资之处理,自应妥为移转,使能继续使用于今后救济福利方面,以贯彻捐赠国家合作办理战后救济之原旨,而发挥其最大之效果。

应行移转之物资,均经会商联总及继续行总结束后救济福利业务之有关机关,在政府为社会部,在社团方面为私立福利团体联合委员会,分别慎重处理,兹将移转情形,分述于下:

甲、剩余救济物资

行总于三十六年十月二十二日会同社会部,联总驻华办事处,根据三方商议处理剩余救济物资办法,并由私立福利团体联合委员会指派代表列席见议,签订协定,全文十项,其主要内容,计有三点:

一、行总各分署结束时,应将所有剩余救济物资包括食粮、衣服、纺织品、鞋袜及杂项福利物资,但医药器材除外,移交社会部。

二、在物资移交社会部之日,由社会部以逐项物资之半数,拨交私立福利团体联合委员会。

三、在物资移交时,行总并应以充分经费交予社会部及福联,以作分配该项物资到达最后被救济人之用。

协定订立后,行总并与社会部及联总驻华办事处,分别派员组织联合督导团,分赴各分署所在地,督导移交事宜,福联会亦派员随行,自三十六年十月二十四日至十一月二十一日止,该团任务完毕,其已督导移交之剩余救济物资数量,如下表:

表四十二　剩余救济物资移交数量表

分　署	移交吨数	附　注
湖　北		约二十余吨,经各方同意,不必移交。
湖　南	2,826	
江　西	16	
广　东	420	
广　西	59	
鲁　青	1,673	
福建办事处		旧麻袋七,三五六只,面粉袋四,二三〇只,麻袋售价四七,二三二万元。待收回之面粉袋七二,九一二只,大小麻袋六四,一四六只。
苏　宁	142	
浙　江	71	
安　徽	240	
冀热平津	774	
晋察绥	343	
东　北		旧衣棉布及面粉袋等约十吨,经同意不必移交。
合　计	6,564	另麻袋粉袋共一四八,六四四只,四七,二三二万元。

至移交时应行补助之储运费,亦经行总依照协定,补助社会部及福联会各五十九亿五千八百万元。

乙、解冻物资

联总方面,于三十六年七月三十日宣布,停运物资至北纬三十四度以北地区,至十一月十七日经联总中央委员会决议解除,行总当于同月二十二日与联总驻华办事处,商讨此项物资解冻后之处理办法,其中有关救济福利物资之决定,计有下列三项:

一、粮食:在上海保留之粮食二万余吨,另商处理办法,在天津保留者共六十七吨,应交由社会部及福利团体联合会各半均分负责转发。

二、纺织品:在上海保留之纺织品约一千二百三十一吨,由行联总会商出售,缝纫机等杂项物资四百七十九吨及存汴津等处之纺织品二百六十吨,交由社会部及福利团体联合会均分转发。

三、福利杂项物资:在津沪保留之福利及杂项物资,应交由社会部及福利团体联合会均分转发。

上项解冻物资,一部分保留在沪之粮食,联总原有意移作他用,嗣以社会部为办理冬赈,亟需大量救济物资,经吾人力争,始允在此项粮食中拨出七千吨,另将原运泛区滞留陇海路上之食粮拨出三千吨,凑足一万吨,并在纺织品中增拨六百吨,交由社会部办赈,十二月十六日,由行总与联总及社会部三方,签立移交救济食粮协定,规定放赈方式:

一、联行总以食粮一万吨,移交社会部作赈济难民之用。

二、由社会部组织一委员会"应延聘福联代表为该会委员",负责此项粮食之分配及发放时之计划考核及报告事宜。

三、此项粮食之实际发放,得由社会部担任之,但社会部可参照以前处理行联总剩余救济物资办法,请福利团体协同办理,至其分配费用,则由社会部负责拨付,行联总不再贴补。

各项移转救济福利用之解冻物资,均经依照协议执行。此外,行总曾以价售联总奢侈物资所得之款共五十二亿元,根据与社会部及联总代表等会商决定,经各以二十六亿元分拨社会部及福利团体联合会,转拨各公私慈善机关及福利团体,作补助事业之用。至此,行总之救济业务,全部办理完毕。

第八章 共区救济

第一节 绪 论

根据联总决议,救济对象,无种族宗教及政治信仰之别,凡遭受战祸之地方及人民,均一视同仁,胜利之初,政协开幕,国共纠纷,正在协谋解决,举国翘望复兴有期,故内顺舆情,外全国家信誉,对共区救济,自应一秉大公,兼筹并顾;况共区人民,于抗战期间,同被战祸,其待救之情,正与其他区域相同,亦应在救济之列。惟此项工作,性质特殊,且格于局势,办理之先,既多考虑,办理之际,复多纷扰。然吾人在办理之先,即曾决定吾人之基本态度,大体言之,可归纳为以下三点:

(一)当地军政机关,不容干涉分配;

(二)行总人员不过问当地行政;

(三)行总工作人员,应得安全保障。

以上三点,即为行总蒋前署长与前驻重庆共方代表周恩来氏在重庆所洽办理共区救济协定之主要内容(见附录)。但执行之际。仍不若想像中之简易。

其一、行总为在中国执行联总工作机构之一,又为中国政府行政机构之一,对于联总决议,自应遵守,而对政府行政约束,亦应受其限制,且须不背于政府与联总所签之基本协定之精神。

其二,共区情形,事先真象莫明,临事无法调查,其对物质之需要情形如何,自亦无法确定;故分配之际,究按人口多少与地区广狭为依据,抑就其实际需要作根据,时有争执,如鲁青分署于三十五年二月开始办理共区物资分配时,即因此而争执甚久(注1)。

其三、终行总办理共区救济时期，初则国共力谋和谈，继则烽火时断时续，终且完全破裂，炮火连天。其间共区大小，既有前后之不同；共区情形，亦有今昔之各殊；而通往共区之交通要口，非时停时通，即时有变更。

其四、和谈正式决裂以前，中共控制区域，均在交通线外，故所需交通器材，显属次要；且三十五年年底以前，联总运到物资，以粮食为大宗，约占全数三分之二，而当时共区则十九皆为粮产较丰之区域；虽水旱灾情，亦有少数地点发生，然比之于湖南、广东等省情形，实又不及；若平均分配，不但轻重倒置，抑且缓急不分，故三十三年度共区分配，就表面数字言之，似嫌较少，因而有三十五年七月联总在华人员控诉行总成为政争武器之事件发生。

行总于此，除严格遵守以上各项决议及协定外，不得不权衡轻重，斟酌缓急，为权宜之处置，如粮食一项，除黄泛区者外，配运共区之数量较少；工矿交通器材，以当时共区需要关系，配运数量，亦属较少；而医药等项，比例言之，尚较他区配运为多，前后综计配往共区之物资为六万余吨，见表五十：

然此项数字，仅专指各地区在共方控制时期，行总人员，经过无数次往返周折，克服无穷困难，躬冒生命危险，迳在共方统治下而仍然固守联总基本政策所分发之物资。同一地点，其在共方撤退以后，以及在共方入据以前所分发之物资，则皆未计算。而此项情形，因双方地域时有进退，其所包括之区域极广。如东北，华北，以至湖北，皖西北，苏北皆是；就事实言，其为共区，或非共区，几于无法划分，故吾人于分配各地物资时，只以当时需要情形，现有物资数量，以及实际有无运达可能为决定因素，固未曾以是否共方控制而为取决之标准。是以共方代表，以及一部分联总人士，动辄指摘行总配往共方物资比例甚少，实非公允之议。

第二节　分署办理时期

如上所述，行总办理共区救济，既与国内之时局息息相关，其

表五十 联总物资分配共区分区数量概况表
自三十四年十二月至三十六年十二月底止

重量 分类 分署	粮食 分署配给	粮食 直接由上海配给	衣着 分署配给	衣着 直接由上海配给	医药 分署配给	医药 直接由上海配给	工矿 分署配给	工矿 直接由上海配给	农业 分署配给	农业 直接由上海配给	共计 分署配给	共计 直接由上海配给	总计
东北			2		4						6		6
冀热平津	*4,522		776	2,597	44	790		202,419	16	1,779	5,358	7,585	12,943
晋绥察	1,525		372		69				13	6	1,979	6	1,985
鲁	1,164	11,088	228	4,552	29	1,281		1610,067	14	4,420	1,438	31,408	32,846
河南	5,376		12		43	96					5,431	96	5,527
苏	647	4,829	38	30	7			156			692	5,015	5,707
安徽	122										122		122
湖北	993		5		1		2		3		1,004		1,004
合计	14,349	15,917	1,433	7,179	197	2,167		1812,642	33	6,205	16,030	14,110	60,140
总计	30,266		8,612		2,364		12,660		6,238		60,140		60,140
百分比	50%		14%		4%		22%		10%		占36年9月底止运华全部物资之2.5%		

* 其中2,406长吨由冀热平津及晋绥察二分署移转给天津共区办事处
注:以上数字不包括国民党共产党武力因军事行动或由占领区域之变更所取得之联总物资在内
来源:联总驻华办事处物资调查报告组
制表日期:三十七年一月九日

办理经过,亦可因时局关系,分为三个段落如下:

第一时期:自三十五年一月至六月,此时因政协闭幕不久,继以和谈,国共间协调空气正浓,故原则上行总均责成各有关分署兼办各该辖区内共区救济,以收统筹之效。

第二时期:自三十五年七月至次年二月,和谈时断时续,终至破裂,国内烽火,此起彼落,行总推行共区工作,困难较前加多;此时期内,为减少分署责任,及一部分联总人士之藉口,在完全为共军控制区内,增设特别办事处,由总署直接指挥办理之。

第三时期:自三十六年三月以迄年底,和谈已正式破裂,而联总与行总之立场,因条约义务,迄未改变,除增设共区办事处直接办理该工作外,并与联总驻华办事人员,成立联合执行委员会,会同办理。

兹先述第一时期,行总各分署在其辖区内共方控制区域之工作经过:

一、山东区　当时共区之在鲁境者,以烟台、临沂为中心,即由行总鲁青分署先后派第二第三两工作队,分别载送物资约四百四十一吨,至烟台、临沂两区,会同联总代表及中共之"解总"负责人,协同办理该两区之救济工作。其物资之接收数量与分配情形,如下列各表。

甲、烟台区

(一)鲁青分署第一次运往烟台救济物资种类数量如下表:

表五一　鲁青分署第一次运往烟台物资分类数量表

物 资 名 称	约 合 吨 数	附　　　　注
旧　　　　　衣	21.41	
白 喉 预 防 针		六箱
斑疹伤寒预防针		由393艇装载共二箱
牛　　　　　乳	41.50	
面　　　　　粉	65.00	

续上表

物 资 名 称	约 合 吨 数	附 注
吉 普 车	3.00	
道 奇 货 车	24.00	
汽 油	8.00	
面 粉	70.00	由484艇装载
牛 奶	55.50	
滑 械 油	0.18	
共 计	288.59	白喉伤寒等预防针及滑机油未计在内

(二)鲁青分署第二工作队第一次在烟台发放救济物资区域比率如次

地 区	分配比率(占配得物资总数百分比)
城 市	
烟 台	45%
威 海 卫	20%
龙 口	15%
石 皇	10%
平 度	10%
乡 村	
艾 山 区	24%
大 泽 山 区	24%
小 纪 区	12%
牙 山 区	10%
高 平 区	8%
马 石 山 区	7%
荣 城 劳 山 区	6%
胶 济 路 侧	9%

附注:一,表(五一)之物资总量约共三百吨。

二,第(二)仅指面粉及旧衣而言,至表(五一)所列之(一)车辆,油料,均由烟台"解总"留用,指定为运送救济物资之工具,由鲁青分署第二工作队与中共会同管理。(二)牛奶及奶粉之分配,则百分之三十配发各地方医院。百分之五十配发贫苦婴儿,百分之二十留作临时发放之用。(三)药品全数发给胶东区二十三个地方医院。

(三)鲁青分署第二次运往烟台物资分类吨数如下:

表五二　鲁青分署第二次运往烟台物资分类数量表

名　　称	约　合　吨　数
面　　粉	4.95
衣　　服	95.00
牛　　奶	6.00
奶　　粉	3.00
皮　　鞋	1.74
共　　计	110.69

附注:上表所列物资,经双方协议,全数配往渤海区,平均分发于寿光,广饶,博兴,惠民等四县。

乙、临沂区

(一)鲁青分署运往临沂物资分类数量如下:

表五三　鲁青分署运往临沂物资分类数量表

名　　称	约　重　吨　数
面　　粉	89.65
奶　　水	6.75
全 脂 奶 粉	11.00
脱 脂 奶 粉	1.50
旧　　衣	17.10
旧　　鞋	1.50
医 药 器 材	13.50
共　　计	141.00

(二)鲁青分署第三工作队在临沂发放救济物资分配比率如次

地　域	分配比率	备　　　　考
诸　　城	30%	实际分配由鲁青分署第三工作队督同共解总负责
临　　沂	20%	同上
县	10%	同上
石博所	30%	同上
山	10%	同上

附注：上列物资之分配，系经行总联总及中共之解总三方面协议办理者

二、晋绥察区　此区由行总晋绥察分署于三十五年四月起，先后共分别运送晋、绥、察三省共区物资约六百余吨及病床等约八十余件，并派第四第七及第八三个工作队，仍与联总代表，取得中共"解总"同意后，分别前赴察、绥、晋三省共区工作，兹述其经过情形如次：

甲、察哈尔　该省共区，以张家口为集中地点，因中共控制区之行政划分，略与普通省区之划分不同，故又包括冀热两省之五县。

（一）晋绥察分署运往察省共区物资分类数量如下：

表五四　晋绥察分署运往察省共区物资分类数量表

物　品　名　称	约　合　吨　数
旧　　衣	278.60
面　　粉	48.50
旧　　鞋	1.00
奶　　粉	13.25
共　　计	331.35

（二）察省共区物资分配地域及数量如下：

表五五 察省共区物资分配区域及数量表

地区\单位\物品名称	旧衣 包	面粉 袋	旧鞋 双	奶粉 听	备考
宣 化	176	1,000	1,830		面粉中三分之二用于修理十五所公厕之工赈 奶粉中一千听分配于周岁以下婴儿其余配给贫苦病人
张 家 口	340	1,000	1,086	1,500	
盟 旗			100		
察 东			610		
张北八县	856				由共区解总会同第四工作队实际分发
宣 化 市	154				
延 庆	120				
龙 关	140				
赤 城	130				
昌 平	100				属河北省在共区为一区
齐 堂	150				同 上
涞 水	80		400		同 上
丰 镇	440				属热河省在共区为一区
滦 热 平	100				同 上
共 计	2,786	2,000	4,026	1,500	

乙、绥远 绥省共区，共仅四县，以集宁为中心，其物资分配情形如下：

(一)晋绥察分署运往绥省共区物资种类数量如下：

表五六 晋绥察分署运往绥省共区物资分类数量表

名　　称	约合吨数
旧　衣	100.00
旧　鞋	5.00
奶　粉	60.00
药　品	0.50
共　计	165.50

(二)绥省共区救济物资分配地区及数量比例如下：

表五七　绥省共区救济物资分配地区及数量比例表

地　　　区	分配百分比	旧衣(包)	旧鞋(包)	奶粉(箱)	药品(件)
集　　　宁	14	140	70	56	
丰　　　镇	19	190	95	76	
卓　资　山	17	170	85	68	
凉城及绥南	33	330	165	132	
巴盟四旗	5	50	25	20	
兴　　　和	9	90	45	36	
蒙　　　旗	2	20	10		
临时救济品	1	10	5	12	
合　　　计	100	1,000	500	400	45

附注：(一)尚有牛奶二百箱分配各医院供病人饮用

(二)药品均分发于各大医院

上表所列数字虽少,但该省共仅十六县二市,行总运该省物资之总量,不过五百吨,共区所配者,已占其四分之一强,与其控制地区之大小多少之比例,恰相符合。

丙、山西　该省共区,当时共仅十八县,以长治为中心。其物资之分配情形如下：

(一)晋绥察分署运往山西共区物资分类数量如下：

表五八　晋绥察分署运往山西共区物资分类数量表

名　　　称	约合吨数
旧　　　衣	100.00
旧　　　鞋	5.00
蒸　　　粉	137.50
干　　　粉	63.80
医药用品	25.00
共　　　计	251.30

(二)山西共区救济物资分配地域及数量如下：

表五九　山西共区救济物资分配地域及数量表

地　　区	衣服(包)	面粉(袋)	牛奶(箱)	罐头食品(箱)
交　　城	70	100	100	100
离　　石	80	120	120	120
临　　县	105	160	160	160
方　　山	15	20	20	20
合　　计	270	400	400	400

大体言之,共区粮食,实已足用,其最需要者,则为医药卫生器材,行总于此,亦特加注意,兹再述该区之卫生工作于次:

甲、医院复员工作:

(一)山西纯中共区医院计有:辽县、长治、长治天主堂等教会医院,均酌予补充。

(二)山西混合区之太谷、汾阳,平安等教会医院,及洪洞天主堂诊所,均酌配以医药器材,助其复员。

(三)察省之张家口医大附属医院,平绥铁路医院及白求恩纪念医院,市立医院,宣化省立医院与龙烟铁矿诊所,均酌予以补充。

乙、防疫工作　该区防疫工作,仅发牛痘苗约六千五百打及一部分霍乱,伤寒疫苗,前者计配山西纯中共区四百打,山西混合区五千打,察省中共区八百打,绥远中共区三百打,后者平均分配于山西西南之夏县、闻喜、安邑、平乐等县,至病床设备及美国红十字会所赠送之一部分医药器材,则平均分配于晋、绥、察三省之国共两区。

三、河南区　此期中河南区之共区救济,仅办豫北中共控制之林县、涉县、温县、盂县、滑县、浚县、内黄、博爱、沁阳、济源、临漳、武安等十二县之急赈,由中共指定水冶、塔岗、焦作及滑县为中心,经行总河南分署会同联总代表及国际援华会救护队,合组工作队办理,其分发之物资数量及地域如下:

表六〇　豫北共区分发物资地域及数量表

物资名称	分配地点	数量	单位	备考
面　　粉	豫北十二县	12000	袋	分焦作,滑县,水冶三区发放
旧　　衣	豫北十二县及安阳、涉县、滑县、辉县、汤阴、获嘉、延津、修武、武陟等九县	300	包	豫北十二县发120包余发180包
种子肥料袋金	豫北十二县	18,000,000	元	
药　　品	同　　上	2.5	吨	其中一点六吨发曹州,又左列物品,共分三批,第一批为二十二箱
蔬菜种子	同　　上	15	件	
牛　　奶		18,000	听	
牛　痘　苗	豫北十二县	480	打	
合　　计	共二十一县	14,671	件	另贷款18,000,000元

四、湖北区　该省东北角与河南接壤地带为中共控制之区,以宣化店为中心,即中共所谓之中原军区,行总湖北分署,即于该处特设办事处,先后共运去物资约八百零二吨,其中面粉六百九十二吨,余为牛奶旧衣物等,即于当地分发,嗣又成立善后救济医院一所,设病床五十张,加发面粉一百二十吨,旧衣半吨,骨粉肥料十二吨,蔬菜种子二十桶(共五百包)。

五、冀热区　此期经行总冀热平津分署办理者为:(一)冀热共区急赈;(二)冀热共区卫生工作,其情形如下:

(一)冀热共区急赈物资分配数量及地区如下:

表六一　冀热共区物资分配地域及数量表

物资名称	分配地点	数量	单位	备考
面　　粉	北河任邱,河间一带及热河承德一带	320	吨	其中承德一带共240吨
旧　　衣	热河承德区各县	70,000	磅	由该分署第八工作队办理

续上表

物资名称	分配地点	数量	单位	备考
罐头肉	同上	3,000	罐	同上
蒸乳	同上	10,000	罐	同上
干乳	同上	2,000	罐	同上
清乳	同上	100	大桶	同上
汽油	同上	6,240	加仑	该队之运输油料
机油	同上	1	筒	同上
铁床	同上	20	张	分发承德医院
蔬菜种子	同上	50	筒	
合计	共十一县	91,731	件	计河北六县余为热河属

后又于五月廿七日发放永年城内人民玉米十八万斤,小米十二万斤,鱼肝油十箱,牛奶壹百廿听,六月廿六日,加发密云等县面粉一千二百拾袋。

(二)冀热共区卫生物资数量及受配单位如下:

表六二　配发冀热共区卫生物资数量及受配单位表

地名	受配单位	物资数量(单位)
河北	丰润县卫生院	26
同上	乐亭县卫生院	26
同上	遵化县卫生院	26
同上	晋县卫生院	23
同上	无极县卫生院	23
同上	献县天主教医院	29
同上	清河县卫生院	23
同上	景县卫生院	23
同上	故城县卫生院	23
同上	献县卫生院	23
同上	河间国际和平医院第三分院	64
同上	新镇县卫生院	22
同上	晋县卫生院	22

续上表

地　　名	受　配　单　位	物资数量(单位)
同　　上	任邱际和平医院	55
同　　上	任邱县卫生院	22
同　　上	河间大众医院	50
同　　上	深县卫生院	22
同　　上	顺德公教医院	4
同　　上	冀南邯郸共区医院	84
热　　河	第八工作队	57
热　　河	承德医院	39

六、苏皖区　该区中共控制地区，当时计有六十九县二市一洪泽湖管理处，以淮阴为中心，由行总苏宁分署运送物资约一千吨，其分配区域及原则，如下表所述：

表六三　苏皖共区物资分配概况表

物资名称	分配区域	数　量	单　位	备　考
面　　粉	衡　河	200	吨	用于工赈
	五河六坝	100	吨	
旧　　衣	一分区	20	包	中共苏皖边区政府自划区域
	二分区	40	包	同上
	五分区	140	包	同上
	六分区	140	包	同上
	七分区	50	包	同上
	八分区	10	包	同上
奶　　粉	淮　阴	780	箱	分发住医院之病人及婴孩
医药器材	淮　阴	5	包	
合　　计	共十处	1,005	吨	旧衣约共500吨

此外又配发苏北共区蔬菜种子一百六十一桶。

综观上述，分发共区之物资，数量虽少，然分配地区，则尚能普遍，且与其他区域比较，其分配率并不为少，足见行总对此问题之重视。

第三节　总署办理时期

自三十五年七月起,因和谈既无结果,国共纠纷,愈演愈烈,各分署或格于局势,工作无法推行;或凛于责任重大,未便单独负责;或因环境限制,工作不能顺利推动,行总物资,无法大量运入共区。而在敌对之区,时有运输途中物资被扣及车辆被阻之事,行总除若干特殊地点,仍以分署兼办为便者外,乃于三十五年七月,决定在共区成立特别办事处数处,以加强其工作,兹述其大要如下:

(一)烟台办事处之成立及其工作情形　该处于三十五年七月一日成立,指定办理山东全省及河北八县之共区救济。当于同年七月十一日,运载物资约三千吨,前往烟台,根据同年九月二十日与中共代表在沪成立之协定,办理救济。其主要运输路线,约分三区,即(一)烟台区,沿公路用卡车运威海、文登、牟平、楼霞、莱阳、平度、招远、蓬莱、福山等县。再用骡车或单车转运各乡村。

(二)石臼区　因经常发生战事,卡车只到日照、临沂、莒县,沂水、诸城等县。然后由中共自行转发。

(三)渤海区　由烟台运黄河复堤工程面粉,经水运至羊角沟,改用木船,溯清水江而上,至博兴,用牛车运至蒲台,其余物资,则用卡车沿公路运往广饶、高苑、青城、博兴,惠民等黄河两岸区域。再用骡车转运。上述各线,后因日间常受空袭,无法通行,多于夜间行之。兹附其运输路线图于下:

胶东及北海区运输基地图〔略〕。

至其物资之收发存储及分配情形,则如下列各表:

(一)烟台办事处接收物资种类数量(三十六年八月止)

表六四 烟台办事处接收物资分类数量表

项别 物资名称	接		收		分		发		库		存	
	数 包		重 吨		数 包		重 吨		数 包		重 吨	
食 品	284,356		7,089,697		67,079.15		2,101.896		217,276.85		4,987.801	
衣 服	95,354		4,154.980		6,949		362.813		88,405		3,792.167	
药 品	22,719	(箱)	951,979		1,510	(箱)	54.193		21,209	(箱)	897.186	
工业器材	5,462	(箱)	622,839		10	(箱)	4.487		5,452	(箱)	618.352	
交通器材	2,385	(箱)	2,068,613		87	(箱)	49.689		2,298	(箱)	2,018.924	
其他器材	78	(箱)	20,082						78	(箱)	20.082	
农业器材	58,138	(箱)	300,563		1,824	(箱)	154.030		56,314	(箱)	146.533	
其他成品	24,337	(箱)	1,028,098		5,095.5	(箱)	22.338		19,241.5	(箱)	1,005.760	
油 料	3,615	(箱)	433,167		1,328.5	(箱)	167.943		2,286.5	(箱)	265.224	
原 料	110,718	(件)	4,488,921		10	(件)	1.281		110,708	(件)	4,487.340	
合 计	600,162		21,158,639		83,893.15		2,919.270		523,268.85		18,239.369	

表六五　烟台办事处分配物资分类数量及地区表

地区 \ 品名数量	面粉	布疋	棉衣	旧衣旧鞋	领巾	毛头巾	钮扣	罐头奶粉	奶粉
	包	包	包	包	包	包	箱	箱	吨
西　海　区	15,500	155		950	90	65	1		
南　海　区	15,000	145		781	90	65	1		
海　阳　区	2,500			100	20	13			
莱　阳　区	6,500		28	300	50	20	1		
烟　台　区	70,270			5,718	27	20		2,899	59
羊　平　区	1,000			50		10		100	
福　山　区	1,000			50				89	
东　楼　区	1,000			50				100	
临　　　区	4,075			670					9
诸　城　区	1,050			100					
石　　　所	10,000			1,073					
鲁　北　区	225			1,058					2
总　　　计	128,120	300	28	10,900	277	193	3	3,188	70
重　量　总　计									4,400吨

　　二、荷泽办事处之成立及其工作情形　该处于三十五年七月二十二日成立,惟因战事关系,仅于同年十一月五日,因泛区问题,运去物资七百五十吨,大部为粮食,计六〇四吨,其余为泛区所需物资,均就地分发完毕。该处亦即取消。

　　三、淮阴办事处之成立经过　该处于三十五年九月十六日成立,接办苏宁分署第二次运往淮阴物资一千五百吨之分配事宜。惟因战事关系,该项物资,经若干困难,运至陈家口后,即一部分原船转运石臼所及青岛,一部分运回上海,故该处仅在帐面上接收物资一千五百吨,而无实际工作。

　　四、各有关分署续办之共区救济　上列三个办事处,未足以尽整个共区救济之能事。其在第一期由各有关分署兼办者,除山东划归烟台办事处,苏北因中共之退出,湖北因李先念之被逐,根本不能再办外,其余皖东、冀南及东北等处之共区救济工作,则仍由各

该分署续办,以符行总办理救济之本旨。兹分述之:

甲、冀南区　该区以战事关系,至三十五年九月,始由冀热平津分署派第九工作队赴大名、邯郸、永年等县,办理救济。其物资之分发情形如下:

表六六　冀热平津分署冀南共区物资分配概况表

物资名称	分配地区	数量	单位	备考
麦　种	大名,邯郸,永年	2,000	吨	由中共自行分配
面　粉	同　上	10,000	袋	同　上
旧　衣	同　上	1,000	件	同　上
旧　鞋	同　上	1,000	件	同　上
干　乳	同　上	60	大桶	同　上
罐头食品及医药器材	同　上	4,000	箱	同　上
其他物资	高邑、临城一带	2,400	吨	同　上
共　计		4,672	吨	表列各表除有衣数者外其余物资,计面粉约250吨,旧衣旧鞋等约20吨

此外并于同年十一月,运往热河旧衣一万二千包,办理该省共区急赈。

乙、皖东区　该区于三十五年七月,由行总安徽分署,组织皖东北区工作队,专办泗县、五河一带之共区救济,其物资之分配情形如下:

表六七　皖东共区救济物资分配概况表

物资名称	数量	单位	备考
奶　粉	200	箱	其中150箱,每箱重30磅,其余50箱,每箱重24磅
奶　粉	4	桶	每桶重200磅
盘尼西林	100	瓶	每瓶十万单位
霍乱疫苗	100	瓶	每瓶100c.c.
D.D.T.	200	磅	
黄膏药	100	磅	

续上表

物资名称	数量	单位	备考
黄膏药	100	磅	
奎宁丸	10,000	瓶	
硫磺	50	磅	
合计	共重约三吨		

丙、东北区 该区于三十五年九月，由行总东北分署运送医药器材四万一千八百磅至哈尔滨，分配于各医院，其后因战事关系，除哈尔滨外籍难民之遣送，由联总直接负责外，其他各处，则无法工作。

五、黄河故道河床居民之救济工作 黄河故道，原经郑州之花园口以下，经北流沿开封入河北濮阳，自山东寿张而东，过济南，出蒲台，贯山东全境。二十七年决口以后，即南趋入皖，夺淮而出苏北，是为新道，沙泥浸漫，使豫东南及皖北苏北之六十余县，沦为泛区，胜利后，政府筹议使归故道，行总亦以此为中心工作之一，惟故道河床，原为沃土，经中共多年控制，已配与两岸人民，辟为良田，结庐筑舍，蔚成农村，若黄河复归故道，则故道河床居民之食住，立成问题，故河床居民之迁移及救济问题，为黄河回归故道之先决要件。经多方洽商，与中共成立协议，其重要者：（一）故道河床下游村庄之迁移及其居民之救济，由黄河水利委员会呈请国民政府拨款一百五十亿元，于三十五年八至十二月四个月内办理，由中共会同行总支配；（二）黄河堵口，双方同意塔德（Todd）总工程师之建议，应竭力保持既成工程，以免前工尽弃，缺口之处，须建石坝，以防水力完全冲入现漕，是项工程，虽使黄水分别流入新旧道内，但决不致危及沿旧道之居民；（三）复堤工程用费，一部由行总拨交河南分署后，掉换中共纸币，在共区发放工程费用及购买工程所需材料，余款由双方共同支配，以作购买共区所需善救物资之用；（四）复堤工程粮食，经估计约需一万一千吨，由行总先拨八千吨运往黄河故道之共区，以便举办复堤工程。

根据上项协定，行总拨发共区复堤工程之物资，至三十五年十二月底止，约共一万吨，及法币六十亿元，其拨发物资之情形如下：

甲、自三十五年五月二十六日起，因中共已动员民工四万五千余人，进行复堤工程。行总即先发面粉三七五吨，嗣以工程浩大，经与中共洽商，下游复堤工程之材料及物资，仍由黄河水利委员会及行总供给，自河北长堤至利津海口，全线开工，每日参加人工四十五万，分期施工，共需面粉约二万二千五百吨，第一期十日，约需六千吨，即由行总尽先拨四，六四六吨，及工款六十亿元。

乙、同年七月十一日，根据前议，又由行总烟台办事处加运共区蒲台复堤物资三千吨，主要者为粮食，共约二千九百吨，至同年十一月五日，再由行总荷泽办事处，加运物资七百五十吨，亦以粮食为大宗，约六〇四吨。

然黄河故道河床居民之救济问题，并未顺利解决。一则泛区军事冲突加大，复堤工程无法进行，二则河床居民之迁移及救济费，亦无法按期拨付，致形成僵局，其详已于泛区复兴一章论及矣。

第四节　第三时期

自三十六年三月起，和谈既已破裂，中共代表亦自政府区撤退，共区救济工作，陷入停顿之境。然行总为完成其使命，及顾全大体，经与联总成立加强共区救济之协定，规定由联总行总，分别指定专人，担任联络工作，共同负责共区救济业务，对此后共区物资之分配，亦经决定由上海包括中共代表在内之联合分配委员会决定。为求此项协定之有效执行，除原有之特别办事处外，另加设临清，石臼所两办事处，兹述其经过如下：

三十五年年底以后，和谈正式破裂，行总运往共区物资，无法如期到达，联总副署长杰克逊（Jackson）即于三十六年二月，来华视察，亦认为此项工作，确受军事影响。乃于同年二月二十四日，函致行总，要求：

"自本年(三十六年)二月二十五日起,至三月三十一日止,行总至少应以各种适当物资一万五千吨,运至共区,或以价值八百万美金之相等物资代替。"

但经行总之多方努力,至同年三月底,仅运出一万四千余吨,而实际到达共区者,仅一万一千吨,其余则或因军事行动之干扰,或因交通之中断,未能运达。行总至此,乃再加设两个办事处,协力与双方交涉。指定运送港口,加紧办理。

一、临清办事处之成立及其工作情形 该处原为前荷泽办事处之工作区域,自荷泽办事处无法工作后,中经联总加强共区救济之决定,行总乃改设临清办事处,其工作情形如下:

甲、联络情形 该处因与河北之永年,平安、大名、广平等县接近,中共控制后,即混为一区。原为冀热平津分署邯郸工作队之工作范围,自三十六年四月沧县一带发生战事后,行总即将邯郸工作队撤回,将其工作委托联总驻津人员代办。自四月二十二日起,先由联总驻津人员,向天津市府及保定绥署交涉,以物资四千吨自津运沧,转运临清,迨临清办事处于五月十八日成立,即由该处自行负责。但一切汇款及物资转运以及与行总总署之联络,仍由联总驻津人员会同该处派驻天津人员负责办理。

乙、运输路线 一切配运物资,均由天津运往沧县,再由该处转运泊头,然后用木船或骡车转运临清,为求津临及临沪间之联络便利起见,并由行总在泊头设小型电台一座。

丙、物资接收 迄三十六年六月三十日止,共接收物资约七千二百零二吨,其品类如下表:

表六八 临清办事处接收物资分类数量表(三十六年四月至六月)

品 名	约 合 吨 数	备 考
棉 织 品	1,909	由天津储运局运往
食 粮	3,109	同 上
农 业 器 材	1,197	同 上

续上表

品　　　名	约合吨数	备　　　考
医　　　药	478	同　　上
油　　　料	509	同　　上
合　　　计	7,202	

附注：另有卡车八十辆及电讯器材因运至沧县被认为军需品扣留。

丁、物资分配　自三十六年六月三十日以后，行总物资，已无法再运，联总虽有运足二万吨之要求，经行总向军政机关交涉，始终未有结果，故该处物资之分发，亦仅上表所列各项，然至三十六年九月二十日，其实际分配情形，仅如下表：

表六九　临清办事处共区物资分配概况表

品　　材	约合吨数	主持人	备　　　考
棉 织 品	1,734	三人委员会	因战争关系由解总自行负责
食　　粮	2,044	同　　上	同　　上
农业器材	1,157	同　　上	同　　上
医　　药	478	同　　上	同　　上
油　　料	509	同　　上	同　　上
合　　计	5,922	同　　上	

九月二十日以后，即开始结束，未经分配物资。则交由中共之"解总"负责续予办理。

二、石臼所办事处之成立及其工作情形　该处工作，原由烟台办事处派第二工作队办理。嗣以战事关系，联总驻石人员，鉴于日前行总运送物资至石臼所之"万恒"号船被炸，即于三十六年四月，先行撤至烟台，该队人员，亦部分随之撤退，工作陷于停顿。行总乃于同年五月初，另派庆龄号轮，装载物资一千三百三十六吨，由行总人员带运该处，试行办理，因即成立石臼所办事处，从事物资分配工作。惟自同年七月起，因战事愈紧，(一)联总驻石人员，又经撤退；(二)中共救济工作负责人员，亦早疏散；(三)运去物资早经分配无余；(四)国军正有事于该处，故该处工作，无法再办，即未再送物资。

第五节　共区物资停运经过

自战争加紧进行以后,共区救济工作,已至山穷水尽之境,即双方有关之黄河故道复堤工程,亦无法续行工作。三十六年六月二十四日经联总提出之黄河两岸五英里以内划为非军事区之建议,亦未获有成议,同年七月十四日开放烟台,石臼所两海口之建议,仍未成功,联总远东委员会,乃于同时决定:

(一)停止淮河以北或其相同区域之物资分配;

(二)撤退共区一切行总及联总人员。

然仍无补于事实,乃于同月十八日,以下列之建议,送联总中央委员会考虑:

(一)停止共区及东北之物资配给;

(二)停运上述区域之物资;

(三)停止华北国军区之物资分配;

(四)停运上述区域之物资。

经联总中央委员会考虑后,于同年八月二十日,作决定九项,其要者:

(一)根据联总行总对物资之分配原则,八、九、十三个月中,必须运送物资五万吨至中共区;

(二)第一个月运往之物资,经烟台入口。在此期间,国共两军均不得对物资及船有攻击之行为;

(三)第二,第三两个月中,每月运量各二万吨,仍由烟台及运河两道入口;

(四)中国国民政府训令有关机关与联总会商详细监督及保护事项。

但至同年十月,该项决定,不但无法实行,而原配共区物资,亦无法续运;原运共区物资,只得交由中共"解总"负责。至是联总乃正式宣布将分配北纬三十四度以北地区之物资一律停运,而行总业务,亦近于结束,共区救济工作,遂同告结束。

第六节 工作困难及物资损失

大体言之,在第一时期,尚无原则性之困难,仅(一)运输路口不畅,情形不明,分配标准,致亦不便决定;(二)各分署所在地,均在国军之手,地方人士,时多阻挠,物资往往不能及时启运;(三)交通工具缺乏,铁路海道,无法直送中共控制区域,致转运费时;(四)行总立场,不为中共所完全谅解,致误会时生,影响工作进度,至第二时期,则在上述困难之外,又有(一)中共要求,政府不允(二)联总建议,中共不允(三)联总中共同意,行总无法实行(四)军事限制,若干已经通船港口,无法利用(五)共区原始交通工具,不能大量运输物资(六)法币与共币比值涨落不一,汇兑不通(七)军事行动,影响原定工作计划,随时改订,物资无法如期配运(八)在军事状态下,共区实际分配与救济工作,无法监督推动。……等事。至联络困难,工作迟缓,以致劳而无功,功败垂成,与浪费人力财力,更其余事。殆第三时期,则已运物资,无法到达指定地点,滞留中途,恒数月之久。未运物资无法启运,滞留上海等港口,而(一)飞机扫射轰炸,工作人员安全堪虞;(二)据点旋失旋得,办公处所,无法安定;(三)行总工作人员,敌对双方,均不负维持生活之责,汇兑不通,交通断绝,生活毫无保障;(四)物资时被扣留,交涉费时,往往数十日之后,虽经放行,而运到之后,则交卸地点,又已入于战争状态,无法前往,致接收无人,堆存无所,有进退两难之势。

总之,办理共区救济,除军事的政治的困阻之外,其最大问题,即在劳而少效,虚耗太多,损失亦大。计两年之间,运出物资,虽仅六万余吨,约值美金一千万元,而费用之大,实足惊人,损耗之多,亦为空前。计联总与行总直接派赴共区担任工作人员,前后约在五百以上,实际工作时间,各约一个月至六个月,共约费十亿左右,运送地点,大小约三百个以上,其运输、驳转、仓储、包装、起卸等费,约共五百三十八亿元,即每吨物资,自联总运交各港口之日起以至运达共区指定地点实际分配于人民为止,约费国币一百一十四万元(合三十六年二至四月官价外汇美金二百八十五元,实合美金五十一元八角七分),合物资实值百分之三十一,至其物资之损失,约共五千余吨,计百分之十一以上,其详情有如下表:

表七十　行总在共区所遭损失提要　提要(截至三十六年八月止)

损失项目		数量	备考
人员	被扣	104人	放回三十人其中有联总一人
	被害	12人	
款项	被扣	60,686,500元	
物资	食物 面粉	3,530吨,18,902袋	
	奶粉	1,460吨,32罐,1,864桶,10,002筒	
	豆粉	2,004袋,76包	
	罐头	1,275箱,132个	
	大米	20袋,296包	
	其他	32箱,1,340包 65袋 6,000包	
	衣着 旧衣旧鞋	20吨,5,977双 5603件,1,029包	
	面袋	19,118条,1,502个	
	棉纱	5061份 3332斤 40捆 1880磅 3箱	
	麻袋	502个	
	赈衣鞋包皮	1,900个	
	雨布	8块,10张	
	布	16620码,4件	
	篷帐杆	4捆	
	帆布	3块	
	医药 药品	504箱	
	器材	114件,12种,9,174单位	
	病人床以及被褥等	20套,9件	

504

续上表

损失项目			数量	备考
物资	农业	棉子	2000 斤	
		麦种	79 袋	
		菜子	41 箱	
		萝葡种子	4 袋	
		牛皮骡子	226 头	
	交通	卡车 被扣	72 辆	放回五十七辆,赔款 50,000 元
		被毁	15 辆	
		吉普 被扣	9 辆	
		自行车 被扣	2 辆	
		马车 被扣	47 辆	
		汽油 被毁	4 辆 6 筒 5 加伦	
		被窃	6,000 加伦	
		燃料	2,000 斤	
		空油桶	55 只	
	工业	水泥	2,000 包	
		机具	50 箱 200 架	
		小型用具	60 捆	
		开山机	3 部	
		灭火机	2 架	
		无线电	2 架	
	其他	私人财物	16 件约 16,220,000 元	又一办公室全部被毁价值无法估计
		办公室用品	52 件约 276,750 元	
		其他设备	172 件,172,500 元	
		贫民饮食簿	150 册	
		空箱空罐	748 箱 555 听	河北昌黎中心区及杜威之房屋全部毁尽
		扣子	5370 个	
		房屋		

由上所述,足见行总对共区救济工作之推动,确已尽其最大最

多之能事,其间行总从事此项工作人员之努力,虽不可漠视,然联总人员之督促精神及国内各界人士与中央及地方当局之指导协助,尤有足多;吾人于此,实应致衷诚之感谢。

第十六章 结 论

行总事业,无例可循,行总生命,时限极短,故所负任务,皆须争取时间,一着之差,全无从容纠正之余裕,然吾人于此,有足以欣然告慰国人者,即联总预定供应中国之资金五亿三千五百万美元,系以吾人在规定限期内能全部吸收并利用是项资金所采购之物资为条件,此项资金虽有几度危机,濒于削减,而终能保持完整,如限支配完毕。迄于行总结束,联总所运到之物资二百三十六万长吨中,除数千吨医药物资,因冻结关系延至本年三月底方能处理完毕外,其余已扫数在三十六年十二月底全部运用完竣矣。

第一节 分配概况及成本

行总接收之物资,截至结束时止,共为二百三十六万吨。以重量言,分配于救济用途者为百分之五十三,善后用途者百分之三十,其余百分之十七则为以出售方式分配者。惟就价值言,则出售之物资不及物资总值百分之五,其受配机构之分类如下:

(一)各分署		1,263,000 吨
1. 战灾较重交通通畅区域	738,000	
2. 战灾较轻另有需要区域	325,000	
3. 战灾虽重交通困难区域	200,000	
(二)政府各部会		444,000
1. 交通部	325,000	
2. 农林部	89,000	
3. 水利部	22,000	
4. 资源委员会	8,000	
(三)行总各善后事业		231,000
1. 机械农垦复员物资管理处	48,000	

2. 中国农业机械公司　　　　56,000
　　3. 渔业物资管理处　　　　　25,000
　　4. 乡村工业示范组　　　　　1,000
　　5. 油料及其他　　　　　　　101,000
（四）出售（沪、津、汉、青、穗）　　　　　　422,000
（五）合计　　　　　　　　　　　　　　2,360,000 吨

此项物资于分配后即在接收口岸交割者九十万吨，运往各地分发者一百四十六万吨，其运输距离，远近不一，平均运输里程约为一千公里。

转运及起卸次数，亦多寡不等，大抵经过一次起卸者五十六万吨，二次起卸者一百二十万吨，三次者一百十二万吨，所耗运费约合美金二三，三〇〇，〇〇〇元。如按总分配吨数平均，则每吨运费为美金九元八角，专以内运物资计，则每吨运费合美金十五元五角九分。除储运费外，若干物资如机具、驳船、医药、小麦等于运出前须经整理装配包扎及加工之手续，此项间接费用（Overhead Expenses）据最粗略之估计约为美金二，三六六，〇〇〇元，如分配于全体物资则每吨间接费用合美金一元，分配于内运之物资则每吨应负担美金一元六角。惟储运直接及间接费用两项合计，亦仅二五，六七六，〇〇〇美元，合联总运华物资海洋运费之百分之二十二而已：

	总金额（亿元）	折合战前法币（千元）	折合美金（千元）
储运直接费用	7,108.08	51,162	23,300
储运间接费用	435.17	5,320	2,376
合　　计	7,543.25	56,482	25,676

截至结束时为止，行总之总支出为法币 19,466.07 亿元，惟因支出时期不同币值亦异，如按月折成战前法币则仅合 116,442,000 元，其中出售物资收入占 53%，政府拨款占 47%，而出售物资之价值仅为联总运华物资总价值二十分之一。

	总金额（亿元）	折合战前法币（千元）	折合美金（千元）
出售物资收入	12,145.62	62,330	28,582
政 府 拨 款	7,320.45	54,112	25,593
行 总 总 支 出	19,466.07	116,442	54,175

此项支出因尚包括垫付联总驻华办事处之法币支出，如予除去，则实际之支出为美金47,516,000元，仅合联总运华物资海洋运费美金112,500,000元五分之二：

	总金额（亿元）	折合战前法币（千元）	折合美金（千元）
行 总 总 支 出	19,466.07	116,442	54,175
垫付联总驻华办事处经费	3,532.54	14,109	6,659
行总实际支出	15,933.53	102,333	47,516

在行总之实际支出美金47,516,000元中，储运之直接及间接费用支出即占25,676,000美元，约合54％，亦即行总每支出法币一元，其中五角四分为储运之直接间接费用，四角六分则为善后救济工作之事业费用与管理费用。兹将行总所有费用，全部分配于236万吨物资，则配合每吨物资行总所支出之美金成本如下：

	单位成本（美元）	百分比
储运直接费用	9.87	49
储运间接费用	1.00	5
事业费用与管理费用	9.26	46
配合每吨物资支出	20.13	100

以上为行总资金配合联总物资运用情形，惟善救事业其他部会亦有举办者。故计算中国善救事业之成本，不徒应列行总之支出，亦应包括善后救济基金部分，如是中国为配合联总物资，办理善后事业之支出，共合战前法币249,017,000元，折合美金113,045,000元：

	总金额(亿元)	折合战前法币(千元)	折合美金(千元)
行总实际支出	15,933.53	102,333	47,516
三十五年三十六年善后救济基金	13,502.85	146,684	65,529
	29,436.38	249,017	113,045

第二节　救济工作效果

行总免费发放之食物，包括基本粮食及营养品，共计三十六万吨，衣着为二万八千吨，现金连同呈请行政院专款拨赈者，共达六百余亿元。其受惠人数，急赈为二千七百万人，特赈为一千万人。经行总协助返乡之难民及侨民，共逾一百六十万人。受医药救济之人数，为一千一百七十万人。凡此，虽仅属于消极性之直接救济，但大多数之灾难人民，因得吾人之协助，确已免于饥馑及疫疠之牺牲，渡过其最重要之难关，对于社会秩序之安定，生产劳力之增加，与国内复员之进行，实具有积极性之效果。行总以工代赈，共用工粮三十七万吨，现金二百六十万余元，受赈一亿二千余万工，参加之难民工人，达八百万人，此种人力之发挥，不独化消费为生产，其在善后建设事业方面，所获致之成果，并值得吾人重视。

关于情况特殊之区域，吾人复经竭尽全力，从事救济。在共区方面，所配发之粮食逾三万吨，衣着八千吨。用于泛区者，粮食八万吨，衣着三千吨，泛区救济之结果，已奠立未来复兴之基础。

各项救济，受惠者虽不免重复，受惠之程度，容有轻重之别，然综合行总救济用之粮食共逾八十四万吨，衣着三万九千吨，现金八百六十余亿元，救济之总人数为四千六百六十万人，另防疫注射一千一百七十万人。

第三节　善后工作效果

行总善后工作，分水利、交通、工矿、农渔、卫生等部门。所投入之物资共约一百余万吨，计水利方面，用去工粮约十六万六千余吨，机械器材约二万余吨，其主要成果，则完成土方七五，五一五，一〇四公方，石方三六八，八一二公方。受益之耕地达一一二，二〇〇，〇〇〇亩，受惠人数约计七六，七八〇，〇〇〇人，以黄河花园口堵口工程，耗费最巨，浙江省钱塘江之抢修抢堵，亦著成效，永定河官厅水库工程，亦已兴工，其他河渠、水道等之修浚，多具基础。

交通方面，用去物资约三十八万余吨，值九千三百余万美元。已修复及整补之铁路，有浙赣、粤汉、京沪、平汉南段、津浦南段及湘桂黔铁路之衡桂、桂柳、柳怀、柳来、南都等段。已修复之公路，有京沪、京杭、沪杭、京赣、杭皖等五线，长七百九十一公里，桥梁一六八座，涵洞三七七座。此外正修筑者，有福厦公路之二九八公里。水运则大小船只共二百零七艘，可载重七十余万吨，电讯则已协助修复路线长达七千五百公里，补充电信局设备共二十八局。

工矿方面，已拨配器材约十余万吨，计已装配利用之发电机六十九套共五五，四三二瓩，受惠电厂计六十厂。煤矿受配单位，计五十余家，拨配物资重达一〇，九一〇吨，受配各矿，平均增产约为百分之五十。主要自来水厂，受配后最少能增加供水量百分之三十。机械已配发一三，〇一七吨，建筑机械及材料已配发四四，三五四吨，受补助之单位，主要为铁路总机厂，其余受惠单位，达四十余。此外工业教育器材已接收约七〇〇吨已分配者约八三吨，受配单位计二十余校，剩余部分移由联合国教育文化科学组织继续办理，至此项器材之利用效果，则非数字所能说明矣。

至农渔善后，则吾人已接收有价值六七，三二二，六一〇美元之物资，其投入我国农村之效果，目前已可作结论者，为全部复耕荒地约二千六百余万亩，泛区涸出可耕地约六百万亩，减少农产品水旱虫害损失二千余万担，训练各项技术人员二千余名，而粮食增产方面，即以最保守之估计，当可增产五百四十万长吨，约为联总供应吾人全部粮食数量之四倍，其价值为所投入物资之三十七倍。其他农具制造、机械农垦、乡村工业示范及新式渔业等，皆为富有建设性之长期事业,现大率规模粗具,有足令吾人憧憬之远景,惟是吾人不克将未竟工作,预作结论,惟期其克竟全功,一一有以符创始之初衷。另农业教育器材约值四十八万五千美元,已由行总联总教育部农林部及其他有关机关合组之教育器材分配委员会审慎处理,分别配予各大学农学院校及农学研究推广机构,以资利用。

此外在卫生复员方面,行总接收联总医药物资三万三千一百余顿,已配成病床设备五万余套,配发各医疗机构,计各省受补助者,达二千零一十一单位,其类别如下:

中央医院及卫生实验院	8
省市立医院	170
县卫生院	786
公立医院	131
教会医院	245
医学院附属医院	45
铁路医院	33
医防队	29
卫生工作队	17
其他	547
合计	2011

除各医疗机构之补助外,行总并协助修建医疗卫生机构五百三十余单位。聘请外籍专家一四二人协助训练医事人员,成效极著。

以上所述,为吾人两年来善后工作之大概轮廓。以中国地域之大,受战争损害之重,其善后方面之实际需要,非有若干倍联总所供给之物资与若干倍吾人所从事之时间,不足以言复兴,故吾人之所致力,实甚为微末,且善后工作,亦不能如救济事业之成果,显而易见。其有物资之处理不当,举措之轻重失宜,虽以实际环境之约束良多,而吾人终耿耿在怀,深用疚仄。其有一二成效,足资我国复兴事业万一之助者,则吾人愿对联总与有关各部会机构之热忱协助,深致感谢。

第四节 方案与现实之距离

前述各项工作效果,吾人若与原定方案比较,则见两者相去极远。联总成立之初,标榜理想至高。而我国朝野上下对于联总援助之可能,估计尤高,而对于战后迅速复兴亦存过分乐观之心理。故中国善救计划中,除对粮食、衣服、房屋、交通、医药、农业、社会福利等项作周详之设计外,其擘划范围并及于工矿渔业等部门,而即在农业需要物资内,亦列有农业机械,乡村工业等器材,此种器材在今日视之仅有示范性质,而当日予以列入者,盖对中国发展前途预存有工业化之理想,此种理想不仅欲赖外援而实现,亦且愿以自力更生之途出之,观诸原计划资金筹措方式,联总资助三分之一,我方自负三分之二,实至明显。善救计划于致送联总前,因联总基金当时不过二十亿美元,而我国计划需要联总援助数竟逾三十亿美元,不便提出,经将请求援助之数成为九亿四千五百万美元,而此项数额又经联总削减,最后确定之数成为五亿三千五百万美元,离原需要数甚远。而我国战后国际贸易又因国内战事重起,未能好转,自谋输入物资亦无外汇可资购买,在此情形下欲求维持原计划之规模,自属痴人说梦,并不可能。甚至吾人计划在经过联总核定为五亿三千五百万元以后渔业计划仍占全部资金二十分之一。工矿部分更占核定额十分之三。而未计及渔轮进口以后,每年仍须大量外汇供其保养,而工矿设备虽曾耗费庞大资金,而所能购买者,仍只限于零星而非最急迫需要之设置。设使当时全部移购耕牛、肥料及农田水利等物资,则其效果必将更为显著。此亦吾人在执行善救计划之初期,过于理想,不切实际,所当深自引咎者也。

惟自联总立场,中国方案所用资金几占当时联总全部基金三分之一,在理宜有较良好之表现,吾人于此,除须注意国内复杂局势,不易为外人所了解,亦不易为外人所同情一节外,对于联总叠次修改方案,因而影响计划之正常进行,殊觉遗憾。联总为四十四国联合组织之机构,自天下一家之理想言,可称为人类合作之良好楷模,惟国际组织在于今日,仅为势力均衡之产物,时移境迁,每多破裂之机会。联总自成立至结束,经过虽属顺利,然而历次大会各国代表因立场不同,争执辩论,互相攻击,其剧烈情形实不下于任何国际会议,中国方案亦以是屡生危机。在三十五年七月停运令颁布后,大会甚且有将中国方案资金全部移助他国之拟议。似此举棋不定,在中国方面只有力争原经核定数额之实现,对于联总方面因物资采购或其他特殊原因,所作之任何修改,自无余力考虑。而若干计划即因经此修改,所余物资过少,运抵中国后,往往不切实用或仅能供应试验与示范工作,失去原来计划之意义,效果因而不著,反不若将此项资金转移于粮食、种子、肥料、水利器材等项物资之购买,为能贯彻善后救济精神,保持计划之完整性也。行总对于修改计划之主动权,亦在随时争取,如三十六年三月中请将剩余资金,改购棉花即为各次努力中比较成功者。惟战后物资缺乏,已成普遍现象,联总采购,亦确有困难。各种申请因受到事实限制,殊难达到目的耳。

再就国内现实条件言,我国本为农业国家,社会组织散漫,欲迅速吸收物资使能发挥最大效用,本属不可能之事。且救济物资本属应急一时,若欲有效,必使灾民因获得救济便能进入自助之域。今则日寇侵略所造成之难民,甫予救助,尚未安居,而国内烽火又起,返乡难民,再度流离失所,因而增加行总之负担。在善后工作方面,往往铁轨铺设始妥,又被破坏。河堤抢修不久,而兵连祸结,保养失方,又复溃决。善后救济事业,要求安定之环境,实无安定之环境,而侈言救济,侈言建设,其难收实效,不待中智而后办也。

然而吾人非谓行总所有设施,全无错误。就行政方面言之,行总人事之繁杂与机构之庞大,即为外界诟病之一端。吾人亦坦白承认行总初期负责设计与执行之人员,缺乏行政经验,因此决策行事,往往带有浓厚之理想色彩,而不能正视现实环境。然若专就人才学识与操守而言，吾人固不敢自保绝无良莠不齐者在，而心地纯洁，黾勉从公之人员，亦在在皆是，实不能以一二例外，而概括全般也。至于机构方面，行总期限短促，业务繁多，欲一时而竟全功，势须采取分层负责制度。故机构因业务而庞大，亦所难免，固不能专就一方面而加减否者。与机构庞大问题有连带关系者，则为利用地方机构问题，行总为暂时性之机构，一切业务在理应藉现有地方自治组织而推行。此种原则，尤以救济物资为当然。行总过去散发物资，所以未能尽量利用地方机构，而以工作队为主体者，一以物资分发应以愈少转手之机会，为愈合于经济原则，惟有直接自总署而分署而工作队，方可减少物资经过中间人之损失。而事实上行总通过地方机构分发物资，所发生之流弊，亦较直接分发为多。关于行总工作效率问题间亦有人批评，吾人对于外界因各项申请，审查缓慢，所发生之怨言，除以分层负责一事及行总机构繁复解释外，当归因于行政制度之多元化。根据基本协定，联总对于行总分配物资之各个阶段，有咨商与监督之权利，而自停运事件发生后，联总参予行总工作更见积极，外籍人员因其对于我国国情认识不深，所发议论每难切中要点，而吾人又因协定之约束，不能不尊重客卿之意见。以致行总一部分公文必须中西并有，费时误事犹为细事，而整个政策，因客卿之参予行政工作，每致无法贯彻一致，则影响尤大。再则行总财务调度，似为应急性质，时须借款弥补，事先并无准备，如三十五年六七月间，竟有库空如洗之现象。此种缺点，吾人深所明了，惟战后国内财政问题，既不能解决，善救事业资金，亦遂无着。行总出售物资政策，虽早经决定，但联总物资非尽可用于出售，而出售物资亦不能不顾善救原则，运用之际，自难尽合需要也。

次由政策方面言之，行总分配利用物货，系采取有效利用之原则，而其用途，复以建设为重。此种政策之正误，至易判明。盖联总物资有限，若分散使用于消极救济之途，则以我国灾区之广，难民之众，转眼之间，仍将无以为继，自不若集中于建设性之用途，效益较为久远。行总过去采取以工代赈方式,兴修之各项农田水利工程,对于农业增产,所发生之效果,可为明证。各地代表过去每因行总分配物资之地域分布,未尽平均,而时有责难。此种本于乡土情谊,为桑梓谋福利之精神,吾人至为同情;惟自整个国民经济言,不求繁荣则已,欲求繁荣,则为谋扩大生产,提高生活水准,即节衣缩食,亦有必要。行总此种集中使用,偏重建设之政策,在理亦当为国人所接受,而不必以每人领得一衣、一鞋、一毛毯、一罐头始为尽公平分配之能事也。然而行总此种政策,亦不能始终贯彻。其中一部分物资,因原计划之过于理想,不切实际。而行总运用亦有失当之处,如运入物资,因环境不能即时利用,风吹日曝,或有腐烂之情形。次则各项物资之分布仍嫌过于散漫,若干重要工赈,因而不能举办,此吾人所深感歉咎,愿以告罪于国人者也。

行总推行业务之基本政策,为尽量利用现有机构,而自处于辅助地位。此一政策在若干方面表现甚为美满。如与水利部合作修筑堤坝,与卫生署合作防疫医疗,与农林部合作分发种子及肥料,与交通部合作修复浙赣铁路及福厦公路等是。惟在若干方面,仍嫌不足。此中症结,一由联总公约之限制,一切物资只以恢复战灾损害为限;即各现存机构运用物资,又难悉准此项原则。医药物资,因其散发对象,不以收复区为限,成绩即较优良。一则联总物资性质与所须举办之工作,每为现存机构所不愿或不能担任;行总为使物尽其用,不致虚糜起见,不得不自设机构,予以担任。如渔管处因渔轮之产权关系而成立。水运大队一度交由民营,终以无利可图,乃归行总掌管。至于机具装配工厂,汽车装配厂等皆是其例。行总奠立基础结束后,仍移交有关机构,继续办理。

最后则为共区救济问题,三十五年七月间联总驻华办事处职员联名抗议中国政府以救济物资为政治武器一事发生后,行总工作遂为举世注目。在联总方面为贯彻其物资分配不因种族宗教政治信仰之不同而有所歧视之原则,自必坚持共区救济之继续。惟此项事实若作进一步之考察,则并不尽然。如前项事件发生后,联总本身即有相反意见出现。谓联总既以国民政府为合法之订约对象,则尽可支持国民政府区域之善救工作,而将共区除外。故在整个世界甚且联总本身,存在有两个对立之思想体系,而不能取得和谐之时,而欲行总在中国境内,绝对执行此项原则,在理亦无成功之望。行总为一事业机构,本身并无任何政治色彩,过去在共区救济工作中,受军事之限制及联总之督促,深有两面为难之感,然而仍一秉不偏不倚之立场,推行业务,此种精神当为国际人士所共察也。

附 录 三

中国善后救济计划

第一章 绪 论

中国抵抗暴日之侵略,已进入第八年。大部人民,备尝战争之痛苦。战区及沦陷地区,均系中国农产较为丰富或工业较为发达之区,沦陷地区之人口,几等于全美国人口之二倍,亦较欧洲轴心国占领区域之人口为多。

日本对于占领区域,采取以战养战政策。不惟其驻在军队之给养,仰赖当地之富源,并极力搜括产品与资源,以补充其战时经济。日人搜括物资,虽间或偿付伪币及军用票,经常均以武力掠取。日人并时施暴行,如焚毁农庄、粮食、屠戮牲口,造成恐怖现象,希图削弱中国人民之抵抗。至通都大邑,日人以统制食粮为手段,威迫人民服从与不抵抗。凡此种种,促成沦陷区广泛的惨苦与饥饿。

中国抗战之经济力量,基于自由中国之富源。自由中国,一方被敌人封锁有年,而资源开发,为时甚暂;一方必需供应浩繁之军需,维持人民之生计,及救济难民,负荷至为艰巨。差幸中国政府与人民共同努力,战区内迁工厂,达六百余,并先后设立新工厂,以增加农工产品。

抗战以前。中国政府之税收,取自关税、盐税及各项统税者,占百分之九十。自敌人实行经济封锁,以及沿海区域和工业中心,相继沦陷之后,政府大部正常税收,顿告丧失。嗣后敌人经济封锁加紧,而政府必须耗费巨资,建立工厂、铁路、公路及飞机场,以谋发展自由区域之经济及军事基础,因而通货膨胀,势所难免,此当为战时国民经济困难必有之现象。

中国少数固定薪给阶级,最受通货膨胀之苦,惟物价上涨,物品稀少,以及生产运输之脱节,影响及于全国经济。大部中国人民,均感营养不良,而衣料布疋之短缺,在自由中国各省,情形尤为严重。中国若干重要经济活动,如工业及交通事业,战前端赖输入国外工具、机器、及零件,以资修理,维持与发展。战争爆发后,仅赖战前存货,勉力应付。而敌人不时空袭,摧毁原存机器,破坏城市村镇,以致人民无家可归者,难以数计,因而经济状况之困难,愈形严重。

善后救济工作之重心,自然在解放后之沦陷区;惟对于自由中国,亦须兼筹并顾。例如卫生及交通事业,必须全国通盘筹划,倘分区施行,难著成效。救济善后所需物品之一部,如用于辅助自由中国,增加生产,以应沦陷区解放后之需要,较由国外输入为经济。沦陷区解放以后,如何进行救济善后工作,亦需在自由中国预为筹划。

年来中国不幸,灾祸相乘。惟人民倘能获得必需之援助,复兴亦颇迅速。例如一九三一年扬子江泛滥成灾,中国政府向美国借得麦粉一千五百万蒲式耳,办理救济;是项麦粉,用于工赈者,较用于直接救济之数量为多;翌年秋间,农村欣告丰收,灾民遂庆复苏。惟是年水灾,灾区不广,农村生产工具,大都保全,复兴自较简易迅速。此次战后,中国国民经济所受之创伤至巨,问题当更严重。按以往例,最完美之救济计划,系能有效的帮助中国人民自助,并缩短直接救济时期,中国政府深感实施周密的善后计划,当为达到此种目的之基本。益有进者,中国战后必致力于经济建设。倘善后工作能有成效,经济建设,当可提早,而经济建设不但能促进中国之进步,且能对世界之稳定和繁荣有所贡献。

第二章 中国善后救济各项需要之估计

(一)善后救济计划之编制 中国政府为研究中国救济善后各项需要,曾设立行政院善后救济调查设计委员会,下设九个小组委员会,分门编拟食粮,衣服,医药卫生,交通运输,农业,工业,泛滥区域,社会福利及难民等各项需要。各小组委员会委员,或为政府各部专门人员,及行政主管人员,或为社会团体之专家。联合国救济善后总署应中国政府之请,派遣道生、史丹莱及兰安生等专家三人,参加该委员会工作。中国财政部顾问杨亚德,亦由行政院聘为该会顾问。

本总计划之分类计划,系根据各组委员会之报告编成。战时情形,变化多端。此项计划及数字,将来或需修正。房屋需要报告,较为草率,须待考虑后修正。农业复兴部门之渔业及乡村工业计划,尚在编拟中。中国政府对于各项计划,仍在继续研究中,将来必要时,当补陈详密数字及意见。

(二)善后救济区域 中国政府与联合国救济善后总署,合力办理救济善后事业,工作中心,自当在敌人占领区域,然亦须顾及自由中国。救济善后计划将分区实施,本报告中详列救济善后区域。青海、西康、新疆诸省及西藏、外蒙古二区域,未曾列入救济善后区域。至自由中国之一部,其有特殊缘由者,在十一个救济善后区域之计划中,分别论述之。全部救济善后工作所需之经费及物资,与夫请求联合国总署援助之物资,在可能范围内,系分区估计。各区包括之省份及人口估计,列表如下:

表一 善后救济区域及其人口表

区域	包　括　省　份	全区人口 (单位百万)	沦陷部分人口(单位百万)	
			百分比(注)	人　数
I	辽宁　吉林　黑龙江	38	100%	38
II	热河　察哈尔　绥远	8	100%	8

续上表

区域	包括省份	全区人口（单位百万）	沦陷部分人口（单位百万）	
			百分比（注）	人数
Ⅲ	河北 山东 山西	82	100%	82
Ⅳ	河南	32	67%	21
Ⅴ	江苏 安徽 浙江	86	75%	64
Ⅵ	福建	12	25%	3
Ⅶ	江西 湖南 湖北	66	50%	35
Ⅷ	广东 广西	46	25%	11
Ⅺ	云南 贵州 四川	68	—	—
Ⅹ	甘肃 宁夏 陕西	17	—	—
Ⅺ	台湾	6	100%	6
总计		461		266

注：沦陷区人口百分比系一九四四年七月时之情形。

（三）救济分期及物资优先制　中国救济善后事业所需经费物资之一部，请求联合国总署资助。一俟沦陷区解放后，分区进行救济工作。所列物资，系自大规模工作开始起，十八个月内之需要。各项物资估计，分为三期，每期六个月。分期办法，系求便于决定救济善后工作所需物资之数量。各区当不能同时解放，故中国整个救济善后工作之期间，从最先解放之区域，大规模工作开始起，至最后解放区域，工作结束时止，期间当较十八个月为长。分为三个六个月时期，亦为便于决定救济善后物资之优先制，以期最急需之物资，先行输入中国。复次，救济善后整个计划，亦不能在十八个月内完全办毕，因需顾及财政及其他问题。

（四）各项估计之准确性　各区救济善后工作所需之物资，当视敌人破坏之程度，及其他情形而定，目前尚难准确估计。惟计划内所列初期六个月之需要，当甚合理，而与实际情形，极相接近。故以后十二个月之需要，当根据初期救济工作所获之经验，予以修正。各项估计，亦可因工具及技术之发展，而予变更。所估各项物资之价格，以美金为单位。订货时实际价格与估计价格，或多差别。各项物资之价格，未列运费。

（五）国内救济善后经费之币值标准　国外输入物资，以美金为单位，国内经费，以一九三七年法币价值为标准。是时法币一元，合美金〇·二九五元，英金一四·二五便士。现时自由区域，物价变动甚剧，而沦陷区域，则以敌人滥发伪币及军用票，币制紊乱，救济工作开始之后，国币经费，可再根据当地物价指数，予以厘定。

（六）救济善后所需物资经费概况　中国救济善后计划所需之物资经费，分为二部：一为国外输入之部，计重一千万吨，计值美金二，五三〇，〇〇〇，〇〇〇元，一为国内需要经费，计国币二，七二七，〇〇〇，〇〇〇元，两项合计，共值美金三，四三九，〇〇〇，〇〇〇元。国外输入物资，其中一部，约占总数百分之三十七，计值美金九四五，〇〇〇，〇〇〇元，计重四百万吨，拟请联合国救济善后总署资助。各项事业之总需要，与请求联合国总署资助之物资，详列表二。

国内经费共计国币二，七二七，〇〇〇，〇〇〇元，系办理各项救济善后事业之经费。社会福利及难民二项，计列行政费及事业费。医药卫生部门，计列国内设备费及维持费；经常行政经费，未列入。交通、运输及工业仅列修理及建筑费，而行政费及维持费则未列入。粮食、衣服、住宅及农业善后四项所列经费，系充管理及分配由联合国总署供应各项物资之用，直接救济品，一部发给难民，一部估价出售，所得款项，可充国内办理救济善后工作之经费，其办法详第四章。

"需要总表"（表二）列举所需各项物资经费。其中请求联合国总署资助之部，交通运输，工业及农业善后三项，占总数百分之五十五，直接救济品，占总数百分之四十五。是项物资分配比率，实由于中国之情形特殊，必须详细研究中国救济善后计划，然后能明了中国政府之用意。交通运输部门，占总数百分之三十五，因分配运输救济物品,办理救济工作,及协助难民还乡,莫不端赖交通工具。而中国幅员广大,全国交通网,均因战事毁坏,残余铁路公路,亦因缺乏交通器材,以致客运货运阻滞。是以恢复交通运输事业,实为中国战后之急务。

农业及工业善后部门,占百分之二十,其目的在尽速恢复农工生产事业,俾中国能自筹粮食,衣服及房屋等救济品,因而是项直接救济品,中国政府请求联合国总署供应者,仅占总数百分之三十三。

表二 中国救济善后需要总数及拟请联合国救济善后总署资助各项总表

善后救济计划	总 需 要(单位千)			请联合国总署供应之物资(单位千)			请联合国总署聘用外籍人员及资助中国专家出国考察	
	国币经费(法币)	国外输入物资(美金)	输入物资重量(公吨)	国外输入物资(美金)	输入物资重量(公吨)	百分比(%)	外籍专家	出国考察人员
Ⅰ 粮　　食	100,000*	316,840	3,271	153,881	1,254	16.3		
Ⅱ 衣　　服	150,000*	979,305	1,098	154,919	145	16.4		
Ⅲ 房　　屋	100,000*	25,000	1,050	5,000	50	0.5		
Ⅳ 医药卫生	246,515	66,004**	74	66,004**	74	7.0	885	240
Ⅴ 交通运输	430,964	663,014	3,397	330,102	1,606	34.9	△	△
Ⅵ 农业善后	206,700	86,350	759	77,476	663	8.2	39	59
Ⅶ 工业善后	1,153,500	348,500	564	115,000	189	12.2	1.080	△
Ⅷ 泛滥区域	139,570	6,500	12	4,500	9	0.5	22	
Ⅸ 社会福利	160,817	32,531**	27	32,531△△	27	3.4	230	100
Ⅹ 难　　民	39,093	5,633	1	5,633	1	0.6	△	
总　　数	2,727,164	2,529,677	10,253	945,046	4,018	100		

附注:＊国内办理救济事业经费之一部将由出售是项直接救济品补助。

＊＊包括聘用外籍专家,及资遣中国医药卫生人员出国研究经费。

△员额未定。

△△包括资遣中国社会福利工作人员出国研究经费,惟不包括聘用外籍专家经费。

此外,中国拟请联合国总署派遣各门专家三千二百五十六名,协助办理救济善后事业；同时并盼资助中国政府选送医药卫生、农业、工业、水利及社会福利等事业人员，出国考察。中国亦拟请联合国总署派遣交通运输、及难民二项专家多人，惟员额目前尚难决定。

（七）应请联合国总署立即供应之项目，中国救济善后事业，应即开始筹备，其中人员训练，尤为迫切，以免沦陷区解放之后，因工作人员不足，致将救济工作延缓。其次，中国被敌人封锁有年，原有交通及工业器材，日久破损，若不早日设法输入各项零件材料，目前足以影响中国作战能力，将来足以妨害救济善后事业之进行。上述人员训练所需图书仪器设备，及各项器材工具，系中国请求联合国总署援助物资之一部，拟请总署迅予设法。各项紧急需要，业经列入分类报告，日后并将随时函请联合国总署办理。

第三章　善后救济所需物资经费举要

本总计划附有分类计划十种，详细分析讨论各部门救济善后计划及需要。兹将各种分类报告摘要叙述于后，并略加论述。中国政府请求联合国总署资助之物资，数量及理由，分类报告中说明甚详。

一、粮食（分类计划一）　粮食救济所需之数量，仅列第一第二六个月沦陷地区之需要，并因缺乏统计数字，东北四省及台湾之需要，亦未列入。沦陷地区战前全年粮食产量，约为六三，〇〇〇，〇〇〇公吨，沿海各省，人口稠密，粮食不足，经常年约输入粮食二，〇〇〇，〇〇〇公吨。

战事爆发后，产量及输入量，均经锐减。估计各区全年损失之粮食，约为七，七〇〇，〇〇〇公吨，由于（一）战事影响减少产量百分之六，计四，二〇〇，〇〇〇公吨，（二）黄河淮水泛滥成灾，减少产量七〇〇，〇〇〇公吨，（三）敌人掠取八〇〇，〇〇〇公吨，（四）国外输入完全停止，计二，〇〇〇，〇〇〇公吨。上述损失，战时原在意料之中。救济善后期中，补救之道：（一）肥田粉之输入，约可增加产量八〇〇，〇〇〇公吨，（二）农业恢复常态后，约可增加产量七〇〇,〇〇〇公吨,(三)自由区域可望供应一,〇〇〇,〇〇〇公吨。其需由国外输入之粮食,约计五,二〇〇,〇〇〇公吨。惟因运输困难,中国救济善后计划,拟减少普通食粮之输入,益以营养食粮,如干制食品。故第一第二六个月应设法输入之食粮,共计三,二七〇,〇〇〇公吨。

上项需要数量,虽属庞大,实则仅占沦陷区年产量百分之五。中国沦陷区粮食不足之现象,随地而异,若干区域,成千成万人民,感觉营养不足之程度,达百分之二十五至百分之四十。两广沦陷区中,千百万人民之痛苦,可为显著例证。其他缺粮区域,如沿海各省,所藏粮食,可供一般人民食用者,为数不多。解放以后,粮食需要,必甚迫切。食粮问题,关系民心至切。其需要迫切者,应立谋供应,其感不足者,亦应立予补充,使早日恢复寻常供应状态。沦陷区解放时,如庆丰收,亦可减轻粮食救济问题之严重性。此亦为编拟计划时,减低国外输入数量之原因。惟因交通工具脱节,内地剩余粮食,未必能予充分利用。是以沿海缺粮各省,必须由国外输入粮食,以应救济之用。

战后中国需要粮食救济之人民,计分二类:一为"普通人民",仅需平常粮食,以维生活;一为"妇婴学童",则营养食品,需要尤切。若辈之健康,与国民健康及国民建设,关系綦切。因而对其救济,未可忽视。

各区粮食分配标准,以沦陷县区多寡为根据。大城市如上海、天津、北平、广州、武昌、汉口、青岛等地,当地不产粮食,则配额较高。缺粮省份,如广东、河南、安徽,或因战事损害,不同寻常,或因黄淮泛滥成灾,配额亦高。山东、江苏等省,粮食生产,恢复较速,配额较低。

二、衣服(分类计划二) 棉花、棉布、棉纱,三项,战前中国勉可自给自足,惟棉纺织业,大部集中于沦陷区域,尤以机器纺织业为然。中国战前约有纺锭五百万支,沦陷区域占百分之九十四强,所以沦陷区虽因棉花动力等短缺,工厂停工甚多,而纱布供应,则较自由中国为富裕。自由中国被敌人封锁有年,纱布问题,至为严重,衣服救济之需要,自由中国境内之人民当不减于沦陷区域。

中国政府仅请联合国总署供应棉织品,以资救济之用。需由国外输入项目,计分棉布、棉花、纺锭、棉织厂零件、棉线、针及缝纫机。后三种系棉纺织业之工具,输入以后,不特减少棉布之输入量,亦将有助于恢复中国国民经济。

表三 中国需由国外输入之粮食及请联合国总署供应之数量

(单位千公吨)

	第一六个月		第二六个月		全年总数	
	国外输入总数	请联合国总署资助	国外输入总数	请联合国总署资助	国外输入总数	请联合国总署资助
一、普通人民粮食救济项目						
米	1,000	400	500	200	1,500	600
麦 麦粉	600	200	400	200	1,000	400
豆类	130	75	70	25	200	100
鱼 肉类	160	15	90	10	250	25
蛋类	3	—	2	—	5	—
干制菜蔬	6	—	4	—	10	—
水果	30	—	15	—	45	—
脂肪—植物质	30	30	15	15	45	45
糖	6	—	4	—	10	—
总数	1,965	720	1,100	450	3,065	1,107
二、妇婴学童粮食救济项目						
奶粉	20	10	20	10	40	20
肉汤粉	50	20	50	20	100	40
鱼肝粉	2.5	2.5	1.3	1.3	3.8	3.8
钙素片	1	0.1	1	0.1	2	0.2
糖	30	10	30	10	60	20
总数	103.5	42.6	102.3	41.4	205.8	84
两项共计					3,270.8	1,254

中国需要衣服救济之人民,可分二类:一为"全部救济"人民,一为"部分救济"人民,前者包括战后占领区及游击区无家可归之难民,约占沦陷区人口百分之五。其他沦陷区及自由中国境内人民,则归入后一类。

不问需要全部救济或部分救济之人民,均发给或准平价购买夏季衣服一套,冬季衣服一套。其需全部救济者,每二人另发棉被一条。

各区救济工作所估之棉布,及需由国外输入之数量,系就当地之消费量及生活量配合估计。救济工作开始之季节,或在夏季,或在冬季,其需要数量,亦因而不同。中国政府现编拟需要估计表二种,第一种假定开始救济之时期为夏季,第二种假定开始救济之时期冬季。四月至九月为夏季,十月至三月为冬季,亦即中国棉花登场,交易最旺时期,中国需由国外输入之棉布、棉花、纺锭及零件、缝纫机、针、线,摘要如表四:

表四 衣服救济工作需由国外输入项目表 单位一千公吨

	沦陷地区		自由中国		沦陷区 自由区合计		分配百分比率	
	第一表	第二表	第一表	第二表	第一表	第二表	第一表	第二表
棉 花	35,850▲	69,050	249,160	226,320	213,310	295,370	18.6	25.3
棉 布	165,984	114,074	679,462	665,819	845,446	779,893	73.6	67.0
纺 锭	45,000	45,000	366	366	50,000	50,000	4.3	4.3
零 件	6,382	6,382	366	366	6,748	6,748	0.6	0.6
缝纫机	1,140	1,047	993	968	2,133	2,015	0.2	0.2
线	15,571	15,571	14,116	14,116	29,687	29,687	2.6	2.5
针	547	517	466	466	983	983	0.1	0.1
总 数	198,744 17.3%	251,641 21.6%	949,563 82.7%	913,055 78.4%	1,148,307 100%	1,164,696 100%	100.0	100.0

附注:表中有▲符号者表示是区之生产量超出需要量之数额。

上列总需供中,中国仅请联合国总署供应一部。棉花棉布占需要输入总量百分之十,纺锭占百分之四十,零件、缝纫机、针、线则全部请予资助。兹将请求联合国总署供应之部,简要列表如下:

表五　衣服救济工作拟请联合国总署资助项目表

	数量(单位一公吨)	价　格(美　金)
棉　　　　　花	21,331	9,406,971
棉　　　　　布	84,545	82,191,779
纺　锭(400,000)	20,000	18,000,000
零　　　　　件	6,748	13,496,000
缝　纫　机	2,133	5,119,200
线	29,687	44,530,500
针	983	172,221
总　　　　数	165,427	172,916,671
减去工业善后计划内所列纺锭	20,000	18,000,000
净　计　总　数	145,427	154,916,671

三、房屋(分类计划三)　中国救济善后计划,所列房屋需要,分为二类:一为临时住所,以便难民回乡途中住宿,此类设备,与普通住宅不同,分设沿途水陆交通站及各小站。难民回籍时,沿途当甚拥挤,必须此项特殊设备。同时,或因轰炸,或因焦土政策,以致无家可归之难民,亦须有临时归处。此类临时住所,应尽先利用庙宇、教堂、学校、祠堂及其他公有建筑之易于改装修理,而成临时收容处所。但难民招待所亦属需要。难民计划中(分类计划九),建议设立难民招待所五百个,可容难民十三万五千人。社会福利计划中(分类计划八),亦建议设立同样数量之招待所,俾无家可归之人民及难民,到达目的地后,有所归宿。惟该二计划所占之经费,仅包括工作人员、设备及日常需用物品。并未列有建筑材料及帐篷二项经费。

房屋救济计划所列第二类需要,系帮助人民修理、改装及重建其被战争毁坏之房屋,此项计划必须在劫后余灰中广为推行,此能早日实现,当为减少临时难民招待所之最好办法。

中国政府目前尚不能提出详尽之房屋需要报告,此项问题,现在继续研究中,下表六,列举难民招待所及修理改装战后房屋之各项需要。惟数字并不完备,估计难民称周密。

表六 临时住所与房屋善后所需物资表

项　　目	国内筹措项目 (国币)	国外输入项目 (美金)(公吨)		请联合国总署 补助之成数
(一)难民收容所 可容 274,000人	建筑可容 137,000人之 难民收容所	建筑可容137,000人之 难民收容所		100%
(二)各类木料	数量未定	20,000,000	1,000,000	现尚未提申请数字
(三)房屋修缮所 需之钉锥门 环等	—	5,000,000	50,000	100%
(四)补助难民修 缮房屋所需 材料及贷款	100,000,000元	—		
总　　数	1,000,000,000元	25,000,000	1,050,000	5,000,000美元 50,000公吨

各项需要中,指明应请联合国总署供应者,系属最低限度之需要,而最足以帮助中国人民自助。表中指明应由国外输入物资,亦属最低限度之需要,中国现尚未向联合国总署请求供应木材,中国缺乏木材,而需用木材甚广,必需由国外输入一部。此点日后当与联合国总署磋商。同时并望民营贸易,早日开始,俾能输入大量善后物资。

四、医药卫生(分类计划四)　医药卫生计划,主要以沦陷区为对象,办理医药救济,防疫,妇婴卫生,药品救济及一般保健事业。以中国受战事影响人口之众,战事之久,毁坏区域之广,灾祲疫疠之流行,一般人民营养之不足,病害死亡率之增高各情,予以细察,并就中国需要之情形论,此次中国所拟计划,殊属谨慎。联合国救济善后总署第一次大会时,拟定卫生政策及计划标准系以欧洲情形为准绳,论及"恢复最低限度之完备的卫生设施"时,尤属如此。所谓完备的卫生设施,大致以每千人可有之医生人数,及医院病床计算。欧洲占领区中,若干国家,每三千五百人中有医生一人,若干国家每一千七百人中有医生一人。医院病床设备,大约每千人中可有病床三张至七张。中国每四万人中,可得医生一人,每万人中约有医院病床一张。中国之医药卫生事业,与"最低限度之完备的卫生设施",相去甚远。

中国卫生事业之基础,既甚薄弱,中国政府与联合国总署合作时期,自难望达到上述标准。惟消除疫疠,救护难民,及实施一般有效的医药救济。中国卫生事业,应较战前标准,约略提高。凡此种种,必须增加卫生事业人员及设备。中国政府深感此项计划,与联合国总署采取之政策相符合。此项计划系基于一种原则,即中国请求联合国总署帮助之范围及性质,在使联合国帮助停止之后,中国卫生事业,仍可继续发展,而不致降低标准。倘计划能完全实现,亦仅能使三万人民中,得有医生一人,五千人中有病床一张。此种数字,亦较欧洲认为"最低标准之完备的设施"远低。中国政府不敢贸然拟一定更大之计划;其他困难,姑置不论,国内卫生人员之不足,当非短期内所能补充。

实施此项计划,国内所需经费,共计国币二四六,〇〇〇,〇〇〇元,需由国外输入药品器材,计重七四,〇〇〇公吨,计值美金六六,〇〇〇,〇〇〇元。拟全部请求联合国总署资助。其分配比率如次:

医药救济	百分之四十九
防疫	百分之二十六
妇婴卫生	百分之十七
医药器材	百分之四
人员及训练	百分之四

本计划中人员及人员训练一项,应特加重视。中国拟请联合国总署派遣医药卫生事业专家一百六十人,训练中国人才。并于战后派遣专家七百二十五人,辅助中国办理医药卫生事业,此外拟请联合国总署,资助中国政府,派遣医药卫生人员,出国深造,研究新的

医药及技术，以补中国人才之不足。中国医药卫生事业中，此点最关重要。

实施医药救济及善后计划，技术人员训练与准备工作之重要，自不待言。抗战以来，中国医药及有关人员，均在战时设立之专科学校训练，学业完成者不多，其主要困难，在技术设备，因几经播迁，原有图书仪器，均多散佚。中国倘能获得图书仪器，卫生机关及学校，即可增加并改进医药卫生人才。是以医药图书仪器设备，当为联合国援助中国医药卫生工作，最优先项目。

中国卫生行政当局，对于卫生救济善后事业，先事准备，拟于一九四五年正月，开始若干短期训练科目。所需仪器设备，计值美金一四三，○○○元，及国外专门人员之延聘，应请联合国总署立即资助。

五、交通运输（分类计划五） 就中国之现状论，尽迅恢复交通运输设备，应于救济善后计划中，予以最优先之考虑。因无交通运输设备，即无法将粮食、衣服、药品及农业复兴等项物资，运至需要之地，难民亦无法还乡。反之，交通运输设备，早日恢复，各地物品畅通，有余即可济不足，则粮食及其他救济品之输入，亦可大量减少。

中国交通善后工作，估计需由国外输入之交通器材，计重一，四○○，○○○公吨，计值美金六六三，○○○，○○○元。此项器材，仅为恢复国内主要交通线之用，俾救济物品得可分配，难民得可还乡，经济工商事业得复常轨。中国需由国外输入之器材，其中半数，拟请联合国总署资助。

上项需要，系就敌人可能之毁坏估计。大致尚不能恢复战前标准。其次，恢复铁路运输，历时较久，救济善后期中，公路运输当较频繁，故公路一项，拟较战前稍加扩充。

所举各项需要，仅以铁路网、公路网及水运交通器材为限。短程及乡村运输器材，如木船、大车、板车等项，则未列入。东北四省及台湾(第一第二救济区)之需要,亦未举列。

办理中国救济善后事业,亦须空运及空运设备,初期需要尤切。关于空运设备及器材,需要数字,现尚未编列,惟此项问题重要,稍后当编拟需要数字,提请联合国总署资助。

大量交通运输器材,须待河口开放之后,始能输入。其应行输入之优先序次,详见分类报告五。惟在海口开放之前,中国政府亦望能藉空运及中印公路,需入若干最急需之交通器材。自由中国境内,颇多陈旧之卡车汽车,倘能输入零件工具,加以修理装配,对于将来沦陷区之救济善后工作,必多补益。内河航行船只之引擎及润滑油等,需要亦切。中印公路开放后,新卡车可自行驶入。

下表分别列举十八个月内,中国需由国外输入之交通器材,及应请联合国总署资助之数量。

表七　交通运输善后需由国外输入器材表

项　　目	估计全部需要		请联合国总署资助部分	
	单位一千公吨	美金百万	单位一千公吨	美金百万
铁路运输	1,755	350	759	173
公路运输	571	145	310	72
邮务器材	10	8	5	4
水路运输	971	83	487	39
电讯器材	90	77	45	39
总　　数	3,397	663	1,606	330

六、农业(分类计划六)　农业善后计划之目的,在使因战事而受损害之农民,早日恢复生产,增加产量,以减少救济品输入之必要。此项计划,主要工作,计分四项:(一)粮食增产(包括五谷、菜蔬、牲畜、渔类),(二)衣服原料增产(包括棉、丝、毛等),(三)出口物品增产,其目的在觅取外汇,以偿付必需输入之物品,(四)恢复乡村工业,藉以解除农民困苦,稳定农村经济。

计划范围颇广,计有下列各项:种籽、肥料、牲畜、牲畜病害预防、除虫及植物病害预防、农具及机器、泛滥区域善后、渔业、乡村工业及农业工作人员。以上各项问题,分类计划七中,论述甚详。惟其中渔业及乡村工业二项,尚在研究中,中国政府日后当提出补充计划。

中国农民占百分之八十,农业善后当为一巨大烦难之事业,需要大量材料与长期努力。此次计划所需国外输入之物资,仅列基本必需项目,兹列表如次:

表八 农业善后需由国外输入物资表

项　　　　目	重　　量 (单位一公吨)	估 计 价 格 (单位美金千元)
种　　　　籽	6,009	659
肥　　　　料	585,430	27,000
牲畜(137,500头)	95,833	8,125
兽 医 器 材	4,091	2,940
植 物 病 害 等	860	806
农 具 机 器	63,500	44,071
黄河泛区农业善后	3,252	2,750
渔　　　　业	计划中数额未定	——
乡 村 工 业	计划中数额未定	——
总　　　　数	758,975	86,351
请联合国总署补助部分	662,618	77,476

上表所需国外输入物资,除牲畜及农具之一部外,其余全部均请联合国总署资助。惟念购置运输困难,牲畜一项,请求联合国总署资助者,减至一万一千头,农具项内之牵引车,仅请资助五百辆。农业善后计划各项需要,应请联合国总署资助者(渔业及乡村工业尚未列入),计重六六二,六一八公吨,计值美金七七,四七六,〇〇〇元。

中国农业善后工作,系属当务之急,不容稍缓。惟实施是项计划,端赖干练人员,优良组织,及完备之物资工具。关于人员一项,拟请联合国总署聘请外籍专家三十九人,来华工作,并资助中国专家五十九人,出国深造。

七、工业(分类计划七) 中日战争爆发之前夕,中国工业尚在初期发展阶段,仅树立小规模工业,制造国民日常必需用品。大部工厂,设于中国东部,及东南部沿海、沿江及沿铁路各城市。战事爆发后,不久即次第沦陷。迁入自由中国者,仅约六百余厂。日本曾在沦陷区,建立工业机构,以补充其战时经济。惟各区解放之后,敌人定加摧毁。自由中国之主要工业机构,即内迁的六百余厂,且因零件及新机器不易输入,惟有因陋就简,生产效率不高,敌人的轰炸,更加重几多困难。

工业善后部门所列工业,仅以制造救济善后物品为限,如粮食、衣服、房屋、公用事业、交通、运输、电信等。所须机器工具,系充修理恢复各项主要工业之用。实施工业善后计划,不无工程与技术上之困难,沦陷区解放之后,十八个月内,工程进行,亦有一定限度。大致各项工业,尚不能恢复战前产量,如敌人撤退前,予各项工业以严重的破坏与损害,情形当尤为严重。

表九 工业善后所需国外输入物资拟请联合国总署补助部分简表

项 目	重 量(单位一吨)	价 值(美金一元)
一、粮食工业:		
(1)面粉厂	5,000	5,000,000
(2)榨油厂	3,500	2,000,000
(3)炼糖厂	3,000	3,000,000
二、纺织工业:		
(4)棉纺织业	24,000	16,000,000
(5)毛纺织业	1,500	2,000,000
三、建筑材料工业:		
(6)水泥厂	20,000	6,000,000
(7)锯木厂	1,600	1,000,000
四、燃料工业:		

续上表

项　　　　目	重　量(单位一吨)	价　值(美金一元)
(8)煤矿	18,000	5,000,000
(9)石油厂	12,000	4,000,000
五、公用事业：		
(10)电力厂	30,000	25,000,000
(11)自来水厂	8,000	2,000,000
六、金属工业：		
(12)机器厂	18,000	10,000,000
(13)电工器材厂	1,200	3,000,000
(14)炼钢冶铁厂	24,000	16,000,000
七、化学工业：		
(15)肥田粉厂	5,000	5,000,000
(16)灰碱厂	2,000	1,000,000
(17)烧碱厂	3,000	2,000,000
(18)肥皂厂	3,000	2,000,000
(19)造纸厂	4,000	3,000,000
(20)橡皮工厂	2,500	2,000,000
总　　　数	189,800	115,000,000

实施工业善后计划，总计需由国外输入之机器工具，共重五六四,〇〇〇公吨，估计共值美金三四九,〇〇〇,〇〇〇元，其中三分之一，应请联合国总署资助，计重一八九,〇〇〇公吨，计值美金一一五,〇〇〇,〇〇〇元。兹将请求联合国总署资助各项目，列表如次：（见表九）

工业善后各项需要，难以准确估计，详细规定，沦陷区中情形尤然。分类计划七所列机器工具，性质标准，均属通常，合乎各项需要。中国政府将利用各种机件，在救济善后区域之中心地点，设厂制造。使紧急需要物品，供应无缺。

实施是项计划，必须有充分的管理及技术人员，中国政府对此最为注意。估计需要中国工程师八,〇二二人，技工二六,九八三人。并拟请联合国总署延聘外籍工程师三五一人,技工七二九人。自由中国工业人员,尚无精确统计,沦陷区域,则难于估计。不问其情形如何,中国工业人员,不敷甚巨,势须资遣大批工业人员,出国训练,是项训练人才工作,日后拟请联合国总署资助,同时并拟请求派遣外籍技术及管理人员,来华协助。工业善后计划,能否早日实现,与人员是否完备,关系甚为密切。

八、泛滥区域(分类计划八)　救济善后计划,关于泛滥区域者,计分二部:一为黄淮二河防汛善后工程,一为整治主要河道之堤防。

(一)战事初起,黄河河堤因战略关系而破坏,黄水溃决,泛滥区域甚广,河水四溢,淤塞淮水,大运河,并威胁扬子江,于是河南东部,安徽东北部及江苏北部之水道,均呈紊乱之象。是区系重要产粮区域,并系津浦陇海二路所经之地。解放以后,应即整治河道,以免重受泛滥之灾。是区农村人口稠密,受害人民达六百余万。泛滥以前,年产米、棉花、高粱、豆子、花生达一,四八二,〇〇〇吨。

关于是区农业善后需要之部,已于农业善后计划中(分类计划七)述及。各项工程需要,详见分类计划八者,计有(一)黄河花园口堵口工程,(二)黄河下段河堤修复工程,(三)黄河下段堤防危险部分改善工程,(四)淮河及其支流河堤修复工程,(五)河南安徽泛滥区域排水改善工程。

国外输入工具器材,拟请联合国总署补助者,为数不大。计重五、〇〇〇顿,计值美金二,五〇〇,〇〇〇元。惟国币部分经费,数额巨大,共计国币六八,〇〇〇,〇〇〇元。倘能将联合国总署资助我国之粮食,移充工赈之用,则国币经费,大可减少。估计是项工程所需米麦等粮食,共计一〇九,〇〇〇吨。

(二)除黄河淮水防汛善后工程外,中国应将各主要河流之堤防修复,以保护各大平原。战事爆发后,中国平原区域,不久几均为敌人所占领。一九三一年以来,各项堤防,或为战事所坡坏,或年久失修,因而整个沦陷区之农村,随时均有泛滥之虞。

防汛善后区域,计有农田二一八,七〇〇,〇〇〇亩,年产五谷二〇,〇〇〇,〇〇〇吨。战后初期,是项工作,对于农村安定之重要性,自不待言。其他善后事业,如交通工业等,均与整治堤防工作,息息相关。

整治堤防水道工程,计有下列河流及水道:一、扬子江,二、汉水,三、赣水及其支流,四、鲁南大运河及其支流,五、苏北大运河,六、伊河、汝河、商河,七、华北水道,八、珠江下游。是项工程,全长八,八九八公里,土方工程共计二二八,五九〇,〇〇〇公尺。总计需款国币七一,三六三,〇〇〇元(战前币值)。如能利用粮食,以工代赈,工款当可减少。估计共需工人七六六,〇〇〇名,米麦二一〇,〇〇〇吨。所需粮食,可就粮食救济项下匀济。总计所需材料,计重七,一〇〇吨,计值国币四,〇〇〇,〇〇〇元,其中半数,拟请联合国总署资助。

上项计划,所望联合国总署聘请技术人员者,计富有堵口、筑堤及开凿江河经验之工程师一名或二名,技术工人二十名。

九、社会福利(分类计划九)　中日战事结束以后,中国解放区域,尚有无数人民,无家可归、残废、失业、及缺乏谋生工具,而急待救济。现战事尚未至最后阶段,需要范围,尚难估计。惟中国之社会福利事业,需要至广,恐非战后数年所能一一举办。且因物资短缺、财政艰难及缺乏有训练人员等项困难,势必将事业范围□。是以社会福利计划,仅以人民中非得有组织之救济,难以安身立命者为限。此类人民包括举目无亲之难童、残废、老弱、以及因战事而无家可归及失业人民,而无亲友资助者。社会福利计划,旨在减低此类人民之痛苦,并使其社会经济生活,早复常态。草拟及执行此项社会福利计划,曾计及若干可行之原则,并极力予以自治之机会,鼓励中国传统的互助及家庭精神,以减低公共社会救济之须要。其需救济迫切者,予以优先的社会救济。实施计划时,并顾及当地情形及生活习惯。

一般救济工作,将由流动救济队办理,分区实施最紧急救济事宜。俟社会渐复常轨,即转入他区工作。流动救济队应充分利用现有机构,及自愿参加工作人员,并与当地社团及对救济工作富有经验之人民合作,包括外籍团体之对某一地区有经验者。流动救济队,数目有限,当不能负全部工作之重任,亦不能代替当地社团,惟颇足为助地方当局及团体开始工作。

社会福利计划,拟设区域救济队三十,每队十二人,县福利救济事业中心站三百,每站九人,村镇救济组,八百,每组约五人。总计县区镇村工作人员共需七,〇六〇人。此为基本工作人员,当益以当地雇用及自愿参加工作人员。

家庭救济及工匠复业救济,亦为社会福利计划重要部分。中国政府拟请联合国总署,资助家用器皿及工具,铁匠、石匠、泥水匠、成衣匠以及其他职业所需之工具。此类工具之分配方法,当视被救济人民之境况而定,或无价赠与,或暂时租借,或半价出售。此种积极的救济方法,不特能帮助个人及家庭重获生计,并能增加社会生产能力,减轻战时损害,并使社会早日自给自足。此种计划之主旨,在帮助人民自助。

此外,拟设立托儿所五百,每所可容儿童五百人,并仅有支薪负责人一人。设立难民招待所五百所,俾战时无家可归之人民及难民,于到达目的地时,可有容纳之处,设立食品供应站五百所,每所每日供应一千人之饭食二餐;辅助沦陷区原有社会机构,早日恢复工作;设立残废人员训练所五个,诊治及训练盲哑人员。其所需特殊设备,日后另行提出。

中国政府拟设立训练指导科目,藉以增加此项人员之工作效率。中国拟请联合国总署延聘外籍专家二三〇人,一方训练流动救济队人员,及其他社会事业工作人员,一方协助中国实施上项计划。并盼一部专家立即参加计划及训练等工作。

表十列举社会福利计划各项需要。总计国币经费为一六一,〇〇〇,〇〇〇元。国外输入物资,计重二七,〇〇〇吨,计值美金三三,五〇〇,〇〇〇元,拟请联合国总署资助。

表十 社会福利事业各项需要估计表

项 目	国内筹办（国币）	请联合国总署资助	
		（美金）	（公吨）
一 区域救济队	6,264,000元	30,000元	42
二 县福利事业中心站	20,580,000	105,000	113
三 村镇救济组	11,040,000	120,000	120
四 救济品及工具家用器皿及工匠工具	43,995,760	30,551,740	25,370
五 托儿所	1,499,750	139,960	93
六 难民招待所	17,521,060	874,947	587
七 公共饭厅	38,294,540	280,760	187
八 残废,老弱,孤儿院	15,000,000	153,270	77
九 训练计划	6,172,000	275,000	21
十 监理	450,000	—	
十一 聘用国外专家	—	名额未定	
十二 军用剩余车辆帐幕,床铺	—	数额未定	
总 数	100,817,110元	32,530,977元	26,610公吨

十、难民(分类计划十) 敌人占领中国沿海重要城市,并沿交通线西向侵略时,成千成万人民,避难他方。一部人民,如乡区农民,避居邻近地村,一俟炮火停止,或敌军他去时,即相率回归老家;其他一部人民,如城市居民,政府公务人员,工商职业人员,工程师机匠,大学教职员学生等,则跋涉西行,到自由中国,努力抗建工作,其中往往有一再迁徙者。一九三七——三八年战役之后,人口大量西移,数以百万计,嗣后敌人迭次西向进迫,难民数量随时

增多。

太平洋战事爆发后,因初期日本之军事优势,香港、越南、缅甸以及南洋诸岛,相继沦陷,华侨避难自由中国境内者达一百四十余万,其中来自香港、澳门等地者,占一百余万。

中国难民中渴望回归解放区域者,统计数字不全,详细行政计划,尚难拟订。难民中自愿留居自由中国之人数如何?其地理的分布如何?将来沿主要干线归乡之人数如何?以及需要各项救济物品之比例如何?均属难以预测。中国政府对于上述各项问题,将详加研究,以便计划设立过往难民站之地点及大小,并拟请联合国总署技术上予以帮助。

中国政府已于分类报告十中,提出计划,以中国难民人数之多,问题之严重,此当为最低限度之需要。

现定计划,拟在重要地区,设立难民站五百所。其中大站五十所,每所可容一千人,二等大站一百所,每所可容五百人,村镇小站三百五十所,每所可容百人。总计各站同时可容一三五,〇〇〇人。

难民中略有积蓄,或能获得亲友及互助社团资助者,则望其偿付膳宿费用之全部或一部。所得收入,用以协助实施此项计划所需之经费。至免费供应,仅以无力偿付者为限。

协助成千成万之难民,回归老家,而不致发生疫疠,或增加社会紊乱等现象,当为艰难繁重之工作。兹请略举工作方针如次:(一)难民中已在一地安居乐业者,不予输送回籍,(二)其无还乡必要者,不予鼓励,(三)难民还乡须有秩序的分批办理,(四)鼓励难民留居工作地点,或移至易于获得工作之区域。

救济难民计划,应与社会福利计划有密切之联系与配合,并与公共卫生事业、工业及社会计划团体,充分合作。

分类计划十所列十八个月所需经费,共计国币三九,〇〇〇,〇〇〇元,美金五,六〇〇,〇〇〇元,兹摘要列表如下:

表十一 难民救济计划经费设备估计表

项　　目	国内筹办（国币）	请联合国总署资助	
		（美金）	（公吨）
(一)招待所五百个所需之设备	10,298,560元	832,693元	800公吨
(二)招待所办事人员期间十八个月	6,077,000	—	
(三)救济品及救济费期间十八个月	22,722.400		
(四)华侨救济费及贷款	—	4,800,000元	—
总　　　　数	国币39,097,960元	美金5,632,693	800公吨

第四章　善后救济计划之财政问题

以中国战区之广,人民受害之深及战事期间之久,中国救济善后计划所需外币及国币二项经费,势必为数甚巨。原列各部门经费物资,均为基本的救济善后工作所必需,并曾几经修改,以期实施时可无困难。

一、善后救济计划所需之外币财源　中国救济善后事业所需国外输入之物资,在十八个月内,共计美金二,五〇〇,〇〇〇,〇〇〇元,共重一〇,〇〇〇,〇〇〇公吨,其中百分之三十七,计美金九四五,〇〇〇,〇〇〇元,计重四,〇〇〇,〇〇〇公吨,应请联合国总署资助,国外输入物资中,医药卫生,社会福利,难民三门,拟全部仰赖联合国总署援助。粮食、衣服及房屋救济三门,仅请联合国总署补助一小部分。至于各项善后计划,——均为救济工作所必需——所需经费,大部固由中国自行筹措,亦需请联合国总署补助。其中交通运输部门,最关重要,拟请联合国总署补助需由国外输入工具器材之半数。联合国总署补助之物资经费分类支配,可随时会商修正。

中国政府请求联合国总署补助各项物资数量时,曾详密考虑偿付国外划入物资之能力。中日战事初年,中国一方因战时供应浩繁,一方必需维持国币币值,因而外汇消耗至巨。一九四一年以后,中国政府赖友邦借款等援助,外汇能力,渐次充实。国内财政基础,重告稳定。惟战后初期,中国外汇需要,至大且切。

中国救济善后计划所需国外输入之物资,其中请求联合国总署资助之部,仅占百分之三十七,其余百分之六十三,计值美金一,五〇〇,〇〇〇,〇〇〇元,将由中国自行筹措。各项需要,既甚殷切,其中一部,当由政府储藏外汇偿付,其不足之数,一方希望可由国外输出贸易所得外资抵付,一方由政府竭力设法,如举借外债等。大西洋城第一届大会议决案第十四条(十八节)虽经明文规定:各国为获得救济善后事业所需之物资及服务,无须增加外债负担,惟中国恐势须筹商外债,以应急需。本计划为便于估计需要,将救济善后时期分为三个六个月,惟若干区域之救济善后工作,期间恐需较十八个月略为延长,否则一时经费难于筹措。请求联合国总署补助之部,占所需国外输入物资百分之三十七,当可应十八个月最迫切之各项需要,俾中国日后得能实施全部计划。

中国同时需要大量外汇,整理币值。抗战七年以来,中国币制问题,至为严重。制止通货膨胀,稳定物价及外汇比率,以及整理沦陷区敌伪滥发之钞票,均须大量外汇,其确实数额,目前尚难估计,举例言之,交通恢复常轨以后中国拟向国外购买大量物品,销售各省,藉以消弭通货膨胀——一方增加市面物品之供应,一方增加货币之储备,减少政府之透支额。其次,中国需要充分外汇,以维持准备额,则现有及日后商借之外债,保证能按时清偿。其三,战后中国,必须致力于财政建设,否则国民经济难以恢复常态,国外贸易缺乏健康基础。是以单就财政建设一端言,而暂置其他问题不论,中国必须保持充足之外汇。

中国国际偿付平衡,已受严重打击。欲谋恢复平衡,尚需数年之努力。中国整个生产机构,已被摧毁,战后短时期内,中国国外贸易。难望恢复原有地位。复次，战前中国侨汇，全年约计美金一〇〇,〇〇〇,〇〇〇元，现南洋各地，——菲律滨、荷印、马来亚、泰国、安南等地，均为华侨侨居工作之地已为日本占领，战后侨汇一时不易恢复。反之，中国经济开发计划，不容稍缓，外汇需要，数额至巨，是项计划，不特与中国之前途，关系巨大，对于世界各国，亦属重要，因各国之剩余生产能力，可在中国获得市场，并能使中国供应各国所需之产品。

基于上述理由，中国深感请求联合国总署援助价值美金九四五,〇〇〇,〇〇〇元之物资，当能获得联合国之同情。

二、善后救济计划所需国币经费　救济善后计划中物资供应之部，当为帮助制止通货膨胀，促成币制建设之最好步骤。惟是项计划所列国币经费，达二,七二七,〇〇〇,〇〇〇元（战前币值），自必谨慎将事，以期此项经费之支出，不致增加财政之困难。是以需要虽属殷切，而救济善后计划所需之国币经费，不能全部由国库负担，亦不能在十八个月内全数筹足。救济善后计划中，联合国援助之物资及人力，数额甚巨，为使款不虚糜，物尽其用，中国政府拟定下列分配方法三项：（一）一部物资，供直接救济之用。（二）一部物资，平价出售，俾人民能廉价购得必需之物品，防止不正当之赢利，售价所得款项，补助救济事业所需之经费，于其他公共事业及救济计划。（三）一部物资及救济服务，将供工赈之用，此项物品之数量及种类，日后由中国政府与联合国总署会商决定。

至于生产工具及机器等，原则上私人应偿付全部或一部，如私有厂商因战事所受损害甚大，自可减轻其负担，至一般情形，应俟制成产品出售时，分期偿还工具机器价款。大致言之，国币救济经费，政府拟由申请机器工具之厂商，负担一部。工业善后及房屋所需经费之一部，亦应由私有工厂自行负担。

第五章　善后救济工作之行政机构

实施善后救济计划，必需设立健全的行政分配机构。惟是项机构，应加缜密研究。此时尚难详陈细节。中国政府拟议设立之机构，大致约如下述：

一、中国政府拟设立行政院善后救济总署。依据宪法，行政院不特指挥中央政府各部会署，并指挥全国各省市县政府。总署署长将为部长阶级，并出席行政院会议。

二、总署得有全权，决定政策，办理全国救济善后事宜及有关事项。总署办理救济，并实施社会福利及难民计划，惟不直接办理善后事业，是项事业当由现有政府机构，如交通部、经济部、农林部、水利委员会等，或由总署委托社会事业团体负责办理。

三、总署工作人员，将由现有政府机构，如社会部及各省社会处、卫生署、赈济委员会及省市县政府调用。

四、总署拟请联合国总署聘请技术及行政人员，充任专门委员、货站主任、会计人员、视察等，与中国政府行政人员及专家共同工作。

五、各地区民间救济及福利事业团体已开始工作者，总署拟充分利用其机构，人员及设备。现有团体，不论外籍或华洋合办机构，如美国援华救济委员会及其附属团体，华洋义赈会，美国、英国、加拿大红十字会，公谊救护队及其他教会团体。中国社会团体，如中国红十字会，新生活运动促进会，儿童福利委员会，战时儿童保育会，中国工业合作协会以及其他地方慈善团体。（各机构团体名单详见分类计划九附表九。）

关于组织及程序等问题，其中为联合国总署所关心者，中国政府当依据协定，随时与联合国总署会商办理。

附 录 十 一

行总与中共关于共区救济协定

三十四年年底，本署蒋前署长曾与中共代表周恩来氏在渝商谈，要求中共允许行总人员运输救济物资进入共军区域，救济一般受苦民众。中共表示赞同，当即订一协定，规定重要原则如左：

一、救济以确受战事损失之地方与人民为对象；

二、救济不以种族宗教及政治信仰之不同而有歧视；

三、救济物资之发放不经军政机关而由人民团体协助办理；

四、如行总人员及运载物资车船于进入共区被扣留时，则行总人员即自该区撤退；

五、行总人员不得过问共区地方行政；

六、中共可派代表在共区协助行总人员办理救济工作。

附录十二

行总烟台办事处与中共关于烟台共区救济协定

三十四年九月二十四日，本署决以登陆艇"万恒"号运第四批救济物资，约一千五百吨，赴烟台发放，烟台办事处王兼处长与中共周恩来氏在沪就各具体问题获致协议如左：

（子）此次登陆艇"万恒"号运送救济物资先到烟台，回航至石臼所与当地中共当局洽妥以后，下次物资即由沪迳运石臼所卸下再转他处。

沪方中共即将"万恒"号运送救济物资往烟台事电告烟台中共烟方，复将"万恒"号回航至石臼所接洽情事电告临沂，得复后即可驶往石臼所。

（丑）烟台办事处此次先携带二十五瓦特无线电台一部，由该处管理，报务员由中共派用，以后再备五十瓦特一部携往烟台，然后将此二十五瓦特者移置临沂或石臼所应用。

（寅）由烟台卸运物资至中共区域内之运费，据周恩来氏报告，本署蒋前署长已函告中共承认该项运费三分之二之数额，中共承认考虑负担三分之一，但此船到后所需卸运之物资全部费用，由周恩来氏致函当地中共负责人先行借用，俟行总与中共双方商妥具体办法后由办事处再行结算清偿。

（卯）法币与北海票比值，烟台中共当局虽已允定为十五比一（十一月一日起定为八比一），但希望以后常依当地市场比值涨落情形,以最优惠办法改定最低比值优待本署烟台办事处全体员工。

(辰)烟台办事处所需房屋家具及伙食,全由中共供给办公文具则由办事处自备。

(巳)烟台地方虽稍安静,倘一旦进入战事状态,办事处员工之安全全由中共方面负责。

(午)烟台办事处工作人员为运送物资至解放区各地及明了屡次分配及散发救济物资情形起见,除胶东、渤海、鲁南各地区外尽可能到蓬莱、龙口、威海卫、莱阳等地,以利工作。

以上协议业经本署核准。

附录十三
行总与中共关于黄河堵口协定

子、关于黄河堵口问题 双方同意塔德总顾问之以下建议:

值兹水涨之际,应竭力设法保持既成工程,以免前功尽弃。缺口之处须建石坝,以防水力完全冲入现漕。是项石坝虽使黄水分别流入新旧道,但决不致危及沿旧道之居民。目前正值水涨堵口工程不能进行,须俟九月中旬秋汛过后方能复工,现在应未雨绸缪,准备复工之一切物资器材,则堵口工程可能于今年年底完成。

丑、关于旧道河床居民问题 关于黄河旧道河床居民之迁移问题,本署决会同水利委员会呈请中央于四个月内(八月至十二月)至少拨款一百五十亿元办理救济,此项赈款专为采运黄河旧漕中央控制区所需救济物资之用,由中共会同行总支配办理。

寅、关于复堤工程经费问题 复堤工程经费一部由行总拨交河南分署后,转易中共纸币在共区发放工程工资,购买工程所需材料,余款于双方会同支配,以作购买共区所需善后救济物资之用。

卯、关于复堤工赈食粮问题 关于复堤工赈食粮,前经各工程师估计约需六千吨(第一期者),嗣于六月估计增至一万一千吨,本署决定先拨八千六百吨运往黄河旧道共区,以便举办复堤工赈。

附录十四

行总接收物资内容举隅表(单位:长吨)

一、本表系举例性质,各类物资详细内容请查阅储运厅所编物品撮总表

二、本表物资根据"联总救济供应物资编号"按其性质分成十大类,各类下列品名,再附以用途,如"钢梁——铁路"即"铁路上所用钢梁",十大类类名如下:

编号	类　　　　别	简　称
0	食物,油脂与油类(分可食与不可食者两种),饲料,肥皂及烟草	食　物
1	衣褥,纺织品及鞋袜等(包括纤维,熟皮,生皮及软皮)	衣　着
2	医药品及设备	医药器材
3	工业机器及设备(关于农场,交通及运输者除外)	工业器材
4	交通及运输设备	交通器材
5	其他机具设备(用于农场者除外)	其他器材
6	农场用品设备及曳引机(纺织品及饲料除外)	农业器材
7	零星制造用具(工具,器皿及其他物品)	零星用具
8	燃料,润滑油,煤油及其他产品	燃　料
9	各种原料及其他产品	原料及其他

三、本表补充第三十七页表十四

0 食物			1,148,014.79
小麦	453,601 吨	453,601	
面粉	173,214 吨	173,214	
米	327,323 吨	327,323	
乳制品	47,002 吨	47,002	
其他(其他谷类,肉类,汤粉,军用口粮等等)		146,875	
1 衣着			196,341.82
原棉	654,628 包	146,122	

羊毛	3,577 吨	3,577	
各种棉毛制品及旧衣鞋	46,643 吨	46,643	
2 医药器材			26,687.30
化学品及药品	4,981 吨	4,981	
外科用料	2,912 吨	2,912	
外科用具	289 吨	289	
化验用具	431 吨	431	
牙科器材	177 吨	177	
萤光设备	339 吨	339	
医院设备	2,421 吨	2,421	
卫生物资	1,955 吨	1,955	
病床设备	1,891 吨	1,891	
其他	4,750 吨	4,750	
三十六年六月以后运到（未分类）	6,541 吨	6,541	
3 工业器材			61,440.88
煤矿器材——煤矿	8,180 吨	8,180	
铁路机械修理厂——铁路	10,200 吨	10,200	
普通机械修理厂——机械	2,910 吨	2,910	
卫生用具制造厂设备——机械	230 吨	230	
筑路机具——建筑机具	24,300 吨	24,300	
吊车——水运	8 只	3,780	
引擎——水运	364 具	1,339	
柴油发动机——农业机械	346 具	1,500	
柴油发电机——电力厂	19 套		
汽轮发电机——电力厂	37 套		
各式水泵——自来水厂	287 部		
凿井机——农业机械	56 具	9,002	
抽水机——农业机械	6,600 架		
洋灰排水管制造机——建筑工业	2 套		
砖瓦厂——建筑工业	6 套		

玻璃厂——建筑工业	2套	
水泥砖制造机——建筑工业	6套	
锯木机械——建筑工业	286具	
小型制罐机——粮食加工	150套	
大中型制罐机——粮食加工	15套	
空罐复形机——粮食加工	4套	
轧花机——粮食加工	15套	
面粉机——粮食加工	20部	
榨油机——粮食加工	20部	
其他(种类繁多,单位不一,不备载)		

4 交通器材　　　　　　　　　　　　　　　　　　　　208,274.93

机车头——铁路	192个	26,204
货车——铁路	3,445节	44,253
机车及车辆之附件——铁路	2,912吨	2,912
车辆——公路	7,687辆	20,538
配件——公路	1,288吨	1,288
修理设备——公路	850吨	855
拖船——水运	103只	10,912
舢板——水运	8只	10
货船油船修理船——水运	23只	11,280
铁驳木驳——水运	806只	45,006
配件及其他——水运	1,800吨	1,800
*大中型登陆艇——水运	117只	
*小型登陆艇——水运	60只	
电报机——电讯	155座	
印报机——电讯	318座	
电话机——电讯	9,083只	43,217
*动力渔轮——渔业	126艘	
杂型小轮——渔业	43艘	
其他(种类繁多,单位不一,不备列)		
*动力行驶之船只未计在吨位之内		

5 其他器材			10,243.97
各种工程上用仪器,化验室用具等			
6 农业器材			245,712.73
种子	4,571 吨	4,571	
肥料	236,000 吨	236,000	
各式杀虫剂——病虫害防治	976 吨	979	
兽医器材——兽疫防治	225 吨	225	
手用及畜用农具——小型农具	740,000 件		
曳引机及附件——农业机械	1,342 架		
军骡——牲畜	792 头		
乳牛——牲畜	3,263 头	3,941	
绵羊——牲畜	995 头		
家猪——牲畜	90 头		
马——牲畜	1 头		
其他(种类繁多,单位不一,不备载)			
7 零星用具			38,319.44
内外胎——公路	1,015 吨		
修理车胎材料——公路	8,111 吨		
三号空锒——粮食加工	1,000,000 个		
家用气压锅——粮食加工	150 套	38,319	
玻璃罐——粮食加工	9,500 打		
电报纸——电讯	312,000 卷		
其他(如缝纫机,木匠用具,纽扣, 针等种类繁多,单位不一不备载)			
8 燃料			91,696.36
主要为油料包括滑润油,煤油及其提炼品			
9 原料及其他			330,078.38
钢轨及附件——铁路	84,005 吨	84,005	
枕木——铁路	1,010,000 根	49,561	
钢梁——铁路	26,240 吨	26,240	
青铜丝——电讯	8 吨	8	

木料——建筑材料	58,312 吨	58,312
钢料——建筑材料	95,000 吨	95,000
活动房屋——建筑材料	7,460 吨	7,460
井管——农具机械	300,000 呎	
黑铁管——自来水厂	982,509 呎	
电缆——电讯	190,566 码	9,492
紫铜线——电讯	2,305 码	
其他(如漂白粉等种类繁多,单位不一,不备载)		
合　计		2,360,816.60

〔行政院档案〕

3. 善后救济总署三十六年重大行政措施报告

(1948年)

善后救济总署三十六年重大行政措施报告

壹　总述

贰　协助农林工矿交通卫生复员

　(1)　农业复员

　(2)　工矿复员

　(3)　交通复员

　(4)　卫生复员

叁　行总及其附属机构之结束

　壹　总述

本年联总运华物资九十一万吨,连同以前所运共二百二十九万吨。此项物资先由行总接收然后配发各地应用。本年行总工作重心由救济而转入善后,而善后业务又以农业为中心。此项农业善后工作以机垦处、中国农业机械公司、乡村工业示范组、渔管处为主干。机垦处主持农地复耕及农具种籽之散发事宜;中国农业机械公司主管农具之制造;乡村工业示范组及渔管处则各负发展农村副业及倡导新式渔业之责。在工矿方面行总所接收之物资悉数配售予各需要之厂家，交通器材除少数必须由行总运用者外皆配予交通部以配合整个交通复员计划。医药卫生之复员则以联总不限制以战区为受配对象，且医药物资去年运到甚少，本年乃得积极开展。至于行总结束事宜，自本年一月份起，即开始逐步办理。兹分别叙述于下：

贰　协助农林工矿交通卫生复员

（1）农业复员

一、种籽、肥料、农具之分发

甲、种子

联总运华之种子三十五年为四三九吨，本年为四、二五五吨，因有播种季节关系前者于去年十二月以前即已分发完毕，本年所接收者亦于六月以前全数发出分布于江苏、湖北、安徽等二十九省，其中计有：

棉种　　三、〇二吨
菜种　　六九三吨
玉米　　一六〇吨
大豆　　九吨
牧草　　一三吨
林木　　二吨

此项种子之效果，因到达较迟及受转运损失影响，稍有减低，今假定仅一半种子能成长，则前项棉种可种植二十七万亩，菜种三百万亩，大豆一千二百亩，玉米十八万亩，成长以后可增产皮棉五千吨，蔬菜四百万吨，大豆八八三担，玉米三六〇、五二〇担。

乙、肥料

联总预定运华之肥料二十四万吨，其中除十五万吨，指定配发台湾以救济该省化学肥料恐慌外，余决定由行总农林部中国农民银行及各省地方当局会同免费分发。此项肥料三十五年到达六万三千吨,本年到达十五万三千吨,合共到达二十二万吨,已全部发出,其中台湾省配得十三万吨,广东三万吨,福建一万五千吨,尚有四万五千吨则分配于浙、桂、鄂、苏、皖、赣、湘、豫、冀、热、东北及中共区等地。

丙、农具

(1)小型农具

联总运来之小型农具七千五百吨,由机械农垦物资复员管理处负责分发计接收畜用农具十五万件,发出十四万件,接收手用农具六十万件,发出五十五万件,余数尚在分发中。

(2)农具制造

为谋农具之自给起见,我国向联总申请农具制造设备美金七百二十八万元,内有农具制造总厂一所、分厂十八所,铁工铺设备三千所、钢铁原料六万吨,共重六万八千余吨,现已运到五万五千余吨,悉数由中国农业机械公司应用。该公司总厂设上海,各省分厂亦在筹设中,本年八月该公司因黄泛区之需要已制造农具四万余件供应。

二、病虫害防治

联总运来病虫药械八百六十吨,除机器及原料部分,交由农林部之南京、重庆、长沙等病虫药械制造实验厂应用外,成品由联总专家指导在黄河、长江流域之美棉区,华南各省之稻作区,各大都市之蔬菜区,晋皖豫之烤烟区分别施用,预计本年内所分发各种病虫药械使用之结果可防治稻虫三百万亩,谷类病虫四百万亩、菜虫二十万亩、果树虫四十万株,由此可能增产稻谷一百二十万担,蔬菜一百万担。

三、机耕之倡导

联总运来曳引机暨附件一千三百四十二架,即由行总以一百三十七架配发各农业机关及中共区应用,八百二十八架配以曳引机修理厂九单位,凿井机二十架,抽水机五三六架,发给河南(樊家、扶构、练寺、南华、周家口)、湖北(京山、沙洋)、湖南(岳阳)、广西(沙塘)、江西(张公渡、沙埠潭)、浙江(石蛤里)、江苏(句容)、安徽(五河)以及广东、东北、绥远、台湾等地之曳引机复耕队应用。各复耕队在友谊互助队(B.S.U)人员协助下截至年底耕复荒地五十万亩，训练驾驶人员七七三人，修理技术人员一八四人，凿井技术人员十人。

四、发展新式渔业

联总运华之渔业物资由渔业善后物资管理处接收应用，现该处拥有各式渔轮一六九艘，修理渔船木料器材二万五千吨，保藏加工设备九十四单位。该处渔轮年来出渔三百次渔获七百余万斤，现此项渔轮已决定以半数售予民营渔业经营人，以十分之一供应渔业研究机关、训练机关之用，余者则与各项冷藏加工设备配合，建立新式渔业。修造渔轮木料，可造渔船二二九〇艘，但以资金缺乏，迄未能修造，现正与联总远东委员会请求自售棉价款中拨给中。此外该处一年中开班分科训练渔业技术人员三二九人、渔夫五二二人，皆已卒业。

五、乡村工业示范

我国农村工业至为落后，本年行总除加强邵阳、曲江两地之示范工作外，又在中牟、湘潭两地设厂示范。现已设立之示范厂有：硫酸、炼铁、杀虫剂、化学肥料、水泥、制革、碾米、榨油、制糖、机械等十余种，同时并调查当地工矿情形，训练技术学员以为发展农村副业之准备。

(2)工矿复员

联总运到之工矿器材有：

电力厂设备	七九三万美元；
自来水厂	五八万美元；
煤矿器材	四六一万美元；
建筑材料	二四八万美元；

手工具	三六万美元；
锯木及建筑材料工业	五一四万美元；
机器修理厂	三六九万美元。

电力厂设备以发电机为主,共五八、八一二瓩;配予资委会者二〇、五一五瓩;配予民营电厂者三八、二九七瓩。煤矿器材五、五三三吨,已配予河南(民生、宜洛、六和沟)、安徽(淮南、烈山、馒头山、裕合)、湖南(湘潭、祁陵、鄢陵、观音滩、广利福)、东北(抚顺、西安)、河北(阜新、北票、门头沟、开滦等)、山东(中兴、淄博、华宝、泰安)、山西(阳泉、西北、大同、石拐沟、宝兴)、广西(合山、平桂)、台湾、江西、江苏、湖北等大小煤矿应用。建筑材料三万六千吨,配予交通部者四、八八八吨,资源委员会三、二〇二吨,水利委员会四、二三八吨,余由行总各分署分发各地。锯木及建筑材料工业包括玻璃厂二、砖瓦厂六、水泥空心砖厂六、洋灰管厂二、水泥修理厂四、锯木厂十皆已售予上海、南京、汉口、湖南、台湾各地玻璃砖瓦水泥之公私企业,应用手工具、自来水厂、机器修理厂系分别出售或配予国营事业。

(3)交通复员

一、铁路:

联总运来铁路器材二十七万余吨,内有火车头一九二个,车皮三四四五个,钢轨及附件八万四千吨,枕木九十七万余根,机车附件二千九百吨,桥梁钢架二万三千吨,机厂设备八千七百吨,全部配发湘桂黔、粤汉、浙赣、京沪、津浦、平汉、陇海各线应用。修筑铁路器材集中修复南浔、浙赣两线,并由行总发给粮食,举办工赈。截至本年底,联总器材用于浙赣线者有火车头五十四部,车皮五九九辆,钢轨四万吨,枕木五十六万三千根,其他器材六千余吨。现南浔业已修复,浙赣线通车三分之二,下月即可全部通车。

二、公路

联总运华公路运输器材二万四千吨,其中车辆为主体(约二万吨）附以各项配件及修理工具等，是项车辆总数为七、六八七辆，现分配予交通部者二十辆，出售者一千五百辆，余由行总及各善后事业应用。筑路器材二万吨，包括各种筑路机、打桩机、轧石机及工程仪器等，已以一万三千吨配予交通部作为修复全国公路计划之用，以二千吨配予水利部，余由行总分发各分署应用。此外行总总署及各分署本年内并举办工赈修筑公路，其较著者有福建之福厦公路，湖南之零东、零道等四线，广西之各省道。

三、水运

联总运来我国之水运器材多系军余、船只，内有登陆艇等三百只，因单位价值在五万美元以上，联总暂时保留其所有权，全数配予行总水运大队，作为载运救济物资并在回空时搭载商货之用。本年内该队载运救济物资九万九千吨，商货九万五千吨，合共载货十九万四千吨，对于减轻水路交通之困难不无效益。

四、电讯

电讯器材由联总供应者五千八百吨，价值三百八十五万美元，百分之九十配予交通部，百分之十由行总应用。其成果如下：

A、修复各地电话线：

合肥安庆线、合肥芜湖线，汉口老河口线、汉口黄梅线、宿松安庆线、许昌南阳线、衡阳广州线、蚌埠合肥线、开封洛阳线、兰溪永嘉线、芜湖安庆线等。

B、修复电讯干线：

广东、江苏、浙江三省。

C、修复电讯线路：

常德、衡阳、九江—莲花圹，衡阳—衡山，芜湖—怀宁，南京—杭州，宜兴—无锡，南昌—长沙，汉口—信阳。

D、修复电讯局机件及线路：

南京、汉口、上海、天津、青岛、台北、济南、北平、广州、南昌、洛阳、郑州、福州、沈阳等地。

(4)卫生复员

一、医疗防疫

本年国内各地,因预先喷射DDT及推行清洁检查关系,霍乱极少发现。四月间江西方面发生鼠疫,经行总拨助该省防鼠疫器材五九〇箱,现金一亿元防治,得不蔓延。五六月间广西、台湾、湖南、广东、河南、江苏、山东等地疟疾、赤痢、脊髓脑膜炎猖獗,又协助卫生部之医防大队予以扑灭。同月黄泛区方面黑热病盛行,行总乃在该区成立医防队五队,分驻尉氏、商水、西华、鹿邑、沈邱等地;黑热病防治二队驻鄢陵、通许两地,二十五病床设备医院六所,五十病床医院一所分设扶沟、太康、淮阴等地,治愈黑热病人四七九人。

二、卫生复员

行总协助各公共卫生事业之复员,采取两种方式:一为接收联总医药物资,免费分发全国各卫生机构。去年发出医药物资七千八百四十六吨,本年内发出一万五千九百八十八吨,合共发出二万三千八百三十四吨,其分布地域遍及皖、浙、台、豫、冀、热、湘、鄂、赣、苏、桂、粤、东北、晋、察、绥、鲁、川、滇、贵州、西康、甘肃、新疆各地。一为拨发现金或面粉,补助受战灾之卫生机构修复房屋。现金部分,去年拨发之数为八十三亿五千八百万元,本年又拨发八十亿元,受补助之医药卫生机构达二千余所,其中计有:中央医院八所,省市立医院一七〇所,公立及教会医院三七六所,县卫生院八六一单位,医院附属医院四十五所,铁路医院三十三所,医疗防疫队、卫生工作队及其他卫生机构五三三单位等。

附属:

叁 行总及其附属机构之结束

行总预定于本年底结束,除永久性业务,移交有关机关接办外,行总及附属机构逐步紧缩裁撤,自一月份起,即开始是项工作,惟行总范围大,业务繁,且救济物资不断运到,工作不能停顿,在此情势下,进行紧缩结束工作,至感困难,但行总不计艰难,一面顾及业务推进,一面执行裁减计划,三十六年元月份行总总分署合计职员人数为一〇、八五一人,至同年底,仅保留一部分职员办理结束,连同附属机关,共仅职员一〇五〇余人,至三十七年二三月间,其附属各机构均可完成结束工作。兹将其各附属机关结束时间,列表于后:

善后救济总署附属机关结束时限表:

机关名称	结束限期	备注
江西分署	三十六年十二月底结束。	
广东分署	三十七年元月十五日结束。	
东北分署	三十六年十二月底结束。	
浙江分署	三十六年十二月底结束。	
台湾分署	三十六年十一月底结束。	
湖北分署	三十七年一月底结束。	
湖南分署	三十七年一月底结束。	
晋绥察分署	三十七年二月二十日结束。	
鲁青分署	三十七年二月十五日结束。	
苏宁分署	三十六年十二月底结束。	
安徽分署	三十七年二月十五日结束。	
广西分署	三十七年元月底结束。	
冀热平津分署	三十七年二月底结束。	
河南分署	三十七年二月底结束。	
福建办事处	三十六年十二月底结束。	
沪难民接运处	三十六年十二月底结束。	
九龙储运局	三十六年十二月十五日结束。	
天津储运局	三十七年元月十五日结束。	
汉口储运局	三十六年十二月底结束。	
上海储运局	三十七年三月底结束。	
上海牲畜饲养站	三十六年十二月底结束。	

天津牲畜饲养站	三十六年十二月底结束。
广州牲畜饲养站	三十六年六月底结束。
驳船装配所	三十七年元月十五日结束。
公路汽车管理所	三十七年二月底结束。
临清办事处	三十七年元月十五日结束。
烟台办事处	三十六年十一月十五日结束。
石臼所办事处	三十六年十一月十五日结束。
公路运输总队	三十六年十二月底结束。

〔行政院档案〕

二、破坏"善后救济"物资运送解放区

1. 善后救济总署与鲁青分署关于办理运往解放区救济物资须持有军调部郑介民签证方准通行往来文电

(1946年6月)

(1)鲁青分署代电(6月3日)

快邮代电 青秘第一三四号 中华民国三十五年六月三日

行政院善后救济总署署长蒋钧鉴：案准青岛警备司令部三十五年五月三十一日参三字第三一六号代电内开："顷奉第二绥靖区司令官王辰筱辰二文电，转准军调部郑委员辰寒执行一直电开，共军近来利用国际善后救济总署输送救济各方及调处之机会，常假借执行部名义运送物资至共军占领区，而共军对于流入我区物资，则严密封锁，嗣后凡往共军占领区之物资车辆，须持有本部郑委员签字之证明文件，方准执行。凡由共军占领区进入我区者，亦同样办理饬即遵办等因。除饬属遵照外，相应电请贵署长谅察并婉为转达联总驻青专员。此后，如有运送共军占领区之物资至希查照，上项手续办理为荷。"等由。准此。除转函联总驻青办事处查照，究应如何办理之处合电请鉴核示遵。鲁青分署署长延国符叩。青秘。

巳(江)。印。

(2)善后救济总署指令(6月28日)

指令

　　令鲁青分署

青秘巳江一三四号代电一件,为第二区绥靖司令电以对共区出入物资须经军调部郑委员签字证明,方准通行,如何办理,请核示由。

代电悉查,运往任何地区之救济物资,业奉行政院令准,经军事委员会通令全国部队放行,且依照国际协定亦应放行,本署未便接受任何签证,仰即婉复转知。此令。

〔善后救济总署〕

2. 善后救济总署冀热平津分署请示处理美军调处政府委员许可救济物资不得入解放区电

(1946年6月5日)

南京善后救济总署署长蒋钧鉴:据联、行总驻军事调处执行部联络员GRANT上尉函抄,军事调处执行部政府组备忘录内开:"关于被困城市立刻解围一节云云,至直待所有被困城市由中共军队解除其围而后已",等因。查该备忘录规定与本分署对中共区域救济工作影响甚大,究竟如何办理之处,谨将原件录陈敬乞核示为祷。全衔署长童○○。叩已。印。

节译联、行总驻执行部联络员GRANT来函
救济物资入共产区
一、随函附送执行部政府组今早送来备忘录抄件一纸,备忘录内已明白声明,中共对单列各地之围困未解除之前,不再向中共区运送物资,准此。在中共区域内之继续工作须停止,直待现在情况

改变。

二、与陆福宁（译音）上校讨论后，得悉此备忘录不影响已批准之运输，即送往承德之一千吨，行总物资及在永年售与行总粮食之付价。

三、此项备忘录所影响者，既不仅此一区，鄙人愿提议将此事转报G.T.Ray君及蒋总署长，或有其他须办之事，有关各区亦可通知之。

附抄件
第□□60号
致联、行总GRANT上尉
由无政府委员之许可救济物资，不得送入中共区内：

关于被困城市立刻解围一节，普通公布第二号已训知对敌之两方立即停止冲突，并指示如果一方之军队已占据一城，对方之军队应撤退，离开一日之行程。特别公布第二号指示食品可输入山东境内，即墨、张店、聊城、周村、枣庄、恭安、德县、兖州，河北省内永年、东明及山西境内大同、闻喜（此二字译音）。

当马歇尔将军、张治中将军、周恩来将军各处视察时，曾明白指示城市被困应立即解除，对以上各地食品之自由运输应准许之，关于此事周恩来将军已完全同意。

然截至现在，中共方面不惟不守其诺言，解除城市之围困，放行食品之输入仍紧束其封锁，如果中共方面愿见被困城内数十万人民因饥□毙，而不守周恩来将军之诺言，或不实行马歇尔将军、张治中将军、周恩来将军所发开放食品运输之命令，则国民政府即阻留所有拟运往中共区内之一切物资，直待所有被困城市由中共军队解除其围而后已。

〔善后救济总署档案〕

3. 中共代表周恩来关于释放被国军第二十五军扣留运往淮阴救济物资及合理分配苏北解放区救济物资与蒋廷黻往来函

(1946年6月)

(1)中共代表周恩来致蒋廷黻函(6月10日)

廷黻先生勋鉴：

顷接苏皖边区政府副主席韦慤6月6日函称：联总运往淮阴之第二批救济物资麦粉三百吨，皮鞋底十一袋，被国军第二十五军在扬州扣留，业已一周，尚未放行。曾由叶参谋长剑英向执行部交涉，转饬该军放行，但至今无效等情。即希鼎力设法转达第二十五军，请望飞速放行为祷。

再者，本年3月，联总在沪报所发表报告称：该会分配给行总之救济物资，已约三十万吨，以江苏而言，苏宁分署曾领到物资约九千吨，但分配于苏北地区者仅第一批之三百余吨，而已至第二批之三百吨则在扬州被扣。按苏北人口与面积较苏南则超至甚多，战争灾害亦较苏南为大，今苏北仅分得之少数物资，复被扣留至为不幸。查联总救济物资之分配，本无政治条件之限制，早经联总向世界宣布，同时先生亦曾一再声明"公平比例之联总物资应源源送至中共地区"，用特函达左右，至希本公平合理之原则，分配苏北解放区以应得之物资，无任感幸。耑此顺颂勋礼。

周恩来谨启

(2)蒋廷黻复函(6月24日)

周恩来先生大鉴：

系(35)发字第五四五号大函奉悉。运淮阴物资已代电二十五军，请即放行。

苏北救济物资配拨比例一层，本署以江苏省江北灾情较重，早经令饬苏宁分署："办理振济对于江南江北应兼筹并顾"在案。至本署办理救济依据联合国基本协定对于全国任何区域一视同仁,本署统筹全国救济,当按各地灾况公平分配。此后,关于各处灾情及交通状况有待先生转知驻军协助之处正多,除再令饬苏宁分署切实办理外,特复查照。顺颂公绥。

蒋廷黻谨启
〔善后救济总署〕

4. 善后救济总署总务处抄送中共通令保护善后救济工作人员及物资训令致农业委员会函

(1946年9月30日)

行政院善后救济总署

奉交京署本月4日济秘字一三八七六号令各附属机关文副本关于中共通令保护善后救济工作人员及物资一案。

谕饬"抄知各单位"等因,相应抄附原件函达查照。此致
农业委员会

抄京署原训令及附件一份

善后救济总署总务处启

抄原训令 济秘京一三八七六

案准中共代表周恩来氏三十五年八月二十七日函开:"前接联总瑞代署长函并附政府传单一份,要求敝方亦发布一与政府传单相应之命令。各解放区对于善后救济物资之运转及对行总联总人员自由安全通行不得加以妨害,而应予协助,并云此事业与联总瑞商洽敝方得信后,当电延请办项得复电,已由朱德总司令颁布此项命令通令各解放区办矣。除函复瑞代署长外,兹将该项命令抄录一份奉上,即希查照为荷"等由,并附原令一件过署,准此。除分令外,合行抄附原件令仰知照为要。此令

附抄原令一件

抄原令(8月25日)

查联合国善后救济总署之任务为救济难民,防止瘟疫,恢复迫切需要的农工生产及公用事业,其工作原则按规定为救济物资,无论何时不得用作政治武器(对灾民不得有种族、宗教、政治、信仰之歧视),而应予公平合理之分配等,故我各解放区一切军政机构对其救济工作人员来往之安全,救济工作之实施,救济物资之运输,必须予以充分便利保证与协助,不得有任何阻挠或妨害。对于国民政府行政院善后救济总署运达灾民之救济物资通行及救济工作人员之往来,亦应依法予以充分之安全保证和协助,着即饬令所属全体执行。此令。

总司令朱德

〔善后救济总署〕

5. 联合国善后救济总署及行政院善后救济总署与东北民主联军总司令林彪将军签订关于联总行总在东北解放区内救济工作及物资分配之协定

(1946年10月25日)

联合国善后救济总署(简称联总)及行政院善后救济总署(简称行总)与东北民主联军总司令林彪将军于联总行总在东北解放区内救济工作及物资分配之协定:

(甲)本协定以中华民国政府及联总于一九四五年十一月十三日报载所发表签定之基本协定公布联总在华工作之条款,以及行总署长与中共总代表在本年七月间成立之协定为基础。

(乙)于联总行总在解放区之机关及其人员

(一)联总行总在哈尔滨设立办事处,管理东北解放区之一切救济事宜。

(二)联总行总人员在解放区内工作时,当地政府应予以安全及往来自由之保障。

(三)今后解放区政府供给联总行总人员无线电通讯设备,使用明码,拒不发关于救济及免职事务之电文。

(四)联总行总派至解放区之一切人员食宿费用,以及在当地雇用人员之薪金和救济物资之运输用费等,均由当地政府负担。

(五)联总派至解放区之人员不复超过二名,派来之人员须先获解放区政府之同意。

(六)行总派至解放区之人员不得超过五名,驻防哈办事处及工作队所需之一切其他人员,均由解放区设立之东北各省市救济委员会介绍,雇用之时,如所介绍之人不适合于工作时,行总代表有自由解雇之权,但雇用新人时,仍须由东北救济委员会介绍之。

(丙)关于救济物资之供给分配与运输

(一)解放区政府应将急需之救济物资详单,急需救济之理由书,提交联总行总沈阳分署。

(二)由联总行总东北分署向各自总行提议,请解放区设立之东北各省市救济委员会,派一代表经常参加沈阳联总行总共同分配委员会之会议,讨论并决定物资分配事宜,联总行总保证今后一切物资,以人口多寡,区域大小,及需要缓急,作公平之分配。

(三)联总行总同意将已决定分配给东北解放区之药品二十吨,能五百病人之病院设备及其他救济物资,在联总行总驻防哈办事处成立之始,即运来解放区。

(四)救济物资储藏与运输(不论运往何处)之事,在国方区域内,今后行总负责;在解放区内,今后当地政府负责,但行联总应有充分监督押运权。

(五)所有运往松花江以北解放区之救济物资,今后行总负责经费,今后铁路运至松花江北岸解放区边境,运往东北其他解放区救济物资之运输办法,另行规定之。

（六）运往解放区之救济物资,解放区边境起至分配地点止,所有一切运输费用,均由当地政府负担。

（七）救济物资之分配办法,由联总行总代表根据总署既定之分配原则（与解放区救济委员会之代表协商决定之）,物资之实际分配,由行总机关负责,联总代表须由有监督和视察分配之权。

（八）解放区政府同意不以救济物资移作军用,并保证分配物资时不因种族及宗教及政治上之理由,有何差别待遇。

（丁）关于解放区之外侨难民

（一）联总分署得派一专员至哈办理遣送外侨难民（回国）事宜,行总得派一专员至哈视察。

（二）外遣难民登记与遣送之一切手续,均由联总（当地政府）办理。（联总专家担任顾问,有建议与审查之权）

（三）遣送外侨之一切经费,包括登记运送等费用及运输工具等,均由联总负担。

附项:

（一）本协定适用于全部东北解放区,但联总行总之工作只限于民主联军总司令部。随时指定,并由联总行总代表同意,为遭破坏及需要救济之区域。

（二）本协定从签时之日起发生效力,联总代表孟吉士已签字,行总代表刘广沛未签字,民主联军总司令部代表李敏然已签字。
中华民国三十五年十月二十五日于哈尔滨

〔善后救济总署〕

6. 河北省府主席孙连仲报告沧县查扣联总运往共区物资及办理经过情形电

(1947年5月29日)

河北省政府代电　　省社二特(36)字第五五五号
中华民国三十六年五月二十九日

南京行政院院长张钧鉴:案查前据本省第三区行政督察专员王伯骧三十六年四月三十日情特字第三二六号卯卅代电称:善后救济总署救济共区物资计装五十二船,已于寝日循运河抵沧。旋据密报:船上带有非联总救济品之禁运物资,并多出货船两只。本署据报后,当于感日协同当地党团军政商得联总沧县办事处及押运人员之同意,实施检查,当经查出运单以外之货船二只,及禁运物资颜料、汽油、火碱、钞票纸等件甚多。该押运人员声称:此种多出之船只及夹带禁品,事前并不知情,同意将此项船只物资予以扣留。除遵奉上官副主任之电谕,将运单以内之救济品全数放行,其扣留物资,容俟查清,另文呈报,并分报外,谨先电请鉴核并乞电示为祷。复据该专员三十六年五月四日情特字第三三八号辰支代电呈报:查扣物资清册及联总证明书各一份,电请核示。各等情。除饬将所扣物资暂行封存,并转报保定绥靖公署派员前往清查外,理合将沧县查扣联总运往共区物资经过及办理各情形,电请鉴核。河北省政府主席孙连仲叩。辰艳。省社二特(36)。保。印。

〔行政院档案〕

7. 善后救济总署请将已接收之联总物资暂勿运往解放区致交通部函

(1947年8月26日)

善后救济总署公函　浦秘2896号　中华民国三十六年八月二十六日

案查关于联总物资配运匪区人民办法尚未商得协议,联总中央委员会决定对于中国北纬三十四度以北各战事区域停止配运联总物资,业经呈报并分令遵照在案。兹准联总驻华办事处处长万理伦本月十九日函称:已分配政府各部会之联总物资颇多,由其驻沪机构接收后,自行运往战事区域者,该与停运原则有所抵触,将此意转达各部会惠予合作,将已接收之联总物资暂勿运往战区等由。

准此。除函复并分行外,相应函达,即希查照办理见复为荷。此致
交通部

署长　霍宝树
〔交通部档案〕

8. 中共代表周恩来抗议国军飞机在淮阴王营镇击沉联总物资民船并请制止破坏运河工程及其他联总救济事业致蒋廷黻函

(1948年8月19日)

廷黻先生阁下:顷接救济委员会华中分会函称:七月二十九日上午十一时,国民党军战斗机两架,"在距离战地数百里,淮阴北五里之王营镇,扫射从陈家港转载运河工程所需,联总物资之民船多艘,均被击沉,船户与工友十余人殒命,三十一人受伤。除已向三人会议政府代表徐永昌将军提出抗议,要求保证以后不再发生同样事件,不得破坏运河工程及其他联总救济事业,并负责赔偿此次事件之一切损失外,特此函达,即希查照,并转请政府制止此种行为",至纫公谊。专此顺颂时祺。

周恩来谨启
八月十九日
〔善后救济总署档案〕

（三）破坏中共领导进行黄河堵口复堤

1. 善后救济总署转知开放上海等十八处港口训令
（1946年4月8日）

善后救济总署训令　济渝三十五储字第一六四一号　中华民国三十七年四月八日

令青岛物资储运局

案奉行政院三月三十日节陆〇九七二三号训令开："前奉主席代电,以沿海各口岸逐渐安定,此后除军事情况特殊者外,自三十五年度起,凡订有互惠条约之国家其商船,准予进出于我国设有海关之各通商口岸,案业经分行各有关机关在案。兹决定以下各港口——1.上海；2.宁波；3.永嘉；4.厦门；5.汕头；6.天津；7.秦皇岛；8.大连；9.海口；10.拱北；11.烟台；12.营口；13.安东；14.广州；15.福州；16.基隆；17.高雄；18.九龙共十八处,暂时一律开放,但得随时宣布封闭。除呈报并通饬施行外,合行令仰遵照。并转饬遵照"等因。奉此。除分令外,合行令仰遵照。此令。

署长　蒋廷黻

〔善后救济总署档案〕

2. 黄河水利委员会等与中共代表商讨花园口堵口复堤座谈会纪录
（1946年4月20日）

商讨堵口复堤座谈会纪录
日期：三十五年四月二十日下午一时
地点：花园口堵口复堤工程局
出席人：

黄河水利委员会：赵守钰　陶述曾　王绪德　瞿之琳　朱国衡　左起彭　邱鸿恩　孔令瑢　王力仁　许敬雍　闫振兴　张季春

中共代表：赵明甫　刘季青　曲万里

河南省招购委员会：李鸣钟　林开甲　王芸青　刘鲁文

甲、报告事项：

一、赵委员长报告十九日在郑州与搭德顾问及技术人员研讨本年汛前能否将堵口工程赶办完竣情形。

二、左副处长报告十九日研讨结果（共分九项，附后页）

乙、讨论事项：

一、关于第六条复堤组织及测量一节，山东修防处孔主任认为时期过于急迫，不能办到。

二、关于第五条复堤工程一节，中共赵代表、山东修防处孔主任及河南复堤处处长金认为时间过于促迫，决不能办到，且对原估仅先复旧堤及平均加高五公寸，暨失□修重要险工地段扫工二节认为不足以策安全，不表同意。

三、关于第三条稽柳木桩一节，招购委员会李委员认为，如其他问题均有把握，省政府方面决尽全力办理，促早成功，惟稽料缺乏，应另商补救办法。

四、根据以上情形堵口复堤，整个工作推进程序应另行拟定，经会商同意决定原则如次：

（一）堵口部分——1.本年汛前注意加倍已成之西坝。土工，东坝里头及各项防护工程同时筹运石料及各项料物；2.汛期内注意守护已成工程；3.霜青后开始打桩，凌汛前合龙；4.明年春暖后办理加修防护工程。

（二）复堤部分——1.本年麦忙前赶办测量；2.麦忙后修复旧堤土工；3.秋忙后办理裁湾取顺及必要之浚河等，化除险土工程，凌汛前口门堵合后水归故道，利用运输石料并观察水流趋向决定险工地段,计划防护;5.明年春暖后办理险工防护工程。

散会。(下午六时)

本年汛前堵口必须如期克速办理之先决条件:

(一)国外器材(由联总负责)木桩、打桩机及附件,轻便铁轨交通工具、铅线、测量仪器、燃料等急要物品,必须于五月十日前全部运达工地,其他物质五月底前运达工地。

(二)石料(铁路局负责拨车)自五月一日起至六月二十日止,每月必须有六列车轮流装卸,三机车轮流运送,其数量每日至少一千公方,截止六月二十日必须运足五万公方。

(三)稭柳木桩(河南省招工购料委员会负责)自四月二十一日起,八十日内每日须有大车一千辆运到工地,每车装六百斤(以平均每四日往返一次计算,须有大车四千辆轮流装运),截止七月十日,须运足稭料二千万市斤、柳枝三千万市斤,一至三公尺木桩,四十万根。

(四)堵口用麻(本局材料处运输处负责)自四月二十一日起,六十日内每日至少须购运到八千市斤,截止二月二十日,须购运足六十万市斤。

(五)复堤工程(豫境复堤处、山东、河北两修防处及有关地方政府负责)全部土工及险工地段之扫工至迟必须于五月二十日开工,六月三十日全部完工。

(六)复堤组织及测量(豫境复堤处及山东、河北两修防处负责)各级复堤机构至迟必须于五月五日组织完善,测量工作至迟必须于五月十日开始。

(七)工粮(行总负责)河南境内共需工粮四千五百吨;山东境内共需工粮七千吨(鲁西四千五百吨、鲁东二千五百吨);河北境内共需一千吨,至迟必须自五月十日起开始陆续运送,六月二十日全部运齐。

(八)河床内居民之迁移(呈请中央核定救济办法后办理)河床

内新建村庄全部居民必须于六月十日前全部迁移完竣。

（九）工款（呈请中央核拨）按本年汛前完成复堤，急要部分及堵口工程切实撙节，估计至少需款二三五亿元，除已领二八亿元，至迟五月十日前应再领一三八亿元，六月十日前再领六九亿元。

综上九项，如有一项不能如期如数办到，本年汛前即不能将堵口工作赶办完成，以免发生意外，特此注明。

〔善后救济总署档案〕

3. 善后救济总署抄送"范海宁视察黄河工程报告"及与中共代表水委会协议条款致河南分署训令

（1946年6月3日）

善后救济总署训令　备工字第二六三四号　中华民国三十五年六月三日发出

令河南分署

案查豫、鲁两省境内黄河堵复工程事宜，经联总河南区主任范海宁前往实地视察，并拟具办法建议到署，查是项堵复工程关系该两省人民生活及国际观听至巨，自应积极进行，早观厥成。兹经慎重研讨决定，凡与工程有关事项，责成该分署与有关方面洽办，除已由京署将与周恩来先生商决三项电知外，兹再将有关此案本署代表于五月十七、十八两日在京与水利委员会及中共代表会商，又成立之协议三项，并抄发范海宁视察报告一份，令仰知照。此令。

计抄发范海宁视察黄河工程报告一份

水委会中共代表及本署协议条款一份

备忘录　一九四六年四月二十四日

送：Colonel Ralph　　Olmstead

发自：范海宁

题目：开封分署视察黄河工程报告

预测黄河工程将于三个月或四个月完成,许多问题就在这时期内需要决定,首先要提出的就是复堤区域内工作食粮之救济。

现在办理郑州与开封间之堵口工程也很庞大,在下两个月期间内必需开始从堵口处起,至河北、山东等地之复堤工事,最远可至济南地带。

边区政府设在邯郸,正在河南以北,在平汉线上,其管辖范围西至河南西部,北至太原与济南之间,济南至曹州为东部,南至黄河沿岸。

曾和边区政府接洽过,关于黄河工程,最好由河南联总与分署、水利工程局一手经办,尤其是开封与郑州的黄河水利工程处,无用再由河北、山东等地区机关来负责,有关一切工程进行,如面粉及其他救济品来救济复堤工人等事件。据边区政府代表之意思相仿分署与边区政府,现已充分的合作。如此黄河工程处与边区政府可以很轻便去进行该工程,所以河北、山东也开始,黄河水利工程将由开封转送物资。

这是一件很有利的事,相信分署将分设机关至山东,如此可以办理救济工作到山东之东部,更者进行山东、河北区之工作,测定该区需要之救济物资将超过河南分发数。

我们调查有一个颇大的移民问题,就是自开封到济南间旧黄河道内有若干居民。据报告在过去八年,将近有一五〇〇新村庄在黄河道内,这一个移民政策需要会同边区政府、地方政府及黄河工程处共同解决之。

除复堤工程急需救济物资外,尚有整个边区政府内地区之药品供给,此般普通救济工作可以靠近黄河水利工程区域内同时进行之。

(一)关于复堤工程:

1.下游急要复堤工程,包括险工及局部整理河槽尽先完成同时规合部工程衔接推进。

2.急要工程所需配合之器材及工程粮,请行总联总优先尽速供给。

3.急要工程所需二款,由水利委员会充分筹拨。

4.此项复堤工程,争取六月五日以前开工。

5.复堤工作关于技术方面,由黄河水利委员会统一筹划,施工事项在中共区域以内地段,由中共办理。

(二)关于下游河道以内居民迁移救济问题,黄河水利委员会已呈请有案,请中央从速核定办理,俾能配合堵口复堤工程之需要。

(三)堵口工程继续进行,以不使下游发生水患为原则。

以上各项决议,应由各方分别呈报核办。

〔善后救济总署档案〕

4. 中共代表周恩来催拨黄河故道居民救济费致蒋廷黻函

(1946年8月19日)

廷黻先生惠鉴:

关于黄河故道居民救济问题,前蒙惠允在行政院未批准前,可先由贵署购买物资。敝方曾据此提拟一购物单送上,目前王笑一先生趋前面洽。先生竟又否认以前诺言,谓须经行政院批准后再行商讨购买物资问题,殊堪诧异!查七月曾在沪商定贵署及水委会本年八、九、十、十一四个月应筹定一百五十亿元救济费,拨交菏泽办事处发放。现期限已届八月将尽,此款尚未经行政院决定,至希速向政府催拨,按期发放,切实履行前项协议,毋任感荷。如再迁延,势必影响此项重要救济工作之进行,年终黄河堵口工程,倘因此而发生问题,其责任应由政府及贵署各有□□负之,尚希注意为幸。耑此顺候台安。

周恩来谨启
八月十九日

〔善后救济总署档案〕

5. 中共代表周恩来请速拨黄河堵口工程物资并催拨黄河故道居民救济费致蒋廷黻函

(1946年9月13日)

廷黻先生勋鉴：

本月十一日济恤京字一四〇四七号复示敬悉。惟恩来前函薛子良先生，请其催拨黄河故道居民救济费时，彼竟复称："既未参与，当然不能负责。"殊以为异。查七月上海商谈，先生曾声明已与薛子良先生会前商好，将共同负责向行政院提出拨款一百五十亿。上海协议，贵署及水委会在本年八、九、十、十一四个月内应筹足此一百五十亿元，拨交荷泽办事处发放。现期限将达一月有半，而此款尚分文未拨。台端虽允向水委会代为催拨，惟采购物资一节，却云须俟水委会通知经费有着时贵署方可代购，则目前荷泽办事处关于黄河故道居民救济工作，将无事可作，似此推延，问之前途，殊属可虑，为使此项重大救济工作得以顺利进行，并使黄河堵口工程不致因拨款羁延而不能进行，甚望贵署就现有物资先行购发，并催水委会迅将此项救济费按期拨付，以便救济工作及水利工程均得以如期完成至纫公谊。专此顺颂公绥。

周恩来谨启

九月十三日

〔善后救济总署〕

6. 联总行总与中共代表会谈黄河堵口复堤纪录

(1947年1月11—17日)

(1)黄河堵口复堤第一次会谈纪录(1月11日)

时间：民国三十六年一月十一日上午十时半

地点：上海行总会议室

出席：

行总：霍署长宝树　李副署长卓敏　刘视察椽

中共：董必武先生　伍云甫代表　成润代表　林仲（翻译）王笑一代表

联总：艾格顿处长（Edgenton）　塔德总工程师（Todd）　毕范里副处长（Price）　台维斯代表（Davis）

水委会：吴又新代表

主席：霍署长宝树

纪录：丁致中

霍署长：关于黄河河床居民迁移救济问题，本署于去年十一月二十三日起，与中共、联总及水委会代表先后会谈七次，已于本月六日获致协议，中央并已先拨五十亿元办理迁移救济，本署已将此款汇至开封，并派王贺寰君负责办理此事，谅董先生早已知悉，至于其余一百亿元，本署正在请拨中，今天希望各单位先决定代表人选，以便即日办理迁移救济事宜。

董先生：关于救济问题，本人业已委托伍云甫、成润两同志全权处理。今天本人非为商讨救济问题，而来主要目的在解决如何停止堵口及放水。查去年十二月二十七日放水后，中共、联总及地方人民代表即在邯郸开一紧急会议，塔德总工程师及赵明甫…，出席该会，本人阅读该会纪录后，即知该会人民代表咸此次放水实为罪恶行为，本人此次来沪曾与艾处长会谈三次，请其向中央建议停止放水，迄无结果，现在须提出者如左：

一、根据以往各种协议，关于黄河堵口复堤及救济三项工作，均系由中央及水委会与行总联总会商办理，为何此次放水水委会不先通知我方？

二、黄河堵口复堤及救济三项工作系联系的，不能个别解决，现在复堤及救济工作尚未完成，而即先行堵口放水，无异违反原有协定。

三、为下游居民之生命财产着想,希望即日停止堵口放水,并按原定计划延期五个月,俟复堤救济工作完成后再行堵口。行总专管救济工作;联总兼管救济及工程工作;水委会专管工程工作。放水后,中共曾送备忘录至行总联总及水利委员会,均无具体答复。今天请即讨论此事,因放水不停,则救济亦属枉然。

霍署长:救济工作董先生决定交伍、成两先生全权处理,本署当表欢迎,当本人到任后,对于此事可谓竭尽绵力,不识董先生对本署是否满意?

董先生:霍署长对共区救济工作之努力,确系不可否认,行总毫无诚意,但本队十一月与行总两次协议,均未完全履行。一般同志以为行总毫无诚意,但本人以为行总自有其客观上之困难,非其本身缺乏诚意,实受环境使然。

霍署长:今天既不讨论救济问题,则请各位讨论工程问题。

董先生:但吾等应注意者,即工程与救济必须配合。

吴代表:本人常驻上海,此次水委会委派参加会误系传达意见性质若干问题尚须请示后,方能答复。唯关于此次放水,据南京本会电话所告,谓堵口复堤本拟同时进行,因现值水落时期,正宜先行堵口,如错过此机会,则今年以内恐再难以堵口,势将前功尽弃。至下游复堤救济工作,因放水口小,仍可同时办理,关于董先生所问放水为何不先通知一点,本人须请示水委会后方能答复。

霍署处:目前关于工程问题有何补救办法?

吴代表:如目前加紧复堤救济工作,尚可补解,决不致发生汛灾。

董先生:关于黄河实际情形,本人与吴代表均不明悉,唯塔德总工程师知之甚详,据塔德及上列诸同志之意见:

一、堵口再延数月亦无问题,此系根据邯郸会议塔德之谈话。

二、复堤工作:因黄河区气候较寒,阴历腊月及正月土冻不能工作,故须延长五个月。

三、根据以往经验，放水后至十一月有凌汛，四月有桃花汛，对下游居民颇为危险。

四、根据塔德意见：目前放水可以停止，并无工程上之困难，故本人要求延长五个月再行堵口。

吾等深知此次放水系由国防部之指使，现与水委会之交涉，实已相隔一层难获善果。唯联总乃负责救济与工程者，整修黄河计划乃其最伟大之工作，其对放水应负道义上及实际上之责任，因其明知堵口及复堤并未配合，为何坐视中央实行放水，为何仍将物资及人员源源供应而不知干涉，如谓放水后可使黄泛区民众获救，则使下游民众受灾，岂乃善策，联总倘不即向中央建议停止放水，则其援华之善意必为下游民众之公愤所冲消。

艾处长：本人来华后，对于黄河工程之处理颇为勤奋，可谓一切均为中国人民设想，联总驻华办事处并非执行机关，乃处于顾问及协助之地位，对于中央及中共均一视同仁，并无偏袒，吾等除作顾问之外，别无其他责任。关于黄河工程可分人道、政治及工程三方面言之：在人道及工程方面，联总尚有资格向各方建议；而在政治方面，则无资格作任何劝告及建议。虽然如此，而联总尚愿在此方面作道义之周旋，兹再分别言之：

一、在人道方面：整修黄河计划，系以中国全体民众之福利为目的，尤其对于黄河居民有莫大之利益。此一计划之完成，对于黄河下游居民不免有若干牺牲，但有救济工作可以补足，此项牺牲故在长期言之，此种牺牲实一有利之牺牲，如能不究往事，使救济工作早日完成，则牺牲可以更少。

二、在工程方面：根据各位专家意见：如在目前放弃堵口放水工作，则将来再欲堵口颇成问题，主要原因即为现在水位最低，最宜于堵口工作，至于黄河下游，现有之堤工亦足以防御凌桃各汛，目前水流甚缓，如在短期内加紧完成迁移及复堤工作，以后更无危险可言。

三、在政治方面：余能建议之资格甚少，唯竭愿凭此短浅之资格略言一二。本人认为黄河工程有关各方，均应通力合作，否则不仅将生政治纠纷，且在工程及救济工作方面，亦不易进行。如工程人员及物资不能到达下游共区，则复堤及救济工程均难实现，本人竭愿国共双方对于此事应有一种谅解，俾使整个计划早日完成，但余内心感到此种谅解恐不易得，共方能否保障联总行总在该区工作之安全恐颇成问题。

董先生：关于政治方面，水利委员会前年即拟堵口事前，并未与我方商谈。去年二月，黄河居民知悉此事，遂分向我方要求阻止堵口，对于此事去年三月，张治中、周恩来、马歇尔三位将军自新乡视察返汴开会决定堵口与复堤应该并进，不能有所先后，是则此种政治责任应由中央负之，艾处长倾谓联总乃处于顾问及协助之地位，对于放水不能负任何责任，而余认为联总既已供给专家及物资，应负实际责任无疑。联总如祇能协助堵口，不能协助复堤，换言之如联总不能接受我方停止放水堵口之要求，而转向中央建议，则可表示其与中央一致态度，显系不公。如中央坚持不停堵口放水，则黄河下游人民难以忍受，唯有采取自卫救济办法，此为本人对于艾处长之具体答复。吾知艾处长并不支持吾之建议，其能协助中央堵口，不能协助我方复堤，使下游民众遭受不应受之灾害，实为不公之至，希望艾处长对于此事再加考虑，凭公取决。

艾处长：目前问题之重点，在如何加紧开展迁移救济，可否请即讨论此事。

董先生：放水堵口之原则尚未确定，先谈迁移救济又有何用。目前下游行将遭受淹泛，过去不予救济，反待民众受淹后再予救济是乃不合情理，在此情形之下尚欲我方保障联总行总工作人员之安全，否则实难做到。本人认为艾处长对于停止放水问题，应作公正表示，否则实难告慰民众，余亦决不同意其所发表之意见。

艾处长：董先生对余意见恐有误解，余对于停止放水并未表示赞成或反对，祇表示堵口倘延至五月实行，则将来堵口颇成问题，工程损失甚大。按诸事实，目前放水对于下游居民并无危险，反可促之迁移。

霍署长：现已一时，可否改至下午二时半再听各工程专家之意见。

董先生：本人同意，唯因事下午不克参加。

李副署长：关于迁移救济工作究应如何进行。

董先生：关于河床居民迁移救济工作，可由伍同志即电下游当地政府，征得同意后再行前往举办。

伍代表：本人决即电询此事，俟获复后再告。

（休会）

(2) 黄河堵口复堤第二次会谈纪录（1月11日）

时间：三十六年元月十一日下午二时半

地点：上海行总会议室

出席：同第一次会谈人员，董先生缺席，由伍云甫代表。

主席：霍署长

纪录：丁致中

霍署长：请伍先生先发表意见。

伍代表：艾处长及塔德总工程师认为，目前放水无甚危险，而黄河居民积多年之经验，咸知二月凌汛水深约达十五尺，无异将河南之汛灾移至山东，其惨无比。

霍署长：此系工程问题，究竟有无危险，请塔德先生发表意见。

塔德总工程师：据余所知，黄河下游已筑之堤，颇可应付二月之凌汛，六月中旬以前或不致发生危险，惟查自东明以下七十五里均系加作险工，以往系筑堤与险工同时进行，目前以先作险工为妙。因险工完成后，流水即不致成汛，但此项险工系加石子方能坚实。以前运石多用骡马，现在可用船只顺流运送，石子可由路王坟或新乡经彰德至兰封,再送黄河,较之徐州运送为易。此外,十年前曾有大批石块存于临濮集,亦可利用,如再加高粱杆填底,则有二十万人可在一月内完工,故此段工程恢复至一九三八年以前之状态,并非难事。唯目前险工地带有三处非国共双方停战不能开工,余最近与赵明甫代表等曾前往视察,即遇种种困难后电执行部,亦无效果。至于复堤工作所需器材,如电线、铁锹等,联总行总均以准备齐全,如下游和平可以保障,余等随时可往指导工作,并在花园口尚有大批木船可以运送石子,即在寒冬工作,仍可照常进行,本人固无片刻懈怠,随时准备贡献能力者。

伍代表:本人对塔德总工程师有三点解释:

一、余以为下游工程不能以恢复一九三八年以前之状态为限,因该时尚无河床,村庄情形不同,目前最重要者厥为如何不生泛灾。

二、和平保障乃系政治问题,非吾等所能解决,唯放水应于复堤及救济办妥后行之,此乃正确之真理。

三、上午董主任对于工程师并无责难之意,祇对工程政策有所评议,即堵口工程颇为积极,而复堤工程则颇落后。例如堵复工程经费六百六十亿元,用在复堤方面者仅六十亿元,由此可知中央祇注意堵,未注意复。

艾处长:复堤工程及救济工作,过去虽稍落后,但目前不能再事耽误,根据工程师之报告,如延至五月放水,则今后堵口即难完成,余以为堵口、复堤及救济之三事,应同时进行,但所谓"同时"二字并无标准,多少总有先后,现在先行放水尚有数种便利:

一、下游复堤及险工所需材料,反可利用放水后之水道运输,颇为迅捷。

二、未放水前河床居民均抱观望态度,纵发迁移费用恐不久又将迁回,放水后可使彼等确知非迁不可,此时予救济较得时。

现水已放,而尚有充分时间可作复堤救济工作,此顾虑者厥为工作人员之保障问题，余欲请问伍代表，如中央允余所请停止该区军事行动时，中共当局是否亦愿停止军事行动？盼望伍代表会后与贵方商妥于下星期一答复。

伍代表：余对复堤救济不能再事耽误一点颇表赞同，目前且应抢救才是，但前提为必须停止放水后方得抢救，因凌、桃各汛乃系事实，艾处长所询之事，如中央能由原占领黄河各地自行退出，停止进攻，余当请示我方当局后，再为复奉。

艾处长：余提出此一问题乃一假定，固不知中央能否允，如所请余内心认为，倘双方能即停战，则复堤救济于一个月内即可完成，不致临受汛灾。如延至五月，则整个工程势难完成。本署今年即将结束，希望于今年之内完成此项伟大工程。目前，余可向中央建议使水位不再增长，如此对复堤救济更为便利，尤应迅办为宜，余极愿意与中共方面之工程专家一谈，表白余之观察判断，乃根据事实。

塔德总工程师：周恩来将军有一英语翻译章文进君，对下游工程颇为洞悉，可请派章君来沪与艾处长商谈。

伍代表：艾处长所谓一个月内完成复堤救济工作，恐难办到，因河床居民一时尚无移处，必须有充分时间方能移清。

艾处长：倘无战事，一个月时间足敷运用。

李付署长：会谈至今为时已久，迄无具体结果，总观双方意见均愿工程早日完成，唯问题一在即停堵口放水先作复堤救济工作，一在堵口放水与复堤救济工作立即同时推进，而双方意见不同之焦点似在工程上问题，吾等皆非工程专家，能否依照艾将军提议，请章君来沪一谈，则问题即可解决。

成代表：章君亦非专家，恐不能来，目前所论并非工程问题，而为工程政策问题。

艾处长：本人尚有他种会议，须即赶往参加，现时已过，拟先退席。

李付署长:此次会谈时间已久,容待以后再谈。

(散会)

(3)黄河堵口复堤工程第三次会谈纪录(1月17日)

时间:民国三十六年元月十七日上午十时

地点:上海行总会议室

出席:

行总:霍署长宝树　李副署长卓敏　向处长景云　刘视察椽

联总:艾格顿处长(Edgertcn)　毕范理副处长(Price)　塔德总工程师(Todd)　台维斯(Davig)

水委会:薛委员长笃弼　吴代表又新

中共:董必武先生　伍代表云甫　成代表润　赵代表明甫
王代表笑一　林代表仲

主席:霍署长宝树

纪录:丁致中

霍署长:今天薛、董、艾诸先生莅临本署再度会谈,本人殊感奋近数日来,吾等对黄河复道问题曾作非正式之谈话,意见出入甚少,极盼今日能获一具体解决办法。上次董先生谓堵口复堤及救济三项工作应同时并进,刻救济工作方面业已获致协议,即可实施,关于堵口复堤工作方面,盼于今日亦能获一谅解。

董先生:本人此次到沪,专为黄河放水问题而来,曾与艾处长商谈两次,复与毕范理商谈一次,主要论点在堵口复堤及救济三项工作,根据以往协议,必须同时进行。目前堵口工作将告完成,下游险工及救济工作则尚未着手进行,而政府居然于去年年底实行放水,本人为顾全下游民众福利起见,特来上海与各位商计补救办法,当亦愿能获一具体协定。

薛委员长:董先生顷谓堵口复堤与救济应同时进行,并指出下游险工及救济工作尚未进行,责备政府不应堵口放水,本人谨以客

观态度就下游险工堵口放水及迁移救济等三问题,作一详细之说明:

一、关于下游险工方面:

抗战胜利之初,本会即注意黄河复道问题。去年元月,本会曾派高级职员会同塔德工程师至共区接洽,迄无结果,嗣于三月马歇尔、张治中、周恩来三将军赴新乡视察时,咸感此事至为重要,马歇尔将军特告周将军速与政府商洽,此事中共乃派王若飞代表与我方协议。在新乡、开封协商均未获果,旋于五月初,接赵委员长守钰电报,谓中共决派赵明甫、王笑一两代表来京与本会正式商谈,本会遂于五月十七、十八两日与中共、行总、联总在南京会谈,当获具体协议,对于堵口复堤及救济问题,均曾详细规定,足为今日会谈之唯一依据。

关于复堤险工问题,该协议内第一项即规定:"黄河下游之修堤工程应先完成",所谓"修堤工程"即指险工而言,该协议第五项复规定"修复所需技术由黄委会供给,至工作之实际执行中共区者由中共负责"。故根据协议,险工应先完成,共区险工概由共区负责,当时因已决定七月堵口,故规定先修险工。去夏据塔德总工程师勘查报告,认共方险工确已开始修筑,且颇努力云云。本人以险工既以开始,乃呈请政院拨款协助,共计先后三次,拨发六十亿元,统交行总于六、七两月内拨讫,再加行总面粉价值十二亿元,共计总值七十二亿元,全部发交共区下游修筑堤岸及险工者。去年八月,请塔德总工程师再往河区视察,彼报告认为连面粉在内七十二亿已够共区筑险之用,行总发放赈款亦有良好成绩。塔德根据其视察结果,既谓共区筑险已在积极进行,吾等当信以为真,董先生顷谓下游险工未作,本人不能了解,此系仅凭事实而言,并非驳辩。

二、关于堵口放水问题:

关于堵口,该协议内规定:"花园口堵口工程应照常进行,但以不使下游发生水灾为准,汛前打桩抛石不得超过二公尺,不受军事方面干涉，新乡至开封公路不许破坏。此外，中共又提出：'中共愿派一工程师常驻花园口协助堵口工作'，亦经会中同意，本会始终执行决议案，并无相违反之处。查去夏联总行总均促本会以速堵口俾得利用，联总物资救助黄泛区六百一十万流离人民及一千七百万亩农地，由此可以恢复每年一百五十吨农产，唯去年七月正值大汛时期，土质过松，不易堵口，倘轻率为之，则下游必遭汛灾。故本会顾全下游民众免于汛灾及维护原决议案起见，决定暂不堵口，未及数日大汛果至，将已筑之堵口工程全部冲毁，下游始免汛患。当时黄泛区各方对堵复工程局赵兼局长守钰攻击备至，并滥施控告，此皆为本会根据工程上之经验，而"不使下游发生汛灾"之明证，本会为维持决议案而受责难，固所不计也。

中共根据决议案，曾派赵明甫代表常驻花园口视察工程进度。关于堵口，去秋决定在今年凌汛以前实行引水合拢，查决口宽度原为一千四百公尺，去年已完成一千公尺，尚余四百公尺，正作打桩抛石工作，唯近日水位渐高，必须引水渐入，故道方不致使堵口工程冲毁，同时引水既小且缓，决不致使下游生汛。去年十二月二十七日之引水乃为工程上必有之步骤，并非故意放水，亦非即时合拢。赵代表深悉此事彼当早已报告中共当局，无疑董先生曾责本会引水为何不先通知共方，此因引水乃工程计划上预定之程序，无须通知共方，即对政府本会事先亦未请示，此可证明本会并非故意放水明甚。现水已放，依据本月十一日之报告，水已流至长垣，深仅七八公寸，速度较人行为慢，故下游决不发生汛灾。且中共十一月二十八日在下游曾布告周知民众，谓黄水即至，希速准备迁移等等。此又可证明中共早有准备，并非事前不知引水，余见报载董先生谈话，谓此次放水系我方故意造成水灾藉淹下游民众，此乃过甚之意。第二，去夏不堵而延至凌汛前引水，实为顾全下游民众之证明。第三，我国之政治道德为"救灾恤邻决不以邻为壑"，吾等同为黄帝子孙，安有孰重孰轻之分，政府决无恶意，希董先生平心考虑。

三、关于迁移救济问题：

中共曾责我方对迁移救济工作过缓，此点余亦承认，但此非吾等工作效率不高，乃因政府抗战以后，财政颇为拮据，不仅中共区之款项迟迟拨出，即中央各机关所属款亦常不能照期领到。例如，本会前年八月即呈请中央拨款一百亿元，以作水利工款，至去年一月始领到半数，其困难可知。现下游救济费一百五十亿元，日前已承中央全部拨出，亦可示中央重视下游救济之意。此外促使中央拨款迟缓之原因，厥为中共所报河床居民数目与所需款数前后不符。去年四月二十九日，中共代表报告长垣至济南河床居民新建者二百村；济南至利津三百村，每村六十户，每户五人，共计十五万人。五月九日中共赵代表明甫等第二次报告，谓有五百五十九村，共计十六万七千七百人，最近又称总人数为三十余万人，数目先后不符，此点使财政当局在审核上发生何为准确数字之疑问。至于救济项款，去年中共在菏泽最初要求一百五十亿，其后要三百亿，后又减至二百二十八亿，最后仍依据一百五十亿之数，上列二种原因恐与政府以不能确定数额之困难，此系兄弟揣测，特为提出以作参考，以上为根据事实而言，知我罪我在所不计。

董先生：昨日伍云甫同志告余今日开会，系为解决具体问题，顷闻薛先生所述各点与开会原意实有差异，薛先生既根据事实而言，本人亦不得不根据事实而略言一、二。薛先生谓去年元月派员至我方接洽，未获结果，据余所知，水委会整治黄河于前年九月即已发动，彼时余在重庆与薛先生相邻，为何不先通知商谈及派员至河道考察，并未通知我方为何反谓我方不让前去，薛先生仅提出去年五月南京会议之决议案，为何四月开封会议一字不提，开封会议中规定堵口复堤应同时并进，四月十五日菏泽会议亦有同样规定，实应予以重视。薛先生根据南京会议谓堵口以前应先完成急要工程，此种急要工程当包括险工在内，但余认为急要工程固可包括险工，而并不即为险工。我方去夏险工未克完成，主要原因在军事问题,其次为延期付款问题。复堤原定七月十五日前完工,而我方在七月五日即已完成,政府至七月十五日始拨二十亿元,八月初再拨二十亿元,九月又拨二十亿元。八月间因内战关系,已有复堤工程遭受破坏,以致无法进行修补。塔德总工程师向政府报告,谓六十亿元连同粮食十二亿元,足以偿付我方之工款,此乃其视察之估计,并非确实之调查,且面粉折为工款一节,我方始终未予承认。上列事实足以表示我方竭愿与水委会、行总、联总合作完成堵复工作,而去年七月薛先生在中央报告,将不能堵口之责任加诸我方,实更有违事实。

毕范里:本人拟插一言,请各位原谅,此刻可否少作历史上之辩论,而即讨论具体问题。

董先生:余本愿意商谈具体问题,因薛先生提及往事,故本人亦须作一简要答复。

关于救济费:根据去年七月协议,在八月至十二月分期拨付,但未拨到,政府明知下游救济工作尚未开始,为何决定凌汛以前堵,我方虽有代表驻花园口,而其并未同意,此举曾于八月九日、十月十七日、十二月八日、十二月三十日先后提出抗议,迄无效果。

薛先生谓引水并非故意放水,乃系自然之趋势,并无义务通知我方,然塔德及艾处长对此均曾电请停止放水,塔德在邯郸会议中尚谓可延数月放水亦无妨害,为何水委会欲凌汛前放水。

至于十一月二十八日我方布告周知民众迁移,此因我方迭提抗议未获善果,不得不作此种准备。

薛先生所言政治道德,余有同感,唯须正视事实,徒言无用。

关于救济费迟拨原因,最后一次所报河床居民数,系会同行总调查者,当可作准,并无可疑之处。

总之放水不停,一切无由商谈。

霍署长:双方解释颇属必要,此刻可否即谈堵口与复堤之配合问题,关于复堤工作,下游仍由中共负责,工款则请政府拨发。

薛委员长:本人同意霍署长意见,关于下游复堤工程,去冬曾请塔德会同中共赵代表前往视察,行至半途即遭共军袭击,无法前进,本人对塔德至为敬佩,且向尊重彼之意见。如今后塔德报告共区复堤工作已再度进行,则余决请政府拨款相助。

董先生:问题焦点在必先决定延期堵口五月,方可讨论复堤问题,因塔德曾言堵口延期数月无碍,工程上之损失亦可设法补救。

薛委员长:董先生因复堤救济工作尚未完成,要求延期五月堵口,此点恐有事实上之困难。因为:

一、凌汛以前水位较低,最宜堵口,如失此机,则凌汛到时大量冰块可能将已成工程全部冲毁。

二、即使凌汛无患,而三月桃花汛水势更大,更有冲毁已成工程之可能。

三、纵然凌、桃汛能安全渡过,而七月大汛必难免灾。

因之延期五月,实无必要。目前关于复堤工程,可分三段:第一段中央区者均已完成;第二段国共交界区者尚需补修,第三段中共区者短期内亦可完成,并不需要五月,此点请再考虑。

霍署长:意见已渐接近,现已一时,请于下午三时再行商讨。

(散会)

(4)黄河堵口复堤工程第四次会谈纪录(1月17日)

时间:民国三十六年元月十七日下午三时

地点:上海行总会议室

出席:同第三次会谈人员

主席:霍署长宝树

纪录:丁致中

霍署长:关于堵口期限问题,请各发表意见,若能提前堵口,则应加速下游复堤救济工作。

薛委员长:延期五月堵口有三种困难前已言之,即使工程技术许可,何乐不为。

董先生:薛先生所言确系事实,但:

一、请考虑延期堵口所受之工程损失与放水后下游所受之汛灾之二者孰重?后者当较重要。

二、大汛在七月,余建议五月堵口,并不冲突。

三、今年五月堵口不致受凌、桃各汛之灾,因目前缺口仅宽四百公〔尺〕,足以抵持各汛,与去年今日缺口为一千四百公尺之情形,迥然不同。

去年七月协议拨款分四个月发放,即因下游工程不及完成之故,目前倘不停止堵口,吾等无法向下游民众解释,险工及救济亦无法进行,霍署长顷谓堵口复堤应即配合,余全同意,现请赵代表就工程观点略述一、二。

赵代表:上午薛先生所谈各点略与事实不符,兹就工程方面再进一言。

第一、去年山东黄河修防处孔处长令榕曾谓,在复堤工作未完成前放水回归故道必成汛灾,可见此非党派政治问题,乃一实际水灾问题。

第二、堵口复堤原定同时并进,而二者于较堵口工程无如复堤工程为要,就时间上言之,堵口除大汛时期外,均可进行,而复堤则因每年失修,工程较缓,自去年至今仅作三分之一,险工河槽均未作,从工程方面可以推断水灾一定要造成的。

第三、所谓急要工程应包括复堤修筑险工及整理河槽三项,前者已作一部,后列二者则尚未开工,试问放水后安得不成汛灾,再论延期堵口是否有损堵口工程?

(1)今年堵口与去年情形不同,董先生已言之甚详,不致受损。

(2)现值凌汛,而对堵口工程妨害不大,不足为患。

(3)桃汛在阴历三月,水量较凌汛为大,而无冰块冲击决口,故对工程亦无损。薛先生谓凌、桃以后即无机会堵口,此实不然,因桃汛至大汛之间尚有三月,堵口至多只需一月即可完成,故延至五月再堵决无问题。

霍署长:现已涉及工程问题,请工程师发表意见。

艾处长:同意请塔德总工程师发言。

塔德总工程师:余在邯郸会议中,并未确言何时最宜堵口,只谓如各位愿出代价,吾人可能等候最后时期堵口,加速堵口可免各种损失。

艾处长:余对工程亦略有经验,最近在京与萨凡奇(Sarage)等工程专家相谈,感谓堵口愈速愈加,薛先生顷既表示负担工资,则复堤救济应速进行免失时机,若呈僵持状态,既不堵口,亦不复堤,又不救济,则与沿河居民并无裨益,联总已请塔德总工程师开具复堤所需各种器材,并拟于最短时间运往工程地带,尽早完成堵复工作。

塔德:下游险工需用之器具已准备铁铲二千个、锹一千个、电话电线等物均在准备中,至于石块则在放水后即可利用船只运输。

霍署长:各方在原则上似已同意,但在堵口方面太快,复堤方面太慢,或许双方速度得一调节,则称便利。

薛委员长:目前问题至为简单,只要堵口工作延期无害,无所不可,请吴代表说明之。

吴代表:本人对赵代表所言各点,略有异见:

一、堵口复堤工作,二者实难衡量大小,按诸事实一年内可以堵口之时间较长,只有此时可作复堤,则全年均可进行。

二、停止堵口或免遭凌、桃各汛,但工程师决不愿冒此大险。

因之,目前即使堵口,尚有充分时间可作复堤救济工作。

艾处长:如努力为之相信中共区同人可能将河床居民于一个月内迁出,并使其安居,在此期内,可使合拢工作放缓,复堤工作加速,如此必获善果。

董先生:会谈至今,未获任何谅解,所有言词,一如过去,毫无进展,塔德以往所言与今迥异,此可表示各方对中共并不合作,倘不考虑我方意见,吾亦不复多言,只有让民众采取自救办法,汝等在上游欲堵即堵,为何不考虑复堤？凌汛、桃汛能毁堤,□□损民,为何不为民众设想？

艾处长:余纯为顾全工程而言,实以长期延缓堵口,势必加重困难,并非不顾下游民众之生命财产,希董先生切勿误会。

霍署长:希望双方研究如何配合工作。

董先生:余对艾将军及霍署长意见完全了解,但所谓配合徒系空言,汝等在上游坚持不停堵口,薛先生谓不制造新汛,此非制造新汛区而何？

霍署长:余仍盼在工程方面获致协议,如目前水头不使继续增涨,石坝不使增高,如何？

董先生:如堵口工作停止进行,则可以考虑。

薛委员长:本人以为应保持既成堵口工程为原则,如石块低陷,即可继续抛填。

董先生:余同意此点,不增高低,厚度不计,但停堵是否延至五月。

薛委员长:关于期限不能答复,须请院方决定。

霍署长:是否在停堵期间可作救济工作？

董先生:如停止堵口当无问题。

霍署长:今日双方意见已获一致,殊觉可贵,关于暂停增高问题,请薛先生请示后即通知本人,然后余再转达董先生作最后商讨。

董先生:余竭愿在沪获一具体解决办法,只要与老百姓有益,停止堵口时期可加考虑。

艾处长:在此期中,联总行总当准备所需器材,提早运去。

霍署长:容薛先生请示后再谈。

(散会)

〔善后救济总署档案〕

7. 黄河复堤工程混合委员会第一次会议纪录

(1947年7月7日)

一、日期：三十六年七月七日下午二时

二、地点：东明县城内福音堂

三、出席：叶南，国防部代表；王化云，中共代表；丁致中，行总代表；杨公素，中共代表；阎振兴，水利部代表；P. Hanson 联总代表。

四、列席：孔令瑢　张森棠　齐寿安　张培公　D. K. Fams, Jonn C. Kaasebam

五、纪录：朱惠群　岳强

六、主席：叶南

七、主席致开会词：本人代表政府、各代表欢迎中共代表及联总代表。今天在东明举行黄河复堤工作混合委员会第一次会议。本会议系联总建议为黄河复堤工作以及与复堤有关事项，共同商讨并解决之。过去在菏泽等地曾举行两次座谈会，座谈会所讨论之问题均可为本会之参考。本席希望在讨论之先，请南北岸修堤负责人将目前状况报告说明，因之请中共代表将北岸情形先报告，然后请水利部阎代表报告南岸情形。

王化云：首先代表冀鲁豫向各位与会代表及齐主任之招待致感谢之意。我们希望此会能圆满胜利成功。目下情况即届大汛，洪水即将来临，堤上问题颇多，沿河人民颇为焦急，问题尚未讨论之前，先谈北岸复堤情形。

1. 修堤：夏前开始动工，夏后(上月二十七号)全线完成，计动员民工三十万人，工作标准系按民国二十四年最高洪水位为准(此段系由杨小寨以上大小集到齐河止)。此巨大之工程在短时间完成，全因人民切身利益关系，百姓热心情况比去年尤为热烈，昼夜赶工，需要一千人则来两千人，到今天止，共区控制堤岸绝无问题。

2.险工方面,号召人民发起献石运动,目下已献石达五万方,献石情况极为热烈。我方险工地段已有充分准备。此外尚集结秸料很多,并作好坝基,在险工方面已完成任务。

3.北岸国共接触地段(齐河附近)上月二十号已完成。双方在水牛灶、长垣方面尚有四十八里未修,人民非常着急。孟岗以上政府控制者皆沙土,风刮大堤残破不堪,孟岗大堤以外有两封锁沟,长八公尺,宽五公尺,同时尚有四缺口未修,附近百姓对此焦急,共方解决此一问题,动员长垣工人八千人,曾被政府军队驱散两次。

4.南岸仲埂堆、十里堡等处非常危险,故在十里堡亦发动献石运动,刻献石约五千方,仲埂堆大坝已修好基础。官大堤业已修好。南岸人民不断游水过河,要求共方去修,距此一周前尚可修,此刻则不知。

叶:请政府代表阎先生报告南岸复堤情形。

阎振兴:治理黄河本是水利部的责任,关于堵口在抗战期间即在重庆作种种准备及实验工作,今已堵成,关于复堤工作水利部慎重选任齐、孔二主任分担冀、鲁二省修防处主任,凡在政府控制区内工程大多完成,详情请齐、孔二主任报告。

齐寿安:河北省南岸与北岸,都尽力抢修,去年十月底起致全力于北岸复堤工作,迨北岸修复至不能工作时止,才集中力量作南岸工作,一周前止,我们最多之工作是在北岸而不在南岸,根据过去协定,政府只能作到孟岗,北岸修至大里庄,杨小寨以下,因情况不许可始终未能再修,工作期间员工人民先后跑了十三次,员工失踪者二十三人,南岸自三月放水后,当时情况甚乱,冒险工作,竟把险工先作好,其次作复堤及加强工作,南岸平土刻已完成百分之八十以上,大汛前突因情势变化影响工作颇巨,若无是项变化,一定可在本月十号以前完全作完,复修复南岸时,北岸人民时亦有游水过来帮忙者。

孔令瑢:自上月二十六日起动工五千余人,鲁西分两期开始工作,朱口董庄险工已彻底作完,民埝至黄花寺原计划七月一号完成,料物皆已备好,后因六月三十日之军事运动不能工作,又报告今天由仲堌堆逃来段长一人报告,据其所知,尚有同仁六人被俘。

阎:1.政府一向认为堵口复堤为一件事,也是自己的责任,决不希望上边堵口,下边开口。

2.黄河堤防自在花园口以下至海口为整个的中间不容有一段残缺。

3.站在工程立场来看,大汛即将来临,复堤问题非常严重,时间迫促,政府已下大决心,交通当局地方均热心协助,期使堤防在大汛期间不致发生危险,不幸上月三十号之事件发生,冀鲁民工遭受威胁,今天若不就此问题加以解决,前途实未可乐观,大汛以前必须将堤修好,大汛期间必须能以好好防守这样才不会发生问题,然临濮集最近之共军行动致冀鲁复堤业已造成一大危机。

丁致中:站在行总立场讲几句话,联总对于善后救济工作曾确定不因宗教信仰之不同而有歧视,行总为了执行联总这个决策,这一年半来曾经运赴共区物资约四万余吨,在烟台、临清、石臼所等地均设有办事处专司其事,关于堵口复堤以及河床居民迁移救济等问题行总会同联总及政府机关与中共曾谈判多次,每次均有若干协议,而且执行协议情形亦甚良好,此次商谈纯为修复黄河险工,亦即为保障黄河两岸数百【万】人民生命财产之安全者,本人希望彼此应该抛弃党派立场,平心商谈,只许成功,不准失败,已往既有各种协议,今日当能获一妥善办法,最后盼望中共代表对此次会谈期中刘伯承部渡河之用意作一解释,以免各方不解。

王:听到阎、丁两代表之意见,我觉得奇怪,一年以来黄河之谈判,闫先生皆参与其事,在南京协议政府认为堵口与复堤始终兼顾,而结果政府积极堵口,而把复堤当作小的事情,不顾下游人民死活,我们为七百万人民生命财产,故仍与政府忍痛合作,但每次协定,政府均未兑现,且在堵口完成后,政府则不顾下游复堤,现有函件事实可以证明。一、政府训令黄河水利委员会此后与中共联系要断绝,因此使中共无法获得上游之水文报告。二、谈判以来中共代表赵明甫、赵政一即往黄委会,堵口后即将两代表遣回,至于军事问题,请问黄河南岸以前是谁占领的,是谁来进攻,我人民解放军处处是自卫,政府军处处是进攻,所以政府代表的话是太主观,政府亦太主观了。

阎:因立场不同,意见当然不会一致,我们应该就事论事,不要以感情用事,谨答复王先生各项问题如下:

1.堵口问题王先生认为堵口是政府有意淹下游同胞,本部决不承认,站在工程立场,三月十五号堵口是流量最小时期,是时堵口即令河床仍有小数居民仍可迁出,尚可从容搬出,当时中共提议,如接受中共意见,五月堵口,大汛限至,下游出险之危机,远较三月堵口为大。

2.中共代表不许住黄委会事,系因中共当时拒绝政府和谈,拒绝参加国大,反对张治中将军去延安,如此政府当然命令中共代表撤离黄委会。

3.水利部所辖堤段之修复工作都比共方地段好,且工作亦较积极,由此足以证明,水利部对复堤工作具有决心,且更积极。

4.临濮集之军事行动,因正在大汛前夕,民工四散,所有工作无法施工,不然大汛前决可完成全部工作。

叶:1.站在主席地位,讨论问题时请大家应客观。

2.站在政府代表立场,对王先生所云,政府对于协议事件从不执行一事,有所说明如下:根据行总代表所云及各方在中共区之观察,知政府对各项协议,均已执行,与事实不符。

3.王代表所说过去黄河两岸军事控制问题,那离题太远,若要研究此问题,就要追溯以往一切政治军事问题,政府极力主张和平,有盟国朋友从中调解,如中共同意和平,那有今日之战争,由此可证明政府与中共谁是进攻,谁是不愿和平,更可证谁是主观,谁是客观。

4.所以王代表所说政府代表太主观是不确实的,我们都要客观,客观的对象是真理,就是现实,现在的事实,就如最近之军事行动,渡河人数由一二百增至五六万人,若说这人是来到南岸复堤之民工,但拿枪炮的人们是否民工,由此可知是否为复堤,请问中共代表此项军事行动,是为了堤防么,还是为了人民呢?阎先生提出的是一个现实,我们不能抹杀现实而谈不现实的问题,我在此对王、杨两代表在北岸的复堤工作表示钦佩,但齐、孔二主任所报告员工失踪二十三人,人民逃过十三次之事实,中共代表将作何解释。

王:主席与阎先生好像全在这方面责备我们,假如都讨论军事问题,我们都谈军事问题,是不能解决问题,所云政府在军事上种种忍让我们拒绝参加国大等,假如抗战后如能维持一月十三号的军事情形,则此时亦无问题可谈矣。请问自该时起政府军进攻多少,中共退守多少,现实可以证明,如此歪曲事实我不能接受或同意。

黄河问题二月十五号三方曾商堵口问题,当时协议说在堵口前大家商议一次,关于遣回驻黄委会代表事在最初协议黄河问题不涉及军政问题,但事实却相反,关于各项协议,政府究竟执行多少,中共执行多少,军事行动问题,与此更不相关,刘伯承将军过河是为了保障治河人民的利益,政府若退到一月十三号以前的位置,即我们亦守该时位置。

我们今日过河是为解决复堤问题而来,请主席考虑今日会议态度。

阎:王先生等于重复刚才问题,恕我不再答复。

复堤工作正进行时,若有军事行动,工作一定无法进行,现在可以问问孔主任,因六月三十号之军事行动之结果,有多少员工撤退,不撤时有怎样结果。现在工作是否仍能进行,工作进度又将如何,实在军事问题若不解决,员工安全没有保障,则无法进行工作,刻鲁修防处,数十人无下落,可资证明。

杨公素:先后开会三次,第一次政府代表未到,改为谈话会;第二次为正式会,两次会议均讨论修堤,未谈军事,要谈突然军事行动,请问去年政府军在何处,难道说政府军利用黄河作军事是对的,我们以军事作自卫就不对吗?原议定高村为渡口,但刚于曹州会议后,即不准救济物资渡河去,现在我们应该讨论会议态度问题。

叶:此次会议系根据五月九号联总爱其顿将军建议,成立混合委员会,并建议双方于六月中旬至七月下旬期间在黄河南岸双方停战,政府当即通令前方各步〔部〕队停战,然事实证明六月中旬至七月下旬不幸发生六月三十号之事件,此不仅在技术上影响工作,在精神上亦影响复堤工作甚大,中共在此期间,发动此种军事行动,太不聪明,亦太为不幸,我们希望要谈修堤即赶快集中力量,解决怎样教孔主任回到他的岗位上去工作,不幸六月三十日军事行动之因,将发生不可致想之后果,即修堤不成,水患将至,所以欲免去这个恶果,必须先研究这个恶因。

王:六月三十号军事行动之因果问题,今天刘伯承将军渡河是为保护民工修堤,今日之果,就是在先军事行动之因。

叶:将问王先生刘伯承部队过河包围郓城占领钜野,攻击定陶与堤岸相当两百余里,这都是为了人民修堤吗?如此大军南犯,亦是为了修堤吗?

主席宣布讨论已两小时半,为使大家精神松懈,并准备大西瓜一枚,为各代表纳凉,休息十分钟再继续开会。

叶:继续开会,请代表发言。

王:过河来系奉命参加与上次同样性质之会议,但此次之会与上次之复堤联合委员会性质不同,我们无法参加。

叶：爱其顿将军五月十二号函开，有关妨碍修堤工程各种问题及争执，应组织混合委员会解决之，故本此宗旨而成立。

丁：混合委员会即联合委员会，且为联合委员会之继续。

叶：此会与前会一样，惟联合委员会无法定权，混合委员会则有之。

杨：上次会议之决议应即为决议事项。

叶：上次决议事项，此次可以提出重新参考。

范铭德：上海联总并未告我们混合委员会之事。

王：我们来此为了参加上次决议七月一号召开之会议而来，假如这次会议是那种性质，我们就继续作代表商谈，否则无权代表。

丁：此混合委员会，即该联合委员会，目前联总包尔思来时曾对韩林等解释清楚。

杨：前次赴曹州开会是由我们向范铭德先生建议而成立，所以才来参加。

阎：大汛将届，时间恐已来不及再考虑会议性质，应就事实举行讨论。

王：不过不知中共是否接受联总建议。

丁：从报上看到周恩来、董必武两先生已代表中共接受联总建议的新闻。

王：若根据上次复堤问题继续讨论，我们可以继续谈，但不谈军事问题。

叶：我们根据联总建议即解决妨碍修堤工程各种问题之争执，在此范围内商谈，以完成联总建议。

阎：我去年十二月十八日在张秋贵方罗士高先生说，假若抛开军事问题则复堤无可谈者，现在事实摆在眼前，要想复堤必还先谈妨害复堤工作的军事问题，至于说刘伯承渡河是为保护修堤，本人甚为大惑不解，大军作战，堤上工员纷纷逃散，无论何方招集，均非一朝一夕之功，在大汛到来前夕，使修堤工作中断，便说是保护修堤似乎太牵强了。

丁：各方建议原则在于修堤，顶好能多谈修堤问题，现以时间紧迫，切望此次能有结果。

叶：此会性质即希望长期留在此地工作，直到汛期过去为止，但时间迫促，汛期即将来临，希望两先生参加讨论，因为复堤有许多军事问题牵涉在内，我在此之任务，即负责有关军事问题之解决。

齐：若单论复堤之技术问题大不可谈，但事实确有妨碍复堤之行为与争执，必须解决此项争执，复堤才有办法。

杨：根据上两次曹州会议之精神与决议而来商谈。

叶：此次我们是来解决复堤之阻碍与困难，希望联总也表示一点意见。

王：刘伯承过河原因之一，在保护人民修堤，当然尚有其他问题，那人民解放军进行自卫战争，前此会议在就复堤问题解决其他问题，而现在却就其他问题而解决复堤问题，我们郑重声明此次愿意十二分诚意解决复堤问题，反正我们控制区域内，复堤工作不成问题。

叶：我们根据联总建议来谈我们今天开会目的，在完成此次联总建议，二位是否有身份代表参加请考虑之。

杨：不能则不勉强。

丁：请问韩森意见如何。

范：此一混合委员会，在上海决定我们并不知道。

王：关于会的性质问题已不能谈，愿只求复堤问题而谈。

叶：杨王两先生认为会能否续开。

王：不必继续开会，不过我们愿继续谈上次复堤问题。

叶：快要六点钟，是否饭后再继续开会。

杨：愿饭后再讨论。

阎：我要郑重声明水利部今年对冀鲁堤防本有相当准备，预计本月十日前能把南岸地段作好,而现在因共军行动,不能进行,若大汛期间南岸被中共窜扰之段发生溃决情事,应由中共负责。

王:黄河无论那处出了缺口,应皆由政府负责,只要是完全中共控制区,我方绝对负责,政府控制区应由政府负责。

叶:今天开会也获得几项会议结果如下:

1. 充分表示大家都很诚意。
2. 大家都热心负责。
3. 何时再开会的本身问题由中共代表回去请示再答复。
4. 在中共控制区发生缺口由中共负责。

七点半再开会讨论。

同日下午七时半谈话会结果如左:

明晨中共两代表先返张秋,六日后(十四号)中共代表答复是否来此开会,届时由政府派传信人一人自高村渡河联络,索取回音。

〔善后救济总署档案〕

〔六〕召开"制宪国大"与"行宪国大"

(一)"制宪国大"召开与《中华民国宪法》制定

1. 国民政府公布国民大会筹备委员会组织条例
(1946年1月1日)

国民大会筹备委员会组织条例　　三十五年一月一日公布

第一条　国民政府为筹备国民大会开会事宜,设国民大会筹备委员会。

第二条　国民大会筹备委员会之职掌如左：

一、关于国民大会会场及一切办公房屋、宿舍之建筑、布置事宜。

二、关于国民大会开会及议事之筹备事宜。

三、关于国民大会代表之招待、交际筹备事宜。

四、关于国民大会警卫筹备事宜。

第三条　国民大会筹备委员会置委员七人至九人,由国民政府特派之,并就中指定主任委员、副主任委员各一人,综理本会一切事务。

第四条　国民大会筹备委员会置秘书长一人,承主任委员、副主任委员之命,办理本会一切事务,由国民政府特派之。

第五条　国民大会筹备委员会置秘书八人至十人,简派或荐派,承秘书长之命,办理机要文件。

第六条　国民大会筹备委员会设秘书、招待、警卫、会计四处。各置处长一人,简派。秘书、招待、警卫三处得各置副处长一人或二人,简派。干事若干人,简派或荐派。助理干事、事务员若干人,委派。

各处得分组分科办事,其编制表及处务规程另订之。

第七条　国民大会筹备委员会得酌用雇员。

第八条　国民大会筹备委员会会议规程另订之。

第九条　国民大会筹备委员会于国民大会开会时结束之。

第十条　本条例自公布日施行。

〔国民政府档案〕

2. 湖南省参议会请定期举行国民代表大会致蒋介石电

(1946年7月21日)

南京。国民政府主席蒋钧鉴:抗战功成,建国方亟,国民代表大会定期召开,各省代表应召齐集,方谓宪法即可通过,民治从兹发扬。乃中共别有用心,阻兵安忍,深恐大会既开,群情谴责,拒派代表,蓄谋破坏。中央宽大为怀,相忍为国,延期开会,委曲求全,民所希求,岂可因少数之野心阻建国之大计。本会有见及此,爰经第一次大会议决,吁请钧座俯顺舆情,力排纷议,国民代表大会仍即定期举行,宪政完成,国基永固,建千秋之盛业,慰万民之愿望。当务之急,莫过于斯。倘仍有执迷不悟,别生枝节,无协商之诚意,以割据为本,谋逞不戢,自焚之兵成滋蔓难图之患。惟有请求钧座迅作有效制止,毒蛇螫手,壮士断腕,全国民众,共此决心。本会代表三千万湘人,誓为后盾。迫切陈词,伏祈鉴察。湖南省参议会同叩。辰。马。印。

〔国民政府档案〕

3. 甘肃省和政县参议会要求如期召开国大并维护五权宪法致蒋介石电

(1946年9月29日)

南京。国民政府主席蒋钧鉴:查本会首届第四次大会参议员罗士勋提议,拟用本大会名义电请国民政府如期召开国民大会,并拥护五权宪法,以期实现三民主义案。理由:查国民大会为解决国是之最高会议,宪法为民主国家立国之根本大法,而五权宪法系为我先总理采择各国宪法之优点与我国国情所需要而创造,即为实行三民主义之工具,先总理心血所铸成。现在,本党领导抗战八载,于兹既届胜利,已入宪政阶段,革命事业行将完成,亟应召开国民大会制定宪法,树立民主政体之基础。不料,中共居心捣乱,竟敢一再阻止国民大会,妄意修改五权宪法,实属故意破坏,另有野心。兹拟用本大会名义,一致主张,竭力拥护,以期如期召开国民大会,迅速制定宪法,以便完成总理革命之遗志也。办法(一)用本大会名义,通电各县参议会一致主张。(二)用本大会名义电请南京国民政府国大联谊会,将国民大会如期召开。(三)五权宪法一致拥护,慎勿变更。以上是否有当,敬请大会公决一案,决议通过。除纪录在卷,并径电国大联谊会外,谨特代电呈请,伏乞鉴核。和政县参议会议长党存恕、副议长罗士勋叩。赚。印。

〔国民政府档案〕

4. 蒋介石在国大会议上对制宪之意见报告

(1946年11月)

国民大会代表诸君:今天国民政府提出中华民国宪法草案送请国民大会审议,本席趁此机会要将国民政府制定宪法草案的经过以及本席对于制宪的意见,向大会简要报告,以供代表诸君的参考。

国民政府制定宪法草案的努力,开始于民国二十二年,经中国国民党议决交国民政府立法院成立宪法起草委员会起草宪法,到民国二十五年宪草完成,由国民政府于当年五月五日正式公布。这就是后来的所谓五五宪草,是国民政府制定宪法草案的第一时期。当时,国民政府原定二十六年十一月召开国民大会,制颁宪法,不料二十六年七月七日抗战发生，国民大会不得不延期召开，而宪法草案的产生乃进入第二时期。这一时期由二十六年抗战开始到三十四年抗战胜利，前后八年之间，政府对于宪法草案，不断发动大家来研讨，征询各方的意见，以求完善。最初在二十八年，由国民参政会组织宪政期成会，对五五宪草作进一步的研讨与修订。到了三十二年，国民参政会又成立了宪政实施协进会，广泛征求全国人民对于宪草的意见，以期集思广益，制定一部完美的宪法，是宪法产生的第二时期。从抗战胜利到今天为止，这一年多的时间，是宪法草案产生的第三时期。政府在今年一月，召开了政治协商会议，决定对五五宪草加以修改，并将宪政期成会修正案和宪政实施协进会对于宪法草案研讨结果，一并交由宪草审查委员会归纳研究。根据政治协商会议所决定的修改原则，汇总整理来起草修正的条文。但到四月下旬以后，因为中国共产党主张保留修正的工作，乃一时陷于停顿。直到十一月十八、十九日，政府再度与中国青年党、民主社会党及社会贤达再次商定，根据政协的修改原则再加审订整理和补充，成为完整的草案。经立法院于二十二日完成立法程序，这就是今天国民政府向国民大会提出的中华民国宪法草案。这一个宪法草案的完成，中国共产党虽没有参加，而当时参加政协的大多数党派是经过同意的。

民国宪法草案的成立，前后计历十四年的时间，经过多次的修改，今天才由国民政府提请国民大会审议。本席今天代表政府提出这个草案以后，回想我们国父领导革命五十余年，中间又经过八年长期的抗战，我们一般革命先烈与军民同胞抛头颅、流热血，牺牲奋斗，百折不回，乃能有今天的国民大会来讨论这部宪草。可以说，这部宪草是五十年来全国军民先烈血肉铸成的（鼓掌）。本席今天一方面追念我们这一部宪草完成之不易，同时想到将来宪法制定以后，对于国家的治乱与民族的盛衰关系，至为重大。因此，不能不披展真诚，将我个人对于宪法的见解和对于大会的期望提出来，就正于诸君。

今天,国民政府将宪法草案提交国民大会以后,可以说政府已经将国家的责任交给全国人民了。从今天起全国人民就要开始担负这个重大的责任(大鼓掌)。各位代表受全国人民的重托,必须审察时势,克尽职责,制定一部完美可行的宪法,才不负全国人民的期望(鼓掌)。代表诸君责在制宪,我们所制定的宪法,不仅要求形式的完善,而且要求其能付诸实行,而无窒碍。自从政府公布五五宪草以后,经过全国人民十年的研讨,已经深入人心。五五宪草是根据国父的五权宪法而制定的,大家都知道,国父所发明的五权宪法是世界上最新的最进步的宪法,但是政府今天制定宪法,要修正五五宪草,为什么?政府今天提出的宪草与国父的五权宪法有不能完全符合之处,这一点本席今天必须加以解释。国父在发明五权宪法之后,就常常面示我们:有了良好的宪法,还要有忠实的施行宪法的人,最好是由创制宪法的人来行宪,然后才能发挥宪法的精义;否则,如果行宪的人不明了立宪的精神,则行宪就不会确实而顺利。这一段话,我今天特别要提起代表诸君注意,国父五权宪法的精义在于权能分开,政权与治权分开,要使这个宪法的精义尽量发挥,必须具备两个条件:第一、必须行使政权的人民具有掌握政权,确保政权的能力和习惯;第二、必须行使治权的政府能够恪守治权的界限,不以治权来侵犯政权。如果行使治权的人不能尊重政权而侵犯政权;同时,行使政权的人没有掌握政权的能力与习惯,则其结果必致完全违背国父创制的精神。所以五权宪法最好是由国父本人来行使,以治权来保护政权,培育政权,养成人民行使政权的能力和习惯,使政权与治权相辅相成。政府不致于无能,人民不致于无权,才能臻于理想。如果行宪的人不能以国父的精神为精神,对政权不能尽保育护持的责任,则将来一定要发生流弊,因为五权宪法的中央制度可以说是一种总统制。行使政权的人民如果没有掌握政权的能力,对于治权不能有适当的控制,则总统权力过分集中，必致形成极权政治，这种政权不合于现在时代，而且有害于中国，有害于中华民族（大鼓掌）。各位代表诸君信奉国父遗教，服膺五权宪法，决不愿使国父的五权宪法流为极权政治，贻害于国家民族。所以，我今天要请大家估量我们一般同胞行使政权的能力和习惯，审察国际环境和时代趋向，我们如果在今天要实行五权宪法，人民是否能掌握政权而不受治权的侵犯呢？我可以说，目前我国大多数的人民，还没有这种能力和习惯，如果这样毫无保障就实行五权宪法，我个人认为非常危险。当然以我们国家人才之多，国父遗教感人之深，有许多具备行使治权能力而明了五权宪法精神的人物。不过，代表诸君要知道，在人民还不能自己掌握政权巩固政权的时候，要完全信赖行使治权的人来尊重政权，这究竟是一种冒险的尝试。

我相信假如我自己来行使五权宪法，我一定能以国父之心以治权来保护政权、培育政权，使民权充分发展（大鼓掌）。但是，我个人自民国十四年国父逝世以后，为国奋斗，担任重责已经二十年了，只因国基未固，宪政未行，革命天职不容放弃，对于国事义不容辞。现在国民大会已经开会，宪法制颁有期，革命建国的工作已可告一段落。我个人本来没有政治的愿望和兴趣，而且我今年已经六十岁，再不能象过去二十年一样担负繁重的责任，所以，必须将国家的责任交托于全国的同胞。更因为如此，所以我特别关心于国家大法的确立，务使行之有利于国家，有利于人民（大鼓掌）。今天，我代表国民政府提出宪草于大会，当然尊重大会的意见；同时，我以人民代表的立场，为保护政权、发展民权着想，对于今天国民政府所提出的宪法草案我是赞成的、拥护的。我认为五五宪草在今天是不适用的，我今天将我十四年来对于宪法的体验贡献于代表诸君，希望诸君为国家民族深长考虑，奠定宪政实施良好的初基。须知今后国家的存亡隆替，民族的盛衰荣辱都系于宪政施行之是否顺利，而制宪的责任则在于代表诸君。我们今天制定宪法，一定要至公至诚,纯粹为国家的安宁和人民的福利着想,切不可胶柱鼓瑟,更不可削足适履,忽略民众的需要,无视时代的因素。我们要集思广益,审慎周详制定一部完美可行的宪法,使全国人民都能受到实利,使我们国父和五十年来的革命先烈与抗战阵亡将士的英灵得以安慰于地下。

总之,我们所要制定的宪法必须切实可行,能使国家长治久安,建设工作得以迈进,而后民生乐利,民权自然一天天的发展而巩固。到了这个时候,我相信我们国父的五权宪法一定能完全实现。最后敬祝诸位共同努力完成我们伟大神圣的制宪任务。

〔国民政府国民大会档案〕

5. 国民大会通过宪法实施之准备程序

(1946年12月24日)

宪法实施之准备程序

中华民国三十五年十二月二十四日国民大会第十九次会议通过

本大会此次通过之宪法,应由国民政府于中华民国三十六年一月一日公布,其准备实施程序如下:

一、自宪法公布之日起现行法令之与宪法相抵触者,国民政府应迅速分别予以修改或废止,并应依照本宪法所产生之国民大会集会以前,完成此项工作。

二、宪法公布后,国民政府应依照宪法之规定,于三个月内制定并公布左列法律:

(一)关于国民大会之组织、国民大会代表之选举、罢免。

(二)关于总统、副总统之选举、罢免。

(三)关于立法委员之选举、罢免。

(四)关于监察委员之选举、罢免。

(五)关于五院之组织。

三、依照宪法应由各省市议会选出之首届监察委员,在各省市议会未正式成立以前,得由各省市现有之参议会选举之,其任期以各省市正式议会选出监察委员之日为止。

四、依照本宪法产生之国民大会代表,首届立法委员与监察委员之选举,应于各有关选举法公布后六个月内完成之。

五、依宪法产生之国民大会,由国民政府主席召集之。

六、依宪法产生之首届立法院,于国民大会闭幕后之第七日自行集会。

七、依宪法产生之首届监察院,于国民大会闭幕后由总统召集之。

八、依宪法产生之国民大会代表、立法委员及监察委员,在第四条规定期限届满,已选出各达总额三分之二时,得为合法之集会及召集。

九、制定宪法之国民大会代表,有促成宪法施行之责,其任期至依照宪法选出之国民大会代表集会之日为止。

十、宪法通过后,由制定宪法之国民大会代表组织宪政实施促进委员会,其办法由国民政府定之。

〔国民政府国民大会档案〕

6. 国民大会通过中华民国宪法

(1946年12月25日)

中华民国宪法

中华民国三十五年十二月二十五日国民大会通过

中华民国国民大会受全体国民之付托,依据孙中山先生创立中华民国之遗教,为巩固国权,保障民权,奠定社会安宁,增进人民福利,制定本宪法,颁行全国,永矢咸遵。

第一章 总纲

第一条 中华民国基于三民主义,为民有民治民享之民主共和国。

第二条　中华民国之主权属于国民全体。

第三条　具有中华民国国籍者为中华民国国民。

第四条　中华民国领土,依其固有之疆域,非经国民大会之决议,不得变更之。

第五条　中华民国各民族一律平等。

第六条　中华民国国旗定为红色,左上角青天白日。

第二章　人民之权利义务

第七条　中华民国人民,无分男女、宗教、种族、阶级、党派,在法律上一律平等。

第八条　人民身体之自由应予保障。除现行犯之逮捕由法律另定外,非经司法或警察机关依法定程序,不得逮捕拘禁。非由法院依法定程序,不得审问处罚。非依法定程序之逮捕、拘禁、审问、处罚,得拒绝之。

人民因犯罪嫌疑被逮捕拘禁时,其逮捕拘禁机关应将逮捕拘禁原因,以书面告知本人及其指定之亲友,并至迟于二十四小时内移送该管法院审问。本人或他人亦得声请该管法院,于二十四小时内向逮捕之机关提审。

法院对于前项声请,不得拒绝,并不得先令逮捕拘禁之机关查复。逮捕拘禁之机关,对于法院之提审,不得拒绝或迟延。

人民遭受任何机关非法逮捕拘禁时,其本人或他人得向法院声请追究,法院不得拒绝,并应于二十四小时内向逮捕拘禁之机关追究,依法处理。

第九条　人民除现役军人外,不受军事审判。

第十条　人民有居住及迁徙之自由。

第十一条　人民有言论、讲学、著作及出版之自由。

第十二条　人民有秘密通讯之自由。

第十三条　人民有信仰宗教之自由。

第十四条　人民有集会及结社之自由。

第十五条　人民之生存权、工作权及财产权,应予保障。

第十六条　人民有请愿、诉愿及诉讼之权。

第十七条　人民有选举、罢免、创制及复决之权。

第十八条　人民有应考试服公职之权。

第十九条　人民有依法律纳税之义务。

第二十条　人民有依法律服兵役之义务。

第二十一条　人民有受国民教育之权利与义务。

第二十二条　凡人民之其他自由及权利,不妨碍社会秩序公共利益者,均受宪法之保障。

第二十三条　以上各条列举之自由权利,除为防止妨碍他人自由,避免紧急危难,维持社会秩序,或增进公共利益所必要者外,不得以法律限制之。

第二十四条　凡公务员违法侵害人民自由或权利者,除依法律受惩戒外,应负刑事及民事责任。被害人民就其所受损害,并得依法律向国家请求赔偿。

第三章　国民大会

第二十五条　国民大会依本宪法之规定,代表全国国民行使政权。

第二十六条　国民大会以左列代表组织之:

一、每县市及其同等区域各选出代表一人,但其人口逾五十万人者,每增加五十万人,增选代表一人。县市同等区域以法律定之。

二、蒙古选出代表,每盟四人,每特别旗一人。

三、西藏选出代表,其名额以法律定之。

四、各民族在边疆地区选出代表,其名额以法律定之。

五、侨居国外之国民选出代表,其名额以法律定之。

六、职业团体选出代表,其名额以法律定之。

七、妇女团体选出代表,其名额以法律定之。

第二十七条　国民大会之职权如左：

一、选举总统、副总统。

二、罢免总统、副总统。

三、修改宪法。

四、复决立法院所提之宪法修正案。

关于创制、复决两权，除前项第三、第四两款规定外，俟全国有半数之县市曾经行使创制、复决两项政权时，由国民大会制定办法，并行使之。

第二十八条　国民大会代表每六年改选一次。每届国民大会代表之任期至次届国民大会开会之日为止。

现任官吏不得于其任所所在地之选举区当选为国民大会代表。

第二十九条　国民大会于每届总统任满前九十日集会，由总统召集之。

第三十条　国民大会遇有左列情形之一时，召集临时会。

一、依本宪法第四十九条之规定，应补选总统、副总统时。

二、依监察院之决议，对于总统、副总统提出弹劾案时。

三、依立法院之决议，提出宪法修正案时。

四、国民大会代表五分之二以上请求召集时。

国民大会临时会，如依前项第一款或第二款应召集时，由立法院院长通告集会。依第三款或第四款召集时，由总统召集之。

第三十一条　国民大会之开会地点在中央政府所在地。

第三十二条　国民大会代表在会议时所为之言论及表决，对会外不负责任。

第三十三条　国民大会代表除现行犯外，在会期中，非经国民大会许可，不得逮捕或拘禁。

第三十四条　国民大会之组织，国民大会代表之选举罢免及国民大会行使职权之程序，以法律定之。

第四章　总统

第三十五条　总统为国家元首,对外代表中华民国。

第三十六条　总统统率全国陆海空军。

第三十七条　总统依法公布法律,发布命令,须经行政院院长之副署,或行政院院长及有关部会首长之副署。

第三十八条　总统依本宪法之规定,行使缔结条约及宣战媾和之权。

第三十九条　总统依法宣布戒严,但须经立法院之通过或追认。立法院认为必要时,得决议移请总统解严。

第四十条　总统依法行使大赦、特赦、减刑及复核之权。

第四十一条　总统依法任免文武官员。

第四十二条　总统依法授与荣典。

第四十三条　国家遇有天然灾害、病疫,或国家财政经济上有重大变故,须为急速处分时,总统于立法院休会期间,得经行政会议之决议,依紧急命令法,发布紧急命令,为必要之处置,但须于发布命令后一个月内提交立法院追认。如立法院不同意时,该紧急命令立即失效。

第四十四条　总统对于院与院间之争执,除本宪法有规定者外,得召集有关各院院长会商解决之。

第四十五条　中华民国国民年满四十岁者得被选为总统、副总统。

第四十六条　总统、副总统之选举,以法律定之。

第四十七条　总统、副总统之任期为六年,连选得连任一次。

第四十八条　总统应于就职时宣誓,誓词如左:

余谨以至诚,向全国人民宣誓,余必遵守宪法,尽忠职务,增进人民福利,保卫国家,无负国民付托。如违誓言,愿受国家严厉之制裁。谨誓。

第四十九条　总统缺位时,由副总统继任,至总统任期届满为止。总统、副总统均缺位时,由行政院院长代行其职权,并依本宪法第三十条之规定,召集国民大会临时会,补选总统、副总统,其任期以补足原任总统未满之任期为止。总统因故不能视事时,由副总统代行其职权。总统、副总统均不能视事时,由行政院院长代行其职权。

第五十条 总统于任期之日解职。如届期次任总统尚未选出,或选出后总统、副总统均未就职时,由行政院院长代行总统职权。

第五十一条 行政院院长代行总统职权时,其期限不得逾三个月。

第五十二条 总统除犯内乱或外患罪外,非经罢免或解职,不受刑事之诉究。

第五章 行政

第五十三条 行政院为国家最高行政机关。

第五十四条 行政院设院长、副院长各一人,各部会首长若干人,及不管部会之政务委员若干人。

第五十五条 行政院院长由总统提名,经立法院同意任命之。

立法院休会期间,行政院院长辞职或出缺时,由行政院副院长代理其职务,但总统须于四十日内咨请立法院召集会议,提出行政院院长人选征求同意。行政院院长职务,在总统所提行政院院长人选未经立法院同意前,由行政院副院长暂行代理。

第五十六条 行政院副院长、各部会首长及不管部会之政务委员,由行政院院长提请总统任命之。

第五十七条 行政院依左列规定,对立法院负责:

一、行政院有向立法院提出施政方针及施政报告之责。立法委员在开会时,有向行政院院长及行政院各部会首长质询之权。

二、立法院对于行政院之重要政策不赞同时,得以决议移请行政院变更之。行政院对于立法院之决议,得经总统之核可,移请立法院复议。复议时,如经出席立法委员三分之二维持原决议,行政院院长应即接受该决议或辞职。

三、行政院对于立法院决议之法律案、预算案、条约案，如认为有窒碍难行时，得经总统之核可，于该决议案送达行政院十日内，移请立法院复议。复议时，如经出席立法委员三分之二维持原案，行政院院长应即接受该决议或辞职。

第五十八条　行政院设行政院会议，由行政院院长、副院长、各部会首长及不管部会之政务委员组织之，以院长为主席。

行政院院长、各部会首长，须将应行提出于立法院之法律案、预算案、戒严案、大赦案、宣战案、媾和案、条约案及其他重要事项，或涉及各部会共同关系之事项，提出于行政院会议议决之。

第五十九条　行政院于会计年度开始三个月前，应将下年度预算案提出于立法院。

第六十条　行政院于会计年度结束后四个月内，应提出决算于监察院。

第六十一条　行政院之组织，以法律定之。

第六章　立法

第六十二条　立法院为国家最高立法机关，由人民选举之立法委员组织之，代表人民行使立法权。

第六十三条　立法院有议决法律案、预算案、戒严案、大赦案、宣战案、媾和案、条约案及国家其他重要事项之权。

第六十四条　立法院立法委员依左列规定选出之：

一、各省各直辖市选出者，其人口在三百万以下者五人，其人口超过三百万者，每满一百万人增选一人。

二、蒙古各盟旗选出者。

三、西藏选出者。

四、各民族在边疆地区选出者。

五、侨居国外之国民选出者。

六、职业团体选出者。

立法委员之选举及前项第二款至第六款立法委员名额之分配,以法律定之。妇女在第一项各款之名额,以法律定之。

第六十五条 立法委员之任期为三年,连选得连任,其选举于每届任满前三个月内完成之。

第六十六条 立法院设院长、副院长各一人,由立法委员互选之。

第六十七条 立法院得设各种委员会。

各种委员会得邀请政府人员及社会上有关系人员到会备询。

第六十八条 立法院会期,每年两次,自行集会,第一次自二月至五月底,第二次自九月至十二月底,必要时得延长之。

第六十九条 立法院遇有左列情事之一时,得开临时会。

一、总统之咨请。

二、立法委员四分之一以上之请求。

第七十条 立法院对于行政院所提预算案,不得为增加支出之提议。

第七十一条 立法院开会时,关系院院长及各部会首长得列席陈述意见。

第七十二条 立法院法律案通过后,移送总统及行政院,总统应于收到后十日内公布之,但总统得依照本宪法第五十七条之规定办理。

第七十三条 立法委员在院内所为之言论及表决,对院外不负责任。

第七十四条 立法委员,除现行犯外,非经立法院许可,不得逮捕或拘禁。

第七十五条 立法委员不得兼任官吏。

第七十六条 立法院之组织,以法律定之。

第七章 司法

第七十七条 司法院为国家最高司法机关,掌理民事、刑事、行政诉讼之审判,及公务员之惩戒。

第七十八条　司法院解释宪法,并有统一解释法律及命令之权。

第七十九条　司法院设院长、副院长各一人,由总统提名,经监察院同意任命之。

司法院设大法官若干人,掌理本宪法第七十八条规定事项,由总统提名,经监察院同意任命之。

第八十条　法官须超出党派以外,依据法律独立审判,不受任何干涉。

第八十一条　法官为终身职,非受刑事或惩戒处分,或禁□□之宣告,不得免职。非依法律,不得停职、转任或减俸。

第八十二条　司法院及各级法院之组织,以法律定之。

　　第八章　考试

第八十三条　考试院为国家最高考试机关,掌理考试、任用、铨叙、考绩、级俸、升迁、保障、褒奖、抚恤、退休、养老等事项。

第八十四条　考试院设院长、副院长各一人,考试委员若干人,由总统提名,经监察院同意任命之。

第八十五条　公务人员之选拔,应实行公开竞争之考试制度,并应按省区分别规定名额,分区举行考试。非经考试及格者,不得任用。

第八十六条　左列资格,应经考试院依法考选铨定之:

一、公务人员任用资格。

二、专门职业及技术人员执业资格。

第八十七条　考试院关于所掌事项,得向立法院提出法律案。

第八十八条　考试委员须超出党派以外,依据法律独立行使职权。

第八十九条　考试院之组织,以法律定之。

　　第九章　监察

第九十条　监察院为国家最高监察机关,行使同意、弹劾、纠举及审计权。

第九十一条　监察院设监察委员,由各省市议会,蒙古、西藏地方议会,及华侨团体选举之。其名额分配依左列之规定:

一、每省五人。

二、每直辖市二人。

三、蒙古各盟旗共八人。

四、西藏八人。

五、侨居国外之国民八人。

第九十二条　监察院设院长、副院长各一人,由监察委员互选之。

第九十三条　监察委员之任期为六年,连选得连任。

第九十四条　监察院依本宪法行使同意权时,由出席委员过半数之议决行之。

第九十五条　监察院为行使监察权,得向行政院及其各部会调阅其所发布之命令及各种有关文件。

第九十六条　监察院得按行政院及其各部会之工作,分设若干委员会,调查一切设施,注意其是否违法或失职。

第九十七条　监察院经各该委员会之审查及决议,得提出纠正案,移送行政院及其有关部会,促其注意改善。监察院对于中央及地方公务人员,认为有失职或违法情事,得提出纠举案或弹劾案,如涉及刑事,应移送法院办理。

第九十八条　监察院对于中央及地方公务人员之弹劾案,须经监察委员一人以上之提议,九人以上之审查及决定,始得提出。

第九十九条　监察院对于司法院或考试院人员失职或违法之弹劾,适用本宪法第九十五条、第九十七条及第九十八条之规定。

第一百条　监察院对于总统、副总统之弹劾案,须有全体监察委员四分之一以上之提议,全体监察委员过半数之审查及决议,向国民大会提出之。

第一百零一条　监察委员在院内所为之言论及表决，对院外不负责任。

第一百零二条　监察委员，除现行犯外，非经监察院许可，不得逮捕或拘禁。

第一百零三条　监察委员不得兼任其他公职或执行业务。

第一百零四条　监察院设审计长，由总统提名，经立法院同意任命之。

第一百零五条　审计长应于行政院提出决算后三个月内，依法完成其审核，并提出审核报告于立法院。

第一百零六条　监察院之组织，以法律定之。

第十章　中央与地方之权限

第一百零七条　左列事项，由中央立法并执行之：

一、外交。

二、国防与国防军事。

三、国籍法及刑事、民事、商事之法律。

四、司法制度。

五、航空、国道、国有铁路、航政、邮政及电政。

六、中央财政与国税。

七、国税与省税、县税之划分。

八、国营经济事业。

九、币制及国家银行。

十、度量衡。

十一、国际贸易政策。

十二、涉外之财政经济事项。

十三、其他依本宪法所定关于中央之事项。

第一百零八条　左列事项，由中央立法并执行之，或交由省县执行之：

一、省县自治通则。
二、行政区域。
三、森林、工矿及商业。
四、教育制度。
五、银行及交易所制度。
六、航业及海洋渔业。
七、公用事业。
八、合作事业。
九、二省以上之水陆交通运输。
十、二省以上之水利、河道及农牧事业。
十一、中央及地方官吏之铨叙、任用、纠举及保障。
十二、土地法。
十三、劳动法及其他社会立法。
十四、公用征收。
十五、全国户口调查及统计。
十六、移民及垦殖。
十七、警察制度。
十八、公共卫生。
十九、振济、抚恤及失业救济。
二十、有关文化之古籍、古物及古迹之保存。
前项各款，省于不抵触国家法律内，得制定单行法规。
第一百零九条 左列事项，由省立法并执行之，或交由县执行之：
一、省教育、卫生、实业及交通。
二、省财产之经营及处分。
三、省市政。
四、省公营事业。
五、省合作事业。

六、省农林、水利、渔牧及工程。

七、省财政及省税。

八、省债。

九、省银行。

十、省警政之实施。

十一、省慈善及公益事项。

十二、其他依国家法律赋予之事项。

前项各款,有涉及二省以上者,除法律别有规定外,得由有关各省共同办理。

各省办理第一项各款事务,其经费不足时,经立法院议决,由国库补助之。

第一百十条　左列事项,由县立法并执行之:

一、县教育、卫生、实业及交通。

二、县财产之经营及处分。

三、县公营事业。

四、县合作事业。

五、县农林、水利、渔牧及工程。

六、县财政及县税。

七、县债。

八、县银行。

九、县警卫之实施。

十、县慈善及公益事项。

十一、其他依国家法律及省自治法赋予之事项。

前项各款,有涉及二县以上者,除法律别有规定外,得由有关各县共同办理。

第一百十一条　除第一百零七条、第一百零八条、第一百零九条及第一百十条列举事项外,如有未列举事项发生时,其事务有全国一致之性质者属于中央,有全省一致之性质者属于省,有一县之性质者属于县。遇有争议时,由立法院解决之。

第十一章 地方制度

第一节 省

第一百十二条 省得召集省民代表大会,依据省县自治通则,制定省自治法,但不得与宪法抵触。

省民代表大会之组织及选举,以法律定之。

第一百十三条 省自治法应包含左列各款:

一、省设省议会。省议会议员由省民选举之。

二、省设省政府,置省长一人。省长由省民选举之。

三、省与县之关系。

属于省之立法权,由省议会行之。

第一百十四条 省自治法制定后,须即送司法院。司法院如认为有违宪之处,应将违宪条文宣布无效。

第一百十五条 省自治法施行中,如因其中某条发生重大障碍,经司法院召集有关方面陈述意见后,由行政院院长、立法院院长、司法院院长、考试院院长与监察院院长组织委员会,以司法院院长为主席,提出方案解决之。

第一百十六条 省法规与国家法律抵触者无效。

第一百十七条 省法规与国家法律有无抵触发生疑义时,由司法院解释之。

第一百十八条 直辖市之自治,以法律定之。

第一百二十条 西藏自治制度,应予以保障。

第二节 县

第一百二十一条 县实行县自治。

第一百二十二条 县得召集县民代表大会,依据省县自治通则,制定县自治法,但不得与宪法及省自治法抵触。

第一百二十三条 县民关于县自治事项,依法律行使创制、复决之权,对于县长及其他县自治人员,依法律行使选举罢免之权。

第一百二十四条　县设县议会。县议会议员由县民选举之。属于县之立法权,由县议会行之。

第一百二十五条　县单行规章,与国家法律或省法规抵触者无效。

第一百二十六条　县设县政府,置县长一人。县长由县民选举之。

第一百二十七条　县长办理县自治,并执行中央及省委办事项。

第一百二十八条　市准用县之规定。

第十二章　选举　罢免　创制　复决

第一百二十九条　本宪法所规定之各种选举,除本宪法别有规定外,以普通、平等、直接及无记名投票之方法行之。

第一百三十条　中华民国国民年满二十岁者,有依法选举之权。除本宪法及法律别有规定者外,年满二十三岁者,有依法被选举之权。

第一百三十一条　本宪法所规定各种选举之候选人,一律公开竞选。

第一百三十二条　选举应严禁威胁利诱。选举诉讼由法院审判之。

第一百三十三条　被选举人得由原选举区依法罢免之。

第一百三十四条　各种选举,应规定妇女当选名额,其办法以法律定之。

第一百三十五条　内地生活习惯特殊之国民代表名额及选举,其办法以法律定之。

第一百三十六条　创制、复决两权之行使,以法律定之。

第十三章　基本国策

第一节　国防

第一百三十七条　中华民国之国防,以保卫国家安全,维护世界和平为目的。

国防之组织,以法律定之。

第一百三十八条　全国陆海空军,须超出个人、地域及党派关系以外,效忠国家,爱护人民。

第一百三十九条　任何党派及个人不得以武装力量为政争之工具。

第一百四十条　现役军人不得兼任文官。

第二节　外交

第一百四十一条　中华民国之外交,应本独立自由之精神,平等互惠之原则,敦睦邦交,尊重条约及联合国宪章,以保护侨民权益,促进国际合作,提倡国际正义,确保世界和平。

第三节　国民经济

第一百四十二条　国民经济应以民生主义为基本原则,实施平均地权,节制资本,以谋国计民生之均足。

第一百四十三条　中华民国领土内之土地属于国民全体。人民依法取得之土地所有权,应受法律之保障与限制。私有土地应照价纳税,政府并得照价收买。

附著于土地之矿,及经济上可供公众利用之天然力,属于国家所有,不因人民取得土地所有权而受影响。

土地价值非因施以劳力资本而增加者,应由国家征收土地增值税,归人民共享之。

国家对于土地之分配与整理,应以扶植自耕农及自行使用土地人为原则,并规定其适当经营之面积。

第一百四十四条　公用事业及其他有独占性之企业,以公营为原则,其经法律许可者,得由国民经营之。

第一百四十五条　国家对于私人财富及私营事业,认为有妨害国计民生之平衡发展者,应以法律限制之。

合作事业应受国家之奖励与扶助。

国民生产事业及对外贸易,应受国家之奖励、指导及保护。

第一百四十六条　国家应运用科学技术,以兴修水利,增进地力,改善农业环境,规划土地利用,开发农业资源,促成农业之工业化。

第一百四十七条　中央为谋省与省间之经济平衡发展,对于贫瘠之省,应酌予补助。

省为谋县与县间之经济平衡发展,对于贫瘠之县,应酌予补助。

第一百四十八条　中华民国领域内,一切货物应许自由流通。

第一百四十九条　金融机构,应依法受国家之管理。

第一百五十条　国家应普设平民金融机构,以救济失业。

第一百五十一条　国家对于侨居国外之国民,应扶助并保护其经济事业之发展。

第四节　社会安全

第一百五十二条　人民具有工作能力者,国家应予以适当之工作机会。

第一百五十三条　国家为改良劳工及农民之生活,增进其生产技能,应制定保护劳工及农民之法律,实施保护劳工及农民之政策。

妇女儿童从事劳动者,应按其年龄及身体状态,予以特别之保护。

第一百五十四条　劳资双方应本协调合作原则,发展生产事业。劳资纠纷之调解与仲裁,以法律定之。

第一百五十五条　国家为谋社会福利,应实施社会保险制度。人民之老弱残废,无力生活,及受非常灾害者,国家应予以适当之扶助与救济。

第一百五十六条　国家为奠定民族生存发展之基础,应保护母性,并实施妇女儿童福利政策。

第一百五十七条　国家为增进民族健康,应普遍推行卫生保健事业及公医制度。

第五节　教育文化

第一百五十八条　教育文化,应发展国民之民族精神、自治精神、国民道德、健全体格、科学及生活智能。

第一百五十九条　国民受教育之机会一律平等。

第一百六十条　六岁至十二岁之学龄儿童,一律受基本教育,免纳学费。其贫苦者,由政府供给书籍。

已逾学龄未受基本教育之国民,一律受补习教育,免纳学费,其书籍亦由政府供给。

第一百六十一条　各级政府应广设奖学金名额,以扶助学行俱优无力升学之学生。

第一百六十二条　全国公私立之教育文化机关,依法律受国家之监督。

第一百六十三条　国家应注重各地区教育之均衡发展,并推行社会教育,以提倡一般国民之文化水准。边远及贫瘠地区之教育文化经费,由国库补助之。其重要之教育文化事业,得由中央办理或补助之。

第一百六十四条　教育、科学、文化之经费,在中央不得少于其预算总额百分之十五,在省不得少于其预算总额百分之二十五,在市县不得少于其预算总额百分之三十五。其依法设置之教育文化基金及产业,应予以保障。

第一百六十五条　国家应保障教育、科学、艺术工作者之生活,并依国民经济之进展,随时提高其待遇。

第一百六十六条　国家应奖励科学之发明与创造,并保护有关历史文化艺术之古迹古物。

第一百六十七条　国家对于左列事业或个人,予以奖励或补助。

一、国内私人经营之教育事业成绩优良者。

二、侨居国外国民之教育事业成绩优良者。

三、于学术或技术有发明者。

四、从事教育久于其职而成绩优良者。

第六节 边疆地区

第一百六十八条 国家对于边疆地区各民族之地位,应予以合法之保障,并于其地方自治事业,特别予以扶植。

第一百六十九条 国家对于边疆地区各民族之教育、文化、交通、水利、卫生及其他经济,社会事业,应积极举办,并扶助其发展,对于土地使用,应依其气候,土壤性质及人民生活习惯之所宜,予以保障及发展。

第十四章 宪法之施行及修改

第一百七十条 本宪法所称之法律,谓经立法院通过,总统公布之法律。

第一百七十一条 法律与宪法抵触者无效。

法律与宪法有无抵触发生疑义时,由司法院解释之。

第一百七十二条 命令与宪法或法律抵触者无效。

第一百七十三条 宪法之解释,由司法院为之。

第一百七十四条 宪法之修改,应依左列程序之一为之。

一、由国民大会代表总额五分之一之提议,三分之二之出席及出席代表四分之三之决议,得修改之。

二、由立法院立法委员四分之一之提议,四分之三之出席及出席委员四分之三之决议,拟定宪法修正案,提请国民大会复决。此项宪法修正案应于国民大会开会前半年公告之。

第一百七十五条 本宪法规定事项,有另定实施程序之必要者,以法律定之。

本宪法施行之准备程序由制定宪法之国民大会议定之。

〔国民大会档案〕

7. 国民政府公布国民大会组织法

(1947年3月31日)

国民大会组织法　　三十六年三月三十一日公布

第一条　本法依宪法第三十四条制定之。

第二条　国民大会行使宪法所赋予之职权。

第三条　国民大会以依法选出之国民大会代表组织之。

第四条　国民大会代表于国民大会举行开会式时,应行宣誓,其誓词如下:

某某谨以至诚,恪遵宪法,代表中华民国人民依法行使职权。谨誓。

国民大会代表宣誓后,应于誓词签名。

第五条　国民大会设主席团,由出席代表互选,二十五人组织之。其职掌如下:

一、关于议事程序事项;

二、关于国民大会行政事项;

三、本法规定其他事项。

第六条　国民大会每次开会,由主席团互推一人为主席。

第七条　国民大会设代表资格审查委员会、提案审查委员会、纪律委员会,必要时得设特种委员会,各委员会之组织,由主席团提请大会决定之。

第八条　国民大会非有代表过半数之出席,不得开议,其议决除宪法及法律另有规定外,以出席代表过半数之同意为之。

第九条　国民大会会议之表决方式,得由主席酌定,以举手起立或投票行之。前项表决可否同数时,取决于主席。

第十条　国民大会会议时,主席有维持会场秩序之权责。代表如有违反议事规则或其他妨碍会场秩序之行为,主席得警告或制止,并得禁止其发言,其情节重大者,得付惩戒。

第十一条　前条惩戒由主席提交主席团议决交付纪律委员会审议后提出,大会决定之。

第十二条　国民大会设秘书处,置秘书长一人,副秘书长二人,其人选由主席团提请大会决定之,承主席团之命,处理全会事务。秘书处之组织及处务规程,由国民大会主席团订定。

第十三条　国民大会议事规则由主席团拟订,提请大会决定之。

第十四条　国民大会每次集会于任务终了时即行闭会。

〔国民政府国民参政会档案〕

8. 国民政府审查修正"国民大会代表选举罢免法"草案

(1947年3月)

第一章　总则

第一条　本法依宪法第三十四条制定之。

第二条　国民大会代表之选举以普通平等直接及无记名单记法投票行之。

第三条　选举手续公开办理。

第四条　国民大会代表之名额如下:

一、全国各县市及其同等区域选出者共二千一百三十名;

二、蒙古各盟旗选出者共五十七名;

三、西藏选出者共三十名;

四、各民族在边疆地区选出者共十名;

五、侨居国外之国民选出者共五十七名;

六、职业团体选出者共四百五十名;

七、妇女团体选出者共一百六十八名;

八、内地生活习惯特殊之国民选出者共十名;

前项各款名额之分配另以法律定之。

第五条　中华民国国民年满二十岁而无下列情事之一者有选

举权,年满二十三岁而无下列情事之一者有被选举权。

一、犯刑法内乱外患罪,经判决确定者;

二、曾服公务而有贪污行为,经判决确定者;

三、被夺公权尚未复权者;

四、受禁治产之宣告者;

五、有精神病者;

六、吸用鸦片或其代用品者;

第六条 外国人民归化取得中华民国国籍满五年者,依前条之规定有选举权,满十年者依前条之规定有被选举权,回复中华民国国籍人民满二年者,依前条之规定有选举权,满三年者依前条之规定有被选举权。

第七条 每一选举人只有一个选举权,于本法第四条各款选举有二个以上选举权者,限参加一种由选举人于登记选举人名册时自行声名。

第八条 现任官吏不得于其任所所在地之选举区当选为国民大会代表。

第二章 选举人及候选人

第九条 本法第四条各款选举之主管选举机关应将各该选举单位选举人之资格审查后,造具选举人名册正副两本,记载姓名、性别、年龄、籍贯、住所等项,于选举前一个月完成公告之,并将总名额及选举人名册副本报请上级选举机关,递报选举总事务所备案。

第十条 前条主管选举机关及上级选举机关如下:

一、关于县市及同等区域者,主管选举机关为县市政府或其相当机关;上级选举机关为省选举事务所;行政院辖市,其上级选举机关为选举总事务所。

二、关于蒙古者主管选举机关为盟旗政府,上级选举机关为蒙藏选举事务所。

三、关于西藏者主管选举机关分别为噶夏及蒙藏选举事务所所指定之机关，上级选举机关为蒙藏选举事务所。

四、关于侨居国外之国民者主管选举机关为侨民选举事务所所指定之机关，上级选举机关为侨民选举事务所。

五、关于各民族在边疆地区及内地生活习惯特殊之国民者，主管选举机关为县市政府或相当机关，上级选举机关为省选举事务所。

六、关于全国性之职业团体及妇女团体者，主管选举机关为省及院辖市政府，上级选举机关为全国性职业团体及妇女团体选举事务所。

七、关于各省市之职业团体及妇女团体者同第一款。

第十一条 选举人名册由各主管选举机关编制完成后，分别发给选举权证以凭领取选举票。

第十二条 有被选举权而原为候选人时，经一百名以上选举人之签署或由政党提名得登记为候选人公开竞选，非经登记不得当选。

前项候选人之签署，每选举人以签署一人为限。

第十三条 有被选举权人不得为二个以上候选人之登记。

第十四条 候选人之登记期间，由各该主管选举机关公告之，其起讫期间不得少于三十日。

前项候选人之登记应于簿册内填明姓名、年龄、籍贯、职业、住所等项，如为女性并应于姓名下注明一女字，由主管选举机关于投票前十五日审查公告，并将名册送报选举总事务所备案。

第十五条 县市或同等区域之候选人，以该县市或同等区域内之人民为限。

职业团体之候选人以各该团体之会员为限，侨居国外之国民候选人以现居住该选举区合计满三年以上者为限。

第十六条 前条所称之会员指各该团体之基层会员，会员为法人时为其会员代表。

第三章 选举机关

第十七条 中央设选举总事务所置选举总监督一人,指挥办理全国选举事宜。

前项选举机关设选举委员会,并以选举总监督为主席,选举总事务所之组织另以法律定之。

第十八条 各省设省选举事务所,置选举监督一人,以民政厅厅长充任办理该省国民大会选举事宜,由选举总事务所呈请国民政府派充之。

省内各县及同等区域各设选举事务所,置选举监督一人,以其最高行政长官充任,由选举总事务所派充之。

前二项选举机关设选举委员会,并以选举监督为主席。

第十九条 院辖市设市选举事务所,置市选举监督一人,以市长充任,由选举总事务所呈请国民政府派充之。

前项选举机关设选举委员会,并以选举监督为主席。

第二十条 蒙古西藏之选举设蒙藏选举事务所,置选举监督一人,以蒙藏委员会委员长充任,由选举总事务所呈请国民政府派充之。

蒙藏选举事务所下分设各区主管选举事务所,各置选举监督一人,在蒙古以盟旗最高行政长官充任,在西藏分别以噶夏及蒙藏选举监督所指定之人员充任,均由选举总事务所派充之。

第二十一条 侨居国外之国民其选举设侨民选举事务所,置选举监督一人,以侨务委员会委员长充任,由选举总事务所呈请国民政府派充之。

侨民选举事务所下分设各区主管选举事务所,各置选举监督一人,由选举总事务所依附表之规定派充之。

第二十二条 全国性职业团体及妇女团体之选举设全国性职业团体及妇女团体选举事务所,置选举监督一人,以内政部部长充任，由选举总事务所呈请国民政府派充之。

前项选举机关设选举委员会并以选举监督为主席。

第二十三条　国民大会代表选举之投票开票，置投票管理员投票监察员、开票管理员、开票监督员，由主管选举机关派充之。

第二十四条　选举监督及前条职员于其办理选举之区域或团体内不得为国民大会代表之候选人。

第四章　选举程序

第二十五条　本法第四条各款选举之投票日期由选举总事务所规定通告。

第二十六条　各主管选举机关应于选举前十五天发布选举公告，载明下列事项：

一、投票所及开票地址；

二、投票方法及日期；

三、各该选举单位应出代表之名额。

第二十七条　选举票及选举公告在边疆各地得兼载各该地通用文字。

第二十八条　候选人依照法定当选名额，以得票比较多数者依次当选为国民大会代表，票数相同时以抽签定之。

第二十九条　国民大会代表依照规定选足法定名额后，其他得票之候选人按票数多寡依次为国民大会代表，候补人票数相同时以抽签定之。

每逢选举单位当选人在二名以下者，候补人名额定为三名，每逢选举单位当选人超过二名者，候补人名额与当选人名额同。

代表出缺时，由候补人依次逐补。

第三十条　各民族在边疆地区选举代表所投各候选人之票数，应由所属县市或同等区域之主管选举机关分别计算，开列名单，于公告后报由省选举机关审计，依第二十八条及第二十九条之规定办理并公告之。

内地生活习惯特殊之国民选举代表所投各候选人之票数应由各省市选举事务所分别计算开列名单,于公告后转报选举总事务所审计,依第二十八条及第二十九条办理并公告之。

第三十一条　国民大会代表之当选证书由选举总事务所制备,交第十条所定各上级选举机关盖印分发,分发时应取具当选人最近二寸半身相片粘于证书上规定位置。

第三十二条　本法第四条各款选举定有妇女代表名额者,其当选票数应单独计算。

第三十三条　本法第四条各款选举定有妇女代表名额而无妇女候选人,竞选时任其缺额。

妇女代表出缺而无妇女候补人时亦同。

第五章　选举及当选无效

第三十四条　有下列情事之一者其选举无效。

一、办理选举违背法律,经判决确定者;

二、选举人名册因舞弊涉及该册选举人达十分之一以上,经判决确定者。

第三十五条　选举无效应即日依法重选。

第三十六条　候选人资格不符或当选票数不实,经判决确定或选举前死亡者,其当选无效。

第三十七条　当选无效时由候补人依次逐补。

第六章　选举涉讼

第三十八条　选举人或候选人确认办理选举人员或其他选举人、候选人有威胁利诱或其他舞弊情事时得自选举日期起,十日内提出诉讼。

第三十九条　选举人或候选人确认当选人资格不符或所得票数不实,以及候选人确认其本人所得票数被计算错误时,得自当选人姓名公布日起十日内提出诉讼。

第四十条　选举诉讼归该管高等法院管辖,应先于其他诉讼审判之，无高等法院者由首都高等法院就书面审理裁判之，以一审终结。

第七章　代表之罢免

第四十一条　原选举单位之选举人对于所选之代表，非经过六个月后不得提出罢免申请书。

第四十二条　罢免申请书应叙述理由，以原选举单位当选时投票总数百分之二十以上，选举人之签署，向各单位之主管行政机关首长提出。

第四十三条　前条主管行政机关首长于收到申请书三十日内查明签署属实及其人数合于规定后，应将申请书副本通告，被申请罢免人于收到后十五日内提出答辩书。

第四十四条　主管行政机关首长于收到答辩书三日内应连同申请书公告之，并应于公告后三十日内举行投票，以投票总数之过半数赞成票，通过罢免案。

第四十五条　罢免案如经否决，对于同一代表在原任期内不得再为罢免之声请。

第四十六条　代表经罢免后由候补人依次逐补其任期至原任期届满之日为止。

第八章　附则

第四十七条　关于选举罢免如有触犯刑法行为时，依刑法处断。

第四十八条　本法施行条例另定之。

第四十九条　本法自公布日施行。

〔国民政府档案〕

9. 立法院公布制定国民大会代表选举罢免法训令

(1947年4月22日)

立法院训令　京院文字第2427号
　　令军事委员会
　　奉国民政府公报刊载国民政府三十六年三月三十一日明令开："兹制定国民大会代表选举罢免法,公布之。此令。"等因。奉此。除分令外,合行抄发该选举罢免法,令仰知照。此令。
　　附抄发国民大会代表选举罢免法一份

　　　　　　　　　　　　　　　院长　孙科
中华民国三十六年四月廿二日

国民大会代表选举罢免法

第一章　总则

第一条　本法依宪法第三十四条制定之。

第二条　国民大会代表之选举,以普通平等直接及无记名单记法投票行之。

第三条　选举手续公开办理。

第四条　国民大会代表之名额如左:

一、每县市及其同等区域各选出代表一名,但其人口逾五十万人者,每增加五十万人,增选代表一名。

二、蒙古各盟旗选出者,共五十七名。

三、西藏选出者,共四十名。

四、各民族在边疆地区选出者,共十七名。

五、侨居国外之国民选出者,共六十五名。

六、职业团体选出者,共四百五十名。

七、妇女团体选出者,共一百六十八名。

八、内地生活习惯特殊之国民选出者,共十名。

前项各款名额之分配,另以法律定之。

第五条　中华民国国民,年满二十岁,而无左列情事之一者,有选举权,年满二十三岁,而无左列情事之一者,有被选举权。

一、犯刑法内乱外患罪,经判决确定者。

二、曾服公务而有贪污行为,经判决确定者。

三、褫夺公权尚未复权者。

四、受禁治产之宣告者。

五、有精神病者。

六、吸用鸦片或其代用品者。

第六条　外国人民因归化取得中华民国国籍,满五年者,依前条之规定有选举权,满十年者,依前条之规定有被选举权。

回复中华民国国籍人民,满二年者,依前条之规定有选举权,满十年者,依前条之规定有被选举权。

第七条　每一选举人只有一个选举权,于本法第四条各款选举有二个以上选举权者,依前条之款由选举人于登记选举人名册时自行声明。

第八条　现任官吏不得于其任所所在地之选举区当选为国民大会代表。

第二章　选举人及候选人

第九条　本法第四条各款选举之主管选举机关,应将各该选举单位选举人之资格审查后,造具选举人名册正副两本,记载姓名、性别、年龄、籍贯、职业、住所等项,于选举前四十日完成公告之,并将总名额报请上级选举机关递报选举总事务所备案。

第十条　前条主管选举机关及上级选举机关如左:

一、关于县市及同等区域者,主管选举机关为县市选举事务所或其相当机关,上级选举机关为选举事务所,如为院辖市,其上级选举机关为选举事务所。

二、关于蒙古者,主管选举机关为盟旗选举事务所,上级选举机关为蒙藏选举事务所。

三、关于西藏者,主管选举机关分别为噶厦及蒙藏选举事务所所指定之机关,上级选举机关为蒙藏选举事务所。

四、关于侨居国外之国民者,主管选举机关为侨民选举事务所所指定之机关,上级选举机关为侨民选举事务所。

五、关于各民族在边疆地区及内地生活习惯特殊之国民者,主管选举机关为县市选举事务所或相当机关,上级选举机关为省选举事务所。

六、关于全国性之职业团体及妇女团体者,主管选举机关为省及院辖市选举事务所,上级选举机关为全国性职业团体及妇女团体选举事务所。

七、关于各省市之职业团体及妇女团体选举者,同第一款。

第十一条 选举人名册,由各主管选举机关编制完成后,分别发给选举权证,以凭领取选举票。

第十二条 有被选举权而愿为候选人时,经五百名以上选举人之签署,或由政党提名,得登记为候选人,公开竞选,非经登记者,不得当选前项候选人之签署,每选举人以签署一人为限。

第十三条 有被选举权人,不得为二个以上候选人之登记。

第十四条 候选人之登记期间,由各该主管选举机关公告之,其起讫期间不得少于三十日。

前项候选人之登记,应于簿册内填明姓名、年龄、籍贯、职业、住所等项,如为妇女,并应于姓名下注明一女字,由主管选举机关投票前十五日审查公告,并将名册递报各该上级选举机关备案。

第十五条 县市或同等区域之候选人,以该县市或同等区域内之人民为限。

职业团体之候选人,以各该团体之会员为限。侨居国外国民之候选人,以居住该选举区合计满三年以上者为限。

第十六条 前条所称之会员,指各该团体之基层会员,会员为法人时，为其会员代表。

第三章 选举机关

第十七条 中央设选举总事务所，置委员三人至五人，组织选举委员会，指挥办理全国选举事宜，其委员人选由国民政府派充之，并指定一人为主席。

选举总事务所之组织，另以法律定之。

第十八条 各省设省选举事务所，置委员三人至五人，组织选举委员会，以省政府主席为当然委员兼主席，办理该省选举事宜，其委员人选，由选举总事务所呈请国民政府派充之。省内各县市或其同等区域，各设选举事务所，各置委员三人至五人，组织选举委员会，以各该县市或其同等区域选举事宜，其委员人选由选举总事务所派充之。

第十九条 院辖市设市选举事务所，置委员三人至五人之组织选举委员会，以市长为当然委员兼主席，办理市选举事宜，其委员人选由选举总事务所呈请国民政府派充之。

第二十条 蒙古、西藏之选举，设蒙藏选举事务所，置选举监督一人，以蒙藏委员会委员长充任，由选举总事务所呈请国民政府派充之。

蒙藏选举事务所下分设各区主管选举事务所，各置选举监督一人，在蒙古以盟旗最高行政长官充任，在西藏分别以噶夏及蒙藏选举监督所指定之人员充任，均由选举总事务所派充之。

第二十一条 侨居国外国民之选举，设侨民选举事务所，置委员三人至五人，组织选举委员会，以侨务委员会委员长为当然委员兼主席，办理侨居国外国民选举事宜，其委员人选由选举总事务所呈请国民政府派充之。

侨民选举事务所下分设各区主管选举事务所，各置委员三人至五人，组织选举委员会，以附表所定之人员为当然委员兼主席，办理各该区选举事宜，其委员人选由选举总事务所呈请国民政府派充之。

第二十二条　全国性职业团体及妇女团体之选举,设全国性职业团体及妇女团体选举事务所,置委员三人至五人,组织选举委员会,办理各该团体及选举事宜,其委员人选由选举总事务所呈请国民政府派充之,并指定一人为主席。

第二十三条　国民大会代表选举之投票开票,置投票管理员,投票监察员,开票管理员,开票监察员,由主管选举机关派充之。

第二十四条　选举机关委员或监督及职员,于其办理选举之区域或团体内,不得为国民大会代表之候选人。

第四章　选举程序

第二十五条　本法第四条各款选举之投票日期,由选举总事务所规定通告。

第二十六条　各主管选举机关,应于选举前十五日,发布选举公告,载明左列事项:

一、投票所及开票地址。

二、投票方法及日期。

三、各该选举单位应出代表之名额。

第二十七条　选举票及选举公告,在边疆各地得兼载各该地通用文字。

第二十八条　候选人依照法定当选名额,以得票比较多数者依次当选为国民大会代表,票数相同时,以抽签定之。

第二十九条　国民大会代表依照规定选足法定名额后,其他得票之候选人,按票数多寡依次为国民大会代表候选人,票数相同时,以抽签定之。每选举区或单位当选人在二名以下者,候补人名额定为三名,每选举区或单位当选人超过二名者,候补人名额与当选人名额同。

代表出缺时,由候补人依次递补。

第三十条　各民族在边疆地区选举代表所投各候选人之票

数,应由所属县市或同等区域之主管选举机关分别计算,开列名单,于公告后,报由省选举机关汇计,依第二十八条及第二十九条之规定办理,并公告之。

内地生活习惯特殊之国民选举代表所投各候选人之票数,应由各省市选举事务所分别计算,开列名单,于公告后,转报选举总事务所汇计,依第二十八条及第二十九条办理之并公告之。

第三十一条　国民大会代表之当选证书,由选举总事务所制备,交第十条所定各上级选举机关盖印分发,分发时应取具当选人最近二寸半身相片,粘于证书上规定位置。

第三十二条　本法第四条各款选举定有妇女代表名额者,其当选票数应单独计算。

第三十三条　本法第四条各款选举定有妇女代表名额,而无妇女候选人竞选时,任其缺额。妇女代表出缺,而无妇女候补人时,亦同。

第五章　选举及当选无效

第三十四条　有左列情事之一者,其选举无效:

一、办理选举违背法律,经判决确定者。

第三十五条　选举无效,应即依法重选。

第三十六条　候选人资格不符或当选票数不实,经判决确定,或选举前死亡者,其当选无效。

第三十七条　当选无效时,由候补人依次递补。

第六章　选举诉讼

第三十八条　选举人或候选人,确认办理选举人员或其他选举人候选人,有威胁利诱或其他舞弊情事时,限自选举日期起十日内提起诉讼。

第三十九条　选举人或候选人,确认当选人资格不符,或所得票数不实,以及候选确认其本人所得票数被计算错误时,限自当选人姓名公布日起十日内提起诉讼。

第四十条　选举诉讼归该管高等法院管辖,应先于其他诉讼审判之,无高等法院者,由首都高等法院就书面审理裁判之,以一审终结。

第七章　代表之罢免

第四十一条　原选举单位选举人,对于所选之代表,非经过六个月后,不得提出罢免声请书。

第四十二条　罢免声请书应叙述理由,以原选举单位当选时投票总数百分之六十以上选举人之签署,向各该单位之主管行政机关首长提出。

第四十三条　前条主管行政机关首长,于收到声请书三十日内,查明签署属实及其人数合于规定后,应将声请书副本通知被声请罢免人于收到后十五日内提出答辩书。

第四十四条　主管行政机关首长于收到答辩书三日内,应连同声请书公告之,并应于公告后三十日内举行投票,以投票总数之过半数赞成票通过罢免案。

第四十五条　代表经罢免后,由候补人依次递补,其任期至原任期届满之日为止。

第八章　附则

第四十六条　关于选举罢免,如有触犯刑法行为时,依刑法处断。

第四十七条　本法施行条例另定之。

〔立法院档案〕

10.国民政府公布国民大会代表选举罢免法施行条例

(1947年5月1日)

国民大会代表选举罢免法施行条例
三十六年五月一日国民政府公布

第一章　总则

第一条　本条例依国民大会代表选举罢免法第四十七条制定之。

第二条　中华民国国民,合于国民大会代表选举罢免法第五条之规定,而在县市区域居住六个月以上,或有住所达一年以上,或其本籍未变更者,在该县市区域内有选举权及被选举权。

第三条　国民大会代表选举罢免法第五条第五款第六款所称之情事,以经依法登记之医师证明者为限。

第四条　国民大会代表选举罢免法第五条所定选举人与被选举人之年龄届满日期,及第六条所定之届满年限日期计算均以造具名册之日为准。

第五条　依国民大会代表选举罢免法第七条之规定,每一选举人只有一个选举权,各主管选举机关于调查登记选举人名册时,如发现一个选举人有二个或二个以上选举权者,应令其自行认定一种,并通知有关机关备查。

第六条　参加选举之职业团体及妇女团体,以曾经依法向其主管机关立案者为限。

第七条　选举人投票时,应凭选举权证领取选举票。

第八条　每一选举票,应单记被选举人姓名一人,依照规定名额,以得票比较多数者为当选人。

第二章　选举人及候选人

第九条　各主管选举机关,应将该管选举之选民,分别造具选举人名册各二份,记载姓名、性别、年龄、籍贯、职业、住所等项,并得附记其有无被选举权,于选举四十日前完成并公告之,同时将名册一份呈请上级选举机关备查,并将选举人总数递转选举总事务所备案。

前项所定四十日之期间,依事实上之需要,得提早十五日。

职业团体妇女团体及全国性职业团体妇女团体之主管选举机关,应定期通告各该团体于选举九十日前,造报记载左列各款之簿册。

一　组织章程设立程序及其经过；

二　立案机关及立案年月日；

三　职员及其经历；

四　会员姓名、性别、年龄、籍贯、住所并从事该职业之年期；

五　会员有同时为其他团体会员时，其他团体之名称，并声明其择定参加选举之团体。

第十条　选举人名册，应以曾经查报备案之户口册籍为准，在军队服役之有选举权人，应向本籍主管选举机关前项办法，予长警准用之。

第十一条　选举人名册之公告，以五日为期，如本人以为错误或遗漏时，得于公告期间请求更正。

第十二条　选举人名册公告确定后，各主管选举机关应于选举三十日前制发选举权证，以凭领取选举票。选举权证依附式一之规定。

第十三条　选举人名册公告后六日，各主管选举机关应即公告各种候选人之开始登记日期。

前项公告，应记载国民大会代表选举罢免法第五条第六条及第十二条全文。

第十四条　有被选举权而愿为候选人者，应经该选举区选举人五百名以上之签署，亲向各该主管选举机关为候选人之登记，如须委托他人代登记时，并应有本人之书面证明，其为政党提名者，其名单应在候选人开始登记前提交选举总事务所迅即转交各该主管选举机关为候选人之登记。

第十五条　妇女团体所提之候选人，得不以各该团体之会员为限。

第十六条　服务或寄寓他处而本籍未变更者，仍得申请登记为本籍所属选举之候选人。

妇女因结婚离婚而尚未为设籍之登记者,仍得申请登记为原籍所属选举之候选人。

第十七条　候选人名单应以登记之先后为序。

第十八条　每一选举人对候选人登记之签署,以一次为限,经查明签署重复者,应为无效,并令补正,其已逾法定签署名额者不计。

前项候选人,假冒他人名义签署者,其登记无效,如在当选后发觉,经判决确定者,其当选无效。

第十九条　在军队服役之有选举权人,不能回籍参加投票时,得在军队所在地各就本籍公布之候选人名单投票,其办法,由选举总事务所定之。

前项办法,于长警准用之。

第二十条　每一有被选举权人,其候选人之登记,以一种为限。

在国民大会代表选举罢免法第四条各款选举中为二个或二个以上候选人之登记时,其登记均为无效,并不得当选。

第三章　选举机关

第二十一条　选举总事务所以外之各选举事务所,其组织规程由选举总事务所定之。

各种选举事务所,于选举完毕后即行裁撤。

第二十二条　投票管理员,投票监察员,开票管理员,开票监察员,由各主管选举机关派充后,造具名册,呈报上级机关备案。

第二十三条　各选举事务所及投票所开票所办事细则,由各该上级选举机关订定,呈报选举总事务所备案。

第二十四条　各主管选举机关应照各投票所选举人数,分别造具投票簿,载明选举人姓名、性别、年龄、籍贯、职业及住址,于投票前分发投票管理员负责保管,前项投票簿,于必要时,得以选举人名册代之。

第二十五条　投票管理员之职务如左：
一　维持投票秩序；
二　掌管投票柜投票簿及选举人名册；
三　其他由选举机关委任事项。

第二十六条　开票管理员之职务如左：
一　维持开票秩序；
二　清算投票数目及被选举人得票之计算；
三　保存选举票；
四　其他选举机关委任事项。

第二十七条　投票监察员，开票监察员，分别监察投票开票事宜。

监察员与管理员意见不同时，应报请选举机关决定之。

第二十八条　各级选举机关之委员或监督及职员，均不得于其办理选举之区域或团体内为国民大会代表候选人。

第二十九条　选举总事务所各级职员，均不得为国民大会代表候选人。

第四章　选举程序

第三十条　国民大会代表选举罢免法第四条各款选举投票，均应于三日内办理完竣。

第三十一条　国民大会代表选举罢免法第四条各款选举之投票日期，由选举总事务所规定通告。

第三十二条　选举票及投票柜，由各上级选举机关制成分发各主管选举机关，于选举开始前发交投票管理员。

票柜依附二之规定，选举票依附式三之规定。

第三十三条　投票管理员于接收选举票时，应会同投票监察员查明数目，严密封存，非届投票日期当众验明封识后，不得启封。

第三十四条　投票管理员应于投票前，会同投票监察员，将投票柜当众开验后，严加封锁。

第三十五条　选举人于投票日,凭选举权证领取选举票时,投票管理员应在选举证上加盖"领票讫"字样,并将原证发还,指往投票处投票。

第三十六条　投票人有左列情事之一者,选举机关委员或监督,应令其退出。

一　冒名顶替者;
二　发现二个或以上选举权之登记者;
三　在场喧嚷或□□,不服制止者;
四　携带凶器入场者;
五　有其他不正行为,不服制止者。

第三十七条　依前条令投票人退出时,应将其选举票收回,并附记事由于投票簿该选举人名下。

第三十八条　投票管理员于投票完毕后,应即会同投票监察员,将投票柜当众严密封锁,非经开票管理员会同开票监察员于开票时当众验明封识,不得启封,投票人认为必要时,得公推代表九人至十五人另备各人签名盖章之封条,加封于投票柜。

第三十九条　投票管理员于投票完毕后,应就投票簿记载投票场所,投票日期,发出票数,用余票数,投票数及其他附记事项,并将所记情形,造具报告书,连同投票柜,及用余之选举票,投票簿,选举人名册,呈送该选举机关。

前项报告书,应由投票监察员连署。

第四十条　遇有天灾及其他不可抗力事件发生,致不能投票时,投票管理员得呈报选举机关电呈上级选举机关核准,改定投票日期或场所,并报选举总事务所备案。

第四十一条　投票开票时间,不得在上午八时前下午六时后,其未投毕或未开毕之票柜,应由管理员会同监察员暂时封锁,次日继续投票或开票时,当众验明启封。

第四十二条　各主管选举机关委员或监督,于各投票柜送齐之翌日,应酌定开票时刻,先行宣布,届时亲临开票所,督同开票监察员管理员公开行之。

第四十三条　选举人得请求开票管理员给与入场券,入开票所参观开票事宜,至座满为限。

第四十四条　开票管理员于开票时,对于选举票作废之认定,应会同开票监察员为之,认定后须当众宣布。

前项废票认定之标准如左:

一　不用投票所发给之选举票者;

二　被选举人非候选人者;

三　选举两名或两名以上者;

四　与公布之候选人姓名不符者;

五　被选举人姓名显然错误者;

六　记入其他文字者;

七　书写涂改者。

第四十五条　开票管理员应作成开票笔录,记载左列事项:

一　投票总额;

二　废票数额;

三　各被选举人之得票数额。

第四十六条　开票管理员于开票完毕后,应将开票情形,造具报告书,连同开票笔录有效选举票及废票,呈送选举机关。

前项报告书,应由开票监察员连署。

第四十七条　投票簿开票笔录须缮副本,以备选举人或被选举人请求阅览,其正本应保存六年。

第四十八条　各主管选举机关,于选举完毕后,应将选举情形选举结果,造具报告书,呈报上级选举机关备案。

第四十九条　当选人或候补人所得票数,有二人或二人以上相同时,以抽签定其名次先后。

第五十条　同一地方或团体,其被选举人有二人或二人以上同姓名时,除别有方法能证明当选应属何人外,以抽签定之。

第五十一条　候选人于国民大会代表选举罢免法第四条二款以上之选举均当选时,其当选均为无效。

第五十二条　国民大会代表选举罢免法第三十条所称在边疆地区之各民族,系指四川、西康、云南、贵州、广西、湖南六省之西南边疆民族,所称内地生活习惯特殊之国民,系指居住各地之回民,各主管选举机关应将其选举人名册,分别造具选举票,单独计算,于公告后,开列名单,附注得票数目,呈报上级选举机关汇计公告之。

第五十三条　国民大会代表选举罢免法第四条各款选举,定有妇女当选名额,并有妇女候选人时,无论其得票多寡均予单独计算,以得票比较多数者为当选。

第五十四条　国民大会代表选举罢免法第四条各款选举办理完竣,主管选举机关应于十日内公告当选人名单,并通知当选人检缴最近二寸半身像片二张,以备呈报上级选举机关发给当选证书。

第五十五条　国民大会代表当选证书,由选举总事务所制交各上级选举机关,将当选人像片二张,一贴于存根上,一贴于当选证书规定位置,盖印分发,并于像片右下角加盖印章,其存根分交各主管选举机关存查。当选证书式样,依附式四之规定。

第五十六条　国民大会代表当选证书有遗失或毁灭情事时,得依左列各款之规定请求补发。

一　在原当选地之著名报纸上登载遗失声明,其期间至少应为二日;

二　填写请求补发证明书同式二纸,由同届国民大会代表三人负责证明之,证明书之式样,依附式五之规定;

三　检附最近二寸半身像片四张,连同请求补发证明书,登载遗失声明报纸各二份,一并送请该管上级选举机关查明属实后,即就余存之当选证书编列补字第几号,将其所附像片分别粘附于请求证明书当选证书及存根上,取据补发,其存根仍发交原主管选举机关存查,并检附请求补发证明书及声明遗失报纸各一份,转谓选举总事务所备案,选举总事务所裁撤后,应转送国民大会。

前项第三款所称该管上级机关及原主管上级机关,于裁撤后为其接管机关。

第五十七条　补发当选证书,应于发现遗失一个月内请求之。

第五十八条　当选人因故出缺时,由候补人依次递补。

第五十九条　各代表于开会前携带当选证书,亲至国民大会办理报到手续,其报到期间,以命令定之。

第五章　选举及当选无效

第六十条　办理选举违背法律,或选举舞弊涉及选举人名册十分之一以上,经选举人或候选人提起选举诉讼,经判决确定者,其选举无效,应即重选。

前项重选,应于判决确定后十五日内依法为之。

第六十一条　经判决确定当选无效时,当选证书已发给者,该主管选举机关应即令其缴还,并即依法办理注销递补手续,层呈备案。

第六章　代表之罢免

第六十二条　各主管行政机关首长,如查明罢免声请书签署人有不实者,应即剔除,其因剔除致不足法定名额时,该罢免声请书作废。

第六十三条　罢免声请书副本送达被声请罢免人时,应以邮局回执或送件回单为凭。

第六十四条　被声请罢免人应于收到罢免声请书副本十五日内,提出答辩书,答辩书期间自罢免声请书副本送达后之第十五日起计算,以三十日为限,不提答辩书或答辩书逾期不至,主管行政机关应将罢免声请书单独公告。

第六十五条　前条答辩书,如确因邮递迟滞逾期到达者,得于投票日前补行公告,但投票日期,仍自罢免声请书公告之日计算,于三十日内为之。

第六十六条　国民大会代表选举罢免法第四十四条所称投票总数之过半数赞成票,系指当选时投票总数之过半数而言。

第六十七条　罢免案通过后,主管行政机关应令被罢免人缴回当选证书,并即依法办理注销递补手续,呈报上级机关转报国民大会。

第七章　附则

第六十八条　选举总事务所有释明本条例疑义之权。

第六十九条　选举机关不得向候选人收取任何费用。

第七十条　本条例所定各种期间,包括例假日计算。

〔监察院档案〕

（二）"行宪国大"的召开与竞选丑剧

一、"行宪国大"召开办法等概况

1. 国民大会代表选举总事务所工作报告
（1947年2月）

国民大会自经明令公布定期于三十五年五月五日召开以后，适值抗战胜利，全国期望颁行宪法更为殷切。国民政府为谋国内团结，复于三十五年一月十二日举行政治协商会议，商定有关国民大会事项，原期按照协商，共谋建国，乃以共产党迄无合作诚意，而制宪工作复不容再缓。爰又改订于同年十一月十二日召开国民大会，制定宪法。

本所遵照中央指示，积极策进，各项未了选务均已于大会召开以前按照预期办理完竣。除过去选务已于三十五年二月编撰工作报告呈报六届二中全会外，谨将一年以来本所赓续完成之选务工作，分别简述如后：

一、区域选举

区域选举全国三十省市代表，二十六已产生者计江苏、浙江、安徽、江西、湖北、湖南、四川、西康、山西、河南、陕西、甘肃、青海、福建、广东、广西、云南、贵州、绥远、宁夏、新疆、南京、上海、青岛、西京等二十五省市，共计五百五十七名。其未选出或选而未报经国府遴定者，有山东四十四名，河北四十三名（经遴定四十一名），察哈尔十人（经遴定七名），北平六名，至天津市代表五名则于三十五年夏仍照选举法选举产生。总计区域选举之三十省市代表六百六十五名额，依选举法选举者二十六省市，计代表五百六十二名，依照遴选办法遴定者四省市，计代表九十八名。唯其中山西、甘肃、云南、青岛等四省市各省代表一名死亡出缺,福建省有代表一名附逆注销名籍,无候补人可补,经呈奉中央决定由各该地方推具加倍候选人报经国府遴定。又依选举补充条例规定,重庆市增加代表三名,由该市参议会选举产生。

二、职业选举

职业选举计分两项,一为农、工、商团体之选举,依省市之区域为区域,其代表额定三百二十二名,在二十六年底以前已依法选出者二百五十九名,其情形与区域选举同。未选出者河北二十一名、察哈尔三名、北平六名,选而未报者山东二十一名。又南京市应出农、工、商会代表六名,其中农会二名,工会二名,及西京、青岛两市农会各一名,均因选举团体发生问题,未能选出代表,其缺额经奉中央决议适用遴选办法办理,业已由各该省市推具加倍候选人呈奉国府遴定。天津市之职业代表六名,至三十五年夏亦仍依照选举法选出。又选举补充条例规定西康、重庆各增加职业代表三名,均由各该省临时参议会选举产生。

另一为自由职业团体之选举,额定五十八名,不分区域。二十六年,计由律师、会计师、医药师、新闻记者、教育会等团体选出代表五十二名。唯工程师团体之六名额未能选出。盖全国仅有湖南矿业技师工会为合法团体,似不足以代表全国。至二十九年三月,中央决定工程师团体代表由国民政府就有工程师团体候选人资格者遴选之。至湖南矿业技师工会所选出之候选人遴选时得分配一名。总计选举法规定职业代表名额三百六十名,内农工商团体三百二十二名,自由职业团体五十八名。农工商团体代表已于二十六年选出者二百五十九名,积于三十五年夏遴出者,天津六名,连同二十六年选出之自由职"团体代表五十二名,合计由选举产生者三百一十七名。其未依选举法及选而未报改由遴选核定者六十三名,计山东、河北各二十一名(河北经遴定十六名),察哈尔三名,北平六名(经遴定四名),南京四名,西京、青岛各一名及工程师团体六名。以上各项代表由国府于三十五年十月底遴定并公布其名单。又湖北省工会、广东省工会、绥远省商会及青岛市工会、西京市商会各有代表一名死亡,上海市农会有代表三名死亡出缺,均无候补人可补,并由国府遴补。

三、特种选举

特种选举包括辽吉黑热、蒙藏、在外侨民及军队四部份,兹分述之:

(一)辽、吉、黑、热四省选举,其代表名额为四十五名。在二十六年时,因办理未能合法,经呈奉国府核准,依照选举法第五十七条之规定,全部由国府指定。三十五年,奉国府采纳政治协商会议决定取消指定代表,并依照东北四省划成十省二市之情形,增加代表七十七名,连同原有四十五名,共为一百二十二名,统由各该省市政府推荐三倍候选人,由国民政府遴选,先后奉遴选者计区域代表六十九名,职业代表三十名,共九十九名。

(二)蒙古、西藏代表四十名,蒙古部份应出代表额定二十四名,在二十六年已依法选举者计有选举法第二十八条第一款之乌兰察布盟、伊克昭盟、青海左右两翼盟、土默特旗、绥东四旗等六处,察哈尔部及阿拉善旗、额济纳旗与同条三、四两款之选举,均已办竣。其未曾选出者,计有新疆各蒙部及锡林郭勒盟等两处,故蒙古部份第二十八条第一款应出代表九名,仅有锡林郭勒盟一名未曾选出。同条第二款新疆各蒙部应选出代表三名,据报已如期选出,唯迄未报告结果,爰与锡林郭勒盟代表一名,并经呈奉国府核准,依照选举法第五十七条,由国府指定。又选举法第二十八条第一款中之乌兰察布盟选出之代表一名,因附逆注销名籍,同条第四款亦有代表一名死亡、一名附逆出缺,而无候选人可补,并由国府遴补。

西藏部份代表名额十六名由在西藏地方有选举权人选出者十名,由在其他省区内有选举权之西藏人民选出者六名,此六名在二十六年间经已依法选出。嗣以六都死亡或返西藏,不能出席,复经蒙藏选所推荐候选人,报经本所转呈国府予以遴定,其西藏地方之十名则未选举,奉准依照选举法第五十七条规定办理,后经政协会决定取消指定代表办法,并增加额济纳旗及安多藏区代表各一名,连同上述蒙藏迄未选出之代表,统由国府依法遴定。

(三)在外侨民应出之代表四十名,分由檀香山、秘鲁、墨西哥、美国、加拿大、印度、安南、欧洲、朝鲜、大溪地、荷属、智利、古巴、中美、菲律宾、马来、缅甸、暹罗、日本、澳洲、非洲、香港、澳门、台湾等二十四单位选出。在二十五年创办选举时,除安南应出代表三名,因安南总督不予同意,选举未成。菲律宾、非洲、荷属、暹罗四区因环境特殊,未能选举外,余均依法进行选举,并将选举结果及代表当选人、候补人姓名报告到所。二十九年,本所以大会召集在即,乃将菲律宾、非洲、荷属、暹罗、安南五区未能办理选举情形呈奉国府,准照选举法第五十七条规定办理。至三十五年春,国府亦采纳政治协商会议决定取消指定代表办法,并增加在缅甸侨民代表一名,在欧洲侨民代表一名,连同菲律宾等五区未选出之十四名代表名额,统由国民政府依法遴定。又澳门区原选代表一名,死亡出缺,因无候补人可补,经由国府遴补。

(四)军队代表三十名之选举,依选举法规定由全国陆海空军军队及军事教育机关之官兵伕选出之,在二十九年所有定额均已如数选出。至三十五年春,依选举补充条例之规定,增加军队代表十名,亦经依照选举法规定产生。

四、遴选代表

依照选举法产生之各种代表至二十九年六月十五日止,已占全部代表总额五分之四,其余五分之一,如平、津、冀、察等省市则以情形特殊,不及举办。中央为因应事实需要,乃依二十九年四月四日五届中央常会通过之国民大会区域及职业选举未能依法产生之代表遴选办法办理。迨至三十五年间,复奉中央决定该四省市选举,应依照选举法规定办理。嗣以北平市办理手续不合,冀察两省则因时间赶办不及,复经呈奉国府核准,仍以遴选方法产生,其情形已于前节详述。至国府直接遴选之党派及社会贤达代表计共七百名,除已遴定公布国民党之代表二百二十名、青年党代表一百名、民主同盟代表一百二十名定额中,民主社会党代表四十名暨社会贤达代表七十名,其余共产党代表一百九十名、民主同盟代表八十名以不提名而未公布名单。

于此尚有须补述者,在选举补充条例规定增加之台湾代表十八名(选举法所订在外侨民台湾区一名,应一并加入计算,实增代表十七名),应由该省长官公署推荐三倍候选人,呈由国府遴选。嗣为使该省各区域各职业均能平均当选起见,复经中央决定,改由该省临时参议会选举产生。

此外,增加土著民族代表十名及增加妇女代表二十名,均经国府依法遴定。又新疆增加职业代表三名,经选举补充条例规定,应连同原选代表之缺额,由该省临参会选举补充。嗣以该省情形特殊,爰经国民政府连同该省新增之职业代表,共计十八名,一并重行遴定。

综上所述,各项代表名额合计为二千零五十名,已奉令公布者一千七百四十五名。三十五年十月二十八日筹备成立国民大会代表报到处,十一月二日各代表开始报到,十一月十五日大会正式开幕,计报到代表一千七百零一名,因故未报到者四十四名,依宪法实施准备程序第九条规定代表任期至依照宪法选出之国民大会代表集会之日为止,是代表之任期已予延长,其注销递补手续应否赓续办理一节,经呈奉国府三十六年一月八日指令,代表制宪任务已告完成,代表死亡缺额只须注销,毋庸递补。是故会后,辽宁代表王秉谦、浙江代表牟震东、四川职业代表盛绍章、天津职业代表傅秀山、李聘之等均因死亡注销名籍,而不递补。

本所于大会闭幕后,以选务既已终了,所有本机关一切文书、经费、册籍、图表各项工作,自均应赶办清理,以资结束。经即限期完成,并拟具结束办法,呈报国府,旋奉指令,以本所机构应予延续。本所奉令后,除将上项工作依限办竣外,复根据大会制定之宪法条文拟议有关选举之各种法规草案。同时,以今后选务较前尤为繁难,职责所关,诸待预计,以故对将来选务进行,亦正在积极准备之中。

〔国民政府国民大会档案〕

2. 内政部长张厉生关于国民党参加立监委国大代表及省市参议会议员竞选意见呈

(1947年5月13日)

签呈　京函字第二一号
　　　三十六年五月十三日

事由　谨拟具本党参加立监委国大代表及省(市)参议会议员竞选之意见签请察核由。

查为加速行宪准备,所有立法委员、监察委员及国民大会代表之选举,与各省(市)参议会议员之选举均将于本年度内办理完成。本党在此次大选中,必须争取选举之胜利,俾以民主方式,取得民众之信托,掌握政权,实行本党主义,贯彻本党之政纲政策,肩负建设新中国之使命,惟选举胜利之争取,关键在于竞选之运用,而运用之方法,今昔殊不相同,在训政时期为本党一党负责之政治,故第一届国大代表选举时,只须党政双方协同一致即无问题。现则已由一党政治进为多党负责之政治,未来之大选,既有其他政党及无党派之社会贤达共同参加,一方面须以党的整个力量争取选举胜利,一方面须与其他和平政党切取协调,以树立民主政治之楷模。本党应如何在竞选中把握胜利之楔机,同时与他党保持协调之关系,均为当前急应筹谋之要务。爰本斯义,详加考虑,兹将考虑所得,签请察核。谨呈

院长张

附呈意见一份

对于本党参加立监委国大代表及省(市)参议会议员竞选之意见

(甲)本党参加竞选之基本方针

一、本党为争取选举胜利计,内部必先团结一致,将党内各方面之意见划一,在整个计划下,齐一步骤,集中力量,参加竞选。

二、为使本党于选举胜利后,足以胜任建国之责任计,必须于此次大选中,使党内优秀人才,确能当选,此应于候选人提名时,特别重视及之。

三、党内同志相互间之竞选,只应在候选人提名阶段内行之,一俟候选人决定,竞选之对象,即成为本党对他党之整个行动,党内同志不得再有自相竞争之言行。

四、本党对于其他和平合法之政党,在此次选举中,应取得协调,以公开平等之态度,在竞选中予以提挈协助,并鼓励协助确能代表人民利益之社会贤达参加竞选,俾能于选举后,一面保持本党第一大党之地位,一面并予他党及社会贤达共同负责之机会。

(乙)竞选之组织及经费

五、本党为指导党员参加竞选,并收齐一步调,集中力量之效能计,应分级成立左列之组织:

(一)在中央成立全国性之党员竞选指导委员会,负责决定各省(市)立监委候选人,统筹党员竞选补助费,指导党员竞选宣传及解决各省(市)党员竞选纠纷问题,其委员人选,由中央常务委员会提名,呈请总裁核定。

(二)在各省(市)成立省(市)党员竞选委员会,负责审查立监委候选人之资历证件,转请中央核定,决定各县(市)国大代表及省(市)参议员候选人,筹发党员竞选立监委之补助费,并解决各县(市)党员选举纠纷问题,其委员人选,由中常会就各该省(市)党团及行政负责人中派充。

（三）各县（市）成立党员竞选指导小组会议，负责审查国大代表及省参议员候选人之资历证件，提请省竞选指导委员会决定，筹发党员竞选国大代表及参议员之补助费，解决县（市）党员间之竞选纠纷问题及指导党员作竞选之活动，指导小组会议由县党部书记长、青年团分团部干事长及县市长组成之。

六、党员竞选所需之经费，除由个人自筹一部份外，余由党统筹补助，其来源及补助标准，由中央常务委员会决定。

（丙）候选人之提名

七、本党党员参加立监委国大代表或省（市）参议会议员之竞选，必须由党提名登记。

八、立监委候选人之提名，由志愿参加竞选者检具资历证件，填具申请书（格式另定），向该管省（市）党员竞选委员会提请审查，转报全国党员竞选指导委员会决定。

九、国大代表及省参议员候选人之提名，由志愿参加竞选者，检具资历证件，填具申请书，向该管县（市）党员竞选指导小组会议提请审查，转报省党员竞选指导委员会决定。

十、各级竞选指导组织，对于候选人之审核，应依左列之准则：

（一）其资格须合于选举法之规定。

（二）须具有左列条件之一：

（子）对革命有特殊贡献者。

（丑）对于政治或社会事业有特殊建树者。

（寅）有专门研究及社会信望者。

（卯）学识优良，富有辩才，并有领导能力者。

（辰）在该选举区域内有特殊社会地位，为选民所拥护者。

十一、本党应与其他政党举行协议，决定各项选举候选人提名数额之分配，协议后各就应选名额提出加倍候选人，不得自由增加。

十二、本党应行提出之候选人,照额决定后,除由党依照选举法所规定之手续办理登记,作为公开竞选之候选人外,并由各级党团部通知全体党团员及承办选举事务之人员,以便运用。

(丁)竞选之运用

十三、由中央党团部及行政院分别召集各省(市)党部书记长、支团部干事长、各省政府主席、院辖市长及民政厅(局)长,来京举行选举指导会议,除征询对于候选人人选之意见外,并商讨有关竞选运用之策略。

十四、全国及省(市)竞选指导委员会,应分别派出督导人员至各省(市)及县(市)监督指导党团行政各方,对本党候选人作有效之运用。

十五、本党竞选宣传工作,应由党团合一办理,在同一选举区域内之本党候选人,应联合运用,俾能增强力量,节省经费。

十六、各级党部团部,应充分运用当地各种民众团体及有力量之社会集团,并使各县乡镇保甲长对于本党候选人有明白之认识,获得其拥护。

十七、监察委员及省参议员候选人决定后,在省(市)县参议会内之党团议员,除应照名单选举外,并须以议会内之党团力量,向党团员以外之议员合力运用。

十八、立委及国大代表之选举,应同时举行,其次再举行监委之选举,至省(市)参议员之选举,则于省(市)参议会议员任期届满时,分别举行之。

(戊)党团员在选举中应守之准则

十九、本党党员为选举人者,于选举时,必须投本党候选人之票,志愿为候选人者,必须向本党竞选指导机关申请提名,不得自行觅取连署人,径向选举事务所登记。

二〇、本党党员团员在各机关团体服务者,于不违背法令之范围内,有协助本党候选人之责任。

廿一、在本党候选人核定公布后,党员团员不得再有其他主张或结合团体为非候选人之党员团员作竞选之活动。

廿二、党员团员违背以上守则之处罚办法,由中央党部团部制定之。

〔行政院档案〕

3. 内政部根据人口统计数变更拟定国民大会区域代表等名额分配表修正草案函

(1947年5月28日)

内政部公函 人二字第○○○七一号
中华民国卅六年五月二十八日

准贵会本年五月十九日函,略以国民大会区域代表名额分配表,前已拟有草案,兹因全国人口统计数字变更,查明修正等由。兹已就变更部分妥为修正,另拟国民大会区域代表名额分配表修正草案一种随函检送即希查照为荷。此致

立法院宪法法规委员会。

附国民大会区域代表名额分配表修正草案乙份

(1) 各县市及同等区域选出之代表

省市别	县市及同等区域名称				总数	应选代表名额	增选代表名额	应选代表总名额	附注
江苏	镇江 江宁 高邮 宜兴 昆山 宝山 奉贤	句容 江浦 金坛 溧阳 太仓 金山 川沙	丹阳 六合 常熟 高淳 青浦 上海 南汇	溧水 仪征 江阴 吴江 嘉定 松江 崇明	六三	六三	一二	七五	吴县武进无锡南通阜宁盐城江都东台泰县铜山等十县各增选代表一人均应为妇女

658

续上表

省市别	县市及同等区域名称				总数	应选代表名额	增选代表名额	应选代表总名额	附注
江苏	海门 兴化 淮安 东海 沛县 泗阳 武进 阜宁 如皋	启东 宝应 涟水 沭阳 萧县 宿迁 吴县 盐城 连云市	泰兴 扬中 灌云 砀山 邳县 江都 南通 泰县 徐州市	靖江 淮阴 赣榆 丰县 睢宁 无锡 东台 铜山					代表如皋增选代表二人其中应有妇女代表一人共计妇女代表十一人
浙江	杭县 海宁 崇德 孝丰 新登 桐庐 上虞 鄞县 象山 宁海 温岭 瑞安 文成 浦江 龙游 常山 缙云 武义 云和 绍兴	平湖 桐乡 德清 余杭 於潜 建德 奉化 镇海 诸暨 永嘉 黄岩 平阳 仙居 义乌 遂昌 衢县 宣平 东阳 庆元 杭州市	嘉兴 吴兴 武康 临安 昌化 淳安 余姚 定海 嵊县 乐清 临海 泰顺 金华 □溪 遂安 开化 永康 丽水 景宁	海盐 长兴 安吉 富阳 分水 嘉善 慈溪 萧山 新昌 玉环 天台 三门 汤溪 寿昌 江山 松阳 盘安 龙泉 青田	七八	七八	一	七九	绍兴县增选代表一人应为妇女代表
安徽	定远 盱眙	滁县 嘉山	来安 凤阳	天长 五河	六四	六四	三	六七	合肥宿县阜阳等三县各

续上表

省市别	县市及同等区域 名　　　　　　称	总数	应选代表名额	增选代表名额	应选代表总名额	附　注
安徽	泗县　灵壁　怀县　寿县 凤台　芜湖　宣城　郎溪 广德　宁国　绩溪　歙县 休宁　祁门　黟县　太平 旌德　泾县　南陵　繁昌 石埭　铜陵　青阳　贵池 至德　东流　当涂　望江 宿松　怀宁　太湖　潜山 桐城　岳西　舒城　霍山 立煌　六安　庐江　无为 和县　巢县　全椒　含山 蒙城　涡阳　亳县　太和 颖上　临泉　霍邱　婺源 合肥　宿县　阜阳 蚌埠市					增选代表一人均应为妇女代表共计妇女代表三人
江西	南昌　新建　丰城　进贤 南城　黎川　南丰　广昌 资溪　临川　金溪　崇仁 宜黄　乐安　东乡　余江 上饶　玉山　弋阳　贵溪 铅山　广丰　横峰　吉安 宜春　泰和　吉水　永丰 安福　遂川　万安　永新 宁冈　莲花　清江　新淦 新喻　峡江　分宜　萍乡 万载　高安　上高　宜丰 赣县　雩都　信丰　兴国 会昌　安远　寻邬　龙南 定南　□南　大庚　南康 上犹　崇义　宁都　瑞金 石城　九江　德安　瑞昌 湖口　彭泽　星子　都昌	八二	八二	〇	八二	庐山管理局辖区与星子县合并选举

续上表

省市别	县市及同等区域名称				总数	应选代表名额	增选代表名额	应选代表总名额	附注
江西	乐平 余干 奉新 铜鼓	永修 浮梁 靖安 南昌市	安义 德兴 武宁	鄱阳 万年 修水					
湖北	武昌 咸宁 大冶 黄陂 浠水 英山 天门 应城 江陵 松滋 襄阳 谷城 郧西 均县 兴山 当阳 来凤 宣恩	鄂城 崇阳 阳新 黄安 麻城 礼山 京山 安陆 沔阳 潜江 枣阳 □化 房县 宜昌 长阳 远安 利川 咸丰	嘉鱼 通山 汉阳 黄梅 罗田 随县 孝感 应山 监利 石首 南漳 保康 竹山 □都 五峰 恩施 建始 武昌市	蒲圻 通城 黄岗 蕲春 广济 钟祥 汉川 云梦 公安 枝江 自忠 郧县 竹溪 秭归 荆门 巴东 鹤峰	七一	七一	〇	七一	
湖南	长沙 湘阴 桃源 安阳 衡山 临武 宜章 祁阳 永明	平江 宁乡 汉寿 茶陵 安仁 桂东 资兴 东安 江华	醴陵 临湘 沅江 酃县 常宁 桂阳 汝城 道县 新田	益阳 华容 南县 攸县 郴县 永兴 零陵 宁远 嘉禾	七九	七九	八	八七	湘潭湘乡邵阳常德衡阳耒阳等八县各增选代表一人均应为妇女代表共计妇女代表八人

661

续上表

省市别	县市及同等区域名称				总数	应选代表名额	增选代表名额	应选代表总名额	附注
湖南	□山 龙山 临澧 古丈 芷江 辰溪 溆浦 武岗 隆回 岳阳 邵阳	新宁 保靖 石门 永绥 黔阳 晃县 安化 城步 浏阳 常德 长沙市	沅陵 桑植 慈利 乾城 麻阳 会同 通道 绥宁 湘潭 衡阳 衡阳市	永顺 澧县 大庸 凤凰 泸溪 靖县 新化 怀化 湘乡 耒阳					
四川	成都 崇宁 新津 汶川 懋功 德阳 靖化 蒲江 青神 峨边 资中 威远 南溪 合江 高县 沐川 古蔺 壁山 □川 万县 巫溪	华阳 郫县 双流 茂县 什邡 罗江 大邑 彭山 夹江 马边 内江 隆昌 宜宾 兴文 琪县 雷波 巴县 铜梁 綦江 云阳 石砫	温江 新繁 新都 松潘 金堂 绵竹 邛崃 眉山 洪雅 乐山 资阳 井研 江安 长宁 筠连 叙永 江北 荣昌 长寿 奉节 彭水	灌县 彭县 崇庆 理县 广汉 绵阳 名山 丹稜 峨眉 犍为 荣县 泸县 纳溪 庆符 屏山 古宋 合川 永川 江津 巫山 黔江	一四七	一四七	四	一五一	简阳涪陵富顺仁寿等四县各增选代表一人均应为妇女代表共计妇女代表四人

续上表

省市别	县市及同等区域名称				总数	应选代表名额	增选代表名额	应选代表总名额	附注
四川	西阳 忠县 宣汉 达县 营山 蓬安 鄰水 遂宁 大足 剑阁 阆中 梓潼 青川 简阳 成都市 兴中设治局 沐爱设治局 平昌设治局	秀山 开县 城口 巴中 南充 岳池 南部 潼南 射洪 昭化 旺苍 安县 盐亭 涪陵 自贡市 麦桑设治局 农祥设治局 北碚管理局	鄂都 开江 大竹 通江 西充 广安 南江 安岳 蓬溪 广元 平武 北川 富顺 中江	武隆 万源 梁山 渠县 仪陇 武胜 垫江 乐至 三台 苍溪 江油 彰明 仁寿					
西康	康定 恩达 同普 义敦 盐源 宁南 泸定 荣经 冕宁 道孚 德昌 瞻化	察雅 石渠 科麦 盐井 天全 嘉黎 炉霍 汉源 昭觉 定乡 乾宁 德荣	德格 巴安 雅安 贡县 九龙 硕督 邓柯 雅江 会理 越嶲 理化 宁静	察隅 稻城 芦山 西昌 甘孜 太昭 白玉 丹巴 盐边 宝兴 昌都 武成	五二	五二	○	五二	

663

续上表

省市别	县市及同等区域名称		总数	应选代表名额	增选代表名额	应选代表总名额	附注
西康	宁东设治局 泸宁设治局	金汤设治局 晋格设治局					
河北	清宛 徐水 满城 完县 望都 雄县 容城 安新 高阳 河间 献县 交河 文安 任邱 涿县 固安 霸县 新城 定兴 涞水 涞源 易县 新镇 房山 宛平 昌平 怀柔 顺义 天津 通县 静海 清县 大城 宁河 宝坻 武清 安次 沧县 南皮 东光 盐山 庆云 宁津 吴桥 香河 大兴 良乡 永清 滦县 乐亭 昌黎 抚宁 临榆 迁安 卢龙 玉田 遵化 丰润 蓟县 平谷 密云 兴隆 三河 定县 新乐 唐县 曲阳 行唐 阜平 无极 安国 博野 深县 饶阳 武强 武邑 安平 深泽 晋县 束鹿 正定 获鹿 藁城 栾城 赵县 灵寿 平山 井陉 元氏 阜城 景县 高邑 宁晋 蠡县 肃宁 赞皇 大名 广平 南乐 清丰 濮阳 东明 长垣 南宫 冀县 清河 威县 广宗 新河 巨鹿 平乡 邢台 任县 南和 沙河 鸡泽		一三四	一三四	○	一三四	

续上表

省市别	县市及同等区域名称				总数	应选代表名额	增选代表名额	应选代表总名额	附注
河北	隆平 磁县 肥乡 衡水 石门市 都山设治局	尧山 邯郸 曲周 柏乡 新海设治局	临城 永年 枣强 唐山市	内邱 成安 故城					
山东	历城 博山 章邱 陵县 寿光 无棣 昌乐 齐东 惠民 高密 胶县 莱阳 牟平 栖霞 聊城 堂邑 朝城 清平 □县 禹县 临沂 泗水 邹县 曹县 鱼台	泰安 淄川 临邑 平原 广饶 霑化 益都 邹平 商河 平度 诸城 即墨 荣成 招远 东平 冠县 平阴 高唐 长清 馆陶 郯城 曲阜 滋阳 城武 濮阳	莱芜 济阳 乐陵 德县 博兴 利津 临朐 长山 滨县 潍县 日照 掖县 福山 黄县 茌平 莘县 东阿 夏津 武城 恩县 峄县 沂水 宁阳 金乡 巨野	新泰 桓台 德平 临淄 蒲台 安邱 青城 高苑 阳信 昌邑 莒县 文登 海阳 蓬莱 博平 阳谷 肥城 临清 齐县 滕县 费县 蒙阴 荷泽 单县 郓城	一一〇	一一〇	〇	一一〇	

续上表

省市别	县市及同等区域名称				总数	应选代表名额	增选代表名额	应选代表总名额	附注
山东	嘉祥 范县 市	济宁 观城 烟台市	寿张 汶上 威海卫市	定陶 济南					
山西	阳曲 太原 长治 潞城 陵州 沁县 辽县 兴县 崞县 繁峙 五寨 怀仁 灵邱 应县 平定 临汾 蒲县 解县 汾西 洪洞 浮山 垣曲 万泉 吉县 平遥 离石 太原市	榆次 清源 长子 屯留 高平 襄垣 祁县 岢岚 五台 静乐 偏关 天镇 浑源 左云 昔阳 隰县 石楼 芮城 灵石 襄陵 曲沃 闻喜 猗氏 新绛 介休 中阳	太谷 交城 壶关 黎城 沁水 武乡 文水 大同 定襄 宁武 河曲 阳高 朔县 右玉 寿阳 大宁 永济 平陆 霍县 汾城 翼城 安邑 荣河 稷山 汾阳 方山	徐沟 和顺 平顺 晋城 阳城 榆社 岚县 代县 忻县 神池 保德 广灵 山阴 平鲁 孟县 永和 虞乡 临晋 赵城 安泽 绛县 夏县 乡宁 河津 孝义 临县	一〇六	一〇六	〇	一〇六	

续上表

省市别	县市及同等区域名称				总数	应选代表名额	增选代表名额	应选代表总名额	附注
河南	开封 民权 夏邑 尉氏 长葛 临漳 延津 沁阳 安阳 济源 温县 沈邱 商水 鄢陵 西平 正阳 罗山 息县 宝丰 唐河 方城 泌阳 洛阳 新安 宜阳 伊川 广武 郑县	商邱 睢县 宁陵 通许 中牟 阳武 浚县 博爱 获嘉 原武 武陟 鹿邑 西华 许昌 襄城 上蔡 信阳 商城 舞阳 邓县 鲁山 嵩县 阌乡 洛宁 孟津 卢氏 汜水 禹县	柘城 虞城 兰封 杞县 新乡 林县 滑县 武安 淇县 修武 汲县 项城 太康 临颍 漯川 遂平 光山 经扶 南召 内乡 浙川 郑县 灵宝 渑池 偃师 伊阳 临汝 新郑	考城 永城 洧川 陈留 汤阴 内黄 封邱 陟县 辉县 孟县 淮阳 新蔡 扶沟 郾城 汝南 确山 固始 南阳 镇平 新野 叶县 桐柏 陕县 登封 巩县 密县 荥阳	---	---	○	---	
陕西	长安 富平 凤翔	临潼 大荔 宝鸡	渭南 蒲城 扶风	盩厔 邠阳 乾县	九三	九三	○	九三	

667

续上表

省市别	县市及同等区域名称				总数	应选代表名额	增选代表名额	应选代表总名额	附注
陕西	耀县 三原 兴平 栒水 鄜县 白水 栒邑 华阴 商南 安康 襃城 洵阳 略阳 岚皋 宁陕 府谷 米脂 宜川 甘泉 延川 董龙设治局	陇县 泾阳 醴泉 澄城 武功 沂阳 淳化 商县 镇安 城固 宁强 白河 留霸 汉阴 榆林 肤施 洛川 葭县 保安 定边	邠县 鄂县 高陵 韩城 同川 麟游 长武 雒南 平民 沔县 西乡 紫阳 凤县 石泉 鄜县 靖边 黄陵 横山 安定 吴堡	咸阳 蓝田县 华山 岐潼关 永寿 朝阳 南郑县 洋县 镇巴 平利 佛坪 镇坪 神木 绥德 宜君 安塞 延长 清涧					
甘肃	皋兰 永登 临潭 永靖 民勤 张掖 金塔 安西 西固 洮沙	景泰 岷县 夏河 宁定 永昌 临泽 鼎新 敦煌 成县 康乐	靖远 陇西 礼县 和政 山丹 古浪 高台 武都 康县 定西	会宁 漳县 临夏 武威 民乐 酒泉 玉门 文县 临洮 榆中	七二	七二	○	七二	

续上表

省市别	县市及同等区域名称	总数	应选代表名额	增选代表名额	应选代表总名额	附 注
甘肃	会川 渭源 天水 甘谷 秦安 通渭 清水 两当 徽县 平凉 华亭 化平 降德 荘浪 静宁 崇信 固原 海原 西吉 庆阳 泾川 灵台 环县 合水 宁县 正宁 镇原 西和 武山 兰州市 卓尼设治局 肃北设治局					
青海	湟中 互助 大通 门源 乐都 民和 循化 同仁 贵德 化隆 湟源 都兰 共和 兴海 海晏 玉树 襄谦 称多 同德 西宁市 祁连设治局	二一	二一	◯	二一	
福建	林森 福清 长乐 连江 罗源 闽清 古田 屏南 永泰 平潭 霞蒲 福安 福鼎 宁德 拓荣 周宁 浦城 崇安 建阳 永吉 松溪 政和 建瓯 邵武 尤溪 南平 沙县 顺昌 建宁 泰宁 三元 将乐 永安 寿宁 大田 德化 莆田 仙游 惠安 晋江 南安 永春 安溪 同安 金门 龙溪 长泰 海澄 漳浦 云霄 诏安 东山 明溪 宁洋 青流 宁化 长汀 连城 武平 漳平 上杭 永定 龙岩 南靖	六九	六九	◯	六九	

669

续上表

省市别	县市及同等区域名称	总数	应选代表名额	增选代表名额	应选代表总名额	附注
福建	华安 平和 光泽 福州市 厦门市					
台湾	台北 新竹 高雄 台东 花莲 澎湖 台中 台南 台北市 基隆市 新竹市 台中市 彰化市 台南市 嘉义市 高雄市 屏东市	一七	一七	二	一九	台中台南二县各增选代表一人均应为妇女代表共计妇女代表二人
广东	番禺 增城 东莞 宝安 博罗 海丰 河源 紫金 五华 龙川 和平 陆丰 开平 新会 赤溪 顺德 潮安 潮阳 揭阳 澄海 饶平 惠来 普宁 丰顺 南澳 大埔 梅县 兴宁 蕉岭 平远 连县 曲江 南雄 乐昌 始兴 仁化 翁源 英德 乳源 连山 阳山 佛岗 清远 连南 广宁 四会 德庆 三水 花县 从化 龙门 新丰 连平 高要 开建 封川 郁南 新兴 罗定 云浮 鹤山 高明 茂名 电白 化县 英川 信宜 廉江 阳江 阳春 恩平 合浦 钦县 防城 灵山 遂溪 海康 徐闻 琼山 文昌 定安 担县 澄迈 临高 乐会 琼东 崖县 陵水 万宁 感恩 昌江 乐东	一〇〇	一〇〇	三	一〇三	中山南海台山等三县各增选代表一人均应为妇女代表共计妇女代表三人

续上表

省市别	县市及同等区域 名称				总数	应选代表名额	增选代表名额	应选代表总名额	附 注
广东	保亭 南海 湛江市	白沙 中山	惠阳 汕头市	台山					
广西	临桂 兴安 灵川 修仁 恭城 信都 雒容 柳城 忻城 思恩 天峨 藤县 武宣 博白 横县 隆山 隆安 同正 凤山 西隆 天保 龙茗 龙津 思乐 万承 桂林市 梧州市	永福 全县 义宁 蒙山 富川 怀集 中渡 来宾 宜山 宜北 苍梧 平南 兴业 陆川 宾阳 平治 武鸣 上恩 田西 西林 镇边 田东 上金 明江 雷平 南宁市 金秀设治局	百寿 资源 龙胜 昭平 钟山 柳江 榴江 象县 天河 河池 岑溪 桂平 郁林 邕宁 上林 那马 扶南 百色 乐业 凌云 向都 田阳 左县 宁明 养利 柳州市	阳朔 灌阳 贺县 荔浦 平乐 融县 三江 迁江 罗城 南丹 容县 贵县 北流 永淳 都安 果德 绥禄 东兰 万岗 靖西 镇结 敬德 崇善 凭祥	一〇四	一〇四	〇	一〇四	该省仍照列一〇四县市局故增列如上数该省县市局数额如有裁减其应选代表名额应照裁减

671

续上表

省市别	县市及同等区域名称				总数	应选代表名额	增选代表名额	应选代表总名额	附注
云南	谷昌 玉溪 盐兴 禄劝 威信 大关 盐津 䇹益 马龙 华宁 路南 砚山 广南 河西 箇旧 新平 景东 宁洱 佛海 镇南 永仁 双江 澜沧 邓川 大理 顺宁 漾濞 维西 昆明市 宁江设治局 沧源设治局 莲山设治局	安宁 昆阳 禄丰 武定 镇雄 永善 曲靖 会泽 陆良 江川 泸西 文山 富宁 通海 蒙自 元江 双柏 江城 南峤 弥渡 大姚 景谷 鹤庆 宾川 凤仪 昌宁 腾冲 兰平 龙武设治局 耿马设治局 宁蒗设治局 潞西设治局	呈贡 易门 罗次 元谋 彝良 鲁甸 平彝 寻甸 罗平 澄江 帅宗 马关 建水 曲溪 屏边 墨江 峨山 镇越 六顺 祥云 牟定 缅宁 剑川 永胜 蒙化 永平 保山 丽江	晋宁 广通 富民 昭通 绥江 巧家 宣威 嵩明 弥勒 宜良 邱北 西畴 石屏 开远 金平 镇沅 思茅 车里 姚安 盐丰 楚雄 镇康 洱源 华坪 云县 云龙 龙陵 中甸	一二九	一二九	〇	一二九	

续上表

省市别	县市及同等区域 名　　　　称		总数	应选代表名额	增选代表名额	应选代表总名额	附　　注
云南	瑞丽设治局 梁河设治局 德钦设治局 福贡设治局 泸水设治局	陇川设治局 盈江设治局 贡山设治局 碧江设治局					
贵州	贵筑　息烽　修文　龙里 贵定　开阳　惠水　安顺 长顺　平越　瓮安　麻江 清镇　平坝　镇远　施秉 黄平　岑巩　天柱　台江 三穗　剑河　余庆　锦屏 炉山　独山　榕江　黎平 都匀　平塘　荔波　从江 丹寨　三都　罗甸　兴仁 兴义　安龙　盘县　贞丰 晴龙　普安　册享　郎岱 关岭　普定　镇宁　紫雷 望谟　毕节　大定　黔西 威宁　水城　织金　金沙 纳雍　赫章　遵义　桐梓 正安　赤水　仁怀　绥阳 湄潭　鰼水　凤岗　婺川 道真　铜仁　思南　松桃 沿河　石阡　玉屏　印江 德江　江口　贵阳市 雷山设治局		八〇	八〇	〇	八〇	
辽宁	沈阳　锦县　金县　復县 盖平　海成　辽阳　本溪 抚顺　新民　辽中　台安 黑山　北镇　盘山　义县 锦西　兴城　绥中　庄河		二六	二六	〇	二六	

续上表

省市别	县市及同等区域名称	总数	应选代表名额	增选代表名额	应选代表总名额	附注
辽宁	岫岩 铁岭 锦州市 营口市 鞍山市 旅顺市					
安东	通化 安东 凤城 宽甸 桓仁 辑安 临江 长白 抚松 濛江 辉南 金川 柳河 海龙 东丰 清源 新宾 孤山 通化市 安东市	二〇	二〇	〇	二〇	
辽北	辽南 北丰 西丰 开原 彭武 法库 康平 昌图 梨树 通源 开通 瞻榆 安广 洮南 突泉 洮安 镇东 长岭 四平市	一九	一九	〇	一九	
吉林	永吉 长春 敦化 蛟河 桦甸 盘石 双阳 伊通 怀德 农安 九台 扶余 德惠 舒兰 榆树 五常 双城 乾安 吉林市 长春市	二〇	二〇	〇	二〇	
松江	宁安 延吉 安图 和龙 汪清 珲春 东宁 穆陵 苇河 延寿 珠河 宾县 阿城 方正 绥芬 牡丹江市 延吉市	一七	一七	〇	一七	
合江	桦川 依兰 勃利 密山 虎林 宝清 饶河 抚远 同江 富锦 绥宾 萝北 汤原 通河 凤山 鹤立 林口 佳木斯市	一八	一八	〇	一八	

续上表

省市别	县市及同等区域名称	总数	应选代表名额	增选代表名额	应选代表总名额	附注
黑龙江	爱辉 漠河 鸥浦 呼玛 逊河 奇克 □云 佛山 嫩城 龙镇 孙吴 克山 通北 海伦 绥楞 庆城 绥化 望奎 明水 拜泉 依安 讷河 德都 克东 铁骊 北安市	二六	二六	〇	二六	
嫩江	龙江 景星 泰来 林甸 安达 青岗 兰西 肇东 肇州 大赉 呼兰 巴彦 木兰 甘南 富裕 东兴 泰康 肇源 齐齐哈尔市	一九	一九	〇	一九	
兴安	呼伦 奇乾 室伟 雅鲁 布西 索伦 胪滨 海拉 尔市	八	八	〇	八	
热河	承德 栾平 平泉 隆化 丰宁 凌源 朝阳 阜新 林西 宁城 凌南 建平 绥东 赤峰 开鲁 围坊 经棚 林东 天山 鲁北	二〇	二〇	〇	二〇	
察哈尔	万全 宣化 赤城 龙关 怀来 阳原 怀安 蔚县 豕鹿 张北 商都 康保 古源 多伦 宝昌 新明 崇礼 尚义 延庆 张家 口市	一九	一九	〇	一九	
绥远	归绥 萨拉齐 武川 托克托 和林 格尔 清水河 丰镇 集宁 凉城 兴和 五原 临河	二二	二二	〇	二二	

续上表

省市别	县市及同等区域名称	总数	应选代表名额	增选代表名额	应选代表总名额	附注
绥远	包头　固阳　东胜　安北　米仓　狼山　晏江　陶林　包头市　陕坝市					
宁夏	贺兰　宁朔　灵武　盐池　平罗　磴口　中卫　中宁　金积　同心　陶乐　永宁　惠农　银川市	一四	一四	○	一四	
新疆	迪化　乾德　奇台　昌吉　阜康　马耆　孚远　绥来　沙湾　镇西　哈密　巴楚　鄯善　伊宁　巩留　绥定　精河　叶城　博乐　塔城　额敏　乌苏　柯坪　于阗　温宿　拜城　乌什　库车　沙雅　轮台　疏附　泽普　且末　尉黎　伽师　皮山　策勤　婼羌　莎车　和阗　洛浦　疏勒　蒲黎　墨玉　承化　布伦托海　霍尔果斯　木垒河　呼图壁　吐鲁番　阿克苏　阿瓦提　托克苏　麦盖堤　叶尔羌　英吉沙　布尔津　吉木乃　哈巴河　迪化市　托克逊设治局　七角井设治局　蹇图拉设治局　库尔勒设治局　特克斯设治局　太尔根设治局　伊吾设治局　哥托海设治局　青格里河设治局　和什托落盖设治局　乌鲁克洛提设治局	七一	七一	○	七一	据内政部报告新疆省政府拟将该省行政区域改划为八十一县市局俟核定后其应选代表名额应照增加

676

续上表

省市别	县市及同等区域名称	总数	应选代表名额	增选代表名额	应选代表总名额	附 注
南京		一	一	一	二	增选代表一人应为妇女代表
上海		一	一	九	一〇	增选代表九人中应有妇女代表一人
北平		一	一	二	三	增选代表二人中应有妇女代表一人
天津		一	一	二	三	增选代表二人中应有妇女代表一人
青岛		一	一	〇	一	
重庆		一	一	一	二	增选代表一人应为妇女代表
大连		一	一	〇	一	
哈尔滨		一	一	〇	一	
广州		一	一	一	二	增选代表一人应为妇女代表

677

续上表

省市别	县市及同等区域名称	总数	应选代表名额	增选代表名额	应选代表总名额	附注
汉口		一	一	一	二	增选代表一人应为妇女代表
沈阳		一	一	一	二	增选代表一人应为妇女代表
西安		一	一	○	一	
总计		二一三	二一三	五一	二六四	以上增选代表五十一人中应有妇女代表四十名

(2) 蒙古选出之代表

盟旗别	应出代表数	备注
哲里木盟	四	上升十一盟每两盟选出之代表八人中应有妇女代表一人地区之划分由蒙藏委员会分配
卓索图盟	四	
昭乌达盟	四	
锡林郭勒盟	四	
乌兰察布盟	四	
伊克昭盟	四	
青海左翼盟	四	

续上表

盟　旗　别	应出代表数	备　注
青海右翼盟	四	
巴图塞特奇勒图中路盟	四	
乌拉恩素珠克图四路盟	四	
青塞特奇勒图盟	四	
伊克明安旗	一	
归化土默特旗	一	
阿拉善霍硕特旗	一	
额济纳旧土尔特旗	一	
呼伦贝尔部	四	呼伦贝尔及察哈尔八旗群选出之代表八人中应有妇女代表一人
察哈尔八旗群	四	
绥东四旗	一	
总　　计	五七	以上妇女代表共计六人

(3) 西藏选出之代表

地　区　别	应出代表数	备　注
西藏地方	一四	该地选出之代表十四名中应有妇女代表一人
暂时旅居内地西藏人员	一一	本项选出之代表十一名中应有妇女代表一人
省区藏民	一五	在西康选出者六名其中应有妇女代表一人在青海选出者四名其中应有妇女代表一人在甘肃选出者三名在四川选出者一人在云南选出者一人
总　　计	四〇	以上妇女代表共计四人

(4) 各民族在边疆地区选出之代表

地 区 别	应出代表数	备 注
云　　南	四	该省选出之代表中应有妇女代表一人
贵　　州	三	
西　　康	四	
四　　川	二	
广　　西	二	
湖　　南	二	
总　　计	一七	以上妇女代表一人

(5) 侨民选出之代表

选举区别	选举区所辖地方名称	代表名额	备 注
第 一 区	美国之美西	三	该区选出之代表中应有妇女代表一人
第 二 区	美国之美中	一	
第 三 区	美国之美东	二	
第 四 区	加拿大	二	
第 五 区	台香田及附近各岛	一	
第 六 区	墨西哥	一	
第 七 区	巴拿马　掘□□拉　萨尔瓦多　尼加拉瓜　洪多拉斯　马拿瓜　哥斯德黎加	一	
第 八 区	秘鲁　巴西　厄瓜多尔　委内瑞拉　基阿拿　可仑比亚及附近地区	一	
第 九 区	智利　阿根廷　巴拉圭　乌拉乖　玻利非亚及附近地方	一	
第 十 区	古巴	二	
第十一区	占美加　圣多明谷　海地　千里达及附近各岛	一	

续上表

选举区别	选举区所辖地方名称	代表名额	备 注
第十二区	菲律滨之宿务 朗芒 芽地 三宝颜苏洛古达吗岛及附近地方	一	
第十三区	菲律滨之马尼剌 怡朗杉吗 礼智 及北吕宋附近各岛	二	
第十四区	澳洲 新西兰飞校 萨摩亚群岛 新几内亚东部及附近各岛	一	
第十五区	大溪地 法属细黎群岛 索晒厄替群岛 奥斯特剌尔群岛 瓦维达岛 拉巴岛 奴喀希法岛 马尼希基群岛 低群岛 千俾尔群岛 玛盉撒群岛 里瓦俄岛 英属哈德孙岛 匹特揆纶岛 度栖岛 哈罗林群岛斯塔巴克岛 维斯拖克岛及附近各岛	一	
第十六区	香港	四	该区选出之代表中应有妇女代表一人
第十七区	澳门	一	
第十八区	日本	一	
第二十区	安南之南圻 高棉	二	
第二十一区	安南之中圻 北圻 老挝	一	
第二十二区	缅甸	二	
第二十三区	印度及亚洲西南各国	一	
第二十四区	暹罗之曼谷	三	该区选出之代表中应有妇女代表一人
第二十五区	暹罗之佛统 叨吥 通扣 万苍 宋卡 北大年	二	
第二十六区	暹罗之大域北柳 柯叨武温	二	
第二十七区	暹罗之华富里彭世洛坤南邦 青迈	二	

续上表

选举区别	选举区所辖地方名称	代表名额	备注
第二十八区	新加坡	三	该区选出之代表中应有妇女代表一人
第二十九区	马六甲及附近地方	一	
第 三 十 区	柔伦及附近地方	一	
第三十一区	雪兰及附近地方	一	
第三十二区	森美兰 彭享 吉□丹 丁家奴及附近地方	一	
第三十三区	霹雳及附近地方	一	
第三十四区	槟榔屿 吉打玻璃市	一	
第三十五区	英属婆罗洲	一	
第三十六区	爪哇 及巴里岛 龙目岛 马都拉及附近各岛	四	该区选出之代表中应有妇女代表一人
第三十七区	苏门答腊及附近各岛	三	该区选出之代表中应有妇女代表一人
第三十八区	荷属婆罗洲及附近各岛	二	
第三十九区	西里伯岛及葡属帝文新几内亚西部与附近各岛	一	
第 四 十 区	欧洲及苏联	一	
第四十一区	非洲及法属马登加斯加 英属毛里斯 法属留尼汪与附近各岛	一	
总　　计		六五	以上共计选出妇女代表六人

〔监察院档案〕

4. 国民政府公布宪法说明起草委员会组织规程令

(1947年6月9日)

宪法说明书起草委员会组织规程　三十六年六月九日公布

第一条　国民政府为说明宪法之旨趣,设宪法说明起草委员会。

第二条　本会置委员十人,由国民政府主席遴选之,并指定一人为召集委员。

第三条　本会设左列各组,分任宪法说明书初步起草工作。

第一组　关于宪法第一章及第二章之说明。

第二组　关于宪法第三章、第十二章及第十四章之说明。

第三组　关于宪法第四章及第五章之说明。

第四组　关于宪法第六章及第七章之说明。

第五组　关于宪法第八章及第九章之说明。

第六组　关于宪法第十章及第十一章之说明。

第七组　关于宪法第十三章之说明。

第四条　前条各组各置专门委员三人至五人,由本会聘任之,并指定一人为召集人。

第五条　本会置秘书主任一人,简派,秘书二人至四人,荐派,编纂七人至十四人,荐派,科员七人至十四人,委派,承长官之命,办理事务,并得酌用雇员。

前项人员,得就国民政府或其他机关职员调用之。

第六条　本会每两星期开会一次,必要时得开临时会,均由召集委员召集之。

本会开会时,以召集委员为主席。

第七条　本规程自公布日施行。

〔国民政府档案〕

5. 国民大会代表选举须知

(1947年6月)

(1)国民大会代表选举进行程序

1. 七月二十二日以前各主管选举机关办理选举人之调查登记,并定期通告各职业团体、妇女团体造报簿册。

2. 七月二十三日至八月二十六日各主管选举机关造具选举人名册。

3. 八月二十七日至八月三十一日各主管选举机关办理选举人名册之公告,更正及呈报事项。

4. 九月一日至三十日各主管选举机关开始办理候选人之登记及造具选举权证,各上级选举机关制发选举票及票柜。

5. 九月二十一日各主管选举机关发给选举权证。

6. 十月一日至五日各主管选举机关办理候选人审查之公告及发布选举公告事项。

7. 十月七日至十月二十日各选举机关层转候选人名册。

8. 十月二十一日至十月二十三日为各种选举投票日期。

9. 十一月二日各种选举机关公告当选人及候补人名单。

10. 十一月三日至十一月二十二日各主管选举机关层报当选代表名册及履历,各上级选举机关发给当选证书。

11. 十二月二十四日以前各代表来京报到。

(2)国民大会代表选举法令释疑

1. 国民大会代表选举罢免法第五条规定,有犯刑法内乱外患罪,经判决确定者;曾服公务而有贪污行为,经判决确定者;受禁治产之宣告者;有精神病者;吸用鸦片或其代用品者,均无选举权暨被选举权。所称内乱或外患罪,系指刑法第一第二两章所列,并包括特别刑事法规,如危害民国紧急治罪条例等规定而言。所称贪污,系指惩治贪污条例与刑法所载贪污条款而言。所称受禁治产之宣告,系指曾经法院宣告者而言。所称有精神病及吸用鸦片或其代用品系指经有依法登记之医师证明者为限。

2.国民大会代表之选举权及被选举权,除依国民大会代表选举罢免法第五条规定外,并无其他限制。

3.职业及妇女团体之国大代表选举人暨被选举人资格,除依国民大会代表选举罢免法第五条规定外,并须为各该团体之会员。

4.参加国民大会代表选举之职业团体及妇女团体,以曾经依法向其主管机关立案者为限。

5.各公司行号之股东,经理,店员等,其因非职业团体之会员,而不能参加职业团体之选举时,可参加国民大会代表之区域选举。

6.国民大会代表之选举人及被选举人之年龄届满日期之计算,以造具名册之日为准。

7.已达有选举权年龄之人民,如被检举为共匪份子,须依法律程序审判,其有无国民大会代表之选举权及被选举权,须视判决确定后,是否犯刑法之内乱罪而定。至自新自首之共匪份子,须于许可自新自首之法律程序完成后,方得行使选举权及被选举权。

8.凡犯有内乱或外患罪之嫌疑者,在未被检举及经司法机关判决以前,虽可参加国民大会代表之选举,但一经宣告罪刑,即当选亦属无效。

9.凡有选举权者,无论其离开原籍时间之多少,如其原籍未变更者,仍可回籍,参加国民大会代表之选举。

10.国民大会代表之选举,每一选举人,只有一个选举权,亦即只能参加区域选举或职业团体或妇女团体选举之谓,有被选举权者,不得为二个以上候选人之登记,若一人具有两种选举资格时,得自由认定一种。

11.现役军人之有国民大会代表选举权者,可向本籍之主管机关为选举人之登记。

12.有国民大会代表选举权者,如在外籍机关团体,或工商界服务而未为设籍登记者须参加本籍之选举,应返籍亲自投票,否则视为弃权。

13. 凡有国民大会代表选举权而不能书写者,得请人代写选举票。

14. 国民大会代表选举人名册,记载姓名年龄性别籍贯职业住所等项,以经查报备案之户口册籍为准。

15. 有国民大会代表被选举权而愿为候选人者,须依国民大会代表选举罢免法施行条例第十四条规定,办理候选人登记手续,各级选举机关,不另接受其他候选人之推荐。

16. 国民大会代表候选人,须完成提名签署手续后,始准登记,签署人之姓名,须与选举人名册相符,否则其签署无效,但剔除其不符者外,如仍足法定人数时,得不予计算。

17. 国大代表之职业团体及妇女团体之选举,均为全省性或全国性者,其候选人提名签署,属于全省性者,省内同团体之选举人,皆可签署,属于全国性者,全国各地同团体之选举人,皆可签署。

18. 国大代表候选人登记期满,经审查公告后不得补请登记。

19. 国大代表候选人于公告后,如因检举或被查出确应取消其被选举权者,选举机关,即另公告,并通知其本人。

20. 国大代表候选人资格审查合格后,除公告外,选举机关,不另给证。

21. 现任官吏,不得于其任所所在地之选举区当选为国大代表。所谓任所所在地之选举区,乃指其任所所在地之县市或其同等区域而言。

22. 所谓现任官吏,系指各机关列有等级之人员,包括文职委任以上,武职尉官以上。

23. 现任官吏,如愿于其任所所在地之选举区为国大代表候选人者,应于候选人开始登记之日以前,辞去现职。参加任所以外之选举区竞选者,不必辞职。

24.参加全国性职业团体或妇女团体之国大代表竞选者,不受任所所在地之限制。

25.各级参议会职员及公立学校校长凡受政府之任命,为委任以上之职级者,即系现任官吏,应受法定限制,否则可不顾及。

26.驻防官署中委任或尉官以上之人员,如在其任所所在地之选举区竞选国大代表,须受法定之限制。

27.各机关在各地所设之办事处,以系办理事务之机构,亦非其主要任所所在地,其办事人员,如在办事处所在地之选举区,竞选国大代表,可不受法定之限制。

28.监察使及其所属委任以上人员,如在其任所所在地之选举区,竞选国大代表,应受法定之限制。

29.现任官吏,如在任所所在地之选举区参加竞选国大代表,在候选人登记时,须提出辞职核准之文件,若有不及,得先提出辞呈,其核准文件,至迟应于候选人登记期满前一日提出。

30.省县参议会之议长、议员,参加国大代表之选举,均无限制之规定。

31.现任乡镇长及在校肄业之大学学生,参加原籍之国大代表竞选,并无法定之限制,但学生如已编入所在地之公共事业户者,以仍参加所在地之选举为原则。

32.国民大会代表选举罢免法,规定每县市及其同等区域,各选出代表一人。所谓同等区域,即系指呈报有案之设治局而言。

33.国民大会代表选举罢免法施行条例所谓之边疆地区各民族,系指四川、西康、云南、贵州、广西、湖南等六省之西南边疆民族而言。同条例所谓之内地生活习惯特殊之国民,系指居住全国各地之回民而言。

34.各选举区投票总数,未达选举人总数之半时,未选举之票,以弃权论,其选举仍属有效。

35.候选人资格不符者,当选后一经检举判决确定时,其当选无效。

36.国大代表罢免申请书,规定须由原选举单位当选时,投票总数百分之五十以上选举人之签署。所谓单位,即各该原选举之县市或团体,所谓投票总数,即原选举□投票总数,而非指当选人所得之总票数。

37.各机关无职级之临时聘用额外人员,以未受政府之委任,不属于官吏范围。

(3)各种有关文件式样

1.国民大会代表候选人提名签署书式样

○○○为○○省○○县人年○○岁曾在

(载明略历)愿为国民大会○○○○代表候选人依国民大会代表选举罢免法第十二条之规定由后开○○等○百人签署准予依法登记为○○选举候选人

此上

○○(主管)选举事务所

签署人姓名	年　龄	籍　贯	职　业	现属○○乡镇保甲

说明

一、曾在二字以下应书明略历,力求简要。

二、愿为国民大会○○○○代表候选人,在区域选举,即书某某市或某某县或某某设治局代表候选人;在职业选举或妇女选举,即书某某团体代表候选人;在蒙藏选举,即书蒙古某盟某旗代表候选人,在西藏为西藏某某地方或某省区藏民或旅居内地藏民代表候选人;在侨居国外国民选举,即书侨外某地代表候选人;在生活习惯特殊民族代表选举,即书该项代表候选人。

三、由某某等〇百人签署,除侨外国民系由二百人签署外,其他均为五人。

四、各种选举候选人签署书之提出应呈送各该主管选举事务所,如职业选举全国性者应书明为全国性职业团体及妇女团体选举事务所,其属于各省者,应书明某某省选举事务所。

五、签署人列名表,每行仅列一人。附记各项住址一栏,现居乡镇保甲仅区域选举适用。职业选举或妇女选举,应改列为所属职业团体。蒙藏选举,应改列为蒙古某盟某旗,西藏应改列为某地方。侨外国民选举,应改列为某国某地。

2.选举权证式样

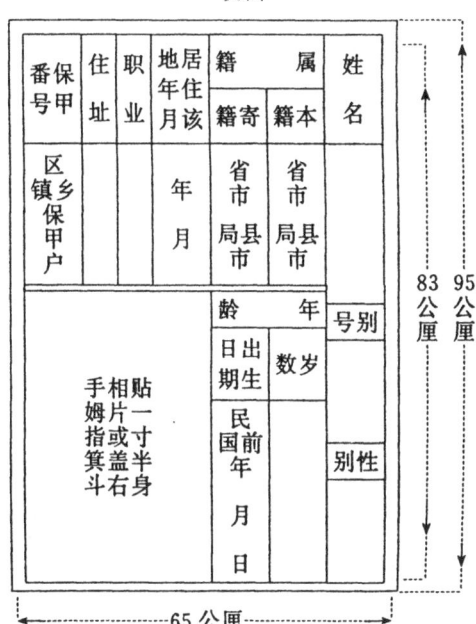

3. 代表各种选举票式样

正面 10公分 — 反面

（子）县市及其同等区域代表选举票式
国民大会 [省市局/市县] 代表选举票
盖用各省市选举机关之关防或印信

（丑）职业团体代表选举票式
国民大会 [职业团体代表] 选举票
盖用各省市选举机关之关防

（寅）蒙古代表选举票式
国民大会 [蒙古代表] 选举票
盖用蒙藏选举监督之关防

反面：各种选举票均同此式

（卯）西藏代表选举票式
国民大会 [西藏代表] 选举票
盖用蒙藏选举监督之关防

（辰）边疆民族代表选举票式
国民大会 [边疆民族代表] 选举票
盖用各该省选举机关之关防或印信

（巳）侨民代表选举票式
国民大会 [侨民代表] 选举票
盖用侨民选举机关之关防

（午）妇女团体代表选举票式
国民大会 [妇女团体代表] 选举票
盖用各省市选举机关之关防

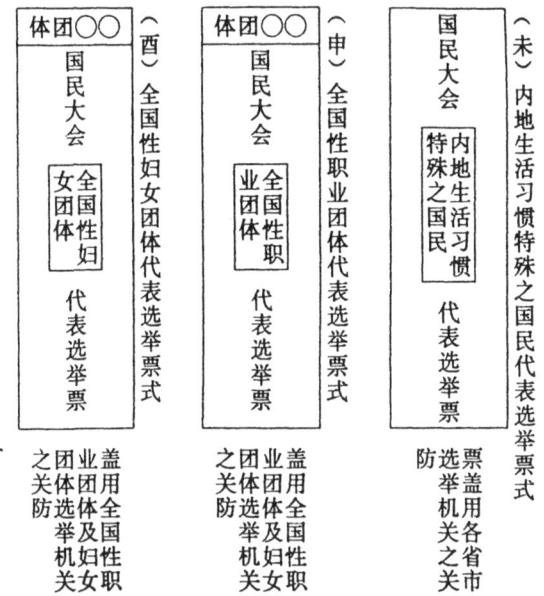

选举票式说明

一、直辖市县市及其同等区域选举票一律白底黑字。

二、职业团体选举票分三种,农会票白底深红字,工会票白底深蓝字,商会票白底绿字,票之正面上端各以"农工商"字样分别之。

三、全国性职业团体选举票分六种,以纸色分别,律师团体用浅红,会计师团体用浅黄,医药师团体用浅绿,新闻记者团体用浅蓝,工程师团体用浅灰,教育团体用茄色,票之正面上端分别注明各该团体类别,省市妇女团体及全国性妇女团体选举票用红色。

四、上列(三)(四)(五)(六)(七)(八)(十)各种选举票,均用白底黑字,侨民选举票,须於票之正面下端方格内,分别注明各该应出代表之地名。

五、各种选票尺寸，均为长十四公分，宽十公分之长方形纸片。

六、票纸需用国产，以前面印刷者为宜。

4. 代表当选证书式样

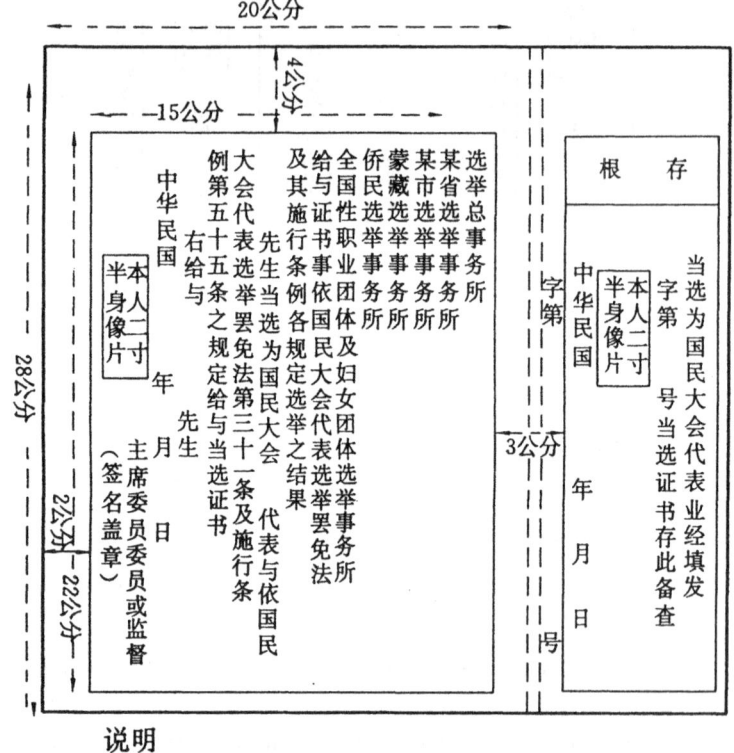

说明

一、证书正面中华民国四字之下及编号之骑缝间，均须盖用各该选举机关或监督之印信或关防。

二、"当选为国民大会"等字之下，必须依照下列各款分别填明。

  甲 全国性职业团体及妇女团体代表，须分别填明"律师团体"或"会计师团体"，"医药师团体"，"新闻记者团体"，"工程师团体","教育会大学及独立学院之教育团体","○○妇女团体"等字样。

乙　蒙藏代表须填明"蒙古"或"西藏"字样。

丙　侨民代表须分别填明选出之区别地名及"侨民"二字。

丁　各省市职业团体妇女团体代表,须填明"某省"或"某市","农会"或"工会""商会""妇女团体"等字样,各县市及其同等区域代表,须填明"某省""某县""市或局"等字样。

三、证书首行所列"某市选举事务所",系指直属于行政院之各市而言。

四、证书须用白色坚厚之纸张。

五、纸张全长为二十八公分,全宽为二十公分,证书长为二十二公分,横为十五公分,其与纸边距离上为四公分,右为三公分,左下均为二公分,存根应占之纸面,不在此内,其尺寸酌量定之。

5. 国民大会代表申请补发证书式样(图见下页)

说　明

一　"当选为国民大会"等字之下,必须将当选代表之种类填明,如某省市某县市局某某团体"蒙古"或"西藏""侨民"或"边疆民族"或"内地生活习惯特殊之国民"等字样。

二　遗失当选证书,除填明字号外,并须填明当选代表之种类。

三　负责证明人均须为国民大会代表,并须填明各代表之当选种类及证书字号。

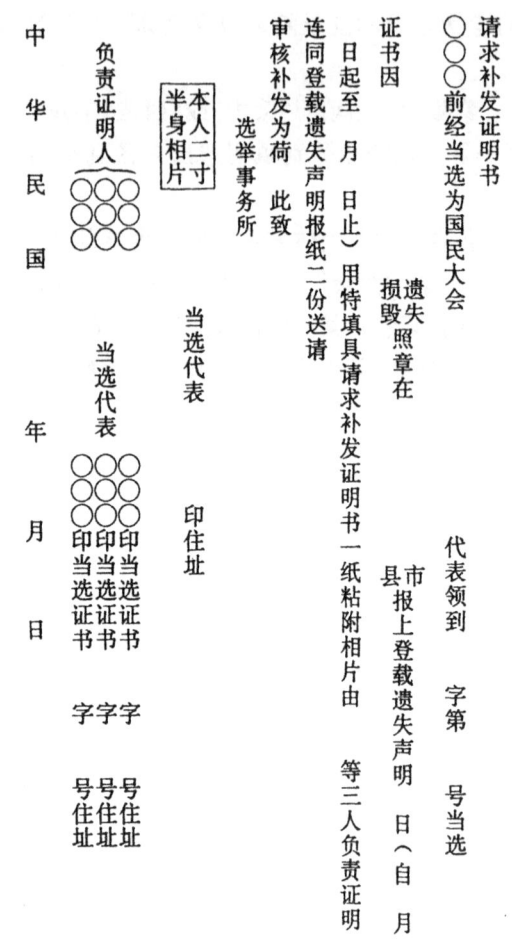

请求补发证明书

○○○前经当选为国民大会

证书因　遗失　损毁照章在　　　代表领到　字第　号当选

　　　　　　　　　　　　　　　　市
　　　　　　　　　　　　　　　　县报上登载遗失声明　日（自　月

日起至　月　日止）用特填具请求补发证明书一纸粘附相片由

连同登载遗失声明报纸二份送请　　　　　　等三人负责证明

审核补发为荷　此致

选举事务所

负责证明人○○○　当选代表　○○○　印住址
　　　　　○○○　当选代表　○○○　印当选证书字号住址
　　　　　○○○　　　　　　○○○　印当选证书字号住址
　　　　　　　　　　　　　　○○○　印当选证书字号住址

本人二寸半身相片

中华民国　　年　月　日

〔监察院档案〕

6. 立法院公布制定国民大会职业团体代表名额分配训令

（1947年7月6日）

立法院训令　　京院文字第一七二四号

　　令军事委员会

奉国民政府公报刊载：国民政府三十六年七月五日明令内开："兹制定国民大会职业团体代表名额分配表，公布之。此令。"等因。奉此。除分令外，合行抄发该名额分配表，令仰知照。此令

附抄发国民大会职业团体代表名额分配表一份

院长　孙科

中华民国三十六年七月六日

国民大会职业团体代表名额分配表

团　体　别	应出代表数		备　　注
农 业 团 体	一三四名		上列选出代表一三四名中，应有妇女代表十四人。
渔 业 团 体	十名		
工 人 团 体	一二六名		上列选出代表一二六名中，应有妇女代表十人。
工商业团体	商业团体	三一名　十三名	上列商业团体选出代表十三名中，应有妇女代表二人。
	工矿团体	十八名	工矿团体选出代表十八名，应有妇女代表三人。
教 育 团 体	九〇名		上列选出代表九〇名，应有妇女代表二十八人。
自由职业团体	五十九名		上列选出代表五九名中，应有妇女代表十五人。
总　　　计	四五〇名		以上共计选出妇女代表七十二人。

〔立法院档案〕

7. 国民政府公布国民大会妇女团体代表名额分配表

（1947年7月10日）

国民大会妇女团体代表名额分配表　三十六年七月十日国府公布

单　　　位	应出代表数	备　　　注
全国性妇女团体	二〇	全国性妇女团体以在各省市有五个以上分会会员名册报部有案者为限
江　　苏	六	
浙　　江	四	
安　　徽	四	
江　　西	四	
湖　　北	五	
湖　　南	五	
四　　川	六	
西　　康	二	
河　　北	五	
山　　东	六	
山　　西	三	
河　　南	五	
陕　　西	五	
甘　　肃	二	
青　　海	二	
福　　建	三	
台　　湾	二	
广　　东	五	
广　　西	三	
云　　南	三	
贵　　州	三	
辽　　宁	三	
安　　东	二	
辽　　北	二	

续上表

单　　位	应出代表数	备　　注
吉　　林	二	
松　　江	二	
合　　江	二	
黑　龙　江	二	
嫩　　江	二	
兴　　安	二	
热　　河	二	
察　哈　尔	二	
绥　　远	二	
宁　　夏	二	
新　　疆	二	
蒙　　古	二	
西　　藏	二	
南　京　市	三	
上　海　市	六	
北　平　市	三	
天　津　市	三	
青　岛　市	二	
重　庆　市	三	
大　连　市	二	
哈尔滨市	二	
广　州　市	三	
汉　口　市	二	
沈　阳　市	三	
西　安　市	二	
总　　计	一六八	

〔监察院档案〕

8. 国民政府文官处为军警选举技术问题之意见致行政院函

(1947年7月11日)

国民政府文官处公函　处字第五三九三号
中华民国卅六年七月十一日

选举总事务所呈为陈述军警选举技术上问题意见三项,并附呈有选举权之现役军警在驻防所在地参加 国民大会代表／立法院立法委员 选举投票办法草案,并请参考一案。奉主席谕:交行政院迅速转行国防部警察总署立即签拟意见呈复,再行核办。相应抄同原呈函达查照,迅即办理见复为荷。此致

行政院

计抄送原呈一件,办法草案一份

文官长　吴鼎昌

抄密呈

查国民大会代表选举罢免法施行条例第十条、第十九条,立法院立法委员选举罢免法施行条例第十条、第十八条,均规定在军警服役之有选举权人,应向本籍主管选举机关为选举人之登记,不能回籍参加,投票时得在军警所在地各就本籍公布之候选人名单投票,其办法由选举总事务所定之。遵查职所为依法办理选举事务机关,施行条例既订明军警之选举办法由职所规定,当即一方依照法定之程序与时期,一方详考军警实际之情况,双方兼顾,就其可能拟成军警服役之有选举权人在所在地参加原籍投票办法草案,提经职所第一次委员会讨论,金以军警参加选举,法有明文,原则上职所未便有何议拟。惟就选举技术而言,虽所订办法草案已尽最大之研虑,似属可行,然征诸实际,则困难尚多,爰将讨论所得,归纳

具陈如左：

一、依国民大会代表及立法院立法委员选举罢免法第九条均规定各主管选举机关,应将该管选举之选民分别造具选举人名册,如蒙藏等项选举,姑置不论,即以县市及其同等区域一项选举而言,原为属地性质,该管选举区内之在军警服役有选举权人,无论人数多寡,均应列入选举人名册,然以各县市之户政虽已一再改进,犹未达于理想阶段,故复有同条例第十条在军警服役有选举权人应向本籍主管选举机关为选举人之登记之规定,以为补救。但军警单位布满全国,若令其个别声请,势必参差不齐,影响公告时期。是此项名册又宜由军警服役之机关,就原有名册,依照籍贯分别造册,函送各该本籍主管选所,始得翔实。惟每一军警服务机关内之有选举权人,其籍别可能有多数之不同,倘有万人以上之军警机关,其人员籍别之单位,自必甚多,抄写寄递,均属费时,倘或遇有不可预料之愆期,难免不脱出法定公告之日,不能加入汇告,如是则是项有选举权之人员,势必损失其选举之权利,而引起责难,此其一也。

二、依上述两种选举罢免法施行条例,均规定选举人名册公告确定后,各主管选举机关应于选举三十日前制发选举权证,以凭领取选票,军警服役人员既在所在地举行投票,则上述选举权证及选举票自应由本籍选所依照寄来名册先后寄发,方合手续。兹为便捷计,假定通融办理,将选举权证与选举票同时一并寄由该军警服役机关转发,但距投票日期已仅有三十日,军警防地可能随时变易,能否寄达,亦难肯定,而候选人名单之公告,则在选举期前十五日,为时尤促。主管选举机关必须于候选人公告日期届满后始可将选举人名单分寄各有关之军警机关,该项名单能否如期到达,是又难预料。有关军警机关关于收到是项候选人名单后,复须分别转发所属,依单填写完毕,仍须分别转报服役之军警机关汇寄于各主管选举机关,如此辗转递寄,时间更成一大问题。据寻常之经验,无论如

699

何，此十五日之中，实难能完成此曲折繁琐之手续，其延滞脱节极为意中之事，主管选举机关依法执行选务决不敢因军警之投票时期问题曲为牵就，自蹈违法。如是则此项选举权之可能损失，又为不难逆睹之事实，而引起责难，此其二也。

三、除上述二项以外，尚有一点亦不免有所顾虑，盖依上述两种选举法及施行条例第十条之规定，均仅就军警之选举权而言，至在军警服役人员之有被选举权，自属毫无疑问，然而军警人员既有被选举权，自可参加选举，则或因同条例第八条或第十三条之限制而辞职为之者，或虽不受限制，而请假为之者均属在所难免，但无论出于何途，均不免与军警之职务有关。再查军警机关编造名册寄递选票，人力、物力耗费甚多，值此军书旁午之际，再使军警服务人员兼顾选务，亦不免影响戎机，亦值得考虑之一问题，此其三也。

上述三项，均属本所委员会集会时讨论之点，虽不免属于鳃鳃过虑，惟以既有所见，不敢壅于上闻，特据实具陈，仰祈鉴核，并乞指示，俾有遵循。再关于有选举权之现役军警在驻防所在地参加国民大会代表／立法院立法委员选举投票办法，曾经职所拟具草案，因感于上述种种困难尚未经讨论定案。兹谨将草案附陈，敬供参考，合并陈明。谨呈

国民政府主席蒋

　　计附呈未经核定有选举权之现役军警在驻防所在地参加国民大会代表／立法院立法委员选举投票办法草案一份

　　　　国民大会代表／立法院立法委员选举总事务所主席委员　张厉生

有选举权之现役军警在驻防所在地参加 国民大会代表 / 立法院立法委员 选举投票办法草案

第一条 本办法根据国民大会代表选举罢免法施行条例第十九条及立法院立法委员选举罢免法施行条例第十八条规定订定之。

第二条 在全国海陆空军及警界服役之有选举权人不能回籍参加投票时,应由服役之军警机关依照国民大会代表及立法院立法委员选举罢免法施行条例第九条规定期限及格式调查登记选举人,造具名册,分别汇送该军警之本籍主管选举机关审核,并通知该军警服役单位,前项造具选举人名册之军警服役机关依附表之所定。

(注一)军警选民之选民名册应由何级机关编造,拟请国防部及警察总署斟酌事实,列表送所付印。

第三条 主管选举机关将前条名册与本籍选举人名册核对无讹后,应于公告期满时,连同选举票选举权证及选举人名单汇送各该原造选举人名册之军警服役机关,分转各该军警服役单位,依国民大会代表选举罢免法施行条例第七条、第八条、第十九条、第三十条及立法院立法委员选举罢免法第七条、第八条、第十八条、第三十条各规定办理之。

主管选举机关于第二条所送名册与本籍选举人名册核对如有未符时,以第二条所送之名册为准,即予公告。

(注二)第二第三两条所引各选举罢免法施行条例各条文及格式拟印付于后。

第四条 前项选举办理完竣后,军警服役单位应依照时限将已投未投各票送请军警服役机关备函,封寄各该本籍主管选举机关汇计公告,其未投票原因并于公函内说明之。

第五条 寄回选举人名册及选举票时，如遇天灾不可抗力或意外阻滞时，到达主管选所至迟以选举日期届满后十日为限，逾期收到已过法定日期，作为无效。

前项时限于主管选举机关向各该军警服役机关寄递选举票选举权证及候选人名单，适该军警机关迁调他处，致无法投递时，亦适用之。

第六条 本办法除由选举总事务所通行各选举机关知照及通告外，并请国防部及警察总署转知各军警机关查照。

第七条 本办法自呈准备案日施行。

〔行政院档案〕

9. 国民政府公布内地生活习惯特殊国民选出代表名额

(1947年7月12日)

内地生活习惯特殊国民选出之代表 三十六年七月十二日国府公布

选举区别	应出代表数	备 注
各省市	十	上列之十名代表中应有妇女代表一人

〔监察院档案〕

10. 全国职业团体联谊会为力争国大代表及立委名额议决办法致行政院电

(1947年7月26日)

行政院院长张钧鉴：我全国职业团体前因立法院对于国大代表及立法委员之名额，不顾实际情形，专擅削减，经集议组织联谊会，共同商榷，据理力争，并电请政府纠正在案。现以行宪在迩，而我职业团体应占立法委员国大代表合理合法之名额及分配标准，尚未获肯定之解决，爰应全国职业团体之公意，经于七月廿六日下午三时，假上海市商会举行联谊会临时紧急会议，从法理事实人才各方面持平商讨,以期趋于融洽圆满一途。计议决办法:一、电请国民政府蒋主席及国务会议在最短期内将立法院违法擅专之决定迅即纠正,并电有关机关一致主张。二、分电各省市职业团体及华侨职业团体一致行动。三、组织特种委员会主持推进职业参政运动。四、对于违反公意阻挠职业参政运动之立法委员,本会应以公开方式严词骇斥。五、电请社会部在本问题未合理合法解决前,暂缓办职业选举。六、必要时,由本会通知各全国性职业团体召集临时代表联席会议,共谋切实合理合法解决。综合上项办法,只求保持国防最高委员会及国务会议所决定我职业团体应占立法委员、国大代表之名额,并作合理分配,此项要求,自情理言,已让至极端,就法令言,实恪循正轨。伏念钧座领导群伦,凤崇正义,对此决议,谅蒙同情,务祈赐予主持,以资贯彻,固不仅我全国职业团体参政之幸,仰亦国家行宪前途之福也。全国职业团体联谊会主席王晓籁叩。宥。

〔行政院档案〕

11. 四川省仁寿县参议会为慎重选政以奠定宪治基础致蒋介石电

(1947年7月30日)

南京国民政府主席蒋钧鉴:准四川省参议会(卅六),午寒参秘电为准,唐副议长昭明动议以推行宪治,应慎重选政,建树民治风范一案,经决议提供钧座采行。关于选举办法:〈一〉保障人民绝对自由选举贤能,不受法律规定以外之任何限制,并坚决反对报载比例选举非法束缚之谬说。〈二〉候选人应效民治先进国作风,公开竞选,不得以非法技能诱迫选民或攻诈其他候选人,并请法办贿选及武力争选。〈三〉办理选举人不得以党社关系勾结弊选。〈四〉各县选举开票、监票人员应由各县参议会推选、提请、派任等语纪录在卷,并径电采纳在案,特请一致主张等由,准此查吾国行宪在即,端赖此次选出贤能为之基干。所陈四项办法均中肯要谨，一致主张，伏祈钧鉴采纳施行，国家幸甚。四川省仁寿县参议会叩。(卅六)午卅。仁议。秘。印。

〔国民政府档案〕

12. 国民大会驻粤代表请求慎重选举致蒋介石等函

(1947年7月)

国民政府蒋主席、孙副主席：国民大会制定宪法，并决定于三十六年十二月二十五日为行宪日期，各项选举，为时只有三个月，能否依法顺利完成，代表等认为有应慎重考虑之点如次：

一、共党甘作苏联鹰犬，拒绝和谈后，即发动全面背叛，且凭借外力，侵扰边疆，若干省份，已陷入军事扰攘状态；其未被波及之省份，亦以国军他调，土共披猖，人民不遑宁处。在此内乱外患交相煎迫之际，普选能否顺利进行，诚属疑问，倘事实上不能依法进行，而草率从事，违反民意，开选政恶例，影响宪政前途至大。此应请政府予以考虑者一。

二、选举为人民应有之权利，亦为推行民主政治最重要之阶段。此次大选，不能以党派分赃之任何形态为协议之分配。此应请政府予以考虑者二。

三、此次选举，分为代表与立监委三种，选区自省市蒙藏以至侨民边疆及职业团体，凡数十单位，其办理选举经费复杂浩繁，其数总在万亿元以上。际此财政支绌，民生凋弊之余，自应无事妥筹，使不至刺激金融，影响民生与社会秩序，此应请政府予以考虑者三。

四、在秩序尚未恢复之地区举行大选，最易予奸恶以利用机会，惹起地方上矛盾之争斗。此应请政府予以考虑者四。

五、近闻有建议以安全省份先办选举，其他则俟地方秩序恢复后办理。此种办法，在实施上发生之问题甚多。如(一)各地选举，如非同时举行,则在甲地参加选举者,亦可移籍乙地参加,则一人可有两个以上之选举权,纠纷势必增加。(二)依照宪法产生之代表与制宪而任期本满之代表同时存在,倘或国家因大故而须召集代表大会时,两项代表,恐滋争议,过去新旧国会议员之争,可为殷鉴。(三)如全国实行普选,唯某地区则因秩序尚未恢复,暂予延期,不啻剥夺该地区人民选举之权利,适足予叛国者以挑拨离间之机会。此应请政府予以考虑者五。

以上五项,确为大选中应详予考虑之问题。代表等盱衡时局,认为当前形势比九一八更为严重。如政府认为解决困难,应请从速召集国民大会临时会议,共同讨论,决定行宪问题,披沥陈词,尚祈明察。国民大会驻鸟代表张发奎、罗卓英、罗翼群、李扬敬、林翼中、王志远、马耐园、林伯雅、麦霞甫、林绍棠、黄航普、张香圃、何辑屏、黄范一、伍智梅、麦星甫、张瑞贵、高信、黄艺博、李德轩、黄寄生、黄志大、陈若勤、蔡贞人、陆嗣曾、林德中、黄珍吾、曹汝匡、陈同昶、潘志存、王金石、何佐治、苏浴尘、李大超、丘昭文、冼家锐、巫剑雄、邓定远、余佶闲、詹朝阳、陈衡、刘侯武、钟震华等同叩。

〔国民政府档案〕

13. 湖北代表联谊会请求慎重选举致蒋介石电

(1947年8月1日)

南京。国民政府主席蒋钧鉴:顷阅报载,国民大会代表暨立法委员普选有期无任庆幸,惟值此实施宪政之始,必须全国上下树立良好之风习,慎选贤能以奠民主基础,而正国际之视听,乃迩来各地竞选人,唯求选民之争取不问方式之卑污,有以肆意破坏对方声誉为能事者,有以掌握县乡行政人员为捷径者,甚至有以声色货利酒肉争逐博取选民一日之欢心者,此种恶劣风习,如任其蔓延、滋长,则必形成官僚资本与民主政治之合流,不但违反选贤与能之目的,且足以破坏国民诚义之美德,而为友邦所窥笑。代表等目击地方情况，实为民主前途抱无限之忧虑，近复闻中枢为尊重各党派意见起见，更有采取三与一二比例选举制之说，尤为代表等所不解，试以鄂省七十一县市而论，应选出国民代表七十一名，如依照比例选举制，是否国民党应选出代表三十五名，其余青年、民社两党及社会贤达应各选出代表十二名，此不解者一也。如果上述比例数必须办到，则究竟某三十五县市应为国民党代表之选举区，某三十六县市为青年、民社两党及社会贤达代表之选举区，且是否由各县市选民自决，抑或由党派代表在京协商指定，此不解者二也。总之无论运用何种技巧而达到三与一二之比例，终必造成政治分身割据之局。窥自民元以来，因军事上之分脏割据致酿成三十余年干戈扰攘之局，有心之士莫不引为国家耻辱与遗恨。值此民主宪政开始之际，实不能再开政治分赃割据之恶劣而遗政争于无穷。代表等鉴全国上下唯求政治一时之得失而忽视国家亿万年之隐患，爰经集议咸认为比例选举之制度，必须打破威迫利诱之风习。必须纠正，凡参加竞选者，应以公开讲演及发表政见之方式博得选民之爱戴，特恳钧座当机立断，取消比例选举制度并严令各级选举事务所及监察机关制定法规，认真纠举竞选者不良之风习，凡有以威迫利诱及酒肉争逐为事者，即以违法贿选论罪，以奠定民主政治之始基，而正国际之视听，事关国家政治之隆污，未敢缄默，敬乞垂察是幸。国民大会湖北代表联谊会未东叩。印。

〔国民政府档案〕

14. 社会部公布国大代表职业团体选出名额详细分配办法

（1947年8月26日）

国民大会代表职业团体选出名额详细分配办法
三十六年八月二十六日社会部公布
第一条　本办法依据国民大会代表名额分配表六之说明订定

之。

第二条 农会应选出之国民大会代表一三四名,除妇女十四名全国综合计票外,以每省二名,每院辖市一名作基本数,余额依现有会员数增配之(附表一)。

第三条 渔会应选出之国民大会代表十名,依左列区域分配之:

第一区共四名:江苏、浙江、安徽、江西、湖北、湖南、四川、西康、贵州、云南十省及上海、南京、汉口、重庆四市之渔会属之。

第二区共三名:山东、河北、河南、山西、陕西、甘肃、青海、新疆、热河、察哈尔、绥远、宁夏、辽宁、辽北、安东、吉林、松江、合江、黑龙江、嫩江、兴安二十一省,青岛、北平、天津、西安、沈阳、大连、哈尔滨七市之渔会属之。

第三区共三名:广东、广西、福建、台湾四省及广州市之渔会属之。

第四条 工会应选出之国民大会代表一二六名,除妇女十名全国综合计票外,作左列之分配:

一、依行政区域组织之工会九十六名,各省市各以一名作基本数,余额依各该省市现有工会会员数增配之(附表二甲)。

二、不依行政区域组织之工会二〇名,依各该业现有会员数分配之(附表二乙)。

第五条 商业团体(商业输出业同业公会)应选出之国民大会代表名额之分配,其附表另定之。

第六条 工矿团体(工矿业同业公会)应选出之国民大会代表名额之分配,其附表另定之。

说明:商工矿业名额原表曾有规定,现在各业团体吁请增加案,已奉国民政府令交立法院核议,并准国民政府文官处函奉主席谕:饬本部径与立法院洽商全国性职业团体及妇女团体选举事务所选举委员会亦有决议案,请国民大会代表、立法院立法委员、选举总事务所转请迅图补救,故附表须候各该项名额改定后,另行公布。

第七条 教育团体应选出之国民大会代表九十名,依上届国民大会比例分配于各地教育会及各大学暨独立学院之教员团体。

一、各地教育会应选出六十名,依左列分区,每区以六名为基本数,余额依现有会员数增配之(附表三甲)。

东区 江苏、浙江、安徽、山东四省,南京、上海、青岛三市。

北区 河北、山西、热河、察哈尔、绥远五省,北平、天津二市。
中区 湖南、湖北、江西、河南四省,汉口市。
南区 广东、广西、福建、台湾四省,广州市。
西区 四川、西康、云南、贵州四省,重庆市。
西北区 陕西、甘肃、宁夏、青海、新疆五省,西安市。
东北区 辽宁、辽北、安东、吉林、松江、合江、黑龙江、嫩江、兴安九省,沈阳、大连、哈尔滨三市。

二、大学暨独立学院(包括专科以上学校)之教员团体应选出三十名,依全国国立大学独立学院及教育部立案之大学独立学院分布情形及其教员数分配之(附表三乙)。

第八条 自由职业团体应选出国民大会代表五十九名,参照上届国民大会名额及各业现有会员数分配如左:

甲、新闻记者公会一五名,除妇女四名全国综合计票外,其余十一名,依第七条分区每区基本数一名,再综合全国得票次多之四名为当选。

乙、律师公会一四名,除妇女三名全国综合计票外,其余十一名依第七条分区每区基本数一名,再综合全国得票次多之四名为当选。

丙、技师公会九名,除妇女二名各业合选外,定为农业一名,工业分土木、机械、电机、化学、纺织五科一名,矿业一名。

丁、会计师公会五名，内妇女一名，均全国合选。

戊、医药团体一六名：

1. 中医师公会八名，内妇女二名均全国合选。

2. 医师公会包括牙医师、助产士、护士、药剂师（生）等公会，共八名，内妇女三名均全国合选，但当选人中药剂师（生）应有一名，妇女中助产士、护士共限一名。

附表一：农会一三四名（内妇女一四名另计）

四川六名　河南六名　浙江五名
陕西五名　江苏四名　安徽四名
江西四名　湖北四名　湖南四名
甘肃四名　福建四名　广东四名
广西四名　河北三名　山东三名
山西三名　云南三名　贵州三名
台湾三名　西康二名　青海二名
辽宁二名　安东二名　辽北二名
吉林二名　松江二名　合江二名
黑龙江二名　嫩江二名　兴安二名
热河二名　察哈尔二名　绥远二名
宁夏二名　新疆二名　南京一名
上海一名　天津一名　青岛一名
重庆一名　北平一名　哈尔滨一名
大连一名　汉口一名　广州一名
西安一名　沈阳一名

附表二

工会一二六名（内妇女一〇名另计）

甲、依行政区域组织之产业职业工会共九十六名

上海八名　天津五名　重庆四名

汉口三名　广州三名　江苏三名
湖南三名　四川三名　台湾三名
青岛三名　浙江三名　安徽三名
江西三名　湖北三名　陕西三名
广东三名　南京二名　西安二名
河北二名　河南二名　福建二名
广西二名　云南二名　贵州二名
沈阳二名　大连一名　哈尔滨一名
北平一名　西康一名　山东一名
山西一名　甘肃一名　青海一名
辽宁一名　安东一名　辽北一名
吉林一名　松江一名　合江一名
黑龙江一名　嫩江一名　兴安一名
热河一名　察哈尔一名　绥远一名
宁夏一名　新疆一名

乙、不依行政区域组织之工会共二〇名

铁路工会六名　海员工会四名
盐业工会三名　矿业工会三名
公路工会二名　电信工会二名

附表三

教育团体九〇名（内妇女二八名）

甲、教育会六十名（内妇女二十一名）

东区　一〇名内妇女四名
北区　九名内妇女三名
中区　一〇名内妇女四名
南区　九名内妇女三名
西区　九名内妇女三名
西北区　七名内妇女二名

东北区　六名内妇女二名

乙、各大学及独立学院(包括专科以上学校)教员三十名(内妇女七名全国综合计票)

东区七名

北区三名

中区三名

南区四名

西区三名

西北区二名

东北区一名

〔监察院档案〕

15. 热河省参议会王致云等
为推行宪治慎重选政致蒋介石电

(1947年8月30日)

南京国民政府主席蒋钧鉴:案准四川省参议会参秘字五〇五一号代电开:本会第四次大会,唐副议长昭明临时动议为推行宪治应慎重选政,以建树民治风范而奠定宪政基础案,经一致决议通过,分别函电中央省府采择施行在案,纪录在卷。查宪政推进与各级选举关系至为密切,推行效率如何,当视各级当选人学历、操行能否胜任其所负职责。吾国训政未能如原定计划彻底完成,民治作风与道德尚待提倡、培养。如选举权之行使,候选人之风度,与办理选举事务之职责均须明确规定,方能循序渐进,使真能负国家或地方行宪责任之各界贤达皆能当选,以建树民治风范,并奠定宪政基础。近中央颁行总动员法,行宪与戡乱并重,关于讨共戡乱,本会已有通电主张,兹拟再将关于行宪应特别注意与严格执行事项:一、关于选举权之行使,应由人民自由选举贤能,不受法律规定外之任何限制,各报所载比例选举非法束缚人民选权,尤坚决反对并劝导人民本良心主张,慎重选择人选,不受任何威迫与诱惑。二、关于候选人之风度,应劝其仿效民治先进国作风,公开竞选,不得以非法技能诱迫选民或攻击其他候选人,如查有涉及财物贿选或武力争选者,应立即撤销候选人资格,并交法院法办。三、关于办理选举人之职责,应严格按照法律规定,公正办理,不得以党社关系朋比作奸,如查有利用职权营私植党者,应立即撤职,从严法办。四、各县选举开票、监票人员应由各县参议会推选、提请、派任,以上办法经大会通过,电请钧座采纳施行等语。除电呈请外,相应电请贵会烦为查照。一致主张用期建树民治风范而奠定宪政基础等由,准此。当经提付本会第二次驻会委员会议讨论决议"照案通过,一致主张"等语,记录在卷。除电复外,理合电请钧座鉴核采纳施行。热河省临时参议会议长王致云、副议长胡之焕叩。未。印。

〔国民政府档案〕

16. 国民大会代表名额统计表

（1947年8月）

国民大会代表名额统计表

类　　别 \ 人数	男　性	女　性	合　计
各县市及其同等区域	二,一二四	四〇	二,一六四
蒙古及盟旗	五一	六	五七
西藏	三六	四	四〇
在边疆地区各民族	一六	一	一七
侨居外国之国民	五九	六	六五
职业团体	三七八	七二	四五〇
妇女团体		一六八	一六八
各地生活习惯特殊之国民	九	一	一〇
总　计	二,六七三	二九八	二,九七一

〔监察院档案〕

17. 行政院院长张群"对于普选的希望"广播演讲稿

(1947年9月15日)

今天是双十节,是中华民国开国的纪念日。依照常论,宪政应该紧接着开国之后就开始,不幸开国以后,首先便遭到袁世凯的篡夺,接着便是不断的内忧外患,将宪政耽延了三十六年之久。现在国家已经完成了对日战争的胜利,宪政实施日期已经不远,全国的普选正在进行之中,我们将来的民主宪政,能不能尽如理想,还要看这次普选办理的结果如何。孟子说过:"徒法不能以自行"。有了良好的法律,如果没有好的执行的人,还是等于具文,假若这次普选所产生的国大代表、立法委员等都是贤能之士,自然可以保证宪政的成功。如果选举不得其人,使宪政名实不符,我们将有违反了国父的初衷,也对不起三十六年以来先烈先进和全国志士仁人的劳辛忧虑和流血。因此之故,我们这次普选,无论政府或人民都不应忽视,今天我特别就这个提出几点意见,也可说是我的希望,愿与大家共同勉励。

一、希望于各级政府的:我国教育还没有普及,一般民众知识水准很低,政治意识向来很缺乏,而普选在我国又向来没有办过。什么叫普选?为什么要办普选?普选的重要性何在?怎样参加选举?怎样参加竞选?什么叫做民主?什么叫做宪政?总而言之,就是民主宪政的意义在那里?好处在那里?这些问题,不是一般民众所能完全知道。而这些问题,在实行选举之前,又非教导民众弄清楚不可,不然,他们会无所适从,不知抉择,难免不被少数野心家所利用,致发生相反的效果。故当前第一件要紧的事情,就是赶快发动广泛深入的宣传,阐扬选举法令,灌输选举常识,使每一个国民皆明白普选的意义。其次要培养民主习惯,提高法治精神。民主与法治,是宪政的主要内容,而法治更是宪政的基本精神,所以要实行宪政,必先厉行法治,无论政府与人民,均应明法守法,而政府尤其要特别注意。商鞅说过：法之不行，自上犯之。政府能够守法，自然容易期望人民会守法。

二、希望于竞选人的：这次普选，在我国尚属创举。参加竞选者，第一，必须循和平合法的途径。认清国家的利益高于个人的利益，个人的成败事小，国家的成败事大，切不可以暴力威胁，或以金钱贿赂，违法乱纪，破坏选政，与其卑污的成功，毋宁光荣的失败。第二，竞选动机，必须出于为国为民。人生以服务为目的，不以夺取为目的，国父早有明训。参加竞选，应该在争取一个服务人民报效国家的机会，这样的竞选才有意义，也才值得称道。第三，须有宽容互尊的美德。民主政治，不是少数人的专利品，人人得而过问，必须放开眼光，拓大心胸，容纳异己，尊重对方。竞选成功，固然值得庆幸，万一失败，亦不必过于失望，美国大选，落选的总统竞选人电贺当选的总统，这种民主爽朗的作风，是很值得我们效法的。

三、希望于选举人者：刚才已经讲过，这次选举得人与否，将决定我们宪政的成败，因为选举不仅是个人的基本权利，同时也是一种政治功能，我们参加选举，乃是为着一个重大的目的，就是要产生一个行宪的政府，如果选举得人，我们行宪的政府组织健全，民主宪政的理想自然不难实现；如果不得其人，那么所给国家的前途的影响就不堪想象了，为了整个国家民族的前途，也是为了个人以及子孙永久的幸福，必须特别珍惜这一张选票，凭着各人的智慧与天良，不为威胁，不为利诱，唯贤能是问。假若每个选民都能如此，那么真正为国为民有为有守之士自然可以当选，出而问政，所以得人与否的关键，还是操在我们每个选民的手里，我们能不特别慎重吗？

最后希望舆论界、教育界以及其他各界知识分子，本天下兴亡、匹夫有责之义，共同协力，广为宣传，务使家家户户，晓然于普选意义之所在，踊跃参加选举，共尽选贤予能之责，这样的普选，才有真实的意义。

〔行政院档案〕

18.杨慧存等请求缓办大选及召开临时国民大会致蒋介石电

(1947年9月)

国民政府主席蒋、副主席孙钧鉴：关于缓办大选及召开临时国民大会之理由，已由湘粤桂赣各省代表先后联名呈述，冀邀调察。核其所陈，不仅为国大代表之共同意见，亦实为全国国民之共同心理。慧存等心所谓危，更有三点，谨补充渎陈，愿垂鉴察。（一）自北伐以迄抗战，政府对政治主张，坚定力行，百折不渝，故人民对政府赤诚信赖，卒收光荣胜利之成果。自政治协商会后，政府举棋不定，内则牵就党派，忽略民意，以求苟安，外则仰人鼻息，委曲迎合，以求苟存，政府谋国苦衷，容有难言之隐，而人民对政府之信赖日益消减，列强对政府之措施日益轻视，今则"无能""贪污"之言，已公开无忌矣，每读报章，老弱幼稚，汗泪俱下。故慧存等谨以至诚，冒昧陈请，愿政府速定自力更生之大策，为卧薪尝胆之决心。以求自主者一。（二）政府政令必举之以大信，而执行政令必出之以至公，若政令有行有不行，则大信动摇矣，若执行有甲严而乙宽，则怨□业生矣。故号令之出，必极公平而可实行，始不至丧失政府之威信与严正。窥见大选之事，长江以南，以迄岭表，似可如期完成。长江以北，以迄满蒙，未尽敢言也，则必有行有不行矣。且比例选举之说，甚嚣尘上，保证民青之比例，则必违一二九条之宪章，而对一般无党籍之普遍民众，不敢谓之公矣，不予保证，则民青两党，未必能达预定之比例，而对政府必生责难与怨言矣；政府之自处，不綦难乎；故慧存等谨以至诚，冒昧陈请，愿我政府，切实执行一二九条宪章，不保证任何党派之比例，以彰至公者二。（三）动员戡乱，救中国目前之危难，大选行宪，奠国家百年之根基，原可并行不悖，然而缓急权宜，则人民之要求，似有先后焉。语曰："皮之不存，毛将焉附"，又曰："我躬不阅，遑惜我后"，目前匪势猖獗，物价飞涨，人民苦其室家之流离生活之煎迫,故所望于政府者,为如何速戡内乱,使之得安,如何平抑物价,使之得食,政府亦应聚精会神,肩此艰巨。还政于民之空头口号,暂非人民之所急也。至若因大选而刺激物价上涨,酿成内部纷乱政党争斗,甚至影响戡乱之工作进展,而延长人民之痛苦,更非人民之所愿闻矣。此慧存等谨以至诚,冒昧陈请,愿我政府尊重真正民意之要求,戡乱成功,再办大选者三。迫切陈辞,罔知忌讳,恳立予颁布明令,集中全体国代之多数意见,以合法之手续,决定施行,国家幸甚!国民大会安徽代表杨慧存、王甸平、张国斋、李应生、何鉴堂等同叩。

〔国民政府档案〕

19.国民政府公布国民大会筹备委员会规程训令

(1947年11月24日)

国民政府训令　中华民国卅六年十一月廿四日
　　令参军处
　　查国民大会筹备委员会组织规程业经制定明令公布,应即通行饬知,除分令外合行抄同原规程令仰知照。此令。
　　计抄　国民大会筹备委员会组织规程一份。

国民政府主席　蒋中正
司法院院长　居正
行政院院长　张群
考试院院长　戴传贤
立法院院长　孙科
监察院院长　于右任

国民大会筹备委员会组织规程

第一条　国民政府为筹备国民大会开会事宜,特设国民大会筹备委员会(以下简称本会)。

第二条 本会之职掌如左：

一、关于国民大会会场及一切房舍之布置筹备事宜；

二、关于国民大会开会及议事之筹备事宜；

三、关于国民大会代表之招待交际筹备事宜；

四、关于国民大会警卫筹备事宜。

第三条 本会设委员十一人至十五人由国民政府特派之，并就中指定主任委员一人、副主任委员二人至四人综理本会一切事务。

第四条 本会设秘书长一人，承主任委员副主任委员之命办理本会一切事务，由国民政府特派之。

第五条 本会设秘书若干人，简派或荐派，承秘书长之命办理机要文件。

第六条 本会设秘书招待警卫三处，各处设处长二人，副处长二人，简派，设干事若干人，简派或荐派，助理干事、事务员各若干人，委派，分组分科办事，其组织规程另订之。

第七条 本会得酌设雇员。

第八条 本会职员之编制另订之。

第九条 本会会议规程另订之。

第十条 本会于任务终了时结束之。

第十一条 本规程于公布之日施行。

〔国民政府档案〕

20. 国民大会筹备委员会关于成立日期电

（1947年11月29日）

国民大会筹备委员会代电　国筹字0004号

中华民国卅六年十一月廿九日

国民政府参军处勋鉴：承国民政府明令公布国民大会筹备委员会组织规程，并先后奉令特派孙科、张继、曾琦、徐傅霖、莫德惠、吴铁城、吴鼎昌、甘乃光、邵力子、陈立夫、余井塘、张厉生、洪兰友、雷震、李惟果为国民大会筹备委员会委员并指定孙科为主任委员,张继、曾琦、徐傅霖、莫德惠为副主任委员。又奉令特派洪兰友兼国民大会筹备委员会秘书长。各等因。遵经择定南京林森路二九四号为会址,于十一月二十七日正式成立。除呈报,并分电外,特电奉达,敬希察照为荷。国民大会筹备委员会戌〈艳〉。

〔国民政府档案〕

21. 国民政府文官处抄送选举 国大政党提名补充规定致行政院函

(1947年12月2日)

国民政府文官处公函　处字第九二二二号
　　　　　　　　　　中华民国卅六年十二月二日

查本年十一月二十八日国民政府委员会第十六次国务会议张委员群等十二人提政党提名补充规定一案,业奉决议通过,除已由府令饬选举总事务所遵照,并由处分函三党查照办理外,相应抄同原提政党提名补充规定,函达查照。此致
行政院

　　计抄送政党提名补充规定一份

文官长　吴鼎昌

政党提名补充规定

一、凡中国国民党、青年党、社会党党员参加国大代表及立法委员竞选者,均须由各所属政党提名。

二、用选民签署手续登记提名者,以无党派者为限。

	提案人	张　群	莫德惠	吴忠信
		居　正	余家菊	曾　琦
		张　继	戢翼翘	邹　鲁

陈布雷　　徐傅霖　　于右任

〔行政院档案〕

22. 国民党中常会与选举指委会
关于规定选举事后限制办法联合会议纪要

(1947年12月10日)

中央常会(选举指导委员会合并举行)第一一五次会议纪要

时间　中华民国三十六年十二月十日上午九时。

主席　李宗黄

讨论事项：

(一)关于政党提名补充规定之实施办法案。

说明：查关于国务会议通过政党提名补充规定两项之实施办法(全文附后)，前经研究小组拟具办法六项，提经上次常会决议，除将一、二、三、四项通过外，第五、六两项交小组重行研究在案，兹经小组研究，拟改订如左：

(五)凡经本党内定之正式及候补候选人，均为本党同志，但选举结果，正式与候补决序互易者，除自愿互让者外，应由各级党部查明情形，遵照中央决定之正式及候补次序，切实劝告当选同志，依原定次序，加以调整。

(六)凡未经本党提名为正式或候补候选人之党员，而选举结果，竟当选为正式或候补者，由各级党部照国务会议之规定，通知同级选举机构，撤消其当选资格。

又选举总事务所函，以奉国民政府令发政党提名补充规定，经分会遵照。兹据各省市电报选举结果，并纷以当选次序应如何核定为请，其已用选民签署手续登记为候选人而当选者，均在奉颁政党提名补充规定之前。本所未奉明定标准，深感难以指答，且足影响选举之结果，请转呈迅赐核办。

综合各委员会发表之意见，可分三类：

1. 谷正纲、萧铮、姚大海、潘公展委员等,认为中央常会秉承总裁指示,办理政党提名,向系采用负责管制之原则,自国务会议公布补充规定两项后,各地主办选举机构,及当选同志,已有遵照规定实行退让者,此种规定,乃补救党纪之□,既经上次常会通过,复经提请国府会议决议,正式公布,实无重新考量之必要,否则立法委员之选举,将更难管制,而产生结果,必更复杂。

2. 孙科、邵力子、陈布雷、戴愧生委员等,认为国务会议颁布之补充规定,仅能作为对政党提名办法之一种说明或解释,其效力并不能变更或违反宪法,及选举罢免法等法令所规定之原则,否则当事人可以依法提起诉讼。查古今中外之法令,均不追既往,补充规定只能适用于立法委员之选举。关于国民大会代表之选举,已经投票,事后不应作任何限制,此种情形,友党必能谅解,否则人民选举之自由,行将全被抹煞,世界各国必责我违反民主,包办选举,对政府之地位,恐将不利,应请予以考虑。

3. 汤如炎、梁寒操等委员,认为补充规定在事实上执行颇有困难,其可能发生之后果,更不能不预为顾及。现在国府明令虽不便再有变更,但为顾及一般同志情感起见,在党内办理退让,应尽量采用分别劝导办法,不可太硬性强制执行。

谨按关于国务会议所决议之政党提名补充规定,应否按照实施,及如何另谋补救办法一节,上次中央常会曾经热烈辩论,本日会议又继续辩论至二小时以上,多数出席委员,均主张严格执行补充规定。因之,本党对国代及立委之选举,似将采用严格之负责管制办法,未知钧座对此项原则,有无指示(此节系陈部长立夫面嘱报告者)。

决议:推王亮畴、李文范、陈立夫、张知本、洪兰友、柳克述、程天放、白瑜、张厉生委员,并约同立法院、司法院本党同志之对法律有研究者数人,参加研究,并推陈委员立夫召集。

(二)张委员厉生提议:立法委员选举投票日期,虽已延期一个月,但距今仅有三十天之时间,此三十日中,须予各省以印发选票之时间,故政党提名,最迟应于三日内全部决定,以便发交各省选举事务所,公告制票案。

决议:限三日内全部提送选举总事务所。

谨按关于立法委员本党提名之审查,及与友党商洽,工作大部分已经完成,仅有少数单位(职业团体等)尚待审议,只因补充规定如何执行,原则尚未决定,致未能将全部名单提中央常会核定。

(三)凡决定让与友党之地区,其选举结果,本党同志得票较友党候选人为多者,应如何递让与友党为正式案。

决议:推陈立夫、汤如炎、洪兰友、黄少谷、潘公展、鲁涤平、李文范、张厉生委员等研究,并推陈委员立夫召集。

(四)人事案〔略〕。

〔国民政府档案〕

23. 中国国民党各省市参加国代立委监委竞选党员联谊会关于国务会议通过变更国代及立委选举罢免法案八项意见致行政院呈

(1947年12月10日)

窃查国务会议近通过变更国代及立委之选举罢免法一案,其影响所及,有以下各项严重问题,兹谨为钧院陈之:

一、国务会议之决议案,是何性质?立法原则乎?法律案乎?解释法令乎?如属前者,应送立法院制成法案,如属后之二者,均非国务会议之权职,即国务会议侵越立法院、司法院之权职。

二、解释法令不得变更其原意,国务会议之解释,显与原意不符。

三、国代及立委选举罢免法第十二条之原意,倘以国务会议之解释为正确,则:

(一)依各该法而举办之登记及依之而举办之选举,均属政府违法。

(二)立法院制定该项条文不当,则立法院为渎职。

(三)选举总所之解释亦属违法渎职。

(四)报载提案之理由系遇到始不及料之事故,是则原文之涵义与解释不符,显而易见,足资证明。

四、国务会议之决议案,如非解释性质,而系修改法律,则法律不究既往为极普通之常识,决难曲解。国代选举在国务会议前已毕事立案,立委选举已依法举办登记选举,虽未毕事,而二者均成既往,乃属不可争之事实。

五、选举总事务所于各省市请释政党党员依法签署登记所取得之候选资格是否有效,所作答复确认有效,不得撤销,已有数十起在案。是故法院对于该项诉讼案,倘不依法判决,则司法破产。

六、法律是硬性的,未便以政治上之需要于不适当之时任意变更,此乃法治之根本意义。

七、法律系政府与人民之契约,法律之效验与价值,乃在任何一方或任何一人触犯时,均受同一之制裁。中途毁约,在民间为不齿之行为,政府岂可出此。况际此取信刻不容缓及行宪之初应严格厉行法治与民约以行之重要关头乎?

八、国民党五十年革命,二十年训政所致力之民权主义,设或毁于此一举措,损失之严重,何可拟比参与决定者之责任冥若。

综上八端,乃其荦荦大者,倘不速为纠正,直接间接均有损国家尊严与民主精神,谅必为贤者所不取。本会同仁愿据理力争,谨提供办法三则,如次:(一)关于扶助友党方面,可由中央劝导同志退让,各同志秉于大义,定必乐从。(二)党国元老如未经各省市选出者,亦得以情商方式劝导同志退让,各同志亦定可乐从。以上二者,似均不必作硬性之规定。(三)如由党提名人士而未经各省市选出时,则仍应以各省市得票最多者当选。依此办法,庶可达到真正还政于民之目的,而免除无谓之纷争,以保全国家之尊严,心所谓危,不揣冒渎,尚乞俯赐鉴察,并转国务会议采纳。不胜迫切待命之至。谨呈

行政院院长张

中国国民党各省市参加 国代／立委／监委 竞选党员联谊会谨呈

中华民国卅六年十二月十日

〔行政院档案〕

24.内政部关于监委选罢法及其施行条例注释致行政院呈

(1947年12月19日)

内政部呈 民字第一三六二〇号
中华民国卅六年十二月十九日

查监察院监察委员之选举,事属草创,本部承办该项选举事务以来,迭准各省市政府纷纷函电,请求解释监委选罢法规,除已分别核复外,兹因监委选举奉令延期,为期各地在举行选举以前,对于有关法令确能明悉,俾免日后办理错误起见,特将承办以来,所有监委选罢法之解释,按条列注,编成注释例。除已通行外,理合检附该注释例全件,呈请鉴核备查。谨呈

行政院

附呈监察院监察委员选举罢免法及其施行条例注释全件

内政部部长 张厉生

国民政府三十六年三月三十一日公布监察院监察委员选举罢免法,国民政府卅六年十月七日修正公布第五条、第六条及第十条,内政部卅六年十二月一日注。

第一条 监察院监察委员之选举罢免，依宪法及本法之规定。

第二条 监察委员由各省市议会，蒙古、西藏地方议会及华侨团体依宪法第九十一条规定之名额分别选举之。

在各省市议会未正式成立以前，首届监察委员依宪法实施之准备程序规定，由各省市现有参议会选举之，其任期以各省市正式议会选出监察委员之日为止。

在蒙古地方议会未正式成立以前，监察委员由蒙古各地方联合选举区之各旗代表会分别选举之，各旗代表会以每旗代表一人，每特别旗代表四人组织之，其联合选举区之划分及名额之分配，依附表一之所定。

在西藏地方议会未正式成立以前，监察委员依制定宪法国民大会代表选举之成例选出之，其名额之分配如左：

一、西藏地方选出者五名。

二、暂居内地之藏民选出者三名。

关于侨居国外国民之监察委员，依附表二所规定之各选举区内华侨团体分别选举之，每一选举区之各华侨团体合并选举一人。

华侨团体以由侨居国外国民组织依法成立，或向侨务委员会备案者为限。

注一：查监委选举依宪法第九十一条之规定，其名额悉按行政区域分配，无职业、宗教、民族之别（内政部三十六年申梗民四字一〇〇八六号代电安徽省政府）。

注二：贵省区域监委选举五名，各民族均包括在内，依法别无其他名额（内政部卅六年酉铣民四电西康省府）。

注三：查监委选举以区域为单位，每省五名中，并不规定各民族应出之名额，各民族人士虽得依法被提名为候选人，惟其当选与否，悉应依监委选罢法第十条之规定决定之。贵省应选出监委名额，除原定五名外，依法不得另增名额。本部酉铣电所称各民族均包括在内云云，并非谓应规定各民族应选出之比额例（内政部三十六年酉俭民四电西康省政府)。

第三条　每省监察委员名额中,妇女当选名额定为一名。

注一:查女性参议员竞选监察委员,如因监察委员选举罢免法第十一条之限制而不愿以参议员身份竞选时,自可依照规定期限先辞去参议员职务,再参加一般女性候选人之竞选(内政部三十六年九月二十日民四字九九八八号公函各省市政府)。

第四条　各省市议会、蒙古、西藏地方议会及华侨团体,应分别举行选举会,选举监察委员,选举会召集日期及投票日期以命令定之。

注一:查监委选举会得于省参议会例会期内召集(内政部三十六年民四酉俭电四川省政府)。

注二:选举监委应由各省市选举监督召集选举会,如例会与选举会合并举行时,由选举监督会同议长召集之(内政部民四酉敬电各省市政府)。

注三:监察委员选举会应由各省市选举监督召集,其与例会合并举行者,由选举监督会同省市参议会或临时参议会议长召集之,业经本部以民四酉敬电通行在案。兹补充规定监察委员选举会开会时,应以议长为主席,并由选举监督莅场监视(内政部卅六年民四一一七〇六号戌微代电各省市政府)。

注四:选举监委时,应有全体参议员过半数之出席,方得进行投票(内政部三十六年民四酉梗电河南省政府,民四 11354 号酉俭代电南京市民政局)。

注五:监察委员选举会虽列会人数不足提出候选人五人,但如已有全体省参议员过半数以上之出席,仍应依法进行选举,选举结果不足额时,应即依法另提候选人再行投票,至选举足额为止。再选时,原已为候选人提名之选举人,自得再行提名,但仍应受监委选举罢免法施行条例第九条之限制(内政部三十六年民四戌鱼电绥远省政府)。

第五条　选举监察委员之选举人,在各省市为各省市议会议员,在蒙古、西藏为蒙古、西藏地方议会议员,在华侨团体为各该选举区内华侨团体会员之代表,其属于两个以上华侨团体者,应向主管选举机关自行声明,择定其一。

在各省市议会、蒙古、西藏地方议会未正式成立以前,以现有之各省市参议会参议员或临时参议会参议员及蒙古各选举区之各旗代表会代表为选举人。

注一:选举人名册由选举监督造具(内政部卅六年戌宥电安徽省政府)。

注二:省参议员出缺后,应即依法递补,自不得因选举监委听其悬空。如在监察委员选举人名册造就后,尚未公布前,递补手续业已办妥,并应准予补列(内政部三十六年民四酉敬电浙江省政府)。

注三:县市之省参议员当选人,如已于监委选举会召集前依法选出,自应准其参加监委选举(内政部卅六年民四戌篠电辽宁省政府)。

注四:参议员如未出席监委选举会,可任其缺席,不得以候补参议员代为选举监委(内政部三十六年民四戌养电热河省政府)。

注五:上次大会未出席之省参议员,既未经核定视为辞职,应将其列入监委选举人名册(内政部三十六年民四戌宥电台湾省政府)。

注六:参议员于上一会期内,均未出席,尚未经核定,视为辞职,仍应通知其参加监委选举会,并得依法为提名之签署及投票(内政部三十六年民四戌养电台湾省政府)。

第六条　依法有选举权年满三十五岁者,得被选为监察委员,但侨居国外国民,监察委员候选人,并应居住该区内合计三年以上者。

每一候选人之提出,在各省市及蒙古、西藏应经选举人五人以上之连署,在华侨团应经选举人三十人以上之连署,但蒙古监察委员在由各选举区之各旗代表会选举时,选举人应经代表会以外依法有选举权之蒙民三十人以上之连署。

省市选举人如未满二十五人者,得由二人以上之连署提出候选人。

妇女候选人之提出,其签署人数不受前二项之限制。

注一:查监察委员选举罢免法第六条所称依法有选举权一语,系指宪法第一三〇条前段中华民国国民年满二十岁者,有依法选举之权,为一般公民具有之选举权,而非专指选举监察委员之权(内政部三十六年酉俭民11354号代电南京市民政局,酉世代电西安市政府,戌江电各省市政府)。

注二:候选人年龄届满日期以造具名册之日为准(内政部三十六年民四酉漾电辽宁省政府)。

注三:公务员、军人、警察参加监委竞选,勿庸事先辞职(内政部三十六年民四酉篠电广东省政府)。

注四:现任官吏竞选监委勿庸事先辞职(内政部卅六年民四酉郢电安徽、察哈尔等省政府,戌江电辽北省政府)。

注五:查省市参议会或临时参议会秘书长、秘书或其他职员,得竞选监委,勿庸事先辞职(三十六年十月三十一日内政部民四酉世电各省市政府)。

注六:监委候选人之提出,由选举人法定人数签署后向选举监督为之(内政部三十六年民四酉漾电辽宁省政府)。

注七:查监委候选人依法无政党提名之规定,自仍应按监委选罢法第六条之规定提出(内政部卅六年民四戌篠电甘肃省政府,戌敬电安徽省政府)。

注八:省参议员经提出辞职书后,即不得再行参加监委选举之投票,亦不得为候选人提名之签署,应以候补当选人依法递补,参加监委选举会(内政部卅六年民四戌俭电陕西省政府)。

注九：监委候选人之提出，凡有选举权之省参议员，虽未出席选举会，其签署仍应认为有效（内政部卅六年民四酉敬电福建省政府）。

注十：查贵会参议员已满二十五人，依法应由五人以上连署提出候选人，如选举会之出席人数未达二十五人，不能提出五名候选人，致选举结果不足法定名额，可依法再行提名投票补足之（内政部三十六年酉铣民四10869号代电西康省参议会）。

注十一：贵省未收复区代表不得为监委选举人，自无权为候选人提名之签署，至贵省监委候选人虽不能提出五人，仍应就已提出者依法举行投票，然后再按本部戌鱼电（本电见本法第十条注五）之规定举行再选，至选举足额为止（内政部三十六年民四戌养电吉林省政府）。

注十二：查经依法提出之监委候选人，不论人数多寡，均应依法举行投票，不因其他竞选人无法被提名而受影响，至已被提名之候选人，如系市参议员，自仍得为其他候选人登记之签署（内政部卅六年民四戌养电重庆市政府）。

注十三：监察委员选举罢免法第六条所定每一候选人之提出，在各省市应经选举人五人以上之连署，既称五人以上，自不以五人为限（内政部卅六年民四11896号戌齐代电贵州省政府）。

注十四：妇女候选人之提出，其签署人数既不受限制，则虽仅有一选举人之签署，于法尚无不合（内政部卅六年酉哿民四字11491号代电陕西省政府）。

注十五：查监察委员选举罢免法第六条第四项既明白规定妇女候选人之提出，其签署人数不受前二项之限制，自不能解释为不经选举人之签署，亦可提出候选人（内政部三十六年民四11575号代电四川省政府）。

注十六：监察委员选举罢免法第六项第四项既明白规定妇女候选人之提出，其签署人数不受前二项之限制，如无签署人，自不得列为候选人,惟签署人数既不受前二项之限制,则有选举人一人之签署,其提出为候选人,自属适法(内政部卅六年民四11780号戌虞代电绥远省政府)。

注十七:妇女候选人之提出至少须有选举人一人之签署(内政部卅六年戌宥电绥远省府)。

第七条 监察委员之选举以左列人员分别为当然选举监督。

一、在各省市为各该省市行政首长。

二、在蒙古为蒙藏委员会委员长或其所指定之人员。

三、在西藏为蒙藏委员会委员长或其所指定之人员。

四、在华侨团体为附表三所定之人员。

第八条 各省市、蒙古、西藏选举会召集后之第三日应完成候选人之提名,各由选举监督公布之。华侨团体选举会举行以前十日,应完成候选人之提名,由各选举监督公告之。

候选人名单应以提名时连署人数之多寡为先后开列候选人姓名,并应于妇女候选人名下标一女字。

注一:同法第八条规定完成候选人提名后,由各选举监督公告一节,其公告应以兼监察院监察委员某某省(市)选举监督名义行之,并借用省(市)政府印信(内政部卅六年民四11575号戌东代电四川省政府)。

注二:候选人名单应以提名时连署人数之多寡为先后开列候选人之姓名,如候选人中有二人以上之提名连署人数相同时,应以提名单送达选举监督之先后,依次开列,如提名单送达之先后无法确定时,应由选举监督会同参议会议长或其代理人以抽签定之,候选人为妇女时,其姓名下并应标一女字(内政部三十六年十月廿一日民四字第一一〇一六号公函各省市政府)。

第九条 选举人就候选人名单中,以无记名单记法圈选一人。

第十条 各省监察委员五名,其中四名以得票比较多数之男子候选人首四名为当选,其余一名以得票比较多数之妇女候选人一名为当选。各妇女候选人所得票数单独计算，如无妇女候选人或无妇女候选人当选时，任其缺额。应选出之名额为二名者，以候选人中得票比较多数之首二名为当选，应选出名额为一名者，以候选人得票比较多数之一名为当选。选举结果当选不足法定名额时，应依法再投票，至补足名额时为止，票数相同时，以抽签定之。

注一：选举结果候选人如经依当选，不论当选人是否已足法定名额，其当选均属有效，因再选之目的仅在补足法定当选名额，并非将已当选者之资格一并撤销，重选至再选时，既应一律另提候选人，非再经依法提出，自不得仍列为候选人（内政部卅六年民四戌宥电绥远省政府）。

注二：监委无候补当选人之规定，遇有缺出，应即补选（内政部卅六年民四酉世电河南省政府）。

注三：监委出缺补选时，限于男补男缺，女补女缺。如妇女监委出缺补选，而无妇女当选时，任其缺额，选举或补选监委候选人所得票数，应分开计算，依法决定其应出名额（内政部卅六年民四酉世电河南省政府）。

注四：如票数集中于一人或不足名额时，所余名额应再选，以得票较多者依次补足之（内政部卅六年酉梗电河南省政府）。

注五：查各省市参议会或临时参议会选举监委，如投票结果当选不足法定名额时，应依法再投票，至补足额时为止。兹规定再选时，依法另提候选人，并应迅速完成提名手续，以免延误投票完毕期（内政部卅六年戌鱼民四 11673 号代电各省市政府）。

注六：省市参议会于完成候选人提名程序之法定期限前，因不能提出候选人五人，或以其他原因而致当选人数不足法定名额时，自应按监察委员选举罢免法第十条第三项之规定，依法再提名再投票，至补足额时为止（内政部卅六年民四 11780 号戌鱼代电绥远省政府）。

注七：查妇女候选人二人得票，均较依监察委员选举罢免法第十条第一项前段当选之男候选人得票为多时，仍应受同法第三条每省监察委员名额中，妇女当选名额定为一名之限制，并按同法第十条第一项后段单独计票之办法，以得票比较多数之妇女候选人一名为当选，得票较少之妇女不得当选（内政部卅六年九月二十日民四9988号分函各省市政府）。

注八：查女性参议员竞选监察委员，依照监察委员选举罢免法第十条第一项所定各妇女候选人单独计票法，以票数较多当选者如尚有男女性参议员，依照同条同项前段之规定，在票数较多之男候选人首四名以内而亦当选时，依同法第十一条及其施行条例第十六条，应比较各该男女参议员所得票数，以较多之一名为当选，其票数较少之男或女参议员不得当选，而以得票次多数之非参议员男或女候选人为当选。倘该女性参议员不能当选，而别无其他得票之妇女候选人时，应依同法第十条第一项末段之规定，任其缺额（内政部三十六年九月廿日民四9988号公函各省市政府）。

注九：查监察委员选举罢免法并未规定每市之妇女当选名额，关于市监察委员选举票之计算，不分男女候选人，均应按照同法第十条第二项前段之规定办理（内政部卅六年酉佳民四字10694代电沈阳市政府）。

第十一条　每省市参议会议员当选为监察委员者以一名为限。

注一：查监委选罢法第十一条系指每省市参议员当选为监委者，最多不得超过一人，如无议员当选，亦无不可投票较多之前四名候选人，如均非省参议员，应即以该四人当选（内政部卅六年民四戌齐电陕西省政府）。

注二：查省市参议员如欲非参议员身份参加监委竞选，应于选举会召开一个月前辞职（内政部卅六年酉马民字第11038号代电国民党重庆市党部，民四11630号戌支代电山东省临时参议会）。

注三：查省参议员如在会外竞选监委，应于选举会召集一个月以前辞职，如竞选会内之一名，则勿庸辞职（内政部卅六年民四酉梗电广西省政府）。

注四：查省议员辞职，应自辞职书提出之日起生效，无须由何人核准（内政部卅六年民四戌皓电陕西省政府）。

注五：查省市参议员以非参议员身份参加监委竞选，其辞职日期系以提出辞职书之日为准，而非以辞职书送达参议会之日为准（内政部卅六年酉俭民四11370号电山东省政府）。

注六：查省市参议员如欲以非参议员身份参加监委竞选，应于选举会召集一个月前辞职，业经院令核准。兹规定辞职应以书面向省市参议会提出，由省市参议会转知选举监督，其辞职日期以提出辞职书之日为准，应取具收据或以邮戳或电报回执为凭，其逾期提出辞职者，不论已未知悉此项规定，均不得视为系以非参议员身份参加竞选（内政部卅六年十月七日民四字10606号酉虞代电各省市政府）。

注七：查参议员参加候选，如由二三候选人以正当方法获得全体选举人之连署提名，自未便加以限制，惟选举结果依法只能当选一名，其未能选足之法定名额，自可按最近修正公布之监察委员选举罢免法第十条三项之规定办理，届时应由参议员按照规定另提候选人，则参议会以外之候选人，并不至无提名之机会（内政部卅六年十月廿一日民字11038号酉马代电国民党重庆市党部）。

注八：当选为省参议员，而愿受监委选罢法第十一条限制者，自无庸先行辞职。至如省参议员如已如限辞职，并以正当方法为竞选之活动者，依法不得再予限制（内政部卅六年民四戌篠电辽北省政府）。

注九：当选为市参议员者，如欲竞选监委而不愿受监委选罢法第十一条之限制，应于当选后在市参议员选举条例第三十九条所定期间内表示不愿应选（内政部卅六年民四戌篠电沈阳市政府）。

注十：查监委候选人具有省参议员身份（包括逾限辞职应视为

具有参议员身份者在内),其选举票并不单独计算,仍按监察院监察委员选举罢免法第十条之规定,就一切候选人男女分别计算,惟其当选依左列之方法决定之。

(一)如男子候选人得票比较多数之首四名及妇女候选人得票比较多数之一名中,无一系参议员时,则该省所应出之监察委员名额中,无省参议员当选。

(二)如男子首四名中,有一名系省参议员,而妇女之一名(指得票较多者,下准此)非为省参议员时,则该男性参议员应当选,如男子首四名中无省参议员,妇女之一名系省参议员时,则该女性参议员应当选。

(三)如男子首四名中,有二人以上系省参议员,而妇之一名非为省参议员时,应以该二人以上之男性省参议员中得票较多数之一名为当选,其余均应落选,以得票次多数之非省参议员之男子候选人依序当选。

(四)如男子首四名中,有一人以上系省参议员,而妇女之一名亦系省参议员时,则此省参议员应不分男女,以得票比较多数之一名为当选。如得票比较多数之一名,系男性省参议员,关于男子候选人之当选,应按前项方法决定之。而妇女候选人中得票比较多数之一名(女性参议员)应落选,以得票次多数之非省参议员之妇女候选人为当选。如此等男女省参议员中得票比较多数之一名时,则该女性参议员应当选,男性省参议员均落选,以票次多数之非省参议员之男子候选人依序当选(内政部卅六年民四12954号亥冬代电江苏省政府)。

注十一:查省市参议员未于规定期限前事先辞职而参加监委竞选,经投票结果按监察委员选举罢免法第十条之规定,计算有参议员二人以上,均可当选时,应以得票比较多数者为当选,其余以落选论,并以得票次多数之非省市参议员依次当选。至省市参议员如欲以非参议员身份参加监委竞选,应于规定期限前辞职,其逾限始行辞职者,虽已辞去参议员职务,关于监委选举,仍应视为以参议员身份参加竞选,业经本部酉虞及酉漾两电通行各有案。此项逾限辞职之省市参议员,应受监察委员选举罢免法第十一条之限制,其辞职之先后与应当选与否无关(内政部卅六年民四 11767 号戌虞代电广西省政府)。

第十二条　监察委员当选后,应由各省市、蒙古、西藏及华侨团体之选举监督分别发给当选证书,并申报国民政府。

第十三条　监察委员出缺后,继任人之补选日期以命令定之。继任监察委员任职至原任期届满之日为止。

第十四条　对于就任未满六个月之监察委员,不得为罢免之声请。

第十五条　在各选举会选举人总额四分之一以上,选举人对于各该选举会所选出之监察委员得连署提出罢免声请书。

在蒙古各联合选举区之各旗代表会为选举会时,四分之一连署人不得同属于一旗,在华侨团体以原选举会投票总数四分之一计算。

第十六条　罢免声请书应叙述理由送达原选举各该省市议会、参议会议长或蒙藏委员会、侨务委员会首长。

第十七条　前条议长或首长于收到声请书卅日内查明连署属实及其人数合于规定后,应将声请书副本一份通知被声请罢免之监察委员,并于卅日内召集罢免会。

第十八条　被声请罢免之监察委员,得于收到前条通知后十日内提出答辩书,送交收受该罢免声请书之议长或首长。

声请书与答辩书应同时由前项议长或首长公布之。

第十九条　罢免案用无记名投票法,以所投票数总额之过半数赞成票通过之。

第二十条　罢免案通过后,即由议长或首长公告之,并依法补选,补选监察委员之任期至原任期届满日为止。

第廿一条　罢免案如经否决,原声请人对于同一监察委员在原任期内,不得再为罢免之声请。

第廿二条　本法之规定在各省市议会及蒙古地方议会未正式成立以前,于各省市现有之参议会及蒙古各联合选举区之各旗代表会适用之。

第廿三条　关于选举罢免如有触犯刑法行为时,依刑法处断。

第廿四条　本法施行条例另定之。

附表一：
蒙古监察委员联合选举区之划分及名额之分配
一、由哲里木盟、呼伦贝尔部伊克明安旗选出者一名。
二、由卓怀图盟、昭乌达盟选出者一名。
三、由锡林郭勒察、察哈尔八旗选出者一名。
四、由乌兰察布盟、伊克昭盟选出者一名。
五、由归化土默特旗、绥东四旗选出者一名。
六、由阿拉善、霍硕特旗、额济纳、旧土尔扈特旗选出者一名。
七、由青海左翼盟、青海右翼盟选出者一名。
八、由巴图基特奇勒图中路盟、乌拉恩素珠克图四路盟、青塞特奇勒图盟选出者一名。

附表二：侨居国外国民监察委员选举区域
之划分及每区应出代表名额之分配

选举区别	选举区所辖地名称	监察委员名额
第一区	美国、加拿大、檀香山	一
第二区	中美洲、古巴、墨西哥及附近地方	一
第三区	马来亚及北婆罗洲	一
第四区	东印度群岛、印度群岛、南婆罗洲及葡属蒂汶与附近地方	一

续上表

选举区别	选举区所辖地名称	监察委员名额
第五区	逼罗	一
第六区	澳洲、菲律宾、大溪地、日本、朝鲜、欧洲（苏联亚洲部份在内）、非洲及各该处附近地方	一
第七区	越南、缅甸、印度及亚洲西南各国	一
第八区	香港、澳门	一

附表三：侨民监察委员各选举区选举监督

选举区	选举监督
第一区	芝加哥总领事
第二区	夏湾拿总领事
第三区	新加坡总领事
第四区	巴达维亚总领事
第五区	曼谷总领事
第六区	雪梨总领事
第七区	西贡总领事
第八区	香港华商总会主席

监察院监察委员选举罢免法施行条例
国民政府三十六年三月三十一日公布
内政部三十六年十二月一日注释

第一条　本条例依监察院监察委员选举罢免法第二十四条制定之。

第二条　监察委员之选举事务，在各省市由各该省市之行政首长兼选举监督，在蒙古、西藏由蒙藏委员会委员长指定之选举监督，在华侨团体依监察院监察委员选举罢免法附表三所列之选举监督，分别派员办理。

注一：查关于蒙藏同胞及侨民选举监察委员案件，在中央方面应由蒙藏委员会及侨务委员会主办,前经院会通过,并呈报国民政府备案暨分令在卷。兹奉国民政府三十六年九月三日处字第一四三七号指令,准予备案,除分令外,合行令仰知照(行政院卅六年九月九日(卅六)四内字三六〇九五号指令内政部)。

注二:查各省市参议会或临时参议会选举监察委员,其一切费用应由各省市自行负担(内政部三十六年民四一一四九二号酉陷代电东北行辕政委会、广西省政府)。

注三:参议员参加选举会旅费得比照省参议会组织条例第十六条之规定办理,并由各省自行筹拨(内政部卅六年民四酉哿电西康省政府)。

注四:查监察委员选举费用应由地方开支,可在省市参议会原预算临时费内樽节开支,如该会经费不足,得在省市预算第二预备金项下依法动支(内政部卅六年民四戌微电山西绥远等省政府,戌鱼电贵州省政府,民四一一七六二号戌鱼代电汉口市政府,民四一一八七五号代电上海市政府,戌皓电河北、热河等省政府)。

第三条　蒙古各联合选举区各旗代表会之代表,由各该选举区之各旗政府分别召集旗民代表会选出之。

第四条　蒙古各联合选举区之选举监督由蒙藏委员会就各该区盟旗首长中指定一人充任之,监督该区选举事务,并召集各旗代表会。

第五条　西藏地方选出之监察委员,由西藏噶厦召集代表二十名组织选举会选出之。

暂居内地藏民选出之监察委员,由班禅堪布会议厅召集代表十二名组织选举选出之。

第六条　侨居国外国民组织之商会、工会、教育会、中华会馆、各邑会所,在选举前九十日,依所在地习惯成立者,视为依法成立之华侨团体。

华侨团体之备案,以选举前九十日为之者为限。

第七条　华侨团体会员之代表，由各该团体之会员依法选举之。

会员满一千人者，选举代表一人，满二千人者，选举代表二人，余准此类推。会员不满一千人者，由各该团体联合会员一千人选举代表一人。

第八条　监察委员候选人以本选举区内各县市或华侨团体有候选人资格者为限。

服务或旅居他处而原籍未变更者，仍得为本选举区内之监察委员候选人。

注一：监委选举罢免法施行条例应补充解释如下：中华民国国民合于监察院监察委员选举罢免法第六条被选举人资格之规定，而在本籍外之选举区所属县市或同等区域居住六个月以上或有住所达一年以上者，其本籍虽未变更，在该选举区内亦得被选为监察委员（内政部卅六年民四戌江电各省市政府）。

注二：凡宣告褫夺公权尚未复权者，当然无监察委员之选举权。关于监委选举，依法无停止被选举权之规定，现任官吏之参加竞选者，无须事先辞职（内政部卅六年民四戌江电各省市政府）。

第九条　每一选举人对于提出候选人之签署，以一次为限，签署经查明不实或重复者无效。

注一：查监委候选人提名签署书，如已有监委选举罢免法第六条所定人数之连署，虽其式样与本部制定者不尽相符，仍应依法予以审查，并通知连署人之一按照规定签署书式样速为补正，又选举人虽未到会，仍得为候选人提名之签署（内政部三十六年民四戌真电西康省政府）。

注二：查监委选举人对候选人提名之签署重复时，应以该选举人书面表示之明确意思为准，如不自行表示意思时，应以最先登记者之提名签署为有效。因其签署书重复而致某一候选人提名之连署人数不足法定人数时，应即通知其他连署人之一于提名单公告前补正之(内政部三十六年民四戌敬电重庆市政府)。

注三:查监委候选人经依法提出者,不论其人数多寡,均应举行投票。如选举结果当选人不足法定名额,应按本部民四戌鱼电举行再选〔时〕,为不延误国务会议所定投票期限计,可由选举人当场依法连署提出候选人,交选举监督审查,公告后即日举行再投票,并宣布选举结果,上述提名声请之截止,提名单之公告及再投票之举行各时刻,由选举监督酌定公布之。至监委选罢法施行条例第九条签署以一次为限之规定,系指每次投票时之提名而言,如依法应举行再投票时,选举人自得为再提名之签署,仍受同条以一次为限之限制(内政部卅六年民四戌宥电贵州省政府)。

第十条　监察委员候选人之提名应依监察院监察委员选举罢免法第六条之规定,向各选举监督为之。

第十一条　各选举监督于收受候选人提名之声请后,应即依法召集选举会,并将候选人提名单于选举前三日公布之。

注一:监察委员选举会应由选举监督召集,如系与省参议会例会合并举行时,由选举监督会同议长召集之,选举会之出席人除选举人外,选举监督应莅场监视。至选举会日程,可由选举监督按照监委选举罢免法及其施行条例,并参酌省参议会议事规则自行酌定(内政部卅六年民四戌宥电安徽省政府)。

注二:查选举监督接受监委候选人提名声请书之截止日期,应为提名单公告前一日(内政部卅六年戌皓电陕西省政府)。

注三:召集选举会期内之前三日,除为完成候选人提名程序应行办理之事务外,有无其他事务,应视实际情形而定,选举会除按各省市参议会选举监察委员进行程序表进行选举外,别无议事日程,由参议会另行编制,但应注意避免妨碍选举事务之进行(内政部卅六年民四一一七六八号戌虞代电上海市政府)。

第十二条　监察委员选举票由选举监督置备之,监察委员选举票应依监察院监察委员选举罢免法第八条第二项之规定办理之。

监察委员选举票应载明全体候选人姓名,各盖用印信,依附式一之所定,于选举时当场发给选举人,依监察院监察委员选举罢免法第九条之规定圈选之。

注一:各省市参议会选举监察委员进行程序表中所称选举人名册,其主要用途在选举人签名,以便核发选举票,并备查考之用。其登载事项以姓名为最重要,并应造其二份,以一份公告,一份送选举监督存查(内政部卅六年酉梗民四1175号代电各省市政府)。

注二:监察委员当选人名簿式样(内政部卅六年酉俭代电各省市政府)。

省监察委员当选人名簿　　年　月　日置							
姓　名	年　龄	性　别	籍　贯	出身及经历	住　址	备　考	

(附注:本名簿应加盖选举监督印信)

注三:投票簿即选举人名簿,应分为姓名、选举人资格(填明省或市参议员或临时参议员)及投票时签字暨备考四栏(内政部卅六年酉俭代电各省市政府)。

注四:选举监督得借用省(市)政府印信(内政部卅六年酉俭代电各省市政府)。

第十三条　票柜由选举监督置备依附式二之所定。

第十四条　投票管理员、投票监察员、开票管理员、开票监察员在各省市由选举监督商同省市参议会,议长派定;在蒙藏及华侨团体,由选举监督派定。所有投票、开票事宜,适用各该议会会场规则办理,无此项规则者,准用国民大会代表选举罢免法及其施行条例之规定办理。

注一:监委选举投票地点应在省参议会(内政部卅六年民四酉梗电河南省府)。

注二：查监委选举会可就开会时间、地点、出席人（即选举人）、主席及纪录人姓名、主席报告、选举监督致词、选举结果等项制成纪录备查（内政部民四戌养电湖北省政府）。

注三：选举公告事项，系指选举开会时间及监察委员选举罢免法施行条例第十四条所定各项办理选举职员应尽之职责及其他选举时应守之规则与应行注意之事项（内政部卅六年酉梗民四1175号代电各省市政府）。

注四：监察委员选举会由选举监督通知各参议员召集之，但选举会与例会合并举行时，由选举监督会同议长召集之。选举会开会时，以议长为主席，并由选举监督莅场监视，会场由参议会议长比照过去召开议会成例负责布置（内政部三十六年民四11786号戌虞代电上海市政府）。

第十五条　华侨团体会员之代表，其属于两个以上之团体者，应向主管机关自行声明，择定其一，如不声明而为两次以上之投票时，所投之票均为无效。

第十六条　各省市参议会之参议员当选为监察委员时，以得票较多数之一名为当选。

注一：省参议会秘书长及其他职员竞选监委，不受限制（内政部卅六年酉郐电甘肃省政府）。

第十七条　监察委员于当选后，由选举监督分别通知，于十日内以书面表示愿否应选，如不愿应选，以得票次多数者当选，其愿应选者，应附送二寸半身相片两张。

注一：监察委员于当选后由选举监督分别通知，于接到通知后十日内以书面表示愿否应选，其逾期不为表示者，视为愿应选，如不愿应选，以得票次多数者当选，其愿应选者应送二寸半身相片二张（内政部卅六年十月廿一日民四字11016号公函各省市政府）。

第十八条　当选证书依附式三之所定，并于左上角粘贴当选人二寸半身相片两张。

第十九条　选举违背法律,选举人或候选人提起选举诉讼,经判决确定者,其选举无效,应即重选。

当选人有宪法第一百三十二条之情事,经判决确定,其当选无效时,应即重选。

第二十条　选举诉讼之提起于选举日或当选人公告后五日内为之。

选举诉讼准用立法院立法委员选举罢免法第三十九条之规定。

第廿一条　监察委员于其选出之省市议长或首长有弹劾案提出时,其省市议会对该监察委员不得为罢免案之声请。

第廿二条　罢免申请书提出后,其省市议会参议会议长应于法定期间内审查之。

蒙藏委员会、侨务委员会首长接到罢免申请书后,应即转行各该区原选举监督于法定期间内审查之。

前二项罢免声请书之签署如有不实,应即剔除,其因剔除致不足法定名额时,该声请书应即作废。

第廿三条　罢免声请书副本送达被声请罢免人时,应以邮局回执或送件回单为凭。

第廿四条　被声请罢免人应于收到罢免声请书副本十日内提出答辩书,于罢免声请书送达后三十日内尚未收到被声请罢免人答辩书时,收受声请书之议长或首长应将罢免声请书单独公告,前项答辩书如确因邮递迟滞逾期送到者,得补行公告。

第廿五条　罢免案用无记名投票法,以原选举人投票总额之过半数赞成票通过之。

第廿六条　罢免案成立后,应由原选举会于三十日内补选,继任监察委员以该选举会选举人总额之过半数通过之。

第廿七条　蒙古监察委员之罢免及继任监察委员之选举,在蒙古地方议会未成立以前,仍以蒙古各选举区之各旗代表会代表行之。

第廿八条　监察院监察委员选举罢免法及本条例自公布日施行。

〔行政院档案〕

25. 国民政府关于中常会审查立法委员候选人发生争执经过情形报告

(1947年12月)

报告一　关于中央常会审查本党立法委员候选人之经过情形

中央常会于十一日上午举行临时会议,审查立法委员候选人及候补候选人名单,由白云梯、田昆山两委员分别主席。上午审查山东、山西等绥靖区国民大会代表候选人名单后,开始审查江苏立委名单,各委员对审查原则及小组决定之名单,纷纷提出异议,虽经过热烈辩论,但若干区人选迄未能获得解决办法,而暂告保留,上项辩论以个人私见成份较多,致审查工作进行迟缓而困难。

孙委员科报告:国务会议十一月二十八日所决定之政党提名补充规定两项,将于星期六(十三日)提立法院会议订入选举罢免法内,以完成立法程序,惟此项法令,不能追溯既往,凡十一月二十八日以前投票选举之名单,不能引用此规定,加以变更或制限。

余委员井塘报告:据选举总事务所统计,依三千人署名办法向省市选举事务所报名参加竞选立法委员者,约有三千余人,其中包括本党同志甚多,其余均为友党及无党派人士,现正在清查党籍中(按照政党提名补充规定,凡系政党党员参加竞选者,应由政党提名,自由参加者无效)。

报告二　中央常会审查立法委员候选人名单经过情形

中央常会于十二日下午三时及本日上午九时,与中央选举指导委员会合并举行会议,审查江苏、浙江、安徽、福建、江西等省立法委员候选人名单,由钱大钧、范予遂两委员分别主席,各委员对小组审查名单,多提出异议,争辩甚烈,致各省之重要区域人选,均未能解决,而暂予保留,以待最后商讨。关于连日讨论未能通过之政党提名补充规定实施办法,昨日已遭否决,今后审查名单,将遵照钧座指示,指导本党同志参加竞选实施办法办理。今日上午,讨论江西第一区名单,争论至一小时半之久,未获解决,在提付表决时,监委会常务委员邵力子、鲁涤平等,以审查选举名单,事属非常案件,力争表决权。吴秘书长等以历来执行委员会常会开会,监委会常务委员仅为列席,向无表决权,此例决不可开,否则党内制度将告紊乱。邵委员力子等认为吴秘书长等所述理由并不充分,纷纷退席,以示抵制,一时会场秩序,几无法维持。嗣经孙委员科等提出折中办法:凡系参加中央选举指导委员会之监委会常委,均有表决权,经一致赞同后,始告无事(查仅有少数监委会常会系选举指导委员)。

据张委员厉生报告:倘中央不能于明日将全部之立法委员候选人名单送交选举总事务所,则选所制票及其他一切筹备手续,将无法办理。按照连日常会讨论情形,各委员似未能以政治眼光、人才主义,减少私人成见,审查工作,二三日内恐不能完成。

〔国民政府档案〕

26.江西省参议会请求展缓各种选举致蒋介石电

(1948年7月23日)

江西省参议会代电 参秘议字第一五二九号
民国三十七年七月二十三日

南京。国民政府主席蒋钧鉴:本会参议员熊在堰等十九人提议,建议中央展缓举办各种选举案,当提交本会驻会委员会第九十三次会议讨论,金以报载中央公布国大代表及立法委员等选举日期,仰见政府依照宪法实施准备程序推行宪政之至意。唯是大选,必须于安定中始能顺利进行,宪政尤赖于统一,克有其基础,此为吾人不能不加以考虑者。窃谓兹事体大,国家之隆替攸关,而通变达,政府宜熟虑将事。方今,国内和平已濒决绝,中共祸乱普遍蔓延,益以蒙边告惊,新省不宁,险阻艰危,抑何减于九一八前后?中央戡乱决策已发布动员令,处此全国受命动员及几于二分之一省区于战争状态,军事倥偬,供应增繁,战区环境变化靡常,大选进行,岂无窒碍?真正民意,难期反应〔映〕,此宜展缓各种选举者一。胜利以来,复员未竣,建设多阻,民生困难,社会纷扰,经济动荡,以致国家元气受尽摧残,人心益形涣散。现戡乱军事积极进行之际,战区未易施行选举,已如前述;即江南后方之区亦宜确切稳住其安定现状,庶足裨北方军事之进展。然如江南各省亘及川滇,星火之患,亦时有所闻,劫杀之惨,数见不鲜,且打风弥漫,遍及各地。水灾饥馑,困厄华南。国民道德日坠,社会杭桎益深,披展报章,惊心触目。人心动荡,动箭在弦。大规模普选之进行,人民未曾素习,一旦为狡黠者窃之以构患,藉之以煽乱,诚恐选举未成功,而后方祸乱又起,影响所及,岂堪想象。数月前,全国三罢风潮之煽动以及每逢选举所招致之纠纷、械斗、暗杀等,可为殷鉴。故欲确保后方安定,以稳定前线军事,此宜展缓各种选举者二。宪法实施之准备程序第八条规定依宪法产生之国大代表、立法委员及监察委员在第四条规定期限届满已选出各达总额三分之二时,得为合法之集会及召集。基于上述客观现状,能否如限选出总额各三分之二,诚恐不无问题。与其选而不成,毋宁谋定后动,此宜展缓选举者三。基上理由,故拟将各种选举展缓举办。若谓宪法实施准备程序为国大所通过,政府未便变更,自不妨征求各国大代表之意见,用通信方法表示赞成展期或反对展期,仍以国大代表众意为依归,自可获得合法之解决等语。决议电请中央征询国大代表意见,展缓各种选举期间等语纪录在卷。理合电呈鉴核,并乞示遵。江西省参议会议长王枕心。午。梗。参秘议。叩。

〔国民政府档案〕

二、竞选丑剧

1. 国民政府取消中国共产党国大代表国府委员保留名额及现任参政员训令

(1947 年 7 月)

(1)训令之一(7 月 22 日)

国民政府训令 发文处字第八四一号
中华民国卅六年七月廿二日
令政务官惩戒委员会

行政院呈为本院第十一次会议决议通过："原保留共产党之国大代表及国府委员之名额,应予取消;共产党现任参政员者,应予除名。今后如办选举,亦不再为共党保留名额。"录案呈请鉴核施行。等情。应准照办。除分行外,合行令仰知照。此令。

国民政府主席　蒋中正

行政院院长　张　群

(2)训令之二(7 月 31 日)

国民政府训令 发文处字第八六五号
中华民国卅六年七月卅一日
令政务官惩戒委员会

行政院前呈为本年七月八日,本院第十一次院会决议,取消共党国民大会代表,国府委员保留名额,及共党现任参政员应予除名一案,经即通令行知,并饬本府文官处函知国民参政会秘书处查照除名具报在案。兹据文官处签呈,以准参政会秘书处七月二十四日函复称:第四届参政员中共有毛泽东、林祖函、秦邦宪、陈绍禹、邓颖超、董必武、周恩来、吴玉章等共产党党员八人,除秦邦宪已死亡外,经已遵照将其余七人除名等由。转陈前来。除分行外,合行令仰知照。此令。

> 国民政府主席　蒋中正
> 行政院院长　　张　群

〔国民政府档案〕

2.河南等省参议会反对大选采取比例制电

（1947年9—11月）

(1)河南省参议会代电（9月10日）

河南省参议会代电　总体字第三三一四号
　　　　　　　　　民国三十六年九月十日

南京。国民政府主席蒋钧鉴：查选举权之行使，应尊重人民自由意志，选贤与能不受法律规定以外之任何限制。近查各报揭载有比例选举之说，非法束缚人民选举，实属有违民主精神，本会认为比例分配名额一事有强奸民意，违背宪政之嫌，坚决反对。理合电请钧座俯赐采纳，予以纠正，以利行宪为祷。河南省参议会。申。灰。印。

(2)台湾省参议会代电（10月30日）

台湾省参议会代电　省参秘字第九三二号
　　　　　　　　　中华民国卅六年十月三十日

国民政府主席蒋钧鉴：报载中央允为各党派保证当选名额，消息传来，群情骇异。查国父全民政治之真谛，系实行普选，选民有选举之自由权。若保证各党派当选名额，是无异于分赃主义，势必强奸民意，流弊所至，民主精神，蕲丧无余。查台湾收复未久，国民党尚且不敢提名，纯采自由竞选办法，如中央果允各党派保证当选名额，则宪政前途必陷万劫不复之恶果。朝琴等有见及此，难安缄默，合亟电请察核，慎重考虑，为民国奠全民政治之宏基，示世界真正民主之轨范。临电迫切，不胜翘企待命之至。台湾省参议会议长黄朝琴暨全体参议员同叩。陷。印。

(3)广东省参议会代电(10月31日)

广东省参议会代电　议字第二七二五号

中华民国卅六年十月三十一日

行政院院长张、副院长王钧鉴：本会先后接准湖北省参议会、汉口市参议会代电，以报载青年、民社两党要求以遴选指派方式参加各地民意机关，违反民主精神，务请政府迅寝此议，以崇法纪，请一致主张等由。当经提报本会第二届驻会委员会第二十次会议，佥以省参议员系由各县市参议会公选产生，其身份包括工商教育各界人士，初不限于党籍，且在竞选时均离开党之立场，以人民公职候选资格参加，自不能徇民青两党无理之请求，变更法律，开轻视民意，剥夺民权之端。当经决定电呈行政院迅寝此议，并电复湖北省、汉口市参议会表示赞同等议，纪录在案。理合电请察核为祷。广东省参议会议长林翼中。穗议。酉。世。印。

(4)浙江省参议会代电(11月　日)

浙江省参议会快邮代电　浙秘议字第三八九八号

南京。行政院钧鉴：案准德清县参议会酉梗代电，内开：阅报载青民二党有要求政府明定比例参加各级民意机构之讯，殊深惶惑。按民意代表由人民之信任，自由选举。如确定比例，须选某党某派若干人，是乃强奸民意，侵损民权。本县人民极端反对，纷请向省转陈中央予以拒绝等情前来，业经提会讨论，决议向省参议会建议等情在录。爰敬电达，请烦察照，迅赐俯纳民意，转陈中央，力予拒绝是荷。等由。准查此案，本会已有专案建议，并准吴兴县参议会电请过会，业经先后以酉齐酉暂电请鉴照施行各在案。兹准前由，事属维护合法地方民意机构，理合再行电请鉴核，俯赐采纳，并乞示尊为祷。浙江省参议会议长张强戌。浙江秘议。

〔国民政府档案〕

3. 宁夏旅绥远同乡会控诉马鸿逵包办选举指派爪牙冒籍竞选致行政院呈

(1947年10月1日)

为控诉宁夏主席马鸿逵违法包办选举,指派爪牙马如龙、程福刚伪充宁籍竞选代表,冀图掩饰其暴政之揭露,以逞其戕民割据之阴谋。查马鸿逵自主宁政以还,关卡毛林,横征暴敛,推销鸦片,扩充自卫,摧残教育,戮杀青年,统制物资,营商病民。举凡往昔军阀之所不敢为,而马氏恣意为之而弗顾,虽马氏巧为掩饰亦不能一手掩尽天下人之耳目,荒淫暴戾,尽人皆睹。马氏统制之结果,宁夏政局已成国内之国,天外之天。吾人已屡呈钧院恳予征换,另简贤能主宁,以救吾宁七十万人民之蚁命。今者施政在迩,马氏犹不悔悟,进而变本加厉,倒行逆施,诬陷青年,包办选举,以马如龙、程福刚伪充宁籍竞选代表。查马如龙系甘肃临夏县人,程福刚系山西稷山县人,其任官履历中央均有案可稽,真伪易审,岂容狡辩?今马氏之伪充宁籍竞选代表,宁有此事耶?复查马如龙、程福刚本为马氏之亲信走狗,暴戾恣睢,无与伦比,吾宁全体人民久存敌忾之心,必欲去之为快。而马氏利令智昏,竟以伪充宁籍代表,马氏之心肝路人皆见。为拯救吾宁七十万人民之蚁命,恳请予以否认,并选荐我宁素负众望之优秀青年耆绅,呈请提名竞选,以符民主之真缔,藉维边民对中央向心之信。谨将所选荐人士名单附呈,谨请钧裁核夺,则吾宁全体人民幸甚,国家幸甚,庶几民主不为此不屑之徒所贬污。谨呈

行政院院长张

宁夏旅绥远同乡会全体会员

中华民国三六年十月一日

〔行政院档案〕

4. 江西省商联会关于主持圈选人以私人关系选举外省人为代表致国民政府电

(1947年11月1日)

南京。国民政府主席蒋、行政院长张、内政部长张、社会部长谷、中央组织部长陈、中央选举指导委员会、全国职业团体选举总事务所钧鉴：近闻本省商业国大代表，有现任南昌中国银行经理周友端系外省籍，以与主持圈选人私人关系，闻已确定为本届代表之说，聆悉之余，愤慨万状，似此不但剥夺本省二万余商业团体之利益，且实侮辱全省商人人格，敬恳主持公道，俯顺民意，务以本省籍在商界具有悠久历史，确能代表本省商业团体利益之人士为代表，否则全省商人不惜牺牲一切，誓死反对，迫切电呈，伏祈鉴纳并乞示复为祷。江西全省商会联合会全体理监事叩。

〔行政院档案〕

5. 贵州旅蓉吴善祥等揭发贵州省府暨省参议会等联合主持选举通同舞弊情形致行政院呈

(1947年11月17日)

敬启者：顷悉此次贵州省政府暨省参议会，省选举事务所，省党部等联合主持之选举会报为少数人操纵，勾结派系，通同舞弊，不讲公理，不顾法令，排斥我忠实党员及贤能人才，竟将一般不三不四之流之名提出，不但不能代表边民，且与国家意旨不符。例如，陈文瑾列于前名，而我全省边民素景仰之朱焕章、梁聚五、张棐然、陆宗棠、王玉玺等列于最后，此种之记分、列名，竟依何法，据何理。按照中央对于西南六省边疆民族国代立委男女抽签之分配，女国大代表为滇省，女立法委员为川省，然而现在黔省竟将陈文瑾列为第一名，此与中央意有无违反，实令人百思不解。且查陈文瑾既已外嫁异族，按我边民社会习惯法，已不能再代表边民。诸如此类，足见此辈不肖之徒实有意破坏宪法,扰乱宪政,愚弄边民,强奸民意,剥夺我边民之权利,欲置边民族于死地。凡我边民,莫不痛心切齿,誓死抗议,誓与死争,不达不休。故除分呈国民政府行政院、内政部、中央党部、选举总事务所请求依法严办,会报舞弊人及废除此次会报记分外,特此谨函,伏祈钧院垂察实情,废除此次会报记分,尊重民意,依法选举,以符宪政。否则,凡我边民,为整个国家民族之统一团结计,绝对当仁不让,一致否认到底。谨请
行政院

贵州旅蓉边疆人士　吴善祥　王正学
杨明开　熊真海　韩理福
李福才　杨忠义　谨启
十二月十七日

〔行政院档案〕

6.国民政府饬行政院制止全国各地竞选流弊训令

(1947年11月20日)

国民政府训令　发文处字第一二五八号
中华民国卅六年十一月廿日
令行政院

据监察院呈为据本院监察委员黄凤池、向乃祺、陈翰珍、刘寿朋等呈称:为建议事:此次大选,关系地方利害,国家安危至深且巨。当选举兴办之日,即宪政实施之时,亦即民主政治进展之始。过去政治由上而下,现在政治由下而上,倘运用不良,败坏道德,紊乱秩序,不仅为地方之害,且将贻国家之忧,自宜早加防范,免酿选灾。盖自政府筹备选举以来,各地从事竞选者风起云涌,流弊所及,甚至有挟其来历不明之金钱,广事招徕;募致流氓、地痞为爪牙,为之奔走,设处招待,设席宴会,诱以嗜好,投以物品。凡此所为,类似行贿。据今所闻,已有费至十数亿元者,试问廉清自好之士能作此

奢阔之举？否。自必非豪劣即贪污矣。广钱通神，若辈必操胜算。如此选举，若不严切禁止，设法纠正，则正气无由伸张，贤能何能选出，盱衡现势，心所谓危，管见所及，特为建议，以备采择等情，转请鉴核施行到府。查此次选举，关系宪政实施，暨建国前途至深且巨，各参加竞选人员，均应恪遵法令，依循正轨，以争取选民之同情，不得稍有威胁利诱或其他舞弊情事，原呈所请，应准通饬注意。除分令外，合行令仰遵照转饬各主管机关，切实注意为要。此令。

国民政府主席　蒋中正
行政院院长　张　群
〔行政院档案〕

7. 国民党中常会关于与民青两党商洽对立法委员名额分配问题会议纪要

(1947年11—12月)

(1)中常会暨选举指委会联席会议纪要(11月23日)

时间　民国卅六年十一月廿三日上午九时

主席　孙科

讨论事项

〈一〉与民青两党商洽立法委员名额分配案陈部长立夫报告商谈经过情形：

1.青年党李璜等表示，立法委员共有七七三名，青年党最低限度要一二〇名，不能折扣，并坚持须比民社党多廿名，态度甚坚决。(但最后表示，总要比较多一点)

2.民社党张君劢等表示，最低限度为一〇〇名，并坚决表示，倘青年党比该党多出一名即不接受，但允再为商量，态度似尚缓和。

决议：与友党商谈原则，其让给名额以不超过立法委员总名额五分之一(总名额七七三名，五分之一约合一五五人)为限。仍由吴铁城、陈立夫两委员代表本党妥为洽商。

(二)关于监察委员提名办法案

决议:各省市监察委员之产生,原无政党提名之规定,中央不必采用名额决定办法,至本党同志之现任监察委员及监察使其必须产生者,可由中央介绍各省会报设法选出。

(三)关于现任立法委员、参政员,宪政实施促进会委员及监察委员竞选立法委员案。

说明:前以常会推定孙委员科等研究此项问题经决定如下:

"现任立法委员、国民参政员、宪政实施促进委员会委员及监察委员竞选立法委员。其经省级会报列为正式者,应力予支持,其列为候补而可能晋为正式者,应予设法改为正式。其情形实在困难,不能列入正式或候补者,得准许该同志参加竞选,不作违反党纪论。"

决议:保留于常会复审立法委员候选人名单时,分别予以注意,不作硬性规定。

(四)张继、张知本两委员提议:请设法避免父子、兄弟、夫妇同在一地区内竞选,以免物议并以减少纠纷案。

决议:原提议撤回。

(五)于委员右任,戴委员传贤请辞国代及监委候选人案。

于委员右仁表示:任监察院长十数年,毫无佳树,时深惭愧,此后希望另选贤能主持,方能使监察工作有新气象,陈部长立夫等表示,国民大会出席人数在三千人以上,倘党国先进均不参加,则会场秩序甚难维持,且极易发生问题,应请挽留。

决议:慰留。

附带报告

一、此次各省市选举指导会报所提立法委员候选人名单,原已有不公平之处,而中央分组审查时,又未能完全以客观眼光,超然态度谨慎处理。致各地同志纷纷感觉不平(审查时会屡次发生争论,但多系个人利害关系之私见)。

二、各省市立法委员候选人名单,现已审查完毕,仅职业团体名单尚待研究,一俟友党分配名额商定,提出名单后,常会始可复核全部名单。

三、各地同志之未经中央核定为候选人者,多已纷纷自由活动,参加竞选。昨今两日地方党部纷电中央请示,情形复杂。将来党纪问题甚难处理,而中央核定之名单,似已不获完全产生,此事并将伤及友党之感情。关系甚大。

(2)中常会一一三次会议(选举指委会合并举行)
纪要(12月5日)

时间:民国三十六年十二月五日下午三时
主席:李文范

讨论事项

关于友党所提立委候选人尚未决定分配之名额,应如何处理案。

各委员意见:

各委员鉴于国代大会代表选举结果,未能完全依照中央决定之名单产生,而情形复杂,事后补救殊费周章,故对于立法委员选举提名办法,纷纷提供改进意见。有若干委员坚决主张如额提名,以资管制(例如某一区立委原额为五人,除让予友党一人或二人外,本党只提名三人或四人);另有若干委员认为如额提名,应提足额者(例如某一区原额五人,本党应提五人者);更有主张放宽尺度,提加倍人数者(原额五人者,本党提十人,内定五人为正式,五人为候补),辩论甚久,未能得一结论。因之对于陈委员立夫十四人小组所提原则四项,(全文附后)未加讨论,对于萧委员铮等所提建议三项,(原建议附后)亦未能同意。

凡对于友党所提立委候选人,尚未获得解决办法之区域,采下

列办法:

一、例如某区原定立委五人者,本党如额提名五人,但应将当选得票较少之一人或二人让与友党。

二、本党对候补候选人之提名,以三人或四人为限(因预计将来正式当选人应有一人或二人退为候补之故)。

孙委员科等对上项办法,认为更不能保证友党之当选,未能获得一致同意,最后决议:将十四人小组所研究之结果四项,与陈委员立夫所提折中办法,交回小组合并审查,拟具确实可行办法,再提常会核定。

附呈议程及统计表各一份〔略〕

〔国民政府档案〕

8. 国民党中央临常会讨论与民青两党互争国大代表名额问题纪要

(1947年11月)

报告本日中央临时常会讨论民青两党对国大代表名单意见案纪要

民青两党对本党所提国大代表候选人名单,均表示不满。除青年党态度尚属和缓外,民社党之言辞则甚为傲慢,且提有不顾信义之额外要求(要求将职业及华侨代表名额另为计算,即在二百六十名规定之外,再为增加之意,本党从未承认)。各委员为顾全宪政大局计,均主张委屈求全,不使破裂,决定关于各县市之候选同志,能让与者,即予让给,其确有困难之县市,则说明理由,拒其要求,并经决定授权由各审查组召集人会同各省市指导员于今晚详细研究可能之让与名单,交由负责联系同志,再与两党妥商。至于候选人名单是否需要提请政府延缓一星期一节,亦由小组并案研究决定。

附呈民青两党原函及名单各一份

铁城、立夫先生勋鉴：顷奉面交徐梦老之国大代表候选人名单两纸，敬悉一一。兹经本党中常会议决认为：台端所提名单中，于本党前提之重要人员，漏列甚多，倘照此公布，将令全党哗骇，有碍于目前合作之局，断难同意。爰再将前首要名单中，必须产生者，另开名单，计共七十四名，并将台端所开名单中，删去四十四名。至于绥远、山西、山东、东北、河北以及其他未能选举之区域，请查照本党原开首要名单，于提名时，分别补入，以符协定。关于由本党提名之县份，其候补人亦应由本党分别提名。再职业及侨胞代表人数，原在定额以外，仍请维持原议，合并声明，专此敬颂
公绥

张君劢拜启　　11月6日

民社党增补名单〔略〕
民社党提请撤换之名单〔略〕

　　立夫、铁城、厉生先生惠鉴：顷奉先生等交来之本党国大代表候选人名册两件，经本党中常会研讨之结果，认为与原议大有出入，贵党调整名单之煞费苦心，本党无任钦佩，自能予以体谅，但本党对此名单，难于完全接受之实情，亦望贵党特予鉴谅。兹特送上最低限度必须增改之名单一份，拟请察照增改，始可公布。如贵党对此增改之名单，尚有不能同意之处，务希将本党国大代表候选人名单全部保留，并即约晤，以便商洽，否则本党对先生等未经采纳本党所请增改之意见，而公布之名单，势必难以承认也。专此藉颂
勋绥

弟：左舜生、余家菊、刘东岩拜启
卅六年十一月六日

交来名册〔略〕
青年党增补名单〔略〕

〔国民政府档案〕

9. 行政院新闻局关于协助南京办理国大代表普选投票中所见种种弊端呈

(1947年12月17日)

签呈　三十六年十二月

事由：为协助南京市办理国大代表普选投票情形缮具报告书表，呈祈鉴核由。

谨查上月（十一月）二十一日，京市举行国大代表普选，当以事属初创，人民容有未谙设票程序，致妨选举进行及国际视听，经派本局第一处职员朱造坦等二十三人前往市区及浦口上新河等投票所分任协助宣导之责，事后各员报告，对于此次京市普选情形，不无可资参考改进之处，理合将南京市本届国大代表普选投票情形报告书暨本局派赴各投票所协理工作人员名单各一份，呈祈鉴核！

谨呈

院长张

附呈：京市国大代表投票情形报告书一份暨协助工作人员名单一份

职　董显光　谨签

本局派赴各投票所协助工作人员名单〔略〕

南京市本届国大代表普选投票情形报告书

国大代表普选，各地均已如期举行。京市方面，系就各选举团体之性质，分别投票，第一日投选妇女代表，第二日投选职业代表，第三日投选区域代表，全市十三区共分设投票所三十一处，工作人员系由市府及有关机关调用，分负指导监督之责，并有宪警员兵在场维持秩序。本局第一处全体人员亦奉派分赴各投票所协助宣导，招待记者及向选民讲述选举法令。查公民投票，我国虽系初办，惟京市于去岁十月民选参议员时曾已采用,故选举事务人员不无经验,而一般选民对投票有相当认识,各项手续多能依照规定办理,进行尚称顺利,惟我国教育未能普及,人民昧于从政,缺陷之处在所不免,爰就参加各投票所工作人员所见,分特殊优点、共同缺点二项,胪陈于左:

(一)特殊优点

1. 投票所之位置,多系借用学校校址,分布尚称均匀,并能获得学校员生之协助,且附近选民多系该校学生家长,亦乐于前往投票。再如二十三日主席赴大行宫小学投票时,该校学生自动列队欢迎,亦为投票所生色不少。

2. 各投票所工作人员及宪警员兵多能热心服务,态度谦和而办事认真,遇有争执亦能不卑不亢,妥为排解。如莫愁湖投票所第一日选民拥挤,秩序大乱,宪警不惜对选民鞠躬作揖,使选民排队投票,甚为难得。

3. 投票秩序各所多以第二日职业选举最佳,若以选民而论,则以宪警、部队、军事机关最为整齐。如中训团、国防部宪兵、警察均排队前往投票,而投选对象亦完全一致。

(二)共同缺点

1. 京市选民总数,据中央日报刊载为一四八八四○七人,现因投票结果尚未公布,实际投票人数究有若干,无从比较。惟就本局参加投票所工作人员估计结果,选举人弃权者至少在半数以上,尤其第一日妇女投票为甚。如玄武门投票所选民总数为七二○○人,投票者五二二人,不足十分之一。雨花路选民一八九四人,投票者六○一人,不足三分之一。大光路选民一二○○人,投票者八四人,不足十分之一。至职业选举亦有同样情形,如评事街选民五五四七人,投票者仅有一一五○人,不足三分之一。此实为本届普选中最堪注意者。

2. 我国选举制度,系采区域代表与职业代表制兼而有之,而职业代表与妇女代表复有全国性与地方性之分,选举事务所对此种区别未能普遍宣传,对各〔个〕别候选人亦未明白公告,选举人多茫无所知,使弃权与废票之数字增多。

3.此次投票,系将用单记法,不识字选民,必须请人代书,张冠李戴,易滋弊端。今后应改用圈选办法,即将候选人名单印于票上,任选民圈选一人,可免代书之繁,且经济时间,秩序较易维持,即上述第二点缺陷,亦可避免矣。

4.我国宪法规定选举为无记名式,无记名者,旨在秘密,且刑法第六章妨害投票罪一四八条有刺探秘密选举之内容者罚锾贰佰元之规定,此种秘密权虽投票所工作人员亦不得侵犯,但各投票所之填票处并未隔离设置,工作人员亦不知重视,常有宪警代人投票,入匦而乘间取阅,殊不知此乃违法行为,各报每有某投票所某候选人得票最多之纪载,若严格言之,亦属违法,将来办理立委投票时,此点实有设法加以纠正之必要。

5.本届选举之最大弊端,为少数不法之徒,竟利用此种罅隙,事前大量搜集选举权证,甚至区镇公所或选举团体负责人径将选举权证扣留不发,待投票时利用中小学生,轮流投票(实则中小学生,多未达选举年龄),常有一人投票至十次以上者,此种情形,以第一日妇女选举时最为普遍。当日大行宫、火瓦巷、中华路等投票所几全为市立第一、第二女中学生所包办(前者属沈慧莲,后者属徐元璞)。二条巷投票所竟有某报记者夏某,临时雇佣贫苦妇女二十余人,轮流投票,每次给钱若干,实为非法。查国大代表选举罢免法施行条例第三十五条规定凭选举权证领取选票,而选举权证则于事前散发,故投票时投票人是否确为选举权人,实亦难以核对,致有上述弊端。今后似应规定于投票时选民应将国民身份证与选举权证同时缴验,较为周密。

6.少数投票之宪警位置,设在门外,而验证处反设在门内,致竞选人及助手亦混入所内,以代书人自居,强行拉票。如莲花桥投票所第一日即有选举沈慧莲、林瑞霭之代书人进入场内,引起争执。以上均就荦荦大者报陈如上,是否有当,敬祈鉴核。

〔行政院档案〕

10. 司法行政部关于林西县民检举汉奸钱叙斋当选国大代表致选举事务所函

(1948年4月2日)

司法行政部公函 京(37)公刑(一)字第一五九七号
中华民国卅七年四月二日发

据曹松斋律维新等呈称为汉奸钱功九化名钱叙斋当选国大代表,请取消当选资格等情。到部。相应抄同原呈函请查照核办。此致

国民大会代表选举总事务所

抄送曹松斋及律维新等原呈计两件

呈三十七年一月二十五日自承德武庙街四四号发

为代表县民检举汉奸走狗钱功九化名钱叙斋,平生劣迹及汉奸罪行请查明,取消当选国大代表资格,并依法严办。兹例举事实如下:

〈一〉钱功九贪污劣迹

〈1〉查钱功九即钱叙斋民国十五年在林西县财政所长任内,携公款拾玖万元潜逃,有当时县警察所长韩受天可资质证(即旅平代表)。

〈2〉林西童谣有"林西县三条狗,王大肚子钱功九,王典枕后头跟着走"云云,王大肚子业被国民军司令乐景涛(即前监察院委员)枪决,王典枕亦经民社党提名竞选。

〈二〉钱功九即钱叙斋汉奸事实

〈1〉民国二十九年任江苏省睢宁县政府承审员(属于汪逆伪

府)三十一年调升离职。

(2)民国三十二年任豫东特别行政长官,公署行政处长,至三十三年调充尉氏县长,直至日本投降始于卅五年逃回北平潜伏。

查豫东特别行政长官公署控制鄢陵、尉氏、扶沟、西华等四县由"皇协军新编第三十二军"军长郭受大兼任行政长官,且接受日本特务机关"兰花公馆"(驻许昌)首长日人新荣指挥。

以上各节均系事实,均可调查,似此汉奸走狗竟藉民社党员身份,无票当选本县国大代表,全县民众誓死反对,务请彻查究办,以维政府威信,而免丧失民心。谨呈
司法行政部谢
  热河林西县旅承德民众代表曹松斋 住承德武庙街四四号
  热河林西县旅北平民众代表韩受天 住北平东四东花厅十一号
  热河林西县旅锦州民众代表鞠广信 住承德武庙街明利店
  热河林西县旅多伦民众代表周昆 住承德武庙街明利店
  汉奸钱功九住北平新断口蒋养房廿四号

诉愿书

为土豪劣绅、贪官污吏、汉奸走狗钱叙斋钻营竞选、破坏选政,公起诉愿请依法严惩,以伸正义而收民心事。查热河省林西县人钱功九,字叙斋,年五十九岁,平生劣迹不可胜数。民国十年任本县劝学所长,因修建高等小学校舍,拖欠工款被控去职,十四年县长更换又极力钻营,得任本县财政所长,十五年因侵吞公款被县民谢子方等联名举发,查明属实,因与县知事张癸一交谊素笃,得以撤职永不录用了事。自此钱功九由贪官污吏一变而为土豪劣绅,挑架讼词,欺压良善,无所不为,县民恨之刺骨,虽其亲属亦然屡次控诉请求驱逐出境。钱某在林西不能立足,于民国廿四年出走平津、张坦等地图谋干禄糊口,各处人士知其素行恶劣,均不置理,嗣因其戚

张某承德人任伪江苏睢宁县长,钱功九前往营求,于廿九年得任命为睢宁县承审员,谋害忠贞、献媚敌寇、不遗余力,深得敌伪赏识。故于卅一年升钱功九为伪河南尉氏县长迨至卅四年敌寇投降,始潜回北平蛰伏,于卅六年入中国新社会事业建设协会,充热北分会委员,从事帮会活动,迨举办选举始改名钱叙斋,冒充同盟会员身份,请求热河省党部提名候选,因无证明文件未得许可,又返北平加入民社党,民社党竟不查其身家行径,遂予提名,迨至投票期前,因知林西人民拒不投票,竟捏造林西居住北平选民名册一百余人,雇人在北平热河选举投票所投票,查林西人在北平居住者仅卅余人,钱叙斋竟捏造百余名之多,其目无法纪可知,以上各端除林西县尚未收复,不能往查外,行文睢宁尉氏北平等处极易查明,似此贪官污吏、土豪劣绅、汉奸走狗之钱叙斋竟为林西县国大代表,全县公众已迭经具呈反对,近来钱叙斋扬言,政府已允民社党请求指定其为林西代表,决难更动等语,果为事实。民社党亦违忠贞谋国之旨,□不宜因钱某一人,致损党誉为此,公起诉愿,敬请主持正义,彻查钱叙斋罪行,依法严绳,以维纲纪而戒来,兹则大选幸甚、国家幸甚。谨呈

司法行政部长　谢

　　诉愿人旅热河承德之林西县民:律维新　盛王文　胡宝综　孙　哲　陈　阑　池松年　曹鸿宾　邢护尘　麻秀峰　宋文周　曹松斋　律碧莲　霍允增　张永明

中华民国卅六年十二月　日

〔司法行政部档案〕

11. 王运明等提出关于解决国大代表集体绝食丑剧丑态意见函

(1948年4月)

(1)王运明发言单(4月8日)

姓名　王运明　席次　第一六〇二号　四月八日

本席对绝食代表八人命在垂危,特提出权宜问题案,有 赞成/反对 意见。

意见要点:大会开会已十日,绝食代表刘彬等已逾十天,医生胡定安检查报告,各代表命在垂危,事态严重,举世瞩目。大会虽曾慰问,但无解决办法,依民权初步第一四八节,此乃一急要之事件,必须立刻解决。故本席代表一千三百廿二出席人,特提出此与大会有急切关系之权宜问题,应请主席依法接受。查绝食代表,乃大会会员,若绝食而死,非特大会之耻辱,亦为行宪史上之污点。人非草木,孰能无情,岂可坐视不理,听其饿死。故依民权初步第一四九节,此权宜问题,必须立刻解决,而不容稍缓。绝食代表乃因本届国民大会有一小部分合法选出得票最多之代表不得出席而绝食,是为本大会会员受不平之事而作不平之鸣。此问题已为出席代表一千三百二十二人所同情,以书面提出解决法,故依民权初步一四九节及一五〇节,应请主席立即接受此权宜问题而付诸讨论,以谋解决。且此问题,乃为与大会本身有关之政治问题,并非选举纠纷问题,亦非法律手续问题,大会有权讨论此问题,亦有权处理此问题,故请大会依一千三百余出席代表之建议,由大会决议所有得票多数依法当选之代表,准其一律出席,以期群策群力而利大局。此办法合情合理合法,应请主席提出大会通过,原则使合法代表立即出席,使绝食代表立即复食。大会幸甚,国家幸甚。如何之处,敬请主席依民权初步一五〇节答复本席。

(2)国民政府文官处函(4月　日)

国民政府文官处公函　发文2758号

中华民国三十七年四月　日

前准国民大会秘书处四月十日(卅七)国秘议字第九五号函,为国民大会王代表运明等一千三百二十二人紧急动议,本届国民大会得票多数当选之代表,应请大会迅予决议使其出席,以期群策群力而利大局案。经大会主席团第五次会议决议,主席团推于代表斌、胡代表适、莫代表德惠、王代表宠惠、王代表云五晋见国民政府蒋主席,请从速作合理合法之解决。检同原提案及签名簿函请查照转陈等由。经陈奉主席批:交选举有关人员会拟办法呈核,等因。除分函外,相应抄同原提案函达查照。此致

国民大会秘书处

　　计抄送原提案乙件

　　　　　　　　　　　　文官长　吴鼎昌

紧急动议

案由:本届国民大会得票多数当选之代表,应请大会迅予决议使其出席,以期群策群力,而利大局案。

说明:本届国民大会代表选举,因政治关系,致一部分得票多数当选之代表,未克出席,且有当选人颜洋滋、杨翘新、李化成、黄谟、张敷、刘彬、周游、连退庵等八代表,因此绝食,迄今已逾十日,命在垂危,事态严重。按国民大会为代表全国国民行使政权之最高机关,对此严重问题,亟应决议适当办法,使得票多数之当选代表,一律出席大会,以利当前大局,国家幸甚。

办法:由大会决议,凡得票多数依法当选之代表,一律出席大会,其当选证书,由国民大会代表选举总事务所发给。

　　　　　　　　　　提案人王运明等一千三百二十二人

(3)国大筹备委员会警卫处长张镇情报(4月16日)

国民大会筹备委员会警卫处情报　恒不字第五一号
中华民国卅七年四月十六日

签署与绝食代表动态

据报:签署代表联谊会于昨(十五)晚八时在钟南中学召开紧急会议,当决定三项办法如下:(一)代电国大代表资格审查委员会诉明选举应以得票多数当选,并要求撤消非法当选代表资格。(二)集合全体民选代表壹佰余人于明(十七)日上午前往大会,包围主席团,要求予以答复,如延至明日下午仍无答复时,则决定于后(十八)日全体民选代表冲进会场,出席大会。(三)各民选代表证件及对付受让出席代表之反抗文件,由联谊会汇集送大会代表资格审查委员会,并决定本日上午十时再开临时会议继续商讨各项进行办法。

又:绝食代表颜泽滋为绝食八人中之主动分子,昨日与众绝食同伴密商,拟具印刷传单,对陈部长立夫加以攻击,并称陈部长立夫完全系以欺骗手段,对付签署代表,我等绝对不能受其欺骗而甘心屈服云。

兼处长　张　镇

〔国民大会档案〕

12. 国大代表于荣岑等揭发副总统候选人贿选活动情况动议

(1948年4月8日)

临时动议:务请提出大会公决

国民大会代表发言单

姓名　于荣岑　席次　第　一五九七　号　四月八日
　　　魏毅生　　　　　　一五二四

本席对副总统竞选拟由大会秘书处通知竞选者讲述其戡乱建国主张,以便决择投票案。

查总统、副总统之选举为本大会重要任务之一,且为全国同胞最关怀之问题。总统人选,虽然蒋主席恳切谦辞,但民意所归,仍必一致票选其为第一届大总统。惟副总统人选,必须具备军事政治道德之素养,并能秉承总统意志,切实襄助总统戡乱建国,挽回国家目前危运,方克胜任。近来竞选副总统者,活动至为积极,或请各地代表吃饭,或亲访各代表于旅馆,或由其亲信奔跑拉票,用心至苦。在竞选者耗费财力人力甚巨,收效甚微。在代表先生,每日除开会之外,吃饭忙,坐车忙,周旋应付,不胜苦恼之至。盖各代表此次来京,受人民之重托,在实行宪政检讨国事,代表民意,为国选贤,并促使早日肃清共匪,俾国家能富强康乐,决不因一己之私,轻投此票,因此拟请以大会秘书处名义,函请各竞选者,定期来会讲述其戡乱建国计划及对国是深谋远虑之主张,以便各代表决择投票。是否可行,特提请大会公决。

〔国民大会档案〕

13. 中央提名国代当选人联谊会指责签署代表及决不退让资格致国大主席团呈

(1948年4月10日)

国民大会全体代表及大会主席团公鉴:窃查选举纠纷之日趋严重,迄今犹不能解决者,完全由于负责当局措施失当及前后法令矛盾之所致。即截至日前止,如认为国务会议决议仍有效,则青民两党提名国代出席大会,同人等亦应出席大会。如认为票多即应当选,则签署票多者,皆应出席,青民两党中票少,俱不应出席。如以蒋主席最后之命令,作为有效之法律,则同人等接受退让,签署者亦应接受退让;否则,若签署者不退让而出席,则同人等依退让办法协定,亦应同时出席。今屡次事实之造成,已呈法纪荡然,是非颠倒之现象,而签署者由绝食之出席要求,进而作过半国大代表签名之大会提议,同人等根据法纪命令,早经当选,即根据退让协定,亦应与签署者同时出席。但在昨日大会情势上颇有单独通过签署者出席之可能。今谨敬告大会及大会主席团,如接受签署者出席之提案,则亦必须同时接受同人等之出席请求,在大会讨论时,应予并案通过;如单独通过签署者出席,则同人等认为国民大会实违反宪法上平等之原则,必以流血誓死力争,更认为大会违法,将宣言中外人士,树帜申讨。同人等亦曾为此事,连日接洽各方,交换意见,金认为取会外协商方式,可以圆满解决,务使提名与签署者一律出席,不必求诸国民大会。现事态危急,迫于眉睫,谨具书说明原由,并公诸社会,敬希解释,大会幸甚,国家幸甚。

中央提名国代当选人联谊会
卅七年四月十日

〔国民大会档案〕

14. 签署国大代表遭拖骗集议占据大会主席台使其无法开会等四项办法情报

(1948年4月17日)

签署提名当选国大代表等曾于今(十六)日下午六时半假碑亭巷钟南中学召开全体代表紧急会议,计到代表八十余人,由马文车主席。报告谓签署代表之问题经数日之奋斗,尚未得到当局之合法解决,现在会期仅有数日,即将闭幕,而签署代表之问题,势无圆满之希望。所有之意见及种种要求,均遭中央以软拖手段搁置不顾,而吾等为了自救计,必定采取主动行动,争取护宪护法之目的。继由王运明、盛紫庄等纷纷发言,约一时许,由主席马文车就各代表之意见决定主动积极之办法如下:(一)凡签署已出席之一百八十余代表即于明十七日晨八时集中碑亭巷,集体向大会签到,以俾全体以冲锋方式占据大会主席台,使其无法开会,并即刻请主席团答复解决,限期二天,至十九日止给予圆满答复,且准许签署代表即日全体出席,原则在十九日之大总统选举时即予以制止。(二)为争取大会同仁之同情,特发出宣言一纸,反对党派合法,公开赶出民青两党于大会,使民青两党让步。(三)从明日晨七时起,轮流派同仁以十人为一组分别占领陈立夫、张厉生、吴铁城公馆,使其无法食宿及安身。(四)竭力打击大会主席团,使大会每天之会程不能顺利进行,并乘机利用主席团之弱点,鼓动罢免大会主席等项。

〔国民大会档案〕

15. 国民大会秘书处关于戴天球等人质询违法修改宪法与谷正纲往来函

(1948年4月)

(1)国民大会秘书处函(4月20日)

国民大会　中华民国卅七年四月廿日

敬启者:奉主席团交下戴代表天球等十二人函,关于修改宪法各案,业经依据第一审查委员会审查,结果仓卒移付大会三读通过,认为其中有违法之点请解答一案,经奉主席团第二十四次会议决议,请谷代表正纲向戴代表等解释,等因。谨特检同原件函请察照办理为荷。此致

谷代表正纲

　　　　计检送原函一件

　　　　　　　　　　　　　国民大会秘书处谨启

敬启者:查关于修改宪法各案,业经依据第一审查委员会就其审查,结果对于莫代表德惠等原提案修正为加列一项,仓卒移付大会三读通过。天球等认为,该案虽经通过,但其中有极大违法之点,不能不提请赐予解答。

(一)查第一届国民大会第一次会议议事规则第二十条规定,提案经审查完竣后,连同审查报告书送由主席团交秘书长,于开会前一日印送各代表。其所以如此规定者,盖以审查报告必须先一日

印送各代表，使其有充分时间得研讨考虑该报告书之是否允当，有否遗漏，俾便依法提具修正案，提请大会讨论。乃第一审查委员会审查报告书，秘书处并未依照规定于开会前一日印送各代表，仅于本日（十八日）上午九时代表出席签到时印附议程内，分发各代表，实属非法。查案虽三读通过，但既系为违背议事规则，所进行之法案根本动摇，显难认为成立，究应如何补救之处，此应请解答者一也。

（二）查提案宪字第二号林代表彬八百三十七人提议，第一届国民大会应于民国三十八年十二月以前集会，经代表签署同意达五分之二以上，移请总统召集之。第一审查委员会审查报告就莫代表德惠等原提案加列一项，已完全轶出原提案应行审查范围之外，系为一修正案，此案不能认为莫代表德惠等提案之修正案，应认为系林代表彬等提案之修正案。依第一届国民大会第一次会议议事规则第二十一条规定，应附具理由，并须有代表与提案同等人数之连署，送由主席团交秘书长于三读前六小时，至少三小时印送各代表，此项修正案并未履践上开法定手续。当大会讨论此案时，曾有代表提议应修改三十九年为三十八年，秘书长即朗诵上开条文，谓其未具备法定手续，不予置理。故不论该代表所提系为林代表彬之原提案，并非修正案，依法不能置诸不理。但秘书长既依上开条文，谓该代表所提修正案为不合法，顾何以忽略第一审查委员会所提出之修正案未具备法定要件，竟移付二读及三读通过。退一步言，纵使认为系对于莫代表德惠等原提案加列一项，亦系为原提案之修正案，更应具备上开规定之各要件，在于斌主席以闪电突击方式控制会场，省略三读，草率通过，而未讲及修正案提出之应具备要件，违法通过，亦复根本动摇，自难成立，究应如何补救之处，应请解答者二也。

上列二点，天球等认为，修改宪法，关系国本，奚能草率从事，若修改宪法根本违法，不独贻笑中外，实足以动摇国本，影响安危。

天球等心所谓危,难安缄默,用特连署函请,即予解答,是否提会复议,设法救补,以符规定之处,静候裁夺,不胜迫切待命之至。此致
第一届国民代表大会第一次会议主席团

戴天球等十二人

(2)谷正纲函(4月21日)
本案已与原提案人洽商,允予撤回。此致
大会秘书处

谷正纲启　四、廿一
〔国民大会档案〕

16. 国民大会为国大代表因设置特种委员会问题而打闹会场情形报告
(1948年4月22日)

报告关于国民大会事项(四月廿二日)

本日上午由李代表宗黄主席,下午由胡代表靖安主席,继续讨论各组审查报告,均按照审查意见顺利通过。唯下午六时许讨论最末一件审查意见时(第一审查委员会关于设置特种委员会二十提案之审查意见),因会场代表均已纷纷离席,不足法定人数,于广泛发言后,大会主席征询是否延长时间,或散会,不少代表主张散会,于是大会主席宣布散会,忽有江西等省代表坚决反对,纷纷奔向主席台质问,并有高喊打主席者,情势甚紧张,秩序大乱。不幸在纷扰中,代表又与新闻记者发生纠纷,于是问题趋于复杂,几酿成流血案。嗣经大会职员将胡代表靖安由侧门护送出场,幸免于祸,而代表与记者纠纷亦经多人排解平静,事后各当事人均各拟启事,明日登报声明误会,惟关于审查意见并未解决。

谨按关于设置特种委员会提案二十件,参加提议者共达一千五百余人,其中大部代表仅赞成设置机构,但反对涉及待遇问题,

唯其中有二项误会：

1.误解主席团在大会闭幕后,有代替驻会委员会之趋势,故对上项提案尽力延搁,不付大会讨论(并有罢免主席团之呼声)。

2.怀疑中央对于此案未能重视,选举总统已毕,欲草草闭幕,将置若干失业代表生活于不顾。

因上项原因,致造成本日之纷扰,一部分代表于离开会场时声称,此案不解决,明日不选副总统。今晚八时,主席团将召集会议讨论此事。

今午中央党团干事会对于会后设置特种委员会问题,亦曾详加讨论,并曾由洪秘书长宣达钧座指示:1.关怀同志今后工作生活之盛意。2.不必在国民大会范围内设置机构。惟各同志均认为设置特种委员会在事实上有种种必要,惟不应涉及待遇问题(本日中午参加干事会之代表同志人数甚少,故钧座指示未能迅速转达)。

在午后开会前,职曾向刘代表家树、徐代表慧中等(均系同志),二次解说,请其服从。钧座指示,(刘、徐二同志系主张设置机构较力者)彼等请求钧座能抽暇作一次训话,以宣示安置失业代表同志之办法(查本日纠纷,民、青两党同志参加主张者,亦不乏其人),以安失业同志之心。

附呈本日议程乙份〔略〕

〔国民大会档案〕

17.张发奎等关于广东代表捣毁救国日报纠纷函件
(1948年4月)

(1)张发奎等报告(4月23日)

报告　卅七年四月廿三日

查救国日报言论荒谬,造谣挑拨,甚至公然侮辱元首。本月廿三日又登载一个广东代表来函声明,捏造事实,妨害我广东全体代表名誉及广东三千五百万人民。同人等当向该报提出质问并请交出原函,乃该报社长龚德柏匿不见面,嗾使该报职员恶言相向,继则动武,将我代表唐耕诚等击伤,似此造谣生事,公然侮辱代表,除依法诉请办理外,谨将经过情形报请查照。此上
主席团

附原报告一份(原缺)。

张发奎　薛　岳　等五十人

(2)罗辉呈(4月23日)

签呈　三十七年四月二十三日　第拾捌号

事由:为代表捣毁救国日报社由

一、本队随车宪兵上等兵许文书、高佩耀四月二十三日十二时半报告称:本日上午十一时四十五分由交通组调配科临时调用首都194、200号二辆汽车,装有代表六十余人,分坐此二车至太平路。当时兵等不知调至何处何事,仅听代表云赴太平路,于十一时五十五分左右即抵救国日报社门口,讵代表六十余人即行下车,断绝交通,进入救国日报社,即行捣毁该社。兵等无法进入调查,仅见一工人头部被殴流血,及门窗、办公桌、玻璃等物被毁,约一刻钟左右。代表令司机开往中正路,全部乘车至救国日报社印刷所,并挟有该报社工友一人,以资带路,抵该报印刷所,后又行捣毁各种印刷器具及纸张、油墨等物,未见伤人,历时约十分钟,即驶回国民大会堂。

二、当代表捣毁救国日报社时,兵等无法进入调查及阻止,除当时即行电话报告警卫组外,致该报社究竟被毁如何及殴伤之人员,则数目不详。且当时因交通被阻,来有警察数十人,亦无法阻止其捣毁,且彼等制止警察接近,捣毁后始入〔准〕警察进入。当时警察拟抓司机,代表等阻止之,未果。而当时代表等正进行捣毁时,司机拟开车返大会堂,讵被一守车代表吓住,不准开走。

三、查调配科对车辆之调遣,其事情如何,兵等不得知晓。此次

代表之举动,实未知其情,而代表们乘车时先行将代表证插入口袋,以致难以认清其姓名,故仅认得三代表之姓名,计为曾三省、李德轩、虑忠亮,彼等口音俱以广东口音。

四、以上情形,理合报核谨呈

大队长李转呈

组长魏转呈

处长张转呈

秘书长洪

宪兵警卫大队第四中队中队长　罗辉

(3)龚德柏电(4月24日)

国民大会全体代表公鉴:本月二十三日上午十一时五十五分,忽有国民大会交通车(三〇九四及三〇六七号)二辆,载国民大会广东代表百余人到社门首下车,一部在门前守候,一部涌入社内,捣毁电话,剪断电线,逢人便打,遇物便毁,并将本社营业部及二三两楼所有家具、门窗、文具、桌椅、图书资料等捣毁一空,并殴伤本社职员胡云龙等八人。是时警察赶到,在门首者口称我们是国民大会广东代表,住华侨招待所,你们不必管。至十二时廿分始啸聚至本社曾公祠印刷所,捣毁大门,推翻字架,轧坏机器,割断机器上之皮带,并将本社职员李原白架上汽车,至曾公祠始释回。值此行宪开始之时,国大代表中竟有如此暴行,实属有辱大会尊严。除由本社依法起诉外,特电恳大会主持正义,严予谴责,以维宪法精神,而允公道。救国日报社社长龚德柏叩。漾。

(4)龚德柏函(4月24日)

国民大会主席团公鉴:二十三日上午十一时四十五分,太平路营业部及曾公祠印刷部相继被粤籍国代百余人以暴力捣毁,员工被殴,受伤者计八人,机器生财损失,据初步估计约在国币百亿元左右。该代表等乘国大红色专车公然莅止,事后且饰词招待记者,图诿卸刑事责任。暴行时虽有少数警员到场,但因误解不能拘捕国大代表之法律条文,故未加逮捕。在国大开会期间,代表竟可公然作此违法乱纪之事,将置国家法律及大会尊严于何地。本报受此损害,除向国内外呼吁要求各方正义之支援外,不得不向国民大会提出紧急控诉,请大会查出行凶肇事之现行犯名单,移送司法机关究办,一面对本报所受损害负完全赔偿责任。迫切陈词,敬祈垂察。救国日报社社长龚德柏敬叩。

〔国民大会档案〕

(三)蒙藏出席国大概况

1. 沈宗濂等关于英人霍金森干扰恫吓噶厦派员出席国民大会等情电
(1945年10月—1946年3月)

(1)沈宗濂电(1945年10月12日)

即刻到。5536。渝。安密。委员长罗钧鉴:申马存电敬悉。国大代表事,前经遵函噶厦,请于九月五日前选派大员出席。经向藏政府要员多方接洽,情形本甚接近,不意霍金森到后,亦请藏方前往德里。因此,藏方开会多次迄未决定。噶厦昨忽函询国民大会是否延期?当即答复,并无此事。除续努力外,仅先电陈。职沈宗濂叩。酉文。印。

(2)沈宗濂代电(11月15日)

5536。渝。家密。委员长罗钧鉴:锡金行政长官霍金森对于藏方派遣国大代表,曾经多方阻挠。现知代表派定,又坚约该代表等前往新得里游览。藏方因以道出印度,难以固拒,允为一行。闻霍氏将亲自伴行,并派专机在西里古铃迎接。职除与该代表等密事联络,切嘱沿途慎重外,仅电陈报。职沈宗濂叩。戌咸。印。

(3)军令部电(1946年2月18日)

二羽令字第三六四号

蒙藏委员会公鉴:据报,英驻锡金行政长官贺根森于上月三十一日离拉萨。闻拟兼程南下,希与古桑子等会合罔托克伴送新德里。贺氏曾电其属员加意招待先到僧官图丹桑批,暗中监视行动,力阻他往。度贺氏言行,似于诱邀西藏代表赴英伦之企图。查英人对西藏派遣代表出席国民大会，深惧中藏政治关系一旦改善，与彼不利，故设法阻挠破坏。似应转请饬沈处长从速陪同该代表等早日赴京。等语。据此，有无必要，相应电请查照核办，并见复为荷。军令部。丑巧。印。

中华民国三十五年二月十八日

(4)沈祖征电(抄件)(3月23日)

来电第03507号　地点　加尔各答　部外单位　蒙藏委员会　第88号二十三日

重庆。外交部385号电计邀钧察。西藏首席代表琼登敦达扎萨一行，21日由加雅抵加尔各答，寓大东旅馆。该代表以天热蚊咬患皮肤病。霍布金森促入陆军医院或赴岗多，并以警察将拘捕此种有传染病者为恫吓，意在使入医院或至岗多后，便于阻止来华。该代表等洞悉其奸，不予允许。彼老羞成怒，表示不再负招待责任，令于半小时内迁出大东旅馆。现各代表及仆从，由本馆协助沈处长在中国旅行社招待所布置住所。谨电呈。职沈祖征。叩。

〔蒙藏委员会档案〕

2. 国民政府文官处政务局为询西藏选派国大代表案处理情形与蒙藏委员会往来函电

(1945年10—11月)

(1)国民政府文官处政务局笺函(10月31日)

府文字第0467号

径启者：顷奉交下驻藏办事处沈处长宗濂酉宥电二件，略以西藏已选派国民大会代表十人，请示可否敦促即行起程并陪同来渝等情。查原电内未详列全体代表名单，贵会是否另据电陈，相应抄同原电，函请查示。又此次西藏所派代表，除因原派代表亡故及其他法定应补选者外，倘其中有与三十年春噶厦所派代表人选有所出入,是否因西藏情形特殊,认为新派者均具合法资格,原派者可作为无效?暨贵会对此案之处理意见如何?并请速予酌核见示,以便提前汇呈为荷。此致
蒙藏委员会
　　附抄沈处长酉宥、酉勘电二件
　　　　　　　　　　　　国民政府文官处政务局(印)启
中华民国三十四年十月卅一日

　　抄件
　　(一)
　　即刻到。渝。委员长侍从室陈主任布公钧鉴:西藏派遣国大代表事,宥电谅邀垂及。现僧、俗首席代表达尔康、古桑子向职表示,彼等所负使命重大,陈述事项多端,初次赴渝,人地生疏,语言不通,对上对下均难发生联系,请职伴同赴渝,会毕同返拉萨,俾能顺利完成使命。连日该代表等及其他要员又相继纷来,请以中藏关系为重,再三敦促。窃思该代表等虽不免顾虑过多,惟据密讯,英人坚邀该代表等经印途中赴新德里一行,恐不免乘机离间挑拨,似有同行监护之必要。应否由职伴同来渝,以期万全?至此间事务,藏代表出发后,自较清简,拟暂派主任秘书陈锡璋短期维持。敬祈察核转陈委座训示祗遵。职沈宗濂叩。酉勘。印。
　　(二)
　　即刻到。渝。军委会侍从室转委员长钧鉴:关于西藏派请代表出席国民大会事几经周折,现藏政府决遵派代表十人出席,并向钧座庆贺胜利,除原有驻渝二员外,余八人由萨起程。僧官中以达尔康为首,俗官中以古桑子为首。达氏任财政局长兼电报局长,新升扎萨,与摄政关系甚深;古氏为西藏大政家,现任扎萨,系索康噶伦之胞叔,曾赴西宁迎达赖。该两员均系三品,与噶伦同级。噶厦连日开会,讨论代表向中央磋商各项,考虑英人阻挠,内容极密。开会

日期、地点未知有无更改？边地早雪行将封山，应否敦促即日起程，乞电示袛遵。职沈宗濂。酉宥。印。

(2)蒙藏委员会电(11月1日)

代电　渝秘字第1231号

国民政府政务局勋鉴：三十四年十月卅一日府文字第四六七号大函奉悉。查国民大会西藏地方代表十名，曾经噶厦于民国三十年推派在案。等因。大会一再展期，原派代表十名中现在内地者仅二、三名。本年夏间，本会复电沈处长转商藏当局，如能改派地位较高而能实际前来参加大会者，则较为妥善，现尚未据详细报告。兹就贵局附抄其酉勘、酉宥两电观测，此事进行颇为顺利，将来新派代表确定后，本会拟即转请国大代表选举总所认为合格代表，并将三十年原派者作为无效，此在西藏之特殊情形下，地方上不致发生问题，且新代表到达后，我可就便与之商讨有关西藏之一般问题，国民大会如能短期举行，拟请电复沈处长敦促该代表等启行，一面饬其先将新派代表姓名详报，以便早期办理手续。相应电复即希查照转陈为荷。蒙藏委员会。戌东。印。

〔蒙藏委员会档案〕

3. 军令部关于西藏派代表来渝参加国大等情与蒙藏委员会往来电

(1945年11月)

(1)军令部代电(11月6日)

国民政府军事委员会军令部代电

令二羽字第一五二六号

蒙藏委员会公鉴：据报西藏选派国大代表原定派噶伦一人来渝，复拟每机关各派一人参加，嗣与最近来藏之英驻锡金行政长官贺根森交换意见，贺答：以中国政治业已进步，抗战胜利复积极建设,如西藏派员参加国民大会是无异承认西藏为中国之一部分,则西藏现行政治体制自不容存在,现任官吏及贵族亦在淘汰之列。云云。顷藏方已改为派"扎萨"或"台吉"一人及随员三、四人来渝参加,约十二月可以成行,惟其使命则表面参加国民大会,实际仅代表西藏向中国庆贺胜利而已,又必要时并赴英伦作同样之庆贺。等情。除转中央组织部、外交部外,特电参考。是否应责令其改派负责代表,并针对贺根森意见加以解释。祈查核为荷。军令部二羽。戌(鱼)。印。

中华民国三十四年十一月六日

(2)蒙藏委员会代电(11月22日)

代电

军令部公鉴:准贵部本年十一月六日令二羽字第一五二六号代电,以据报西藏派代表来渝参加国民大会。等情。特电参考。等由。除存备参考外,相应函复查照。又查近据本会驻藏办事处沈处长电陈,西藏当局已派定僧官达尔康(原任西藏财政局兼电报局长)及俗官古桑子(现任噶伦索康之弟)等为出席国民大会代表,并以附闻。蒙藏委员会。戌养。存。印。

〔蒙藏委员会档案〕

4. 蒋介石为西藏国大代表请求保留前西姆拉会议条件中西藏应有主权等情与罗良鉴往来电
(1945年11月)

(1)蒋介石电(11月8日)

府军义字第482号

蒙藏委员会罗委员长勋鉴:据报藏方国大代表人选已交外交局长素康办理。现经素康提呈名单,计:素康本人,现任藏政府传令官察绒色,达赖卫兵营长詹东色,及现世佛父女婿黄存祯等四人。

又据素康表示，如蒙核准，则其任务为接受中央政府所发表高度自治，并请求保留前西姆拉会议条件中西藏应有之主权。等情。即希研究报核。中正。(卅四)戌阳。(一)府军义。印。
中华民国卅四年十一月八日发

(2)罗良鉴电(11月12日)

代电　机密　渝秘字第1250号　卅四年十一月十二日
国民政府主席蒋钧鉴：案奉府军(义)字第四八二号戌阳代电，为据报藏方将派索康等为国大代表，其任务为接受中央政府所发表高度自治，并请求保留前西姆拉会议条件中西藏应有之主权。等情。饬即研议报核。等因。查西藏问题之所以不易解决，完全由于英人从中阻挠，而近年来英方之干涉藏事，又以我不承认之西姆拉条约为张本。本会于钧座宣布允许西藏高度自治后，曾与内政部商讨，拟有西藏地方高度自治方案草案，刻正呈由行政院转呈核中。将来藏方接受高度自治时，拟即依此项方案为兰本，与藏代表从长商讨。至西姆拉会议条约中所定西藏应有之权益，如在将来高度自治情况下，有必须归诸地方范围者，自可斟酌情形，列入高度自治方案内，但不能涉及西姆拉条约字样，否则高度自治案内，如承认西姆拉条约之任何部分，即无异承认整个西姆拉条约，如承认该约内西藏应有之权益，亦即无异承认英方之对藏应有权益，又贻今后英人干涉藏事之藉口，于我实属不利。除俟藏代表到达后，会同关系部、会，与之审慎商洽，随时呈请核示外，理合附缮本会所拟之西藏地方高度自治方案草案，及西姆拉会议草约各一份，备文呈复，仰祈鉴察为祷。蒙藏委员会委员长罗○○叩。戌文。印。

附呈西藏地方高度自治方案草案〔原缺〕
　　西姆拉会议草约〔原缺〕

〔蒙藏委员会档案〕

5. 蒋介石转抄藏王召集会议不准三大
寺堪布参加国大并希研议事致罗良鉴电
(1945年11月16日)

国民政府代电　府军义字第六三四号

蒙藏委员会罗委员长勋鉴:(卅四)戌覃一府军义字五八八号代电计达。兹续抄发藏王召集会议,及不准三大寺堪布参加国民大会情形报告一件,希并案研议。中正。卅四戌(潜)府军义。

附抄件一件

情　报　十一月十六日

(一)本十一月三日,藏王召集僧、俗官员会议。决议事项:(1)赴渝国大代表,应向中央报告全藏人民希望协助之意。(2)对于英人仍保持英、藏和好之关系。此次会议时并未召集三大寺堪布参加。

(二)藏王因恐三大寺堪布参加国民大会于彼不利,曾于上月二十三日召集三大寺堪布,提出决定,不准三大寺堪布赴渝。现一般僧民均言,如不及早设法扶助热振出任藏王,则西藏土地与宗教将有不保之虞。

〔蒙藏委员会档案〕

6. 国民代表大会西藏代表
出任各审查委员会召集人名单
(1945年11月)

主席团报告:宪法草案各审查委员会之召集人,依审查委员会组织通则第六条之规定,应各设召集五人至九人,由主席团就委员中指定之。兹经主席团就各审查委员会委员中分别指定(名单附后)。

中华民国宪法草案审查委员会召集人名单:〔仅列西藏代表名单〕

第一审查委员会名单（审查关于前言、总纲、人民之权利义务及选举）：土丹参烈、土丹策丹、计晋美、拉敏益西楚臣。

第二审查委员会名单（审查关于国民大会及宪法之施行修正及解释）：益西达结、拉敏益西楚臣、蔡仁团珠。

第三审查委员会名单（审查关于总统行政及立法）：滇增坚赞。

第六审查委员会名单（审查关于省县制度）：绛巴阿汪、多吉欧珠、图登生格。

第七审查委员会名单（审查关于基本国策）：土丹桑布、策汪顿珠、蔡仁团珠、宋之枢。

第八审查委员会名单（审查关于蒙藏地方制度）：土丹桑布、策汪顿珠、土丹参烈、土丹策丹、图登生格、绛巴阿汪、益西达结、多吉欧珠、计晋美、滇增坚赞。

〔蒙藏委员会档案〕

7. 军令部关于西藏派员出席国民大会人选等与蒙藏委员会往来电

（1945年12月）

（1）军令部电（12月23日）

快邮代电　令二羽字第一六五九号

蒙藏委员会公鉴：查关于西藏派员出席国民大会一案，顷准外交部哿代电称：关于西藏派代表来渝参加国民大会事，本部认为，似可请由贵部转商蒙藏委员会，密饬该会驻藏办事处多加注意，并相机劝令噶厦对于国大代表人选，仍照原定计划办理，以高级要员充任。特电复请查照核办为荷。等由。查藏方当局为英驻锡金行政长官贺金森蜚语所动，变更预定计划，颇为遗憾。兹准前由，相应电达，即请查照核办为荷。军令部二羽。戌梗。印。

（2）蒙藏委员会复电（12月27日）

军令部公鉴:准贵部令二羽字第一六五九号代电,为电达对西藏出席国民大会代表人选之意见,请查照核办,等由。查西藏出席国民大会代表,业经藏政府选派札萨巧敦登达(僧官即达尔康)、扎萨凯墨巴(即古桑子)、堪穹土丹桑波、任喜凯墨色、代理布达拉宫汉文翻译意希、仔仲图登簿敦、来赞巴蒋方汉、罗扎哇吉村秀美八名,连同在渝之土丹参烈、图登生格共十名充任。将由本会沈处长陪同来渝,现正准备中。特达。蒙藏委员会。亥感。印。

〔蒙藏委员会档案〕

8. 西藏驻京办事处抄报西藏出席国大代表名单事致蒙藏选举事务所公函

(1945年12月29日)

西藏驻京办事处公函　京乙字第101号

案查本处前为国民大会西藏代表人选一事,须俟奉噶厦指定后再行转达,曾于十一月十七日以京字第87号函请查照在案。

兹经电奉噶厦复电,派定古嘉扎萨等十人为国民大会西藏代表。相应抄附名单,送请查照办理为荷。此致
国民大会蒙藏代表选举事务所

　　附名单一份

　　　　　　　　　　　　　　处长　土丹参烈
中华民国三十四年十二月二十九日

照抄西藏噶厦派定国民大会西藏代表十人名单

官　衔	族　名	名　字		官　衔	族　名	名　字	
扎　萨	凯　墨	索朗汪堆		尊　专		土丹策丹	
古嘉扎萨	咱伯林	图丹桑批		洛咱来参		图登生格	
堪　穹		土丹桑布		洛来改参		坚赞纪明	
四品官	凯墨赛	策汪顿珠		洛咱来参		益西达结	改绛巴阿汪
尊　专		土丹参烈		仲科尔来参	绛偶巴	多吉欧珠	

〔蒙藏委员会档案〕

9. 国民政府文官处政务局等
报告国大西藏代表起程和抵京日期函电
（1946年1—4月）

(1)国民政府文官处政务局函(1月9日)

径启者：奉主席交下拉萨沈处长宗濂亥世电一件，内称：西藏国大代表，定于一月十七日起程。职因准备照料，拟于一月二日离藏，月底抵印。昨与噶伦全体，及总堪布作五时密谈，各问题均有相当了解。彼等对委座之敬仰及对中央之热忱，表示极为诚恳。等语。并奉谕抄知蒙藏委员会及国大筹备处。相应转达，即请查照为荷。此致

蒙藏委员会罗委员长

国民政府文官处政务局〔印〕

中华民国三十五年元月九日

(2)札萨等电(4月12日)

5536渝。罗委员长钧鉴：根密。札萨等僧俗代表歌日抵京，瞻仰在迩。谨先电闻。西藏僧俗札萨叩。文。印。

〔蒙藏委员会档案〕

10. 陈质平关于西藏派遣国大代表各情形电
（1946年1月24日）

第322号　廿四日

重庆。外交部：欧34字2873号代电敬悉。（一）据探悉：藏方派遣之国民大会代表将于二月中旬由藏启程，现正置办赠送中央之礼品。僧官首席代表琼登敦达札萨，俗官首席代表凯墨巴，又名古桑梓札，均系藏官中对中央表好感者。（二）藏方国民大会代表共八人，眷属一人，书记、译员三人，仆从十六人。驻藏办事处已电请

本馆代定三月底、四月初由印赴沪邮船船位。经向各方查询,是时尚无邮船可乘,而美军运输船行期不定,船位每船不过十个左右,且不尽予中国。此外,实无办法。经复电,主张各代表及随员携带随身行李,乘中航机或包专机飞渝转京,大件行李由船运沪,因船运行李物件并无限制。(三)英驻锡金行政官霍金森再度告西藏国民大会代表,将举行大庆祝胜利,有各土王百余人参加。查新德里定于三月四日至九日举行胜利庆祝周,有阅兵、游行各种仪式,并于四日、六日特约戏剧在广场举行特别表演节目。预计有大批土王参加,霍氏坚约该代表等前往新德里游览,当即以此为邀请理由。(四)该代表等经加时,当遵电密事联络,妥予照料。(五)英驻锡金行政官古德于上年退休,以霍金森继任。霍系江孜之英驻军军官,为人粗鲁率直,对藏人时以大国代表自居,再英方对藏有所希求,径向藏方表示,不知使用手腕,远不如古德之圆滑以及善于运用。藏人深知其出身,且不满其行为,对之印象已坏,其送藏中显要之礼品,虽被收受,但收后即被痛骂。(六)藏方对于其人近来有切身之觉悟与轻视,闻最近拉萨举行之西藏全体政治会议席上,现任外交局长索康扎萨曾极力主张外交应归中央政府,外交局应即撤消,如不从其主张,彼即辞职。同时,素为亲英份子之前藏军司令、现任机械事业之总管搽绒亦竭力赞助。查索康之子汪庆,为现任噶伦,在藏政府四噶伦中资格仅次于彭康噶伦,虽年轻,但干练敢为。索康次子,现任拉萨驻军三品代本;其次婿于多,现统率藏政府在西康方面之军队;其长婿,则任于多之参谋长。此次藏方派遣参加国民大会之首席代表古桑,确系索康之胞弟而入赘于古桑梓家者,故索康一门目下在西藏势力极为雄厚。谨电呈。职陈质平叩。

〔蒙藏委员会档案〕

11. 蒋介石关于西藏摄政达扎召集
会议议决提案事致蒙藏委员会电

(1946年1月29日)

府军(义)字第1872号

　　蒙藏会罗委员长勋鉴：据报西藏摄政达扎召集葛雪巴等要员，决定出席国民大会之代表月内首途，其议决提案如下：(一)以保持现有特殊地位为原则，不可任意发言，引起中央对藏用武力之决心。(二)如中央仍采怀柔政策，则要求独立，最低限度要求完全自治。(三)如获准独立，则中藏地界之划分须依据西姆拉会议之条款。等情。希注意。中正。(卅五)子谦府军义(印)。

中华民国卅五年元月廿九日　　发

〔蒙藏委员会档案〕

12. 西藏驻京办事处为西藏国
大代表及赍赠中央礼品至渝请沿途保护电

(1946年2月18日)

西藏驻京办事处代电　京丙字第008号

　　蒙藏委员会委员长罗钧鉴：西藏派来国民大会代表十人，并负有庆祝胜利使命。所有赍赠中央礼品，均已由藏起运，取道西康来渝。约于三月一日左右，可抵德格。届时应需乌拉等项，及沿途保护一切，拟请钧会迅予电达西康刘主席迅饬办理。无任叩祷。西藏代表土丹参烈图登生格叩。丑巧。印。

中华民国三十五年二月十八日

〔蒙藏委员会档案〕

13. 沈宗濂为国大西藏代表望在大会期间晋谒蒋介石致罗良鉴电及蒋介石批示

(1946年4月8—16日)

(1)沈宗濂等电(4月8日)

D5536渝。罗委员长钧鉴：深密。藏代表交来呈主席电稿一纸，文曰：重庆。蒋主席钧鉴：代表等奉达赖及摄政之命，托主席福庇，于藏历4日同沈处长乘中国飞机平安到南京。此次代表等除庆祝胜利外，并有关于藏地之苦情上达钧座，望能于国民大会会期面陈。应否来渝晋谒，或在京恭候，敬乞赐示祗遵。西藏代表扎萨图登桑丕、扎萨凯墨巴等叩。虞。印。等语。职等详加考虑，此电似应会转呈，仅将原文照录奉达，请予抄转。并乞示复。职沈宗濂、熊耀文叩。庚。印。

(2)罗良鉴电(4月13日)

国民政府主席蒋钧鉴：顷由本会沈处长宗濂、熊处长耀文自南京转来西藏出席国民大会代表扎萨图登桑丕、扎萨凯墨巴等呈钧座电文一件。文曰："……〔内容同前〕"理合转呈，仰祈鉴核示遵。蒙藏委员会委员长罗良鉴。元存。印。

(3)蒋介石批示(4月16日)

奉主席批示"复。表示欢迎之意。在京相晤可也。"国民政府主席侍从武官室启。

四月十六日

〔蒙藏委员会档案〕

14. 索朗旺堆宋美龄等关于国大西藏总代表凯墨夫人在京逝世等情电
(1946年7月)

(1)罗良鉴致国民政府政务局电稿(7月17日)

国民政府政务局勋鉴:西藏出席国大总代表凯墨巴夫人铣日患病,经延请京中名医诊治无效,不幸于篠午12时50分病逝。相应电达,即希转呈主席为荷。蒙藏委员会委员长罗○○。午篠。印。

(2)沈宗濂致驻藏办事处电(7月17日)

特急。拉萨。中央办事处陈主任玉如:密。凯墨总代表夫人铣晚染病。延全京名医及马歇尔特使暨蒋主席医官等诊治无效,不幸于篠午12时50分逝世。希告索康扎萨派拉代本葛须巴、赤绛佛燃灯诵经。暂勿告伊太夫人,免悲伤。宗濂。午篠。

(3)宋美龄电唁凯墨巴夫人(7月23日)

南京。蒙藏委员会罗委员长转西藏凯满巴总代表台鉴:阅报惊悉尊夫人在京逝世,从万里以驰驱,为宗邦而努力,贤媛足式,赍志先终。远道闻耗,悼念,实念。特电致唁,惟冀珍重。蒋宋美龄。午梗。印。

(4)凯满巴索朗汪堆致蒋介石谢电(7月)

蒙藏委员会请转呈国民政府主席蒋钧鉴:窃扎萨猥以内子之丧,仰蒙赐电慰问,并承蒙藏委员会代办葬殓,眷注隆渥,感戴英明,仅电陈谢,伏乞矜鉴。西藏总代表扎萨凯满巴索朗汪堆仅叩。午。

(5)凯满巴索朗汪堆致宋美龄谢电(7月)

蒙藏委员会请转呈蒋主席夫人赐鉴：午梗代电奉悉。代表德谅运蹇,遽遭内子之伤,悲戚之余,未敢上闻,乃蒙于报中注及赐电慰问,古道雯情,存殁俱感。回忆内子相随来京,谒聆懿训,并荷优遇,实为其毕生荣幸。何意福缘浅薄,永别坤仪,九泉有知,当亦怅悦。肃电陈谢,尚祈矜鉴。西藏总代表扎萨凯满巴索朗汪堆叩。午。

〔蒙藏委员会档案〕

15. 图丹桑批等为国大西藏代表应由噶厦选派与蒙藏选举事务所往来函电

(1946年11月9—13日)

(1)图丹桑批等函(11月9日)

顷阅中央日报登载贵事务所三十五年十一月二日,京选字第一八五六号公告,节开:选举法第二十九条第二款缺额以计晋美、拉敏益西楚臣、察仁顿柱、宋之枢、何巴敦、滇增坚赞遴补。等由。查国大西藏代表应由西藏政府选派,既有札萨等十人来京参加,兹又忽加选计晋美等六人充补,并非由西藏政府所派,未便承认。相应函请贵所查照转请收回成命,以杜纠纷。至深公感。此致
国民大会蒙藏代表选举事务所

西藏总代表札萨喇嘛图丹桑批〔印〕
三十五年十一月九日　　　　　　　　　札萨凯满巴〔印〕

(2)蒙藏选举事务所电(11月13日)

国民大会蒙藏代表选举事务所代电　京选字第2024号

西藏总代表札萨喇嘛图丹桑批、札萨凯满巴勋鉴:三十五年十一月九日大函诵悉。查民国二十六年四月三十日,立法院修正之国民大会代表选举法第二十九条第一项规定:西藏代表由在西藏地方有选举权人选出者十名,曾经委托噶厦为选举监督。当选代表即执事等十人。又,第二十九条第二项规定:由其他省区内有选举权

之藏族人民选出者六名,曾委蒙藏委员会副委员长赵丕廉为选举监督。当选代表为计晋美等六人。前者系代表西藏地方,后者系由省区选出,并非西藏地方代表。名称、意义迥不相同。来函所请一节,于法无据,歉难照办。特复。即希查照。总监督罗○○。戌元。印。

〔蒙藏委员会档案〕

16. 国防部第二厅报告西藏国大代表土丹桑批宴请西康后藏代表情形电

(1946年12月13日)

蒙藏委员会公鉴:据报西藏国大代表土丹桑批为求融洽边省各代表感情,特在新街口中央餐厅宴请西康、后藏代表,计到有刘家驹、麻倾翁、计晋美、拉敏益喜楚臣、喜饶嘉措等六十余人。席间土丹桑批发言谓:(一)希望后藏代表对大会或向政府任何机关及长官要求条件时,应本过去前、后藏一家之精神,保持政教合一不受外来干涉。(二)希望甘、青、康等区内所属藏族同胞及各位代表应以释迦牟尼佛之传统精神设法保护大西藏。(三)西藏是佛教国,故对西藏之政治地域等不能丝毫变动,更不希望在藏地驻扎国军或政府对藏方有任何举动,以免有污和平神等语。惟赴宴之各边省代表对土丹桑批之言论绝少表示同情者。等情。据此,特电请参考为荷。国防部第二厅(卅五)亥元。机内边。印。

〔蒙藏委员会档案〕

17. 国民政府文官处抄送喜饶嘉措报告与国大西藏代表团谈话情形致蒙藏委员会公函

(1947年1月11日)

国民政府文官处公函　处字第二○八号

密。喜饶嘉措呈:为报告与国大西藏代表团谈话情形,祈垂察

一案。奉主席谕:交蒙藏委员会参考。相应抄同原件密达查照。此致
蒙藏委员会

　　　　　　　　　　　　　　文官长　吴鼎昌

抄原呈

谨呈者:此次喜饶来京参加制宪,适西藏国大代表毕集京门。喜饶抵京之次日,西藏代表团即来寓相访,并带来西藏僧俗要人函件多起。翌日,代表团设宴欢迎,并邀边疆西藏代表全体作陪。以后时相过从,其总代表图登商批、所朗汪滴二人,及既默色等皆喜旧日门生。十年阔别,倍感兴奋。兹将喜与渠等谈话情形,略为报告如下:

(一)渠等首先说明,此行系奉藏政府命令前来庆祝胜利。虽曾对英国政府表示庆祝,但其意义与此迥异,盖仅为希望不干涉代表团来京之行。故庆祝英国一事,仅为达成庆祝中央之步骤。喜即告以君等此来即为促进汉藏团结与感情,当于如何实际促进之方多所致力。我中央本三民主义建设中华民国,对国内各民族一视同仁,无分轩轾。观乎主席对我十三、十四代达赖及热振等一贯之爱护扶助,诸君当能深切了解。以言英国,则宗教信仰各异,历史毫无关系,种族如风马牛。其目的,惟侵略压榨,征之印度不难言喻。吾人不应盲目妄动,铸成未来大错。渠等答谓:西藏朝野僧俗,拥护中央者十之七八,仅一二自利自私之徒,始倾向英国。吾人此行,奉藏王命转呈上主席之内容,吾人虽不赞同,但以经藏政府会议决定,故实无法反对。(喜按:西藏为封建制度,所谓会议者,乃将一二执政者决定之意思提说一遍,并非取决众议,他人亦不敢议政)此亦为师所深知。此次回藏当竭力联络同志,致力亲善工作,用副雅嘱。

(二)关于喜饶三十二年回藏被阻后西藏之反响如何?据答:最

初回藏消息传来,各方并无异议。其后被阻,纯出于一二执政者之妒忌,而朝野大众均为失望。今摄政打扎既以年高,复以作风太反藏民心理,兼之贪污过甚,倒台当不在远。大草呼图克图(圣乐呼图克图)继任摄政之呼声甚高,吾师顺利返藏,为期亦当不在远。望后不吝返藏,促进汉藏团结,并希望能于明年不吝回藏。喜饶当即告以主席智仁兼备,为世界最伟大精明之领袖,爱护边疆,维护和平,诚为菩萨心肠。而遇不得已时,如北伐、剿共、抗日诸役,又有金刚精神。我西藏为本身福利计,应当拥护领袖,促进中华民国实际之团结,进而谋取世界和平。

(三)此次西藏代表所携来之函件有十余种。举其重要者,如池奖仑佛,现任达赖教经师傅,为西藏之著名学者,在藏地位既高,又拥有僧俗朝野门人甚多,为喜饶之学生。余如大草(圣乐)呼图克图之总管、功德林扎沙克,及哲邦寺各忙扎仑前任堪布,并各忙扎仑图书馆新旧馆长等人,皆希望喜饶返藏,完成汉藏之团结。根据以上之谈话及信件观之,如果藏噶果有变动,喜饶决愿为国再作一次返藏之行,以期完成汉藏团结工作,报效钧座。

(四)西藏代表团负责人皆喜学生,此次在京,犹如家人团聚。主席关于西藏问题,有不便对西藏代表指示而有指示者,可否指示喜饶善为转达。喜饶相信,可能使其在可能范围内接受,而于事不无少补也。

右呈四端,纯出献曝之忱。谨请垂察示遵。谨呈
主席蒋

喜饶嘉措谨呈　十二月三十日
〔蒙藏委员会档案〕

18. 蒋介石关于成立蒙藏选举事务所西藏分所与许世英往来电

(1947年10月2—6日)

(1)蒋介石致许世英代电(10月2日)

国民政府代电　府交字第13621号

蒙藏委员会许委员长勋鉴：据本府参军处转呈国防部第二厅情报一件：略以藏方接得蒙藏选举事务所电令成立分所,办理藏民选举事宜后,即召集四品以上僧俗开紧急会议。当时有两派意见：(一)以为选举系民国宪法所定,如奉令成立,则无异西藏是中华民国之一区而还政于民矣。(二)以为印度独立,英援藏力减,应作识时务之顺从为上。最后议决,待选举详章寄达后再开会研究。等情。希即切实注意核办为要。中正。酉冬。府交。

中华民国三十六年十月二日

(2)许世英复蒋介石代电稿(10月6日)

代电　极机密。

国民政府主席蒋钧鉴：案奉钧府三十六年十月二日,府交字第一三六二一号酉冬代电,以据参军处转呈国防部第二厅报告藏方办理选举之两派意见,饬即注意核办,等因。查西藏地方对于办理本届藏民选举情形,及本所拟设法运用,冀其遵奉中央法令完成大选各节,经于本年九月二十日以选字第一九四呈报。并奉钧府本年九月二十六日,府交字第一三五三九号申寝代电指发在案。查本所前接西藏噶厦公所藏历七月二十六日来电,当即电复,以西藏地方在前北京政府时代,参众两院、善后会议、国民代表会议及参政院等等,前后藏每次均经参加。近如二十年五月在京举行之国民会议、上年十一月国民大会,西藏亦先后选派代表来京出席。此次本所电请选举国大代表及立法委员,系依据国民政府颁布之法规,及参照成例办理，并非创举。况本届全国大选，为完成宪政之最后阶段，亦为保障西藏自治之最要关键，亟盼西藏代表早日选定，来京参加，共商国是，以增进团结。等语。拍发后，同时复电本会驻藏办事处代处长陈锡璋，以本届选举关系全国团结，至为重要。倘西藏无代表出席，即不啻西藏自外于国人。故总期国民大会代表及立法委员均有西藏地方人士参加，以副中央扶植边人参政之意。嘱其分访各噶伦详为解释。去后，旋据申迥电复称：各噶伦待奉达赖，住宿哲蚌寺，经约定梗日在该寺会谈，反复说明。据三噶伦答称：国大代表及立法委员选举事，迭经会商，尚无结果，适逢达赖入寺，遂致稽延，亲承传达委员长意旨，当尽速开会商讨。等语。兹已密托琼登敦达等尽力促成。彼等拟建议藏政府，以即将赴京之夏古巴等与驻京代表充任代表。如何演变，容续探报。等情。已再电嘱其善为运用，俾促其成。并电西藏代表土丹桑布等（现在兰州）剀切晓谕，勖以大义，以期完成大选。另息，当可能办理。

奉电前因，除更遵照切实注意，并善为劝晓外，理合先将办理经过，电呈鉴核。职许〇〇叩。（36）酉鱼。

〔蒙藏委员会档案〕

19. 国大蒙藏选所转报旅居内地藏民选所国大代表当选人及候补人名册电

（1947年12月4日）

代电　选发字第219号

选举总所公鉴：据暂时旅居内地藏民选所依式造送国大代表当选人，及候补人名册二份到所，除抽存外，谨检同原册一份，送请鉴核示遵。蒙藏选所。（37）子冬。

附呈原名册一份。

国民大会暂时旅居内地西藏人民国大代表当选人名册

滇增坚赞　男　68　（籍贯）后藏伯昂　（学历）后藏孜洛札学院毕业　曾任札什伦布寺诺云（即总管），国民大会代表。现任宪政促进会考察委员会委员。班禅大师教下森吉堪布。　（住所）青海塔尔寺。

拉敏益西楚臣　男　35　后藏拉孜　拉萨孜洛札学院毕业　前国民大会代表，现任班禅堪布会议厅秘书长，后藏政府任巴细巴，国民参政会参政员。　（住所）青海塔尔寺。

计晋美　男　38　后藏达那　拉萨学洛札学院毕业　前国民大会代表，现任后藏政府任巴细巴，班禅驻京办事处处长，立法院立法委员，宪政促进会常务委员。　南京班禅驻京办事处。

宋之枢　男　35　青海西宁　青海省立第一中学校毕业　前国民大会代表，现任后藏政府任巴细巴，宪政促进会考察委员。　西宁先觉街7号。

洛桑喜饶　男　41　后藏拉孜　后藏孜洛札学院毕业　前班禅行辕军务处副处长，现任后藏政府卓尼青海塔尔寺。

罗图丹　男　44　后藏拉孜　山西北方军官学校毕业　前班禅行辕军务处副处长，现任后藏政府昂，兼班禅堪厅科长。

高洛桑　男　46　后藏歇巴　青海军官教导团毕业　曾任班禅行辕高级副官，现任班禅堪布会议厅典礼处科长。

罗　桑　男　41　后藏日喀则　兰州西北训练团毕业　曾任班禅行辕军务所科长，现任后藏政府列藏巴，藏民干部大队中队长。

明慈仁　男　44　后藏瓦龙　印度大吉岭英文学校毕业　曾任西宁中学英文教员，现任班禅大师教下夏得巴兼英文翻译员。　西宁先觉街7号。

丹　巴　男　28　后藏江孜　中央政治学校毕业　曾任西藏补

795

习学校教员,现任班禅堪布会议厅典礼处科长。青海塔尔寺。

计罗秀英　女　27　后藏达那　康定女子师范肄业　曾任西藏补习学校教员　南京健康路293号。

国民大会暂时旅居内地西藏人民国大代表候补人名册

洛巴珠固佛　男　37　后藏江孜　后藏札什伦大格西　曾任札什伦布寺夏孜法台,现任迎接第十世班佛入藏僧众代表。青海塔尔寺。

班麻加保　男　45　后藏庄孜　后藏孜洛札学院毕业　曾任班禅行辕军务处科长,现任后藏政府列赞巴。住所同上。

王含道　男　37　后藏日喀则　山西北方军官学校毕业　曾任班禅卫士总队长,现任后藏政府列赞巴。南京建康路293号。

商图丹　男　29　后藏香巴　兰州中央警官学校毕业　曾任班禅驻青办事处主任,现任班禅堪布会议厅总务处科长。青海塔尔寺。

噶青错尼　男　42　后藏香巴　后藏札什伦布寺格西　曾任后藏政府列赞巴,现任班禅堪布会议厅教务处科长。住所同上。

森康巴官　男　32　后藏德勒　后藏日喀则学院毕业　曾任后藏政府夏得巴,现任班禅堪布会议厅秘书。住所同上。

普贤　男　50　后藏拉孜　山西北方军官学校毕业　曾任班禅行辕军务处副官,现任班禅堪布会议厅典礼处科长。住所同上。

罗旺　男　39　后藏日喀则　后藏日喀则学院毕业　曾任班禅行辕军务处军需官,现任班禅堪布会议厅科长。住

					所同上。
巴	登	男	50	后藏卓茂	拉萨学洛札学院毕业 曾任班禅驻青办事处秘书,现任班禅堪布会议厅政务处科长。住所同上。
登	佳	男	44	后藏东噶	后藏日喀则学院毕业 曾任班禅驻平办事处科长,现任后藏政府夏得巴。青海塔尔寺。
拉唐春明		女	24	后藏拉孜	西宁女子师范学校肄业 曾任西宁女子初级小学校教员,现任班禅堪布会议厅秘书处科员。住所同上。

中华民国三十六年十二月四日

〔蒙藏委员会档案〕

20. 班禅堪布会议厅呈报立法委员当选人暨候补人名单代电

(1948年2月2日)

班禅堪布会议厅代电 藏选字第二十六号

  南京。蒙藏选举事务所钧鉴:查本所立法委员选举结果,业于上月感日电呈鉴核在案。兹谨依照奉发册式造具当选人暨候补人详细名册二份,连同当选人相片各二张,具文一并呈赍钧所鉴核存转。再,册内当选证书字号一栏,因未奉到当选证书,无从查填,应请钧所饬科代填。并请核发当选人证书,以便转发为祷。班禅堪布会议厅叩。丑冬。印。

计呈赍名册二份,相片一十张。〔照片略〕

中华民国三十七年二月二日

〔蒙藏委员会档案〕

立法院旅居内地西藏人民立法委员当选人名册

区别	当选人或候补人	姓名	性别	年龄	籍贯	学历	经历	现任职务	曾否加入政党及其政党名称党证字号	永久通讯处 现在通讯处	得票数	当选证书字号
西藏	当选人	计晋美	男	39	后勒达那	拉萨学洛札学院毕业	前国民大会代表	后藏政府任巴细巴班禅驻京办事处处长、宪政促进会常务委员	国民党 特字84714	青海塔尔寺 南京健康路293号	912张	
西藏	当选人	黎仁团柱	男	45	后藏东噶	山西无线电学校毕业	前国民大会代表、班禅塔布会议厅秘书	后藏政府昂黎宪政考察委员	国民党 特字51415	青海塔尔寺 西宁先觉衙7805号	7805张	
西藏	当选人	图丹尼麻	男	45	后藏哲格	后藏学洛札学院毕业	前班禅驻香日德堡牧处处长	后藏政府昂黎班禅大师教下德钦巴	无	青海塔尔寺 西宁先觉衙7525号	7525张	
西藏	当选人	洛桑坚赞	男	47	后藏扎什伦布寺格循毕业	后藏扎什伦布寺医学院毕业	前西藏噶厦驻京办事处总务处副处长	班禅大师教下大夫堪布	无	青海塔尔寺 西宁先觉衙7363号	7363张	
西藏	当选人	纳旺金巴	男	48	后藏香巴	后藏政洛札学院毕业	历任班禅银教务处科长、后藏政府草尼	班禅大师教下大草尼	无		290张	

798

立法院旅居内地西藏人民立法委员后补人名册

区别	当选人或后补人	姓名	性别	年龄	籍贯	学历	经历	现任职务	曾否加入政党及其政党名称党证字号	永久通讯处现在通讯处	得票数	当选证书字号
西藏	后补人	王团柱	男	45	后藏歇巴	后藏学洛札学院毕业	前西陲宣化使公署副官	后藏政府列赞巴班禅堪布会议厅科长	无	青海塔尔寺 西宁先觉街7号	7202张	
西藏	后补人	唐曲雅丕	男	45	后藏森部	后藏改洛札学院毕业	前西陲宣化使公署宣传处科长	后藏政府塔群、班禅大师教下寨得巴	无	青海塔尔寺 西宁先觉街7号	7191张	
西藏	后补人	滇萃嘉楚	男	36	后藏札什伦布寺格西	前安西北通讯社藏文编辑		后藏政府卓尼、班禅堪布会议厅秘书	无	青海塔尔寺 西宁先觉街7号	7135张	
西藏	后补人	汪德	男	38	后藏庄孜	山西北方军官学校毕业太原无线电学校毕业	前西陲宣化使公署调查科科长	后藏政府列赞巴	无	青海塔尔寺 西宁先觉街7号	7126张	
西藏	后补人	普旺	男	59	后藏江孜	后藏改洛学院毕业	前班禅行辕蒙文翻译官	后藏政府列赞巴	无	青海塔尔寺 西宁先觉街7号	7108张	

21. 蒙藏选所送请蒙藏国大代表姓名暨当选证书字号表电

(1948年3月23日)

代电　选发字第497号

选举总所公鉴：查蒙藏各区代表，前经钧所核定名单，计蒙古方面卅四名，西藏方面廿四名，业经遵照填具当选证书，由各代表先后来所具领。兹将代表姓名暨证书字号列表，送请鉴核备查。蒙藏选所。〈37〉寅梗。附蒙藏国大代表姓名暨当选证书字号表一份。

蒙古国大代表当选证书字号表		
单　位	姓　名	证书字号
哲里木盟	金崇伟	蒙国字第一号
同　　上	包晋祺	蒙国字第二号
哲里木盟	白尚勤	蒙国字第三号
哲里木盟	杨立君	蒙国字第四号
昭乌达盟	白云梯	蒙国字第五号
昭乌达盟	卓力格图	蒙国字第六号
绥东四旗	纪贞甫	蒙国字第七号
锡林果勒盟	阿格栋噶	蒙国字第八号
锡林果勒盟	扎奇斯钦	蒙国字第九号
乌兰察布盟	巴云英	蒙国字第十号
伊克昭盟	奇忠义	蒙国字第十一号
伊克昭盟	汪震东	蒙国字第十二号
青海左翼盟	俄罗布仁庆	蒙国字第十三号
青海左翼盟	官保加	蒙国字第十四号
青海左翼盟	扎喜才让	蒙国字第十五号
青海左翼盟	张承邦	蒙国字第十六号
青海右翼盟	才仁加	蒙国字第十七号
青海右翼盟	格恩当德尔	蒙国字第十九号
青海右翼盟	道尔吉	蒙国字第二十号

续上表

单　　位	姓　　名	证书字号
青海右翼盟	杜固尔	蒙国字第二十一号
青塞特奇勒图盟	易西	蒙国字第二十二号
青塞特奇勒图盟	海玉祥	蒙国字第二十三号
青塞特奇勒图盟	洪固尔	蒙国字第二十四号
伊克明安旗	关荫南	蒙国字第二十五号
额济纳旗	牛顿	蒙国字第二十六号
呼伦贝尔部及布特哈部	胡格金台	蒙国字第二十七号
呼伦贝尔部及布特哈部	纪效威	蒙国字第二十八号
呼伦贝尔部及布特哈部	达格瓦敖斯尔	蒙国字第二十九号
呼伦贝尔部及布特哈部	何兆麟	蒙国字第三十号
察哈尔八旗	乌云毕利克	蒙国字第三十一号
察哈尔八旗	胡凤山	蒙国字第三十二号
察哈尔八旗	巴音比利格	蒙国字第三十三号
察哈尔八旗	郭木布扎普	蒙国字第三十四号

西藏国大代表当选证书字号表

单　　位	姓　　名	证书字号
暂时旅居内地藏族	滇增坚赞	藏国字第一号
暂时旅居内地藏族	拉敏益喜楚臣	藏国字第二号
暂时旅居内地藏族	计晋美	藏国字第三号
暂时旅居内地藏族	宋之枢	藏国字第四号
暂时旅居内地藏族	洛桑喜饶	藏国字第五号
暂时旅居内地藏族	罗图丹	藏国字第六号
暂时旅居内地藏族	计罗秀英	藏国字第七号
暂时旅居内地藏族	高洛桑	藏国字第八号
暂时旅居内地藏族	罗桑	藏国字第九号
暂时旅居内地藏族	明慈仁	藏国字第十号
暂时旅居内地藏族	丹巴	藏国字第十一号
西藏妇女团体	玉珍拉母	藏国字第十二号
西康省藏族	陈强立	藏国字第十三号

续上表

单　　位	姓　　名	证 书 字 号
西康省藏族	邓珠娜姆	藏国字第十四号
西康省藏族	贾孟康	藏国字第十五号
西康省藏族	吴香兰	藏国字第十六号
青海省藏族	章嘉	藏国字第十七号
青海省藏族	喜饶嘉措	藏国字第十八号
青海省藏族	古嘉宼	藏国字第十九号
青海省藏族	韩树兰	藏国字第二十号
甘肃省藏族	杨复兴	藏国字第廿一号
甘肃省藏族	黄正清	藏国字第廿二号
甘肃省藏族	杨世傑	藏国字第廿三号
云南省藏族	多吉	藏国字第廿四号

〔蒙藏委员会档案〕

22. 出席第一届国民大会历次会议西藏代表名单

(1948年3月30日—4月29日)

第一次预备会议

时间：中华民国三十七年三月三十日（星期二）上午九时
地点：南京国民大会堂
出席者：代表1817人；〔其中西藏代表〕高洛桑、明慈仁、计晋美、罗图丹、丹巴、滇增坚赞、洛桑喜饶、土丹桑布、土丹策丹、丹巴彭错、绛巴阿汪、丹增唐格、降巴扎西、计罗秀英。

第二次预备会议

时间：中华民国三十七年三月三十一日（星期三）上午九时
地点：南京国民大会堂
出席者：代表1626人。计晋美、明慈仁、高洛桑、丹巴、滇增坚赞、洛桑喜饶、土丹桑布、绛巴阿汪、丹增唐格、丝巴扎喜。

第三次预备会议

时间:中华民国三十七年四月一日(星期四)上午九时

地点:南京国民大会堂

出席者:代表1999人。明慈仁、高洛桑、罗图丹、丹巴、洛桑喜饶、土丹桑布、丹巴彭错、降巴阿汪、丹增唐格、降巴扎西。

第四次预备会议

时间:中华民国三十七年四月二日(星期五)上午九时

地点:南京国民大会堂

出席者:代表2039人。计晋美、明慈仁、高洛桑、罗图丹、丹巴、滇增坚赞、洛桑喜饶、土丹桑布、土丹策丹、丹巴彭错、绛巴阿汪、丹增唐恪、丝绛扎喜。

第五次预备会议

时间:中华民国三十七年四月三日(星期六)

地点:南京国民大会堂

出席者:代表2253人。计晋美、明慈仁、高洛桑、罗图丹、丹巴、滇增坚赞、洛桑喜饶、土丹桑布、丹巴彭错、绛巴阿汪、丹增唐恪、绛巴札西、计罗秀英。(其中计晋美当选为大会主席团成员、投票开票监察员)。

第六次预备会议

时间:中华民国三十七年四月五日(星期一)上午九时

地点:南京国民大会堂

出席者:代表2312人。计晋美、明慈仁、高洛桑、罗图丹、丹巴、滇增坚赞、洛桑喜饶、土丹桑布、土丹策丹、丹巴彭错、绛巴阿汪、丹增唐恪、丝〔绛〕巴札喜。(其中土丹桑布以十九票当选为大会主席团成员)。

第一次大会

时间:中华民国三十七年四月六〔五〕日(星期二〔一〕)上午九时

地点:南京国民大会堂

出席者：代表2268人。计晋美、明慈仁、土丹桑布、土丹策丹、丹巴彭错、绛巴阿汪、丹增唐恪、丝〔绛〕巴札喜、拉敏益西楚臣、罗桑、高洛桑、罗图丹、丹巴、滇增坚赞、洛桑喜饶。

主席团：第一组　于右任、李宗黄、陈联芬、水梓、贾景德、王宠惠、土丹桑布、夏勤、张维翰。

第二次大会

时间：中华民国三十七年四月五〔六〕日（星期一〔二〕）上午九时

地点：南京国民大会堂

出席者：代表2307人。明慈仁、高洛桑、罗图丹、丹巴、滇增坚赞、洛桑喜饶、土丹桑布、土丹策丹、丹巴彭错、绛巴阿汪、丹增唐恪、绛巴扎喜、拉敏益西楚臣。

第三次大会

时间：中华民国三十七年四月八日（星期四）上午九时。

地点：南京国民大会堂

出席者：代表2315人。计晋美、明慈仁、丹巴、滇增坚赞、洛桑喜饶、土丹桑布、土丹策丹、丹巴彭错、绛巴阿汪、丹增唐恪、拉敏益西楚臣。

第四次大会

时间：中华民国三十七年四月九日（星期五）上午九时

地点：南京国民大会堂

出席者：代表2513人。明慈仁、高洛桑、罗图丹、丹巴、滇增坚赞、洛桑喜饶、土丹桑布、土丹策丹、丹巴彭错、丝〔绛〕巴〔札〕西〔喜〕。

第五次大会

时间：中华民国三十七年四月十日（星期六）

地点：南京国民大会堂

出席者：代表2426人。明慈仁、黄〔高〕洛桑、丹巴、滇增坚赞、高〔洛〕桑喜饶、土丹桑布、丹巴彭错、绛巴阿汪、丹增唐恪、罗桑。

第六次大会

时间:中华民国三十七年四月十二日(星期一)上午九时
地点:南京国民大会堂
出席者:代表2541人。计晋美、明慈仁、高洛桑、罗图丹、丹巴、滇增坚赞、洛桑喜饶、土丹桑布、丹巴彭错、绛巴阿汪、丹增唐恪、罗桑、拉敏益西楚臣。

第七次大会

时间:中华民国三十七年四月十三日(星期二)
地点:南京国民大会堂
出席者:代表2468人。明慈仁、罗图丹、滇增坚赞、洛桑喜饶、土丹桑布、土丹策丹、丹巴彭错、绛巴阿汪、罗桑。
主席团:第一组　于右任、李宗黄、陈联芬、水梓、贾景德、土丹桑布、夏勤、张维翰、王宠惠。

第八次大会

时间:中华民国三十七年四月十四日(星期三)
地点:南京国民大会堂
出席者:代表2437人。计晋美、明慈仁、高洛桑、罗图丹、丹巴、滇增坚赞、洛桑喜饶、宋之枢、拉敏益西楚臣、罗桑、计罗秀英、土丹策丹。

第九次大会

时间:中华民国三十七年四月十五日(星期四)
地点:南京国民大会堂
出席者:代表2382人。计晋美、明慈仁、高洛桑、罗图丹、丹巴、滇增坚赞、洛桑喜饶、土丹桑布、丹巴彭错、丝〔绛〕巴札喜。

第十次大会

时间:中华民国三十七年四月十五日(星期四)下午三时
地点:南京国民大会堂
出席者:代表2046人。高洛桑、罗图丹、丹巴、洛桑喜饶、丹巴彭错、丹增唐恪、丝〔绛〕巴札喜。

第十一次大会

时间:中华民国三十七年四月十七日(星期六)

地点:南京国民大会堂

出席者:代表2275人。土丹桑布、土丹策丹。

第十二次大会

日期:民国三十七年四月十八日

代表:高洛桑、罗图丹、丹巴、洛桑喜饶、土丹桑布、土丹策丹、丹巴彭错、丹增唐恪、拉敏益西楚臣、罗桑。

第十三次大会

时间:中华民国三十七年四月十九日(星期一)

地点:南京国民大会堂

出席者:1128人。明慈仁、高洛桑、罗图丹、丹巴、滇增坚赞、洛桑喜饶。

第十四次大会

时间:中华民国三十七年四月二十一日(星期三)

地点:南京国民大会堂

出席者:代表2578人。计晋美、明慈仁、高洛桑、罗图丹、丹巴、滇增坚赞、洛桑喜饶、丹巴彭错、丹增唐恪、丝〔绛〕巴札喜、计罗秀英。

第十五次大会

时间:中华民国三十七年四月二十二日(星期四)

地点:南京国民大会堂

出席者:代表1835人。明慈仁、高洛桑、罗图丹、丹巴、滇增坚赞、洛桑喜饶、丹巴彭错、丹增唐恪、丝〔绛〕巴札喜。

第十六次大会

时间:中华民国三十七年四月三十日(星期五)

地点:南京国民大会堂

出席者:代表2446人。罗图丹、丹巴、滇增坚赞、洛桑喜饶、丹巴彭错、绛巴阿汪、丝〔绛〕巴札喜。

第一届国民大会第一次会议选举总统大会

时间:中华民国三十七年四月十九(星期一)

地点:南京国民大会堂

出席者:代表2734人。计晋美、明慈仁、土丹策丹、丹巴彭错、绛巴阿汪、丹增唐恪、丝〔绛〕巴札喜、高洛桑、罗图丹、滇增坚赞、洛桑喜饶、计罗秀英、拉敏益西楚臣、罗桑。

第一届国民大会第一次会议第四次副总统选举大会

时间:中华民国三十七年四月二十九日(星期四)

地点:南京国民大会堂

出席者:代表2776人。计晋美、明慈仁、高洛桑、丹巴、滇增坚赞、洛桑喜饶、丝〔绛〕巴札喜、拉敏益西楚臣、罗桑。

〔蒙藏委员会档案〕

23.蒙藏选举事务所呈报国大西藏代表履历代电

(1948年4月12日)

代电　送发字第575号

选举总所公鉴:前奉选字第1425(37)寅俭字代电,饬将西藏地方国大代表当选人等之年籍、学、经历、证书字号报核,等因。除证书字号业已选发字第555号(37)卯微代电呈报外,兹将已来京报到之代表土丹桑布等六人年籍、学、经历先行造表送请核备。至来希嘉错等七人,尚未来京,容再续报,并乞察核。蒙藏选所(37)卯。附呈西藏地方国大代表履历表一份。文。

西藏地方国大代表履历表

姓　名	年龄	籍贯	学　历	经　　历	证书字号	备　注
土丹桑布	37	拉萨	达赖山大学	历任特宗宗本及后藏粮台,现任堪穷及西藏政府驻京代表。	藏国字二五	

续上表

姓 名	年龄	籍贯	学 历	经　　历	证书字号	备　注
土丹策丹	40	拉萨	达赖山大学	历任甲隅及工布宗本，现任达赖佛卓尼及西藏政府驻京代表。	藏国字二六	
绛巴阿旺	29	拉萨	达赖山大学	历任悫宗及江宗宗本，现任罗札及西藏政府驻京代表。	藏国字二七	
丹巴彭错	24	拉萨	大布岭学校	西藏驻京办事处科长。	藏国字二八	
丹增唐恪	32	拉萨	大布岭学校	西藏驻京办事处藏文秘书。	藏国字二九	
绛巴札喜	41	拉萨	攀布学校	西藏驻京办事处科长。	藏国字三〇	
来希嘉错					藏国字三一	尚未来京报到履历未详
琐朗旺堆					藏国字三二	尚未来京报到履历未详
班觉陈列					藏国字三三	尚未来京报到履历未详
贡布策林					藏国字三四	尚未来京报到履历未详
恪登班巴					藏国字三五	尚未来京报到履历未详
凯卓坦巴					藏国字三六	尚未来京报到履历未详
生格达结					藏国字三七	尚未来京报到履历未详

〔蒙藏委员会档案〕

24. 许世英希迅将西藏地方立监委员
名单先行开示与西藏驻京办事处往来电

(1948年7月6—10日)

(1)许世英电(7月6日)

代电 京发机字第790号

西藏驻京办事处公鉴:查行宪之立法院暨监察院开会已久,西藏地方之立、监委员,尚未莅院报到。相应函达,希迅将在京之员名单,先行开示,以便发给当选证书,而资报到开会。无任企荷。蒙藏委员会委员长兼蒙藏选举监督许○○。午鱼。印。

(2)西藏驻京办事处代电(7月10日)

代电 京戊字第025号

蒙藏选举事务所钧鉴:选发字第712号午齐代电奉悉。兹遵将西藏立、监各委员照片六张,及履历表一份,具电补送,伏祈鉴核。西藏驻京办事处叩。午灰。印。

附照片六张、履历一份。〔照片略〕

中华民国三十七年七月十日

西藏地方立法委员履历表

姓 名	年龄	籍贯	学 历	经 历	证书字号
土丹桑布	37	拉萨	达赖山大学	历任特宗宗本后藏粮台及国大代表,现任堪穷及西藏政府驻京代表	藏立字一一号
绛巴阿旺	29	拉萨	达赖山大学	历任羌宗、江宗各宗本及国大代表,现任罗札及西藏政府驻京代表	藏立字一二号
丹增唐恰	32	拉萨	大布岭学校	曾任西藏驻京办事处藏文秘书及国大代表	藏立字一三号

西藏地方监察委员履历表

姓　名	年龄	籍贯	学　历	经　　历	证书字号
土丹策丹	40	拉萨	达赖山大学	历任甲隅工布各宗本及国大代表,现任达赖佛阜尼及西藏政府驻京代表	藏监字七号
绛巴札喜	41	拉萨	攀布学校	曾任西藏驻京办事处科长及国大代表	藏监字四号
丹巴彭错	24	拉萨	大布岭学校	曾任西藏驻京办事处科长及国大代表	藏监字五号

〔蒙藏委员会档案〕

〔七〕"宪政实施"与专制统治的加强

（一）"宪政实施"与省市县参议会组织

1. 宪政实施协进会关于湖南实施"行宪"困难情形考察报告函

（1945年10月27日）

国纪第五九一五三号

国防最高委员会秘书厅公函　中华民国三十四年十一月三十日发

准宪政实施协进会本年十一月二十七日渝议字第九二三号函，送该会第三考察区仇主任委员鳌报告，考察湖南宪政目前实施困难情形及所附意见，请查照转陈，迅赐办理见复等由。到厅经陈奉批"交军事委员会行政院分别办理"，除函军事委员会及函复外，相应抄同原函及附件函达即希查照办理为荷。此致
行政院
　　附抄原函一件、考察报告一份。

抄原函一件

案准本会第三考察区仇主任委员鳌三十四年十月二十七日报告，为考察湖南宪政目前实施困难情形附具意见祈鉴核等由。附报告一份准此查核，所陈确属目前一般不良现象，影响宪政推行，殊非浅鲜。除电复外，相应抄附原报告随函送请查照转陈，迅赐办理，并见复为荷。此致
国防最高委员会秘书厅

附抄报告一份

湖南宪政目前实施困难情形考察报告

湘省宪政实施情形如推行新县制，筹办各级民意机关，检复省县公职候选人召开保民大会及乡镇代表会等事，均因去年敌寇深入未能积极推行，迭经报告在案。兹战事虽告结束，而一切复员工作尚待举办，因之宪政前途亦障碍孔多，目前最感困难者：

一、治安问题 湘省自各地日军缴械集中，沦陷区次第收复后，地方秩序应复常态，而商旅仍然裹足城乡，人不安居皆缘游击队、自卫队、先遣队、别动队扰害所致，其残酷情形未便形之楮墨，而别动队尤极悍厉，其非法行动不服行政机关制止，不受正规军干涉，伪军、土匪任意收编，奸宄罪犯任意包庇，受害之烈上至湘南、下达湘岳。以上各种杂牌军队，其中或有曾建功勋乏资遣散者，或系军委会所直接令编者，不归国军统率，当地将领未便处理，即或收编而饷项无着，彼等资为口实违法犯纪，为所欲为，遂成目下最严重问题，亦即实施宪政之最大障碍，拟请转缄军委员会迅即授权第四方面军严申纪律，约束其行动，并会同地方行政长官依法严厉处置越轨行动，不准向乡保筹饷派粮，不准检查商贾行人，一面责成地方行政官署迅将地方警卫办理完善（查省会及衡阳、湘潭各重要市区警察尚未完全复员），以安居民。

二、交通问题 水陆交通恢复常轨乃复员之首要，而其关键端在工具之有无。现陆路则省公路局无车行驶，水路则大小船只多由各军队征扣致商贾平民、老病妇孺及民生日需之物资，无法运输。物资不能流通，物价日益昂贵（目前长沙市米盐及燃料等价格日益暴涨，小民生活大受威胁，皆交通梗阻，不能货畅其流所致）。至于各处道路以连年会战，大都彻底破坏不堪行走，拟请转商中央主管交通机关，责成地方政府迅速恢复交通军队，需用船只应由地方政府责令船业团体负责供应，不准径行征扣所有在湘中接收日方之汽车、汽船及其他交通工具，拟请全数交由或借拨湘省府作为恢复交通之用，一面责令各县政府将县境大道限期修复完成，以利民行。此一急切问题，如不能解决，则当前一切工作皆无从着手，不独为宪政前途障碍已也。

三、户政问题 湘省户政原亦具有基础，徒以战事关系遂致破坏，如原属陷区各县市户牌、门牌及册籍，无论城乡多已毁灭，尤其长沙、衡阳两市及湘潭、衡山、醴陵、邵阳、湘乡、湘阴等县县城，并各较大市镇迭遭轰炸，已成一片焦土，街巷方位几难辨识。如湘阴、邑城及所属新市长乐、汨罗等处全部成为瓦砾之场，毫无户籍之可言，其非陷区各县亦以寇警频闻徒□常，或忙于应付军事，此项工作无形懈弛，甚至册籍散佚，原有户政人员亦多星散，其尚能保持户政之完整者恐难观见至。近来各地难民之回里公私机关团体学校之迁回，其动态已波及全省各县市，似此残缺紊乱之户籍，实不足以言自治，更何能遽谈实施宪政，拟请转饬行政院责成湘省府加速重行整理户政，先行切实调查，限期办理完竣，以奠定自治基础而促进宪政进行。

四、训练及宣传问题 建国大纲昭示人民须受四权使用之训练，又宪法草案须随时宣传于民众意美法良，湘省此次沦陷五十九个县市，民众悉在敌寇控制威胁下窜匿偷生，其未沦陷之二十九县，亦常在动荡离析，疲于奔命之中。今陷区虽已收复，而流亡未返，十室九空，交通梗塞，治安莫保，创深痛巨，满目荒残。所谓保民大会乡镇代表会，窃恐尚有根本并未召开者。所谓四权，所谓宪草，根本尚不知为何物，即直接或间接从事宪政工作人员，亦因震荡播迁，无暇研究。对于宪草内容及其精义所在，并与宪政有关各项法令规章及一切问题，亦不免有摘填索堃，茫然莫解者。以此行宪困难，兹多拟请转饬行政院令饬湘省府，俟地方一切秩序稍稍恢复，即加紧此项训练及宣传工作，并督促省县各级人员赶速研究，务期彻底明了、深切认识，以利宪政之推行。

〔行政院档案〕

2. 宪政实施协进会考察四川省华阳等六县民意机构设置及其弊端等情报告

(1945年10月31日)

为报告考察华阳等六县民意机构情形

一、前言

查四川省政府于去年九月曾选定华阳等二十六县市成立参议会，本年复选定郫县等六十县成立第二期县参议会，并预计本年七月底将有八十六县市参议会成立。本区为明了各该县市参议会暨乡镇以下民意机构之设置暨进行状况起见，特选举华阳、成都、彭县、新都、广汉、绵阳等六县先行考察，华阳、彭县为第一期选定之县，唯华阳系本年元旦成立，彭县系二月一日成立，绵阳则延至七月二十一日始成立，华阳、彭县为新县制示范县，绵阳属第十三区行政督察专员公署所在地，新都、成都、广汉纯属川西平原，华阳、彭县、绵阳则夹有山区地带，总计此六县之环境虽不能代表川省全貌，然就川西北区域言，亦略符抽样考察之意，兹分述其概略如次：

二、关于公职候选人之检复者

川省办理公职候选人检复情形，本区前曾以秘字零一一三号报告在案，兹再就此次考察所得略为补充。查各县检复人数甲、乙两种，虽均有超额，然就种类言，则参加甲种者较乙种踊跃；就区域言，则城区参加人员较乡村踊跃，此由民众知识水准使然各县均属如是者也。唯检复之目的端在甄拔地方贤能人士，避免流品混杂，以是各县如何促请清流硕望人士参加与防止土豪劣绅羼入，实为重要之工作。彭县办理乙种人员检复于应检人初审之前，就地方各种训练讲习机会征询当地受训人员之意见，以为重要参考，结果甚为良好。绵阳以乙种人应检不踊跃，县政府乃集合全县乡镇长，令其各提出该乡镇若干应检人员从事审查。成都、华阳二县议长之检复手续,皆由地方政府代为办理,彭县、成都均有少数参议员之检复,系地方人士办理迨审查合格后,始告知其本人者,其他各县亦间有此情形,然反之亦有地方士绅参加检复,而政府因其他关系藉故留难,致无法取得候选人资格者。例如广汉商会理事长参加检复,地方恶势力因恐其将来当选参议员,特运动县政府藉故稽延其审查时间,结果竟未能如期审查,不得参加竞选,然此究为特殊之状态,非普遍之事实。

今日之检复办法,其得失在事实上系于地方政府之如何运用,考其结果似未达预期之理想,检复之资格既宽土劣地痞之流,仍得检复之资格,以参加地方公职,遂致贤者裹足,检复之手续既操于政府,则偶值运用错误之时,易使公正人士被排挤而落选,欲求今后地方公职人员之素质提高与减少地方人士派系之磨擦,似应提请政府对于现行之检复办法加以周详之检讨。

三、关于乡镇以下民意机构之设置暨进行者

乡镇以下民意机构为民主政治之最基层组织,亦训练人民行使四权之唯一场所,依据川省府规定完成民意机构程序,首为公民宣誓,次为户长会议,次为保民大会选举保长、副保长及乡镇民代表会代表,次为组织乡镇民代表会选举主席、正副乡长及县参议员,不特逐步推进层次井然,且时间程序亦有规定。如保民大会须开相当次数,始可举行选举,但在各县实施以来,则少有能切实遵行者,如公民宣誓,户长会议在此六县中即无一县办理者。大体言之,均由保民大会开始其真能召集全堡民众举行集会式样者,仅广汉一县耳。然亦仅见于此次选举保长及乡民代表时,由县府派员切实督导所致,前此亦未举行,他如彭县之乡民代表选举,即多由保长召集甲长决定人选后,代各甲民众填写选票者,其在平时更无召集大会讨论地方自治事务之举矣。各乡镇民代表会在形式上,各县大都略具规模,人选亦较为充实,对地方自治工作,且多能协助推行。彭县规定每年一月一日、四月四日、七月七日、十月十日为乡镇民代表会，开会时期然地方遇有重大事务（如分配特工赢余经费建设学校），即每召开临时会议协助解决，亦属难得。华阳得胜乡代表会开会至历三日之久，凡一切议事程序表决方式，均与省县参议会相似，新都乡民代表会主席及代表多为中心国民学校青年教员或曾在教育界服务有年之士绅，遇事每能激发朝气，敢于言辞。绵阳各乡如无适当县参议员人选者，即每选任乡民代表会主席而均能胜任愉快，是以今日言，乡镇以下之民意机构厥为乡镇民代表会一级，稍有表现此则由于组织较为上层参加之知识份子较多，而地方公正硕望之士绅，亦乐于参加此种事业以为倡导。成都市前少城镇，镇民代表会现第五区区民代表会主席，即系曾任前国会议员及省参议员之某君担任，皆属难得之选，唯是乡镇民代表会之组织究属民权行使之间接方式，在此训练人民行使四权，培育民主宪政之初阶允宜有此过渡之办法，此后县即确立为地方自治之单位，则县之下自当行使直接民权衡之国父遗教及宪政国家均属如是，则今后如何由户长会议而保民大会、乡镇民大会乃至县民大会，使县地方自治团体之民众，均能直接参加地方自治工作，以行使四权。实今后民主政治之唯一基础工作，而今日县以下各级民意机构之设置，暨进行方式亦应提请政府及早检讨注意者也。（报载内政部近已简化公民宣誓办法实为一大进步）

四、关于县参议员之选举者

查各县参议员选举情形至为复杂，就区域选举言，候选人之分配即至不整齐。华阳、成都均有二乡无法提出候选人，而须借材外乡，其他各县则遇有公正士绅必须选出，而苦其乡镇之候选人过多，名额有限，无法选出时，政府每设法移置于他乡镇或职业团体，而使之当选，殆为普遍之现象，盖不如是即不足以甄选贤能，亦不能制止土豪劣绅之参加，在此民主政治之初阶，政府此种措施固亦有其不得已之苦衷也。唯是因是而引起地方恶势力之反抗（川省为哥老会之组织），以致发生事变或仍为土劣之流当选者亦所在，而有新都青年团书记参加某乡竞选,即为当地哥老领首所反对,县政府运用种种方法始获当选。广汉高骈乡子保民大会选举乡民代表时,地方哥老为欲控制乡民代表会便利将来正副乡长及县参议员之选举,即发生武装冲突,川人称为"炮选"者,即指此事。新都弥牟镇哥老首领参加竞选,于是其他公正候选人皆自动放弃,或转移他处,结果全体镇民代表竟无一人敢拂其意,而悉投票选彼,亦为此种恶势力最显著之表现。

就职业团体选举言,如农工商等职业团体以会员知识水准较低,选出之代表多为从事此种团体之知识分子,若纯粹从事此种职业之会员,则少有能当选者。成都县工会理事长,即为一纯粹木工主持工会,亦历有年资,此次拟参加竞选即为其他候选人所反对而羞与为伍,结果竟不得当选,以是各县之职业团体代表,不为区域方面无法选出而临时分配于职业团体,强行选出者即为非从事此种职业而主持此种团体多年之士绅。彭县工会代表选举时,县立民众教育馆长以曾任工会书记有年,故被选出,此就参议员个人素质言,固优越于彼纯粹之农工商人,然就代表各该团体利益言,则恐难胜其任也。

自由职业团体代表之选举,各县均以教育会较有成绩。彭县新都医师公会均未产生代表(律师新闻记者公会各县均未组织),绵阳教育会选出女代表一人,为六县参议员中唯一之女性,唯教育会所采之直接选举办法,原以教育会员为社会知识份子,对于民主政治与行使四权之认识与一般民众不同,然事实有不尽然者。成都为便利乡镇教师计,特分三区举行,而参加者仍甚寥寥,新都则有派代表参加选举者,绵阳利用选举期间拨发教师食米代金,始集中选举人于县城,虽种种现象难满人意,然教育界会所选出之代表究与其它团体不同,均为教育界声望素著之士。如前述农工商等团体之代表,在教育会即不易发现广汉哥老恶势力几支配全体参议员之选举,然县党部书记长及青年团干事长,均由教育会选出,实为地方正气之表现。

至于各县政府对于参议员选举之指导,运用其情形亦有足述者,党政小组会议之运用,除广汉外各县均属相当成功。社会哥老之参加选举各县,虽属不免,然就大体言,政府均能控制裕如。例如华阳县长,平日对哥老人士凡属合理合法之行动请求,而不以哥老姿态出现者,彼决不歧视之,而与公正士绅同一体,遇故相处甚洽,而政令推行无阻,即为一优良之例证。绵阳以县长兼青年团干事长,运用二者力量于地方,故选举进行至为顺利。彭县议长系挟哥老之力选出,然为人极庸碌,政府易于控制。唯广汉以县长控制无方,致哥老形成一极大的恶势力,凡乡镇民代表之产生,以至正副乡镇长、县参议员之人选,几皆为哥老人士所垄断,而政府莫如之何,于是集乡镇民代表会主席、正副乡镇长及县参议员三项选举于一日,而致参议员有目不识丁,或地痞无赖之流当选及农会当选人,非农会之员等怪现象,皆由事前控制之不力,与临时措施之不当,有以致之也。

就此六县之情形而言,新选之参议员有多半为原任临时参议会参议员者(成都、华阳、绵阳、彭县),有半属原任者(新都),有少数原任者(广汉)。各县非原任参议员之素质有大体优于原任者,亦有较逊于原任者,其优劣之分歧,一部份系于办理选举之是否得当,一部份系于地方之环境。综观六县之结果,衡以绝对标准,诚有诸多可加指摘之点,然吾国推行民选自治制度,此为有史以来之初次,有此缺失乃势所难免,而有此成绩亦差可喜慰。惟地方民意机关,虽已有临时参议会之经验揆之实际,究属初步试行,虽曰经验可随实践以俱增,而适当之督导似亦目前所必要(在选举曾发生纠纷地方程度较下之县尤然)。在临参会时代督导之责,在于各级政府,今后宪政即行此项办法,不甚适宜,似可考虑由第一届国民大会产生一督导机构,分驻各省尽此职务,以民选代表之机关督导地方自治之工作,揆之情理似无不合,一俟自治之基础巩固,则督导之机构即可撤销,谨贡愚见,以俟裁酌。

〔行政院档案〕

3. 贵州省参议会请通令委派现任之乡镇长不得当选参议员以免竞选纠纷代电

(1945年11月—1946年1月)

(1)贵州省参议会代电(1945年11月8日)

贵州省临时参议会代电

重庆行政院院长宋钧鉴:案据贵筑县临参会皓代电称:"顷由贵筑县政府阅悉贵州省县参议员监督事务所三十四年十月未列日选一字一一八七号代电,对贵筑县政府民字第九〇二号酉篠代电指示内开:由县政府委派之现任乡镇长,经甲种公职候选人检复合格者,得参加参议员竞选。又依照三十一年三月二十五日内政部渝民字第一五六八号代电解释,凡不受被选举限制之乡镇长及乡镇以下之其他工作人员当选为县参议员或乡镇民代表时,仍可兼任原职,特复遵照兼选举监督谭克敏,不胜惊异。查本党民权主义权能分划乡镇长虽为自治人员,然衡以必须民选之乡镇长,始得兼任乡镇民代表会主席之义,足见国家立法遵重民权之意,则自治人员之乡镇长可以参加参议员竞选,必须辞去乡镇长,不得仍兼原职。如必仍兼原职,则至低度必须为民选之乡镇长,兹乃以县政府委派之现任乡镇长亦可以当选县参议员仍兼原职,县长省主席何尝不可以亦兼任省县参议员,权与能如何划分,岂本党民权主义所容许且乡镇长之为县府委派者虽不尽,全属不肖然。按之目前行政之铁的事实,凡县府委派之现任乡镇长,绝非代表民意之地方贤达,可以万分肯定且县府委派之乡镇长县政府即有权强奸其意志,左右其行为。以此而言,民意尚有何丝毫民意可言,即就'不受被选举限制之乡镇长'一语为言,有不受被选举之乡镇长必有受被选举限制之乡镇长,兹乃县政府委派之现任乡镇长,亦可以不受限制,则试问何种乡镇长始受限制,应请赐予解释。县政府委派之现任乡镇长,亦可以当选为县参议员,系根据何种法令、何种理论而有如此由解,应请赐予解释,如其无可依据则究系如何而有此错误,现在选举期迫,此项严重问题如不即予解决,必贻此次选举,以莫大之纠纷,为遵重主义,遵重民权,遵重选举起见,心所谓危难安缄默,除分呈中央及本省各有关主管机关外,特此电呈恳即迅赐解决,以资遵循实为公便"等情到会。查该参议会原电所称各节不为无见理合具文转呈伏祈鉴核赐予解释,并加予修改明白规定现任委派之自治人员不得当选为各级民意代表,俾健全民治基础实为公便。贵州省临时参议会议长平刚叩。齐印。

(2)贵州省参议会代电(1946年1月9日)

重庆行政院院长宋钧鉴:大会第二届第五次大会开会期间参议员梁聚五等提:查贵州省政府依据三十一年三月二十五日内政部渝民字第一五六八号代电解释:依照行政院核定原案不受被选举限制之乡镇长以下之其他工作人员当选为县参议员或乡镇民代表时,仍可兼任原职,又依据行政院三十四年亥支一电规定:"乡镇长当选县参议员后并不妨害原有乡镇职权之行使一律准予兼任",自本省政府遵照前项解释实施以来各县乡镇长,多凭藉势力参加竞选致八十县市几无一不起纠纷,甚至有互殴相杀事情。所谓民治之义尽失此种现象之发生,一方面固由于竞选者之幼稚,一方面亦不能不归咎于法令之未妥善,盖乡镇长之职责在行使"治权",县参议会之职责仍行使"政权",此不容丝毫相混者也。若乡镇长可兼充人民代表,实大有悖于民主政治之推行,特提本案请由大会电请中央通令各省市"乡镇长不得竞选省县市参议员",当经大会决议通过,理合录案电呈敬乞鉴核示遵。贵州省临时参议会议长平刚叩。佳。印。

〔行政院档案〕

4. 宪政实施协进会关于江西吉安县临参会职权太小等于虚设及特殊势力摧残民权等情考察报告函

(1945年12月29日)

国防最高委员会秘书厅公函 国纪字第五九八一〇号 中华民国三十四年十二月二十九日

准宪政实施协进会函送第三考察区王委员造时考察江西省吉安县临时参议会职权行使情形及改进报告，查核所陈颇为扼要，惟间有为现行法令所未规定者，究应如何处理请查照转陈核办见复等由。到厅经陈奉批："交行政考试监察三院分别核办"，除分行外，相应抄同原附报告函达，即请查照核办见复为荷。此致
行政院
附抄江西吉安临时参议会考察报告一份

江西省吉安县临时参议会考察报告

江西省临参会情形，业经专文呈报在案。吉安不仅为江西首要县份，且为东南一重镇，故时考察县级民意机关对于该县临参会特别注意，县临时参议会曾于四月十五日举行第二次全体大会，除出席指导外，并曾于四月十六日晚七时在该会邀集各参议员举行座谈会，交换关于实施宪政之意见及其所感受之困难，兹摘录问题要点及改进意见：

甲、问题要点

(一)各参议员首感困难者，认为县临参会职权太小，不能发生作用。纵有建议难获政府采纳，即发现官吏贪污或渎职情事，亦无权审核及检举，咸认临参会之组织等于虚设，故对于工作表现不甚积极，效力无形减低，而民间隐痛亦无由申达。

(二)各参议员以县参会向政府所提各项建议，未获当地政府

之采纳及实施,而政府施政情形亦少向该会提出报告,其对临参会之态度多系敷衍性质,殊失中央设立民意机构之本旨。

(三)乡镇民代表会及保民大会,据各参议员坦白表示,多为乡镇保长把持及土豪劣绅操纵,善良者守口不闻,裹足不前,民意抑郁难申。

(四)办理公职候选人情形,各参议员咸感公职候选人数太少,乙种声请检复者未必贤良方正,若全凭纸上资格以定取舍,恐不免有"遗才"之憾。

(五)中央颁布保障人民身体自由法令,乃系解除人民痛苦之重要措施,而民间所受影响如何,至为关怀。据各参议员一致申述认为毫无影响,目下各处各机关甚至有权势之私人随意拘捕人民已成习惯。各乡公所,并有私设拘留所情事,任意拘捕吊打,毫无忌惮,人民身体自由仍未得到保障,执法者知法犯法,有负国家付托之殷。

乙、改进意见

(一)应赋予县临参会审核财政之权,查江西各县财政审核权在县行政会议成立后,系由该会审核填证。县府凭审核证明书报省核销,临参会成立后,继续办理此项工作,至上年九月底止,自上年十月一日起,即奉令在各县未设立就地审计人员以前,改由县府径送省审计处,惟县府于送审后,仍须填表送会备查,现在审计处已派员驻县审计工作,悉由就地审计负责办理。县临参会对于县财政之监督权,尚远不如县行政会议时代,故县府视临参会自无足轻重,为发挥民意机关应有之作用,以澄清吏治计,中央应赋予县临参会以切实审核县财政之权。

(二)中央应通令各省县政府,对于临参会之建议不得视为具文,凡切合实际需要者,亟应采择施行,其因与法令抵触,或事实上不能施行者,亦当呈报上级机关,并向该会说明原因,如是,则人民与政府间融洽合作,不仅政令易于推行,民困亦得以昭苏,否则地方当局一意孤行,不恤民情,其结果徒增加人民对政府之离心力,民主宪政之心理基础更不易奠定。

(三)乡镇民代表会乃代表民意之基层组织,其代表理应为人民所信任,不宜有把持操纵情事,但报据各参议员之报告,多数乡镇民代表会竟为人所劫持利用,殊为推行地方自治及实施宪政之阻碍,必须予以铲除,铲除方法似应由上级民意机关与地方政府派员切实监督选举,并经常广泛唤醒民众,使其了解民宪之真缔,切不可放弃选举权。

(四)保民大会系直接民主制度,目前一般人民对之不感任何兴趣,甚至心畏俱裹足不前,除宜提高人民参政之兴趣及责任感,使其踊跃参加外,并应责成地方政府切实尊重保民大会之职权,使保民不仅认为纯系分派民众负担之会议,且在积极之意义上有权讨论保内共同有关之公益问题与权利问题。

(五)一般人对公职候选之冷淡,其原因除缺乏参政之认识与兴趣,应作广泛宣传予以纠正外,地方政府之不重视此项要政,亦为主因,中央应严令各省认真办理,不得敷衍了事。

(六)中央颁布保障人民身体自由法令后,人民未蒙实惠,各级行政军警机关及特殊势力,一仍其任意拘捕吊打之作风,重违中央遵重民权之至意,中央似应饬令各省监察使署,厉行查究,严加惩办,并赋权各级民意机关随时检举。

〔行政院档案〕

5. 甘肃省参议会等请求中央凡中央机构派驻各省市县机构应出席该地参议会报告工作等情电

(1946年1月—1947年9月)

(1)甘肃省参议会电(1946年1月9日)

秘字第一号

重庆行政院钧鉴:查本会第一次大会,参议员尚佐周、潘珩等提议电请中央：凡中央机关派驻各省县机构，应在省县参议会开会时列席工作报告一案，当经决议通过。电请行政院核示记录在卷。肃电奉呈。敬乞鉴核。甘肃省参议会叩。秘。佳。印。

(2)河南省参议会电(6月14日)

河南省参议会代电 总字第532号
民国三十五年六月十一日

南京行政院院长宋钧鉴：案据洛阳县参议会议长史梅岭、副议长许振黄等辰佳代电，详陈理由，请转中央饬令各级机构及驻防部队于驻在地参议会正式开会时遵照出席报告政情及一切措置，俾得详加审议，以利推行而免隔阂。等情。经提交本会驻会委员会第一次会议议决，建议中央并复记录在卷。除电复外，理合抄附原件电请钧院鉴核施行为祷。河南省参议会议长刘积学、副议长张鸿烈叩。已寒。印。计抄原代电一件〔原缺〕

(3)四川省府张群电(7月17日)

民一字第4568号

南京行政院钧鉴：案准本省参议会为送贵州省绥阳县参议会辰歌代电：以地方民意机关是否有听取司法报告及向司法机关质询之权，请赐复等由。过府。查民意机关有无上项权限，尚无明文规定，理合抄附原代电一件电祈鉴核示遵。兼理四川省政府主席张群。已篠。民一。印。附抄贵州省绥阳县参议会。辰歌代电一件。

照抄原代电

贵阳省参议会钧鉴：成都省参议会勋鉴：查司法独立，举世各国莫不共同尊重。本会接管前临时参议会移交卷内有司法处卷一宗，内容关于地方民意机关是否有听取司法报告及质询之权一案。奉贵州高等法院文会字第三〇三号训令：奉司法行政部训参字第三七三号训令:查省参议会组织条例及县参议会组织暂行条例内并无关于听取司法报告及质询之规定。且各级法院均系中央机关,于事实上及体制上似亦无向地方民意机关报告及答复质询之必要。既经中央通饬,自可不必研讨。揆诸实际,似或不然。窃以司法独立,系独立审判,以便拒绝干涉或请托而达保障民权之目的,并非于国家组织之外,脱离国家组织而独立。矧各级机关,除其隶属联系之外,亦有其独立之精神。夫以国家立法将所拟各种法典、法规经交议会议决,然后交各有关机关执行。司法机关之与议会自亦不能例外,虽议会制度在吾国现尚未臻完备,第不能谓目前各级参议会只协助政府政令之推行,不协助司法行政之开展。至县府组织有军法一室,虽系非常时期之机构,而其审判军法诉讼当仍具独立性质。但军法室除其审判诉讼不能公开外,其所办业务则向地方民意机关报告,并接受质询,民意机关亦只聆取其业务之报告,而不过问其审判之情形。然则在同一地方有司法处、军法室两种独立之机构,向民意机关报告问题,一应一否,不免歧异。至若各级法院固系中央机关,他如田粮、税务要亦在中央机关之列,虽组织之系统各殊,施行国家之政令则一,直接间接在与人民发生极大之作用。田粮、税务等机关既须向民意机关报告,则各级法院之向民意机关报告问题于体制上似亦无碍,且所谓司法独立者,尤须执行司法吏警有严洁之品德,公正之态度,方能副司法之独立,乃官吏贪污,寖成恶习,吾人固相信司法官吏大都铁面无私,冰心自励,然不敢谓司法吏警人皆纯洁,且不敚法滥权。凡为议员均皆来自民间,倘有向各级法院贡献改进之心,乃以囿于各级法院似无向民意机关报告必要之规定,虽欲协助,恒若无方,虽欲请求解释法律或不免援令拒绝,且玩味"似无"两字在司法行政部亦自信无确切之明文或实例可资援引,然则"似无"两字自非绝对性质,可以断言在司法行政部既云"似无",在民意机关得云"似有",当亦情理可通。本县地处偏僻,文化落后,国人等法律常识均极缺乏,不知可否?请由省参议会转请行政院、立法院鉴察,重行核议,以便民意机关及各级法院互有遵循,并祈赐示为祷。贵州省绥阳县参议会议长樊其书、副议长戴厚基、议员彭则民等二十六人同叩。绥参密。辰歌。印。

(4)山东省参议会电(12月6日)

山东省临时参议会代电

议字第2799号

中华民国三十五年十二月六日

行政院院长宋、副院长翁钧鉴:案准河南省参议会戌艳代电:略以各级司法机关直接关系人民生命财产,至切至大,不宜以司法独立为藉口,使人民代表对于全省司法茫无所闻。各省高法院系省最高司法行政机关,对于用人之当否与工作之推进以及兴革情形人民代表似有听取与咨询之必要。且司法机关隶属于行政院,出席参议会报告工作,视司法为重要之一部门。高法院出席省参会,司法处出席县参会,报告工作状况亦当同一重要,应请行政院电令各省高等法院并转饬各县司法处在省县参议会报告工作,以免隔阂而杜流弊,嘱一致主张等由。本会对该项建议深感重要,除电复外,理合电请鉴核施行,无任企祷。山东省临时参议会议长裴鸣宇、副议长贾慕夷叩。亥鱼。秘。印。

(5)广东省参议会电(12月16日)

广东省参议会代电

议字第五二一号

中华民国三十五年十二月十六日发

行政院院长宋、副院长翁钧鉴:本会迭据各县参议会来函:为地方法院、货物税局及其他驻在地之中央机关应出席县参议会大会报告,但上列各机关多未照办。本会首届大会亦一致通过:所有中央在省之机关应与省级机关同一待遇,一律出席省参议会作施政报告,以便明瞭各机关业务实况,而利宣导民众,并为献替兴革之根据。查省市参议会主要任务,为协助省政当局推动地方建设,并非于政府处对立地位,而为沟通政府与民间之桥梁。故听取政府施政报告,不仅为议会应有职责,亦为发扬民主精神,促进政治进步及地方建设之必要条件。而中央在地方之机构,在系统上虽似与地方无关,实则为代表中央协助地方政府推动省政。举凡司法、财政、金融、经济、军事等机构措施无不一与民众息息相关。自理论上固不应脱节,于事实上如不受民意监督,当必助长不肖官员滥用职守,势将流弊百出,如是牵一发而动全身,将使地方及中央施政计划末由实现,一切建设因此重受障碍,且就实际上言,中央机关出席地方参议会报告,实有利而无弊。盖如一机关人事健全,业务步入正轨,将各种业务状况向人民报导,使人民了解内情,自会获得地方人士及社会舆论协助,故过去于历届临参会中有不少中央机构自动要求出席省参会报告,即为其中一例。复查省级各机构从实质上言,亦不过为代表中央执行政令,推动地方建设,与中央在地方之机构所负任务原无二致。当兹宪政实施伊始,欲期地方自治及建国大业早日完成,非树立议会权威,奠定民主政治楷模,无以获信于国民。反之,如政府一切措施独断独行,民众不得过问,势必为异党所藉口,如是必增加中央与地方政令推行之困难。基上所述,可知中央在地方之机关有重新规定其出席省市县参议会报告之必要。为此,除分电各省参议会一致主张外,理合电请察核,恳赐通令各所属机构,嗣后省市县参议会开会应一律出席作施政报告,以利议政为祷。广东省参议会议长林翼中。穗议。戌(铣)。印。

(6)财政部函(1947年2月20日)

准贵处本年一月七日礼京伍字第五六六一九号通知单:以据河南省参议会代电:对于货物税局奉令毋庸出席县参议会报告提出抗议一案。奉院长谕:"财政部议复。"等因。抄同原代电过部。查县为自治单位,县临时参议会为县民意监督机关,监督地方自治事务。货物税分局为中央税务机关。中央机关之施政臧否?系对全国人民负责，不能专对某一地方人民局部负责。且事实上，货物税分局辖区与县行政区域不同，亦无法为割裂之施政报告。至事务官，如有违法舞弊情事，监察机关尽可纠举弹劾，人民亦可举发，与出席县参议会为施政报告无关。本案前拨本部贵州区货物税局转请核示到部。当经核复，并通令各区货物税局暨直辖局转饬所属毋庸出席报告。嗣又据本部福建区货物税局电请核示区货物税局是否一律免予出席省参议会为施政报告。等情。到部。当以"查省参议会为省民意监督机关，依省参议会组织条例第三条之规定，仅有听取省政府施政报告及向省政府提出询问之权。区货物税局为中央机关，自然毋庸出席省参议会为施政之报告"。等语。电复并通饬各区货物税局暨直辖局知照各在案。奉交前因，相应函请查照转陈为荷。此致
行政院秘书处

财政部启

(7)西康省参议会电(5月20日)

南京行政院钧鉴：顷准西康省政府函转奉钧院训令：为中央驻省县市机关无庸向所在地参议会报告工作一案。复查中央机关驻在各省市县虽系奉行中央法令办理事务，然随时随地均须与当地人士接触，为求业务推行顺利起见，更须博得当地人士之赞助与同情，并非中央机关即与人民自画界线，以示隔绝也。参议会为中央所规定之民意机关，其宣达政令为民喉舌，亦须与中央驻省市县机关息息相通。乃钧院忽令其无庸向参议会报告，不但自失臂助，亦非政府所以尊重民意机关之初心，且参议会之必需中央机关出席报告者，亦取其任务之与民众关系较密切者，事既需要，又不烦琐，中央与地方亦两无不利也。况以中央辖区之大耳目，或有难周，倘藉参议会之报告质询因以促其成效之丰张，于业务上之改进及裨益尤为宏大。故中央机关之出席当地参议会报告实有百利而无一

弊。准函前由。经本会第二次大会第六次会议决议："再向中央请求"纪录在卷。理合电请钧院府赐采纳，收回成命，树民主之风声，奠宪政之基石，利民福国，实利赖之。披沥陈词，敬乞衡裁。西康省参议会议长胡恭先叩。辰号。秘。印。

(8)中山县临时参议会电(5月23日)

中山县临时参议会代电　参民字第193号
中华民国三十六年五月　　日

国民政府行政院长张钧鉴：现准新会县临时参议会本年卯冬临六二三号代电：拟请一致呼吁省参议会转请行政院对参议会听取施政报告及质询权之规定，应予修正，普及于所在地中央以次诸机构，以健国体而符民主。并准广州市临时参议会本年四月九日一〇一号代电：请一致响应徐州参议会拟请行政院准予饬令中央驻省市县机关仍出席所在地参议会报告。各等由。当经于本会第三届驻会委员第二次会议提付讨论，金以我国既为民主国家，一切施政自宜以民意为依据，况宪法行将实施，尤须扶植民权，以促宪政之实施，县市中央机构多属与地方民众负担有关，当地民意机构应予闻问，以符民主，决议分电行政院、省参议会呼吁等议记录在卷。除分电外，谨录案抄同原电文电请察核办理，并乞示复。中山县临时参议会议长魏规明。辰梗。岐。参民。秘。叩。附抄新会县及广州市临时参议会代电各乙份。

广州市临时参议会代电　字第〇〇一〇一号
中华民国三十六年四月九日

全国各省市参议会、本省参议会、各县市参议会公鉴：现准徐州市参议会本年寅养徐参秘议字第二五一号代电开：案查中央驻省市县机关应否向所在地参议会报告工作一节，行政院于本年二月八日以广一字第四一三五号训令通令各省市政府中央驻省市县机关系依据中央法令办理事务,且管辖地区与行政区划并非完全一致,无庸向所在地参议会报告工作,转令各省市县参议会知照。本会于同年三月九日准徐州市政府民字第二三三八号公函转知在案。查中央驻省县机关,除关系地方较少者外,其他若直接税局、货物税局、敌伪产业清理处等机关皆关系地方民众负担至巨。即以徐州而论,直货两局年所赋取即远较地方税收机关之税捐稽征处为多。敌伪产业清理处更囊括地方精华以去。事实如此,似不应以行政统属不同,辖区或异,反使地方民意机关无置喙余地,且税务人员不能必其人皆清廉,事无苛扰,中央耳目难周,人民有口难启,坐使不肖人员得深文周内,敛取无度,亦殊非中央勤求治理,扶植民意之至意。爰经本会第二次大会议决,联合各省市县参议一致向中央吁请准予饬令中央驻省市县有关人民负担机关,遇所在地参议会有所质询时,仍应出席报告。等语。记录在卷。相应电达,即希贵会惠准,向中央一致吁请共策成功。等由。准此。当经提付本会第二届驻会委员第十五次会议讨论决议:"通电一致主张"等词纪录在案。除分电外,相应电请查照,一致响应,吁请共策成功为荷。广州市临时参议会议长陆幼刚、副议长沈家杰叩。印。

新会县临时参议会代电

南京国民参政会、宪政促进委员会暨广东省参议会及本省各县市参议会、各报社、各人民学生团体公鉴:本会第三次全体大会参议员冯铁梅等提议第三案分函各县市参议会一致电请省议会转请行政院对参议会听取施政报告及质询权之规定一节修正普及于所在地中央,以次诸机构,以健国体而符民主案,页案办法拟:(一)分函全省各县市参议会一致呼吁各参议会暨参政会、宪政促分会转请行政院照准请求;(二)通电全国报社及各人民学生团体一致响应声援,唤起政府注意。当经审查后提付大会决议,照审查意见修正通过纪录在卷。除依案通电一致吁请外,相应检同提案一份电达查照,并希一致响应声援,转请行政院照准请求,以健国体而符民主为荷。新会县临时参议会议长陈国伦、副议长刘禹卓、邓冬。临。印。附送本会第三次大会决议第三案一份。

第三案

案由:分函各县市参议会一致呼吁省议会转请行政院对参议会听取施政报告及质询权之规定应予修正普及于所在地中央,以次诸机构,以健国体而符民主案。

理由:查行政院规定对于参议会听取施政报告及质询权只限于所在地地方行政机关与其所属而已。其余如法院暨中央各院、部、会、处、局等系统诸机构均无过问之权。现复准省参议会穗议寅寒议字第八五一号代电开:"现准省政府五感民二治字第零七六六五号代电开:奉行政院训令开:查中央驻省县市机关系依据中央法令办理事务,且其管辖地区与行政区划并非完全一致,无庸向所在地参议会报告工作,迭经举行解释在案。等由。相应电请查照。等由。复准广东区货物税局暨粤海关税务公署略同。等由。除分电外,相应电达查照。"等由。似觉自悖民主风度。盖民主宪政,人民有罢免、复决、监督行政诸权,而参议会因为民意唯一之机构,赋以听政质询之权,旨在检讨过去,策励将来,勘收应兴应革之效,与夫上情下达,下情上达之愿望用意至善,虽然中枢与地方行政之管辖及其系统之高低并非完全一致,而举行中央法令与人民休戚相关则一也。其对国家社会之利弊,轻重更无二致,与中央级或有过之。今奉前令,则无异,除规定得以听政质询以外之机关,毋庸民主化之诏示。自开宪政之门,未免有窃钩窃国之讥,尤恐为民主宪政之障碍,以为伸张民权,以期澄清吏治,促进宪政建国计,应请一致呼吁修正参议会有普及听取质询中央以次机关之权,用副民望。

办法:1.分函全省各县市参议会一致呼吁省参议会、县参政会、宪政促进会转请行政院照准请求。

2.通电全国报社及各人民学生团体一致请响应声援,唤起政府注意。

提案人:冯铁梅
连署人:阮　彭
陆焯南

决议:照审查意见修正通过。

(9)湖北省参议会电(5月27日)

湖北省参议会快邮代电

省参议字第4779号
中华民国三十六年五月二十七日发

南京行政院张院长勋鉴:窃省市县参议会职在辅政导民,对地方政务,皆宜洞悉内容,于以挟其利病献可替否。凡行政机关,无论属于中央或地方,皆有出席报告之必要。现本省各县参议会以驻县境中央机关拒绝作施政报告,纷纷请求建议中央。而各省市参议会亦曾向钧院一致要求,主张中央机关应出席驻地省市县参议会报告。盖以机关虽属中央,而所司职务则与地方人民直接有关,议会为人民代表,倘中央机关能将事实需要与办理困难种种尽情报告,由议会转告人民,自易得其谅解与协助,斯不独无损中央之威信,并可以收实际之便利。本会对各该省市县参议会主张深表赞同,理合电请府赐采纳为祷。湖北省参议会议长何成浚叩。辰感。印。

(10)贵州省参议会电(8月16日)

贵州省参议会代电

议字第326号
中华民国三十六年八月十六日

南京行政院院长张钧鉴:查省县参议会依据法令有听取省县政府施政报告及向省县政府提出询问之权。原以省县参议会介于政府与民众之间,既须宣扬民隐,指陈得失,建议兴革,复须以政府施政情形传达民众,使民众了解政府政策,俾群策群力,共济时艰。

立意至善,故自各级民意机关成立以来,虽面临抗战及复员最艰苦阶段,然上情得以下达,下情亦不壅于上闻,对于国家地方及抗战复员均有莫大贡献。惟中央驻在各省县市机关按钧院解释,以系依据中央法令办理事务,且其管辖地区与行政区划并非完全一致,无庸向所在地参议会报告工作。窃以中央驻在各省县市,如兵役、粮政、税务、盐务、司法等机关,其隶属虽有不同,管辖地区亦与行政区划并非完全一致,然与省县各级政府同为行使治权机关,且其主管业务皆直接与民众权利义务密切相关。今省县民意机关不能听取其施政报告,则民隐固无从宣传,即中央法令亦难悉使民众了解。上焉者,必致上下隔阂,使政府政策不能推行尽利,下则或因隔阂而不体谅政府困难,甚致发生其他恶果。前此共匪之倡为反对征兵征粮,而人民视听竟不无受其影响者,当莫非上情不能下达,下情壅于上闻之故也。今宪政实施在迩,中央为戡平匪乱,并已下令动员,倘欲顺利步入宪政阶段,戡乱早日结束,必须全体民众了解政府政策及一切法令,而后始能共体时艰,群力以赴。然欲使民众了解政府政策及一切法令,则舍向省县民意机关报告俾作宣扬中介难收圆满效果,尤以征兵征粮均为动员勘乱需要,各项税收关系国家经济,欲使民众踊跃服役及□将更有赖于主其事者与省县民意机关密切联系,俾善为宣导与劝勉。本会送准各县参议会之请愿,并盱衡当前局势,爰经驻会委员会询谋佥同。除电陈国民政府外,谨电钧院,敬祈鉴核分行驻在各省县市兵役、粮政、税务、盐务、司法各机关仍出席各省县市参议会报告施政概况,以免隔阂而使群策群力,共济时艰,毋任屏营待命之至。贵州省参议会议长平刚叩。未(铣)。印。

(11)湖北省府呈(9月12日)

湖北省政府呈

中华民国三十六年九月十二日　秘第12923号于

案查前准本省参议会函送一届二次大会议决案内提案第一零四号议决：请省府向中央建议司法当局饬各级司法机关首长于省县参议会开大会时出席报告一案。经于本年四月二日以省秘一字第一〇〇九五号代电抄同原案赍呈核示在卷。历时颇久，未奉饬遵。兹复准该会函送第一届第三次大会决议案内交议案第五号一般部门第一项：略以最近各地司法机关因不明社会情形，或有其他作用。以致治法未彰，民多冤抑，甚至有县参议员在大会中提出检举官吏贪污案，竟被认为当事人票传出庭质询，无形中使参议员再不便依法行驶其职权，种种隔膜不一而足，如司法机关首长能出席省县参议会报告则一切意见皆可沟通，仍请省政府续呈中央从速核准。等语。理合备文再呈鉴核示遵。谨呈
行政院院长张

湖北省政府主席　万耀煌

（12）湖南省参议会电（9月8日）

湖南省参议会代电　　参议〈三〉〈10〉字第2891号
中华民国三十六年九月八日发出
　　行政院钧鉴：案准贵州省参议会议字第326号未铣电暨广东省参议会议字第二〇四四号未皓电：佥以中央派驻各省机关所经办事宜与地方民众福利息息相关，事实上及法理上均应出席各省县市参议会，报告施政概况，请一致主张。等由。到会。查本会亦有同样主张，迭电钧院核办在案。准电前由。理合抄同原电二件电请钧核采纳示复为祷。湖南省参议会。申齐。印。抄送原电二件。

抄广东省参议会代电

湖南省参议会公鉴：本会顷上行政院、立法院一电文曰："查本会第一届第二次大会对于中央驻省机关不出席本会报告问题，佥以中央派驻各省机关经办事宜与全省民众福利息息相关，其工作

状况,各省参议会实应听取及询问,俾资宣达。当经决议:建议中央将省参议会组织条例第三条第五项修正为"听取省政府暨中央驻省机关施政报告及向省政府暨中央驻省机关提出询问事项。"等语。纪录在案。"理合电请察核办理示遵为祷"。等语。相应电请查照,一致建议,并希见复为荷。广东省参议会议长林翼中。穗议。未皓。印。

(13)河南省参议会电(9月13日)

河南省参议会代电
总仁字第3365号
民国三十六年九月十三日

南京行政院钧鉴:查省县参议会依据法令有听取省县政府施政报告及向省县政府提出询问之权。原以省县参议会介于政府与民众之间,既须宣扬民隐,指陈得失,建议兴革,复须照政府施政情形传达民意,使民众了解政府政策,俾群策群力,共济时艰。立意至善,故自各级民意机关成立以来,虽面临抗战及复员最艰苦阶段,然上情得以下达,下情亦不壅于上闻,对于国家地方及抗战复员均有莫大贡献。惟中央驻在各省县市机关,按钧院解释以系依据中央法令办理事务,且其管辖地区与行政院区划并非完全一致,无庸向所在地参议会报告工作。窃以中央驻在各省县市,如兵役、粮政、税务、盐务、司法等机关,其隶属虽有不同,管辖地区亦与行政区划并非完全一致,然与省县政府同为行使治权机关,且其主管业务皆直接与民众权利义务密切相关,今省县民意机关不能听取其施政报告,则民隐固无从宣达,即中央法令亦难悉使民众了解。上焉者必致上下隔阂,使政府政策不能推行尽利,下则或因隔阂而不体谅政府困难,甚致发生其他恶果。前此共匪之倡为反对征兵、征粮,而人民视听竟无不受其影响者,当莫非上情不能下达,下情壅于上闻之故也。今宪政实施在迩,中央为戡平匪乱并已下令动员,倘期顺利步入宪政阶段,戡乱早日结束,必须全体民众了解政府政策及一切法令,而后始能共体时艰,群力以赴。然期使民众了解政府政策及一切法令,则舍向省县民意机关报告俾作宣扬中介难收圆满效果。尤以征兵、征粮均为动员戡乱需要,各项税收关系国家经济,期使民众踊跃服役及□将更有赖于立其事者与省县民意机关密切联系,俾善为宣导与劝勉。本会迭准各县参议会之请愿,并盱衡当前局势,爰经驻会委员会询谋佥同。除电陈国民政府外,谨电钧院,敬祈鉴核分行驻在各省县市兵役、粮政、税务、盐务、司法各机关仍出席各省县市参议会报告施政概况,以免隔阂,而便群策群力,共济时艰,毋任屏营待命之至。河南省参议会。申元。叩。

〔行政院档案〕

6. 宪政实施协进会关于成都市参议员金钱选举政府操纵选举等弊考察意见函

（1946年3月4日）

国防最高委员会秘书厅公函　国纪字第六一二八九号　中华民国三十五年三月四日

准宪政实施协进会函送该会第一考察区报告成都市参议员选举情形,并建议四项其中关于市参议员选举之改善裨益良多,请查照转陈采择办理等由。到厅经陈奉批:"原建议第二项交行政院注意其余分交行政、立法两院参考",除函立法院外,相应抄同原建议函达,即希查照为荷。此致

行政院

（分）抄附原考察意见一份

考察意见

(1)为杜防金钱选举之弊,宜规定候选人竞选费用之最大额数,此种限制在民主先进国家早已采行,吾国似可略仿其意于市参议员选举条例中,明白规定竞选费用之最大额数,凡竞选费用,应

由经办人详列帐目选举监督得随时查核之,其费用超过规定者,即丧失当选资格。

(2)为防杜政府或自治人员操纵选举,宜提早完成选民登记手续,按现行市参议员选举条例第十条规定"市政府应于选举前一个月办理选举人及候选人登记,前项选举人及候选人之登记名册应于选举十五日前于各区公告之",第二十二条规定"市政府应于选举十日前将选举票按照选举人名册登记之人数发交各区公所及各职业团体具领投票人以列名于选举人名册者为限"。此次成都市虽于选举前一个月办理登记,但凭以进入选场换□选票之户牌,直至选举前夕,尚有存于保甲手中未发交选民者,不仅有违立法原意,且亦开操纵之弊窦,似应提请政府加以纠正。

(3)为避免误会宜明文规定公共户中,具有市民资格者之选举权及被选举权,查市参议员选举条例第二、第三、第五、第十六等条,暨市组织法第七条于选举权及被选举权均有规定,但公共户中各学校机关不乏合于法令规定具有选权之市民。此次成都市参议员选举即以法无明文见而发生公共户是否有选权之问题,此问题虽经选举监督之解释而得解决,但为鼓励公共户市民参加选举,并免除误会起见,似可于选举条例中予以规定。

(4)为符合都市之性质,宜增加职业团体参议员之名额,查此次成都市参议员选举结果,当选参议员五十七人中,籍贯为成都市者四十六人,占百分之八十强,籍贯为外县者十一人,占百分之二十弱,区域选举参议员四十人中,为成都市籍者三十人,占百分之七十五人,为外县籍占百分之二十五,职业选举参议员十七人中,十六人为成都市籍,占百分之九十四强,外县籍一人,占百分之六弱(附表十五)。查市参议员选举条例第十五条规定"职业团体应出市参议员名额不得超过总额十分之三,以每一职业团体为一单位,各自由职业团体合为一单位,按会员多寡分配望应出之名额,但至少每单位应出一名"。此次区域及职业选举名额,即遵照此规定而分配者，惟按市之性质与县显有不同之处，市组织法第四条规定，有下列三种情形之一者为省府监督之市，一、省会；二、人口在二十万以上者；三、在政治经济文化上地位重要，其人口在十万以上者，照此规定所设之市有成都、昆明、广州、桂林、杭州等十七处，然无不具有上述第三种情形者，足见县之组织较富于区域性市之组织，则包含政治经济文化性，欲求参议会能符合县市之特殊性质，似应在县参议会中侧重区域选举人数在市参议会组织中注重职业选举人数，但市参议员选举条例第十五条规定，市职业团体应出市参议员之名额与县参议会同似可有加商酌之处，本届成都市参议员选举，即以职业选举中自由职业团体名额不敷分配，而致新闻记者公会放弃选权，补救之方似在酌量增加市参议会职业选举之名额，以符市组织之特殊性质。

〔行政院档案〕

7. 宪政实施协进会关于滇省各级民意机关设置及党政机关干涉选举等情考察报告

(1946年3月12日)

滇省各地方自治及各级民意机关设置情形

(一)去年十一月十七日亲往路南县考察县参议会，虽已于八月一日成立，议长、副议长均由县参议员选举，惟县政府仍照临时参议会办法加倍开列呈请民政厅圈足，次日复到该县石林镇镇公所考察镇民代表会亦已成立，惟调阅代表签到簿与会议纪录，因该公所均推经管人不在，实际情形如何，无从查悉。

(二)去年十一月八日亲到宜良县考察县参议会与乡镇民代表会，均已成立，惟选举多未依法。次日上午，复到该县所属鹅塘镇镇公所考察，据镇长李象贤报告，本届县参议员仍由去年选出之临时参议员二人中圈定一人为正式县参议员，嗣询镇民代表会主席杨寿征，亦云本年并未举行选举。

(三)去年十一月十九日亲到呈贡县考察,据县参议会副议长报告,县政府近奉民政厅有日密电,省参议员应当依法选出备选人三人,呈候该府提交省党政小组会议核定一人为正式省议员,是党政机关公然干涉选举,违背省参议员选举法之规定。

(四)去年十二月十一日派员赴霑益曲靖等县考察,据报(1)曲靖县参议会于七月间正式成立,已开大会一次,全县十四乡共选出参议员十九人,现已辞职二人,仅有十七人;乡镇民代表于三十三年上季开始选举,并于同年九月开始选举乡镇长,现全县乡镇长均系民选;保民大会于三十三年三月召开,户长会议选举保长,第三次保民大会选举乡镇民代表,省参议员于十一月十六日选举,到会县参议员十六名,结果孙天霖得五票、邓子和得三票,亦经报省。(2)霑益县参议会于三十四年八月成立,已开大会二次,全县十七乡镇有参议员二十三人;乡镇民代表于三十三年六月成立,并同时选举乡镇长;保民大会于三十四年四月即已召开,选举乡镇民代表;省参议员于十一月二十日选举,潘子笏、张正精各得七票,已送省,并加选殷剑忠(六票)、张署星(六票)、张应诺(三票)、张正衡等四名,一并报省。(3)盐津县选举省参议员,投票结果,刘淑清与陈葆仁各得五票,邓全邦得三票,现呈请上峰签定,以上三县选举省参议员,得票均未过半数,依法应行决选,乃各该县府竟不行决选,以得票比较多数者呈请鉴定,足见仍遵照民政厅有日违法密电办理。

〔行政院档案〕

8. 张云龙陈述上海市第二区参议员选举舞弊包办行为致内政部呈

(1946年5月11日)

呈文:

窃上海市第二区选举参议员,完全舞弊,强奸民意,且有包办性质。检其全部选票，系数十票或数百票同一笔迹，即可为强有力之证明，以全区选举所委派之代书人，全系区公所职员，此种不合法之选举，当然无效，希重行选举，取销代书人，由区民自由选举，方可选举真正民意参议员。希即饬令上海市政府民政处照办。谨呈
内政部

具呈人张云龙
第二区公民住上海云南路214号

附注〔略〕

〔内政部档案〕

9. 内政部规定各县县长不得擅自宣布县参议员选举无效等情呈

（1946年11月27日）

内政部呈　民字第515号
中华民国卅五年十一月廿七日

查县参议员之重行选举，依法必须经由法院判决，确实原选举无效，或有其他不法情事，经该管民政厅长兼选举监督核准后，始得举行。各县县长仅负办理选举事务之责，如遇选举发生纠纷时，自仅能依法送请法院受理，或呈请该管民政厅长兼选举监督核办。乃本部迭据呈控各县县长竟有擅行宣布选举无效，或当选无效，令饬重选者，匪特逾越法律赋予之权限，使选举纠纷不能依法解决，且足以妨碍国民选举权之合法行使，亟应严予纠正。爰特规定各县县长对于各该县所发生之选举纠纷应斟酌情形依法送请当地法院判决，或报请该管民政厅长兼选举监督核办，如有擅自宣布选举无效，或当选无效者，应由民政厅长兼选举监督将其不法处分明令撤销，并按其情节轻重予以议处，报部备查。除已通行外，理合呈请鉴核备查。谨呈

行政院

内政部部长张厉生

〔行政院档案〕

10. 内政部规定参议会正副议长选举在选票上编列号码者视为无效呈

(1946年12月7日)

内政部呈 民字第4650号
中华民国卅五年十二月七日

查参议会正副议长应用无记式选举,早经本部通行有案。乃本部迭据呈控各地县参议会选举正副议长时,常有在选票上编列号码者,匪特有失无记式精神,使选举人不能发挥自由意志,且亦足滋纷扰,亟应予以纠正。爰特再行规定:凡正副议长之选举,在选票上编列号码者应一律视为无效,依法重行选举。除已由部通行外,理合呈请鉴核备查。谨呈

行政院

内政部部长张厉生

〔行政院档案〕

11. 上海市参议会请早日拟订直辖市自治法草案电

(1947年1月27日)

南京行政院公鉴:查本会第一届第二次大会决议案民二字第四号为建议中央早日确定直辖市民之自治权,并由本会拟订本市自治法草案一案,经决议修正通过,纪录在卷。理合检呈原案全文一件电呈钧院,请予迅赐将直辖市自治法草案抄示本会,以便研究。上海市参议会议长潘公展、副议长徐寄顾。子(感)。议二印。附呈民二字第四号决议案一件。

民二字第四号（查提二字）第七十号经自治委员会第六次会议审查结果拟照原案提出

案由：建议中央早日确定直辖市市民之自治权，并由本会拟订本市自治法草案。

理由：在民主制度中，省市县各有其自治权，而自治权之限度如何，方法如何，则须制订自治法，俾作具体而因地制宜之规定。此次公布之宪法，关于省县自治问题，在第一百十二条，一百十三条及一百二十一条至一百二十四条中尚规定若干原则，惟对直辖市之自治问题，仅规定："直辖市人民之自治以法律定之"。（第一百十八条）是则直辖市人民之自治权并未获得宪法之保障，而"以法律定之"之所谓"法律"究竟何时可以公布施行？市民应有自治权能否因此初步确立其限度如何？制度如何？本人我为市民代表，诚不能漠视，用敢提出左列办法敬候公决。

办法：（一）由本会请求中央于依照宪法第一百十八条制订法律时，必须规定下列事项：

甲、由市参议会起草市自治法，提请市民代表大会通过施行。

乙、市议会议员及市长俱由市民选举之，任期三年，得连任一次。

丙、市民有选举、罢免、创制、复决之权。

（二）由本次大会选举参议员三十五人组织"上海市自治法研究委员会"，试拟本市自治法草案，提出第四次大会讨论之。

审查意见：原办法拟修改为：（一）由本会呈请中央将直辖市自治法草案从速抄送本会，以便研究；（二）由本次大会推选参议员卅五人组织"上海市自治法规研究委员会"。

大会决议：照审查意见通过。该委员会之组织另案办理之。

〔行政院档案〕

12. 内政部请劝止南京市参议会建议各省市推代表举行临时联合会议等情与行政院往来呈令

(1947年3—4月)

(1)内政部呈(3月6日)

内政部呈　礼字第2729号
中华民国卅六年三月初六日

案准南京市参议会三十六年二月二十日京参卅六字第〇五九九号代电以该会于本月十二日召开临时大会,通过时局宣言,除电各省市参议会建议各推代表举行临时联合会议外,谨附奉宣言五份,请即查照。等由。并宣言五份到部。查宣言中所称各点,依法均超越市参议会组织条例所定市参议会应有职权之外。至所拟召集各省市参议会代表举行临时联合会议一节,尤属于法无据。现在国民大会甫经开毕,宪法正在准备实施,似不应有此法外活动,致淆观听而乱步骤,拟请钧院严予制止,免生枝节。是否有当,理合检同原送宣言一份呈请鉴核示遵。谨呈

行政院

　　计附南京市参议会时局宣言一份

内政部部长张厉生

南京市参议会时局宣言
中华民国三十六年二月十二日

国事纷扰,于今为甚。和谈之门已闭,兵争之祸日亟,而党派间是是非非,依旧难分难解。我全国人民,为国家的主人,亟应有所主张,有所行动,以谋自救。基于这一认识,我们对于国事,敢披肝沥胆,提出如下的主张,以就正于国人:

(一)今日国家人民所企求者为和平统一,而和平统一之实现,政府应对全国人民负完全责任,不能稍有推诿。和谈固不失为解决

问题的一法,但当获得和平的实益,而不在徒袭和谈的美名。我们要求政府必须贯彻恢复交通办法及整军方案,我们坚决主张共产党必须放弃其一党私有武力。而要本军队国家化的原则,化党军而为国军,化武装的政党而为正常的政党。只有这样的政党,才有其政治的前途;只有这样的军队,才能为国家的干城,得到人民的拥护。

(二)国民政府的基础,应力求扩大,实施宪法的预备程序,务必如期完成。宪法所规定的人民自由权利,应予切实保障,所有违反宪法的各项法令,应立即予以修正或废止。改组后的新政府,应以宪法所规定的基本国策,为施政纲领,而要特别注意于外交政策的加强及财政经济政策的革新。

外交方面:我们认为苏美在中国境内的军队,已完成其任务,均应撤离中国。香港、九龙、澳门及旅顺、大连等地的主权必须收回,西沙群岛不容法兵强占,越南侨胞之被虐杀,必须采取有效的对策。对于各项国际会议的运用,更应恪守正义的立场,本世界宪章的精神,作主动的、积极的贡献。对于国际间任何干涉中国内政的议论或谅解、协定,更应及时作严正的表示,断然拒绝,充分发挥独立国家应有的独立自主的精神。

财政、经济方面:应断然肃清官僚资本主义,彻底的执行民生主义的经济政策。节制资本,要以转化商业资本为工业资本作起点,只有积极生产、奖励生产,才能平抑物价,挽救经济危机,廓清社会上巧取豪夺投机暴利的风气。平均地权,要以耕者有其田,住者有其屋为目标,以限田及征收的方法,防遏土地的集中及土地商品化的趋势。

至一般政治机构之应肃清贪污,奖进贤才,整饬政风,提高行政效率,更是刻不容缓之图。政治上必须有断然的革新,才能收拾人心,突破难关,与民更始。

(三)军党分立,政军分治的方针,必须贯彻:国军及共军内的党部组织应一律退出,所有军人无论将官士兵应宣告停止其党的活动,并宣誓效忠于国家。所有各省市县首长不得兼任何军职,并应从速进行民选,军人不得以任何名义干涉政治。

共产党控制区的民意机关及地方政治机关,应依政府的法令改正其名称、系统,由政府加委或备案,以求统一。关于东北的地方政权问题,亦应本此方针,以求解决。东北的主权必使完整无缺。我们反对暴动,反对分裂,反对绝灭人道,绝灭人性的"斗争"和屠杀。

(四)我们认为在这国事纷扰,兵争日亟,行宪的国民大会成立有待过渡时期,实有立即寻求表达全国民意的途径之必要:今日最足以代表全国民意的,自莫如全国各省市的参议会,因为只有各省市的参议员多为人民所选举。因此我们认为只有全国各省市参议会各推代表举行临时联合会议,才能表达全民公意,以集体的力量共定国是。

我们认为各省市参议会不能以参议省政、市政为限,而有与问国政的权责。省政、市政只有在和平统一的局面之下,才能顺利进行,我们必须集中全国的力量,求得全国的和平统一以后,才有各地的建设可言。于此事机急迫之秋,我全国各省市参议会同人,不能不本当仁不让,见危授命的精神,毅然负起这一责任,以一致的主张,坚决的行动,把中华民国在政争党争兵争中抢救过来。

全国各省市参议会,应该超然于任何党派之外,站在国家和人民的立场,直接对国家人民负责。它对于各党派的意见应予尊重,但对于任何党派的意见有最后抉择之权,这也许就是国家的安定力量,也许就是国家拨乱反治的枢机所在。我们敬以此议,献于各省市参议会同人之前,并请共产党控制区的省级民意机构作同样的考虑。我们敬在这里伫候明教,并愿追随于各省市参议会同人之后,一心一德,共策进行。

我们认为全国的民意,应由适当的民意机关来表达,而不容任何集团的假借。我们认为全国人民要自动的团结起来,而不容任何党派的分裂。我们认为国家的领土主权,是完整统一的整体,而不容任何武力的割据,任何外力的劫夺。我们认为时局不堪再拖,而消弭战祸,恢复交通,贯彻整军方案,乃澄清局势的唯一起点。我们认为任何党派,要争以见,而不政争以武力,要争于议场,而不争于战场。我们认为中国的命运,握在中国人民自己手里。而今事机急迫,中国人民应该立即站起来说话,并继以坚决的行动,而以全国各省市参议会的联合会议为枢机。中国救亡图存的途径,或即在此,幸国人共起图之。谨此宣言。

(2)行政院指令稿(3月13日)

指令

　　　令内政部

　　卅六年三月六日礼字2729号呈请制止南京市参议会召集各省市参议会代表举行临时会议由。

　　呈件均悉。已依议分电各省市政府。院电抄发。此令。

电(苏京沪三省市用代电)。

　　各省市政府、台湾省行政长官公署、东北行辕政治委员会(东北、新疆除外):密。据南京市参议会代电称:该会于本年二月十二日召开临时大会,通过时局宣言并称已电各省市参议会建议各推代表举行临时联合会议等语。查原宣言所称各节均超越市参议会组织条例所定职权之外。至于拟召集各省市参议会代表举行临时联合会议一节亦无法令根据。现在国民大会甫经开毕,宪法正在准备实施,不便多此法外活动,致淆观听而乱步骤。各该省市、东北各省市(东北行辕用)参议会如有发动该项举措,应即设法妥为劝止,免生枝节。特电遵照。行政院。寅删。治。印。

(3)蒋梦麟签呈稿(3月17日)

签　呈　第一三六三号

　　据内政部呈以南京市参议会代电称：该会于本年二月十二日召开临时大会，通过时局宣言，并称已电各省市参议会建议各推代表举行临时联合会议，以全民公意共定国是等语。惟查该会拟议并无法令根据。现国民大会甫经开毕，宪法正准备实施，不便多此法外活动，致淆观听而乱步骤，拟请由院严予制止等情。已由院分电各省市政府、台湾省行政长官公署及东北行辕，饬知如各该省市参议会有发动该项举措时，应即设法妥为劝止，免生枝节。谨报请鉴核。

　　附呈宣言一份

职　蒋梦○
三月　日

(4)蒋介石电(4月21日)

国民政府代电　　府交字第10853号

　　行政院蒋秘书长勋鉴：三月十七日第1363号签呈及附件均悉。中正。卯马。府交丁。

〔行政院档案〕

13. 国民政府修正公布宪政实施促进委员会组织规程令

(1947年4月29日)

　　宪政实施促进委员会组织规程

　　三十六年四月二十九日修正公布

　　第一条　本规程依据宪法实施之准备程序第九条及第十条之规定，订定之。

　　第二条　制定宪法之国民大会代表，均为本会委员。

　　第三条　本会之任务如左：

（一）研究宪政实施之准备程序第一条至第八条所列之有关事项，并向政府提出建议。

（二）考察关于地方准备实施宪政之情形及其进度，并向政府提出建议。

（三）受政府之委托审议与宪政实施有关之事项。

（四）宣传宪法要义及宪法实施所应注意事项。

第四条　本会设会长一人，副会长二人至四人，秘书长一人，并设常务委员会及研究、宣传、考察三委员会。

常务委员会设委员九十五人至一百二十五人。

研究、宣传、考察三委员会，各设委员若干人。

各委员会各设召集人三人至五人。

第五条　本会会长主持本会会务，并推进各委员工作。

第六条　本会秘书长承会长之命，处理日常事务。

第七条　本会会长、副会长、常务委员及各委员会委员，均由国民政府聘任之，秘书长，由国民政府特派之。

第八条　本会各委员会召集人，由会长于各该委员会委员中指定之。

第九条　本会常务委员会下设秘书处，置处长、副处长各一人，组长二人，干事及助理干事各若干人，分议事、总务两组，处理事务。

第十条　本会各委员会，得设秘书一人至三人。

第十一条　本会常务委员会，处理研究、考察、宣传各委员会之决议事项。

第十二条　本会常务委员会会议，由会长召集之。

第十三条　本会各委员会，委员于会议时所为之言论及表决，对外不负责任。

第十四条　本会于宪法产生之国民大会代表集会之日结束。

第十五条　本会办事细则另定之。

第十六条　本规程由国民政府公布施行。

〔国民政府档案〕

14. 财政部秘书处抄发"宪政实施准备案"函

(1947年5月8日)

京秘甲字六八八号

奉交行政院三十六年五月一日从壹字第一六四六六号训令开："奉国民政府三十六年四月二十二日处字第三九五号训令检发三中全会决议宪政实施准备案饬遵照等因。除分令各部会及各省市政府外,合行抄发原件令仰。就主管事项遵照办理,其应另订实施办法者,并仰于文到一个月内迅即拟订为要"等因。附抄发宪政实施准备案一份,到部。下处分函外,相应抄附原颁宪政实施准备案一份,函请查照办理见复为荷。此致
财政部研究委员会

抄附宪政实施准备案一份

秘书处启
五月八日

宪政实施准备案

一、自中华民国宪法公布之后,至依据宪法召集国民大会之日为止,本党之政治设施应以从速扩大政府基础准备实施宪法为中心。

二、国民政府扩大基础后,在三民主义原则指导下,依据宪法基本精神所为之各项设施本党应予以全面之支持。

三、本党与国内其他和平合法之政党应切实合作共同完成宪法实施之准备程序。

四、国家法令有与宪法保障人民自由之规定相抵触者,应由政府迅速分别予以修正或废止。

五、国民政府应迅速依据宪法实施之准备程序制颁各种有关法规如期施行。

六、依宪法实行各种选举时本党应与其他和平合法之政党之互相提诘,尽量协助确能代表人民利益之人士参加竞选,并力矫因选举而发生之弊端,以树立民主政治之楷模。

七、依宪法之规定,对于中央与地方权限应作重新划分之准备,并逐步予以实施。

八、依宪法之规定,分别拟订省县自治通则,加速推行地方自治,并秩序安全之省区选定县份实行县长民选。

九、训政时期各项应行完成之地方自治工作,其有尚未完成者,应加紧办理尤应注重清查户口,办理户籍登记,以便实行选举。

〔财政部档案〕

15. 河南省参议会等请速颁省县自治通则以拟订省县自治法电

(1947年5—8月)

(1)河南省参议会电(5月30日)

总仁字 第1817号

南京行政院钧鉴:准河南省自治协会代电开:"查省县自治通则,为制定省自治法及县自治法之根据。前接内政部电:中央正在拟订中。现钧会第三次大会定于四月二十六日举行,而宪法将于十二月二十五日施行,为期不远,转瞬即届,拟请钧会在此大会中提案,对草拟本省自治法及催各县参议会草拟县自治法等事,作具体之准备。此种草案,应在省民代表大会或县民代表大会召集以前完成,提出于代表大会讨论通过,以期建立全省自治之良规,而树各县自治之楷模。谨拟准备办法如下:(一)电请中央迅予颁布省县自治通则;(二)电各省参议会交换省自治法草案;(三)电各县参议会准备拟订县自治法草案并与各县互相交换;(四)电河南省自治协会及自治学会河南分会对草拟省县自治法提供意见。以上办法业经本会第七届会员大会决议通过,纪录在卷。理合电请核议施行。经交据驻委会第一组签称:拟请提交本会三次大会。各等语。业经本会第一届第三次大会第十四次会议决议:"照原案通过。"纪录在卷。谨电请鉴核,迅予颁布省县自治通则,以为制定省县自治法之根据为祷。河南省参议会。辰感。印。

(2)江苏省临时参议会电(6月9日)

江苏省临时参议会代电

参议字　第一六四五号
中华民国三十六年六月九日

南京行政院院长张钧鉴:案准河南省参议会辰感代电开:准河南省自治协会代电开:查省县自治通则为制定省自治法及县自治法之根据,前接内政部电:中央正在拟订中。现钧会第三次大会定于四月二十六日举行,而宪法将于十二月二十五日施行,为期不远,转瞬即届,拟请钧会在此次大会中提案,对草拟本省自治法及催各县参议会草拟县自治法等事作具体之准备。此种草案应在省民代表大会或县民代表大会召集以前完成,提出于代表大会讨论通过,以期建立全省自治之良规而树各县自治之楷模。谨拟准备办法如下:(一)电请中央迅予颁布省县自治通则;(二)电请各省参议会交换省自治法草案;(三)电各县参议会准备拟订县自治法草案并与各县互相交换;(四)电河南省自治协会及自治学会河南分会对草拟省县自治法提供意见。以上办法业经本会第七届会员大会决议通过。纪录在卷。理合电请核议施行。经交据驻委会第一组签称:拟请提交本会第三次大会。各等语。业经本会第一届第三次大会第十四次会议决议:照原案通过。纪录在卷。相应电请交换省自治法草案以作参考为荷。等由。到会。查省自治法草案之制定应以中央颁发省县自治通则为依据,现在距行宪日期只有数月,自应电请迅颁省县自治通则以为拟订省县自治法之准绳。理合电请察核施行，不胜待命之至。江苏省临时参议会议长冷遹叩。参议。已佳。印。

(3)福建省参议会电(7月)

中华民国三十六年七月十二日参秘议甲0084号

　　南京行政院钧鉴：案准河南省参议会代电：以准自治协会建议，拟订省县自治法草案，请交换意见，以作参考。等由。到会。查本会第一届第三次大会已有同样建议，送请省政府转陈在案。兹准前由。复经提出本会驻会委员会第四次会议议决：关于原办法第一点电复赞同，并电请中央迅速颁布省县自治通则纪录在卷。除分电外，理合录案并抄附原代电电请察核示遵。福建省参议会叩。参秘议甲。附抄原代电一件。〔同(1)略〕

中华民国三十六年七月

(4)山东省临时参议会电(8月4日)

山东省临时参议会代电　　议字第四四四九号
　　　　　　　　　　　中华民国三十六年八月四日

　　行政院院长张、副院长王钧鉴：案准天津市参议会午艳代电开："查宪政即将实施，市自治通则及省县自治通则，对全国各省市之自治基础，关系至为重要。顷闻各该通则业已拟定初稿，在实行前，自应由政府先行公布，以供国内各专家据以发抒意见，使其更臻完善。除电请行政、立法两院采纳外，相应电达，敬希一致主张为荷。"等由。本会对该项主张深表赞同，理合电请鉴核施行为祷。山东省临时参议会议长裴鸣宇叩。未支。秘总。印。

〔行政院档案〕

16. 吴鼎昌关于宪政实施促进会议决按照宪法实施之准备程序早日促其实施案致行政院函

(1947年5月31日)

国民政府文官处公函　处字第四〇二九号
中华民国卅六年五月卅一日

准宪政实施促进委员会函为本会第二次联席会议议决：关于按照宪政〔法〕实施之准备程序所应举办者，请早日促其实施一案。函达查照。转陈察核。等由。经陈。奉主席谕："决议第一项交立法、行政两院核办。其余各项交行政院核办。"除函立法院并函复外，相应抄同原决议函达查照。此致
行政院
　　计抄送原决议案一份

　　　　　　　　　　　　　　　文官长吴鼎昌

请按照宪法实施准备程序所应举办者促其早日实施案

本会负促进宪法实施之责，自应依照宪法实施之准备程序，按照先后，分别促其实现，方能依期行宪。兹将应办重要事项分别如下：

（甲）宪法实施准备程序，既载明法令与宪法抵触者，政府应迅速分别予以修改或废止。而宪政实施促进会组织规程第三条第一项及第三项又规定：本会任务为审议宪政实施等事宜，及向政府建议，故政府对于有关法令之修正或废止，应随时将办理情形书面送达本会，以供研究，此应请一致主张者一。

（乙）中央与地方权限，宪法既有明文规定，政府自应从速逐步实施，以免实行宪政时有所扞格，此应请一致主张者二。

（丙）省与县为自治基层，函宜依宪法之规定，议定自治通则，俾省县自治法案从速推行地方自治，以免实行宪政时下层自治基

础尚未确立,窒碍行宪,此应一致主张者三。

（丁）户口之清查,与选民名册之调查与造报,皆为选举前应办之事项,现国大代表及立法委员等选举法案业已公布,距离行宪为期无多,自宜加速进行,此应请一致主张者四。

（戊）人民之自由,人权之保障,宪法既有明文规定,政府应提前明定行政、警察、军事机关切实遵行,不得违背,此应一致主张者五。

（己）本会除考察委员向各地负责考察地方准备实施宪政之情形与各级办理选举时有无违背情事外,其他常务、研究、宣传各委员,在各地方应负监督检举,报告本会公凭核办,此应请一致主张者六。

（庚）各委员于往返各地负责监督有关行宪及选举等项工作,政府应通令各有关机关予以便利,应请一致主张者七。

上述七端是否有当,敬候公决。

　　提案人:陈焕章、陈亦修、沈灵修、习自强
　　连署人:张录、官其钦

〔行政院档案〕

17. 宪政实施促进委员会检送办事细则函

（1947年6月5日）

宪政实施促进委员会公函　　字第058号
　　　　　　　　　　　　中华民国卅六年六月五日

准贵院从洪字第二〇五三八号公函祇悉。兹如嘱检送本会办事细则一份,敬希查照为荷。此致
行政院
　　计附本会办事细则一份

宪政实施促进委员会办事细则

第一条　本办事细则根据宪政实施促进委员会组织规程第十三条之规定订定之。

第二条　常务委员会之主要工作如左：

(一)检讨宪政实施准备程序之办理情形。

(二)审议与宪政有关之法令及其他宪政有关事项。

(三)处理并执行各委员会决定事项。

第三条　研究委员会之主要工作如左：

(一)研究宪政实施之准备程序所列之有关事项。

(二)研究宪法要义及实施时所应注意事项。

(三)拟订研究委员分地研究之工作方案。

(四)研究有关宪法实施之建议事项。

第四条　宣传委员会之主要工作如左：

(一)宣传宪法要义及宪法实施所应注意事项。

(二)宣传宪政实施之准备工作情形。

(三)编纂有关宪政实施之宣传刊物。

(四)拟订宣传委员分地宣传之工作方案。

第五条　考察委员会之主要工作：

(一)考察各地方民意机关之设立情形。

(二)考察各地方对于宪政实施之准备情形，并注意各项有关选举能否如期完成。

(三)考察人民对于宪法之了解程度与各级政府及官吏对于宪法精神之遵守情形，尤应注意人民权利自由之保障。

(四)拟订考察委员分地考察之工作方案。

第六条　各委员会为使工作便利起见得分组进行，前项分组由会长或召集人征询各委员认定之。

第七条　本会向政府提出有关宪政之建议及遇有重要事项时，由常务及研究、宣传、考察四委员会联席会议决定之。

第八条　常务、研究、宣传、考察各委员会之开会日期由各委员会酌定之。

第九条　联席会议每月举行一次,必要时由会长或委员二十人以上之建议,召集临时会议。

第十条　本会得请政府将有关宪政实施之具体计划及工作进度按月以书面送达本会。

第十一条　本会各委员会开会时得请政府有关首长列席报告。

第十二条　本会秘书处办事规则另定之。

第十三条　本细则由常务委员会联席会议议决施行。

〔行政院档案〕

18. 行政院请便利及协助宪政实施促进委员会工作训令

(1947年6月16日)

行政院训令　附全体第231号
　　　　　　中华民国卅六年六月十六日
　　　　　　令内政部

准国民政府文官处函:以宪政实施促进委员会,请通令各有关机关,对该会委员工作,予以便利及协助等由。查宪政实施促进委员会,责在促进宪政之实施,依照该会组织规程之规定,制定宪法之国民大会代表,均为该会委员。又依照该会办事细则之规定,该会各委员可就地工作。嗣后各级有关机关,对该会委员工作在该会组织规程及办事细则规定范围内,应予以便利及协助,以利宪政之实施。除分令各部会署及各省市政府外,合行抄发该会组织规程及办事细则,令仰知照。此令。

附抄发宪政实施促进委员会组织规程及办事细则各一份。

院长　张群

宪政实施促进委员会组织规程

第一条　本规程依据宪法实施之准备程序第九条及第十条之规定订之。

第二条　制定宪法之国民大会代表，均为本会委员。

第三条　本会之任务如左：

(一)研究宪政实施之准备程序第一条至第八条所列之有关事项，并向政府提出建议。

(二)考察关于地方准备实施宪政之情形及其进度，并向政府提出建议。

(三)受政府之委托，审议与宪政实施有关之事项。

(四)宣传宪法要义及宪法实施所应注意事项。

第四条　本会设会长一人，副会长二人至四人，并设常务委员会及研究、宣传、考察三委员会。

常务委员会设委员九十五人至一百二十五人。

研究、宣传、考察三委员会各设委员若干人。

各委员会各设召集人三人至五人。

第五条　本会会长主持本会会务，并推进各委员会工作。

第六条　本会会长、副会长、常务委员及各委员会委员，均由国民政府聘任之。

第七条　本会各委员会召集人，由会长于各该委员会委员中指定之。

第八条　本会常务委员会下设秘书处，置处长、副处长各一人，组长二人，干事及助理干事各若干人，分议事、总务两组，处理事务。

第九条　本会各委员会得设秘书一人至三人。

第十条　本会常务委员会处理本规程第三条所列各事项。

第十一条　本会常务委员会会议，由会长召集之。

第十二条　本会于宪法产生之国民大会代表集会之日结束。

第十三条　本会办事细则另定之。

第十四条　本规程由国民政府公布施行。

宪政实施促进委员会办事细则

第一条　本办事细则根据宪政实施促进委员会组织规程第十三条之规定订定之。

第二条　常务委员会之主要工作如左：

(一)检讨宪政实施准备程序之办理情形。

(二)审议与宪政有关之法令及其他宪政有关事项。

(三)处理并执行各委员会决定事项。

第三条　研究委员会之主要工作如左：

(一)研究宪政实施之准备程序所列之有关事项。

(二)研究宪法要义及其实施时所应注意事项。

(三)拟订研究委员分地研究之工作方案。

(四)研究有关宪法实施之建议事项。

第四条　宣传委员会之主要工作如左：

(一)宣传宪法要义及宪法实施所应注意事项。

(二)宣传宪政实施之准备工作情形。

(三)编纂有关宪政实施之宣传刊物。

(四)拟订宣传委员分地宣传之工作方案。

第五条　考察委员会之主要工作：

(一)考察各地方民意机关之设立情形。

(二)考察各地方对于宪政实施之准备情形，并注意各项有关选举能否如期完成。

(三)考察人民对于宪法之了解程度与各级政府及官吏对于宪法精神之遵守情形，尤应注意人民权利事项之□□。

(四)拟订考察委员分地考察之工作方案。

第六条　各委员会为使工作便利起见，得分组进行。

前项分组由会长或召集人征询各委员认定之。

第七条　本会向政府提出有关宪政之建议及遇有重要事项时,由常务及研究、宣传、考察四委员会联席会议决定之。

第八条　常务、研究、宣传、考察各委员会之开会日期由各委员会酌定之。

第九条　联席会议每月举行一次,必要时由会长或委员二十人以上之建议召集临时会议。

第十条　本会得请政府将有关宪政实施之具体计划及工作进度,按月以书面送达本会。

第十一条　本会各委会开会时得请政府有关首长列席报告。

第十二条　本会秘书处办事规则另定之。

第十三条　本细则由各委员会联席会议议决施行。

〔内政部档案〕

19. 国民政府公布"动员戡乱完成宪政实施纲要"

(1947年7月19日)

动员戡乱完成宪政实施纲要　三十六年七月十九日公布

第一条　本纲要依国务会议通过厉行全国总动员以戡平共匪叛乱如期实现宪政案及国家总动员法之规定,制定之。

第二条　实施宪政及各项有关宪政之选举,均应依照规定积极进行。

第三条　戡乱所需之兵役工役及其他有关人力,应积极动员,凡规避征雇及妨碍征雇等行为,均应依法惩处。

第四条　戡乱所需之军粮、被服、药品、油、煤、钢铁、运输、通讯器材及其他军用物资,均应积极动员,凡规避征购征用妨碍征购征用及囤积居奇等行为,均应依法惩处。

第五条　各业劳资双方,应密切合作,如有争议,并应依法调解及仲裁，凡怠工、罢工、停业关厂及其他妨碍生产及社会秩序之行为，均应依法惩处。

第六条　为安定民生，政府对于日用品之交易价格、各业薪俸工资及物资流通、资金运用，金融业务，均得加以限制或管理。

第七条　为维持安宁秩序，政府对于煽动叛乱之集合及其言论行动，应依法惩处。

第八条　对于收复匪品，应由各主管机关巩固治安，维持秩序，必要时施行货款停征赋税，并办理各项社会救济及医药救护工作。

第九条　对于由匪区来归之人民，应由各主管机关妥为救助与安置。

第十条　对于粮食、燃料、纺织、冶炼及有特别需要之工矿制造事业，各主管机关均应特别指导辅助，其所需资金，如有短缺，应由国家银行予以贷款，使能积极推进，以裕供应，必要时得由政府对其成品加以管理。

第十一条　凡未被匪乱之区域，均应刷新地方政治，确保社会安宁，并就目前急需之生产运输及农田水利工程，择要建设以利民生。

第十二条　增加合理之税收，限制非必要之支出，以适应戡乱之迫切需要。

第十三条　制定节约消费及增进效率办法，政府各机关与人民一致遵行。

第十四条　人民基本权力，均应切实尊重，妥为保障，除因动员戡乱所必需之各种法令，必须切实施行者外，任何法外侵扰行为，均应严行防制。

第十五条　关于本纲要之实施，有须另定详细规条者，由行政院各主管部会厘定办法，送由行政院核定，分别以命令公布施行。

第十六条　违反本纲要第三条至第七条，或依据各该条所定办法,应行制裁或限制之行为者,依妨害国家总动员惩罚暂行条例惩罚之。

公务人员于执行本纲要赋与之职权时,如有违法或失职之行为者,应依法严行惩处。

第十七条　除本纲要已有规定者外。为达成戡乱之目的,行政院得依国家总动员法之规定,随时发布必要之命令。

第十八条　本纲要经国务会议通过公布施行。

〔国民政府档案〕

20. 甘肃省参议会等反对民青两党以遴选方式参加各级参议会电

（1947年10—11月）

(1)甘肃省参议会电(10月8日)

甘肃省参议会代电　秘酉字第724号

民国三十六年十月八日发

南京行政院钧鉴:顷准上海市参议会申俭代电:以对民青两党要求以遴选方式参加各级参议会,应请中央重加考虑,嘱即一致主张。等由。到会。查各省参议员依法规定每县市一人,由县参议会票选,今若采用遴选方式,一议会之中有两种性质不同选出之议员,于法律为失据,于民选为不合,方当宪政实施之际似不应有随事通融之法,拟请详慎考虑,以昭法治。除电复赞同外,谨电奉陈,伏祈鉴核。甘肃省参议会叩。秘。酉齐。印。

(2)浙江省参议会电(10月8日)

浙驻十二议字　第3673号

南京行政院院长张钧鉴:报载国务会议,有接受民社、青年两党要求,以遴选方式参加各省市县参议会之议。查目前各级民意机构,除少数尚为临时参议会外,多已成立民选参议会。其议员之产生，均依法由各省市县分别区域与职业团体依照人口比例选举，只问能否代表民意，从未顾及被选举人之党籍，与实施宪政还政于民之旨吻合无间。诚以还政于民，一切应以人民之意志为依归，如果中途插入党派遴选议员名额，则是还政于党，且与依法选举产生者相混淆。此辈遴选议员，即不称职，亦不能罢免，不特轻率更张国家既定法规，抑且妨碍人民四权之行使，竟使同一议会有不同身份之两种议员，此后流弊必多，政府无异瓦解各级民意机构，实贻民主先进各国以笑柄。消息传来，舆情哗然。为避免政府蒙受立法毁法之嫌，并维护真正民意机构不使横遭阻碍计，爰经提出本会第一届第二次驻会委员会第十二次会议讨论决定，电请中央慎重考虑，予以否决。等语。纪录在卷。除分电外，理合录案电呈，仰祈鉴照施行，并乞示遵。浙江省参议会议长张强叩。（酉）（齐）。浙驻（12）议。

(3) 山东省临时参议会电 (10月13日)

山东省临时参议会代电

议字第四八七七号

中华民国三十六年十月十三日

南京行政院院长张、副院长王钧鉴：案准上海市参议会申俭代电开："本会顷上中央一电文曰：顷闻本市九月二十七日各报刊载民青两党府委于九月二十六日提出修改各省市县参议会法规提案一件，拟请依据施政方针第十二条之原则，由立法院修改各省市县参议会及临参会法规，用遴选方式，遴选各党人士共同参加省市县参议会或临参会。至于人数，拟为省或院辖市为十五人至二十人，县或省辖市为五人至十人。本案业经国务会议通过，送立法院根据原则办理。等语。读之不胜惊异，窃有不能已于言者。查我国各省市县参议会之法规，早经公布施行，原提案以施政方针第十二条为依据提出要求修改，实与法律不能追溯既往之原则相悖。且查所有各省市县参议员，皆依法由各省市县分别区域与职业团体依人口比例产生,一旦中途参加遴派参议员,直接间接均妨碍人民四权之行使,将视国家法律为弁毛,置政府威信于何地。就事实而言,无论各省市参议会现有之参议员,虽非各党派或社会贤达比例分配,然亦决非限于任何一党。即以上海论,有国民党籍之参议员不及百分之四十,民青两党有无参与其间,虽未加调查,而其余百分之六十余皆为社会贤达或其他党派人士,则固显而易见。至若选举各省市监委之举,原无党籍之限制,更无必以参议员为候选人之规定,民青两党人士尽可采用自由竞争方式竞选,似不致发生无从办起之说。况政府实施宪政原意在还政于民,决非还政于党派,既以还政于民,一切应依人民之意志为依归,纵或参议员有延长任期之说,是乃各省市县参议会即将宪法选举成立之故。民青两党人士,似宜努力于行宪之促进俾各地议会得早观厥成,各党派人士亦得早日参加竞选,实现参加地方议会之期望。至各省市县参议会之既定法规,绝不容递加更张,本会以为国务会务对本案应请重行考虑。除分电国民政府、立法院、行政院并通电各省市县参议会一致主张外,理合沥陈各省市县参议会法规不能偏徇党派之要求,而增加遴派名额,以与选举产生者相混淆,致政府蒙立法毁法重党轻民之嫌。各项理由,电请鉴核,仰祈俯赐采纳施行,实为公便。相应电请一致主张。"等由。准此。查所陈各节,本会至表赞同。除电复一致主张外,理合电请钧座鉴核,俯赐采择施行为祷。山东省临时参议会议长裴鸣宇叩。酉元。秘。议。印。

(4)江西省广丰县参议会电(10月14日)

江西省广丰县参议会代电 参议字第二七四号
中华民国三十六年十月十四日

国民政府行政院院长张:报载民青两党要求以遴选方式遴选各党人士参加各级参议会案,经国务会议通过,送立法院,根据原则办理。等语。逖闻之下,毋任骇异。查我国各级参议会之法规早经公布施行,各级参议员系分别区域与职业团体,依照人口比例规定名额,由人民选举产生,原无任何一党之限制,现在各级参议员隶属国民党者固多,然亦不乏社会贤达或其他党人士与选其中。实施宪政意在还政于民,决非还政于党,一切应依人民之意志为依归,不应由各党之分配,今如徇其要求,通过遴选参加,不特违悖人民行使四权,且使政府蒙有立法毁法重党轻民之嫌。上海市参议会对于本案请求重行考虑,确为有见,本会第六次会议临时动议决议极表赞同。特电鉴核,伏乞俯赐采纳为祷。江西省广丰县参议会谢石醒、副议长徐纶。酉寒。叩。印。参议。

(5)长春市临时参议会代电(11月6日)

中央各院、部、会、各省市县参议会公鉴:顷接湖北省参议会酉真代电:以民青两党要求以遴选方式参加民意机关,请政府迅寝此议,以崇法纪一案。循诵之余,深表同情。查各省市县参议会之民选参议员,俱已依法选举,并有一定任期之规定,无论任何党派亦不得假借理由,要请以遴选方式中途羼加各级民意机关,甘冒毁法之大不韪,益启未来之纠纷,殊为智者所不取。值此行宪前夕,举世具瞻,必须养成国人守法之理念,始能共遵民主政治之轨道。质言之,吾人于法律范围外,即不应作特殊地位之要求,以防止特权阶级之产生,庶克保持国家大法之根本精神,倘政府徇民青两党之请,加入遴选份子于民意机关,不惜修改法规,迁就事实,无异削足而适履,有违人民自由行使政权之意志,恐其影响所及,相继效颦,引起不良之后果。想彼两党不乏明达,自可循法定之途径,为合理之竞选,讵忍出此毁法之举措,招致国人之反对。本会为爱护宪政,争取民主起见,对鄂省参议会真电主张完全同感,一致支持。除吁请政府迅寝此议,以崇法纪外,敬希赐予声援,力求贯彻为祷。长春市临时参议会。戌鱼。印。

(6)东台县临时参议会电(11月8日)

东台县临时参议会代电　临六七三号
中华民国三十六年十一月八日

行政院院长张钧鉴:窃准镇江县参议会参二议字第五一八号酉篠代电内开:"查本会第二次大会第一次会议临时动议,电请中央停止以遴选方式扩大省县正式民意机构,以重法制案。其理由,为各省市县正式民意机关之成立者,其参议员均由人民选举而来。在区域固有规定,在职业团体亦有比额。其当选以后,如不能代表民意,原产生之区域或团体仍得罢免之。盖必如此,方能代表真正民意。乃据报载:民社、青年两党有要求政府扩大省县民意机关,以遴选方式增加该两党人士为省县参议员之说,不胜惊异。盖民意机关所代表者,系人民利益,而非党派利益。然原来民选之参议员并非代表某党某派,正如遴选之参议员不能代表某种区域或职业团体。然况民选参议员如不能称职时,人民得依法罢免之。而遴选者,人民欲行使罢免权,必将无适当法令以为依据,抑有进者,此后如有其他党派合法成立亦援例办理,则省县参议会扩大之程度将不堪想象。凡此种种,诚难以索解。值此大选在即,宪政开始之际,实不宜轻率从事,以致腾笑他邦,而贻讥于后世。当经议决:"通过电请中央采纳,并电各省市及各县参议会一致主张。"等语记录在卷。"除分电外,特电查照,请予一致主张为荷。"等由。准查民社、青年两党之要求显属偏私,违背民意机关之组织。准电前由,理合电请钧座鉴核,不得接受该两党此项非法之要求,以重民权为叩。江苏省东台县临时参议会议长朱英叩。戌齐。印。

(7)江都县临时参议会电(11月14日)

江都县临时参议会代电　议字第一一八八号
中华民国三十六年十一月十四日

行政院院长张钧鉴:窃查省市县正式民意机构之成立,其参员均出自人民选举，于区域固有规定，于职业亦按比额。而当选各员如不能代表民意，原产生之单位得从而罢免之。盖非如此，不足以言真正民意。顷据报载：民社、青年两党有要求政府扩大省县民意机关，并以遴选方式增加该两党人士为参议员之说，不胜骇怪。窃以民选之参议员系代表人民，而非代表党派。民选之参议员有其从而选举，并从而罢免之基层，果额外遴选，法制固因以破坏，即今后任何政党亦可援例请求，则各级参议会之扩大，将无所限止。本会窃以宪政开始之际，诸以法理为据，似无迁就少数之必要。为谨肃电陈祈鉴核采纳，是所叩祷。江都县临时参议会叩。（三十六）。戌寒。印。

〔行政院档案〕

21. 立法院修正公布省参议会组织条例令
（1947年12月9日）

　　　　　　　三十三年十二月五日公布
省参议会组织条例　卅六年七月廿三日修正公布
　　　　　　　卅六年十二月九日再修正公布

第一条　省设参议会，由县、市参议会选举省参议员组织。

前项省参议会名额，每县市一人。

第二条　在参议会尚未成立之县市，其省参议员之产生办法由行政院定之。

第三条　省参议会之职权如左：

一、建议省政兴革事项。

二、议决有关人民权利义务之省单行规章事项。

三、省总预算之初步审议及省决算之初步审核事项。

四、议决省政府交议事项。

五、听取省政府施政报告及向省政府提出询问事项。

六、接受人民请愿事项。

七、其他法律赋与之职权。

省参议会议决前项第二款单行规章,应报由中央主管部会核转行政院备案,并报告立法院。

第四条　省参议会议决事项与中央法令抵触者无效。

第五条　省参议员任期二年,连选得连任。

第六条　省参议员得由原选举之县市参议会参议员过半数之出席,出席人数三分之二议决罢免之。

第七条　省参议员于任期内,因故去职时,由该县市候补当选人依次递补,其任期以补足前任未满之期为限。

省参议员于一会期内均未出席,而无正当理由者,视为辞职,由该县市候补当选人递补。

第八条　省参议会置议长、副议长各一人,由省参议员用无记名投票互选之。

议长或副议长因故去职时,应依前项规定补选。

第九条　省参议会每六个月开会一次,每次会期为十日至十五日,必要时得延长之。

第十条　省参议会开会,由议长召集。第一次开会由省政府主席召集之。

第十一条　省参议会开会时议长主席,议长有事故时,副议长主席,议长、副议长均有事故时,由省参议员互选一人为临时主席。

第十二条　省参议会非有全体省参议员过半数之出席不得开议。

议案之表决,以出席省参议员过半数之同意行之可否。同数时,取决于主席。

第十三条　省参议员对于与本身有利害关系之议案不得参与表决。

第十四条　省政府主席、秘书长、各厅、处、局长及省政府委员得列席于省参议会,但不参与表决。

第十五条　省参议会会议公开之,但主席或省参议员三人以上提议,经会议通过时,得禁止旁听。

第十六条　省参议员为无给职,但在开会期内,得按照地方情形酌支膳宿及交通费。

第十七条　省参议员在会议时所为之言论及表决,对外不负责任。

第十八条　省参议员除现行犯外,在会期内非经省参议会之许可,不得逮捕或拘禁。

第十九条　省参议会决议案咨送省政府执行,如省政府延不执行或执行不当,得请求说明理由,如仍认为不满意时,得报请行政院核办。

第二十条　省政府对于省参议会之决议案,如认为不当,得附理由,送请复议,对于复议结果,如仍认为不当时,得呈请行政院核办。

第二十一条　行政院院长对于省参议会之决议案认为有违反三民主义或国策情事,得提经行政院会议通过,呈请国民政府予以解散,依法重选。

第二十二条　省参议会休会期间,得设置省参议会驻会委员会,由省参议员互选五人至九人组织之。其任务以听取省政府各种报告及省参议会决议案之实施经过为限。

省参议会参议员总额不满三十名者,驻会委员名额不得超过五人。

第二十三条　省参议会置秘书处,承议长之命办理省参议会一切事务。秘书处置秘书长一人,由国民政府简派之。置秘书一人或二人,由议长派充之。

第二十四条　省参议会开会期内得向省政府调用人员。

第二十五条　省参议会议事规则及省参议会秘书处组织规则由行政院定之。

第二十六条　本条例施行日期以命令定之。

〔立法院档案〕

22. 蒋介石请司法院等修正或废止与宪法相抵触法令电

（1947年12月13日）

府交字第14556号

司法院居院长、国防部林代参谋总长，司法行政部谢部长勋鉴：查宪法即将实施，现行法令与宪法抵触者亟应加以修正或废止。兹经核定，关于剿匪期间扩大军法审判适用范围与宪法抵触问题之处理原因暨行政院呈请将后方共产党处置办法完成立法程序并修正特种刑事案件诉讼条例一案，并交立法院审议，并饬于审议时邀司法院、行政院、国防部、司法行政部派员列席联系，期于行宪前完成立法程序，公布实施。除分行外，特抄发本府致立法院原代电一件，希即知照为要。中正。亥元。府交。附抄。

中华民国三十六年十二月十三日

抄件

孙院长哲生兄勋鉴：查本年十二月二十五日行宪期届，依照宪法实施准备程序之规定，现行法令与宪法抵触者应迅速修改或废止。除已迭令各主管机关分别查明，切实遵照办理有案外，惟年来，为适应戡乱剿匪之特殊情势及各地军政长官为避免紧急危难，维持社会秩序之必要，而吁请对共匪采取严峻处置，先后经□核交行政院颁发有关扩大军法适用范围之命令，如"绥靖区及东北九省临时紧急军政措施办法"、"后方共产党处置办法"及粤桂甘新四省资匪案件适用军法审判案等。虽分别经前国防最高委员会或国民政府备案，究未能悉符法定程序，且与宪法上"人民除现役军人外不受军法审判"之规定，不免抵触。兹为兼顾法律立场与戡乱建国之政策运用，拟具处理原则如下：（一）将绥靖区与后方盗匪、共匪防护交通等案件,现由军法审判之有关法令统一整理为一惩治共匪之特别刑事法(包括审判程序之规定),正式完成立法程序,由国府公布,适用于全国。(二)专设审判共匪案件之特别法庭,在系统上隶属于司法机关而由各级军法机关兼理其事(不另增经费人员),其审判程序与军法同,俾便随军进退,迅确办案。以上二项,旨在适应戡乱需要,同时符合宪法第二十三条之精神,避免与宪法第九条相抵触,务希兄亲为主持修订。此项法规在审议时,并邀司法院、行政院、国防部、司法行政部派员列席联系,以期于行宪前完成立法程序,公布实施。又另据行政院呈:该院第三十三次会议通过:拟请将后方共产党处置办法交由立法机关完成立法程序,并请将特种刑事案件诉讼条例并交修正一案,核与上述整理有关惩治及审判共匪法令同属一事,特并抄发原件暨本府致国防部丑哿侍宙与申蒹侍宙两代电,希即并案审议为盼。中○。亥元。手启。府交。

〔司法院档案〕

23.台湾省府主席魏道明遵行订定加强地方行政设施纲要电

(1948年9月10日)

台湾省政府代电

总统蒋钧鉴:午感府二电奉悉。遵经依照指示三点,组织县市行政督察团分区实地督导,并订定加强督导本省地方行政设施纲要一种,严饬所属切实遵行。理合谨呈上项纲要一份,随电谨请察核。台湾省政府主席魏道明。七申。府纲甲。附呈送加强督导本省地方行政设施纲要一份。

加强督导本省地方行政设施纲要

实施巡察考核访求民隐,为修明政治,抚辑黎地之亟□□,自古已然,古代"春省耕而补不足,秋省□而助不给",即□亲民恤□

之政,为革除公文政治之缺憾,提高基层工作之效能,以彰文治起见,实有加强督导之必要。

本省地方虽属安定,惟对防匪工作,仍应积极注意,以保无虞。查剿匪工作,政治重于军事,治本重于治标,故对民众组训工作,亟应加强实施,以收政治与军事兼顾及标本兼治之效。

政治之本位为民众,建设之首要在民生,苟人民生计艰难,最易引起社会不安,共匪常利用天灾时变之余,诱惑民众,收买人心,扰乱社会秩序,故发展国民经济充裕人民生活,为消弭匪患保持本省安定局面之首要工作。兹谨遵总统蒋午钱府贰电指示,拟定督导本省地方行政设施纲要如下:

一、关于督导考核方面:

甲、方式:

(一)组织县市行政督察团:除省主席视实际需要情形随将出发各县市巡视外,每半年由省政府组织县市行政督察团三团,分途前往各县市督导考核,并应深入基层召集民众讲话及区乡镇人员开座谈会,访问地方父老,接受人民诉词及意见。吾考察地方实情,纠正工作错误,如有违法失职人员,应依法定程序,分别办理。

各团团长由省主席指派省府委员或厅处长担任之。每团团员定为七名至十一名,由省主席遴派各厅处科长、专门委员专员视察充任之。每团巡察区域依地理情况划分,以担任四县市至六县市为限。

(二)各县市长每月至少出巡一次,每个月内必须达到普遍巡视辖内各区乡镇一次之目的。但一县有三十乡镇以上者,得以三个月为一期普遍巡视。

(三)各县市主管人员,应每月择定重要工作目标下乡实地督导,严密考核区乡镇工作人员成绩,深入村里邻,利用民众集会或村里民大会宣导政令,访察民情,作成报告或建议。

(四)各县市政府应视实际需要,自行分期分区抽调各部份人员组织督导队,深入乡村工作。

(五)凡巡察督导人员,绝对不得接受地方供应。

乙、任务:

(一)举行工作检讨会:巡察人员每到一县市,应即根据各该县市备好之各部门详细工作报告,实地加以查核,藉明是否实在,并将考察所得召集县市长及各主管人员举行工作检讨会,检讨优劣得失与改进办法。

(二)举行个别谈话:巡察人员每到一县市,须与各级主管人员举行个别谈话,藉以考查其思想、学识能力,并对其主管业务作个别之指导考查。

(三)举行座谈会:巡察人员每到一县市,须召集地方民意机关代表以及公正士绅与其他机关首长举行座谈会,咨询地方情况,民间疾苦,与一切应兴应革事宜。

(四)省府指定饬查案件及其他应行考察调查事项,如正绅劣绅豪霸奸徒等姓名与应行改革之颓风恶习,及应行开发之地方富源等等。

(五)除以上列举事项外,余照省府主席、厅长、委员出巡通则办理。

(六)县市长出巡,除依照县市长巡视章程办理外,应特别注意博访民隐,解除人民痛苦以及区乡镇干部之优劣奖惩,与就地解决各项问题,以节省公文往返手续等。

(七)各县市主管人员下乡,应特别注重考查主管业务,推行成果与工作方法,执行技术之指导改进,务求政令能完成,贯彻革除敷衍因循,或扰民病民之弊。

二、关于组训民众部分:

甲、自卫方面:

(一)健全国民兵乡镇区队、村里分队及邻班之组织,除各级队长、班长、队员应分期召集训练或讲习防匪侦奸知能,提高保家保乡热情外,应视地方财力,分期设置专任村里分队附,以资辅助并便随时训练乡班长及队员等。

(二)建立村里侦察网:于每村里分队或邻班中指定若干热情干练队员,专责侦查匪奸之潜匿及活动事项。

(三)切实调查登记民枪:将各村里内,正当民户所有民枪切实调查登记领照,必要时加以编组,使成集体力量,如遇匪警,可随时调集指派任务,以补助警察力量之不足。

(四)组训各乡镇退役官兵:本省各县市在日治时代被征服役后退役军人颇多,已由台湾师管区成立训练总队,负责分期调训,兹再以乡镇为单位加以编组管训,藉便随时派遣任务,辅助地方治安工作。

乙、自治方面:

一、严密户籍登记:各级户政人员及警察应随时配合深入民间,抽查户口,切实访察有无漏匿户口,并有无游荡无业浪民,以便作适当处理。

二、严密流动户口查记:本省交通便利,人口最易流动,奸徒亦易混迹,应逐级责成各主管机关及经办人员严密流动户口查记工作,如有发见来历不明,形迹可疑者,即依法作适当之处理,如各级工作有不尽不实之处,主办人员及藏匿住户均应从严惩处。

丙、经济方面:

一、加强各种合作社组织:以期增进产销力量,减轻生活负担,并使互通有无,以裕民生。

二、加强职业团体组训:凡属各业人民均应参加各业团体组织,发展会务,促进本业之改进,各团体之会员应予训练,使能健全团体之组织。

三、关于国民经济方面:

甲、消极方面:

一、绝对禁止预算外之摊派:各县市政府或区乡镇公所,非经民意机关通过及呈经上级政府核准,不得假藉任何名义,向民众派款或为预算外之收支,否则依照行政院卅六年一月廿日从伍字第一八六五号训令严禁地方摊派捐款补充办法之规定依法严惩。

二、取缔高利贷剥削:凡民间贷款贷谷等,如有不法高利剥削情事,应予严格取缔,区乡镇长尤应特别注意察查,务期根绝,以正社会风气。

三、厉行节约运动:凡民间婚丧喜庆以及一切往来酬酢与私人生活,由地方政府会同民意机关推行节约运动,凡确系俭约可风者,由当地政府给予名誉上之奖励。

乙、积极方面:

一、奖励垦植造林:本省农产丰饶,应奖励人民垦植及造林,由农林处筹发优良种子苗木,积极推广并订定增产竞赛奖励办法施行。

二、奖励饲畜养鱼:由农林处或各县市政府依期准备鱼苗及繁殖优良畜种,以低价发给人民饲养,以增副产收入,并分期举行竞赛奖励。

三、各省营企业公司应积极计划增加生产扩充业务,以便容纳本省工人就业。

四、以乡镇为单位,发动有财力之本乡镇人士投资本地生产事业,添设工厂或农林场,并举办农田水利工程,修筑乡村道路,以资消纳劳力而免人民有失业之虞。

五、加强地政工作:对于业佃纠纷之处理,减租运动之推行,土地分配之调整,土地使用之改良等,随时加强工作,以求人民生活之安定。

〔行政院档案〕

24. 戴天球等揭露少数委员操纵会场擅改组织规程致蒋介石电

(1948年9月30日)

总统钧鉴：窃查宪政督导委员会第一次大会出席者五百余人，未及委员全数五分之一。第二次大会开会通知，于会前二日发出，各地及在京委员多有未接通知，故是日出席者仅三百余人，不及委员全数十分之二，乃竟宣告开议，已属违法。其尤骇怪者，在主席宣告延长开会半小时之时间已届正拟散会之际，忽有人提议修改组织规程，将宣传考察研究三委员会召集人规定由会长指定者，修改为抽签。当时闻者哗然，秩序大乱，纷纷离席，而在场者仅约二百人，本应散会，主席莫会长竟循少数人之请求，提付表决，结果仅以一百余人之通过修改组织规程，将三委员会召集人由会长指定之，易为用抽签方法产生。窃思宪政督导委员会系由二千九百余委员所组成，今竟于散会时间已届纷纷离会之时，仅凭少数人通过修改组织规程，而置大多数二千七百余人之公意于不顾，实属令人骇异。按一般集会通则，须有全会人数二分之一以上出席，方得开议。今仅有少数人到场，即可开会，此例一开，宪督会有委员三千人，将来甲地纠集委员三百人可以开会，乙地纠集委员二百人亦可开会，是负责督导宪政者竟篾视法纪，非但不能为人表率，收督导之效果，而且意见庞杂，纠纷迭起，上渎钧座，恐亦无所适从，危险堪虞。故天球等对于宪督会第一、二次大会均认为违法，其议决各案自属不能有效。况参照宪政实施促进委员会办法组织宪政督导会，系经本届国民大会第十六次大会所议决，咨请钧座制定组织规程，命令公布，且已按照组织规程分别聘定会长、副会长、委员。钧座为国家元首，所公布之法令，威信所在，岂能轻言变更，率尔修改。再查宪政督导组织原则系经国民大会所议决，虽宪政督导构成之分子为国大代表，但既参加为宪政督导会委员，本身似属无权修改国民大会议决之组织原则。如认为有修改必要时,亦当俟下次国民大会开会时提议修改,故关于宪政督导会所提议通过修改组织规程各案,均属违法,自应无效。天球等以宪政督导委员会责在协助政府督导宪政,功效未见,首先违法,实属贻笑中外,阻碍宪政之推行,心所谓危,难安缄默。理合缕□上陈,伏乞鉴核。关于宪政督导会第一、二两次大会违法议决修改组织规程及其他各案,如咨请钧座核办,应请依法纠正,维持原颁组织规程,以崇法纪,则宪政前途幸甚,国家幸甚。临电不胜迫切待命之至。

戴天球　刘家树　王熙尧
陈焕章　李鸿儒　孙汝坚
石启贵　陈咏绂　曾晓渊
汪泳龙

三十七年九月三十日

〔国民政府档案〕

25. 行政院秘书处抄送河北省参议会关于扩大华北"剿匪"总部职权意见函

（1948年11月26日）

行政院秘书处公函　（三十七）　四防字第五二七七二号　中华民国三十七年十一月二十六日

贵部本年十月十四日京工(37)字第79225号公函诵悉：关于河北省临时参议会代电,建议改进华北剿匪总部职权意见一案,业经奉谕函复在案,相应抄件函达查照。此致

工商部

抄送本处复函乙件

秘书长李唯果

奉交下贵会本年七月二十二日平衡议〈37〉字第567号代电,

为建议改进华北剿匪总部职权意见五项请鉴核施行一案。关于原建议第一项,查剿匪总司令部统辖辖区内军事,对辖区内之部队自有指挥之权;原建议第二项,查本院为配合军政便利剿匪起见,特准于剿匪总部辖区内设置政务委员会,监督指导辖区内有关军事之政务考核奖惩,辖区内之行政官吏等监督,本院各部会驻在辖区内之机关,其组织规程业有明白规定;原建议第三项,查本院前经订颁"绥靖区及东北九省临时紧急军政措施办法"及"剿匪地区军政机构配合方案"多种,对剿匪区内一切措施已放宽尺度;原建议第四、五两项,查剿匪总部政务委员会设有经济处,统筹督导辖区内经济、金融等事项,可不必另设经济机构,至华北剿匪总部辖区内各机构存储及废置物品,前奉总统电饬,应由剿总调查登记,以备必要时统筹运用等因。亦经由院转令,切实遵办在案。奉谕函达,即希查照。为荷。

〔经济部档案〕

26. 立法院秘书处关于金绍先等提议咨请总统依法终止戡乱停止动员戡乱时期临时条款之适用案与各委员会办公处往来函

(1949年3月)

(1)立法院秘书处函稿(3月19日)

敬启者:关于本院委员金绍先等提议拟请院会决议咨请总统依法宣告动员戡乱时期之终止,即日停止动员戡乱时期临时条款之适用案,经于本年三月十八日本院第三会期第六次会议议决:"推请委员萧觉天、张庆桢、杨公达、刘振东、吴望伋、李公权、牛践初、周雍能、范予遂、崔学礼、苗启平、张静愚、陆宗骐、李钰、臧元骏、姜黎川、汤如炎等十七人会同审查,以萧委员觉天为召集人,其余委员得自由参加"纪录在卷。相应检附原案函请查照办理为荷!此致

各委员会联合办公室
附原案一份

立法院秘书处启
卅八年三月

本院委员金绍先等提议拟请院会决议咨请总统依法宣告动员戡乱时期之终止，即日停止动员戡乱时期临时条款之适用案。

查动员戡乱时期临时条款，以寥寥数语之特别规定，动摇整个宪法之精神，原为正常民主宪政国家所不取。且该条款系为动员戡乱而设，际此举国人民期求和平，政府亦以最高之诚意与最大之决心，争取和平之时，倘仍令该条款继续适用，不免使人误解"动员戡乱"仍为当前之国策，而为和平之障碍，是甚违吾人之本愿。谨按该条款规定"动员戡乱时期之终止，由总统宣告或由立法院咨请总统宣告之"，爰请院会正式决议咨请总统宣告动员戡乱时期之终止，即日停止动员戡乱临时条款之适用。是否有当，敬请公决。

附动员戡乱临时条款原条文

提案人	金绍先	钟朴生	张潜华	席振铎
	葛敬恩	楼亦文	许闻天	张平江
	谌小岑	陈顾远	陈建晨	王孟邻
	姜黎川	张庆桢	孙翔风	杨玉清
	薛明剑	邓翔宇	黄　统	田　鹏
	崔学礼	萧觉天	曹寅甫	苗启平
	王汉生	解子清	袁其炯	李毓华
	王丹岑	汪渔洋	刘景健	杭嘉骧
	金绍贤	杨保东	史亦江	荣　熙
	王开化	储家昌	李公权	周慕声
	周杰人	侯绍文	汪新民	文　群
	易伯坚	刘全忠		

动员戡乱时期临时条款

兹依照宪法第一百七十四条第一款程序制定动员戡乱时期临时条款如左：

总统在动员戡乱时期，为避免国家或人民遭遇紧急危难，或应付财政经济上重大变故，得经行政院会议之决议，为紧急处分，不受宪法第三十九条或第四十三条所规定程序之限制。

前项紧急处分，立法院得依宪法第五十七条第二款规定之程序，变更或废止之。

动员戡乱时期之终止，由总统宣告或由立法院咨请总统宣告之。

第一届国民大会应由总统至迟于民国三十九年十二月二十五日以前召集临时会，讨论有关修改宪法各案，如届时动员戡乱时期尚未依前项规定宣告终止，国民大会临时会应决定临时条款应否延长或废止。

(2)各委员会联合办公处函(3月23日)

径启者：准贵处本年三月十九日函：为关于本院委员金绍先等提议拟请院会决议咨请总统依法宣告动员戡乱时期之终止，即日停止动员戡乱时期临时条款之适用案交付萧委员觉天等十七人会同审查，经于三月二十三日开会审查竣事，相应检同审查报告一件函请提交院会公决。此致

秘书处

附审查报告一件

联合办公处启

三月二十三日

本院委员金绍先等提议请院会决议咨请总统依法宣告动员戡乱时期之终止即日停止动员戡乱时期临时条款之适用案审查报告

查委员金绍先等提议,拟请院会决议咨请总统依法宣告动员戡乱时期之终止,即日停止动员戡乱时期临时条款之适用案。经于本年三月十八日,本院第三会期第六次会议议决。"推请委员萧觉天、张庆桢、杨公达、刘振东、吴望伋、李公权、牛践初、周雍能、范予遂、崔学礼、苗启平、张静愚、陆宗骐、李钰、臧元骏、姜黎川、汤如炎等十七人会同审查,以萧觉天为召集人,其余委员,得自由参加"。觉天等于三月二十三日开会审查,当经详细讨论,金以为在法的观点上,动员戡乱时期临时条款,应请停止适用,而"动员戡乱时期之终止,由总统宣告,或由立法院咨请总统宣告之"。临时条款第三项,已有明文规定,则委员金绍先等之提案,非无理由,停止临时条款之适用,乃终止动员戡乱时期之当然结果,于宪法形式并无变更,因即照原提案表决。(多数通过)惟在政治观点上,吴委员望伋、苗委员启平有修正意见,李委员钰、臧委员元骏主张保留。(表决少数)均声明留在大会发言,合并报请公决。

　　　　审查委员　萧觉天　张庆桢　杨公达　刘振东
　　　　　　　　　李公权　牛践初　周雍能　范予遂
　　　　　　　　　崔学礼　苗启平　张静愚　陆宗骐
　　　　　　　　　李　钰　臧元骏　姜黎川　汤如炎

〔立法院档案〕

27. 阎锡山关于云南省参议会
言论违背政策予以解散训令

(1949年9月)

行政院(训令)

　　令□政府

据报云南省参议会数月以来,言论逾越常轨,违背戡乱国策。经提出,本院第八十八次会议通过,依照省参议会组织条例第二十一条之规定,呈请总统予以解散,依法重选在案。兹奉总统本月十日令略开,应准照办。该云南省参议会应自本年九月十日起,予以解散,依法另令重选等因。除电云南省政府卢主席遵照办理具报外,合行抄发原令仰即遵照。此令。

附抄发总统九月十日令文一件

中华民国三十八年九月　日

院长　阎锡山

〔内政部档案〕

(二)组织特种刑事法庭

1. 蒋介石请核办特刑庭经常费暨临时追加概算及设置地区电

(1948年3月8日)

府交字第 15581 号

行政院张院长勋鉴：据国防部白部长、司法行政部谢部长三月一日会呈：略以关于设置特种刑事法庭，专办战乱时期危害国家紧急治罪条例规定之各特种刑事案件，并于司法行政部增设特种刑事司办理复核事务一案。经拟具具体办法三项次第实施，并编具追加概算请核示等情。附呈三十七年度上半年度司法行政部增设特种刑事司及全国各地区设置特种刑事法庭经常费暨临时追加概算书表各三份，特种刑事法庭设置地区一览表一份。据此。兹抄发原呈，附发原附件各一份，并核示如下：(一)原呈办法第一项：关于特种刑事法庭设置之地区此刻不宜普遍设置，可准在南京、上海、北平、武汉、广州五地提先成立，其余重要地区应视实际需要分期配设；(二)原呈办法第二项：关于特种刑事司职员拟遴选资深学富者充任，原则可照准；(三)原呈办法第三项：关于各地特种刑事法庭职员除尽量由军法机关人员兼办并调用司法机关人员外，重要地区之法庭，因业务上之必要，可酌设专任人员；(四)所请追加三十七年度上半年经常费及临时费两节：其中关于监所建筑等，宜利用军法及司法机关之原有设备，不应重新修建。其余各项可俟设置法庭单位与专任人员名额核定后，按实际需要予以核列，即希照以上原则并全案迅予核办为盼。中正。寅齐。府交乙。附：(一)原追加概算表一份，地区表一份。(二)抄原呈一件。

中华民国三十七年三月八日

抄件

敬签呈者:查全国分区设置特种刑事法庭,专办戡乱期间危害国家紧急治罪条例规定之各特种刑事案件,并于本司法行政部增设特种刑事司,办理特种刑事法庭组织条例草案第六条规定之复核事务一案,遵经详加研议,拟定具体办法,次第实施,谨分别陈明于次:

(一)各省高等法院及其分院所在地区均设置特种刑事法庭,并先于首都、上海、北平、武汉、广州五地区,限期提前组织成立。

(二)于本司法行政部增设特种刑事司,正在着手组织。该司办理复核死刑及无期徒刑案件。其司长以下职员,似应遴选资深学富者充任,方足胜任愉快。

(三)各庭庭长、首席检察官、审判官、检察官等,尽量以各该地区之资深司法官或高级军法官兼任为原则。惟重要都市或高等法院所在地区之司法官、军法官,本身任务亦极繁重,不得不酌设专任人员,以期办案迅捷。

基于上陈三项办法,业经本司法行政部商得国防部同意,积极进行。爰特按切实需要,编制追加概算,计三十七年上半年度,实需经常费一九,三一一,七七四,八七六元,临时费一〇三,七〇六,〇〇〇,〇〇〇元,仍饬各地区法庭尽量撙节使用,非事有必要,不得派用人员动支库币,总期事获速效,款不虚糜。是否有当,理合检同追加概算书表,会签恭请鉴核,伏□宸断施行。谨呈
主席蒋

附三十七年上半年度司法行政部增设特种刑事司及全国各地区设置特种刑事法庭,经常费暨临时费追加概算书表各三份,特种刑事法庭设置地区一览表一份。

特种刑事法庭设置地区一览表

省市别	设立地区	备	考
首 都	首 都		
上 海	上 海		
江 苏	苏 州		
	镇 江		
	淮 阴		
	徐 州		
	南 通		
浙 江	杭 州		
	永 嘉		
	金 华		
	鄞 县		
	临 海		
	丽 水		
安 徽	安 庆		
	蚌 埠		
	歙 县		
	芜 湖		
	阜 阳		
	六 安		
	滁 县		
江 西	南 昌		
	赣 县		
	九 江		
	吉 安		
	河 口		
	宜 春		
	南 城		
湖 南	长 沙		
	沅 陵		
	桂 阳		

续上表

省市别	设立地区	备考
湖北	常 德	
	邵 阳	
	衡 阳	
	武 汉	
	宜 昌	
	襄 阳	
	恩 施	
	沙 市	
	郧 县	暂移均县办公
	黄 冈	
四川	成 都	
	重 庆	
	万 县	
	泸 县	
	阆 中	
	绵 阳	
	乐 山	
	达 县	
	酉 阳	
	宜 宾	
	内 江	
	南 充	
贵州	贵 阳	
	镇 远	
	兴 仁	
	遵 义	
	独 山	
	毕 节	
云南	昆 明	
	大 理	

续上表

省市别	设立地区	备考
	昭通	
	建水	
	丽江	
	文山	
	曲靖	
	顺宁	
广东	广州	
	汕头	
	合浦	
	琼山	
	曲江	
	惠阳	
	高安	
	茂名	
	梅县	
	湛江	
广西	桂林	
	邕宁	
	苍梧	
	柳州	
	龙州	
	鬱林	
	宜山	
	平乐	
	百色	
陕西	长安	
	南郑	
	榆林	
	安康	
	大荔	

续上表

省市别	设立地区	备考
甘肃	兰州	
	平凉	
	天水	
	武威	
	酒泉	
	岷县	
	庆阳	
福建	福州	
	厦门	
	建瓯	
	晋江	
	永安	
	福安	
河南	开封	
	郾城	
	安阳	
	洛阳	
	淮阳	
	南阳	
	潢川	
河北	北平	
	天津	
	大名	
	保定	
	唐山	
	石门	
	冀县	
	邢台	
	河间	
山东	济南	

887

续上表

省市别	设立地区	备考
	济 宁	
	青 岛	
	烟 台	
	泰 安	
	德 县	
	临 沂	
	荷 泽	
山 西	太 原	
	运 城	
	大 同	
	平 遥	
	临 汾	
	忻 县	
绥 远	归 绥	
	包 头	
西 康	雅 安	
	康 定	
	西 昌	
青 海	西 宁	
宁 夏	宁 夏	
新 疆	迪 化	
察哈尔	万 全	
台 湾	台 北	
	台 南	
热 河	承 德	
辽 宁	沈 阳	
	锦 州	
吉 林	长 春	暂缓成立
	永 吉	同上
安 东	安 东	同上

续上表

省 市 别	设立地区	备 考
辽 北	四平街	同上
松 江	哈尔滨	同上
合 江	佳木斯	同上
黑龙江	北 安	同上
嫩 江	齐齐哈尔	同上
兴 安	海拉尔	同上

(附记)各绥靖区司令部或兵团司令部所在地应各配设特种刑事法庭一所,如区域内已设有该庭者,应随同该司令部前进。

司法行政部主管三十七年上半年度国家普通岁出追加概算表
经常门

款	项	科 目	追加概算表	备 注
一		司法行政部主管追加经常费	一九,三一一,七七四,八七六	
	一	司法行政部增设特种刑事司追加经常费	二二四,三六一,七四四	说明(一)。
	二	首都区增设特种刑事法庭及首都监狱应增员额暨增设临时看守所追加经常费	三二三,〇五二,三一二	计算方法详说明(二)(五)(八)。
	三	上海区增设特种刑事法庭及上海监狱应增员额暨增设临时看守所追加经常费	三五九,〇六九,六二八	计算方法详说明(二)(五)(八)。
	四	江苏省增设特种刑事法庭及各法庭所在地监狱应增员额追加经常费	六〇三,五九二,八一二	该省计成立高院所在地区法庭一、高分院所在地区法庭四,计算方法详说明(三)(四)(六)(七)。

续上表

款	项	科　目	追加概算表	备　注
	五	浙江省增设特种刑事法庭及各法庭所在地监狱应增员额追加经常费	七一三,〇七五,一四八	该省计成立高院所在地区法庭一,高分院所在地区法庭五,计算方法详说明(三)(四)(六)(七)。
	六	安徽省增设特种刑事法庭及各法庭所在地监狱应增员额追加经常费	八二二,五五七,四八四	该省计成立高院所在地区法庭一,高分院所在地区法庭六,计算方法详说明(三)(四)(六)(七)。
	七	江西省增设特种刑事法庭及各法庭所在地监狱应增员额追加经常费	八二二,五五七,四八四	该省计成立高院所在地区法庭一,高分院所在地区法庭六,计算方法详说明(三)(四)(六)(七)。
	八	湖南省增设特种刑事法庭及各法庭所在地监狱应增员额追加经常费	七一三,〇七五,一四八	该省计成立高院所在地区法庭一,高分院所在地区法庭五,计算方法详说明(三)(四)(六)(七)。
	九	湖北省增设特种刑事法庭及各法庭所在地监狱应增员额暨武汉区增设临时看守所追加经常费	九七九,九四六,三二八	该省计成立院辖所在地区法庭一,高分院所在地区法庭六,计算方法详说明(二)(四)(五)(七)(八)。
	十	四川省增设特种刑事法庭及各法庭所在地监狱应增员额追加经常费	一,五〇〇,七〇〇,六九二	该省计成立院辖市所在地区法庭一,高院所在地区法庭一,高分院所在地区法庭十,计算方法详说明(二)—(七)。

续上表

款	项	科　　目	追加概算表	备　　注
	十一	贵州省增设特种刑事法庭及各法庭所在地监狱应增员额追加经常费	七一三,〇七五,一四八	该省计成立高院所在地区法庭一,高分院所在地区法庭五,计算方法详说明(三)(四)(六)(七)。
	十二	云南省增设特种刑事法庭及各法庭所在地监狱应增员额追加经常费	九三二,〇三九,八二〇	该省计成立高院所在地区法庭一,高分院所在地区法庭七,计算方法详说明(三)(四)(六)(七)。
	十三	广东省增设特种刑事法庭及各法庭所在地监狱应增员额暨广州区增设临时看守所追加经常费	一,三〇八,三九三,三三六	该省计成立院辖市所在地区法庭一,高分院所在地区法庭九,计算方法详说明(二)(四)(五)(七)(八)。
	十四	广西省增设特种刑事法庭及各法庭所在地监狱应增员额追加经常费	一,〇四一,五二二,一五六	该省计成立高院所在地区法庭一,高分院所在地区法庭八,计算方法详说明(三)(四)(六)(七)。
	十五	陕西省增设特种刑事法庭及各法庭所在地监狱应增员额追加经常费	六七八,一四三,二〇八	该省计成立院辖市所在地区法庭一,高分院所在地区法庭四,计算方法详说明(二)(四)(五)(七)。
	十六	甘肃省增设特种刑事法庭及各法庭所在地监狱应增员额追加经常费	八二二,五五七,四八四	该省计成立高院所在地区法庭一,高分院所在地区法庭六,计算方法详说明(三)(四)(六)(七)。

续上表

款	项	科　目	追加概算表	备　注
	十七	福建省增设特种刑事法庭及各法庭所在地监狱应增员额追加经常费	七一三,〇七五,一四八	该省计成立高院所在地区法庭一,高分院所在地区法庭五,计算方法详说明(三)(四)(六)(七)。
	十八	河南省增设特种刑事法庭及各法庭所在地监狱应增员额追加经常费	八二二,五五七,四八四	该省计成立高院所在地区法庭一,高分院所在地区法庭六,计算方法详说明(三)(四)(六)(七)。
	十九	河北省增设特种刑事法庭及各法庭所在地监狱应增员额暨北平区增设临时看守所追加经常费	一,三二九,六四二,五二八	该省计成立院辖市所在地区法庭二,高分院所在地区法庭七,计算方法详说明(二)(四)(五)(七)(八)。
	二十	山东省增设特种刑事法庭及各法庭所在地监狱应增员额追加经常费	,〇六二,七七一,三四八	该省计成立院辖市所在地区法庭一,高院所在地区法庭一,高分院所在地区法庭六,计算方法详说明(二)——(七)。
	二十一	山西省增设特种刑事法庭及各法庭所在地监狱应增员额追加经常费	七一三,〇七五,一四八	该省计成立高院所在地区法庭一,高分院所在地区法庭五,计算方法详说明(三)(四)(六)(七)。
	二十二	绥远省增设特种刑事法庭及各法庭所在地监狱应增员额追加经常费	二七五,一四五,八〇四	该省计成立高院所在地区法庭一,高分院所在地区法庭一,计算方法详说明(三)(四)(六)(七)。

续上表

款	项	科　　目	追加概算表	备　　注
	二十三	西康省增设特种刑事法庭及各法庭所在地监狱应增员额追加经常费	三八四,六二八,一四〇	该省计成立高院所在地区法庭一,高分院所在地区法庭二,计算方法详说明(三)(四)(六)(七)。
	二十四	青海省增设特种刑事法庭及各法庭所在地监狱应增员额追加经常费	一六五,六六三,四六八	该省计成立高院所在地区法庭一,计算方法详说明(三)(六)。
	二十五	宁夏省增设特种刑事法庭及各法庭所在地监狱应增员额追加经常费	一六五,六六三,四六八	该省计成立高院所在地区法庭一,计算方法详说明(三)(六)。
	二十六	新疆省增设特种刑事法庭及各法庭所在地监狱应增员额追加经常费	一六五,六六三,四六八	该省计成立高院所在地区法庭一,计算方法详说明(三)(六)。
	二十七	察哈尔省增设特种刑事法庭及各法庭所在地监狱应增员额追加经常费	一六五,六六三,四六八	该省计成立高院所在地区法庭一,计算方法详说明(三)(六)。
	二十八	台湾省增设特种刑事法庭及各法庭所在地监狱应增员额追加经常费	二七五,一四五,八〇四	该省计成立高院所在地区法庭一,高分院所在地区法庭一,计算方法详说明(三)(四)(六)(七)。
	二十九	热河省增设特种刑事法庭及各法庭所在地监狱应增员额追加经常费	一六五,六六三,四六八	该省计成立高院所在地区法庭一,计算方法详说明(三)(六)。

续上表

款	项	科　　　目	追加概算表	备　　注
	三十	辽宁省增设特种刑事法庭及各法庭所在地监狱应增员额追加经常费	三四九,六九六,二〇〇	该省计成立院辖市所在地区法庭一,高分院所在地区法庭一,计算方法详说明(二)(四)(五)(七)。

说明:(一)本部特种刑事司员额拟配置如下:

司长一人,简任,月支六八〇元。

专员四人内简任二人,荐任二人,月各支五二〇,四〇〇元

科长四人,荐任,月各支四〇〇元。

编审八人,荐任,月各支四〇〇元。

科员十二人至二十人,委任,暂以十六人计,月各支二〇〇元。

书记官十人至十五人,委任,暂以十三人计,月各支一六〇元。

雇员十人,月各支八〇元。

公役十四人,月各支一六元。

以上每月计需俸给费一三,六二四元,办公购置费三三,六〇〇,〇〇〇元(职雇员共五十六人每人每月以六十万元计),特别费三,七八〇,〇〇〇元(计简任三人,月各支特别办公费四二〇,〇〇〇元,荐任十四人,月各支特别办公费一八〇,〇〇〇元),每月共需经常费三七,三九三,六二四元,六个月共需经常费二二四,三六一,七四四元。

(二)院辖市所在地区特种刑事法庭(计首都、上海、北平、武汉、广州、西安、重庆、沈阳、天津、青岛等十处)员额拟各配置:

庭长一人,简任,月支六〇〇元。

审判官八人内简任四人,荐任四人,月各支五二〇,四〇〇元(三人合议同时可开三庭三人或五人合议亦可同时开庭)。

首席检察官一人,简任,或荐任,月支六〇〇元。

检察官四人内 简任二人/荐二人，月各支五二〇，四〇〇元。

主任书记官一人，荐任，月支四〇〇元。

会计员一人，委任，月支二〇〇元。

书记官十七人，委任，月各支二〇〇元（除配置纪录外，一员司文牍，一员司庶务出纳，一员司收发）。

雇员二十人，月各支八〇元（内二人办理会计）。

庭丁四人，月各支六〇元。

法警长一人，月支七〇元。

法警二十人，月各支六〇元。

公丁十二人，月各支一六元。

以上每月计需俸给费一四，〇二二元，办公购置费三一，八〇〇，〇〇〇元（职雇员共五十三人，每人每月以六十万元计），特别费四，六二〇，〇〇〇元（计简任八人，月各支特别办公费四二〇，〇〇〇元，荐任七人，月各支特别办公费一八〇，〇〇〇元），每月共需经常费三六，四三四，〇二二元，六个月共需经常费二一八，六〇四，一三二元。

（三）高院所在地区特别刑事法庭（首都、上海、河北、湖北、广东、陕西、辽宁七高院除外，又吉林、安东、辽北、松江、合江、黑龙江、嫩江、兴安八省高院所在地区拟暂缓成立，计先成立二十二处）员额拟各配置如下：

庭长一人，简任，月支六〇〇元。

审判官五人内 简任二人/荐三人，月各支五二〇，四〇〇元（三人合议同时可开两庭，五人合议亦可开庭）。

首席检察官一人，简任或荐任，月支六〇〇元。

检察官二人，内 简任一人/荐一人，月支五二〇，四〇〇元。

主任书记官一人,荐任,月支四〇〇元。

会计员一人,委任,月支二〇〇元。

书记官十二人,委任,月各支二〇〇元(除配置纪录外,一员司文牍,一员司庶务出纳,一员司收发)。

雇员十四人,月各支八〇元(内二人办理会计)。

庭丁二人,月各支六〇元。

法警长一人,月支七〇元。

法警十二人,月各支六〇元。

公丁七人,月各支一六元。

以上每月计需俸给费九,五〇二元,办公购置费二二,二〇〇,〇〇〇元(职雇员共三十七人,每人每月以六十万元计),特别费三,〇〇〇,〇〇〇元(计简、荐任各五人,月各支特别办公费四二〇,〇〇〇元及一八〇,〇〇〇元),每月共需经常费二五,二〇九,五〇二元,六个月共需经常费一五一,二五七,〇一二元。

(四)高分院所在地区特别刑事法庭(重庆、天津、青岛三分院除外,又吉林永吉高分院所在地区拟暂缓成立,计先成立一一五处)员额拟各配置如下:

庭长一人,简任,月支六〇〇元。

审判官二人,内 简任一人 荐任一人,月支 五二〇 四〇〇 元(五人合议时可就当地司法官军法官临时调用陪席)。

首席检察官一人,简任或荐任,月支六〇〇元。

检察官一人,简任或荐任,月支五二〇元。

主任书记官一人,荐任,月支四〇〇元。

会计员一人,委任,月支二〇〇元。

书记官八人,委任,月各支二〇〇元(除配置纪录外,一员司文牍,一员司庶务出纳,一员司收发)。

雇员十人,月各支八〇元(内二人办理会计)。

庭丁二人,月各支六〇元。

法警长一人,月支七〇元。

法警八人,月各支六〇元。

公丁五人,月各支一六元。

以上每月计需俸给费六,三九〇元,办公购置费一五,〇〇〇,〇〇〇元(职雇员共二十五人,每人每月以六十万元计),特别费二,〇四〇,〇〇〇元(计简任四人,月各支特别办公费四二〇,〇〇〇元,荐任二人,月各支特别办公费一八〇,〇〇〇元),每月共需经常费一七,〇四六,三九〇元,六个月共需经常费一〇二,二七八,三四〇元。

(五)院辖市所在地区监狱以须添建独居房间作为收容特种刑事案犯隔离监禁之用,拟增员额如左:

一、上海区拟增列教诲师六人,委任,月各支一六〇元;看守长六人,月各支七〇元;看守三十人,月各支六〇元;监丁二人,月各支一六元。以上每月计需俸给费三,二一二元,办公购置费七,二〇〇,〇〇〇元(职雇员共十二人,每人每月以六十万元计),每月共需经常费七,二〇三,二一二元,六个月共需经常费四三,二一九,二七二元。

二、首都等九区,拟各增列教诲师三人,委任,月各支一六〇元;看守长三人,月各支七〇元;看守十五人,月各支六〇元;监丁二人,月各支一六元。以上每月计需俸给费一,六二二元,办公购置费三,六〇〇,〇〇〇元(职雇员共六人,每人每月以六十万元计),每月共需经常费三,六〇一,六二二元,六个月共需经常费二一,六〇九,七三二元。

(六)高院所在地区监狱,拟各增列教诲师二人,委任,月各支一六〇元;看守长二人,月各支七〇元;看守十人,月各支六〇元;监丁一人,月支一六元。以上每月计需俸给费一,〇七六元,办公购置费二,四〇〇,〇〇〇元(职雇员共四人,每人每月以六十万元计),每月共需经常费二,四〇一,〇七六元,六个月共需经常费一四,四〇六,四五六元。

(七)高分院所在地区监狱,拟各增列教诲师一人,委任,月支一六〇元;看守长一人,月支七〇元;看守七人,月各支六〇元;监丁一人,月支一六元。以上每月计需俸给费六六六元,办公购置费一,二〇〇,〇〇〇元(职雇员共二人,每人每月以六十万元计),每月共需经常费一,二〇〇,六六六元,六个月共需经常费七,二〇三,九九六元。

(八)上海、首都、武汉、广州、北平等五区原有看守所人犯均极拥挤,而特种刑事案犯亦不宜与普通案犯合并羁押,拟增设临时看守所五处,以资应用。其员额配置情形如下:

一、上海区按囚额四百人配置,员额为:

所长一人,委任,月支二〇〇元。

所官一人,委任,月支一八〇元。

课长二人,委任,月各支一八〇元。

医师兼课长一人,委任,月支一八〇元。

课员十人,委任,月各支一六〇元。

医师兼课员二人,委任,月各支一六〇元。

作业导师二人,委任,待遇月各支一四〇元。

女所主任一人,委任,月支一六〇元。

会计员一人,委任,月支二〇〇元。

统计员一人,委任,月支二〇〇元。

雇员五人,月各支八〇元(内一人办理会计)。

看守长八人,月各支七〇元。

看守五〇人,月各支六〇元。

所丁四人,月各支一六元。

以上每月计需俸给费七,〇四元,办公购置费一六,二〇〇,〇〇〇元(职雇员共二十七人,每人每月以六十万元计),每月共需经常费一六,二〇七,七〇四元,六个月共需经常费九七,二四六,二二四元。

二、首都、武汉、广州、北平等四区按囚额二百五十人,各配置员额为:

所长一人,委任,月支二〇〇元。

所官一人,委任,月支一八〇元。

课长二人,委任,月各支一八〇元。

医师兼课长一人,委任,月支一八〇元。

课员八人,委任,月各支一六〇元。

医师兼课员二人,委任,月各支一六〇元。

作业导师一人,委任,待遇月支一四〇元。

女所主任一人,委任,月支一六〇元。

会计员一人,委任,月支二〇〇元。

统计员一人,委任,月支二〇〇元。

雇员四人,月各支八〇元(内一人办理会计)。

看守长六人,月各支七〇元。

看守四十人,月各支六〇元。

所丁三人,月各支一六元。

以上每月计需俸给费六,四〇八元,办公购置费一三,八〇〇,〇〇〇元(职雇员共二十三人,每人每月以六十万元计),每月共需经常费一三,八〇六,四〇八元,六个月共需经常费八二,八三八,四四八元。

(九)以上八项,应增人员应列支之生活补助费部份及司法人员补助俸部份,拟俟员额奉核定后再请补列。

司法行政部主管三十七年上半年度国家普通岁出追加概算表
临时门

款	项	科　　目	追加概算数	备　注
一		司法行政部主管追加成立特种刑事司及特种刑事法庭应需各项临时费	一〇三，七〇六，〇〇〇，〇〇〇	
	一	房屋租赁费	五，八五六，〇〇〇，〇〇〇	详说明（一）
	二	修缮设备费	一四，三〇〇，〇〇〇，〇〇〇	详说明（二）
	三	监所建筑费	六五，四〇〇，〇〇〇，〇〇〇	详说明（三）
	四	案犯押解费	一八，一五〇，〇〇〇，〇〇〇	详说明（四）

说明：（一）特种刑事司应需办公房屋十二间；院辖市所在地法庭应需七三间，共十处，计需七三〇间；高院所在地法庭应需五五间，共二十二处，计需一，二一〇间。以上共需办公房屋一，九五二间，每间房租平均以五十万元计，每月应需房租九亿七千六百万元，六个月共需五八亿五千六百万元如表列数。

（二）各处应需修缮设备费，谨核实，计列如次：

一、特种刑事司三亿元（计各项家具需二亿元，装修租赁房屋费用需一亿元，合计如上数）。

二、院辖市所在地法庭三十亿元（计每处各项家具需二亿元，装修费需一亿元，十处共需如上数）。

三、高院所在地法庭六六亿元（计每处各项家具需二亿元，装修费需一亿元，二十二处共需如上数）。

四、院辖市所在地监狱十一亿元（上海一处添建独居房三百间，各项家具需二亿元；北平等九处添建独居房各一百五十间，各项家具各需一亿元。共需如上数）。

五、高院所在地监狱二十二亿元（每处添独居房一百间，各项家具需一亿元，二十二处，共需如上数）。

六、院辖市所在地临时看守所十一亿元（上海一处，各项家具设备需三亿元，首都、北平、武汉、广州等四处各需二亿元，共需如上数）。

以上共需修缮设备费一四三亿元。

(三)各处监狱添建独居监房及各新增临时看守所,应需建筑费用,谨核实计列如次:

一、院辖市所在地监狱一九八亿元(上海一处,添建监房三百间,计面积三千平方公尺,每一平方公尺一百二十万元,需三十六亿元;首都等九处每处添建一百五十间,共一千三百五十间,面积一万三千五百平方公尺,每一平方公尺一百二十万元计,需一六二亿元,共需如上数)。

二、高院所在地监狱一七六亿元(每处添建监房一百间,二十二处,共二千二百间,计面积二万二千平方公尺,每一平方公尺八十万元,计需一七六亿元。如上数)。

三、院辖市所在地增设临时看守所二八〇亿元(上海一处,按囚额四百人计,建筑费共需八十亿元——包括建筑基地三十亩、围墙全部及办公室监房等房屋,共计约五百间;首都、武汉、广州、北平等四处按囚额二百五十人计,建筑费共各需五十亿元——包括建筑基地各二十亩、围墙全部及办公室监房等房屋,共计约三百间——合计共需如上数)。

以上共需监所建筑费六五四亿元。

(四)各处案件押解费,因各县共匪、盗匪均须押解特种刑庭所在地审讯,谨核实计列如次:

一、院辖市所在地区,每处以三百名计,十处共计三千名,每名需费一百五十万元,共需四十五亿元。

二、高院所在地区,每处以一百名计,二十二处,共二千二百名,每名需费一百五十万元,共需三十三亿元。

三、高分院所在地区,每处以六十名计,一一五处,共六千九百名,每名需费一百五十万元,共需一〇三亿五千万元。

以上共需案犯押解费一八一亿五千万元。

中华民国三十七年　月　日

司法行政部部长　谢冠生
会计长　石凌汉

〔行政院档案〕

2. 蒋介石请核办各地特刑庭名称驻地电

(1948年3月22日)

侍宙字第50598号

行政院张院长勋鉴：三月八日府交字第15581号代电计达。兹据国防部三月十九日柱炼字第0075号签呈，附送各地特种刑事法庭名称驻地表一份，请鉴核等情。兹检发原附件，希并案核办具报。中正。(37)寅养。侍宙。附检发原表一份。

各地特种刑事法庭名称驻地表

名　　称	驻　地	备　　　　注
首都特种刑事法庭	南　京	由首都卫戍部、宪兵司令部、军法处与首都高院派员合组。
上海特种刑事法庭	上　海	由第一区军法执行部、淞沪警备司令部军法处、上海高等法院合组。
北平特种刑事法庭	北　平	由北平行辕军法处、北平警备司令部军法处、北平高等法院合组。
天津特种刑事法庭	天　津	由第五区军法执行部、天津警备司令部军法处、河北高院天津分院合组。
武汉特种刑事法庭	武　昌或汉　口	由武汉行辕、武汉警备司令部军法处、湖北高等法院合组。
广州特种刑事法庭	广　州	由第四区军法执行部、广州行辕军法处、广东高等法院合组。
重庆特种刑事法庭	重　庆	由重庆行辕、重庆警备司令部军法处、重庆高等法院合组。

续上表

名　　称	驻地	备　　注
西安特种刑事法庭	西　安	由西安警备部军法处、陕西高等法院合组。
青岛特种刑事法庭	青　岛	由青岛警备部军法处、青岛高分院合组。
沈阳特种刑事法庭	沈　阳	由第二军法执行部、东北行辕沈阳防守司令部军法处与辽宁高院合组。
镇江特种刑事法庭	镇　江	由江苏保安司令部军法处与江苏高院合组。
合肥特种刑事法庭	合　肥	
开封特种刑事法庭	开　封	
济南特种刑事法庭	济　南	
保定特种刑事法庭	保　定	
成都特种刑事法庭	成　都	
太原特种刑事法庭	太　原	
归绥特种刑事法庭	归　绥	
张垣特种刑事法庭	张　垣	
承德特种刑事法庭	承　德	
长春特种刑事法庭	长　春	
南通特种刑事法庭	南　通	第一绥靖区司令部设此。
徐州特种刑事法庭	徐　州	第三绥靖区司令部设此。
商邱特种刑事法庭	商　邱	第六绥靖区司令部设此。
信阳特种刑事法庭	信　阳	第五绥靖区司令部设此。
淮阴特种刑事法庭	淮　阴	第七绥靖区司令部设此。
临沂特种刑事法庭	临　沂	第九绥靖区司令部设此。
兖州特种刑事法庭	兖　州	第十绥靖区司令部设此。
郑州特种刑事法庭	郑　州	第十二绥靖区司令部设此。
洛阳特种刑事法庭	洛　阳	第十三绥靖区司令部设此。
阜阳特种刑事法庭	阜　阳	第十四绥靖区司令部设此。
襄阳特种刑事法庭	襄　阳	第十五绥靖区司令部设此。
咸宁特种刑事法庭	咸　宁	第十六绥靖区司令部设此。第二、四、八、十一四绥靖区司令部所在地济南、开封、合肥、青岛前已设置,故未列。
锦州特种刑事法庭	锦　州	查系军事冲要地区。

续上表

名　　称	驻　地	备　　注
大同特种刑事法庭	大　同	查系军事冲要地区。
蚌埠特种刑事法庭	蚌　埠	查系军事冲要地区。
安庆特种刑事法庭	安　庆	查系军事冲要地区。
芜湖特种刑事法庭	芜　湖	查系军事冲要地区。
宝鸡特种刑事法庭	宝　鸡	
延安特种刑事法庭	延　安	
绥西特种刑事法庭	绥　远	
各绥靖区高分院所在地		各绥靖区高分院所在地特刑法庭名称，俟司法行政部查明后再行详列。
桂林特种刑事法庭	桂　林	
宜昌特种刑事法庭	宜　昌	
江陵特种刑事法庭	沙　市	
烟台特种刑事法庭	烟　台	
济宁特种刑事法庭	济　宁	
唐山特种刑事法庭	唐　山	

〔行政院档案〕

3. 行政院关于特刑庭组织及审判条例实施案之审查会记录

（1948年4月15日）

审查意见中（二）关于高等特种刑事法庭，国防、司法两部代表坚主张设四十六处（附表一），以应需要。惟此数仍嫌过多，凡战地、接战地域，依戒严法之规定办理者，可不设该项法庭，目前似暂可设二十四处（附表二），（已设立五处，尚须设十九处）其余视实际需要，再行配设。此与主席之指示，亦相符合，审查意见其他各点，尚觉可行，拟仍提院会决定。欧四七。

特种刑事法庭组织及审判条例实施案审查会记录：

一、时间：三十七年四月三日下午三时

二、地点：本院第二审查室

三、出席人：何政涵　国府军务局　李白虹　国府政务局　汪楫宝　司法行政部　石凌汉　司法行政部　吴昌咸　司法行政部　戴佛　国防部军法局　钱诏士　国防部法规司　管欧　本院第七组　张瑞麟　本院第四组　但文　本院会计处

四、主席：管欧

五、记录：史传

六、审查意见：

本案经分左列各点，详予商讨：

(一)关于戡乱时期危害国家紧急治罪条例施行区域

本条例规定之通用范围，为共匪、盗匪，妨害动员各罪，此等案件，几已遍及全国各地，为免同罪异罚，适用纷歧起见，其施行区域，原应及于全国，惟在全国各地普遍设置高等特种刑事法庭，困难极多，若设庭过少，又有若干案件，不易受理，几经研商，佥认本条例暂不施行于全国，而以实际上必需设立高等特种刑事法庭所在地之高等法院或高等分院诉讼管辖区域为其施行区域(施行区域见附表一)。

(二)关于高等特种刑事法庭

甲、地点——戡乱时期危害国家紧急治罪条例施行区域，分设高等特种刑事法庭，各省设庭数目，不宜太多，俾免国库负担过重，亦不宜太少，俾免辖区辽阔，案件繁多，对于人犯解送之费用必将激增，戒护亦极困难，而于证据之调查，尤感不便，转失审判迅捷之旨，司法行政部及国防部原定数目为一百五十六处，嗣国防部第二次呈拟数目为四十八处，均嫌过多，兹遵照主席代电"关于特种刑事法庭设置之地区，此刻不宜普遍设置，可准在南京、上海、北平、广州、武汉五地，提先成立，其余重要地区，应视实际需要，分期配设"之指示，并就戡乱情形，绥靖区状况，交通距离，及与军事配合起见，切实核减，拟设高等特种刑事法庭四十六处，以资适应(设庭

地点见附表一）。

乙、人选——除重要地点之高等特种刑事法庭，得因业务上之必要，酌量专任人员外，应依照特种刑事法庭组织条例之规定，尽由现有司法或军法人员兼任以节经费。

（三）关于监所

遵照主席指示，各庭之监所，应充分利用现拘禁人犯之司法或军法机关原有设备，毋庸重新修建，及增设专任人员，惟须予以隔离，并严加警卫，至确有设置监所或修缮现有监所必要者，得由司法行政部专案呈请核办。

（四）关于经费

司法行政部原编追加预算，过于庞大，应由该部依照此次核定设置之特种刑庭重编呈核，并先由院以紧急支付命令，拨发二十五亿元为已成立之首都、上海、北平、武汉、广州五庭维持费，另拨八十二亿元为即将成立之四十一庭开办费，以应急需，若核定增设二十四处，除已设立之五处外，即将成立者仅十九处，则开办费可增拨三十八亿元。欧四·七。

（五）关于审判

各庭审判受理案件，应力求迅捷，由司法行政部从严督促，列为考核要项。

（六）关于联系与协助

中央主管之行政司法两院，及司法行政国防两部，应密切联系，并通饬各地军政机关及军警部队，于各特种刑庭执行职务时，应切实协助。

（七）关于中央特种刑事法庭

依照特种刑事法庭组织条例之规定，中央特种刑事法庭隶属司法院，其设置、人选及经费均归司法院掌理，拟请司法院迅速筹设，俾便配合审判。

（八）关于特种刑事司

前定在司法行政部增设特种刑事司,原系遵照主席之指示,办理复核事务,现特种刑事法庭组织条例取消复核制度,特种刑事司似已无添设必要,惟据国防部呈,请仍于司法行政部增设特种刑事司,主管各地高等特种刑事法庭行政,及与本部联系事项等语,司法行政部代表亦认为可行,该司似可缩小编制,予以设置。

附表(一)共计四十六处

戡乱时期危害国家紧急治罪条例施行区域	高等特种刑事法庭设置地点	备 注
南 京	南京	已设立
上 海	上海	已设立
北 平	北平	已设立
天 津	天津	
汉 口	汉口	已设立
广 州	广州	
青 岛	青岛	
沈 阳	沈阳	
西 安	西安	
江 苏	镇江 淮阴 徐州 南通	
浙 江	杭州 金华 鄞县	
福 建	福州	
安 徽	安庆、蚌埠、芜湖、阜阳	
湖 北	武昌、襄阳、沙市、黄岗	武昌与汉口市合设
广 东	广州 曲江 梅县	与广州市合设,已成立
陕 西	长安 榆林	长安与西安市合设
甘 肃	兰州	
河 南	开封、洛阳、南阳、潢川	
河 北	天津 北平 保定	与天津、北平二市各合设
山 东	青岛 济南 临沂	与青岛市合设

续上表

戡乱时期危害国家紧急治罪条例施行区域	高等特种刑事法庭设置地点	备 注
山 西	太原 大同	
绥 远	归绥 包头	
新 疆	迪化、哈密、喀什、和阗	西北行辕迭电司法行政部请求设置该省区域辽阔故设四处
察哈尔	万全	
热 河	承德	
辽 宁	沈阳	与沈阳市合设
吉 林	长春	
安 东		
辽 北		
松 江		
合 江	暂缓设置	
黑龙江		
嫩 江		
兴 安		

高等特种刑事法庭设置地点表(二)共计二十四处

区 域	地 点	备 注
南 京	南京(已设立)	凡战地接战地域及绥靖区,得依戒严法之规定办理者,一律不设高等特种刑事法庭
上 海	上海(已设立)	
北 平	北平(已设立)	
天 津	天津	
汉 口	汉口(已设立)	
广 州	广州(已设立)	
青 岛	青岛	
西 安	西安	

续上表

区 域	地　　　点	备　　　注
江 苏	镇江	
浙 江	杭州　金华　鄞县	
福 建	福州	
安 徽	安庆　芜湖	
湖 北	沙市　黄岗	
广 东	曲江　梅县	
甘 肃	兰州	
新 疆	迪化　哈密　喀什　和阗	西北行辕迭电司法行政部请求设立该省区域辽阔故设四处

〔行政院档案〕

4. 司法行政部抄发国民政府公布"特种刑事法庭组织及审判条例"令之训令

（1948年4月19日）

司法行政部训令　京(37)训参字第4909号　中华民国三十七年四月十九日

令最高法院检察署检察长

查特种刑事法庭组织条例、特种刑事法庭审判条例及戡乱时期危害国家紧急治罪条例第八条业奉国民政府三十七年四月二日明令公布及修正公布（载同日第三〇九七号国府公报），合行抄发各该条例及修正条文令仰知照。

抄发条例及修正案文各一份

司法行政部部长谢冠生

国民政府令

兹制定特种刑事法庭组织条例公布之。此令。

特种刑事法庭组织条例

第一条 本条例依戡乱时期危害国家紧急治罪条例第八条制定之。

第二条 特种刑事法庭分中央特种刑事法庭及高等特种刑事法庭。

第三条 高等特种刑事法庭受理戡乱时期危害国家紧急治罪条例所规定之案件,其设置地点及管辖区域,由司法行政部定之。

第四条 中央特种刑事法庭设于首都,隶属于司法院,依特种刑事法庭审判条例之规定,复判高等特种刑事法庭判决之案件。

第五条 高等特种刑事法庭,置庭长一人,简任或荐任审判官若干人,检察官一人至三人,均荐任或简任,主任书记官一人,荐任书记官若干人,委任由司法行政部遴选司法及军法人员分别提请任命或派充之,其庭长及首席检察官以司法官为限,前项人员得尽由现有司法及军法人员兼任。

第六条 中央特种刑事法庭置庭长一人,审判官若干人,检察官一人至三人,均简任。主任书记官一人荐任,书记官若干人委任,由司法院遴选合格人员分别提请任命或派充之。

第七条 特种刑事法庭庭长综理行政兼充审判长,监督该庭事务,审判官、检察官分司审判、检察事务,主任书记官掌理书记室事务,书记官分掌纪录等事务。

前项检察官有二人以上时,以一人为首席检察官。

第八条 高等特种刑事法庭审判以三人或五人合议行之,中央特种刑事法庭复判,以五人合议行之。

前项合议庭之审判长除庭长兼任外,以资深之审判官或庭长指定之审判官充之。

第九条 特种刑事法庭得视事实之需要,酌用雇员庭丁及司法警察各若干人。

第十条 特种刑事法庭之审判条例另定之。

第十一条 本条例施行日期,以命令定之。

国民政府令

兹制定特种刑事法庭审判条例公布之。此令。

特种刑事法庭审判条例

第一条 本条例依特种刑事法庭组织条例第十条制定之。

第二条 依法律规定应由特种刑事法庭审判之案件,依本条例之规定,审判之本条例未规定者,仍适用刑事诉讼法及其他有关之法令。

第三条 应从一重处断之案件,其犯罪事实之一部,应依本条例审判时全部依本条例审判之。

第四条 依本条例审判之案件,以审判长及审判官二人之合议行之,但所犯之罪其最轻,本刑为无期徒刑以上刑者,得以审判长及审判官四人之合议行之。

第五条 对于依本条例所为之裁判不得上诉或抗告,但对于处五年以上有期徒刑之判决,得声请中央特种刑事法庭复判。

第六条 依本条例谕知死刑或无期徒刑之案件,原审法庭应速将全案卷宗、证物送中央特种刑事法庭复判。

第七条 前二条复判期间,自案宗送达法庭之日起,不得逾三十日。

第八条 依本条例所为有罪无罪,免诉或不受理之判决确定后,发现确实之新证据者,检察官得为受判决之不利益请再审。

前项判决确定后,因足影响于判决之重要证据漏未审,酌认为有重大错误者,得受判决人利益或不利益,声请再审,但送达判决已逾二十日者,不得为之。

第九条　声请再审,由原判决之法庭管辖。

第十条　特种刑事案件诉讼条例,关于移送及复判之规定,除与本条例有抵触者外准用之。

第十一条　本条例施行日期,以命令定之。

国民政府令

兹修正戡乱时期危害国家紧急治罪条例第八条条文公布之,此令。戡乱时期危害国家紧急治罪条例第八条修正条文。

第八条　犯本条例之罪者,除军人由军法审判外,非军人由特种刑事法庭审判之。

前项特种刑事法庭之组织另定之。

〔最高检察署档案〕

5. 行政院秘书处关于特刑庭组织及审判条例实施案审查意见函稿

(1948年4月20日)

(1)致国民政府军务局等函稿

公函　(三十七)七法18910号

关于特种刑事法庭组织及审判条例实施案,前经本院邀集贵部、局及有关机关,于本年四月三日开会审查在案。兹奉核定,将审查意见提出,本院四月十五日第五十一次会议决议:"(一)特种刑事法庭先设立二十四处;(二)每处先以紧急支付命令拨发开办费伍亿元;(三)特种刑事司不设"。除由院分别办理外,相应抄同审查意见及附表,函达查照。此致

国民政府 军务局
　　　　 政务局
司法行政部
国防部

抄送审查意见一份,附表一份(照表一抄)

行政院秘书处

(2)致司法院秘书处函稿

公函(三十七)七法18910

关于特种刑事法庭组织及审判条例实施案前经本院定于本年四月三日邀请贵院及有关机关开会审查,由处三月三十日以(三十七)七法字第一五一三八号公函

贵处转陈在案,兹已奉核定,将审查意见提出,本院四月十五日第五十一次会议决议:"(一)特种刑事法庭先设立二十四处,(二)每处先以紧急支付命令拨发开办费五亿元,(三)特种刑事司不设。"除由院分别办理外,相应抄同审查意见及附表,函请查照转陈,迅速筹设中央特种刑事法庭,仍希见复,俾便转陈为荷。此致
司法院秘书处

抄送审查意见一份,又附表一份(照表一抄)

行政院秘书处

审查意见

一、关于戡乱时期危害国家紧急治罪条例之施行区域

本条例之施行区域,原以戒严地域及首都、上海、武汉、广州、北平、济南、西安、杭州、福州、兰州、迪化、开封、成都、重庆、天津、镇江、合肥、九江、青岛、徐州、芜湖、襄阳、琼州、喀什、昆明等二十五地高等法院或其分院或其原属之高等法院或分院诉讼管辖区域为限,初审机关之高等特种刑事法庭亦仅设置于前开首都等二十四处(内开封一处改设昆明),嗣以各地军政长官纷请扩大本条例之施行区域增设高等特种刑事法庭,总统亦有本条例可施行于西南各省之指示。最近本院并曾电令各省市政府对于违反物价管制案件情节较重者,应依本条例移送特种刑事法庭惩办。基于上述原

因及实际需要,本条例之施行区域自应扩大,以全国为范围。

二、关于增设高等特种刑事法庭

戡乱时期危害国家紧急治罪条例之施行区域既应扩及全国,则审讯此类案件之高等特种刑事法庭,自亦应随之增设。司法行政部意见:"除已设之二十四处外,并在各省市高等法院或高等分院所在地一律增设高等特种刑事法庭一处。为节省经费起见均设于各该高等法院或其分院之内,庭长、首席检察官以下人员即由所在地之法院人员兼任,仅于案件繁多之处酌量添设推检及书记官数人,并酌加办公费。计全国共有高等法院三十七处,高等分院一百十九处,除已设二十四处外,东北九省仅拟增设辽宁、吉林高等法院两处,余均缓设,实应增设一百二十三处,每处平均增设推事二人,检察官一人,书记官三人,其薪俸及酌加办公费(每人按月支五元计列),每月约需七七一二一元,自本年十月份起计,三个月共二三一三六三元。又移送拘禁人犯甚多,各该监所修缮设备之费亦属必不可少,拟每处酌列临时费二百元,共二四六〇〇元,经临费合计为二五五九六三元,拟动支第二预备金由部统筹分配,仍另编追加概算呈核",即可照此意见办理。惟添设推检、书记官人数尚应酌予核减,即每处平均增设推检各一人,书记官二人,并尽量调派当地军法人员兼任以节经费。至前方军事流动地区高等特种刑事法庭之组织及其职权之行使等问题由司法行政部会商国防部妥善办理。

三、关于修正戡乱时期危害国家紧急治罪条例

本条例之内容固多欠妥,惟若善为运用亦足适应当前之需要,如予修正,不独程序繁重而观于上年立法院对于本案之辩论情形,能否通过,殊无把握,且恐根本上影响本条例之存在,目前自以不修正为宜。

四、关于戡乱时期危害国家罪犯逆产处理办法草案

本办法系由叶秀峰建议以加重□刑没收共匪罪犯之财产为主

旨,奉总统交议到院。查本办法系没收人民之财产,关系人民之权利甚巨,必须完成立法程序,或将戡乱时期危害国家紧急治罪条例予以修正始得适用。惟依第三项意见恐均难在立法院通过,甚或影响该条例之本身存在,且共匪个人多无财产,亦不重视财产,若因没收而累及其家属亦非立法者之原意,且恐愈引起社会之不安,本办法实毋庸制定。

五、关于贵州省禁烟治罪办法草案

遵照总统指示,原办法拟将烟毒案件改归军法审判,核与法律抵触为兼顾,该省区特殊情形及法律程序之困难,可运用刑事政策,将该省等烟匪重要案件就其与盗匪,或共匪有关部份系属高等特种刑事法庭从重处断。

特种刑事法庭组织及审判条例实施案审查会记录,本案经分左列各点详予商讨:

(一)关于戡乱时期危害国家紧急治罪条例施行区域

本条例规定之通用范围为共匪盗匪妨害动员各罪,此等案件几已遍及全国各地。为免同罪异罚,适用纷歧起见,其施行区域原应及于全国,惟在全国各地普遍设置高等特种刑事法庭困难极多,若设庭过少,又有若干案件不易受理。几经研商,佥认本条例暂不施行于全国,即以实际上必需设立高等特种刑事法庭所在地之高等法院或高等分院诉讼管辖区域为其施行区域(施行区域见附表一)。

(二)关于高等特种刑事法庭

甲、地点:戡乱时期危害国家紧急治罪条例施行区域分设高等特种刑事法庭各省设庭数目不宜太多,俾免国库负担过重;亦不宜太少,俾免辖区辽阔,案件繁多,对于人犯解送之费用必将激增,戒护亦极困难,而于证据之调查尤感不便,转失审判迅捷之旨。司法行政部及国防部原定数目为一百五十六处,嗣国防部第二次呈拟数目为四十八处,均嫌过多。兹遵照主席代电"关于特种刑事法庭设置之地区此刻不宜普遍设置,可准在南京、上海、北平、广州、武汉五地提先成立,其余重要地区应视实际需要,分期配设"之指示,并就戡乱情形绥靖区状况,交通距离及与军事配合起见,切实核减拟设高等特种刑事法庭四十六处,以资适应(设庭地点见附表一)。

乙、人选:除重要地点之高等特种刑事法庭得因业务上之必要酌置专任人员外,应依照特种刑事法庭组织条例之规定尽由现有司法或军法人员兼任,以节经费。

(三)关于监所

遵照主席指示,各庭之监所应充分利用现拘禁人犯之司法或军法机关原有设备,毋庸重新修建及增设专任人员,惟须予以隔离并严加警卫,至确有设置监所或修缮现有监所必要者,得由司法行政部专案呈请核办。

(四)关于经费

司法行政部原编追加预算过于庞大,应由该部依照此次核定设置之特种刑庭重编呈核,并先由院以紧急支付命令拨发二十五亿元,为已成立之首都、上海、北平、武汉、广州五庭维持费,另拨八十二亿元为即将成立之四十一庭开办费,以应急需。若核定增设二十四处,除已设立之五处外,即将成立者仅十九处,则开办费可增拨三十八亿元。

(五)关于审判

各庭审判受理案件应力求迅捷,由司法行政部从严督促列为考核要项

(六)关于联系与协助

中央主管之行政司法两院及司法行政国防两部应密切联系,并通饬各地军政机关及军警部队于各特种刑庭执行职务时应切实协助。

(七)关于中央特种刑事法庭

依照特种刑事法庭组织条例之规定,中央特种刑事法庭隶属司法院,其设置人选及经费均归司法院掌理,拟请司法院迅速筹设俾便配合审判。

(八)关于特种刑事司

前定在司法行政部增设特种刑事司,原系遵照主席之指示办理复核事务,现特种刑事法庭组织条例取消复核制度,特种刑事司似已无添设必要。惟据国防部呈请仍于司法行政部增设特种刑事司主管各地高等特种刑事法庭行政及与本部联系事项等语。司法行政部代表亦认为可行,该司似可缩小编制,予以设置。

(3)司法部意见

司法部意见

一、戡乱时期危害国家紧急治罪条例之施行区域应扩及全国

查该条例之施行区域原以戒严区域及各高等特种刑庭之管辖区域为限,而高等特种刑庭全国仅设二十四处,不独绥靖区内共匪等案件办理困难,自财政经济紧急处分令公布之后,凡违反此类禁令应处罚之案件亦归特种刑庭审讯,此类案件遍及全国,故目前情势已与该条例公布施行之当时不同,为配合国策起见,实有将施行区域扩及全国之必要。

二、戡乱时期危害国家紧急治罪条例不拟修正

查该条例公布施行不久,善为运用亦足以适应当前之需要,如欲扩大职权或变更组织将内容重加修正,不独程序繁重,而立法院能否通过,殊无把握,或且获得相反之结果,本部意见,以不修正为宜。

三、各省市高等特种刑事法庭应予增设

查戡乱时期危害国家紧急治罪条例施行区域,依第一项意见,既拟扩及全国,则审讯此类案件之特种刑庭自应随之增设。本部最初计划原拟就各省市高等法院及高等分院所在地一律设置,嗣奉

核定暂设二十四处,兹拟仍照原计划办理。惟为节省经费起见,除已设之二十四处外,拟一律设于各该高等法院或其分院之内,庭长、首席检察官以下人员即由所在地之法院人员兼任,仅于案件繁多之处酌量添设推检及书记官数人,并酌加办公费,计全国共有高等法院三十七处,高等分院一百十九处,除已设二十四处外,东北九省仅拟增设辽宁、吉林高等法院两处,余均缓设,实应增设一百二十三处,每处平均增设推事二人,检察官一人,书记官三人,其薪俸及酌增办公费(每人按月支五元计列)每月约需七七一二一元,自本年十月份起计,三个月共二三一、三六三元;又移送拘禁人犯甚多,各该监所修缮设备之费亦属必不可少,拟每处酌列临时费二百元,共二四、六〇〇元,经临费合计为二五五、九六三元。如奉核准,拟请动支第二预备金,由部统筹分配,仍另编追加概算呈核。

〔行政院档案〕

6. 司法行政部转发"特刑庭与干部会议之联系办法及临时寄押犯人办法"训令

(1948年7月16日)

事由　密

司法行政部训令　京(37)训参字第9814号　中华民国三十七年七月十六日

　　令最高法院检察署检察长

　　案准中央党政军干部联席会议秘书处三十七年六月十一日联发字第七〇〇一号代电开:"兹为加强各地特种刑庭与干部会议之联系,经六月五日第七十次中央党政军干部联席会议议决,特种刑庭与干部会议之联系办法六点,在特种刑庭看守所未成立前,临时寄押人犯办法四点,兹特抄附,除已分函中央各有关机关,并分饬各地会议外,特请查照。并希转饬所属办理"等由。准此。除分令外,合行抄发原附办法二份,令仰参考,此令。

抄发办法二份

司法行政部部长谢冠生

一、特种刑庭与干部会议之联系办法

1. 各地干部联席会议,如在工作上有必要时得邀请当地特种刑庭庭长及首席检察官参加会议。

2. 各地干部联席会议认为在工作上有必要时,得随时提供情报交特种刑庭参考,但特种刑庭应予切实保守秘密。

3. 各单位所办共匪案件,在转送特种刑庭前,如遇有困难时,应先提交会议研究处理办法。

4. 特种刑庭于承办案件发生困难时,得商请参加干部会议之各单位,予以协助。(如继续搜证与逮捕有关人犯等)

5. 特种刑庭对于证据不足,而性质确属重要之案件,应随时商同干部联席会议研究处置办法。

6. 各单位逮捕共匪时,于法定拘押时间内能达到使其自首自新之目的者,可不送特种刑庭,已送特种刑庭而自首自新者,可交有关机关运用,使其带罪图功。

二、在特种刑庭看守所未成立前临时寄押人犯办法

1. 凡特种刑庭未正式成立看守所地点,各军警宪机关逮捕人犯移交特种刑庭办理者,应接受特种刑庭之委托,将人犯暂时羁押于原机关。

2. 特种刑庭应出押票、出囚粮。

3. 看押地点对外应守秘密。

4. 其他看押人犯之管理等问题,由特种刑庭与寄押机关协商办理之。

〔最高检察署档案〕

7. 中央特种刑事法庭三十八年度工作计划呈

(1948年10月27日)

中央特种刑事法庭三十八年度工作计划三十七年十月二十七日呈报司法院

(一)本计划依照三十八年度施政方针拟订之。

(二)扩充员额：本庭受理全国二十四所高等特种刑事法庭之复判案件，成立甫经一月，收案已达二、三百件之谱，且均系首都、上海两处之案。其他二十余处亦均属重要地区，因成立较迟，业务尚未开展，如北平、天津、武汉、广州、西安、镇江、徐州、芜湖、九江、合肥等地，或当要冲，或辖全省，将来案件之多，当不亚于京沪，下年度收案势必激增，估计每月收案将在二千件以上。又最高法院所受三十五年至三十七年上半年之盗匪案件，因戡乱时期危害国家紧急治罪条例于三十七年五月一日施行，谕知不受理者已在千件以上，将来均由本庭受理，预计三十八年度收案至少将在一万件之谱。特种刑事案件案情复杂，办理异常困难，每人每月办案十八件，已感竭蹶。三十七年度本庭预算员额，仅列审判官九员，庭长一员，充其量每年只能结二千余件而已，收结相抵，非增加员额五、六倍不足以赴事功。惟值兹紧缩时期，自难充分扩充，拟照三十七年预算暂添审判官三十员，其他书记官、录事等照三十七年预算三倍以内紧缩酌列，至将来用人，视收案多寡，核实呈请添用，务期财不虚縻，人不冗闲。

(三)慎重人选：本庭受理之案件均与戡乱建国有关，情节非常重大，审判官，检察官之人选，除学验俱优外，必须忠爱国家，深明主义，方足以胜任愉快。

(四)注重国策：本庭之职务与戡乱建国相辅而行，审判案件应与国策配合，以收臂指相助之效。

(五)建筑庭址：本庭租赁民房办公，本属权宜之计，一旦事务加多，添员增庭，现有房屋必感不敷分配，拟请觅地建筑，以期适用，而壮观瞻。

　　卸任人员：楼观光
　　代理移交人员：叶友棠
　　监盘人员：吴志廉
　　新任人员：李崙高

〔司法院档案〕

8.行政院为撤销特刑庭并保释政治犯案致司法院咨

（1949年2月）

　　本年一月廿六日本院第四十一次会议，关于撤销全国特种刑事法庭并保释政治犯案，经决议：（一）办法：第二项"政治犯"上加"未决"二字；（二）办法：第六项旅费标准，照改善在京中央各机关疏散人员办法之规定办理；（三）办法：第八项交内政部、司法行政部及秘书处再加研究呈核；（四）余照原案通过在卷。查办法：第七项"中央特种刑事法庭之撤销，由本院咨商司法院处理之。"云云。查中央特种刑事法庭系属贵院管辖，除分行外，相应抄同原办法咨请查照办理为荷。此咨
司法院
　　附原办法八项
中华民国卅八年二月

　　　　　　　　　　　　　　　　　　院长孙科

　　抄原办法八项
　　一、全国特种刑事法庭，于本月底一律撤销。
　　二、凡羁押于各种特种刑事法庭之未决政治犯即予全部交保开释。
　　三、特种刑事法庭受理之非政治犯案件，即将人犯及卷宗移交

管辖之法院迅速办结。

四、所有特种刑事法庭之经费,统筹分配于各级法院以作扩充员额之用。

五、特种刑事法庭之审判官、检察官具有司法官资格者,交由各省市高等法院查缺派用。

六、特种刑事法庭人员一律发给三个月遣散费,并酌给旅费。

七、中央特种刑事法庭之撤销,由本院咨商司法院处理之。

八、戡乱时期危害国家紧急治罪条例及有关特种刑事法庭设置之法律先行废止,事后依立法程序追认。

〔司法院档案〕

9. 立法委员萧觉天等关于所提保障人民自由释放政治犯提案

(1949年3月)

二、本院委员萧觉天等提议:提前确认政府保护人民基本自由及释放政治犯等四项文告,为必要措置,应请行政院切实执行,以平民怨,而重法令案。

查本院休会期,内政府于一月二十三日颁有四项文告,即取消戒严令,保护人民身体自由,不准非法逮捕、拘禁,保护言论自由,不准滥封报社,取消特务组织及特别法庭,释放学生及政治犯,恢复民盟地位,以及释放张学良、杨虎城等,是皆本院之所期求,亦即全国人民之所愿望者。乃至今并未切实执行,或因程序问题减低行政效率,甚至自由行动,特工仍继续捕人,藐法违令,莫此为甚。值兹本院复会伊始,为民众争取自由,对于政府四项文告认为必要措置,应由院会提前加以确认,责成行政院负责,切实执行。各军政首长如再故违,应予撤惩,以平民怨,而重法令,是否有当,即乞公决。

提案人:萧觉天 李毓华 施今墨 解子清 侯绍文 陈祖贻 刘子鹏 冷彭 葛克信 孟云桥 孙继绪 杨玉清

敬启者觉天等:所提保障人民自由,释放政治犯一案,系上月二十七日交院第一次会议未提出,第二次会议似应列入程序,委员会未便伸缩,仍请列入第二次会议讨论,至为盼祷。此致
程序审查委员会

提案人:萧觉天、李毓华、施今墨同启
〔立法院档案〕

10. 立法院为明令废止特刑庭组织和审判条例等案与总统府往来咨书

(1949年3月17—22日)

(1)立法院咨稿(3月17日)

准贵院、行政院(卅八)京苏字第二二〇号咨:为全国各地特种刑事法庭经令饬撤销特种刑事法庭组织条例、特种刑事法庭审判条例及戡乱时期危害国家紧急治罪条例应即废止,请查照审议一案。经提出三十八年三月十五日本院第三会期第五次会议议决:"全国各地高等特种刑事法庭应予撤销,特种刑事法庭组织条例、特种刑事法庭审判条例及戡乱时期危害国家紧急治罪条例应予明令废止"纪录在卷,相应咨复,请查照将特种刑事法庭组织条例、特种刑事法庭审判条例及戡乱时期危害国家紧急治罪条例明令废止为荷。此咨
行政院
代总统李

院长童〇〇

(2)总统府通知书(3月22日)

总统府公布法案通知书　统(一)字第三七号

贵院卅八年二月十七日宪院议字第九九号咨:为请明令废止特种刑事法庭组织条例、特种刑事法庭审判条例、戡乱时期危害国

家紧急治罪条例一案,业奉总统于三月　日明令公布,相应通知查照转陈备查为荷。此致
立法院秘书长

总统府秘书长翁文灏

中华民国卅八年三月二十二日

〔立法院档案〕

11.国民政府崩溃前夕军警宪特肆行捕杀人民涉及其立法委员等函

(1949年4月)

(1)何应钦致童冠贤函(4月11日)

冠贤先生院长勋鉴:本日上午十一时,贵院陈秘书长克文过访,得悉贵院立法委员许闻天、金绍先两先生,于昨日突被军事机关逮捕,金委员业复自由,许委员已解上海等情,不胜骇异,当以此种行为,殊属违法,即行电询京沪杭警备总司令汤恩伯据云,近获有证据,许委员涉有煽动军队叛变之重大嫌疑,当经批交京沪杭警备副总司令万建藩,查明办理,不谓赴京承办人参谋陈祖明不明宪法之规定,且未经报告万副总司令,擅自违法逮捕殊属不合,本人难辞失察之咎,自应呈请处分等语,询诸万副总司令,据称陈参谋祖明确未向其请示,应钦当即电饬汤总司令:(一)立将许委员释放,派员陪送来京;(二)并先将该陈祖明扣押解京,以便依法惩处;(三)同时饬由国防部,切实查明经过,追究责任;(四)除通令军警机关,以后不得有类似事情发生,并饬该部将本案原委详为呈报外,特此转达敬希察鉴,并请转致贵院诸委员为荷,专此敬颂勋祺。

弟何应钦敬启
四月十一日

(2)立法委员临时动议记(4月12日)

临时动议

查近来京沪青岛等地,军事机关或特务机构,不依法定手续,滥捕人民,动辄数十百人,且滥用非刑故入人罪,甚至违法拘捕本院委员,似此破坏宪法,蹂躏人权,尚何法治之可言,现本院被捕之许、金两委员,虽已恢复自由,何院长并允查究责任,严厉惩办,但各地被捕失踪人民,则日有增加,深陷缧绁,本院负有维护宪法尊严,保障基本人权之责任,对此摧残人权之行为,不容坐视,宪法第八条对人权保障之明文规定绝不能任其徒成具文,拟请咨请行政院,通令全国各军政机关负责人依法撤职查办所有一切秘密特务组织,并应由行政院即日查明彻底予以解散,是否有当,敬请公决。

提案人 陈名豫 武和轩 王仲裕 刘不同 邵镜人 闫实甫 乔鹏书 张潜 姜黎川 杜光埙 周伯敏 李汉鸣 赵□曾 韩振声 郭松木 张静愚 萧觉天 张之江 孙德□ 易伯坚 王广庆 周傑人 陈久敬 战庆辉 □华□ 崔纫秋 曹寅甫 徐百川

(3)立法院致行政院函(4月14日)

本院委员金绍先、许闻天遭受非法逮捕案及委员陈名豫等二十八人临时动议,拟请咨请行政院通令全国各军政机关非依法不得逮捕人民案,经提出三十八年四月十二日本院第十三次会议讨论结果议决:"1.照何院长来函,京沪杭警备总司令汤恩伯即经引咎请处分,为维护宪法尊严,咨请行政院依法予以处分;2.承办人员应于一星期内予以惩办;3.通令全国各军政机关,非依法律不得逮捕人民,以保人权。凡违法逮捕人民之机关,经人民告发或上级机关查明,应将该机关之负责人员依法惩处;4.一切特务机关,应由行政院查明,予以解散"纪录在卷,相应录案函达查照办理为荷。此咨

行政院

院长董〇〇
〔立法院档案〕

(三)严密乡镇保甲制度

1. 国民政府修正公布户籍法令

(1946年1月3日)

户籍法 三十五年一月三日修正

第一章 通则

第一条 中华民国人民户籍之登记,依本法之规定。

第二条 本法关于省之规定,适用于院辖市,关于县之规定,适用于省辖市及设治局。

第三条 户籍行政之主管机关,在中央为内政部,在省为省政府,在县为县政府。

第四条 户口之查记,得为户口编造,凡在同一处所,同一主管人之下,共同生活或营共同事业者为一户,以家长或主管人为户长。

第五条 中华民国人民之籍别,以省及其所属之县为依据。

第六条 户籍登记以乡镇为管辖区域,以乡镇长兼任户籍主任,并设户籍干事若干人,由乡镇长指定所属自治人员兼任之。

本法关于乡镇之规定,适用于市之区。

第七条 侨居外国之中华民国人民,其户籍登记,由当地中国使馆或领事馆为之,并由使馆或领事馆按月□送内政部,分别发交其本籍地之各该管户籍主任。

第八条 籍别登记,身分登记及□□登记,由乡镇公所为之。

但流动人口之登记,由保办公处为之。

第九条 办理登记所用簿册,卡片及申请书类等,应永久保存,除因避免天灾事发外,不得□出保存处所。

前项书类之格式,由内政部定之。

第十条　籍别登记应载明与被登记者共同生活之家属,身份登记应严明其关系人。

前项规定,于迁徙及变更,更正、撤销等项之登记备用之。

第十一条　已办户籍登记之地方,得制发国民身份证,或经内政部核准,以户籍誊本代之。

第十二条　利害关系人得纳费,请求阅览户籍登记簿或交□誊本。

前项阅览费每次二元,誊本抄录费每百字五元,不满百字者,以百字计算。

法院于必要时,得命户籍主任交付誊本。

第十三条　各机关所需用之户口资料,应以户籍为依据,除法律另有规定外,不得另办他种户口查记。

第十四条　办理户籍登记,得先办户口调查。

第十五条　办理户籍登记之各级主管机关,应分制各种统计表,按期呈送该管上级机关。

第十六条　办理户籍之经费,应列入各级政府预算。

第二章　籍别登记

第十七条　中华民国人民之本籍,依左列之规定。

一、子女除别有本籍者外,以其父母之本籍为本籍。

二、弃儿父母无可考者,以发现人报告地为本籍。

三、妻以夫之本籍为本籍,□夫以妻之本籍为本籍。

四、陆上无住所,而在船舶上居住者,以船舶之常泊地为本籍。

五、僧道或其他宗教徒,无本籍或本籍不明者,以所住寺院之所在地为本籍。

六、在救济机关留养,无本籍或本籍不明者,以救济机关所在地为本籍。

七、侨居国外人民,以未出国时之本籍为本籍。

一人同时不得有两本籍。

第十八条　合于左例各款情事之一者,应为设籍登记。

一、出生者。

二、因结婚、离婚而转籍者。

三、因被认领、收养或其关系终止而转籍者。

四、原无本籍,而在一县内居住三年以上者。

五、由他县迁入,有久住之意思者。

六、外国人取得中华民国国籍,或中华民国人民回复国籍者。

七、死亡宣告撤消者。

八、因其他原因致无本籍者。

已有本籍,而在他县内有所或居所一年以上者,以该县为其寄籍,但一人同时不得有两寄籍。

第十九条　合于左列各款情事之一者,应为除籍登记。

一、死亡或受死亡宣告者。

二、丧失中华民国国籍者。

三、迁往他县,有久住之意思者。

四、有前条第二款或第三款情事之一者。

五、因其他原因应除籍者。

第三章　身分登记

第二十条　出生及发现弃儿者,应为出生之登记。

第二十一条　认领非婚生子女者,应为认领之登记。

第二十二条　收养他人子女为子女者,应为收养之登记。

第二十三条　结婚者应为结婚之登记。

第二十四条　离婚者应为离婚之登记。

第二十五条　有死亡或受死亡宣告者,应为死亡或死亡宣告之登记。

第二十六条　各省政府于必要时,得令各县办理监护及继承之登记。

第四章 迁徙登记

第二十七条 迁出原户籍管辖区域在一个月以上,不变更所属之籍者,应为迁出之登记。

第二十八条 由他户籍管辖区域迁入在一个月以上,不变更所属之籍者,应为迁入之登记。

第二十九条 迁出原户籍管辖区域未满一个月,不变更所属之原籍,应为流动人口之登记。

第五章 登记之变更更正及撤销

第三十条 户籍登记事项有变更时,应为变更之登记。

第三十一条 因登记发生诉讼者,仍应先为声请登记,俟判决确定后,再声请为变更之登记。

第三十二条 户籍登记事项有错误或脱漏时,应为更正之登记。

第三十三条 户籍登记事项消灭时,应为撤销之登记。

第六章 登记之申请

第三十四条 户籍登记之申请,除另有规定外,应由申请义务人向所在地之乡镇公所为之。

第三十五条 登记之申请,以书面为之。但有正常理由时,得由申请人亲向户籍登记机关以言词为之。

第三十六条 登记申请书应记载左列事项,由申请人签名或书押。

一、申请人之姓名、性别、出生年月日、职业、籍别及住所。
二、申请事件及年月日。

申请人以言词申请时,户籍登记机关应依前项款所定事项,制作笔录,向申请人朗读,并令其签名或书押。

第三十七条 籍别登记,迁徙登记以本人或家长申请义务人,在寺院者,以其主持人为声请义务人,在救济机关者,以其主管人为申请义务人。

第三十八条　出生登记以父母为申请义务人,父母均不能声请时,依左列顺序定之。

一、家长。

二、同居人。

三、分娩时临视之医生或助产士。

第三十九条　在医院、监狱或其他公共场所出生之子女,其父母不能为登记之声请时,分别以医院院长、监狱长官或其他公共场所管理人为申请义务人。

第四十条　弃儿之发现,以发现人为申请义务人。

第四十一条　认领登记以认领人为申请义务人,依遗嘱为认领者,以遗嘱执行人为申请义务人。

第四十二条　收养登记以收养父母为申请义务人。

第四十三条　结婚或离婚登记,以双方当事人申请义务人。

第四十四条　死亡登记申请义务人之顺序如左。

一、家长。

二、同居人。

三、死亡者死亡时所在之房屋或土地管理人。

四、经理殓葬之人。

第四十五条　被执行死行者,或在监狱看守所内死亡而无人承领者,以其监所长官为申请义务人。

第四十六条　因灾难死亡,或死亡者之籍别不明或不能辨认其为何人,应由该管警察机关通知户籍登记机关。

第四十七条　死亡宣告之登记,以申请死亡宣告者为申请义务人。

第四十八条　监护登记以监护人为申请义务人。

第四十九条　继承登记以继承人为申请义务人,继承人为胎儿时,以其母或监护人为申请义务人。

第五十条　变更、更正、撤销之登记，以原申请人或其他利害关系人为申请义务人。

第五十一条　申请义务人因故不能亲自申请者，得委托他人为之。

前项规定，于收领、收养、结婚、离婚登记之申请，不适用之。

第五十二条　户籍登记之申请，应于事件发生或确定后十五日内为之，但迁出之登记，应于事前为之。

户籍主任查有不于法定期间申请者，应以书面定期催告，其逾期申请者，仍应受理之。

第七章　罚则

第五十三条　无正当理由，不于法定期间为登记之申请者，处十元以下罚锾，经催告而仍不为申请者，处二十元以下罚锾。

第五十四条　申请人为不实之呈报者，处五十元以下罚锾。

第五十五条　前二条罚锾之决定，由该管县政府为之。

第五十六条　意图加害他人，为作伪之申请者，处六个月以下有期徒行，拘役或三百元以下罚金。

第八章　附则

第五十七条　人民对户籍机关之处分，认为不当或违法者，得依法诉愿。

第五十八条　户口普查以内政部为主管机关。

户口普查法另定之。

第五十九条　外国人在中华民国境内寄留者，其查记办法，由内政部会同外交部定之。

第六十条　本法施行细则由内政部拟订，呈请行政院核定之。

第六十一条　本法自公布日施行。

〔国民政府档案〕

2. 南京市关于"发给国民身份证实施办法"电

(1946年4月19日)

南京市国民身份证登记处代电　发文复证字第一二二号　中华民国三十五年四月十九日发

行政院钧鉴：查本处奉令办理发给国民身份证以来，所有业务均已积极展开，当于本年三月份开始着手领填口卡及收缴身份证工本费之工作，对居民机关团体之请领国民身份证程序，经呈准订定南京市国民身份证登记处发给国民身份证实施办法一种，并公告实施在案。现该项工作将届结束，钧院如尚未领填口卡，应请依照本处发给国民身份证实施办法第七条之规定，派员径向该管警察所领填藉符程序，以便发证。相应检附南京市国民身份证登记处发给国民身份证实施办法一份，电请查照为荷。南京市国民身份证登记处叩。卯皓。

南京市国民身份证登记处发给国民身份证实施办法

一、本办法依据南京市发给国民身份证暂行规则订定之。

二、凡居住本市之居民，无论男女老幼，于清查户口办理完竣后，均应请领国民身份证。

三、前项申请手续除法令别有规定外，悉依本办法办理之。

四、请领国民身份证手续如次：

1. 领填口卡：本处于全市户口请查完毕后，即行办理发给国民身份证，全体市民应于实施区内向该管警察所请领口卡二份，并缴工本费一百元，取回收据请领人即依照口卡格式规定，于七日内用毛笔楷书详实填注，实施日期另行登报公告之。

2. 个人识别：请领人应备最近一寸正面脱帽半身相片三张（相片背面须注明姓名、地址），与口卡一并送交该管警察所，经办人员验收其无相片者，应在口卡上按规定详实注明本人十指之箕斗，凡十岁以下之儿童用箕斗代相片,未满五岁之儿童箕斗相片一概免除(以法定年龄计算)。

3. 验收:各经办人员应于民众呈缴口卡相片时,详加核对无讹后,即于原发工本费收据上加盖相片口卡收讫戳,仍发还请领人凭据取证,并将口卡相片送局汇送本处核办,如口卡填写清楚而无相片及相片未注明姓名、住址或未填明箕斗者,除拒绝收受外,并予指导办理。

4. 居民请领国民身份证,除依照上项规定手续办理外,各警察所得依事实需要派遣户籍员分保挨户分送口卡,同时由区公所指派该保保长随收应缴工本费,填给收据。其有未能填写口卡者,应即代为填写,其有赤贫无力缴纳工本费者,得由该保长会同户籍员查实后,共同决定免予缴纳,发给免费收据,仍由该保长及户籍员会同在存根上盖章证明"赤贫免费",无力缴纳相片者,得以箕斗代替,一般居民应填具缴之口卡及相片,如有未按规定限期呈缴者,各警察所并得按照前项规定派员挨户催收,随加审核,以资简捷。

五、普通居民:凡住户商户等,均照上项规定请领国民身份证。

六、船户居民:船户居民请领国民身份证,由首都警察厅水巡队办理之,唯只限于领有户籍证之船户不常住市区之流动船户不发给国民身份证,该船户在陆地有居所者,则以陆地发证为原则,其余手续与普通户居民同。

七、机关团体学校:凡住在各机关学校及其宿舍内之公务人员、教职员、学生、夫役人等(如眷属住在各机关学校及其宿舍者亦同),应由各主管长官及校长于清查户口办妥后,按实际住在机关宿舍内之人数备齐工本费,向该管警察所统领口卡分发各职员生,督促详实填妥连同相片(须注明机关名称、姓名、住址),汇交该管警察所验收层转本处核办。

公务人员、教职员、学生,其有不住在机关学校及宿舍,而自有住所者,应与普通户居民同样办理手续,不由各机关统领,以免重复。

八、宪兵、警察及驻防部队：驻在本市之宪兵、警察及驻防部队，均应按照第十条之规定请领国民身份证，其临时驻防或过境部队免领之。

九、寺庙庵院僧道之请领手续，准照机关办法，由主持人统领之。

十、居民如有两个以上之住所者，应于口卡附纪栏内注明，并列举以何处为经常住所请领国民身份证，即以经常住所为原则（其所缴之相片，即以经常住所之户缴送一份），不得重领，如查有重领者，即依据南京市发给国民身份证暂行规则第十九条之规定处罚之。

十一、凡出生迁入者，除向该管警察局所办妥异动登记，并应于一周内按照规定请领国民身份证。

十二、凡居住市区之市民，在领发国民身份证施行期内，不照请领手续填送口卡相片请领国民身份证者，一经查出即依据南京市发给国民身份证暂行规则第十八条之规定处罚之。

十三、居民领得国民身份证后，如有遗失情事，应即登报作废，并于七日内向该管警察所请领口卡，缴纳工本费，依照规定详填后，连同相片三张送该管警察所转请补发。

十四、居民领得国民身份证后，应详验各栏有无错误及漏加钢印情事，如有错误及漏印情事，应层转本处校补完整再行转发承领。

十五、居民领得国民身份证后，如其身份及住址有变更时，应报请该管警察所为异动之登记。

十六、本办法规定缴纳费用，除工本费一百元外，不收其他任何费用。

十七、居民违反发给国民身份证规则者，由该管警察局依照规定惩处之，其有伪造涂改变卖假借等，情节重大，涉及刑事范围者，应解送司法机关办理之。

十八、本办法自呈准公布之日施行。

〔行政院档案〕

3. 李卓关于上海人民团体联合会马叙伦等请废止保甲制度呈

(1946年5月31日)

上海人民团体联合会马叙伦等呈请废止保甲制度一案。查我国现尚为一农业社会,各地村落疏散,政府不能分设大量警察警卫。农村针对实际需要,乃有保甲组织代行农村警察任务,使之相保相守相望相稽,实行人民自卫政策。其次我国县级行政区域辽阔,国家行政亦须保甲组织,承奉执行,以辅不逮,抑有进者,我国地方人民素来散漫而无团结,保甲制度,即对此弊端,而为章勒,以达富兵于农之目的,所请废止保甲制度一节,似无考虑必要。惟近年基层政治发生种种弊病亦属无庸讳言,考其症结,弊在制度者尚少,而咎由人事者实居其大半。盖今日一般保甲长之为非作歹,蠹国厉民者,实缘于保甲职务太重,权力太大,经费太少,人事太劣,贤能不愿担任,土劣则操纵把持,有以致之,故应如何改善保甲,澄清基层政治,实为目前急要之图。本案拟饬交内政部研拟具体详密方案,呈候核办,当否,请核示。

李卓 卅五、五、卅一

呈,为请即废止保甲事:查保甲之制,莫者于宋,宋史兵志:"熙宁初王安石变募兵而行保甲。三年,始联比其民,以相保任,乃诏畿内之民十家为一保,选主户有干力者一人,为保长,五十家为一大保,选一人为大保长,十大保为一都保,选为众所服者为都保正,又以一人为之副,应主客户两丁以上选一人为保丁附保,两丁以上有余而壮勇者亦附之内,家资最厚,财勇过人者亦充保丁。兵器非禁者听习。每一大保夜轮五人儆盗,凡告捕所获,以赏格从事。同保犯强盗杀人,放火强奸,略人传习妖教,造畜蛊毒,知而不告,依律伍保法,余事非干己,又非敕律所听纠,皆毋得告,虽知情亦不坐,若于法类保合坐罪者,乃坐之。其居停强盗三人经三日,保邻虽不知情,科失觉罪,逃移死绝。同保不及五家并他保,有自外入保者收为同保,户数足则附之,俟及十家则别为保置牌以书其户数姓名。既行之畿甸,遂推之五路,以达于天下。"然是时之办保甲,止以捕盗贼相保任,其后乃令习武事,且以为兵制之一种,而扰害百姓,言者甚众,后世兴辍不定,要有事于民则用之,而目的不必同。清末其制虽存,而形同虚设,诘察奸宄而盗贼横行,编籍户民,而口无实数,故警察法行,保甲制废。盖以所职悉在警察范围,自无须骈枝别出,徒耗府帑。至于举办地方自治以后,凡前代所以利用保甲有事于民者,经民意所赞同,无不如臂指相使可以立办,尤无保甲之必要。顾近顷恢复此制,赖此组织民众,抗战之际,征丁征役,科派勒募一切厉民之事,悉藉以行,尤以建筑碉堡摊取军粮,劳民贾怨。在大敌当前,军事第一,权宜措施,自可别论,然保甲之组织民众,不由下而上达区保甲长,俨若官史,政府之令必下行,人民之意辄下抑,故区保甲长不啻省市县长之爪牙鹰犬,无保甲而人民尚有可言之机会,有保甲而疾苦遂无申诉之门路,盖其本身即一害民政策也。浙东沦陷之时,民谣有云:"队长枪柄一笃,乡长买田起屋,保长吃鱼吃肉,甲长投五投六。"(谓穷忙也)赣北亦有谣云,"好人当了保长不得了,坏人一做保长了不得",其他各处亦有相类之民谣,亦可见其大概矣。敌人在沦陷区域藉此以为钳制吾民之□,变本加厉,照相手纹既可按图而索,宣誓连坐又极羁缚之能,一夕之宿,不容自便,百里之行必须先报,诚如上海市政府布告所谓"沦陷后敌伪利用保甲机构,作为剥削我民众自由之工具"。顾谁为之厉阶乎?翘首新政,此制不废,则又大惑不解,将谓略有异同,即可以五十步笑百步乎?查现行保甲之制,区长职权既堪怵目,保甲取费尤足骇人,核其实际,警察可办是前清因办警察而废此令,仍分警察之权,而增此。按之治法,无理可言,考之列强,并无此制。足以众意窃测,以为抗战已终,地方自治即行开始,若此封建残制必须肃清,顾乃拾已陈之刍狗,视唾沫若玑珠,揆政府之用心,为选举之控选,虽在区保长改用民选办法,此乃涂民耳目之计,就上海市而言,即此种选举亦复毫无民意之表现,不但报章屡书其事实,仍可证诸于市民,本会以为保甲之制托始周官而用心全非立法亦异便民之意少,防民之意多。当此众情所趋,治尚民主政府苟顺与情,赴机立断,不宜因循凉法,结恨人民,用特其呈请即宣布废止,以节库藏而顺民情。谨呈
国民政府行政院

上海人民团体联合会

马叙伦

陈卫杰

胡厥文

沙千里

罗叔章

许广平

林汉达

中华民国三十五年五月二十日

〔行政院档案〕

4. 徐州绥靖公署呈送"绥靖区乡镇保甲纵横连坐办法"电

(1946年11月3日)

徐州绥靖公署快邮代电　清字第一九四〇号　中华民国三十五年十一月　日

　　国民政府主席蒋:本署为强化绥靖区各县(市)保甲组织,以防止匪患,巩固地方治安起见,经拟订"绥靖区乡'镇'保甲纵横连保

连坐办法"一种,于五户横的连保连坐外,复加乡"镇"保甲长纵的连保连坐,使乡"镇"保甲长责任加重,用臻严密。除电苏鲁皖三省府转饬实施外,理合检同该项办法及保结式样各一份,电请核备。职薛岳。戍江清。附呈如文:

绥靖区乡"镇"保甲长纵横连保连坐办法

一、目的:强化保甲组织,使纵横上下互为监督,互为保障,以收防止匪患,除暴安良之实效。

二、要点:民间五户连保,出具切结是为横的连保,甲长取得各户保结后,上向保长具结,保长取得各甲保结后,上向乡镇长具结,乡镇长取得各保长保结后,上向县长具结,其一甲一保一乡一镇是为纵的连保。

一户有人违犯连保事项,余四户不为举发皆当连坐是为横的连坐;一甲之内有两户以上发现违犯情事,而甲长于事先未能查明具报者,甲长连坐,一保之内有两甲以上之甲长受连坐处分,而保长未能于事先查明具报者,保长连坐;一乡镇之内有两保以上之保长受连坐处分,而乡镇长未能于事先查明具报者,乡镇长连坐,是为纵的连坐。

三、连保事项:1.不当匪;2.不窝匪;3.不通匪;4.不济匪;5.知匪即报;6.知匪即捕。

四、附记:

1.各户保结存甲长处,甲长具结存保长处,保长具结存乡镇长处,乡镇长具结存县长处。

2.凡废乡设区县份或乡区并存县份,其逐层具结次序可照类推。

3.市准此办理。

4.各项保结表式附后。

五、户连保切结表式:

一、连保事项:(1)不当匪;(2)不窝匪;(3)不通匪;(4)不济匪;

(5)知匪即报；(6)知匪即捕。

二、连保切结：五户等互相连保，互为监督，如一户有违犯上列事项之一，余四户不为举发，甘愿受连坐处分。

三、具连保切结者：

1.○○○年，○○岁，业○，原籍、现住○○县(区乡镇)○保○甲，□

2.同上

3.同上

4.同上

5.同上

中华民国　年　月　日　具

乡镇保甲长连保切结表式

一、连保事项：本○内居民(1)不当匪；(2)不窝匪；(3)不通匪；(4)不济匪；(5)知匪即报；(6)知匪即捕。

二、连保切结：本○内居民如发现有人违犯上列事项，○长未能事先查明具报，愿依"绥靖区乡镇保甲纵横连保连坐办法"第二项之规定，受连坐处分。

三、具连保切结者。

　　　　　　　　　○○乡(镇)乡(镇)长○○○
　　　　　　○○县○○乡(镇)第○○保保长○○○
　　　　　　○○乡(镇)第○○保第○○甲甲
　　　　　　　　　　　　　　　　　　长○○○

中华民国　　年　月　日　具

〔绥靖区政务委员会档案〕

5. 内政部检送关于加强对收复区各省市严密保甲要点等法规电

(1946年11月6日)

内政部代电　民二字三七九三号　中华民国三十五年十一月六日

行政院绥靖区政务委员会何秘书长勋鉴：酉宥代电敬悉。本部前奉主席代电遵经先后拟订收复区各省市严密保甲要点及加强中共侵占区周围各县行政实施办法，分行各省市实施，按月报告，并呈复备案在案。兹检送上述二种法规，电请查照。张厉生。民二戌鱼。印。

加强中共侵占区周围各县行政实施办法

一、收揽人心争取民众

(一)中共侵占区周围各县之田赋征实须减低成数或以法币折合，征收并免除征购或减低成数，各项劳役亦应减至最小限度，使人民休养生息，而无横征暴敛之感。

(二)实行二五减租，严禁高利贷及高租额。

(三)举办生产事业，开垦荒地，使人民充分就业，减少游民，藉除作乱之根源。

(四)县以下各级工作人员对于人民身体自由，应特别尊重，不得非法逮捕、拘禁或任意侮辱。

(五)善后救济物资应多量配给，中共侵占区周围各县，最重要者为食粮及医药设备。

(六)对于贫苦农民及手工业者，应贷款资助生产，由各省省政府商同农民银行及合作事业管理处办理。

(七)不堪中共压迫由侵占区逃来之难民，须妥为保护，并予以生活上种种便利。

二、简化行政机构，讲求行政效率

（一）凡属中共侵占区周围各县与民生无关切要之政令，一律减免，机构亦应尽量简化，以减少行政费用之支出。

（二）新财政收支系统规定之各项县收入部分，省政府不得提拨以为省政弥补之用。

（三）遴派富有斗争经验，年富力强之精干同志担任县长及佐治人员，并罗致公正人士出任地方工作。

（四）选用曾受转业训练之优秀编余军官担任地方行政工作，由省政府统筹办理华北各省交通阻塞地方省政府于派赴中共侵占区周围各县任事时，应予交通上之便利，并酌给旅费。

（五）省政府及监察机关派员勤加察访，严惩贪污渎职人员，并奖励人民诉冤告密。

（六）提高县级公教人员待遇，切实举办公务员福利，使能维持生活，俾可养廉。

三、严密组织民众

（一）健全保甲组织，实行联保连坐。

（二）清查户口，举办国民身份证。

（三）严密组织行脚商人及派遣忠实同志刺探中共侵占区消息，并对中共侵占区实施经济封锁及反封锁政策。

（四）组织地方武力，发挥自卫力量，配合经济封锁，杜绝共党外犯。

（五）组织中共侵占区流浪青年还乡队，策划还乡工作，必要时得拨发枪枝配合军事，相机收复被中共侵占之地区。

四、组织并健全县各级民意机关

（一）县以下各级民意机关迅予成立，尽量鼓励德高望重之宗族长老及公正士绅参加竞选，把握中产阶级在农村社会之领导人物。

（二）政府与民意机关应打成一片，运用民意机关作为掌握民众之机枢。

五、举办民选县各级机构首长

(一)自治条件较好县份试行县长民选。

(二)乡镇保长必须民选,但须预防奸党参加竞选,于审查候选人及办理选举时特别注意。

六、加强宣传

(一)发动并掌握青年学生,深入民间讲演时事及本党之爱国爱民之各项主张与光荣史绩,并揭露中共种种暴行,使人民知所畏恨。

(二)利用戏剧、电影及印刷品广事宣传。

七、程序及权限

(一)凡中共侵占区之各省府于接到本办法后,参照当地实际情形详拟计划,先行实施,一面呈报中央备案。

(二)关于处理中共侵占区周围县份各项紧急行政,中央对省对县均应以委托行使方式授予自由裁量之权,俾作便宜措施,但须于事后补报备案。

收复区各省市严密保甲要点

整编保甲应与清查户口同时举办,除依照县各级组织纲要、乡镇组织暂行条例暨县保甲户口编查办法等法规切实办理外,应注意下列各项:

甲、严密编查

一、编整保甲应绝对避免脱漏,务必达到人必归户,户必归甲,甲必归保之目的。

二、编定之保甲,务必以便于管理为原则,并需配合军事需要,初编时区域不宜过大,务必使保办公处能管理全保,甲长能管理全甲。

三、已编定之保甲,必须立即呈报,俾便查考。

前项工作,收复区各县市应于收复后立即办理,必要时并商请当地驻军宪兵警察协助,于收复后三个月内办理完竣。

乙、健全保甲组织

一、收复区各县市应切实实行联保连坐,以五户为一组,由各户户长互立联保切结。

二、区乡镇保甲长应会同地方党团学校及公正士绅对于人民切加抚慰,并宣示政府意旨,发动人民检举奸宄运动。

三、对于检举奸宄,协助缉捕残匪之人民,应优予奖励,并鼓励匪徒自新,保障其安全。

四、从速召开户长会议及保民大会,诱导人民踊跃参加,并由保民大会议定本保、甲规约及与他保订立相互公约,共同遵守其内容,以肃清残匪,安定地方为主要目标。

五、保甲经费应由县政府统筹列入县预算。

前项工作应于编整保甲时同时办理,务必于六个月内办理完成。

丙、慎重保甲长人选,并严加督导考核

一、保甲长人选应以思想纯正、青年有为、热心公益、过去无任何劣迹,并有办事能力及经验之公正人士任之。

二、保甲长应由县政府及乡镇公所严加督导考核,按其办事成绩切实奖惩。

三、保甲长如有贪赃枉法情事,应由乡镇公所、县政府移送当地司法机关依法讯办。

四、上级机关派出人员及军警团队,对于保甲人员应特加重视,不得施以任何非理行动。

五、保甲长应为无给职,但得斟酌地方财力酌给办公费,在其任期内仍应照非常时期保甲长待遇及奖励办法第五条予以奖励。

〔绥靖区政务委员会档案〕

6. 何浩若关于"绥靖区各级部队长协助推行地方自治暂行办法"呈

(1946年12月5日)

奉国民政府主席蒋本年十一月一日侍地字第10658号代电略开：据国防部新闻局邓局长签呈：为遵令拟具绥靖区各级部队长协助推行地方自治暂行办法，尚属可行，希核定颁布施行，并具报。等因。遵将该项办法提请本会第七次会议决议修正通过。除由会呈复暨分令绥靖区各军事长官、各省政府遵办外，理合检呈该办法一份签请鉴核。谨呈
院长兼主任委员宋
　　附办法一份

　　　　　　　　　　行政院绥靖区政务委员会秘书长何浩若

绥靖区各级部队长协助推行地方自治暂行办法

一、为肃清奸匪，维持治安，恢复地方政权，协助推行地方自治起见，特订定绥靖区各级部队长协助地方自治暂行办法（以下简称本办法）。

二、凡经国军收复后之乡镇城市驻在地之师、旅、团长（或尚未整编之军师团长）应即就每连官兵中严格考选最有能力品格及政治认识者官长一员，士兵四名，指派配属之政治部或团指室工作受政治部主任或团指导员之督导指挥。

三、绥靖区地方自治之协助推行分三个步骤完成，第一步骤时间为一个月，第二步骤二个月，第三步骤三个月。

四、协助推行范围及方法如下：

甲、第一步骤

1. 恢复地方政权：绥靖区乡镇保甲组织，经奸匪破坏或变更者，得就随军返乡义民中，选定优秀有为青年及公正勤廉乡贤，先

行恢复地方各级机构,建立地方政权。

2.清查户口编组保甲:依据"收复区实施户口清查办法"、"县保甲户口编查办法"等,协助县市政府查编责令户政及警察人员主办并发动当地返乡知识份子协同办理,务使人必归户,户必归保甲。

3.组训地方自卫队:部队进入绥靖区后应即会同县市政府或乡镇公所就现有之民众及武器(或以梭標、马刀等物代替)编为地方自卫队,县(市)设总队,乡(镇)设大队,保(或联保)设中队,中队下设盘查哨、守望递步哨、侦察班等,负清查奸究,维护交通,侦察匪情,传达公文,协助作战等任务,加紧组训,切实掌握运用,依照行政院颁布之"收复区民众自卫队组训方案"办理。

乙、第二步骤

4.绥靖区流通之非法发行币券应一律作废,协助县政府禁止使用并布告周知。至以非法发行币券所生之债权债务,其处理办法:(一)原以法币订立之契约,经被迫改折非法发行之币券者,一律回复法币原额;(二)以非法发行之币券订立之契约,由当事人协议以法币改订之协议不成时,由乡镇调解委员会予以调解;调解不成时,由该管司法机关依法公平处理之。

5.实行清乡与联保连坐办法:清查户口编组保甲施行后,随即协同县政府或乡镇公所普遍实行清乡,以一族清一族,一房清一房,一户清一户办理,同时实行联保连坐办法,设立保甲秘密通讯员,使奸匪无法潜伏活动。

6.绥靖区之农地经非法分配农民耕种,如其所有权人为自耕农者,依原有证件或保甲四邻证明文件收回自耕;其所有权人非自耕农时,在政府未依法处理前,准依原有证件或保甲四邻证明文件保持其所有权,并应由现耕农民继续佃耕。

7.对于收复县份之民食军粮,协助县田赋粮食管理处负责统筹,作有计划之调整与补给,各机关各部队不得向人民直接征用。

丙、第三步骤

8.推行合作事业,协助各县合作指导人员于各县收复时应将原有不合法之合作组织予以解散,另行成立城区或乡镇合作社筹备处,征求人民入社,举行创立会,宣告成立,积极推进合作事业。各县应设一联合社,其筹备成立亦照此办理。

9.举办生产事业,如修路筑垣,修筑水渠、水湮、水车、水碾,兴办水利,设置苗圃林场,植树造林,开垦荒地,实行公共造产等,视当地需要缓急,分别协助地方办理。

10.其他必须协助推行之地方自治工作。

五、各考选调用官兵之奖惩,由师、旅政治部主任、团指导员报由各级部队长奖惩,其协助推行地方自治之成绩得列为本年度部队考成之一,国防部并得派员分赴绥靖区实地视察情形,呈请主席奖惩之。

六、协助推行时得参照"绥靖时期各部队政治工作大纲"、"绥靖时期政工服务员甄训办法"办理。

七、本办法如有未尽事宜,得呈请以命令修改之。

八、本办法自公布之日起施行。

〔行政院档案〕

7.绥靖区政务委员会第十二次会议修正绥靖区乡(镇)保甲长纵横连坐办法报告

(1947年1月10日)

行政院绥靖区政务委员会第十二次会议(1947年1月10日)

报告事项五

修正绥靖区乡(镇)保甲长纵横连保连坐办法案

签注:徐州绥靖公署,前为强化绥靖区保甲组织,巩固地方治安起见,拟订"绥靖区乡(镇)保甲纵横连保连坐办法",经本会电准备案在案。兹据徐州绥靖公署代电:以江苏省政府为该办法纵的连坐未规定时间及按乡镇保甲范围分别规定数目,在实施上不无困难,恐使乡镇长因常受连坐时予撤换,或使地方公正士绅不愿出面,□请从宽限制乡保长连坐处分,严格限制甲长连坐处分等情。经将原办法第二项要点后段修正为:"一甲之内有一户以上发现违犯情事,而甲长于事先未能查明具报者,甲长连坐;一保之内一个月中有两甲以上之户受连坐处分,而保长于事先未能查明具报者,保长连坐;一乡镇之内一个月中有四保以上之保长受连坐处分,而乡镇长于事先未能查明具报者,乡镇长连坐,是为纵的连坐。"除饬知外,请核备前来拟准备案。兹将原办法抄附于后,请鉴察。

绥靖区乡(镇)保甲长纵横连保连坐办法(见前)。

〔绥靖区政务委员会档案〕

8. 江西省政府拟订各县市国民身份证"总检查实施办法"电

(1947年5月22日)

江西省政府代电　发文民字第一四三〇三号　中华民国三十六年五月　日发

行政院长张钧鉴:查本省为严密人口查记,普遍填发国民身份证,促进居民重视起见,经依照内政部核准之江西省户籍处理手续补充说明第三十一条之规定,拟订"江西省各县市国民身份证总检查实施办法"一种。除送内政部核备外,理合检同上项办法电请鉴核备案。江西省政府主席王陵基。辰养。民五户。印。附江西省各县市国民身份证总检查实施办法一份。

江西省各县市国民身份证总检查实施办法,三十六年四月二十九日第一八八八次省务会议通过。

一、本省为严密人口查记,普遍填发国民身份证促使居民重视起见,依照内政部核准之江西省户籍处理手续补充说明第三十一

条之规定,订定本办法;

二、各县市政府应于国民身份证散发后一个月内,举行全县市总检查一次,总检查时间不得超过三日;

三、各县市国民身份证总检查,由县市政府督同县市警察局及乡镇区公所办理,必要时得商请当地驻军及宪兵协助;

四、各县市国民身份证总检查,依左列各项之规定办理:

甲、交通站埠及娱乐场所,由县市警察机关会同当地驻军或宪兵于车船站埠交通孔道及娱乐场所出入口执行检查,无宪警地方,由其他治安机关负责检查。

乙、机关团体学校,由县市政府或乡镇区户政人员会同其负责人及警察机关执行检查。

丙、普通住户,由乡镇区户政人员督同保甲长挨户检查。

五、各县市十二岁以上之国民离开住所时,应随身携带国民身份证以备检查,但由未制发国民身份证县市入境之流动人口,得以原居住地县市乡镇公所发给之证件代替之。

六、凡受检查之国民,不能缴验国民身份证时,有逃避兵役或其他犯罪嫌疑,或系不为户籍登记者,应分别送请司法或户籍机关依法办理外,仍责令依法补领国民身份证,但非本县市籍之流动人口不能缴验国民身份证或其他证件时,应详细查询并由其居所附近之保甲长及宪警随时监视。

七、各县市举行国民身份证总检查时,凡人民搭乘汽车火车飞机轮船他去者,均须持有身份证方准购票。

八、凡国民身份证内所载事项有变更时,持证人应报请当地区乡镇公所核明更正,如有遗失损毁,应依照户籍法施行细则第三十一条规定声请补发,不及换发新证时,应请当地区乡镇公所发给临时证明以备查验。

九、检查时如发现国民身份证或其他证明文件有伪造变造转让转借等情事,得将证件扣留,分别情节轻重,送请司法机关或原填发证件机关究办。

十、检查人员于出发执照职务时,务求迅速确实,态度和平,不得藉故刁难需索,及有其他舞弊情事,违者准被害人向主管或协助机关依法检举。

十一、各县市政府举行国民身份证总检查,应于检查前二十天利用各种机会,广为宣传并张贴布告俾众知悉。

十二、本办法自呈奉行政院核准后施行,并分电内政部备案。

〔行政院档案〕

9. 内政部关于"加强对户政交通民训言论等管理"意见

（1947年6月27日）

一、肃清地方匪谍地下工作伪装人员,因伪装即匪武力暴动之发动者,希望彻底肃清。

本项意见如次：

甲、清查户口

（一）由县市长责成警察局长及区乡镇保甲长经常注意下列户口,并随时用突击方式抽查之。

1. 无身份证或身份证伪造,或无职业而行动诡密者。
2. 已准自新或曾受刑事处分者。
3. 学校教职员及中学以上学生行动诡秘、言论反动者。
4. 主娼及不良妇女招引闲杂人等者。
5. 工厂工人、佃农而好夜间活动者。
6. 商场店多而好夜间活动者。
7. 在乡军人行动诡秘、言论反动者。

乙、健全保甲

由县市长切实注意区乡镇保甲人事逐级考查（如有可疑立即更易以忠实人士充任之）。

丙、奖励检举

加强警察与保长联系,其在乡村无警察地区,则由乡镇长负责严饬保甲长,各就其辖境内检举匪谍,其坦白举报者,予以精神或物质之奖励,并保守秘密,尚或隐匿不报,一经察觉,即以通匪论处。

丁、与各有关机关切取联系

1.配合人民团体加强各地匪谍伪装份子之侦察工作,每团体至少一组。

2.配合有关机关指导民众对匪谍及伪装份子之侦防常识。

3.配合有关机关在各地发动群众性之肃奸运动。

4.督饬各级人民团体自清运动,并促起人民之加意防范。

5.策动各级妇女会组织密报网(办法另定),监视匪谍行动,并督饬各种自由职业团体会员利用本身业务刺探匪情,供给国军资料。

6.各级教育会会员,应于课余向学生宣传共匪罪恶,使学生不再受共匪欺骗。

戊、关于肃清匪谍工作,前经颁行戡乱时期警察中心工作一种,对保密防谍均有规定,应再督饬各级警察机关加强实施。

二、希望肃清乡村小股匪武装,因匪小股武装即匪地下工作人员之掩护者,若不肃清小股武装,即不能肃清地下工作人员,亦即不能断绝了武装暴动之发生。

三、希望地方部队配合国军作战,肃清成形之土共武装部队,以免土共武力引正式匪军向该地进攻。

右二、三两项意见如次:

甲、治标办法

(一)联防剿办

由行政督察专员兼区保安司令,会同驻军官长督饬县长实施分区联防,并发动地方武力不分畛域,合力搜剿地方股匪,尤注重于省县交界处所及深山密林地带,务必追踪扑灭,勿任滋长啸聚。

(二)招抚归顺

责成县长切实查明小股土匪或土共首领，果有诚意归顺，不妨设法招抚，加以训练，俾为我用。其有特殊功绩者，并得酌予优奖，以广自新之路。

（三）奖励清匪

凡行政督察专员、县市长及驻军官长能努力肃清土匪、土共者，由该管省府及绥靖公署优予奖励，以资激劝，其地方自卫团队及民众杀贼有功，亦应切实奖励。

（四）查缉匿匪

县区乡镇保甲应逐级严密注意查缉藏匿乡村之土匪土共，其有查缉不力及有窝匿情事者，均予从严法办，以儆效尤。

乙、治本办法

（一）实施联保连坐

于严密组织保甲清查户口之后，对特殊地区或匪氛较炽地区要实施联保连坐，以控制地方治安，发挥保甲组织之实施效用。

（二）加强自卫枪枝管理

加强自卫枪枝之管理，妥为编组运用，严禁私藏军火，以杜乱源。

（三）充实各地保警队力量

充实各地保警队之编制，加强管训，整饬纲纪，严禁虚报名额，违则严办。

（四）加强各地保警队训练

加强保警队之政治训练，随时授以肃奸防谍之必要常识，提高其政治警觉与反共意识。

（五）指导民众自卫组训

指导民众自卫组训，加强民众自卫队之战斗，教练注重政治意识之灌输，优良风纪之养成，严禁各乡勒索及私自摊派。

（附注）查民众组训系由国防部保安局主管，本部立于协助地位，现保安局已经裁撤，其业务划归国防部有关厅接办。

四、希望各机关尤其是交通机关及铁路电信服务人员彻底肃清伪装,以免泄露军事上之行动,以及在铁路、公路上扰乱军队及阻碍军队之行动。

本项意见如次:

甲、严密电信、铁路、公路、海员及重要都市厂矿之各级工会组织,并加强其领导。

(一)按照各种工会实际情形,分别加以整理改组或改选,并介绍书记以加强领导力量。

(二)指导各级工会展开反侵略、反共运动,以团结工人意志,提高工人政治意识。

(三)督导各级工会切实执行各会员互保联坐,彻底自清,以防奸肃谍。

(四)奖励告密纠查不良份子。

乙、提高工人待遇,改善劳动条件,以增加生产效能,防止怠工罢工。

(一)确定工人工资之合理计算原则,以维持工人生活之最低标准。

(二)在可能范围内推展员工福利设施、劳工保险、工矿检查等工作。

丙、加强各级工会与当地军警宪联系与配合。

丁、协助各机关组织保(密)防(奸)小组。

(一)由各机关首长秘密指定忠实精干人员组织基干小组,负责筹划推动各机关之保密防奸事宜。

(二)由基干小组按照行政系统逐层指定人员组织若干保防小组,以精干而普通为原则。

(三)由基干小组负责秘密举行人事总清查。

(四)各机关保防工作之推进采首长负责制,其对保防工作有贡献之人员,应优予奖励。

五、希望有效的组织民众对我问心,一面不作匪军之耳目,不为匪送情报,使匪失掉千里眼,成为双瞎子;一面为我军作耳目送情报,使我军去了双瞎子长上千里眼。

本项意见如次:

甲、严整军纪,修明政治,使民众爱戴政府。凡驻军或过境军队必须不扰民,不拉伕,不强用民物。县政府派员赴乡征兵、催粮或其他差役等,必须不欺诈,不需索,不使民众饮恨埋怨,所有亲民之官吏,均应身体力行,倘违斯旨,无论任何军队长官或地方首长,一律予以失职议处。

乙、组训民众俾知国家兴亡之责,并宣传匪军残忍情形,使能发生同仇敌忾之心。至于民众组训应按现有县市以下纵的组织,如保甲等。横的组织,如农会、工会、商会、教育会、妇女会及自卫队等,由县长及国民党县党部切实考核,其内部人事是否健全,其负责干部是否忠实,庶能掌握确实,然后饬其深入各阶层作核心之领导与运用其办法如左:

〔壹〕组织之加强

甲、精选保甲干部

(一)绥靖区

1.中农出身对我方忠诚者;

2.未作匪之领导干部者;

3.村中大多数认为善良者;

4.反共坚强而有事实表现者;

5.不自私自利且有胆量与热情者。

(二)匪区

1.不能建立保甲组织之区,则秘密建立情报网;

2.忠于我方人员应秘密连〔联〕络。

(三)收复区

1.受匪洗劫对于反共有同情心者;

2.工作上思想上能与我方一致,并接受我方指示者;

3.必要时由绥靖区选拔精干人员派遣之。

(乙)精选人民团体干部(侧重农会)

(一)领导干部之选择

1.反共坚强而有事实者;

2.公正廉干富有热情者;

3.年富力强信仰本党主义者。

(二)秘密干部之选择

1.最忠实者——在村中有信仰兼有控制群众之能力,比较忠实者。

2.坚决反共者——受共匪洗劫仍有余恨时思报复者(或被斗争者)。

[贰]训练之内容

(一)预备干部之训练——在未收复某地区以前,应罗致其逃难离乡之优秀份子加以训练,以备收复后担任工作。

(二)保甲干部之训练——由县调集现职人员或招致其他特种人员予以最短期之思想与技术训练俾能担当非常时期之责任。

(三)人民团体干部之训练——由县调集各种民众团体之领导干部施以思想与技术之训练。

(四)训练之教材——打破过去刻板式之训练,其唯一目的在能针对共匪之弱点施行进攻或取彼之所长,以补我之所短。

[叁]运用

(一)个别组训统一运用——在组训民众时,虽将保甲干部与民众团体干部划开各别举行,唯训练以后,必须统一运用不得分歧。

(二)高级干部下乡——县以下之高级干部,必须随时下乡,在民众群中发生领导上纵的作用与感召上横的作用。

(三)加强探报——对于辖境应分区组设投报人员,即于保甲干部及人民团体干部中慎选使用，秘授机宜，以刺探匪情，俾能详悉匪之内部实况及动态。

（四）团体宣誓——各级社会行政主管官署应赋予人民团体以防奸任务，饬其负责人就可能范围内召开临时会员大会，使各会员当众宣誓，决不为匪利用，并协助国军作战。

（五）戡乱公约——由中央制定戡乱公约，发动各级人民团体一致遵行。

七、希望军事作战之外，并实行政治作战、经济作战、民众作战配合起来，使敌人多方感觉困难，增加我们胜利成份。

本项意见如次：

甲、政治作战

（一）省政府组织应切实遵照院令，以四厅二处为原则，俾简化机构及灵活其运用。

（二）县政府组织应切实依照县各级组织纲要弹性规定，力求减缩至最低限度，俾机构减化后，易于指挥。如经费困难者，可将民、财、建、教、军、社、地等科合并为第一、二、三科，市之组织，亦得比照省县缩减办法简化之。

（三）各级人员之任用，祗求主管长官严格审核，其思想能力操守是否胜任，对其铨叙任免暂予放宽，俾省县市首长有任免奖惩之权。

（四）各级地方政府之政治设施，如与中央政策无背者，应予以裁量之权，不宜过事干涉。

（五）中央对省，省对县所颁之法令，应作原则上富有弹性之规定，俾各级政府能自行厘订实施办法，以应付现实之需要。

（六）对于各级人民团体主管官署，应充实其组织机能，并严格考核各该团体之理监事，其不健全者，应酌予撤免或改选，藉以加强领导。

（七）协助作战有功之人民团体，主管官署应从优予以奖励（奖励办法另行规定)。

(八)指导铁路、公路、电信、海员、各重要城市及厂矿工会分别组织护路、护航、护厂、护矿队,实行协助国军维持社会秩序,并严防匪谍破坏。

(九)资助各全国性特种工会展开敌后工作

1.争取有特种技术人员脱离匪区。

2.组织突击小组展开破坏交通及矿厂生产设备。

3.展开敌后宣传发动罢工怠工。

乙、经济作战不属本部主管

丙、民众作战已并入第五项意见内

八、希望人力、物力总动员协助军队作战。

本项意见如次:

甲、指导各级人民团体发动会员协助军事。

(一)工商团体及妇女团体应配合战时需要,设法增加生产,平抑物价,发动捐募运动,鼓励毁家纾难,募集大量金钱及适合前方需要之物资,并分组慰劳队参加慰劳及救护工作。

(二)农渔团体应发动会员协助作战部队运输,增强作战力量。

(三)地方慈善公益团体,应就本身人力、物力、财力发动社会力量,协助国军办理伤病官兵医疗慰劳工作及救济难民与流亡学生。

乙、本部对甲项工作得派员切实督导,并缜密考核其成绩给予奖惩。

十四、希望实行民兵制度,统一兵(役)保(安),建立地方武力,期达全民皆兵之目的,以奠定野战军补充基础。

本项意见如次:

甲、严格实行国家民兵训练,以加强及龄壮丁之军事常识与爱国观念。

乙、从速实行兵农合一方案,以组织民兵。

丙、加强民众自卫队组训,使能由不脱离生产之民众自卫队升充为脱离生产民众自卫队,由乡镇级自卫队升充为县级自卫队。

丁、野战军补充,应由国防部按照各省市应配兵额令由各省市之县市民众自卫队调充之。

戊、民众自卫队及调充为野战军,其防区应以本乡县省市为原则。

己、各省市县之民众自卫队统领人员应选由各该省市县之声誉较高、有战斗经验之忠贞人士担任之。

庚、为充实民众自卫队力量,各省市县应统筹需要向国防部呈请加派人员及请拨经费枪弹。

十五、希望严厉取缔违反戡乱国策及为匪张目煽惑人心之言论及出版刊物。

本项意见如次:

(一)各省市政府应督饬所属遵照出版法、戒严法及其他动员戡乱法令,严格取缔未经呈准登记之新闻纸杂志,与业经登记准予发刊,但违法刊登违反戡乱国策及为匪张目煽惑人心言论之出版品。

(二)各省市政府应督饬所属主管出版登记机关,严格审查申请登记出版品之性质与发行人之经历与背景,以限制出版品之任意发刊。

(三)应行取缔之言论,包括下列诸项:

1. 反对戡乱国策之言论;

2. 指内乱为内战之言论;

3. 同情共匪之言论;

4. 泄漏国家机密之言论;

5. 共匪军事广播及对人民广播;

6. 动摇军心之言论;

7. 扰乱社会秩序,摇惑人心之言论;

8. 夸张共匪力量之言论；

9. 报道失实,夸大国军不利消息之言论；

10. 离间本党团结之言论；

11. 恶意攻击政府之言论；

12. 鼓励劳资纠纷之言论；

13. 为共产主义辩护之言论；

14. 指苏联为前进英美为反动之言论。

(四)凡全国出版品登载上项违法言论者,应由该出版品负责人及作者共同负责,交治安机关依法惩处。

(五)全国各地业经依法登记之新闻纸杂志通讯社,应依出版法之规定于出刊后检送一份呈交各该地主管机关查阅。

(六)全国各省市政府应指定专人负责审阅各该地区出版品之言论,并摘要登记,按时呈报本部备查。

(七)关于军事消息应采用下列各机关所发布者。

1. 国防部交中央社或军闻社发布者。

2. 各战地军事主管机关发布者(应注明来源)。

(八)全国出版品凡刊登失实之军事消息,且系得自由采访者,应依照上列第四项规定交治安机关惩处。

(九)外国通讯社电稿之运用应极度审慎,如有谬误其责任由报社负之。

(十)外国通讯社如有报道失实,依照下列办法处理之:

1. 中央社随时注意外电之失实内容,同日予以详细之辩正。

2. 行政院新闻处应对该报道失实之外国通讯社负责人予以说明及劝导,必要时得予警告或驱逐出境。

(十一)国外输入之出版品,如刊载上列违法言论者,均应予以警告或禁止其入口。

(十二)关于叛乱团体之称设,应请国防部重申前令,划一发表所有出版品不得自持超然中立立场,任意指政府为国民党政府,称共匪为共党政府,如有违反即以同情共匪议处。

(十三)各级治安机关及教育机关团体,应严格取缔人民团体与学校学生张贴或发布反动标语、图画及集众请愿、游行等情事。

(十四)前列各项办法,详细拟定后,应公告使全国所有出版品编辑人深切注意,对言论消息审慎处理,俾免干法禁律。

十六、希望彻底实行民生主义,以对抗共产主义之发展,左列各点即先举办:

(1)实行战士授田,并限制土地及财产私有量,以号召广大民众参加反共产主义之斗争。

(2)逐步推行限田均田办法,严格管制市地房屋之使用与租赁。

本项意见如次:

甲、关于战士授田,并限制土地私有量,以及推行限田均田各节现正推行兵农合一办法,均可包括在内,不似再另订办法。

乙、关于管制市地房屋之使用与租用暂拟办法如下:

(一)凡已出租之房屋一律限期换订租约,镇(区)长为监证人,由主管机关予以登记。

前项租约如有终止或变更,应声请涂销或变更登记。

(二)凡非自用且非出租之房屋,应由地方政府按照户籍调查登记列册,并告代为出租。

(三)地方政府得按照当地人口与房屋量之比率规定自用房屋之间数,多余者代为出租。

(四)经公告代为出租之房屋居民,得依左列之规定声请租赁:

1.声请人姓名、年龄、籍贯、职业、住址;

2.家属人数;

3.需用房屋间数及用途;

4.租用限期。

前项经公告代为出租之房屋业主,如有拒绝情事,由当地政府强制执行之。

(五)政府公告代为出租之房屋,如有二人以上同时声请承租时,以抽签决定之。

(六)居民承租之房屋,以自住及自营业务为限,不得转租或分租,违者即取消其承租权。

(七)本办法施行前,承租人将房屋转租于他人者,由现承租人与有出租权人另订租约。

(八)房屋租约额不得超过土地法第九七条规定,其约定租金不及前项之规定者,依其约定。

前项房屋及其基地未经依法申报价值者,应由主管机关估定之。

(九)因房屋租用,出租人与承租人间发生争议时,由房屋租赁公断委员会调处之,不服调处时,由地方政府强制执行。

前项公断委员会之组织另定之。

(十)地方政府对于市区私有空地应划定区域,限期依法建筑房屋,逾期未建筑者,应依土地法第一七三条之规定加征空地税,并得予以征收,另行放领或放租,其征收补偿费得依土地法第二三三条之规定搭发土地债券。

(十一)公有空地,应依法放租,由承租人兴建房屋,或由政府自行建筑平民住宅出租使用。

前项平民住宅之租金应依土地法第九四条但书之规定办理。

(十二)政府应依左列方法奖助人民建筑房屋:

1.依土地法第九五条之规定减免土地税及土地改良物税。

2.协助取得建筑基地。

3.协助向银行贷款。

4.减征工程受益费,并予交通及装置水电之便利。

丙、关于限制财产私有量,不属本部主管。

〔内政部档案〕

10. 国民政府文官处粘送天津市地方自治协进会理事长李廷玉关于实行"自卫团丁"及"连保连坐"函

(1947年7月10日)

南京国府主席蒋钧鉴：廷玉等自奉到总动员令后，即召开自治大会公同议决悉本匹夫有责之义，共伸同仇敌忾之忱，为桑梓谋安全，并助国家谋统一。原拟十区分会三百三十一保，每保出团丁百人，可得三万有余之众，并由本会召集农工商渔各会汇集团丁二三万人，以图人数增多自卫确有实力，现各团联成一气共策安宁，可即腾出国军分扎市区边要，如此军民互助防力更可加强，而且市内特别繁华不便分驻多兵，兼以学校尽作兵房，无论军风纪若何优良，则校具必摧残，校舍必多损坏，尤可虑者，驻防日久势必开学无期，各学子均归失业，窃按此等形势特谋救济之方，自应厚集团丁，使正军移驻郊外较为适宜，惟以市长决由各保编练一万五千人，作为临时防卫切恐丁单力簿〔薄〕，不能消除伏莽，又不能辅助驻军，兹为保卫津市万全起见，恳请主席令饬市长实行官民合作，并饬军长实行官军与团丁相互筹防，庶于军事前途不为无补，再预防潜匪须办连保连坐，以防变起非常，况津市五方杂处，户口众多，防范稍有疏虞，必致放火杀人肆行抢掠，即使津市侥幸不失，而精华消灭恢复无期。为此电陈，切盼下采刍荛，一并准办，则津市全民幸甚，华北大局幸甚。天津市地方自治协进会理事长李廷玉率全体会员同叩。蒸。

〔行政院档案〕

11. 内政部报告"绥靖"区户口清查国民身份证颁发实施情况函

(1947年10月6日)

行政院秘书处三十六年防字第39906号公函，嘱将绥靖区施政纲领及有关各项法令实施情形得失困难及改进意见函报案：

一、关于户口清查部分

查绥靖区施政纲领第一条第一项"清查户口"，兹谨将实施情形得失困难及改进意见分陈于次

一、实施情形：查本部为奠定收复区户政基础及确保地方治安起见，于三十四年九月十一日颁布"收复区实施户口清查办法"通行各省市，并依法督促各省收复县市，于县政府成立或迁回时，首先实施于三个月内完成绥靖区收复县市亦依照上项办法举办户口清查截至目前止，绥靖区收复县市实施户口清查者，计有苏北区海门等三十一县；皖东北区天长等一〇县；胶东区即墨等一二县；鲁西南区长山等三六县；豫北区永城等一九县；豫东区杞县等一〇县；豫西南区卢氏等九县；冀南区东明等六县；冀中、冀东区香河等二四县；热河区承德等一三县；察哈尔区万全等一九县；绥远区丰镇等一〇县；晋北区天镇等八县；晋南区垟县等二〇县；湖北区南漳等二〇县；陕西区延安等二一县；甘肃区庆阳等二县，总计各区二七〇县。

二、得失困难：绥靖区因军事关系地方秩序难于恢复，加之人员、经费种种困难，户口清查多不能如限举办完成，且军事进展情况不定，每有甫经清查过后，又为匪陷情事，清查工作恒遭阻碍，致难配合军事及安定地方，复因原办法公布已久与现实情况殊多未合，实施上当亦不无困难。

三、改进意见：查政府动员令下，戡乱剿匪为首要工作，肃清奸匪确保治安刻不容缓，原办法立法意旨重在胜利后敌伪占据地方，绥靖区虽可适用究属情形不同，本部鉴于当前事实需要，除加强督促绥靖区户口清查工作外，并根据已往经验，业将上项办法修订为"绥靖区实施户口清查办法"正呈核中。

二、关于绥靖区各县市制发国民身份证部份。

（一）办理情形依据绥靖区各县行政实施办法第四条"绥靖区

各县应依照中央所颁保甲户口法令,切实清查户口,编组保甲,实行联保连坐,并制发国民身份证"之规定,并奉主席手令,绥靖区各县市国民身份证应先期制发完成等因。经督促各省市县依照收复区实施户口清查办法,完成户口清查后,即接续制发国民身份证,并颁发调查表式分发各县市填报,以便随时督促进行,现据报绥靖区各省市县办理,详情如次:

1. 江苏:苏北各县均已开始制发,并限于本年底一律办竣;

2. 安徽:原限三十六年六月开始办理,近以被匪窜扰,致详情尚未报部;

3. 山东:该省收复县市渐增多,正督积极办理至已制发者有临沂等十四县。

4. 河南:该省大部县市均已制发,属绥靖区已制发者有安阳等十县;

5. 河北:已制发者有保定等五县;

6. 热河:已制发者有承德等六县;

7. 察哈尔:本年九月起开始填发,限年内完成;

8. 绥远:已制发者有凉城等六县,绥东丰镇等四县正督促办理中;

9. 山西:该省大部分地区被匪窜扰,仍督促政府控制区域积极办理中;

10. 湖北:收复各县市督促于户口清查后制发完成;

11. 陕北:延安等收复县市正督促办理中。

〈二〉得失困难:已制发国民身份证地区,对于防范奸匪,保卫治安,收效甚著,但因民众贫困,不能普遍贴用照片,同时未能严密检查,致常有被奸匪利用发生冒领转借伪造等弊端。

〈三〉改进意见:绥靖区国民身份证须一律贴用照片,民众无力负担者,可请绥靖区施政经费拨补,同时责令军政机关严密检查,并尽量发挥国民身份证功效,以促进民众重视,达成普遍领发目的。

〔内政部档案〕

12. 内政部公布"绥靖区各省市编查保甲户口办法"
(1948年6月4日)

绥靖区各省市编查保甲户口办法 三十七年五月行政院核定,三十七年六月四日内政部公布

第一章 总则

第一条 内政部为严密编查绥靖区内保甲户口,确立户籍行政基础,以增进地方自卫能力,配合剿匪军事进展起见,特订定本办法。

第二条 绥靖区内每一县市政府成立或迁回时,应首先编整保甲清查户口于一个月内办理完竣。

县境为共匪窜扰或盘踞未能全部收复时,应以乡镇为单位,按照收复先后次第实施,每一乡镇编查时间不得超过十日,俟全境安定再行定期举办总清查。

第三条 县市政府为编查主办机关,除责令所属户政警察及原有乡镇保甲人员,并发动当地知识份子协同办理外,并应商请辖境内驻军宪兵队或其他团体机关派员协助。

第四条 县市政府关于开始编查前,应扩大宣传编查意义,并召集参加人员讲习有关法令及编查手续。

第二章 保甲编组

第五条 保甲编制以户为单位,十户为甲,十甲为保,有增减之必要时,以六户至十五户为甲,六甲至十五甲为保。

市之保甲编制十户至三十户为甲,十甲至三十甲为保。

第六条 保之管辖范围,应尽量依照自然形势及历史关系划定,如有变更前条编制之必要时,应由县政府绘具图说,呈请省政府核定后变更之。

第七条 保甲编组应按户口习惯、地势及其他特殊情形依左列原则编组之：

一、全乡镇应以乡镇公所驻地为标准起点，按户顺序编组，向两端或四周边延依次组甲编保。

二、凡较大村落能自行编成一保或一甲者，应自村落之一端起顺次编组。如住户稀少之处，须联合其他村落或多数零户能编成一保或一甲时，应以交通道路干线为起点，逐渐向两旁核编。

三、船户就常泊之县境内分段编组，依其户数、甲数或保数附隶于常泊处陆地之甲保或乡镇。

四、保甲内之住户有避匪全户迁徙者，得保留其户之番号，俟归来时编组之。

第八条 保之名称及户之次第以数字定之，各保就全乡镇所辖保数，各甲就全保所辖甲数，各户就全甲所辖户数依序编称。

第九条 保甲及户之次第编定后，应按户发给户籤注明保甲及户之番号。

第三章 户口清查

第十条 户口清查应于保甲编组后择定清查日，按户口填写户口清查表（附式一）。常住人口及现住人口均应查填流动人口，应填入流动人口登记簿（附式二）。全区域之户口清查至迟于清查日起五日内完成。

前项清查表应由清查人员亲自查填，并由被调查人口之户长或其代理人签名或划押。

第十一条 户口清查表户之分类及户内人口填写次序依户籍法施行细则第十一、第十五两条之规定办理。

第十二条 旧有户口册籍案卷应设法搜集参考，如获得其他省县有关资料，并应转送备用。

第十三条 户口清查完竣，保由乡镇公所派员按户复查，乡镇以上之区域由该主管上级机关派员复查或抽查，发现错误时，应责令改正，如错误在半数以上，应责令重行清查。

第十四条　本户内如有枪支，应即依法申请领照，如已领有执照，应将枪支种类号码及使用人等项报明备查。

第四章　户口动态查报

第十五条　户口清查完竣应编报乡镇保甲户口统计表（附式三），并依户籍法施行细则之规定赓续举办户籍登记，得先行制发国民身份证，并暂举办出生、死亡、迁入、迁出四种登记，俟全境安定后再赓续举办其他各项登记，在未举办全部户籍登记以前，所有应设籍除籍认领收养结婚离婚而发生人口增减之动态，一律并入迁入迁出登记办理。

户籍登记之结果，每月应编报户籍登记月报表，其表式另定之（附式四、五）。

第十六条　户籍登记除初次设籍登记由户口清查表过录外，保甲长对所属各户应随时查询，遇有前条人口动态发生，立即责成声请义务人填具户籍登记声请书，送请登记人民自动声请者，亦应向保办公处领取声请书，填经保长核转，但流动人口只须备簿由保甲长随时查询登记不填声请书。

第十七条　凡户内人口发生动态，户长应于一日内依照规定申报，如住户有上列情事发生而不依照规定时间申报或故为延迟有隐瞒嫌疑者，除依有关法令惩处外，同甲各户应相约检举并列入联保连坐切结内共同遵守。

第十八条　乡镇户政人员应随时巡回各保抽查，每月内应就所属各户查询一次，并应于每三个月携带户籍登记簿按户校正一次。

第五章　附则

第十九条　本办法实施细则由省市政府订定，报内政部备案。

第二十条　本办法自公布日施行。

〔内政部档案〕

(四)组织地方团队

1. 国防部拟定"人民服务总队组织规程草案"
(1946年9月)

一、本部为针对各绥靖地区之实际需要,协助推进地方党政工作起见,特组设人民服务总队若干队,(以下简称总队)分别配设于各绥署战区及绥靖区司令部,受各该单位政治部指挥监督,交本部民事局负统一指挥之责。

二、总队在分区使用时,受各工作地区省政府及师旅司令部配属政治部指导监督。

三、总队主要任务如左:

(一)配合军事力量摧毁奸匪一切反动设施。

(二)发展党团组训民众团体自卫武力协助绥靖。

(三)恢复及巩固地方政权,办理清查户口编组保甲工作。

(四)协助处理土地粮食问题并推行合作事业。

(五)推动地方各项建设,改良社会风气。

(六)协办善后救济及宣传调查工作。

四、总队设总队长、副总队长各一人,督导员三人,专员五人至七人,秘书三人,及其他必要人员若干人,另设第一、第二、第三三组,每组组员若干人,其职掌如左:

(一)总队长综理队务,副总队长襄理队务。

(二)督导员专员承总队长副总队长之命督导所属各单位工作。

(三)秘书承总队长副总队长之命办理文书机要事务。

(四)第一组组长承总队长副总队长之命,掌理民众组训及地方党政工作之推进事宜。

(五)第二组组长承总队长副总队长之命,掌理地方土地粮食合作金融善后救济等问题之处理事宜。

(六)第三组组长承总队长副总队长之命,掌理地方文化教育及宣传调查等事宜。

(七)其他工作人员依职务办理所管事宜。

五、总队下设三个大队,每大队设大队长一人,承上级之命,综理队务,副大队长一人,襄理队务,其他必要人员若干人,承大队长副大队长之命,办理应办事宜。

六、每大队下设三个队,队设队长一人,承上级之命,综理队务,副队长襄理队务,其他人员若干人,承队长副队长之命,办理应办事务。

七、每队下设三个区队,每区队设区队长各一人,队员三十六人,并得按实际情形分为党团活动、地方自治、民众组训、经济调查、宣慰服务、善后救济等组,承命担负指定之工作。

八、总队编制预算及运用办法与工作计划另定之。

九、本规程呈奉核准后施行。

〔绥靖区政务委员会档案〕

2. 国民政府关于"国防部人民服务总队与民众自卫队及难民还乡团联系办法"电

(1946年11月)

行政院绥靖区政务委员会公鉴:查本部人民服务总队为切实推行绥靖工作起见,应对民众自卫队及难民还乡团切取联系,兹特拟定国防部人民服务总队与民众自卫队及难民还乡团联系办法一种,除电请各绥靖公署绥靖区司令部及绥靖区各省政府查照,并饬人民服务总队遵照外,相应检同上项办法一份,电请查照,为荷。国防部(戌)(感)(三十五)民科一附国防部人民服务总队与民众自卫队及难民还乡团联系办法一份。

国防部人民服务总队与民众自卫队及难民还乡团联系办法

第一条　为加强人民服务队工作效能，达成绥靖任务起见，特订定本办法。

第二条　自卫队及还乡团除法令另有规定外，在绥靖工作上须接受所在地服务队之监督指挥。

第三条　还乡团之组训及其在工作进行中遇有困难问题时，服务队应负指导协助之责。

第四条　服务队应切实协助驻地自卫队之编训，并予以工作上之指导。

第五条　自卫队及还乡团应向服务队供给情报，密切配合强化地方治安。

第六条　服务队于绥靖区办理情报、响导、警卫、运输、宣传等工作时，自卫队及还乡团应派员切实协助。

第七条　服务队、自卫队及还乡团每周或一旬应举行工作会报一次，研讨各项问题，由服务队正副主管担任主席。

第八条　服务队、自卫队及还乡团每半月或二旬应举行工作联谊会一次，交换工作经验及工作技术，由服务队、自卫队及还乡团轮流主持。

第九条　出席工作会报与工作联谊会人员之规定如左：

甲、工作会报

子、驻地服务队最高正副主管及队内重要人员。

丑、自卫队及还乡团正副团长秘书及重要之组（队）长。

乙、工作联谊会

子、服务队各级官佐全体队员。

丑、自卫队及还乡团各官佐及重要队员。

第十条　还乡团对服务总队行文用呈或代电，大队以下用函。

第十一条　服务队于指挥自卫队时，由该管地方政府转达命令，如必需直接行文得代电。

第十二条　还乡团于到达原籍后,应遵照规定改编为自卫队,其被编遣者仍须与驻地服务队切取联系,必要时得予以管制。

第十三条　本办法自公布之日起实行。

〔绥靖区政务委员会档案〕

3. 党政军联席会报秘书处抄送豫北还乡队暴行等情电

(1946年12月5日)

代电　联发字第3329号　中华民国三十五年十二月五日

行政院绥靖区政务委员会密鉴:特密。顷据报豫北收复区严重问题特多,除饬郑州会报严切查办,并采取紧急改善措置具报外,特抄附原件电请参考,并注意为荷。中央党政军联席会报秘书处。亥佳仁。附抄件一件。

豫北收复区之严重问题

(开封航讯)豫北军政配合仍嫌不足,对收复区一切设施亦未能针对现实,在军事进展之前,妥慎研讨,拟定具体方案,以致临时张皇乖错迭出,予收复区民众以负累,亦予收复区民众以反感。因每次军事行动时政治人员不能配合军事前进,每一地收复若干天之后,政治机构尚不能建立,一切守卫、安抚、征用等工作,率由前线部队自行办理,既予部队额外负担,且因少数士兵操守之不良,亦影响整个军风纪。例如焦作收复已逾一月,矿区迄无人正式主持,在军队管理之下,机器存煤之损坏减少势所难免,而军队因运煤,直接征用民车,对民众之苛扰关系尚小,违误农时之后果将不堪设想。(二)博爱位于沁阳与修武之间,以县长迭易乡镇保甲,迄今尚未编组,政府命令仅及机关以致城郊以外即成共党活动区域,城北之柏山等地,更变为共军出没要道,此一缺口,因博爱县长问题终致日益扩大,造成今日沁阳、博爱、修武、武陟等县之混乱不安局面。"政治影响军事",博爱问题即为显著例证。(三)收复区兵燹之后，惟一迫切需要为休养生息，恢复元气，任何负担均已无力供应军队，地方政府之无限量征用，还乡队之歧视仇杀，正常秩序尚未恢复之收复区益助长其紊乱不安，予人"以暴易暴"之感。(四)还乡队对收复区之□□态度，应为"拯救"，而非"征服"，应为"怜悯"，而非"报复"，今日豫北各县之还乡队，其气势较胜利初期之"重庆人"尤盛，"禁止报复"。政府曾有明令，惟还乡队为发泄苦闷，集体残杀到处风行，与共军接近地区，双方仇杀更无虚日。在此情况之下，民众仇恨日益加深，实际问题无从解决，多数地方政府为顾及"人情"，率听其自然演变，不予禁止。(五)安阳之水冶镇，经国军收复后，水冶附近之还乡队除抢掠烧杀外，更公开淫奸妇女，致共军盘据时尚有人迹之，水冶附近地区还乡队还乡后，民众乃整个逃亡，由于地方团队之藉口补充弹药，禁止民众收获，水冶附近仍漫野棉花，遍地谷穗，听其自然霉烂，此虽局部问题，然风声所播，其后果可以想象。(六)难民之救济，因收复区经共军"斗争"榨取之后，已富有者变穷，穷者益穷，一般人民无一□非救不能之难民，对此庞大难民群之救济，已非地方政府力量所及，而"制造难民"仍不时进行。修武团队奉令将行山、前山民众悉数迁至平地，以免受共军利用，此一毫无准备之工作，陷民众于绝境，衣食住问题上下政府均无法解决。安阳以收复工作办理不善，军风纪欠佳，收复区扩大后，城中难民不独未显著减少，反因之加多。

综合以上观感，深以今日豫北之严重问题：(一)政府应迅速确定收复区施政方针，河南省政府应迅派负责大员坐镇，豫北与军事当局密切连系，不能将此空前艰巨工作完全付诸地方政府。(二)政府对收复区只能认为系加重政府负担，不能认为系多一收入，应予最大帮助，安抚三月，此一广大地区久受荼毒之刁遗，俾经过相当时之喘息后，再重建田园，繁荣农村。(三)民众仇恨共军心理应善为运用，藉以加强极端重要之自卫力量，以安定社会秩序，并严厉约束还乡队、区县保安队之不轨行动，以收拾人心。(四)河南救济分署之工作，应量行研讨救济重心，应逐渐北移，除迫不急待之急赈，应广泛展开外，收复区荒地之开垦、矿厂之协助重建，应为河南分署今后工作重要目标。

〔绥靖区政务委员会档案〕

4. 国防部新闻局关于苏北各地自卫武力摊款购枪等情致绥靖区政务委员会秘书处电

(1946年12月17日)

国防部新闻局快邮代电　闻导□字第643号　中华民国三十五年十二月十七日

绥靖区政务委员会秘书处公鉴：兹据本局派驻整编第八十三师政治部督察专员张伟学戌寒电略称："苏北收复区最严重问题不是土地与抗币问题，而是（一）各地充实自卫武力由民众摊款购买枪支，例如东台县规定每保购枪二枝，十保联合购机枪一挺，民众卖田卖牛购机枪弊端极多。（二）苏北各县之还乡团多为敌伪时期之奸爪，回乡后多充区乡保长，民众说他们回来都有想当土皇帝和发洋财的思想。（三）农工商妇女等民众团体不仅没有组织起来，即是有组织只是挂一个牌子，不发挥组织作用，例如东台县妇女运动委员会只一位主任委员，各地党团不能掌握民众团体，更是老大暮气沉沉。（四）少数民众受了共匪反宣传，印象颇佳，恳请设法解决等情"。据此。相应电请查照办理见复，为荷。国防部新闻局。戌亥篠。（三十五）闻导著。印。

〔绥靖区政务委员会档案〕

5. 国防部颁布绥靖区民众自卫队组训办法

(1946年12月)

绥靖区民众自卫队组训办法
三十五年十二月国防部颁布

一、绥靖区匪患严重各县,应组织民众自卫队,隶属于各该管省政府,并受当地军事长官之指挥。

二、民众自卫队应就十八岁至四十五岁之壮丁,严格选择编组,以每保编成一保自卫队,每乡(镇)编成一大队,每县编成一总队为原则,保队以下,分设盘查哨、守望哨、递步哨、侦察班、向导组、救护组、供应组、运输组、工程组,其组织及编制均由各省政府依地方实际需要及人力财力情形,按附表酌定之。

三、县民众自卫总队长由县长兼任,综理全队事务,副总队长一人,襄助总队长处理全队事务,总队附一人至三人,协助总队长副总队长处理事务,并分掌整训经理武器通讯人事及指挥作战等事宜,乡(镇)民众自卫大队长由乡(镇)长兼任,另设副大队长一人或二人,保民众自卫队长由保长兼任,另设副中队长一人或二人,均以通晓军事,思想纯正之公正人士充任,并以本籍为原则。

四、民众自卫队之干部,必要时得固定其职务,确定其薪给,以为卫队之骨干。

五、民众自卫队以不脱离生产为原则,应避免军队形式(不必一定制备制服)而具有自卫之实际力量。

六、民众自卫队各级干部,应由各省干训团行政区干训班县干训所施以短期训练,俾了解民众自卫队之组训意义及运用方法。

七、民众自卫队之训练,应着重各种自卫技能,及政治教育,避免制式教练,并以不防碍□作时间为主。

八、各省政府应订定民众自卫队督训办法,会同当地军事长官,派员切实督导实施。

九、民众自卫队之武器,以民众现有者为基础,必要时得由省政府请求国防部点验补充之。

十、民众自卫队之经费,由各县县政府县参议会会商筹措,并得在本年度征收田赋留县免缴之款内动支,其呈准免赋县份,在中央拨发之补助费内动支,其数额均由省政府核定。

十一、在施行本办法县份,其年满二十岁一个年次之现役及龄男子,仍应受国民兵训。

附表

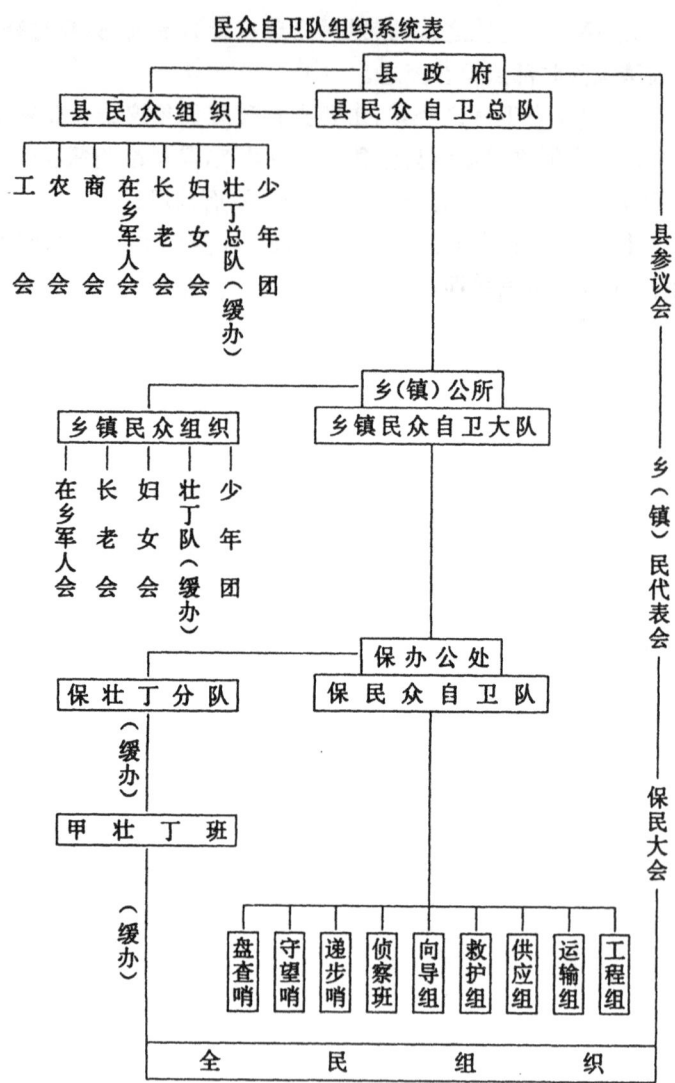

县民众自卫总队编制表

职别	名员数	员兵来源	职掌	备考
总队长	一	由县长兼任	主持全队辖区自卫事宜	
副总队长	一	由当地通晓军事思想纯正之人士充任	襄理总队长处理全队事务	员额视地方实际需要而定
总队附	一—三	同前	协助总队长副总队长处理事务并分负整理训练经理武器通讯人事及指挥作战等事项	
干事	二	军事科调任	关于命令之下达情报之搜集后方勤务人员管理及工作检查呈报等事项	
办事员	一	专任	关于经理武器文书庶务及其他事项	
传达班班长	一	专任	命令传达事项及递步哨	
传达班传达员	六	由各乡（镇）步哨轮流抽调	受传达班长指挥担任传达命令	兼服勤务

乡（镇）民众自卫大队部编制表

职别	员额	员兵来源	职掌	备考
大队长	一	由乡（镇）长兼	主持大队辖区自卫事宜	
副大队长	一—二	由当地通晓军事思想纯正之人士充任	襄助大队长分负训练指导情报勤务等事项	
办事员	一	专任	办理有关经理武器人事文书庶务等事项	
传达员	三	由各保递步哨调充	担任传达命令事项	

保民众自卫队部编制表

职别	员名额	兵员来源	掌职	武器
队长	一	由保长兼	主持全队一切自卫事宜	短枪一枝
副队长	一—二	由当地通晓军事思想纯正之人士充任	襄助队长办理各种自卫事项	手榴弹二枚
盘查哨	哨长	一	专用	清查奸党盘查来往行人及协助作战事项	步枪五枝
	哨员	五—八	乡民中编组		
守望哨	哨长	一	专用	同右	步枪五枝
	哨员	五—八	乡民中编组	守护公路铁道电源及其他交通要隘及协助作战事项	
递步哨	哨长	一	专用	传达部队及政府公布命令等	
	哨员	三—五	乡民中编组		
侦察班	班长	一	专用	侦察匪情搜集情报及协助作战事项	短枪三—七枝
	班员	三—七	乡民中选拔训练		
向导组	组长	一	甲长或乡民中选充	为部队带路	
	组员	三—五	乡民中编组	同右	
救护组	组长	一	甲长或乡民中选充	护运伤兵掩埋忠骨	手榴弹五—八枚
	组员	五—八	乡民中编组	同右	

附注	工程组		运输组		供应组	
	组员	组长	组员	组长	组员	组长
各哨班组之组织得视地方实际需要分别设置	一〇—二〇	一	五—一一	一	三—五	一
	乡民中编组	甲长或乡民中选充	乡民中编组	甲长或乡民中选充	乡民中编组	甲长或乡民中选充
	同右	修建碉堡工事	同右	协助部队运输子弹粮食补给品等	同右	领导民众协助部队采购主副食

〔国民政府档案〕

6. 内政部等关于役龄青年"规避"兵役不报户籍或不实呈报者请示"惩罚"办法与行政院往来呈令

(1947年1—2月)

(1)内政部等呈(1月8日)

内政部
国防部 呈 (三十五)役科五户1517号
中华民国三十六年一月八日

呈文

查战时征补兵员实施办法业经废止,本年度壮丁身家调查系依据户籍过录,如壮丁不报户籍或于声请登记时,为不实之呈报者显有规避兵役之嫌,若仅按户籍法或违警法处分似嫌过轻难免效尤,但壮丁在未为户籍登记以前尚难确定,其应服兵役之身份,此种漏报或为不实呈报之行为,似又未能构成妨害兵役治罪条例第二条之罪行,如遽以妨害兵役治罪条例治罪又嫌过重。为推进户籍登记及防止规避兵役起见,拟规定"凡在年满十八岁以上四十五岁以下之役龄男子,如不报户籍或于声请时为不实之呈报者,除依户籍法之规定处罚外,对其本人并依陆军兵役惩罚条例第二条第十三款之规定酌处同条例第四条各款之惩罚",可否之处,理合呈请鉴核示遵。谨呈

行政院院长宋

内政部部长张△△
国防部部长白△△

抄陆军兵役惩罚条例

国民政府二十九年六月十八日公布

第二条 应受惩罚之行为如左:

一三、其他避免或阻碍兵役或玩忽兵役法令未至犯罪者。

第四条 应服兵役者之惩罚如左:

一、禁闭　禁锢于禁闭室内其期间为一日至三十日；
二、劳役　令服苦工其期间为一日至三十日；
三、加训　于教育期内加训一期以下；
四、申诫　以言词为之。

　　　　抄妨害兵役治罪条例
国民政府二十九年六月二十九日公布
第二条　对于应服兵役壮丁隐匿不报者处三年以下有期徒刑或拘役；

编造现役及龄壮丁名簿故为不确实之记载者处七年以下有期徒刑；

配偶五亲等出之血亲或三亲等内之姻亲犯第一项之罪者得减轻其刑。

抄修正户籍法
第七章　罚则
第五三条　无正当理由不于法定期间为登记之声请者，处十元以下罚锾，经催告而仍不为声请者，处二十元以下罚锾。
第五四条　声请人为不实之呈报者，处五十元以下罚锾。
第五五条　前二条罚锾之决定，由该管县政府为之。
第五六条　意图加害他人为诈伪之声请者，处六个月以下有期徒刑拘役或三百元以下罚锾。

　　　　（2）行政院指令（2月18日）
行政院指令　从壹字第五五二七号　中华民国三十六年二月十八日
　　　令内政部
三十六年一月八日户字第一五一七号与国防部会呈请示役龄男子不报户籍或为不实之呈报者，可否依户籍法及陆军兵役惩罚条例并罚,由会呈悉,应分别依各该法令办理,不得并罚。除分令外,仰即知照。此令。

院长宋子文

〔内政部档案〕

7. 国防部人民服务总队第二总队拟具工作意见致绥靖区政务委员会督导团呈

(1947年3月)

国防部人民服务总队第二总队签呈　字第号　中华民国三十六年三月　日　时

一、总队为配合军事,瓦解奸匪内部起见,今后拟加强策反工作,并尽量利用投诚份子转予奸匪以有力打击,求得进步的效果。惟照现行法令限制太多,颇难适应事机,拟请:

1. 总队得视实际情况接受奸匪零星或集体之投诚,自除集体投诚者外,并可适宜予以适用事后报备。

2. 准由总队设立青年感训大队一队收训奸匪来归份子。

3. 所需主副食及解送遣散等费用,准按规定报销,并先发给预备金伍千万元,以资周转。

二、主席手令于绥靖区收复县份办理实验县极有意义,现查河北、江苏、山东等省已遵照办理,而河南尚未举办,拟请由总队会同河南省政府就该省收复县份中择定陇海、平汉两路附近两个县为实验县,由总队主持办理。

三、绥靖区各县政风疲惫,缺乏活力,民气无法激扬,建设无法推进,拟请由总队在工作区内集各县中等毕业学生成立基政工作队一队,每队一百二十人组成之,暂由总队指挥,协助县府推行政令及禁政(保甲、户口、联防、自卫、自治等),凡政治上烟赌及不法事件,并准由人民服务总队就地查办具报。

四、查山西晋南实行兵农合一制度,已成田地荒芜壮丁逃亡现象,共匪更乘机到处设逃亡壮丁收容所,使山西壮丁多投匪,自存情况极为险恶,拟请速饬山西省府从速废除兵农合一制度,改行中央法令,并废除一切苛捐杂税,如难办到则请准由本队在晋南设一晋南人民自卫总队,暂定五千名,使壮丁能从匪手归来,并每月按国军待遇发主副食,必要时配发武器,使能自卫。

五、查绥靖区贪污腐化及烟赌娼流之风甚炽,尤以毒品之运售,据报多系恶势力所包庇,因之法律失效,人民侧目,流毒社会殊非浅鲜。总队过去因权限关系未便彻底查禁,拟请通令部队。各省县自后再有包庇贩毒、吸毒及贪污、腐化等坏情事,请授权总队就地查办。

六、总队工作范围广大,需用经费之处甚多,而预算上并未列事业费,因之工作多受限制,拟请自本年元月份按月拨发事业费伍千万元。自三月份起,月拨伍千万元,以前总队经费照预算发足,准予充事业费,应用检据报销,以上各项是否有当,敬乞核示祗遵。谨呈。

行政院绥靖区政务委员会督导团团长白

     国防部人民服务总队第二总队

        总队长刘培初

〔绥靖区政务委员会档案〕

8. 太原绥靖公署制定俊义奋斗法
——自清自卫自治办法电

(1947年5月25日)

太原绥靖公署代电 发文 字第 号 附件 中华民国三十六年五月二十五日

  南京行政院秘书处公鉴:辰洽荒电诵悉。兹将本省实行之俊义奋斗法——自清自卫自治办法随电检送两份,请查收参考。阎锡山。(三十六)辰养。署删绥附俊义奋斗法——自清自卫自治办法两份。

俊义奋斗法——自清自卫自治

一、剿匪的困难症结——在剿匪过程中,奸匪在政治上,运用组织力量、恐怖政策,迫广大群众供其驱使,军事上更集中□□,分散避扰,我以重兵进剿,匪每分散潜伏,或空室清野,使我军队扑空,主力无法捕捉,民众受其控制,我如兵力小或转用后,匪又伺隙蜂起,或卷土重来,使我政权不能建立,小部军被解决,此种原因厥为广大群众受其控制协迫。

二、对群众的分析——在广大群众中概略的分析不外下列的三种人:

1. 倾向我方者 如被匪算过老账,受过匪侵害的人,或守分守法的人;

2. 倾向匪方者 如地痞、流氓,或受过奸匪小惠的人;

3. 中立派 以个人的生活为目的,八面应付即随风倒的人。

我们想拿军事力量,在这种状态下,消灭奸匪,十分困难,必须进一步叫人民自己去消灭奸匪才可彻底肃清——自清。

三、运用群众消灭奸匪——八除一一变九——假定上述三种人共作为十个,倾向匪方者不过一个,倾向我方者也作一个,中立派作为八个,我们要运用倾向我方的那一个人,作为酵子,诱导发动中立派的八个人,铲除倾向奸匪的那一个人,八除了一,则中立派者,不能骑墙,亦不能随风倒,只有向我、靠我、助我之一途,则我们一变为九,奸匪不难肃清。

四、俊义奋斗法的三个工作——自清自卫自治

1. 自清:前面所说的八除一即自清,自清工作要点,第一宁失之严,勿失之宽,第二不求速效,要求切实彻底,本一人一户的清理,一村一村的展开。

2. 自卫自治:在清理过程中,选对自清有表现者,为自卫队干部,组训自卫队,实行自卫,又再经检定后,民选乡村干部,实行自

治,军事上走上了面的控制,政治上走上了乡村自治。

五、自清的重要性——自清不彻底的自卫等于为虎添翼,自清不彻底的自治等于授人以柄,易言之,即非自清,无以保障自卫自治,非自治,无以巩固自卫。

六、三治的连环性——就人民立场上讲,自清自卫属义务,自治属权利,如做了自清自卫,而忽略了自治,必遭失败。

七、我们的口号——好人团结起来铲除坏人。

八、实施步骤——详赵俊义奋斗法的分析图解(附赵俊义奋斗法的分析图解)。

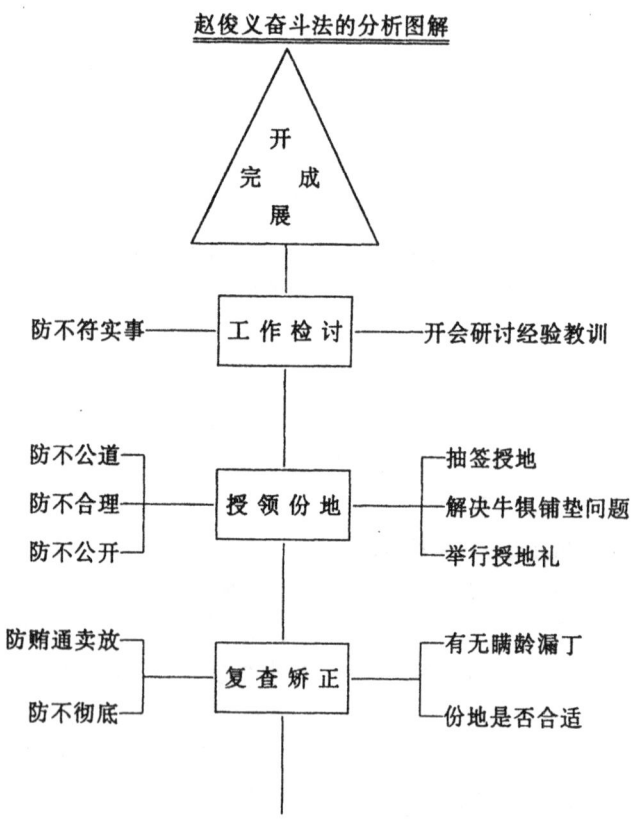

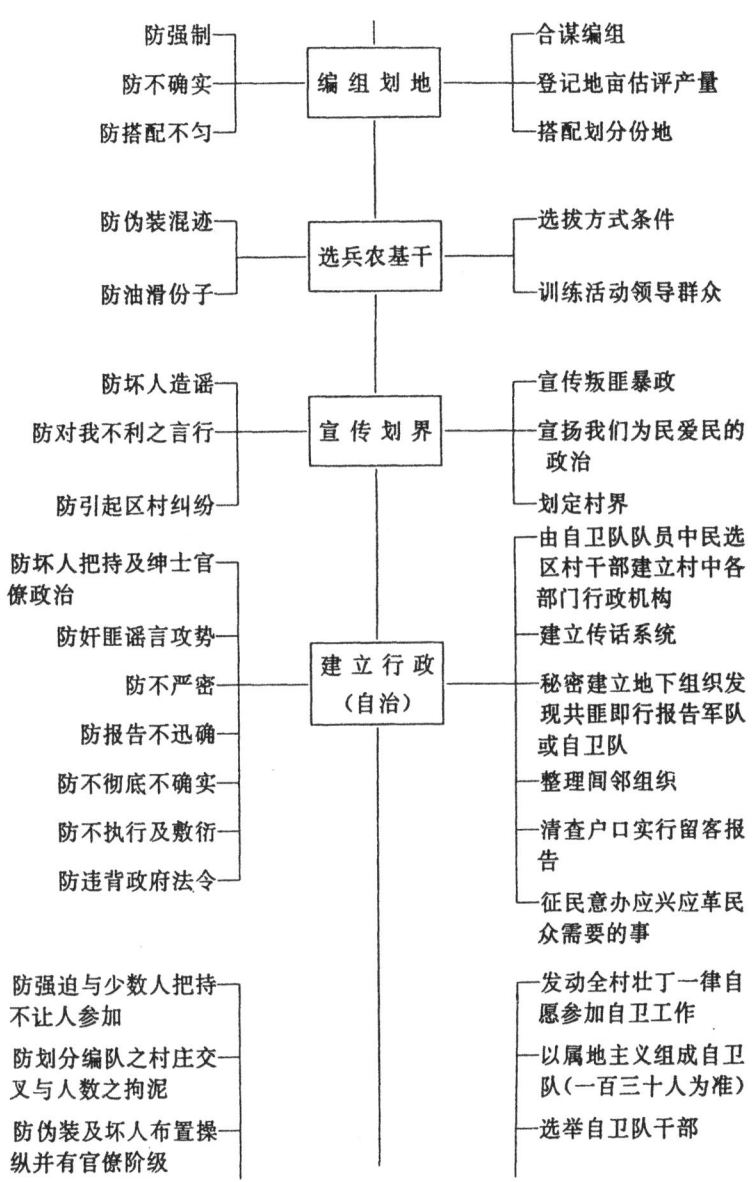

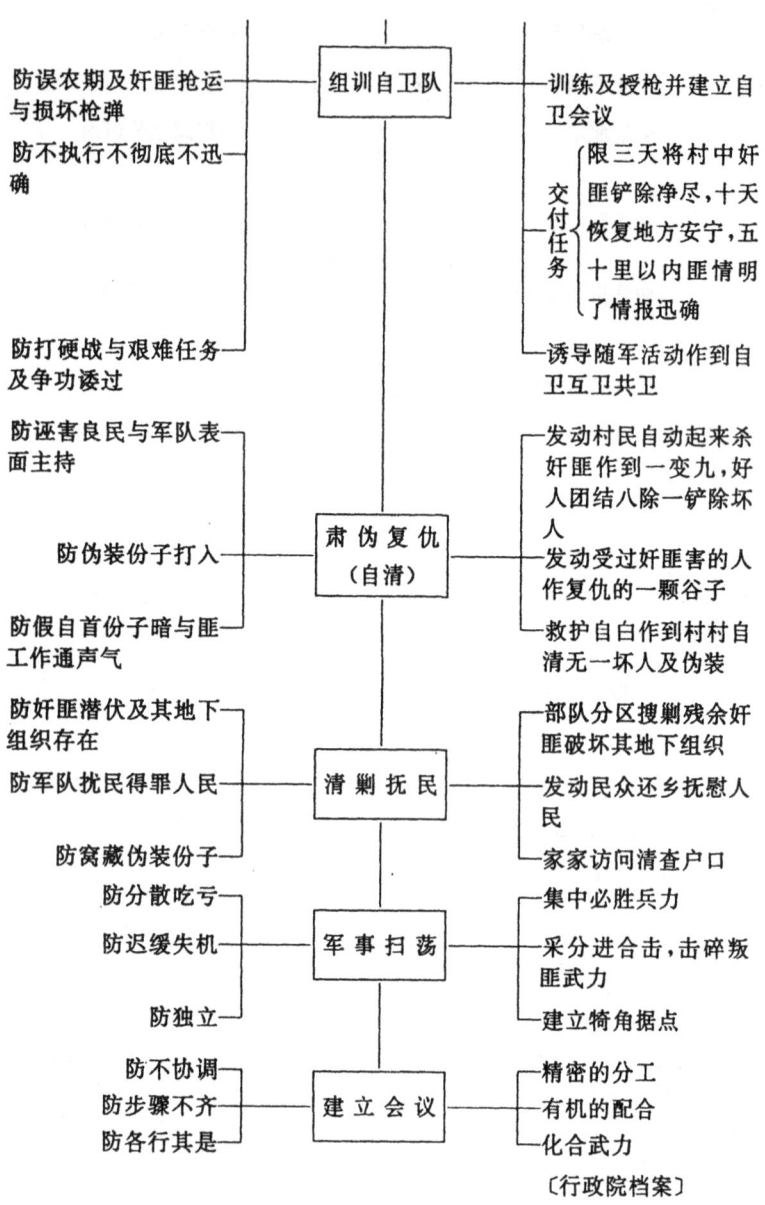

〔行政院档案〕

9. 行政院通过国际部所提"保安团及地方自卫队加强方案"之决议案

(1947年11月13—15日)

第三案

保安团及地方自卫队加强方案(国防部提)

决议:照原案修正通过。

附修正案

保安团及地方自卫加强方案

一、方针

为增强戡乱剿匪力量起见,将各省地方武力酌量扩充,加强编组,使足以担负地方之绥靖,并可形成国军之后备力量。

二、办法

甲、明分权责与加强组织

查省区地方武力之使用权责未有明确之划分,又各层指挥机构之组织亦未臻健全,以致影响绥靖效力,兹拟详订如下:

(一)省属保安团为省级之地方武力,该省内之股匪应由省保安司令部负责筹划,运用所属保安团力量限期清剿,其监督指挥系统如左:

国防部(授权行辕绥署)——省保安司令部——保安团

(二)县常备自卫队为专员区及县级地方武力,该区内在五百人以下之小股匪,应由区保安司令部负责筹划,运用所属各县民众自卫队力量,限期清剿,其监督指挥系统如左:

省保安司令部——区保安司令部——县常备自卫队

(三)将现在省保安司令部编制一处二室四科,加强为二处四科一室(第一处掌理人事补给,第二处掌理情报作战训练,详细编制表另定参件第三),并增设参谋长少将一,以辅助司令办理全省保安事宜。

(四)将区保安司令部组织增强,分设两科,第一科掌理人事补给,第二科掌理情报作战训练(原编制实际负责者仅上校副司令及中少校参谋各一)。

(五)已改警保处之浙江、广东、江西、福建、湖南、云南等省暂缓实施建警计划,仍恢复保安司令部,并限十一月底以前完成。

(六)各省属之保安部队以直辖于省保安司令部为原则,惟情况需要时得配属国军作战,如保安部队配属国军作战后,则抽调县常备队提升抵补之。

乙、加强省属保安(含保警)部队

(一)数量:各省属之保安部队按各省实际需要增加若干团。

(二)编制:各省属之保安部队编制,由国防部规定,一律参照三十六年陆军步兵团编制酌予修正,详如附表第二。

(三)经费:由各省自筹,准增列于省级经费预算内。

(四)武器:增编保安部队之武器弹药通讯器材卫生。

装备:器材由国防部规定配赋数统筹发给,至装备粮、服由省自筹为原则。

(五)兵员:由国防部另饬师管区照数增配增补。

(六)训练:由国防部拟定方针由省保安司令部按照方针拟定计划,并由行辕绥署负责督训。

(七)人事:

(1)上校以上人员由各省遴选呈报国防部审核,其他校尉人员由各省保安司令部依照陆军人事法规自行核委,按编制检附出身经历证件呈报本部审核,合格者予以登记,可调任正规军军官仍予计算年资。

(2)增编各保安团所有各级干部,均以正式军事学校毕业备役或现役军官或复员转业军官或高级司令部所办干部训练班毕业军官之优秀者充任之。

丙、加强县属常备自卫队

(一)数量:依各县之治安人口面积经费等情形,设置三——九个常备自卫中队,必要时得以三——四个中队设一大队部统辖之。

(二)干部:以省转业军官或在乡军官军士充任为原则。

(三)其他:该自卫队之指挥系统编制训练武器装备。

规定:经费等均依照行政院颁行之"各县市民众自卫组训规程"办理。

附表(一)

保安团编制系统表

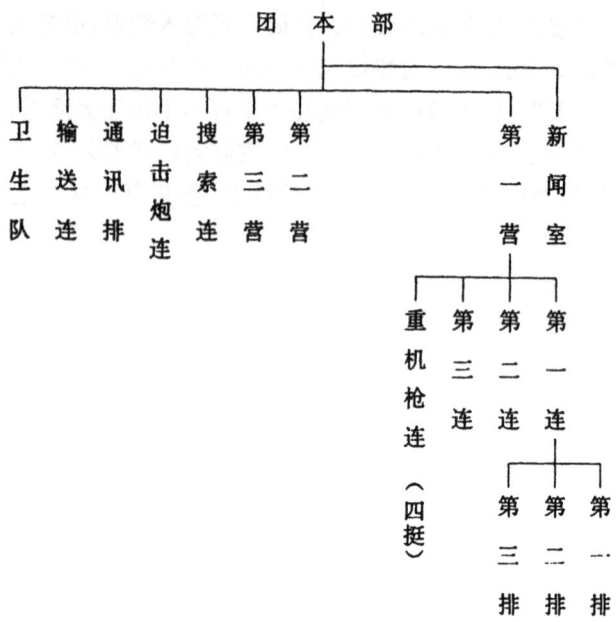

官兵共约二四五〇人。

详细编制表及武器配赋表由四、五两厅会同拟定。

附表(二)

拟加强省保安司令部编制系统表

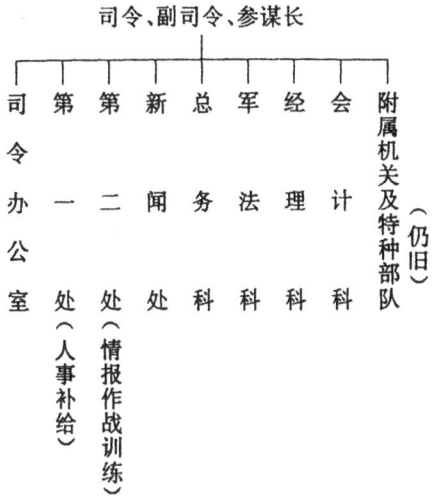

(按防空科已并入防空司令部)

〔行政院档案〕

10. 白崇禧在浔召开豫鄂皖赣湘五省绥靖会议议决地方武力配合国军作战修正办法等电

(1948年1月)

(1)电之一(1月22日)

行政院院长张钧鉴:查本部于(三十七)子删在浔召开豫鄂皖赣湘五省绥靖会议关于"为求控制全面早清匪患应积极充实地方武力以配合国军作战"一案,当经决议以本案所提办法于民众自卫队之外另成剿匪支队纵队,分散地方民枪,似不相宜,且由中央给予名义流弊亦多,为顾及事实起见,修正办法如下:"一、一般县份仍遵照院颁民众自卫队规程办理。二、沦入匪手之县对于各该县有能号召地方武力参加剿匪者,得由各该省保安司令委以剿匪支队或纵队司令名义,并报国防部备查。"等语。通过记录在卷。除分令各有关省遵照办理外，理合检呈原案一份电请鉴核备查为祷。职白崇禧。叩。（三十七）（子）（祃）。健闻洋。附原议决案一份。

提案人：第五绥靖区司令张轸
案由：为求控制全面，早清匪患，应积极充实地方武力，以配合国军作战案。
说明：（一）团队因受法令限制，凡服装粮饷之补给皆受参议会之限制，部队长日受粮饷恐慌之压迫，焉有精力用于剿匪与训练。
（二）受地区之限制，甲县之团队不能至乙县清剿，如去乙县则甲县因已出境而不出粮饷，乙县因非本县之团队又不肯供给粮饷，故力量不能运用自如。
（三）受人事之限制，骁勇善战者拘于地方派别之偏私不能引用，甚至乡镇与乡镇亦有成见，不易发挥效力。
办法：（一）有组织清剿支队及纵队，以各县对匪作战有胆识之退役军官配合自然领袖号召地方人枪组织清剿支队，集合数个支队成一清剿纵队，由绥区统一指挥，不分县区清剿窜匪，作国军之外围控制广泛的面。
（二）所编之纵队，粮饷由地方划区分担，呈请中央予以名义，视战绩之优劣，核发弹药及必要武器。
（三）时至今日，必须发动全面战斗，方能控制全面，否则匪控制面，我控制点线，前途成败不卜可知。
决议：本案所提办法于民众自卫队之外另成剿匪支队纵队，分散地方民枪，似不相宜，且由中央给予名义，流弊亦多，为顾及事实起见，修正办法如左：
（一）一般县份仍遵照院颁民众自卫队规程办理。
（二）沦入匪手之县对于各该县有能号召地方武力参加剿匪者，得由各该省保安司令委以剿匪支队或纵队司令名义，并报国防部备案。

(2)电之二(1月27日)

行政院院长张钧鉴:查前次六省剿匪检讨会议决议加强省属保安团队经费粮服由各省自筹其经费来源,经财政部决定准由各省开征自卫特捐,日前在浔复奉钧座电话传示在案。此次本部(三十七)子删在浔召开豫、鄂、皖、赣、湘五省绥靖会议,各该省主席均与会关于为剿匪戡乱扩编自属保安团队筹措自卫特捐一案,经大会决议,通过办法三项。查本案关系各该省保安团队之充实与长江两岸之确保对剿匪前途异常重要,除分电各该省政府遵照办理外,理合检附原决议案一件,电请鉴核转饬财政部办理为祷。职白崇禧(三十七)。闻洋。子沁。附赍原决议案一份。

第三十一案:(提案人)王陵基、万耀煌、王东原、李品仙、刘茂恩。

案由:为剿匪戡乱,充实省保安团队,筹措自卫特捐案。

说明:依照六省剿匪检讨会议第三案,保安团及地方自卫队加强方案乙项加强省保安部队,决议其经费及装备粮服由各省自筹。兹拟筹款办法如下:

办法:甲、自卫特捐项目及捐率:

(1)食盐每担十万元;

(2)粮食及棉花从价征收百分之六;

(3)外国酒及香烟从价征收百分之百;

(4)本国酒及本国香烟从价征收百分之二十;

(5)矿产从价征收百分之十;

(6)田赋省每元三升,县市每元七升;

(7)县市屠宰税百分之三十,特产百分之五;

(8)商富特捐,由各省酌定,但须以累进征收;

(9)其他特产及特捐,由各省自筹决定。

乙、征收手续:

凡酒、香烟及食盐自卫特捐统由财政部饬盐务机关及税局代收拨付，其余各项由各省自筹征收。

丙、以上各货所有过境均不收捐，但过境而中途销售者，仍照收自卫特捐。

决议：通过。

〔行政院档案〕

11. 行政院公布"各县市民众自卫队组训规程补充办法"令

（1948年5月24日）

行政院令　（三十七）四防字第26508号　三十七年五月二十四日（补登）

兹制定各县市民众自卫队组训规程补充办法公布之。此令。

各县市民众自卫队组训规程补充办法

第一条　为发挥民众力量，加速剿匪，安定社会，特订定本办法。

第二条　民众自卫队之编组以依各县市民众自卫组训规程规定，按乡镇保甲编组为原则，人口密集村落、庞大之地区得以自然村为编组单位。

第三条　民众自卫队干部应就下列人员中选用之：

一、历练有素之在乡本籍军官；

二、有号召力量之当地人士；

三、本籍转业军官及退役青年品质确属优良者。

第四条　民众自卫队队丁在安全区内，依照各县市民众自卫队组训规程之规定，两丁之户出一丁，五丁之户出二丁，超过五丁之户每满三丁出一丁，参加自卫队编组，但在剿匪地区之壮丁，应一律编组为普通自卫队。

第五条　县市民众自卫总队部应调集乡镇各级自卫队及各种任务队干部,分别实施训练,其训练内容应以战斗动作、射击技术及如何运用袭击、伏击、突击配合守碉、守寨等方法,如何执行守哨、盘查、巡逻、会哨等任务为主,并历练夜间与白昼各种不同之情况,各种任务队干部则应着重与其任务有关之知识技能教材,均应简明扼要由国防部印发,各县市翻印,训练期间以一个月为原则,得视事实需要延长或缩短之。

第六条　民众自卫队训练,除常备自卫队应依照陆军训练纲要办理外,并应注意下列各项:

一、着重前条所列各项自卫技能之训练。

二、加强政治训练,着重对共匪暴行阴谋之揭发。

三、尽量避免与伍务无关之科目。

四、就地训练以不脱离本部及生产为原则。

第七条　民众自卫队除常备自卫队担任机动剿匪及扼守要点外,自卫队不分平时战时均须分派固定任务,其有武器自卫队平时担任守哨盘查巡逻会哨守卫保护电线,有警时担任攻防战斗,其无武器之自卫队得分别组织下列各种任务队,平时不脱离生产原则下,切实清查户口,增修碉堡,使潜匪无法容身,紧急时期迅速集合各司其职。

一、工程队:每乡组成一中队,并得依职业技能及事实需要编成石工、木工、铁工、爆破桥梁、电信各队,自备工具担任增修碉堡、城寨工事,安设或扫除障碍物架设或撤收电线,整修或破坏道路桥梁等,由(镇区)长统一运用。

二、给养队:每保编成一分队,担任砍柴、烧水、煮饭、做菜及送茶、送饭。

三、侦探队:就全乡中选拔适任人员每乡组成一队,担任侦探匪情,由(乡镇区)长临时派遣之。

四、肃奸队:每乡组成一个中队,每保组成一个分队(队丁十至十五人),担任秘密调查内奸,并得携带短枪,俾于察觉之际径行破获之。

五、宣传队兼清查队:挑选知识青年每乡组成一中队,每保组成一分队(队员十至十五人),担任(一)各种宣传及洗去共匪标语,汇集共匪一切宣传文件,并焚烧之;(二)清查户口,验收身份证,稽查出入人口。

六、传令队:每乡组成一分队,每保组成一班,平时仅补助乡(区镇)保公所之传令,战时或匪情严重时担任设置递步哨。

七、救护队:每乡组成一中队,每保组成一分队(看护三人至五人担架丁十六),遇有伤亡或传染病发生时,担任救护之责。

八、运输队:每乡组成一中队,每保组成一分队,分批或分段担任运输,凡大车驮马均可编入运输队。

第八条 民众自卫队武器弹药依照左列规定办理。

甲、常备自卫队之武器,以使县(市)公枪为原则,不足时得报请省保安司令部统筹办理。

乙、自卫队以使用本村或本保之民间私有枪枝为原则,不足时由县(市)政府统筹调配。

丙、民众自卫队之弹药,如因作战消耗,应由县(市)政府转报省保安司令部核销,并得请求免费补充,其补充数量视匪情轻重及自卫队作战能力与成绩而定。

丁、自卫队配合军队作战情况紧无法请领弹药时,由当地驻军长官先行拨用。

第九条 常备自卫队之待遇得参酌省保安团及地方实际情况,由各县(市)政府拟订标准提交县(市)参议会通过后实施之,自卫队派有任务者供给伙食。

第十条 民众自卫队作战要诀如左:

甲、横的配合,县与县间、乡镇与乡镇间应互相应援,以壮声势,任何一乡镇发生匪情时,其邻近各乡镇应不待命令立即出动救援,任何一县发生匪情时,其邻近各县应不待令立即出动救援,以击溃来犯之匪为止。

乙、纵的配合:乡镇据点被攻击时,除应向其毗连各乡镇告急外,并应将来犯之匪番号武力等情况飞报县政府,县政府应于接获报告后八小时内调派常备自卫队驰抵战地应援,如匪方兵力较大,并得于接获报告时,随即转报专员公署,请求派队协助,专员公署应于接获报告后十二小时内调派保安部队驰赴战地,如匪方兵力□属较大,应即报请驻军进剿,驻军应于接获报告后二十小时内驰赴战地助战。

前项时限得由当地军事最高长官按照途程远近明白规定。

丙、保存实力:在匪我力量悬殊情况下,如倾一县之力不足以救一乡,倾全区(行政督察区)之力不足以救一县,又兼保安部队及驻军均不敷调配时,则县长、专员应率领常备自卫队及精壮之自卫队转进邻县或邻区待机反攻。

第十一条　民众自卫队组训,各省保安司令部应派员赴各县市,各县市应派员分赴各乡镇巡回督导,并将组训情形拟具报告分别呈报核办。

第十二条　民众自卫队组训及运用之考核,由左列各机关办理:

一、乡镇民众自卫工作成绩之考核,由县政府为之。

二、各县市民众自卫工作成绩之考核,由省保安司令部为之。

三、各省市民众自卫工作成绩之考核,由国防部为之。

第十三条　民众自卫队干部及队丁奖惩,除有关法令另有规定外,依下列规定办理:

甲、干部之奖惩

壹、奖励部份:各县市长兼总队长及各级负责干部有左列情形之一者,应分别予以①晋升;②记功;③嘉奖。

(一)办理民众自卫队组训能如期完成而成绩优良者;

（二）赏罚分明，民众自卫队纪律特优者；

（三）指挥民众自卫队协助国军及保安团队剿匪能圆满完成任务者；

（四）率领民众自卫队修理公路、碉堡及构筑其他工事成绩优良者；

（五）在匪我实力均等之情况下能袭获胜收复失土者；

（六）俘获匪首或大批胜利品者。

贰、惩处部份：各县市长兼总队长及各级负责干部有左列情形之一者，应分别予以①撤职；②记过；③申诫。

（一）未遵照规定如期组训民众自卫队或组织不健全徒其形式者；

（二）对于所属自卫队管束无方纪律废弛者；

（三）督率民众修建公路、碉堡及构筑其他工事不力者；

（四）收复区内零匪及奸匪地下组织不能肃清根绝，任其扰害治安者；

（五）小股奸匪来犯不能迅速缉剿，任匪逃逸或避免与实力相等之匪作战者；

（六）情报不确实迅速遗误军机而致剿匪部队失利者；

（七）对于邻区自卫队及国军或保安团队应援不力致剿匪失利者；

（八）玩忽职守致遭匪军袭击而有重大损失或计划部署失当致作战失利者。

乙、队丁之奖惩

壹、奖励部份：民众自卫队之队丁有左列情形之一者，应分别①嘉奖；②给予奖金；③给予实物；④免除劳役。

（一）俘获匪首或卤获武器及匪军有关军事上之重要文件者；

（二）击毙匪首经查明属实者；

（三）深入匪区侦获重要情报者。

贰、惩处部份：民众自卫队之队丁有左列之一者，应分别予以①禁闭；②劳役；③申诫。

(一)假借事故图充勤务者；

(二)违背召集或冒名顶替者；

(三)奉召遣命令无故稽延者。

第十四条 民众自卫队剿匪伤亡之抚恤，应依照人民守土伤亡抚恤办法及有关法令办理。

第十五条 本办法自公布日施行。

〔内政部档案〕